Dominik Vock | Danièle Meister-Müller

SchKG-Klagen nach der Schweizerischen ZPO

SchKG-Klagen nach der Schweizerischen ZPO

von

Dr. iur. Dominik Vock, LL.M.
Rechtsanwalt

lic. iur. Danièle Meister-Müller, LL.M.
Rechtsanwältin

2., überarbeitete Auflage

Schulthess § 2018

Zitiervorschlag: VOCK/MEISTER-MÜLLER, SchKG-Klagen

Bibliografische Information der Deutschen Nationalbibliothek
Die Deutsche Nationalbibliothek verzeichnet diese Publikation in der Deutschen Nationalbibliografie; detaillierte bibliografische Daten sind im Internet über http://dnb.d-nb.de abrufbar.

ISBN 978-3-7255-7235-9
www.schulthess.com

Vorwort

Das Buch über SchKG-Klagen fand in der Praxis grossen Anklang. Die vorliegende überarbeitete und ergänzte 2. Auflage soll dem Praktiker und den Gerichten eine rasche Antwort auf die sich in der Praxis häufig stellenden Fragen geben. Angesichts des Umfanges ist es aber nicht möglich, auf sämtliche materiellen Probleme eine Antwort bereitzuhalten. Der Schwerpunkt der Ausführungen fällt auf die prozessualen Regeln, unter besonderer Berücksichtigung der Schweizerischen Zivilprozessordnung. Dabei wurde die neueste Lehre und Rechtsprechung verarbeitet.

Dieses Buch ist aber nicht nur an den Praktiker und die Gerichte gerichtet, sondern soll auch den Studenten und Anwaltskandidaten eine wertvolle Hilfe bei der Prüfungsvorbereitung sein.

Besonderen Dank geht an den Schulthess Verlag für die gute Zusammenarbeit bei der Herausgabe dieses Werkes.

Literatur und Rechtsprechung sind bis November 2017 berücksichtigt.

Dominik Vock und Danièle Meister-Müller

Inhaltsübersicht

Inhaltsverzeichnis

Abkürzungsverzeichnis

A.	Auflage
Abs.	Absatz
AG	Aktiengesellschaft
AJP	Allgemeine Juristische Praxis, Zürich/St. Gallen
a.M.	anderer Meinung
AmtlBull.	Amtliches Bulletin
Art.	Artikel
BBl	Bundesblatt
Bd.	Band
BG	Bundesgesetz
BGE	Entscheidungen des Schweizerischen Bundesgerichts; Amtliche Sammlung, Lausanne 1875 ff.
BGG	BG vom 17. Juni 2005 über das Bundesgericht (Bundesgerichtsgesetz; SR 173.110)
BlSchK	Blätter für Schuldbetreibung und Konkurs, Wädenswil
BSK	Basler Kommentar
Bsp.	Beispiel
bspw.	beispielsweise
BV	Bundesverfassung der Schweizerischen Eidgenossenschaft vom 18. April 1999 (SR 101)
bzw.	beziehungsweise
CHF	Schweizer Franken
ders.	derselbe
Diss.	Dissertation
d.h.	das heisst
E.	Erwägung
EG	Kantonales Einführungsgesetz
evtl.	eventuell
f.	und folgende Seite/Note/Artikel
ff.	und folgende Seiten/Noten/Artikel

Fn.	Fussnote
FS	Festschrift
GebV SchKG	Gebührenverordnung vom 23. September 1996 zum Bundesgesetz über Schuldbetreibung und Konkurs (SR 281.35)
GesKR	Schweizerische Zeitschrift für Gesellschafts- und Kapitalmarktrecht sowie Umstrukturierungen, Zürich
GOG ZH	Gesetz des Kantons Zürich vom 10. Mai 2010 über die Gerichts- und Behördenorganisation im Zivil- und Strafprozess (LS 211.1)
GVG	Gerichtsverfassungsgesetz des Kantons Zürich vom 13. Juni 1976 (aufgehoben)
HG ZH	Gesetz über die Haftung des Staates und der Gemeinden sowie ihrer Behörden und Beamten (Haftungsgesetz) des Kantons Zürich vom 14. September 1969 (LS 170.1)
Hrsg.	Herausgeber
i.d.R.	in der Regel
i.e.S.	im engeren Sinne
IPRG	BG über das Internationale Privatrecht vom 18. Dezember 1987 (SR 291)
i.S./i.S.v.	im Sinne/im Sinne von
i.V.m.	in Verbindung mit
IWIR	Insolvenz- und Wirtschaftsrecht, Zug
i.w.S.	im weiteren Sinn
JKR	Jahrbuch des Schweizerischen Konsumentenrechts, Bern
Kap.	Kapitel
KOV	Verordnung über die Geschäftsführung der Konkursämter (SR 281.32)
Lit.	Litera
LS	Zürcher Gesetzessammlung, Zürcher Loseblattsammlung
LugÜ	Übereinkommen vom 30. Oktober 2007 über die gerichtliche Zuständigkeit und die Anerkennung und Vollstreckung von Entscheidungen in Zivil- und Handelssachen (SR 0.275.12)

N	Note
Nr.	Nummer
OG	BG über die Organisation der Bundesrechtspflege vom 16. Dezember 1943 (aufgehoben)
OR	BG betreffend die Ergänzung des Schweizerischen Zivilgesetzbuches, Fünfter Teil: Obligationenrecht vom 30. März 1911 (SR 220)
PG	Postgesetz vom 30. April 1997 (SR 783.0)
SchKG	BG über Schuldbetreibung und Konkurs vom 11. April 1889 (SR 281.1)
SJK	Schweizerische Juristische Kartothek, Genf
SJZ	Schweizerische Juristen-Zeitung, Zürich
SR	Systematische Sammlung des Bundesrechts, Bern 1970 ff.
ST	Der Schweizer Treuhänder, Zürich
StGB	Schweizerisches Strafgesetzbuch vom 21. Dezember 1937 (SR 311.0)
u.a.	unter anderem
usw.	und so weiter
u.U.	unter Umständen
V	Verordnung
vgl.	vergleiche
VRG ZH	Verwaltungsrechtspflegegesetz des Kantons Zürich vom 24. Mai 1959 (LS 175.2)
z.B.	zum Beispiel
ZBGR	Schweizerische Zeitschrift für Beurkundungs- und Grundbuchrecht, Wädenswil
ZGB	Schweizerisches Zivilgesetzbuch vom 10. Dezember 1907 (SR 210)
Ziff.	Ziffer
ZPO	Schweizerische Zivilprozessordnung vom 19. Dezember 2008 (SR 272)
ZPR	Zivilprozessrecht

ZR	Blätter für Zürcherische Rechtsprechung, Zürich 1902 ff.
ZSR	Zeitschrift für Schweizerisches Recht, Basel
ZStV	Zürcher Studien zum Verfahrensrecht
ZZZ	Schweizerische Zeitschrift für Zivilprozess- und Zwangsvollstreckungsrecht, Zürich

Literaturverzeichnis

Die Aufstellung enthält nur die wichtigsten Standardwerke. Grundlegende Werke zu bestimmten Themenkreisen finden sich jeweils am Anfang der Paragrafen.

Amonn/Walther	Kurt Amonn/Fridolin Walther, Grundriss des Schuldbetreibungs- und Konkursrechts, 9. A., Bern 2013
Berger/Güngerich	Bernhard Berger/Andreas Güngerich, Zivilprozessrecht – Unter Berücksichtigung des Entwurfs für eine Schweizerische Zivilprozessordnung, der Bernischen Zivilprozessordnung und des Bundesgerichtsgesetzes, Bern 2008
BSK BGG-Bearbeiter/-in	Marcel Alexander Niggli/Peter Uebersax/Hans Wiprächtiger (Hrsg.), Basler Kommentar Bundesgerichtsgesetz (BGG), 2. A., Basel 2011
BSK IPRG-Bearbeiter/-in	Heinrich Honsell/Nedim Peter Vogt/Anton K. Schnyder/Stephen V. Berti (Hrsg.), Basler Kommentar Internationales Privatrecht (IPRG), 3. A., Basel 2013
BSK LugÜ-Bearbeiter/-in	Christian Oetiker/Thomas Weibel (Hrsg.), Basler Kommentar zum Lugano-Übereinkommen, 2. A., Basel 2016
BSK OR I-Bearbeiter/-in	Heinrich Honsell/Nedim Peter Vogt/Wolfgang Wiegand (Hrsg.), Basler Kommentar Obligationenrecht I, Art. 1–529 OR, 6. A., Basel 2015
BSK SchKG I-Bearbeiter/-in	Adrian Staehelin/Thomas Bauer/Daniel Staehelin (Hrsg.), Basler Kommentar Bundesgesetz über Schuldbetreibung und Konkurs I, Art. 1–158 SchKG, 2. A., Basel 2010
BSK SchKG II-Bearbeiter/-in	Adrian Staehelin/Thomas Bauer/Daniel Staehelin (Hrsg.), Basler Kommentar Bundesgesetz über Schuldbetreibung und Konkurs II, Art. 159–352 SchKG, 2. A., Basel 2010
BSK SchKG EB-Bearbeiter	Thomas Bauer/Daniel Staehelin (Hrsg.), Basler Kommentar Bundesgesetz über Schuldbetreibung und Konkurs, Ergänzungsband zur 2. A., Basel 2017

BSK ZGB II-Bearbeiter/-in — Heinrich Honsell/Nedim Peter Vogt/Wolfgang Wiegand (Hrsg.), Basler Kommentar Zivilgesetzbuch II, Art. 457–977 ZGB, Art. 1–61 SchhlT ZGB, 5. A., Basel 2015

BSK ZPO-Bearbeiter/-in — Karl Spühler/Luca Tenchio/Dominik Infanger (Hrsg.), Basler Kommentar zur Schweizerischen Zivilprozessordnung, 3. A., Basel 2017

Bearbeiter/-in, DIKE-Komm-ZPO — Alexander Brunner/Dominik Gasser/Ivo Schwander (Hrsg.), Kommentar zur Schweizerischen Zivilprozessordnung, Bd. I und II, 2. A., Zürich/St. Gallen 2016

Dolge — Annette Dolge, Internationale Zuständigkeit für zwangsvollstreckungsrechtliche Klagen nach dem revidierten Lugano-Übereinkommen, Veröffentlichungen aus dem Nachdiplomstudium Internationales Wirtschaftsrecht der Universität Zürich und dem Europa Institut, Band 57, Zürich 2008

Fritzsche/Walder Bd. I — Hans Fritzsche/Hans Ulrich Walder-Bohner, Schuldbetreibung und Konkurs nach schweizerischem Recht, Band I, Allgemeine Lehren, Das Einleitungsverfahren, Die Betreibung auf Pfändung und auf Pfandverwertung, Zürich 1984

Fritzsche/Walder Bd. II — Hans Fritzsche/Hans Ulrich Walder-Bohner, Schuldbetreibung und Konkurs nach schweizerischem Recht, Band II, Konkursrecht, Arrest, Miete und Pacht, Paulianische Anfechtung, Nachlassvertrag und Notstundung, Besondere Ordnungen, Zürich 1993

Gasser/Rickli — Dominik Gasser/Brigitte Rickli, Schweizerische Zivilprozessordnung, Kurzkommentar, 2. A., Zürich/St. Gallen 2014

Jaeger/Walder/Kull/Kottmann, I — Carl Jaeger/Hans Ulrich Walder/Thomas M. Kull/Martin Kottmann, Bundesgesetz über Schuldbetreibung und Konkurs, Erläutert für den praktischen Gebrauch, Band I, Art. 1–158, 4. A., Zürich 1997

Jaeger/Walder/Kull/Kottmann, II	Carl Jaeger/Hans Ulrich Walder/Thomas M. Kull/Martin Kottmann, Bundesgesetz über Schuldbetreibung und Konkurs, Erläutert für den praktischen Gebrauch, Band II, Art. 159–292, 4. A., Zürich 1997/99
Jaeger/Walder/Kull/Kottmann, III	Carl Jaeger/Hans Ulrich Walder/Thomas M. Kull/Martin Kottmann, Bundesgesetz über Schuldbetreibung und Konkurs, Erläutert für den praktischen Gebrauch, Band III, Art. 293–352, 4. A., Zürich 1997/2001
Jaeger/Walder/Kull	Carl Jaeger/Hans Ulrich Walder/Thomas M. Kull, Bundesgesetz über Schuldbetreibung und Konkurs, Erläutert für den praktischen Gebrauch, Art. 89–158, 5. A., Zürich 2006
KUKO SchKG-Bearbeiter/-in	Daniel Hunkeler (Hrsg.), Schuldbetreibungs- und Konkursgesetz, Kurzkommentar, 2. A., Basel 2014
KUKO ZPO-Bearbeiter/-in	Paul Oberhammer/Tanja Domej/Ulrich Haas (Hrsg.), Schweizerische Zivilprozessordnung, Kurzkommentar, 2. A., Basel 2014
Leuenberger/Uffer-Tobler	Christoph Leuenberger/Beatrice Uffer-Tobler, Schweizerisches Zivilprozessrecht, 2. A., Bern 2016
Meier, IZPR	Isaak Meier, Internationales Zivilprozessrecht und Zwangsvollstreckungsrecht, Zürich 2005
Meier, Schweizerisches Zivilprozessrecht	Isaak Meier, Schweizerisches Zivilprozessrecht, eine kritische Darstellung aus der Sicht von Praxis und Lehre, Zürich 2010
Rüetschi	David Rüetschi, Schuldbetreibungs- und Konkursrecht, Entwicklungen 2010, in: Vogt Hans-Ueli (Hrsg.), njus.ch, Bern 2011
SK SchKG-Bearbeiter/-in	Jolanta Kren Kostkiewicz/Dominik Vock, Kommentar zum Bundesgesetz über Schuldbetreibung und Konkurs, Zürich 2017
Spühler	Karl Spühler, Schuldbetreibungs- und Konkursrecht I, 7. A., Zürich 2016

Spühler/Dolge — Karl Spühler/Annette Dolge, Schuldbetreibungs- und Konkursrecht II, 7. A., Zürich 2017

Spühler/Dolge/Gehri — Karl Spühler/Annette Dolge/Myriam Gehri, Schweizerisches Zivilprozessrecht, 9. A., Bern 2010

Spühler/Aemisegger/Dolge/Vock — Karl Spühler/Heinz Aemissegger/Annette Dolge/Dominik Vock, Praxiskommentar zum Bundesgerichtsgesetz (BGG), 2. A., Zürich/St. Gallen 2013

Spühler/Vock — Karl Spühler/Dominik Vock, Rechtsmittel in Zivilsachen im Kanton Zürich und im Bund, 2. A., Zürich 2011

Staehelin/Staehelin/Grolimund — Adrian Staehelin/Daniel Staehelin/Pascal Grolimund, Zivilprozessrecht, 2. A., Zürich 2013

Sutter-Somm — Thomas Sutter-Somm, Schweizerisches Zivilprozessrecht, 2. A., Zürich 2012

Sutter-Somm/Hasenböhler — Thomas Sutter-Somm/Franz Hasenböhler (Hrsg.), Die künftige Schweizerische Zivilprozessordnung, Zürich 2003

Bearbeiter/-in, in: Sutter-Somm/Hasenböhler/Leuenberger, ZPO Komm. — Thomas Sutter-Somm/Franz Hasenböhler/Christoph Leuenberger (Hrsg.), Kommentar zur Schweizerischen Zivilprozessordnung (ZPO), 3. A., Zürich/Basel/Genf 2016

Walter/Domej — Gerhard Walter/Tanja Domej, Internationales Zivilprozessrecht der Schweiz, 5. A., Stuttgart 2012

1. Kapitel

Allgemeines zu den SchKG-Klagen

Literatur: BOMMER FLORIAN, Die Zuständigkeit für Widerspruchs- und Anfechtungsklagen im internationalen Verhältnis, Zürich 2001; GASSER DOMINIK, Die Vollstreckung nach der Schweizerischen ZPO, Anwaltsrevue 8/2008, 340–346; HUNKELER DANIEL, Klagen unter ZPO, insbesondere unter Zeitdruck, Anwaltsrevue 1/2011, 25–29; MEIER ISAAK, Vorentwurf für eine Schweizerische Zivilprozessordnung, Zürich 2003 (zit. Vorentwurf); DERS., Stolpersteine in der neuen Schweizerischen Zivilprozessordnung, SJZ 99 (2003) 603 ff. (zit.: SJZ 99 [2003]); SPRECHER THOMAS, Prozessieren zum SchKG unter neuer ZPO, SJZ 107 (2011) 273 ff.; SPÜHLER KARL, Wichtige Auswirkungen der neuen ZPO auf das SchKG und umgekehrt, Vortrag beim Europa Institut Zürich am 11. Februar 2011; VOCK DOMINIK, SchKG-Klagen nach der neuen Schweizerischen ZPO, Vortrag beim Europa Institut Zürich am 28. Mai 2010; DERS., Problematische Regelungen der neuen ZPO aus Anwaltssicht, in: DOLGE ANNETTE (Hrsg.), Erfahrungen - Unstimmigkeiten - Schwachstellen - Lösungen, PraxiZ, Die neue ZPO nach 9 Monaten, Zürich 2012 (zit. PraxiZ).

§ 1 Anwendungsbereich der ZPO auf SchKG-Klagen[1]

Gemäss Art. 1 lit. c ist die ZPO auf sämtliche gerichtliche Verfahren im SchKG anwendbar. Es spielt dabei keine Rolle, ob der Streit zivilrechtlicher oder betreibungsrechtlicher Natur ist. Ebenso wenig, ob ein ordentliches, vereinfachtes oder ein summarisches Verfahren (z.B. Rechtsöffnung, Arrest) infrage steht[2]. In den Anwendungsbereich der ZPO fallen auch einseitige Anordnungen der Gerichte, wie etwa die Einstellung des Konkurses mangels Aktiven oder die Ermächtigungen des Nachlassrichters zur Veräusserung oder Belastung von Anlagevermögen[3].

Verfügungen und Entscheide der Vollstreckungsorgane, also v.a. der Betreibungs- und Konkursämter, sowie die betreibungsrechtliche Beschwerde (Art. 17 ff. SchKG) werden nicht durch die ZPO geregelt. Sie sind ausserhalb des Anwendungsbereichs und bleiben eigenständige Verwaltungsverfahren[4].

1 Die nachfolgenden Ausführungen in diesem 1. Kapitel stützen sich massgeblich auf VOCK DOMINIK, SchKG-Klagen nach der neuen Schweizerischen ZPO, Vortrag beim Europa Institut Zürich am 28. Mai 2010. Sie sind jedoch in verschiedenen Bereichen erweitert worden. Vgl. zum Ganzen auch SPRECHER THOMAS, Prozessieren zum SchKG unter neuer ZPO, SJZ 107 (2011) 273 ff.

2 BBl 2006 7258.

3 BBl 2006 7258.

4 BBl 2006 7256.

Die Kantone sind somit weiterhin kompetent, das Beschwerdeverfahren nach Art. 17 ff. SchKG näher zu regeln (vgl. Art. 13 SchKG).

Anwendungsbeispiel: Die Anfechtungsklage gemäss Art. 285 ff. SchKG gegen den Fiskus gehört zu den gerichtlichen Angelegenheiten des SchKG, welche von der ZPO geregelt werden. Sie fällt aber nicht unter die «Klagen gegen den Bund» i.S.v. Art. 5 Abs. 1 lit. f ZPO[5].

5 BGE 143 III 395, E. 3–8.

§ 2 Zuständigkeiten bei SchKG-Klagen

I. Örtliche Zuständigkeiten

Art. 46 ZPO bestimmt, dass sich der Gerichtsstand für SchKG-Klagen nach der ZPO richtet, soweit das SchKG keinen eigenen Gerichtsstand vorsieht. Es gilt somit, was folgt[6]:

- Die besonderen Gerichtsstände des SchKG gehen denjenigen der ZPO vor;
- die Gerichtsstände der ZPO sind auch für die SchKG-Klagen anwendbar, sofern das SchKG kein eigenes Forum vorsieht.

Wenn das SchKG für eine Klage einen nicht ausschliesslichen und nicht zwingenden Gerichtsstand vorsieht, sind die Gerichtsstandsbestimmungen der ZPO alternativ anwendbar.

Das SchKG bestimmt den Gerichtsstand der *rein betreibungsrechtlichen Streitigkeiten.* Darunter fallen v.a. die sog. betreibungsrechtlichen Summarsachen, wie beispielsweise Aufhebung des Rechtsstillstandes (Art. 57d SchKG), nachträglicher Rechtsvorschlag (Art. 77 Abs. 2 SchKG), Rechtsöffnungsbegehren (Art. 84 SchKG), Begehren um Einstellung oder Aufhebung der Betreibung (Art. 85 SchKG), Bewilligung des Rechtsvorschlages in der Wechselbetreibung (Art. 181 SchKG), Konkurseröffnung und Konkurswiderruf (Art. 52, 54, 171, 189, 190 ff. SchKG), Bewilligung des Rechtsvorschlages bei der Betreibung aufgrund eines Konkursverlustscheines (Art. 265a Abs. 1 SchKG), Arrestbewilligung (Art. 272 SchKG), Zuständigkeit des Nachlassgerichts (Art. 293 ff. SchKG)[7].

Die besonderen Gerichtsstände des SchKG gelten sodann für die *betreibungsrechtlichen Streitigkeiten mit Reflexwirkung auf das materielle Recht.* Zu diesen Streitigkeiten gehören insbesondere die Feststellungsklage (Art. 85a SchKG), die Widerspruchsklage (Art. 109 SchKG), die Anschlussklage (Art. 111 Abs. 5 SchKG), die Lastenbereinigungsklage (Art. 140 SchKG), die Aussonderungsklage (Art. 242 Abs. 2 SchKG), die Kollokationsklage (Art. 148 Abs. 1, 250, 321 SchKG) und die Anfechtungsklage (Art. 214, 289 SchKG).

---

6 Gasser/Rickli, Art. 46 N 1; KUKO ZPO-Haas/Strub, Art. 46 N 1, N 4 ff.; Sutter-Somm/Schrank, in: Sutter-Somm/Hasenböhler/Leuenberger, ZPO Komm., Art. 46 N 1; Ziltener, DIKE-Komm-ZPO, Art. 46 N 6.

7 Kellerhals/von Werdt/Güngerich-Gasser, Art. 1 GestG N 30.

Das SchKG regelt den Gerichtsstand aber auch für gewisse *materiell-rechtliche Klagen,* wie für die Aberkennungsklage (Art. 83 Abs. 2 SchKG), die Rückforderungsklage (Art. 86 Abs. 2, 187 SchKG), die Arrestschadenersatzklage (Art. 273 Abs. 2 SchKG) und die Anerkennungsklage im ordentlichen Nachlassverfahren (Art. 315 SchKG)[8].

Bei gewissen *materiell-rechtlichen Klagen* regelt das SchKG den Gerichtsstand nicht[9]. Es sind dies die Verantwortlichkeitsklage (Art. 5 SchKG), die Anerkennungsklage (Art. 77 Abs. 4, 79, 153a SchKG), die Schadenersatzklage gegen den Ersteigerer (Art. 129 Abs. 4 SchKG), die Admassierungsklage (Art. 242 Abs. 3 SchKG), die Arrestprosequierungsklage (Art. 279 SchKG) sowie die Klage auf Rückschaffung von Retentionsgegenständen (Art. 284 SchKG). Bei diesen Klagen bestimmt sich die örtliche Zuständigkeit somit nach den allgemeinen Gerichtsstandsbestimmungen der ZPO und damit nach der Art des Anspruches, welcher der konkreten Klage zugrunde liegt[10]:

- Die Verantwortlichkeitsklage (Art. 5 SchKG) betrifft an sich einen öffentlich-rechtlichen Streit[11]. Wenn das kantonale Recht die ZPO für anwendbar erklärt, bejaht die wohl h.L. für die Staatshaftungsklage den Gerichtsstand für Klagen aus unerlaubten Handlungen, weil eine ausservertragliche Schädigung infrage steht. Entsprechend bestimmt sich der Gerichtsstand nach Art. 36 ZPO[12]. Dies kann zu einem Gerichtsstand führen, der ausserhalb des Kantonsgebietes des ins Recht gefassten Kantons liegt.
- Für die Anerkennungs- und Arrestprosequierungsklage (Art. 79, 279 SchKG) gilt grundsätzlich der ordentliche Gerichtsstand am Domizil der beklagten Partei (Art. 10 i.V.m. Art. 31 ZPO), wenn die Forderung nicht einen besonderen Vertrag betrifft. Stützt sich der Anspruch auf einen besonderen Vertrag (Konsumentenvertrag, Miete und Pacht, Arbeitsvertrag), gelten die Gerichtsstandsregelungen gemäss Art. 32–34 ZPO. Geht es um die Feststellung des Pfandrechts (Art. 153a SchKG), treten die sachenrechtlichen Zuständigkeiten nach Art. 29 f. ZPO alternativ hinzu[13]. Der Gerichtsstand der unerlaubten Handlung (Art. 36 ZPO) ist dann anwendbar, wenn die Klage eine ausservertragliche Schädigung betrifft.

8 Kellerhals/von Werdt/Güngerich-Gasser, Art. 1 GestG N 31.

9 Vgl. Aufstellung SchKG-Klagen in: Spühler, 214 ff. und in: Spühler/Dolge, 150 ff.; Kellerhals/von Werdt/Güngerich-Gasser, Art. 1 GestG N 33.

9 Kellerhals/von Werdt/Güngerich-Gasser, Art. 1 GestG N 34.

11 BGE 126 III 436 f.

12 BGE 5A_54/2008, E. 4.1; KUKO ZPO-Haas/Strub, Art. 46 N 9; Sutter-Somm/Schrank, in: Sutter-Somm/Hasenböhler/Leuenberger, ZPO Komm., Art. 46 N 9; Ziltener, DIKE-Komm-ZPO, Art. 46 N 3.

13 Kellerhals/von Werdt/Güngerich-Gasser, Art. 1 GestG N 35.

- Der allgemeine Gerichtsstand i.S.v. Art. 10 ZPO ist anwendbar bei der Schadenersatzklage gegen den säumigen Ersteigerer (Art. 129 Abs. 4 SchKG)[14].
- Bei der Admassierungsklage (Art. 242 Abs. 3 SchKG) greifen die sachenrechtlichen Zuständigkeiten nach Art. 29 f. ZPO, weil die Admassierungsklage eine Spielart der Vindikation ist[15].
- Der Gerichtsstand bei der Klage auf Feststellung des Retentionsrechtes bzw. der dadurch gesicherten Forderung[16] bestimmt sich nach dem miet- und sachenrechtlichen Gerichtsstand (Art. 33 und 30 ZPO)[17].
- Die sachenrechtliche Zuständigkeit nach Art. 30 ZPO gilt auch für die Klage auf Rückschaffung von Retentionsgegenständen (Art. 284 SchKG)[18].

Gewisse Gerichtsstände im SchKG sind nicht ausschliesslich. Bei der Rückforderungsklage (Art. 86 Abs. 2 SchKG) und bei der Rückforderungsklage in der Wechselbetreibung (Art. 187 SchKG i.V.m. Art. 86 SchKG) hat der Kläger die Wahl zwischen dem Gericht des Betreibungsortes und dem ordentlichen Gerichtsstand des Beklagten. Bei diesen Beispielen sind die Gerichtsstandsbestimmungen der ZPO alternativ anwendbar.

II. Internationale Zuständigkeiten

Im internationalen Verhältnis sind die Zuständigkeitsvorschriften des LugÜ und des IPRG zu beachten (Art. 30a SchKG). Das LugÜ regelt die Zuständigkeit der Gerichte der Vertragsstaaten (örtlicher Geltungsbereich) in Zivil- und Handelssachen (sachlicher Geltungsbereich). Nach Art. 1 Abs. 2 lit. b LugÜ sind «Konkurse, Vergleiche und ähnliche Verfahren» vom Anwendungsbereich ausgenommen. Nicht anwendbar ist das LugÜ daher insbesondere auf folgende Verfahren[19]:

- Begehren um Konkurseröffnung, Konkurswiderruf und Konkurseinstellung (Art. 166, 195 und 230 SchKG);
- Begehren um Anordnung eines Güterverzeichnisses oder vorsorglicher Massnahmen (Art. 162 und 170 SchKG);

14 Sutter-Somm/Schrank, in: Sutter-Somm/Hasenböhler/Leuenberger, ZPO Komm., Art. 46 N 9.

15 Sutter-Somm/Schrank, in: Sutter-Somm/Hasenböhler/Leuenberger, ZPO Komm., Art. 46 N 9.

16 Kreisschreiben Nr. 24 der SchKG-Kammer des Bundesgerichts vom 12. Juli 1909.

17 Sutter-Somm/Schrank, in: Sutter-Somm/Hasenböhler/Leuenberger, ZPO Komm., Art. 46 N 9.

18 KUKO SchKG-Rohner, Art. 284 N 8; Sutter-Somm/Schrank, in: Sutter-Somm/Hasenböhler/Leuenberger, ZPO Komm., Art. 46 N 9.

19 Dolge, 41 ff.; Meier, IZPR, 172 ff.

- Aussonderungsklage (Art. 242 Abs. 1 und 2 SchKG);
- Admassierungsklage (Art. 242 Abs. 3 SchKG);
- Kollokationsklage im Konkurs- und im Nachlassverfahren (Art. 250 und 321 SchKG)[20];
- Bewilligung des Rechtsvorschlages wegen fehlenden neuen Vermögens und Klage auf Bestreitung bzw. Feststellung des neuen Vermögens (Art. 265a Abs. 1 und 4 SchKG);
- Anfechtungsklage im Konkurs- und im Nachlassverfahren (Art. 286–288 SchKG)[21];
- Bewilligung und Widerruf der Nachlassstundung (Art. 293 ff. und Art. 313 SchKG);
- Genehmigung und Widerruf des Nachlassvertrags (Art. 304 ff. SchKG).

In all diesen Fällen ist zu prüfen, ob das IPRG eine Zuständigkeit vorschreibt. Ansonsten ist das SchKG für die Bestimmung der örtlichen Zuständigkeit direkt anwendbar.

Sofern ein Verfahren nicht vom Anwendungsbereich des LugÜ ausgeschlossen ist (Art. 1 Abs. 2 lit. b LugÜ), ist zu prüfen, ob die betreffende Klage bzw. das Begehren unter Art. 22 Ziff. 5 LugÜ fällt. Art. 22 Ziff. 5 LugÜ sieht vor, dass für Verfahren, welche die Zwangsvollstreckung aus Entscheidungen zum Gegenstand haben, zwingend der Staat zuständig ist, in dessen Hoheitsgebiet die Zwangsvollstreckung durchgeführt werden soll. Art. 22 Ziff. 5 LugÜ ist insbesondere auf folgende vollstreckungsrechtliche Verfahren anwendbar[22]:

- Gesuch um Bewilligung des nachträglichen Rechtsvorschlages (Art. 77 SchKG)[23];
- Gesuch um definitive Rechtsöffnung (Art. 80 SchKG);
- Gesuch um provisorische Rechtsöffnung (Art. 82 SchKG)[24];
- Begehren um Aufhebung und Einstellung der Betreibung im summarischen Verfahren (Art. 85 SchKG)[25];
- Widerspruchs- und Lastenbereinigungsklage (Art. 106 ff. SchKG)[26];

---

20 BGE 141 III 387, E. 3.5.2.

21 BGE 143 III 169, E. 3.1.

22 Dolge, 61 ff.; Walter/Domej, § 5C III 6; Meier, IZPR, 172 ff.; vgl. zum Ganzen auch BSK LugÜ-Güngerich, Art. 22 N 70 ff.

23 Differenzierend Dolge, 73 f.

24 In der Lehre umstritten, vgl. Dolge, 71 f.; Walter/Domej, § 5C III 6; vom Bundesgericht aber nunmehr klargestellt: BGE 136 III 566 ff.

25 Differenzierend Dolge, 42, welche das Begehen um Aufhebung und Einstellung der Betreibung gemäss Art. 85 SchKG nach Rechtskraft des Zahlungsbefehls und vor der Konkurseröffnung vom Anwendungsbereich des LugÜ gemäss Art. 1 Abs. 2 lit. b LugÜ ausnimmt.

26 A.M. für den Fall, dass sich Schuldner und Drittansprecher gegenüberstehen: Amonn/Walther, § 24 N 59, wonach in solchen Fällen die Zuständigkeitsvorschriften für Erkenntnisver-

- Klage auf privilegierten Anschluss (Art. 111 Abs. 5 SchKG);
- Kollokationsklage in der Betreibung auf Pfändung und auf Pfandverwertung (Art. 148, Art. 157 Abs. 4 SchKG);
- Gesuch um Bewilligung des Rechtsvorschlages in der Wechselbetreibung (Art. 181 ff. SchKG);
- Gesuch um Arrestbewilligung, wenn bereits ein anerkennungsfähiges Urteil vorhanden ist (Art. 272 SchKG).

Der Gerichtsstand nach den allgemeinen Vorschriften gemäss Art. 2 ff. LugÜ gilt insbesondere für folgende (überwiegende) Erkenntnisverfahren (materiell-rechtliche Klagen):

- Anerkennungsklage (Art. 77 Abs. 4, 79, 153c, 315 SchKG);
- Aberkennungsklage (Art. 83 SchKG)[27];
- Begehren um Aufhebung und Einstellung der Betreibung (Art. 85a SchKG)[28];
- Rückforderungsklage (Art. 86 SchKG)[29];
- Schadenersatzklage gegen den Ersteigerer (Art. 129 Abs. 4 SchKG);
- Arrestschadenersatzklage (Art. 273 SchKG);
- Arrestprosequierungsklage (Art. 279 SchKG);
- Klage auf Rückschaffung von Retentionsgegenständen (Art. 284 Satz 2 und 3 SchKG);
- Anfechtungsklage in der Betreibung auf Pfändung (Art. 286–288 SchKG)[30].

Im Anwendungsbereich des IPRG ist ebenfalls zu unterscheiden: Für Erkenntnisverfahren nach schweizerischem Verständnis gilt das IPRG. Es ist etwa anwendbar auf die Anerkennungsklage, die Aberkennungsklage, die Rückforderungsklage, das Begehren um Aufhebung und Einstellung der Betreibung nach Art. 85a SchKG oder die Admassierungsklage. Demgegenüber befasst sich das IPRG nicht mit eigentlichen zwangsvollstreckungsrechtlichen Angelegenheiten oder Klagen mit Reflexwirkung auf das materielle Recht oder dem Arrest[31]. In diesen Fällen ist das SchKG direkt anwendbar.

fahren nach Art. 2 ff. LugÜ gelten sollen; a.M. für den Fall, dass der Drittansprecher Beklagter ist: Bommer, 221; Walter/Domej, § 5C III 6.

27 Bei der Aberkennungsklage wird mit unterschiedlichen Begründungen zusätzlich eine Zuständigkeit am Betreibungsort bejaht, vgl. BGE 130 III 285.

28 A.M. Dolge, 45 und 63, wonach das Begehen um Aufhebung und Einstellung der Betreibung gemäss Art. 85a SchKG nach Rechtskraft des Zahlungsbefehls und vor der Konkurseröffnung vom Anwendungsbereich des LugÜ gemäss Art. 1 Abs. 2 lit. b LugÜ ausgenommen wird, während dasjenige in der Betreibung auf Pfändung und Pfandverwertung unter Art. 22 Ziff. 5 LugÜ fallen soll.

29 Differenzierend Meier, IZPR, 177, wonach die Rückforderungsklage im Konkurs vom Anwendungsbereich des LugÜ gemäss Art. 1 Abs. 2 lit. b LugÜ ausgenommen wird.

30 A.M. Dolge, 67 ff. und Walter/Domej, § 5C III 6.

31 Meier, IZPR, 171.

Abschliessend ist in Bezug auf die internationale Zuständigkeit bei SchKG-Klagen auf einen neueren Entscheid des Bundesgerichts hinzuweisen. Das Bundesgericht hat darin klargestellt, dass bei betreibungsrechtlichen Zwischenstreitigkeiten in einem in der Schweiz durchgeführten Zwangsvollstreckungsverfahren alle in dessen Verlauf auftauchenden, mit ihm zusammenhängenden Rechtsfragen im Streitfall ausschliesslich von den in der Schweiz örtlich zuständigen Behörden (Aufsichtsbehörden und Gerichte) zu beurteilen sind[32]. So kann die Hängigkeit eines ausländischen Prozesses weder die hoheitliche Kompetenz der schweizerischen Konkursverwaltung beschneiden noch deren Kollokationsverfügung der Anfechtung vor dem schweizerischen Kollokationsrichter entziehen[33].

III. Sachliche Zuständigkeiten

Die sachliche Zuständigkeit bestimmt sich nach kantonalem Recht (Art. 4 Abs. 1 ZPO). Im Kanton Zürich entscheidet über die *betreibungsrechtlichen Summarsachen* erstinstanzlich das Einzelgericht (§ 24 lit. c GOG ZH).

Für gewisse *Klagen mit Reflexwirkung auf das materielle Recht* wie die Widerspruchsklage (Art. 106–109 SchKG), die Anschlussklage (Art. 111 SchKG), die Aussonderungsklage (Art. 242 Abs. 2 SchKG), die Kollokationsklage (Art. 148, 250 und 321 SchKG) sowie die Klage auf Feststellung neuen Vermögens (Art. 265a SchKG) sieht § 24 lit. b GOG ZH ebenfalls stets die Zuständigkeit des Einzelgerichts vor. Bei diesen Klagen stellt sich aber die Frage nach dem Verhältnis zwischen § 24 lit. b GOG ZH, der wie erwähnt die Zuständigkeit des Einzelgerichts statuiert, und Art. 6 Abs. 2 ZPO, der eine zwingende Zuständigkeit des Handelsgerichts vorsieht, sofern die Voraussetzungen von Art. 6 Abs. 2 ZPO erfüllt sind. Da es sich bei Art. 6 Abs. 2 ZPO um eine Norm des Bundesrechts handelt, kann das kantonale Recht die handelsgerichtliche Zuständigkeit nicht einschränken. So bietet insbesondere § 24 lit. b GOG ZH mit Blick auf die betreibungsrechtlichen Klagen mit Reflexwirkung auf das materielle Recht gemäss Bundesgericht keine Grundlage für eine solche Einschränkung des Handelsgerichts[34]. Die überwiegende Lehre hat daher bislang die Auffassung vertreten, dass auch das Handelsgericht für die in § 24 lit. b GOG ZH genannten betreibungsrechtlichen Klagen mit Reflexwirkung auf das materielle Recht – so z.B. auch für das Wider-

32 BGE 135 III 127, E. 3.3.2.
33 BGE 135 III 127, E. 3.3.2.
34 BGE 140 III 355, E. 2.2.

spruchsverfahren – zuständig sein kann[35]. Das Bundesgericht hat diese Frage klargestellt: Unter Hinweis auf die Gesetzgebungsgeschichte und die systematische Auslegung von Art. 6 ZPO gelangte es zur Auffassung, dass das in Art. 6 Abs. 2 lit. a ZPO verankerte, weit interpretierte Anknüpfungskriterium des *«geschäftlichen Bezugs»* bei den betreibungsrechtlichen Klagen mit Reflexwirkung auf das materielle Recht problematisch sei und dass in diesem Bereich daher weiterhin auf die (engere) Rechtsnatur der betreffenden Streitigkeit abgestellt werden müsse[36]. Entsprechend hat das Bundesgericht die Zuständigkeit des Handelsgerichts für eine Widerspruchsklage einer Gläubigerin gegen eine Drittansprecherin verneint[37] und in einem späteren Entscheid nochmals klargestellt, dass diese Überlegungen für sämtliche Klagen mit Reflexwirkung auf das materielle Recht zu gelten haben[38].

Weiter ist gemäss § 24 lit. b GOG ZH das Einzelgericht zuständig für die *rein materiell-rechtliche* Admassierungsklage (Art. 242 Abs. 3 SchKG), die Klage auf Rückschaffung von Retentionsgegenständen (Art. 284 SchKG) und für die Feststellungsklage nach Art. 85a SchKG.

Schliesslich ist das Einzelgericht bei allen übrigen *Klagen mit Reflexwirkung auf das materielle Recht* sowie bei allen übrigen *materiell-rechtlichen Klagen* zuständig, wenn der Streitwert weniger als CHF 30 000 beträgt und die Prozesse somit im vereinfachten Verfahren durchgeführt werden (§ 24 lit. a GOG ZH). Beträgt der Streitwert mehr als CHF 30 000, ist für diese Klagen das Bezirksgericht als Kollegialgericht sachlich zuständig (§ 19 GOG ZH). Für die Beurteilung rein materiell-rechtlicher Klagen ist allenfalls auch das Handelsgericht zuständig (§ 44 GOG ZH). Der Prozess wird alsdann im ordentlichen Verfahren durchgeführt.

IV. Prorogation und Einlassung

Soweit das Gesetz nichts anderes bestimmt, können die Parteien für einen bestehenden oder einen künftigen Rechtsstreit über Ansprüche aus einem bestimmten Rechtsverhältnis einen Gerichtsstand vereinbaren. Geht aus der Vereinbarung nichts anderes hervor, so kann die Klage nur am vereinbar-

35 Vgl. statt vieler BSK ZPO-Vock/Nater, Art. 6 N 9b; Rüetschi, in: Sutter-Somm/Hasenböhler/Leuenberger, ZPO Komm., Art. 6 N 23.
36 BGE 140 III 355, E. 2.3.3.
37 BGE 140 III 355, E. 2.3.4.
38 BGE 141 III 527, E. 2.3.

ten Gerichtsstand erhoben werden (Art. 17 ZPO). Der prorogierte Gerichtsstand ist mithin ausschliesslicher Natur.

Nach einhelliger Lehre und Rechtsprechung sind in *Verträgen* festgelegte Gerichtsstands- und Schiedsklauseln auch für die Konkursmasse und die Abtretungsgläubiger verbindlich[39]. Demgegenüber gelten in den *Statuten* festgesetzte Schiedsklauseln gemäss Bundesgericht für die Abtretungsgläubiger nicht[40]. Dasselbe dürfte auch für statutarische Gerichtsstandsklauseln gelten.

Die Zuständigkeit zur Beurteilung einer SchKG Klage kann – soweit nicht gesetzlich ausgeschlossen – auch durch Einlassung der beklagten Partei begründet werden. Das angerufene Gericht wird zuständig, wenn sich die beklagte Partei ohne Einrede der fehlenden Zuständigkeit zur Sache äussert (Art. 18 ZPO).

Prorogation und Einlassung sind indessen nur möglich, wenn das Gesetz keinen zwingenden Gerichtsstand vorschreibt. Sieht das SchKG für eine bestimmte Klage einen Gerichtsstand vor, so ist zur Beurteilung der Gültigkeit einer allfälligen Prorogation bzw. der Zulässigkeit einer Einlassung also stets zu prüfen, ob dieser zwingend ist. Dabei gilt folgender Grundsatz: Soweit eine Klage nach dem SchKG am Ort der Betreibung, des Konkurses, des Arrestes oder der Retention zu erheben ist, handelt es sich in der Regel um zwingende Gerichtsstände[41].

Für folgende *im Summarverfahren ergehende Klagen* schreibt das SchKG daher einen zwingenden Gerichtsstand vor:

- Aufhebung des Rechtsstillstandes (Art. 57d SchKG)[42];
- nachträglicher Rechtsvorschlag (Art. 77 Abs. 2 SchKG);
- Rechtsöffnungsbegehren (Art. 84 SchKG)[43];
- Begehren um Einstellung oder Aufhebung der Betreibung (Art. 85 SchKG)[44];
- Bewilligung des Rechtsvorschlages in der Wechselbetreibung (Art. 181 SchKG);
- Konkurseröffnung und Konkurswiderruf (Art. 52, 54, 171, 189, 190 ff. SchKG)[45];

39 BGE 136 III 107; BSK ZPO-Girsberger, Art. 357 N 40.

40 BGE 136 III 107.

41 Ziltener, DIKE-Komm-ZPO, Art. 46 N 11.

42 Die Regeln über das Rechtsöffnungsverfahren (Art. 84 SchKG) kommen hier analog zur Anwendung: BSK SchKG I-Bauer, Art. 57d N 3; vgl. für das Rechtsöffnungsverfahren BSK SchKG I-Staehelin, Art. 84 N 19.

43 BSK SchKG I-Staehelin, Art. 84 N 19.

44 KUKO SchKG-Brönnimann, Art. 85 N 11.

45 BGE 96 II 3: Der um Eröffnung des Konkurses ersuchte Richter hat von Amtes wegen zu prüfen, ob die Vorschriften über den Betreibungsort beachtet wurden. Ist das offensichtlich nicht der Fall, so kann er sich für unzuständig erklären. Hat er Zweifel über seine Zuständigkeit,

- Bewilligung des Rechtsvorschlages bei der Betreibung aufgrund eines Konkursverlustscheines (Art. 265a Abs. 1 SchKG);
- Arrestbewilligung (Art. 272 SchKG);
- Zuständigkeit des Nachlassgerichts (Art. 293 ff. SchKG).

Bei den *betreibungsrechtlichen Streitigkeiten mit Reflexwirkung auf das materielle Recht* wird allgemein angenommen, dass die Gerichtsstände zwingender Natur sind[46]. Dies gilt insbesondere für die folgenden Klagen:

- Widerspruchsklage (Art. 109 SchKG)[47];
- Anschlussklage (Art. 111 Abs. 5 SchKG)[48];
- Lastenbereinigungsklage (Art. 140 SchKG)[49];
- Aussonderungsklage (Art. 242 Abs. 2 SchKG);
- Kollokationsklage (Art. 148 Abs. 1, 250, 321 SchKG)[50].
- Nach einhelliger Lehre ist bei der Anfechtungsklage (Art. 214, 289 SchKG) eine Prorogation vor der Konkurseröffnung/Nachlassliquidation bzw. Pfändung ausgeschlossen. Ob eine solche nach diesem Zeitpunkt möglich ist, ist umstritten[51].

Die Gerichtsstände, die das SchKG für gewisse *materiell-rechtliche Klagen* begründet, sind nicht zwingend[52]. Hier sind sowohl Prorogation als auch Einlassung zulässig.

---

z.B. wenn fraglich ist, wo der Schuldner seinen Wohnsitz hat, so hat der Richter die Entscheidung über das Konkursbegehren auszusetzen und den Fall in entsprechender Anwendung von Art. 173 Abs. 2 SchKG der Aufsichtsbehörde vorzulegen.

46 BGE 71 III 192; BSK SchKG II-Staehelin, Art. 289 N 15.

47 KUKO SchKG-Rohner, Art. 109 N 7.

48 KUKO SchKG-Wernli, Art. 111 N 14.

49 KUKO SchKG-Bernheim/Känzig, Art. 140 N 40 i.V.m. KUKO SchKG-Rohner, Art. 109 N 7.

50 KUKO SchKG-Sprecher, Art. 148 N 19 und Art. 250 N 26; BGE 71 III 197, E. 2.

51 Vgl. zur Kontroverse BSK SchKG II-Staehelin, Art. 289 N 15.

52 Vgl. für die Aberkennungsklage KUKO SchKG-Vock, Art. 83 N 7; für die Rückforderungsklage KUKO SchKG-Brönnimann, Art. 86 N 17; für die Arrestschadenersatzklage BSK SchKG II-Stoffel, Art. 273 N 28; für die Anerkennungsklage im ordentlichen Nachlassverfahren KUKO SchKG-Hunkeler, Art. 315 N 7.

§ 3 Fristen bei SchKG-Klagen

I. Allgemeines

Für die meisten SchKG-Klagen sieht das Gesetz eine Frist vor, innert welcher die betreffende Klage zu erheben ist. Es handelt sich um *betreibungsrechtliche Verwirkungsfristen,* deren Einhaltung das Gericht als Prozessvoraussetzung von Amtes wegen zu prüfen hat (Art. 60 ZPO). Für die Berechnung, die Einhaltung und den Lauf der Fristen sind gemäss Art. 31 SchKG die Bestimmungen der ZPO anwendbar, sofern das SchKG nichts anderes vorsieht. Es ist also stets vorab zu prüfen, ob das SchKG eine einschlägige Bestimmung über die Fristen enthält. Ansonsten ist die ZPO zu konsultieren[53].

Nach Art. 142 Abs. 1 ZPO *beginnen* Fristen, die durch eine Mitteilung oder den Eintritt eines Ereignisses ausgelöst werden, am nächstfolgenden Tag zu laufen. Lässt sich eine Partei im Verfahren vertreten, so ist der Eingang der Mitteilung beim Vertreter massgebend[54]. Fällt der letzte Tag der Frist auf einen Samstag, Sonntag oder einen anerkannten Feiertag, so *endet* sie am nächsten Werktag (Art. 142 Abs. 3 ZPO). Die Frist ist mit Einreichung der Eingabe beim Gericht *gewahrt,* wobei die rechtzeitige Postaufgabe ausreicht (Art. 143 Abs. 1 ZPO). Bei elektronischer Einreichung gilt indessen das Empfangsprinzip: Die Frist ist eingehalten, wenn der Empfang am letzten Tag bei der Zustelladresse durch das Informatiksystem bestätigt worden ist (Art. 143 Abs. 2 ZPO). Mit fristgerechter Einreichung der Klage oder wenn nötig eines Schlichtungsgesuchs tritt die Rechtshängigkeit ein (Art. 62 ZPO).

Wird die Klage an einem *unzuständigen Gericht* oder – trotz Entfallens eines Schlichtungsverfahrens – bei einer Schlichtungsbehörde eingereicht, so ist die Frist dennoch gewahrt, wenn der Kläger innerhalb einer Nachfrist, nachdem er seine fehlerhafte Eingabe zurückgezogen hat oder auf diese nicht eingetreten wurde, beim zuständigen Gericht Klage einreicht (Art. 63 und Art. 64 Abs. 2 ZPO). Die Dauer der Nachfrist beträgt grundsätzlich einen Monat (Art. 63 Abs. 1 ZPO). Vorbehalten bleiben aber die besonderen gesetzlichen Klagefristen nach dem SchKG (Art. 63 Abs. 3 ZPO). Was heisst dies nun? Die einmonatige Notfrist nach Abs. 1 verkürzt sich. Hier entspricht die Notfrist der jeweiligen kürzeren Klagefrist im SchKG (z.B. 20 Tage bei der Aberkennungsklage oder bei der Kollokationsklage, zehn Tage

53 Sprecher, SJZ 107 (2011) 283.
54 BSK ZPO-Benn, Art. 142 N 15.

bei der Lastenbereinigungsklage)[55]. Ist die Klagefrist demgegenüber länger als die einmonatige Notfrist, wie z.B. bei der paulianischen Anfechtungsklage (zwei Jahre, Art. 292 SchKG), so bleibt es bei der Notfrist von einem Monat[56]. Eine Überweisung von Amtes wegen findet nicht statt[57]. Dasselbe dürfte gelten, wenn die Klage statt beim Gericht fälschlicherweise beim Betreibungsamt oder der Aufsichtsbehörde eingereicht wird. Im Gegensatz zum altrechtlichen Art. 32 Abs. 2 SchKG, der auch die Weiterleitung einer Klage von der unzuständigen Behörde an das zuständige Gericht vorgesehen hat, sieht der neue Art. 32 Abs. 2 SchKG seinem Wortlaut nach nur noch dann eine Weiterleitung von Amtes wegen vor, wenn das örtlich unzuständige Betreibungs- oder Konkursamt angerufen wird, nicht aber wenn die sachliche Zuständigkeit fehlt. Ob eine solche Einschränkung tatsächlich gewollt war, ist unklar und wird kontrovers beurteilt[58]. Ob Art. 32 Abs. 2 SchKG auch anwendbar ist, wenn eine SchK-Beschwerde bei der oberen statt bei der unteren Aufsichtsbehörde eingereicht wird, hat das Bundesgericht offengelassen[59].

Für *mangelhafte Klagen* an das Gericht ist Art. 132 ZPO anwendbar. Art. 32 Abs. 4 SchKG, welcher ebenfalls die Verbesserung fehlerhafter Eingaben zum Gegenstand hat, gilt nur für das Verfahren vor Vollstreckungs- und Aufsichtsbehörden[60]. Nach Art. 132 Abs. 1 ZPO sind mangelhafte Eingaben innert einer gerichtlichen Nachfrist zu verbessern, ansonsten die Eingabe als nicht erfolgt gilt. Daneben sieht Art. 56 ZPO bei unklaren, widersprüchlichen, unbestimmten oder unvollständigen Vorbringen eine richterliche Fragepflicht vor.

Art. 33 SchKG regelt – insbesondere als lex specialis zu Art. 148 f. ZPO – die «*Änderung und Wiederherstellung*» der Fristen. Eine Abänderung der Fristen durch Vertrag ist ausgeschlossen (Art. 33 Abs. 1 SchKG), eine Verlängerung ist – in Abweichung von Art. 144 Abs. 1 ZPO – immerhin gegenüber solchen Parteien möglich, welche im Ausland wohnen oder durch öffentliche

55 BGE 141 III 481; Gasser/Rickli, Art. 63 N 6.
56 Gasser/Rickli, Art. 63 N 6.
57 BBl 2006 7277. Gemäss BGE 141 III 481 hat der Kläger die ursprüngliche Originalausgabe der Klage mit Eingangsstempel des zuerst angerufenen Gerichts beim zuständigen Gericht einzureichen, allenfalls unter Beilage einer Übersetzung in die Amtssprache des zuständigen Gerichts.
58 Vgl. BSK SchKG I-Nordmann, Art. 32 N 6; klargestellt hat das Bundesgericht immerhin, dass Art. 32 Abs. 2 SchKG nur Eingabefristen betrifft und nicht analog auf Zahlung an ein Betreibungsamt im Sinn von Art. 12 Abs. 1 SchKG angewendet werden kann. Siehe BGE 5A_258/2013, E. 5.
59 BGE 5A_421/2012, E. 3.1.
60 BSK SchKG I-Nordmann, Art. 32 N 15.

Bekanntmachung anzusprechen sind (Art. 33 Abs. 2 SchKG). Ein am Verfahren Beteiligter kann darauf verzichten, die Nichteinhaltung der Frist geltend zu machen, wenn diese ausschliesslich in seinem Interesse aufgestellt ist (Art. 33 Abs. 3 SchKG). Schliesslich kann eine versäumte Frist bei unverschuldetem Hindernis wiederhergestellt werden (Art. 33 Abs. 4 SchKG).

II. Fristenstillstand

Art. 145 Abs. 1 ZPO regelt die Gerichtsferien und damit den Stillstand der Fristen. Gemäss Art. 145 Abs. 2 lit. b ZPO gilt der Fristenstillstand aber nicht für die summarischen Verfahren. Sodann bleiben nach Art. 145 Abs. 4 ZPO die Bestimmungen des SchKG über die Betreibungsferien und den Rechtsstillstand vorbehalten (Art. 56 ff. SchKG).

Für die *SchKG-Klagen, welche im summarischen Verfahren* geführt werden, hat dies folgende Konsequenzen: Zwar gelten für sie keine Gerichtsferien. Wenn der betreffende Summarentscheid aber in eine Betreibungshandlung[61] mündet, sind die Betreibungsferien (Art. 56 Ziff. 2 SchKG) zu beachten. Ergeht ein solcher Entscheid trotzdem in den Betreibungsferien, so wirkt er erst nach deren Ablauf. Betroffen sind zum Beispiel die Rechtsöffnung (Art. 80 ff. SchKG), die Konkurseröffnung (Art. 171, 189 SchKG) oder die Klage über die Feststellung neuen Vermögens (Art. 265a SchKG)[62]. Demgegenüber können die Arrestverfahren (Art. 271 ff. SchKG) und die Summarsachen des Nachlassverfahrens in den Betreibungsferien ohne Weiteres durchgeführt werden (Art. 56 SchKG)[63].

Dass die Sommergerichtsferien nicht mit den Sommerbetreibungsferien übereinstimmen, hat bei den *übrigen SchKG-Klagen* keine Konsequenzen: Sowohl bei den materiell-rechtlichen Klagen als auch bei den Klagen mit Reflexwirkung auf das materielle Recht gilt grundsätzlich das Fristenrecht der ZPO. Es gibt aber Ausnahmen: Geht die Klagefrist einer SchKG-Klage von einem Betreibungsakt aus, gehört die Klagefrist zur Betreibungshandlung. In einem solchen Fall sind ausschliesslich Art. 56 Ziff. 2 SchKG (Betreibungsferien) und Art. 63 SchKG (Wirkungen der Betreibungsferien auf den Fristenlauf) massgeblich[64]. Das Fristenrecht der ZPO ist diesfalls nicht anwendbar.

61 Zum Begriff, vgl. BGE 121 III 91.
62 Vgl. zum Ganzen Gasser/Rickli, Art. 145 N 6.
63 Gasser/Rickli, Art. 145 N 6.
64 BGE 143 III 38. In diesem Entscheid ging es um die Klagefrist bei der Aberkennungsklage.

Im *SchKG-Beschwerdeverfahren* bestand hinsichtlich des Stillstands von Fristen im Kanton Zürich ursprünglich das Problem, dass das SchKG für die Regelung des Beschwerdeverfahrens ausdrücklich auf die Zuständigkeit der Kantone verweist (Art. 20a Abs. 3 SchKG). Der Kanton Zürich hält jedoch mit § 83 und 84 GOG ZH keine ausdrückliche Regelung für den Stillstand der Fristen bereit, sondern verweist seinerseits auf die Regeln der ZPO (§ 83 Abs. 3 GOG ZH; § 84 GOG ZH, Art. 319 ff. ZPO). Damit regelt der Kanton Zürich nicht ausdrücklich, ob Fristen in einem betreibungsrechtlichen Beschwerdeverfahren während der Gerichtsferien stillstehen oder nicht. Nach der bundesgerichtlichen Praxis sind Art. 145 Abs. 1 ZPO (Gerichtsferien) und Art. 145 Abs. 3 ZPO (Pflicht zur Belehrung über die Nichtgeltung der Gerichtsferien) bei betreibungsrechtlichen Beschwerden nicht anwendbar. Massgebend sind ausschliesslich Art. 56 Ziff. 2 SchKG (Betreibungsferien) und Art. 63 SchKG (Wirkungen der Betreibungsferien auf den Fristenlauf)[65].

65 BGE 141 III 170.

§ 4 Verfahrensarten bei SchKG-Klagen

I. Ordentliches Verfahren

1. Geltungsbereich

Der Geltungsbereich des ordentlichen Verfahrens umfasst Streitigkeiten mit einem Streitwert von über CHF 30 000 (Art. 243 Abs. 1 ZPO e contrario). Dies gilt jedoch nur, wenn die ZPO für eine bestimmte Streitigkeit nicht das Summarverfahren für anwendbar erklärt.

Unter der Bedingung des Streitwerterfordernisses ist das ordentliche Verfahren gemäss Art. 219 ff. ZPO demnach anwendbar auf die *rein materiell-rechtlichen Klagen* wie die Verantwortlichkeitsklage (sofern ein Kanton die ZPO für anwendbar erklärt; Art. 5 SchKG), die Anerkennungsklage (Art. 79 SchKG), die Aberkennungsklage (Art. 83 Abs. 2 SchKG), die Rückforderungsklage (Art. 86 Abs. 2, 187 SchKG), die Schadenersatzklage gegen den Ersteigerer (Art. 129 Abs. 4 SchKG), die Admassierungsklage (Art. 242 Abs. 3 SchKG), die Arrestschadenersatzklage (Art. 273 Abs. 2 SchKG), die Arrestprosequierungsklage (Art. 279 Abs. 2 SchKG), die Klage auf Duldung der Rückschaffung von Retentionsgegenständen (Art. 284 SchKG) und die Anerkennungsklage im ordentlichen Nachlassverfahren (Art. 315 SchKG).

Das ordentliche Verfahren kann bei Erfüllung des Streitwerterfordernisses sodann für die *betreibungsrechtlichen Streitigkeiten mit Reflexwirkung auf das materielle Recht* gelten. Zu diesen Streitigkeiten gehören insbesondere die Feststellungsklage (Art. 85a SchKG), die Widerspruchsklage (Art. 109 SchKG), die Anschlussklage (Art. 111 Abs. 5 SchKG), die Lastenbereinigungsklage (Art. 140 SchKG), die Aussonderungsklage (Art. 242 Abs. 2 SchKG), die Kollokationsklage (Art. 148 Abs. 1, 250 SchKG) und die paulianische Anfechtungsklage (Art. 285 ff. SchKG).

Für die Verfahrensart ist es unerheblich, welches Gericht sachlich zuständig ist. Da zum Beispiel für die Kollokationsklage im Kanton Zürich unabhängig vom Streitwert immer ein Einzelgericht zuständig ist (§ 24 lit. b GOG ZH), wird dieses den Kollokationsprozess bei einem Streitwert von über CHF 30 000 im ordentlichen Verfahren führen.

2. Überblick über den Verfahrensablauf

Das ordentliche Verfahren wird mit einer schriftlichen Klage eingeleitet (Art. 220 ZPO), welche die Formerfordernisse von Art. 221 ZPO zu erfüllen hat. Die vorgängige Durchführung eines Schlichtungsversuchs ist grundsätzlich obligatorisch. Die Einreichung des Schlichtungsgesuchs begründet Rechtshängigkeit (Art. 62 Abs. 1 ZPO). Das Schlichtungsverfahren entfällt aber bei der Aberkennungsklage, Feststellungsklage, Widerspruchsklage, Anschlussklage, Aussonderungs- und Admassierungsklage, Kollokationsklage, Klage auf Feststellung neuen Vermögens sowie bei der Klage auf Rückschaffung von Retentionsgegenständen (Art. 198 lit. 3 ZPO). Bei diesen Klagen tritt die Rechtshängigkeit mit der Einreichung der Klage beim Gericht ein (Art. 62 Abs. 1 ZPO).

Die Klageantwort wird ebenfalls schriftlich erstattet (Art. 222 ZPO). In der Folge liegt es im Ermessen des Gerichts, ob es einen zweiten Schriftenwechsel (Art. 225 ZPO) anordnet, eine Instruktionsverhandlung (Art. 226 ZPO) ansetzt oder direkt zur Hauptverhandlung vorlädt (Art. 228 ff. ZPO).

3. Beweisrecht (Beweismass/Beweismittel)

Im ordentlichen Verfahren ist der strikte Beweis zu erbringen; Glaubhaftmachung genügt nicht. Als Beweismittel sind wie bis anhin das Zeugnis, die Urkunde, der Augenschein, das Gutachten oder die schriftliche Auskunft zulässig (Art. 168 Abs. 1 ZPO).

II. Vereinfachtes Verfahren

1. Geltungsbereich

Das vereinfachte Verfahren gilt für vermögensrechtliche Streitigkeiten bis zu einem Streitwert von CHF 30 000, sofern die ZPO für eine bestimmte Streitigkeit nicht das Summarverfahren für anwendbar erklärt.

Folglich ist das vereinfachte Verfahren unter der Bedingung des Streitwerterfordernisses anwendbar auf die *materiell-rechtlichen Klagen* wie die Verantwortlichkeitsklage (sofern ein Kanton die ZPO für anwendbar erklärt; Art. 5 SchKG), die Anerkennungsklage (Art. 79 SchKG), die Aberkennungsklage (Art. 83 Abs. 2 SchKG), die Rückforderungsklage (Art. 86 Abs. 2, 187 SchKG), die Schadenersatzklage gegen den Ersteigerer (Art. 129 Abs. 4 SchKG), die

Admassierungsklage (Art. 242 Abs. 3 SchKG), die Arrestschadenersatzklage (Art. 273 Abs. 2 SchKG), die Arrestprosequierungsklage (Art. 279 Abs. 2 SchKG), die Klage auf Rückschaffung von Retentionsgegenständen (Art. 284 SchKG) und die Anerkennungsklage im ordentlichen Nachlassverfahren (Art. 315 SchKG).

Zudem gilt das vereinfachte Verfahren für die betreibungsrechtlichen *Streitigkeiten mit Reflexwirkung auf das materielle Recht,* wenn der Streitwert nicht höher als CHF 30 000 ist. Darunter fallen die Feststellungsklage (Art. 85a SchKG), die Widerspruchsklage (Art. 109 SchKG), die Anschlussklage (Art. 111 Abs. 5 SchKG), die Lastenbereinigungsklage (Art. 140 SchKG), die Aussonderungsklage (Art. 242 Abs. 2 SchKG), die Kollokationsklage (Art. 148 Abs. 1, 250 SchKG) und die paulianische Anfechtungsklage (Art. 214, 289 SchKG).

2. Überblick über den Verfahrensablauf

Wie im ordentlichen Verfahren ist vor Einreichung der Klage grundsätzlich ein Schlichtungsversuch durchzuführen. Allerdings entfällt das Schlichtungsverfahren bei den in Art. 198 lit. 3 ZPO genannten Klagen.

Die Klage selbst braucht keine Rechtsschrift zu sein. Es genügt, wenn sie mündlich auf der Gerichtskanzlei zu Protokoll gegeben wird. Sodann muss sie nicht substanziiert werden. Weder sind Tatsachenbehauptungen aufzustellen noch die Beweismittel zu nennen oder den Behauptungen zuzuordnen. Verfügbare Urkunden sind aber beizulegen, und der Streit ist ausreichend zu definieren[66]. Diese vereinfachte Klage i.S.v. Art. 244 ZPO ist eine freie Option der klägerischen Partei. Sie kann auch eine vollständig substanziierte Klage einreichen, was in rechtlich oder tatsächlich schwierigen Fällen empfehlenswert ist[67].

Enthält die Klage keine Begründung, lädt das Gericht die Parteien zur mündlichen Verhandlung vor (Art. 245 Abs. 1 ZPO). Bei einer substanziierten Klage setzt das Gericht der beklagten Partei Frist zur schriftlichen Stellungnahme an (Art. 245 Abs. 2 ZPO).

Nach dem Willen des Gesetzgebers soll die Streitsache möglichst am ersten Termin erledigt werden können (Art. 246 Abs. 1 ZPO). Neu gilt für die SchKG-Klagen eine verstärkte Fragepflicht des Richters (Art. 247 Abs. 1

66 Vgl. zum Ganzen GASSER/RICKLI, Art. 244 N 2 ff.
67 Vgl. zum Ganzen GASSER/RICKLI, Art. 244 N 2 ff.

ZPO), obwohl auch im vereinfachten Verfahren die Verhandlungsmaxime gilt.

Kann die Streitsache nicht am ersten mündlichen Termin erledigt werden, so kann das Gericht eine Beweisverfügung erlassen und dann zu einem zweiten Termin vorladen oder wie im ordentlichen Verfahren einen nachträglichen Schriftenwechsel anordnen. Auch die Durchführung einer Instruktionsverhandlung ist denkbar. Dies vor allem dann, wenn zunächst ein Schriftenwechsel stattgefunden hat[68].

3. Beweisrecht (Beweismass/Beweismittel)

Im vereinfachten Verfahren ist der strikte Beweis zu erbringen; Glaubhaftmachung genügt nicht. Es gibt keine Beweis- oder Kognitionsbeschränkungen. Wie beim ordentlichen Verfahren sind also alle Beweismittel zugelassen.

III. Summarisches Verfahren

1. Geltungsbereich

Art. 251 ZPO schreibt das summarische Verfahren explizit für folgende Angelegenheiten vor:

- Entscheide, die vom Rechtsöffnungs-, Konkurs-, Arrest- und Nachlassgericht getroffen werden (Art. 251 lit. a ZPO);
- Bewilligung des nachträglichen Rechtsvorschlages (Art. 77 Abs. 3 SchKG) und des Rechtsvorschlages in der Wechselbetreibung (Art. 181 SchKG; vgl. Art. 251 lit. b ZPO);
- Aufhebung oder Einstellung der Betreibung (Art. 85 SchKG; vgl. Art. 251 lit. c ZPO);
- Entscheid über das Vorliegen neuen Vermögens (Art. 265a Abs. 1–3 SchKG; vgl. Art. 251 lit. d ZPO) und
- Anordnung der Gütertrennung (Art. 68b SchKG; vgl. Art. 251 lit. e ZPO).

Die genannten Verfahren sind ausschliesslich *rein betreibungsrechtlicher Art.*

68 Vgl. zum Ganzen Gasser/Rickli, Art. 246 N 2 ff.

2. Überblick über den Verfahrensablauf

Das Verfahren wird durch ein Gesuch eingeleitet (Art. 252 ZPO). Dieses muss schriftlich gestellt werden. Mündliche Gesuche sind nur in einfachen und dringlichen Fällen zulässig. Das Gesuch muss anders als bei der vereinfachten Klage substanziiert sein. Entsprechend sind die erheblichen Tatsachenbehauptungen aufzustellen, die Beweismittel zu nennen und allfällige Urkunden beizulegen[69]. Der Schlichtungsversuch entfällt (Art. 198 lit. a ZPO).

Wie dies auch Art. 84 Abs. 2 SchKG vorsieht, liegt es im Ermessen des Gerichts, zu einer mündlichen Verhandlung vorzuladen und die Gegenpartei anlässlich dessen mündlich Stellung nehmen zu lassen oder ihr Frist zu einer schriftlichen Vernehmlassung anzusetzen. Das Gericht kann auch auf die Durchführung einer Verhandlung verzichten und aufgrund der Akten entscheiden, sofern das Gesetz nichts anderes bestimmt (Art. 256 Abs. 1 ZPO). Eine lex specialis zu dieser Regelung stellt z.B. Art. 181 SchKG dar: Nach einem Rechtsvorschlag in der Wechselbetreibung ist die Vorladung der Parteien zwingend vorgeschrieben. Dem Gericht kommt hier kein Wahlrecht zu, da die Gelegenheit zu einer bloss schriftlichen Stellungnahme dem rechtlichen Gehörsanspruch nicht genügend Rechnung trägt[70].

Eine Replik sieht die ZPO nicht vor. Nach dem Grundsatz des rechtlichen Gehörs ist dem Kläger aber die Gelegenheit zur Erstattung der Replik einzuräumen[71]. Dies ist bei der mündlichen Verhandlung einfach, da hier sofort repliziert und allenfalls dupliziert werden kann. Bei schriftlichen Eingaben sollte es genügen, wenn das Gericht die Vernehmlassung des Beklagten nur zur Kenntnisnahme zustellt. Ansonsten würde das Verfahren zu schwerfällig. Diesfalls wäre es dann am Kläger, dem Gericht zu beantragen, dass er replizieren will. Gleich müsste mit der Duplik verfahren werden[72].

Wie auch gemäss dem bisherigen Recht stellt das Konkurs- oder Nachlassgericht den Sachverhalt von Amtes wegen fest (Art. 255 lit. a ZPO). Ansonsten gilt die Verhandlungsmaxime.

69 Vgl. zum Ganzen GASSER/RICKLI, Art. 252 N 1 ff.
70 BSK SchKG II-BAUER, Art. 181 N 8.
71 BGE 132 I 42 ff.
72 Vgl. zum Ganzen GASSER/RICKLI, Art. 253 N 4 f.

3. Beweisrecht (Beweismass/Beweismittel)

Im summarischen Verfahren ist das Beweismass grundsätzlich nicht beschränkt. Es gilt der volle Beweis, es sei denn, aus dem SchKG folge eine Herabsetzung (z.B. Glaubhaftmachen). Dies ist zum Beispiel beim Rechtsöffnungsverfahren der Fall, in welchem der Schuldner seine Einwendungen nur glaubhaft machen muss (Art. 82 Abs. 2 SchKG). Auch die Arrestvoraussetzungen müssen lediglich glaubhaft gemacht werden (Art. 272 Abs. 1 SchKG).

Der Beweis ist durch Urkunden zu erbringen, soweit diese sofort greifbar (d.h. liquid) sind (Art. 254 Abs. 1 ZPO). Es gilt somit grundsätzlich eine Beweismittelbeschränkung. Andere Beweismittel sind nach Art. 254 Abs. 2 ZPO nur zulässig, wenn:

- sie das Verfahren nicht wesentlich verzögern;
- es der Verfahrenszweck erfordert oder
- das Gericht den Sachverhalt von Amtes wegen festzustellen hat.

So wäre eine Partei- oder Zeugenbefragung zulässig, wenn eine mündliche Verhandlung stattfindet und die Partei oder der Zeuge sofort greifbar wären. In einem solchen Fall wird das Verfahren nicht wesentlich verzögert[73].

73 Vgl. zum Ganzen Gasser/Rickli, Art. 254 N 2.

§ 5 Rechtsmittel bei SchKG-Klagen

I. Rechtsmittel auf Kantonsebene

1. Berufung

Erstinstanzliche End- und Zwischenentscheide über eine *materiell-rechtliche Klage,* d.h. über eine Verantwortlichkeitsklage (sofern ein Kanton die ZPO für anwendbar erklärt; Art. 5 SchKG), eine Anerkennungsklage (Art. 79 SchKG), eine Aberkennungsklage (Art. 83 Abs. 2 SchKG), eine Rückforderungsklage (Art. 86 Abs. 2, 187 SchKG), eine Schadenersatzklage gegen den Ersteigerer (Art. 129 Abs. 4 SchKG), eine Admassierungsklage (Art. 242 Abs. 3 SchKG), eine Arrestschadenersatzklage (Art. 273 Abs. 2 SchKG), eine Arrestprosequierungsklage (Art. 279 Abs. 2 SchKG), eine Klage auf Duldung der Rückschaffung von Retentionsgegenständen (Art. 284 SchKG) und eine Anerkennungsklage im ordentlichen Nachlassverfahren (Art. 315 SchKG) sind mit der Berufung i.S.v. Art. 308 ff. ZPO anfechtbar.

Gleiches gilt für die *betreibungsrechtlichen Streitigkeiten mit Reflexwirkung auf das materielle Recht.* Erstinstanzliche End- und Zwischenentscheide über eine Feststellungsklage (Art. 85a SchKG), eine Widerspruchsklage (Art. 109 SchKG), eine Anschlussklage (Art. 111 Abs. 5 SchKG), eine Lastenbereinigungsklage (Art. 140 SchKG), eine Aussonderungsklage (Art. 242 Abs. 2 SchKG), eine Kollokationsklage (Art. 148 Abs. 1, 250, 321 SchKG) oder über eine paulianische Anfechtungsklage (Art. 214, 289 SchKG) sind ebenfalls berufungsfähig.

Dies gilt unabhängig davon, ob die anzufechtenden Entscheide in einem ordentlichen oder vereinfachten Verfahren ergangen sind. Allerdings gilt eine Streitwertgrenze von mindestens CHF 10 000. Massgebender Zeitpunkt für die Berechnung des Streitwerts ist die Fällung des vorinstanzlichen Entscheids. Vorher erklärte Anerkennungen oder Rückzüge einzelner Begehren sind also zu berücksichtigen (Art. 308 Abs. 2 ZPO). SchKG-Klagen, die unter einem Streitwert von CHF 10 000 liegen, sind folglich nicht berufungs-, aber beschwerdefähig (Art. 319 lit. a ZPO).

Die Berufung ist gemäss Art. 309 lit. b ZPO in folgenden Angelegenheiten unzulässig:

- Aufhebung des Rechtsstillstandes (Art. 57d SchKG);
- Bewilligung des nachträglichen Rechtsvorschlages (Art. 77 SchKG);
- Rechtsöffnung (Art. 80 ff. SchKG);

- Aufhebung und Einstellung der Betreibung (Art. 85 SchKG);
- Bewilligung des Rechtsvorschlages in der Wechselbetreibung (Art. 181 SchKG);
- Arrest (Art. 272 und 278 SchKG) und
- Entscheide, die nach SchKG in die Zuständigkeit des Konkurs- oder des Nachlassgerichts fallen.

Nicht berufungsfähig sind somit die *rein betreibungsrechtlichen Summarsachen*[74]. Darunter fällt auch die Rechtsöffnung. Für diese Fälle steht einzig die Beschwerde (Art. 319 lit. a ZPO) offen.

Entscheide über SchKG-Klagen, welche ein Handelsgericht fällt, sind ebenfalls nicht berufungsfähig. So ist zum Beispiel ein Entscheid des Zürcher Handelsgerichts über eine materielle SchKG-Klage direkt mit der Beschwerde in Zivilsachen beim Bundesgericht anzufechten (Art. 75 Abs. 2 BGG).

Die Berufungsfrist beträgt 30 Tage (Art. 311 Abs. 1 ZPO).

Mit der Berufung kann die unrichtige Rechtsanwendung und die unrichtige Feststellung des Sachverhaltes geltend gemacht werden (Art. 310 ZPO). Echte und unechte Noven sind nur unter sehr strengen Voraussetzungen zulässig (Art. 317 ZPO). Die Berufung hat aufschiebende Wirkung (Art. 315 ZPO).

2. Beschwerde

Die Beschwerde ist subsidiär zur Berufung. Dies ergibt sich aus dem Wortlaut von Art. 319 lit. a ZPO. Beschwerdefähig sind somit alle End- und Zwischenentscheide mit einem Streitwert, der tiefer als CHF 10 000 ist.

Somit können Entscheide über eine *materiell-rechtliche Klage,* d.h. über eine Verantwortlichkeitsklage (sofern ein Kanton die ZPO für anwendbar erklärt; Art. 5 SchKG), eine Anerkennungsklage (Art. 79 SchKG), eine Aberkennungsklage (Art. 83 Abs. 2 SchKG), eine Rückforderungsklage (Art. 86 Abs. 2, 187 SchKG), eine Schadenersatzklage gegen den Ersteigerer (Art. 129 Abs. 4 SchKG), eine Admassierungsklage (Art. 242 Abs. 3 SchKG), eine Arrestschadenersatzklage (Art. 273 Abs. 2 SchKG), eine Arrestprosequierungsklage (Art. 279 Abs. 2 SchKG), eine Klage auf Duldung der Rückschaffung von Retentionsgegenständen (Art. 284 SchKG) und über eine Anerken-

74 Gasser/Rickli, Art. 309 N 2.

nungsklage im ordentlichen Nachlassverfahren (Art. 315 SchKG) mit der Beschwerde i.S.v. Art. 319 ff. ZPO angefochten werden.

Gleiches gilt für die *betreibungsrechtlichen Streitigkeiten mit Reflexwirkung auf das materielle Recht.* Erstinstanzliche End- und Zwischenentscheide über eine Feststellungsklage (Art. 85a SchKG), eine Widerspruchsklage (Art. 109 SchKG), eine Anschlussklage (Art. 111 Abs. 5 SchKG), eine Lastenbereinigungsklage (Art. 140 SchKG), eine Aussonderungsklage (Art. 242 Abs. 2 SchKG), eine Kollokationsklage (Art. 148 Abs. 1, 250, 321 SchKG) oder über eine paulianische Anfechtungsklage (Art. 214, 289 SchKG) sind ebenfalls beschwerdefähig.

Sodann sind die End- und Zwischenentscheide in den *betreibungsrechtlichen Summarsachen,* wie etwa die Entscheide über die Aufhebung des Rechtsstillstandes (Art. 57d SchKG), über die Bewilligung des nachträglichen Rechtsvorschlages (Art. 77 SchKG), über die Rechtsöffnung (Art. 80 ff. SchKG), über die Aufhebung und Einstellung der Betreibung (Art. 85 SchKG), über die Bewilligung des Rechtsvorschlages in der Wechselbetreibung (Art. 181 SchKG), über die Einsprache gegen die Arrestbewilligung oder über die Abweisung des Arrestbegehrens (Art. 272 und 278 SchKG) und die Entscheide, die nach SchKG in die Zuständigkeit des Konkurs- oder des Nachlassgerichts fallen, beschwerdefähig. Hier spielt der Streitwert keine Rolle.

Die Beschwerdefrist beträgt bei Entscheiden, welche im ordentlichen oder vereinfachten Verfahren ergangen sind, 30 Tage (Art. 321 Abs. 1 ZPO). In summarischen Verfahren beträgt sie zehn Tage (Art. 321 Abs. 2 ZPO). Für den Weiterzug des Entscheids über die Bewilligung des Rechtsvorschlages in der Wechselbetreibung sieht Art. 185 SchKG als lex specials zu Art. 321 ZPO eine Beschwerdefrist von fünf Tagen vor.

Mit der Beschwerde kann die unrichtige Rechtsanwendung geltend gemacht werden (Art. 320 lit. a ZPO). Hingegen kann die unrichtige Feststellung des Sachverhaltes nur in qualifizierten Fällen gerügt werden, wie bei Aktenwidrigkeit oder bei willkürlicher Feststellung des Sachverhaltes (Art. 320 lit. b ZPO).

Im Beschwerdeverfahren herrscht ein Novenausschluss (Art. 326 Abs. 1 ZPO). Eine Ausnahme bildet das Konkursverfahren: Nach dem neuen Art. 174 Abs. 1 SchKG kann der Entscheid des Konkursgerichtes innert zehn Tagen mit Beschwerde angefochten werden. Die Parteien können dabei neue Tatsachen geltend machen, wenn diese vor dem erstinstanzlichen Entscheid eingetreten sind. Sodann kann die Rechtsmittelinstanz die Konkurseröffnung aufheben, wenn der Schuldner seine Zahlungsfähigkeit glaubhaft macht und durch Urkunden beweist, dass inzwischen:

- Die Schuld, einschliesslich der Zinsen und Kosten, getilgt ist;
- der geschuldete Betrag bei der Rechtsmittelinstanz zuhanden des Gläubigers hinterlegt ist oder
- der Gläubiger auf die Durchführung des Konkurses verzichtet.

Zudem ist näher auf drei weitere Spezialfälle einzugehen:

- Wie erwähnt, sind die Entscheide des Nachlassgerichts über das Gesuch um Nachlassstundung mit der Beschwerde anfechtbar. Allerdings sind hierzu nur der Schuldner und der gesuchstellende Gläubiger legitimiert (Art. 295c Abs. 1 SchKG). Soweit der Entscheid aber die Ernennung des Sachwalters betrifft, ist jeder Gläubiger zur Beschwerde legitimiert.
- Ebenso ist die Beschwerde zulässig gegen den Entscheid des Nachlassgerichts über den Nachlassvertrag (Art. 307 SchKG). Die Kantone sind verpflichtet, ein oberes kantonales Nachlassgericht vorzusehen[75]. Im Kanton Zürich ist es das Obergericht. Gleiches gilt auch für Entscheide über die Bewilligung einer Notstundung. Auch diese sind mit Beschwerde anfechtbar (Art. 340 Abs. 1 SchKG). Wiederum sind die Kantone gehalten, auch hier zwei Gerichtsinstanzen vorzusehen.
- Art. 327a ZPO ist nur anwendbar, wenn sich die Beschwerde gegen einen Entscheid des Vollstreckungsgerichts gestützt auf das revidierte LugÜ richtet[76].

Die Beschwerde hat keine aufschiebende Wirkung (Art. 325 Abs. 1 ZPO).

II. Rechtsmittel auf Bundesebene

1. Beschwerde in Zivilsachen

Gemäss Art. 72 Abs. 2 lit. a BGG unterliegen der Beschwerde in Zivilsachen auch Entscheide in Schuldbetreibungs- und Konkurssachen. Darunter fallen jedoch nur Entscheide, bei denen der vollstreckungsrechtliche Aspekt im Vordergrund steht[77]. Es handelt sich dabei um die rein betreibungsrechtlichen Streitigkeiten und um die richterlichen Verfügungen des Konkurs- und

75 KUKO SchKG-Hunkeler, Art. 307 N 3.

76 Beschluss der II. ZK des Obergerichts des Kantons Zürich vom 31. Oktober 2011 (Geschäft Nr. PS110177).

77 Dazu gehören z.B. sämtliche Rechtsöffnungsentscheide: BGE 134 III 141, E. 2 sowie BGE 133 III 399, E. 1; vgl. zum Ganzen BSK BGG-Klett/Escher, Art. 72 N 6.

Nachlassrichters[78]. Sodann fallen auch die Verfügungen der Vollstreckungsorgane darunter, welche auf Beschwerde nach Art. 17 SchKG hin von den kantonalen Aufsichtsbehörden überprüft werden[79]. Nicht als Entscheide in Schuldbetreibungs- und Konkurssachen i.S.v. Art. 72 Abs. 2 lit. a BGG, sondern als reine Zivilsachen gemäss Art. 72 Abs. 1 BGG gelten Entscheide bei materiell-rechtlichen Klagen[80] und bei betreibungsrechtlichen Klagen mit Reflexwirkung auf das materielle Recht[81].

Mit Beschwerde in Zivilsachen werden auch Entscheide angefochten, die klassischerweise öffentliches Recht betreffen wie die Haftung der Vollstreckungsorgane (Art. 5 SchKG)[82]. Auch der Entscheid des Rechtsöffnungsrichters über die Anerkennung und Vollstreckung von ausländischen Entscheiden kann mit Beschwerde in Zivilsachen angefochten werden[83].

Anfechtbar sind Endentscheide i.S.v. Art. 90 BGG[84], wobei die Beschwerde in Zivilsachen nur gegen einen kantonalen Entscheid eines *oberen Gerichts* zulässig ist[85].

Die Beschwerde ist nur zulässig, wenn der Streitwert der entsprechenden SchKG-Klage mindestens CHF 30 000 bzw. CHF 15 000 in arbeits- und mietrechtlichen Fällen beträgt (Art. 74 Abs. 1 lit. a und b BGG) oder wenn ein Ausnahmegrund nach Art. 74 Abs. 2 BGG besteht. So ist gegen Entscheide der kantonalen Aufsichtsbehörden sowie des Konkurs- und Nachlassrichters kein Mindeststreitwert erforderlich (Art. 74 Abs. 2 lit. c und d BGG).

Mit der Beschwerde kann die Verletzung von eidgenössischem (Art. 95 BGG) und ausländischem (Art. 96 BGG) Recht gerügt werden, es sei denn, beim angefochtenen Entscheid handle es sich um eine vorsorgliche Massnahme, wie etwa bei der Arrestbewilligung. Dagegen ist nur die Rüge der Verletzung verfassungsmässiger Rechte zulässig (Art. 98 BGG). Das Bundesgericht prüft frei, ob die behaupteten Rechtsverletzungen gegeben sind[86]. Demgegenüber kann die Feststellung des Sachverhalts nur gerügt werden, wenn sie offensichtlich unrichtig ist oder auf einer Rechtsverletzung i.S.v.

78 BSK BGG-Klett/Escher, Art. 72 N 6.
79 BSK BGG-Klett/Escher, Art. 72 N 6.
80 Spühler/Aemisegger/Dolge/Vock, Art. 72 N 5.
81 BGE 135 III 127, E. 1.1.
82 BSK BGG-Klett/Escher, Art. 72 N 7.
83 Walter/Domej, § 9 III 2.
84 BGE 134 III 143, E. 2; BGE 133 III 400, E. 1.4.
85 BGE 137 III 238.
86 BGE 133 III 400, E. 1.5.

Art. 95 BGG beruht und wenn die Behebung des Mangels für den Ausgang des Verfahrens entscheidend sein kann (Art. 97 Abs. 1 BGG)[87].

2. Subsidiäre Verfassungsbeschwerde

Beträgt der Streitwert einer SchKG-Klage weniger als CHF 30 000 und liegt kein Ausnahmegrund nach Art. 74 Abs. 2 BGG vor, ist der entsprechende Entscheid mit der subsidiären Verfassungsbeschwerde gemäss Art. 113 ff. BGG anfechtbar. Allerdings kann hier lediglich die Verletzung von verfassungsmässigen Rechten gerügt werden (Art. 116 BGG). Entscheide über SchKG-Klagen können in solchen Fällen nur auf Willkür (Art. 9 BV) überprüft werden.

87 BGE 133 III 400, E. 1.5.

§ 6 Weitere für SchKG-Klagen relevante Bestimmungen in der ZPO

I. Schlichtungsversuch

Dem Entscheidverfahren geht grundsätzlich ein Schlichtungsversuch vor einer Schlichtungsbehörde voraus (Art. 197 ZPO). Im Kanton Zürich sind als Schlichtungsbehörden die Friedensrichter vorgesehen (vgl. § 52 lit. a GOG ZH). Die Einreichung eines Schlichtungsgesuches begründet die Rechtshängigkeit (Art. 62 ZPO).

Das Schlichtungsverfahren entfällt bei den SchKG-Klagen, die im summarischen Verfahren geführt werden (Art. 198 lit. a ZPO) sowie bei den folgenden Klagen (vgl. Art. 198 lit. e Ziff. 1–8 ZPO): Aberkennungsklage (Art. 83 Abs. 2 SchKG), Feststellungsklage (Art. 85a SchKG), Widerspruchsklage (Art. 106–109 SchKG), Anschlussklage (Art. 111 SchKG), Aussonderungs- und Admassierungsklage (Art. 242 SchKG), Kollokationsklage (Art. 148 und 250 SchKG), Klage auf Feststellung neuen Vermögens (Art. 265a SchKG) und Klage auf Rückschaffung von Retentionsgegenständen (Art. 284 SchKG).

Sodann kann auf ein Schlichtungsverfahren verzichtet werden, wenn für die Klage sachlich das Handelsgericht zuständig ist (Art. 198 lit. f ZPO).

Der in Art. 199 ZPO geregelte Verzicht auf das Schlichtungsverfahren gilt natürlich auch für alle SchKG-Klagen.

Mit dem Entfallen des Schlichtungsverfahrens und mit der damit einhergehenden Beschleunigung kann auf die klägerische Partei ein hoher Fristendruck entstehen. So zum Beispiel bei einer komplexen, im ordentlichen Verfahren zu führenden Kollokationsklage mit einem Streitwert von über CHF 30 000. Innert der kurzen Klagefrist von 20 Tagen (Art. 250 Abs. 1 SchKG) muss die klägerische Partei beim Gericht eine vollständige und substanziierte Klageschrift i.S.v. Art. 221 ZPO einreichen. Allerdings sieht die ZPO in einem solchen Fall für die klägerische Partei auch einen Rettungsanker vor. So kann dieser über das Novenrecht gemäss Art. 229 ZPO zu einer vollständigen Substanziierung verholfen werden[88]. Bei Streitwerten unter CHF 30 000 besteht dieses Problem nicht, muss die Klage gemäss Art. 244 Abs. 2 ZPO im vereinfachten Verfahren doch nicht begründet werden.

88 Vgl. zum Ganzen Gasser/Rickli, Art. 198 N 6.

II. Parteivertretung

Nach dem neuen Art. 27 SchKG (in Kraft seit 1. Januar 2018) ist jede handlungsfähige Person berechtigt, andere Personen im Zwangsvollstreckungsverfahren zu vertreten. Dies gilt auch für die gewerbsmässige Vertretung[89]. Neu sollen auch juristische Personen wie Inkassobüros und Rechtschutzversicherungen zur Vertretung befugt sein[90]. Diese neuen Regelungen gelten auch für die gerichtlichen Summarverfahren nach SchKG[91]. Die bisherige kantonale Kompetenz zur Regelung der gewerbsmässigen Vertretung wurde aufgehoben, um gewerbsmässigen Gläubiger- und Schuldnervertretern volle Freizügigkeit zu ermöglichen. Immerhin können die Kantone einer Person aus wichtigen Gründen die gewerbsmässige Vertretung verbieten.

III. Kautionspflicht

Nach Art. 99 Abs. 1 lit. b ZPO hat die klagende Partei auf Antrag der beklagten Partei für deren Parteientschädigung u.a. dann Sicherheit zu leisten, wenn sie zahlungsunfähig erscheint. Dies ist namentlich der Fall, wenn über sie der Konkurs eröffnet oder ein Nachlassverfahren im Gang ist oder wenn Verlustscheine bestehen[92].

IV. Ausstandsgründe

Nach Art. 47 Abs. 1 lit. b ZPO muss eine Gerichtsperson in den Ausstand treten, wenn sie vorbefasst ist. Der Ausstandsgrund der Vorbefasstheit wird in Art. 47 Abs. 2 ZPO relativiert, und zwar insbesondere auch dann, wenn die betreffende Gerichtsperson an einer Rechtsöffnung mitgewirkt hatte (Art. 47 Abs. 2 lit. c ZPO). Dies ist nichts anderes als die Legiferierung der bisherigen bundesgerichtlichen Rechtsprechung.

---

89 Vgl. zum Ganzen BSK SchKG EB-Staehelin, Art. 27 ad N 1; BBl 2015, 7161, BBl 2014, 8669.

90 BBl 2014, 8674, Ziff. 1.2.1.

91 BBl 2014, 8673.

92 BSK ZPO-Rüegg/Rüegg, Art. 99 N 12 ff.; Sprecher, SJZ 107 (2011) 284 f.

V. Streitgenossenschaft

1. Notwendige Streitgenossenschaft

Die notwendige Streitgenossenschaft ist in Art. 70 ZPO geregelt. Danach müssen mehrere Personen, die an einem Rechtsverhältnis beteiligt sind, über das nur mit Wirkung für alle entschieden werden kann, gemeinsam klagen oder beklagt werden (Art. 70 Abs. 1 ZPO).

Bei den *betreibungsrechtlichen Klagen* und den *betreibungsrechtlichen Klagen mit Reflexwirkung auf das materielle Recht* kann eine notwendige Streitgenossenschaft i.S.v. Art. 70 ZPO auf Gläubigerseite zulässig sein, wenn die betreibenden Gläubiger materiell-rechtlich nur gesamthaft berechtigt sind, die Erfüllung zu verlangen (z.B. Gütergemeinschaft, Art. 222 ZGB; Gemeinderschaft, Art. 342 ZGB; Erbengemeinschaften, Art. 602 ZGB oder einfache Gesellschaft, Art. 544 Abs. 1 OR). Soweit sie korrekt gemeinsam betrieben haben, müssen sie auch gemeinschaftlich als Kläger auftreten. Im Zahlungsbefehl sind sie alle einzeln aufzuführen[93]. Auf Schuldnerseite ist eine notwendige Streitgenossenschaft mit Ausnahme der Betreibung einer Erbschaft i.S.v. Art. 49 SchKG ausgeschlossen. Mehrere Schuldner können zwar gemeinsam betrieben werden. Das Betreibungsamt stellt aber jedem einen separaten Zahlungsbefehl mit eigener Betreibungsnummer zu, sodass auch die nachfolgenden SchKG-Verfahren gesondert zu führen sind.

Bei den *materiell-rechtlichen Klagen* ist eine notwendige Streitgenossenschaft sowohl auf Gläubiger- als auch auf Schuldnerseite möglich.

Lassen sich Gläubiger im Konkurs Ansprüche nach Art. 260 SchKG abtreten, müssen diejenigen, die ihren Anspruch verfolgen wollen, als notwendige Streitgenossen auftreten[94]. Es handelt sich um eine notwendige Streitgenossenschaft sui generis[95]. Obwohl die Abtretungsgläubiger eine notwendige Streitgenossenschaft bilden, wird dem einzelnen Abtretungsgläubiger nach Lehre und Rechtsprechung eine gewisse Selbständigkeit zugestanden[96]. So

93 KUKO SchKG-Vock, Art. 84 N 5; Stücheli, 71.

94 BSK ZPO-Ruggle, Art. 70 N 19; Staehelin/Staehelin/Grolimund, § 13 N 43.

95 BGE 121 III 488, E. 2c.

96 Allerdings ist jeder Abtretungsgläubiger beispielsweise an eine Schiedsvereinbarung des Konkursiten gebunden, vgl. hierzu BGE 141 III 444.

ist jeder Abtretungsgläubiger berechtigt, im Prozess unabhängig von den anderen Streitgenossen seine eigenen Tatsachenbehauptungen aufzustellen und seinen eigenen Rechtsstandpunkt zu vertreten[97]. Zudem hat jeder Abtretungsgläubiger das Recht, von einer Klage abzusehen, einen gerichtlichen bzw. aussergerichtlichen Vergleich abzuschliessen[98] oder auf die Weiterführung des Prozesses zu verzichten, ohne dass dies den Rechtsverlust für die übrigen Streitgenossen zur Folge hat[99]. Diese Grundsätze zu Art. 260 SchKG dürften auch unter der ZPO ihre Geltung haben.

2. Einfache Streitgenossenschaft

Sodann ist es möglich, dass Gläubiger in SchKG-Prozessen als einfache Streitgenossen gemäss Art. 71 ZPO auftreten. Dies ist z.B. dann der Fall, wenn gegen den Schuldner eine Solidarforderung gemäss Art. 150 OR besteht und die Gläubiger den Schuldner gemeinsam betrieben haben.

Möglich ist eine einfache Streitgenossenschaft z.B. auch bei Widerspruchsklagen mehrerer betreibender Gläubiger bzw. von Gläubiger und Schuldner gegen einen Drittansprecher bzw. bei Widerspruchsklagen des Drittansprechers gegen mehrere Gläubiger bzw. gegen Gläubiger und Schuldner wegen des gleichen gepfändeten Vermögenswertes. Gleiches gilt bei Kollokationsklagen mehrerer Gläubiger, die den Kollokationsplan im gleichen Punkt anfechten[100].

Auf der Schuldnerseite ist eine einfache Streitgenossenschaft im Grundsatz nicht möglich. Mehrere Schuldner können zwar gemeinsam betrieben werden. Das Betreibungsamt stellt aber jedem einen separaten Zahlungsbefehl mit eigener Betreibungsnummer zu, sodass die nachfolgenden Betreibungsverfahren gesondert geführt werden.

97 Staehelin E. /Schweizer, in: Sutter-Somm/Hasenböhler/Leuenberger, ZPO Komm., Art. 70 N 43.

98 BGE 121 III 488, E. 2c; vgl. zum Ganzen auch BSK ZPO-Ruggle, Art. 70 N 19.

99 BGE 121 III 488, E. 2c; Staehelin E. /Schweizer, in: Sutter-Somm/Hasenböhler/Leuenberger, ZPO Komm., Art. 70 N 43; vgl. zum Ganzen ausführlich BSK SchKG II-Berti, Art. 260 N 57 ff.

100 BSK ZPO-Ruggle, Art. 71 N 26.

VI. Streitverkündung

Gemäss Art. 78 Abs. 1 ZPO kann eine Partei, die für den Fall ihres Unterliegens eine dritte Person belangen will oder den Anspruch einer dritten Person befürchtet, diese auffordern, sie im Prozess zu unterstützen. Die Streitverkündung ist hinsichtlich ihrer Wirkungen ein Institut des materiellen Rechts[101]. Grund für eine Streitverkündung ist ein *materiell-rechtlicher Anspruch,* welchen der Streitverkünder im Fall des Prozessverlustes gegen den Streitberufenen zu haben glaubt bzw. von diesem befürchtet[102]. Ein Streitverkündungsgrund liegt somit generell bei allen Rechtsverhältnissen vor, aus denen sich ein materieller Anspruch auf Gewährleistung, Regressnahme oder Schadloshaltung herleiten lässt[103].

Bei den *betreibungsrechtlichen Klagen* wird nicht über *materiell-rechtliche Ansprüche* entschieden. Entscheide über solche Klagen wirken nur innerhalb des konkreten Schuldbetreibungsverfahrens und grundsätzlich nur inter partes[104]. Sie entfalten keine materielle Rechtskraft. Entsprechend können solche Entscheide auch nicht einem Dritten (dem Streitberufenen) entgegengehalten werden. Da es keinen Entscheid über einen materiell-rechtlichen Anspruch gibt, hat ein allfälliger Streitverkünder auch kein rechtliches Interesse an einer Streitverkündung gemäss Art. 78 Abs. 1 ZPO. Eine solche ist somit nicht zulässig.

Gleiches gilt für die *betreibungsrechtlichen Klagen mit Reflexwirkung auf das materielle Recht:* Zwar wird hier *vorfrageweise* über *materiell-rechtliche Ansprüche* entschieden. Ein solcher Entscheid erwächst aber nicht in materielle Rechtskraft und entfaltet seine Wirkungen lediglich innerhalb des konkreten Schuldbetreibungsverfahrens und grundsätzlich nur inter partes[105]. Entsprechend können solche Entscheide auch nicht einem Dritten (dem Streitberufenen) entgegengehalten werden. Auch hier fehlt ein rechtliches Interesse eines allfälligen Steitverkünders, weshalb eine Streitverkündung nach Art. 78 Abs. 1 ZPO nicht zulässig ist.

Bei den *materiell-rechtlichen Klagen* ist die Streitverkündung nach Art. 78 ZPO immer zulässig, sofern die Voraussetzungen hierfür gegeben sind.

---

101 Spühler/Dolge/Gehri, Kap. 4 N 90.

102 Takei, in: Sutter-Somm/Hasenböhler/Leuenberger, ZPO Komm., Art. 78 N 14; vgl. auch BSK ZPO-Frei, Art. 78 N 4.

103 Göksu, DIKE-Komm-ZPO, Art. 78 N 8.

104 Spühler, N 74.

105 Spühler, N 74 f.

VII. Beweisrecht

Als vollstreckungsrechtliche Organe sind die Konkursverwaltung, der Sachwalter oder der Liquidator beweisrechtlich wie Parteien zu behandeln[106]. Gleiches muss für den Gläubigerausschuss gelten[107]. Sie können somit nicht als Zeugen befragt werden.

In einem neueren Entscheid befasste sich das Bundesgericht mit dem Verhältnis zwischen dem Akteneinsichtsrecht gemäss Art. 8a SchKG und den Editionsregeln nach Art. 160 Abs. 1 lit. b ZPO. Es ging um einen Verantwortlichkeitsprozess der Konkursmasse gegen die Revisionsstelle, die einen Editionsanspruch gestützt auf Art. 8a SchKG geltend machte. Der Editionsanspruch sollte blossen Informationszwecken bzw. der Abklärung des Sachverhaltes und der Aufstellung eigener Behauptungen dienen. Das Bundesgericht verneinte ein schützenswertes Interesse der Revisionsstelle am Einsichtsrecht gemäss Art. 8a SchKG, weil die Revisionsstelle, die auch keine Gläubigerstellung hatte, andernfalls gegenüber der Konkursmasse im Prozess privilegiert wäre (für die Konkursmasse gelten gegenüber der Revisionsstelle nur die Editionsregeln nach Art. 160 Abs. 1 lit. b ZPO)[108]. Somit galten gemäss Bundesgericht auch für die Revisionsstelle einzig die Regeln der ZPO betreffend die prozessuale Edition.

VIII. Klageanerkennung, Klagerückzug, Vergleich

Nach Art. 241 Abs. 2 ZPO haben ein Vergleich, eine Klageanerkennung und ein Klagerückzug die Wirkung eines rechtskräftigen Entscheides. Im Anwendungsbereich des SchKG kann dies jedoch nur bei den *materiell-rechtlichen Klagen* gelten. Nur diese Entscheide erwachsen in materielle Rechtskraft. Entscheide in *betreibungsrechtlichen Verfahren* und in *betreibungrechtlichen Verfahren mit Reflexwirkung auf das materielle Recht* erwachsen nicht in Rechtskraft. Sie wirken nur im hängigen Vollstreckungsverfahren. Entsprechendes gilt, wenn solche Prozesse durch Anerkennung, Rückzug oder Vergleich erledigt werden.

Nach Art. 241 Abs. 3 ZPO schreibt das Gericht das Verfahren bei einem Vergleich, einer Klageanerkennung und einem Klagerückzug ab. Es fragt sich,

106 BBl 2006 7315; BSK ZPO-Guyan, Art. 159 N 3.
107 Sprecher, SJZ 107 (2011) 284.
108 Vgl. zum Ganzen BGE 141 III 281.

welchen Einfluss diese neue Regelung auf die *betreibungsrechtlichen Klagen* bzw. auf die *betreibungsrechtlichen Klagen mit Reflexwirkung auf das materielle Recht* hat. Am einfachsten ist dies am Beispiel des Rechtsöffnungsverfahrens zu erklären:

- Anerkennt der Schuldner die Forderung des Gläubigers und lautet der Entscheid des Richters, wie in Art. 241 Abs. 3 ZPO vorgesehen, nur auf Abschreibung, wäre dem Gläubiger nicht gedient, weil er dann keine Möglichkeit hat, die Fortsetzung der Betreibung zu beantragen. Der Richter müsste im Abschreibungsentscheid somit noch die betreibungsrechtliche Anordnung treffen bzw. Rechtsöffnung erteilen. In der Lehre wird deshalb vorgeschlagen, dass der Rechtsöffnungsrichter die Anerkennung der Schuld als Rückzug des Rechtsvorschlages zu Protokoll nehmen sollte (Art. 241 Abs. 1 ZPO)[109].
- Der Schuldner kann das Rechtsöffnungsgesuch aber auch in prozessualer Hinsicht anerkennen. Damit anerkennt er lediglich, dass die Voraussetzungen der Rechtsöffnung gegeben sind. In einem solchen Fall kann der Richter den Prozess nicht einfach abschreiben, wie dies Art. 241 Abs. 3 ZPO vorsieht, da die Rechtsöffnung betreibungsrechtliche Wirkung hat. Der Rechtsöffnungsrichter muss deshalb in solchen Fällen die Rechtsöffnung erteilen. Er hat aber nicht zu prüfen, ob ein Rechtsöffnungstitel vorliegt.
- Schliessen der Gläubiger und der Schuldner einen Vergleich ab, so wird das Rechtsöffnungsverfahren gemäss Art. 241 Abs. 3 ZPO abgeschrieben, ohne dass der Richter allfällige betreibungsrechtliche Anordnungen trifft. Der Gläubiger hätte diesfalls keine Möglichkeit, die Fortsetzung der Betreibung zu beantragen. Damit der Gläubiger seine betreibungsrechtlichen Möglichkeiten nicht verliert, müssten die Parteien dem Richter zusätzlich beantragen, die Rechtsöffnung im verglichenen Betrag zu erteilen.
- Bei Rückzug des Rechtsöffnungsbegehrens durch den Gläubiger wird das Verfahren abgeschrieben (Art. 241 Abs. 3 ZPO). Hier sind keine betreibungsrechtlichen Anordnungen erforderlich.

Somit ist bei jeder betreibungsrechtlichen Klage oder betreibungsrechtlichen Klage mit Reflexwirkung auf das materielle Recht zu überlegen, welche vollstreckungsrechtlichen Wirkungen einer Klageanerkennung oder einem Vergleich zukommen müssen. Äussert sich ein Vergleich nicht über die vollstreckungsrechtlichen Wirkungen, so hat der Richter in seinem Abschreibungsentscheid die entsprechenden vollstreckungsrechtlichen Anordnungen zu treffen. Die Parteien sollten dies aber ausdrücklich beantragen. Bei der Klageanerkennung hat der Richter nach der hier vertretenen Ansicht in jedem Fall von Amtes wegen über die vollstreckungsrechtlichen Wirkungen zu entscheiden.

---

109 BSK SchKG I-Staehelin Daniel, Art. 82 N 18. Dies ist aber umstritten.

Die neue Regelung von Art. 241 Abs. 2 ZPO hat jedoch keine Auswirkungen auf die *materiell-rechtlichen Klagen*, da es hier i.d.R. keine vollstreckungsrechtlichen Anordnungen eines Richters braucht.

IX. GebV SchKG oder kantonaler Gebührentarif?

Es fragt sich, ob die GebV SchKG in den gerichtlichen Angelegenheiten des Schuldbetreibungs- und Konkursrechts gestützt auf Art. 16 SchKG anwendbar ist oder ob gemäss Art. 96 ZPO in diesen Angelegenheiten ausschliesslich der kantonale Gebührentarif zur Anwendung gelangt. Nach der bundesgerichtlichen Praxis ist Art. 16 SchKG lex specialis zu Art. 96 ZPO[110]. Art. 48 GebV SchKG gilt nur für gerichtliche Entscheide in betreibungsrechtlichen Summarsachen (vgl. Art. 251 ZPO). Somit bemessen sich die Gerichtskosten bei den SchKG-Klagen im summarischen Verfahren nach der GebV SchKG. Die Parteientschädigung richtet sich aber nach dem kantonalen Gebührentarif[111]. Bei allen übrigen SchKG-Klagen gilt somit sowohl für die Gerichtskosten als auch für die Parteientschädigung der kantonale Gebührentarif.

X. Vollstreckung von Geldforderungen

Für die Vollstreckung von Geldforderungen ist das SchKG massgebend (Art. 335 Abs. 2 ZPO). Denkbar ist, dass eine zu vollstreckende Forderung schon ursprünglich auf eine Geldleistung gerichtet war. Denkbar ist aber auch, dass eine ursprünglich anderslautende Forderung in eine Geldforderung umgewandelt wird. So werden im Konkurs nicht auf Geldleistung lautende Forderungen gegen den Schuldner in Geldforderungen umgewandelt (Art. 211 Abs. 1 SchKG). Auch die ZPO sieht die Möglichkeit vor, die eigentliche Leistung in eine Geldleistung umzuwandeln (sog. Taxation), wenn die Vollstreckungsmassnahmen gemäss ZPO nicht zum Ziel führen (Art. 345 Abs. 1 lit. a ZPO) oder wenn sich der Kläger von vornherein ein umtriebiges Vollstreckungsverfahren gemäss ZPO sparen will (Art. 345 Abs. 1 lit. b ZPO). Alsdann kann der Gegenwert der ursprünglichen Leistung auf Antrag schon durch das erkennende Gericht festgesetzt werden (Art. 236 Abs. 3 ZPO). Damit steht der obsiegenden Partei im Ergebnis von allem Anfang an die Wahl

110 BGE 139 III 195.
111 BGE 139 III 195.

offen, ihre Forderung nach ZPO oder nach SchKG zu vollstrecken[112]. Der Umwandlungsentscheid ist ein definitiver Rechtsöffnungstitel[113].

XI. Vollstreckbarkeit noch nicht rechtskräftiger Entscheide

Nach Art. 336 ZPO ist ein Entscheid neu vollstreckbar, wenn er entweder rechtskräftig ist und das Gericht die Vollstreckung nicht aufgeschoben hat (Art. 325 Abs. 2 ZPO und Art. 331 Abs. 2 ZPO) oder wenn er noch nicht rechtskräftig ist, die Berufungsinstanz aber die vorzeitige Vollstreckung bewilligt hat (Art. 315 Abs. 2 ZPO).

Da die *Beschwerde* gemäss Art. 325 ZPO weder Rechtskraft noch Vollstreckung des angefochtenen Entscheides hemmt, sind mit Beschwerde anfechtbare Entscheide also vollstreckbar, wenn die Rechtsmittelinstanz die Vollstreckbarkeit nicht aufgeschoben hat. Entsprechend hat das Gericht beispielsweise die definitive Rechtsöffnung zu gewähren, auch wenn der Rechtsöffnungstitel mit Beschwerde angefochten worden ist. Ebenso kann ein Gläubiger trotz angefochtenem Rechtsöffnungsentscheid das Fortsetzungsbegehren stellen[114].

Ist ein Entscheid demgegenüber mit *Berufung* anfechtbar, so ist eine Vollstreckung vor Eintritt der Rechtskraft nur möglich, wenn die Rechtsmittelinstanz die vorzeitige Vollstreckbarkeit bewilligt hat (Art. 315 Abs. 2 ZPO).

XII. Vollstreckbarkeit öffentlicher Urkunden

Das Schweizerische Zivilprozess- und Schuldbetreibungsrecht kennt folgende vollstreckbaren Titel:

- gerichtliche Entscheide (Art. 236 f. ZPO);
- Entscheidsurrogate wie Vergleiche und Klageanerkennungen (Art. 208 und 241 ZPO);
- die vollstreckbare öffentliche Urkunde (Art. 347 ff. ZPO);
- Schiedssprüche (Art. 387 ZPO) und
- Schuldanerkennungen (Art. 82 SchKG)[115].

---

112 Vgl. zum Ganzen Sprecher, SJZ 107 (2011) 275.

113 BBl 2006 7386; BSK ZPO-Zinsli, Art. 345 N 1 ff.

114 Rüetschi, 20.

115 Gasser, Ziff. I.2.1.

Die ZPO sieht somit auch vor, dass öffentliche Urkunden über Leistungen aller Art wie Entscheide vollstreckt werden können (Art. 347 ZPO). Voraussetzung ist, dass die verpflichtete Partei in der Urkunde ausdrücklich erklärt hat, die direkte Vollstreckung anzuerkennen, dass der Rechtsgrund der geschuldeten Leistung in der Urkunde erwähnt ist und dass die geschuldete Leistung (i) in der Urkunde genügend bestimmt ist, (ii) in der Urkunde von der verpflichteten Partei anerkannt ist und (iii) fällig ist (Art. 347 lit. a–c ZPO). Die Urkunde bindet nur den ursprünglichen Schuldner und wirkt nur gegenüber dem ursprünglichen Gläubiger. Die Vollstreckbarkeit der Urkunde ist also aktiv und passiv unübertragbar[116].

Art. 349 ZPO statuiert in diesem Zusammenhang, dass eine vollstreckbare Urkunde über eine Geldleistung als definitiver Rechtsöffnungstitel i.S.v. Art. 80 und 81 SchKG gilt (vgl. auch Art. 80 Abs. 2 Ziff. 1bis SchKG). Dem Betriebenen werden in solchen Rechtsöffnungsverfahren – neben den allgemeinen Einreden des Erlasses, der Tilgung, Stundung und Verjährung (Art. 81 Abs. 1 SchKG) – weitere Einwendungen gegen die Leistungspflicht zugestanden, sofern sie sofort beweisbar sind (Art. 81 Abs. 2 SchKG; vgl. auch Art. 351 Abs. 1 ZPO).

Vorbehalten bleibt in jedem Fall die gerichtliche Beurteilung der geschuldeten Leistung (Art. 352 ZPO). Insbesondere kann die verpflichtete Partei jederzeit auf Feststellung klagen, dass der Anspruch nicht oder nicht mehr besteht oder gestundet ist (Art. 352 ZPO i.V.m. Art. 85a Abs. 1 SchKG) oder die Rückforderungsklage nach Art. 86 SchKG anstrengen. Die öffentliche Urkunde kann nur vollstreckbar, aber niemals rechtskräftig sein[117].

XIII. Sichernde Massnahmen bei der Vollstreckung von Geldforderungen

Art. 269 lit. a ZPO behält für sichernde Massnahmen bei der Vollstreckung von Geldforderungen die Bestimmungen des SchKG vor. Hauptsicherungsmittel für Geldforderungen ist demnach der Arrest. Daneben sieht das SchKG als weitere Sicherungsmittel die provisorische Pfändung (Art. 83, 281 SchKG) und das Güterverzeichnis (Art. 162 ff. SchKG) vor.

116 Gasser, Ziff. III.2.1 lit. b.
117 Gasser, Ziff. I.2.2.

Jede vorsorgliche Massnahme eines Richters, welche auf einen sog. verkappten Arrest hinausläuft, ist unzulässig[118]. Dies gilt beispielsweise für die Sperrung von beim Schuldner eingehenden Zahlungen, um dem Gläubiger nach rechtskräftigem Entscheid die Zwangsvollstreckung zu ermöglichen.

Trotz des Vorbehalts von Art. 269 lit. a ZPO sind ausserhalb des SchKG immerhin solche vorsorglichen Massnahmen zur Sicherung von Geldforderungen möglich, welche vom Gesetz ausdrücklich vorgesehen sind (Art. 262 lit. e ZPO)[119]. Zu denken ist etwa an die familienrechtliche Unterstützungspflicht nach Art. 329 ZGB.

XIV. Schutzschrift beim Arrest

Im Arrestverfahren wird ausdrücklich die Schutzschrift zugelassen. Wer Grund zur Annahme hat, dass gegen ihn ohne vorgängige Anhörung die Anordnung eines Arrestes beantragt wird, kann seinen Standpunkt vorsorglich in einer Schutzschrift darlegen (Art. 270 Abs. 1 ZPO).

XV. Exkurs: Rolle der ausländischen Konkursverwaltung in SchKG-Prozessen

In jüngerer Zeit hat sich in der Praxis mehrfach die Frage gestellt, ob und allenfalls unter welchen Umständen eine ausländische Konkursverwaltung in schweizerischen Zivil- und SchKG-Prozessen legimitiert sein kann. Nach der bundesgerichtlichen Rechtsprechung ist die ausländische Konkursverwaltung grundsätzlich nur zum Antrag auf Anerkennung des ausländischen Konkursdekretes und auf Anordnung sichernder Massnahmen legitimiert. Ebenso kann sie gemäss Art. 171 IPRG die Anfechtungsklage nach Art. 285 ff. SchKG anheben, falls das ausländische Konkursdekret in der Schweiz anerkannt worden ist[120]. Die Lehre und Rechtsprechung sind sich mit Bezug auf die Anfechtungsklagen aber einig, dass zu deren Anhebung im Sinne einer Kaskade primär das inländische Konkursamt und sekundär

118 BGE 96 II 291, E. 2.
119 BSK ZPO-Sprecher, Art. 269 N 3.
120 BGE 129 III 683, E. 5.3; vgl. auch BGE 137 III 374, E. 3; BGE 135 III 40, E. 2.5.1; BGE 134 III 366, E. 9.

die Abtretungsgläubiger berufen sind; die ausländische Konkursverwaltung kann erst in dritter Linie zum Zuge kommen[121].

Einer ausländischen Konkursverwaltung kann aber die Prozessführung vor schweizerischen Gerichten nicht generell untersagt werden, insbesondere dann nicht, *wenn keine Vermögenswerte in der Schweiz betroffen sind*[122]. In solchen Fällen muss die ausländische Konkursverwaltung befugt sein, einen Prozess in der Schweiz zu führen, sofern es sich um von Art. 166 ff. IPRG erfasste Konstellationen handelt. Soweit es aber *um in der Schweiz gelegenes Vermögen geht,* ist die ausländische Konkursverwaltung bei allen SchKG-Klagen (Ausnahme Pauliana) nie legitimiert. Eine solche SchKG-Klage käme denn auch einzig im Rahmen eines Anschlusskonkurses infrage (vgl. Art. 170 IPRG). Die Durchführung eines Anschlusskonkurses liegt in der ausschliesslichen Zuständigkeit des schweizerischen Konkursamtes. Dieses ist ausschliesslich befugt, die zur ausländischen Konkursmasse gehörenden Rechte auszuüben. Damit bleiben für den ausländischen Konkursverwalter auch in einem Anschlusskonkurs grundsätzlich keine Befugnisse[123].

121 BGE 137 III 374, E. 3 mit Hinweisen auf die Lehre; BGE 135 III 40, E. 2.5.1; BGE 135 III 666, E. 3.2.1.

122 BGE 139 III 236 E. 4.5.

123 Vgl. zum Ganzen BGE 135 III 40, E. 2.5.1.

2. Kapitel

Klagen und Rechtsbehelfe in den allgemeinen SchKG-Bestimmungen

§ 7 Verantwortlichkeitsklage (Art. 5 SchKG)

Literatur: Jaag Tobias, Staats- und Verwaltungsrecht des Kantons Zürich, 4. A., Zürich/Basel/Genf 2012; Portmann Wolfgang/Rey Heinz, Ausservertragliches Haftpflichtrecht, ein Kompendium in Form von erläuterten Begriffen, Zürich/Basel/Genf 2005.

I. Materielles

1. Allgemeines

Nach Art. 5 Abs. 1 SchKG haftet der Kanton für den Schaden, den die Beamten und Angestellten, ihre Hilfspersonen, die ausseramtlichen Konkursverwaltungen, die Sachwalter, die Liquidatoren, die Aufsichts- und Gerichtsbehörden sowie die Polizei bei der Erfüllung der Aufgaben, die ihnen das SchKG zuweist, widerrechtlich verursachen. Wo die Schwere der Verletzung es rechtfertigt, besteht zudem Anspruch auf Genugtuung (Art. 5 Abs. 4 SchKG).

Die Haftung nach Art. 5 SchKG ist öffentlich-rechtlicher Natur[124], da sie im Rahmen der Zwangsexekution, einer typisch hoheitlichen Staatsaufgabe, ausgelöst wird. Es handelt sich um eine Kausalhaftung, ein Verschulden des fehlbaren Beamten oder des Staates ist nicht erforderlich.

Das SchKG regelt nur das materiell-rechtliche Staatshaftungsrecht. Während Art. 5 SchKG die Haftungsvoraussetzungen nennt, regelt Art. 6 SchKG die Verjährung des Schadenersatzanspruches gegen den Staat. Wo das SchKG auf übrige materiell-rechtliche Fragen keine Antwort gibt, kommen privatrechtliche Grundsätze zur Anwendung[125]. Für die erfolgreiche Inanspruchnahme des Kantons nach Art. 5 SchKG müssen kumulativ folgende Voraussetzungen erfüllt sein:

- Es liegt ein Schaden im Rechtssinn bzw. eine schwere immaterielle Unbill vor.
- Die Schädigung erfolgte widerrechtlich.
- Die schädigende Handlung ist für den eingetretenen Schaden natürlich und adäquat kausal.
- Der Schaden wird durch ein der Haftung unterliegendes Organ bei der Erfüllung seiner Aufgaben verursacht.

124 BGE 5A_54/2008, E. 1.
125 BBl 1991 III 27 f.; BGE 5A_54/2008, E. 4.1.

- Es steht kein Anfechtungsverfahren und keine öffentlich- oder privatrechtliche Spezialhaftung offen.

Begriff, Arten und Berechnung des *Schadens* richten sich nach Obligationenrecht[126]. Liegt kein Schaden, wohl aber eine immaterielle Unbill vor, so kann Anspruch auf Genugtuung bestehen. Eine immaterielle Unbill kann etwa bei einer öffentlichen Bekanntmachung eines Zahlungsbefehls ohne Vorliegen der Voraussetzungen von Art. 66 Abs. 4 SchKG gegeben sein[127]. Der Begriff der *Widerrechtlichkeit* richtet sich ebenfalls nach den allgemeinen Grundsätzen des Obligationenrechts. Bei reinen Vermögensschäden muss für deren Bejahung entsprechend eine Schutznorm verletzt sein. Schutznormen finden sich insbesondere im SchKG, in Verordnungen, Kreisschreiben oder Formularen[128]. So stellen beispielsweise der Arrestbeschlag oder die Anzeige der Lohnpfändung an den Arbeitgeber Schutznormen zugunsten der Gläubiger dar, welche die Vollstreckung sichern sollen[129]. Auch für die Beurteilung der *Kausalität* und deren allfällige Unterbrechung (z.B. durch Selbstverschulden)[130] gelten die Formeln des Obligationenrechts.

Die gesetzliche Aufzählung der *die Staatshaftung auslösenden Personen* ist abschliessend[131]. Typischerweise erfasst werden die Betreibungs- und Konkursbeamten, ihre Stellvertreter sowie ihre internen und externen Hilfspersonen, wie etwa ein zu einer Schätzung beigezogener Experte (Art. 97 Abs. 1 SchKG). Der Postangestellte, der eine Betreibungsurkunde zustellt, ist zwar Betreibungsgehilfe[132], kann aber keine Haftung gemäss Art. 5 SchKG auslösen. Ebensowenig fallen die Grundbuch- und Handelsregisterämter, die auf Geheiss des Betreibungs- oder Konkursamtes eine Eintragung anpassen, oder die Depositenanstalt, die bestimmte Werte verwahrt, als externe Hilfspersonen unter die Haftung nach Art. 5 SchKG[133]. Es gelten hier besondere Haftungsgrundlagen, welche Art. 5 SchKG vorgehen (Art. 11, 17 und 18 PG, Art. 955 ZGB, Art. 928 OR, Art. 24 SchKG)[134]. Sodann unterstehen nach dem ausdrücklichen Gesetzeswortlaut auch die ausseramtlichen Konkursverwaltungen, die Liquidatoren und die Sachwalter der Staatshaftung gemäss Art. 5 SchKG. Zu den haftungsauslösenden Sachwaltern gehören nach rich-

126 BGE 107 Ib 160, E. 2; KUKO SchKG-Levante, Art. 5 N 4.
127 BGE 5A_776/2011, E. 3.3.4; KUKO SchKG-Levante, Art. 5 N 4.
128 BSK OR I-Schnyder, Art. 41 N 35.
129 BGE 5A_306/2007, E. 4.2.2; BSK SchKG I-Gasser, Art. 5 N 43.
130 BGE 5A_96/2011, E. 3.3.1; siehe auch KUKO SchKG-Levante, Art. 5 N 8.
131 BBl 1991 III 25.
132 BGE 119 III 8, E. 3b; KUKO SchKG-Levante, Art. 5 N 10.
133 KUKO SchKG-Levante, Art. 5 N 10.
134 BSK SchKG I-Gasser, Art. 5 N 25 f.

tiger Ansicht auch diejenigen nach Art. 725a OR[135], grundsätzlich aber nicht diejenigen, die nach der Stundungsphase mit der Durchführung des ordentlichen Nachlassvertrages oder mit einer einvernehmlichen privaten Schuldenbereinigung betraut sind, da in diesen beiden Fällen die Hoheitlichkeit des Handelns entfällt[136]. Weiter haftet der Kanton für die im Rahmen der Zwangsvollstreckung tätige Polizei[137] sowie für Aufsichts- und Gerichtsbehörden[138], für Letztere allerdings nur bei rein betreibungsrechtlichen Streitigkeiten. Von Art. 5 SchKG nicht erfasst sind demgegenüber die Gläubigerversammlung und der Gläubigerausschuss im Konkurs[139], was in der Lehre bisweilen auf Kritik stösst[140].

Die *schädigende Handlung* der in Art. 5 SchKG genannten Personen kann in einem Tun oder bei Vorliegen einer Garantenstellung auch in einem Unterlassen bestehen[141]. Vorausgesetzt ist stets, dass sie den Schaden bei der Erfüllung ihrer vom SchKG eingeräumten Aufgaben verursachen. Nötig ist ein funktionaler Zusammenhang zwischen Aufgabenerfüllung und schädigender Handlung; blosses Handeln «bei Gelegenheit» reicht nicht. Als haftungsauslösende Ereignisse sind beispielsweise folgende Handlungen denkbar[142]:

- unrichtige Auskunft des Betreibungsamtes betreffend Rückzug des Rechtsvorschlages[143];
- unsorgfältige Zwangsverwaltung der gepfändeten Liegenschaft[144];
- verspätete Mitteilung des Konkursdekretes[145];
- nach Eingang des Fortsetzungsbegehrens unterlassene oder verspätete Pfändung[146];
- nach Eingang des Verwertungsbegehrens verspätete Verwertung (Art. 122 Abs. 1 SchKG)[147];
- fehlende Anzeige der Lohnpfändung an den Arbeitgeber, wenn der Schuldner den gepfändeten Betrag nicht abliefert[148];

135 KUKO SchKG-Levante, Art. 5 N 11.
136 BSK SchKG I-Gasser, Art. 5 N 30 f.; einschränkend KUKO SchKG-LEVANTE, Art. 5 N 11.
137 BSK SchKG I-Gasser, Art. 5 N 23.
138 BGE 120 Ib 248, E. 2.
139 KUKO SchKG-Levante, Art. 5 N 12.
140 BSK SchKG I-Gasser, Art. 5 N 34.
141 BSK SchKG I-Gasser, Art. 5 N 38.
142 Vgl. auch KUKO SchKG-Levante, Art. 5 N 4; BSK SchKG I-Gasser, Art. 5 N 43.
143 BGE 7B.256/2003, E. 4.1; BGE 5A_29/2012, E. 4.1.
144 BGE 5P.119/2000, E. 4c/bb.
145 BGE 120 Ib 248, E. 2cc.
146 BGE 26 I 349, E. 2.
147 BGE 5A_ 696/2010, E. 2.1.
148 Entscheid der Rekurskommission des Kantons Thurgau vom 8.1.1990, RBOG 1990, 89.

- Liquidation von Gegenständen, die nicht in die Konkursmasse gehören, durch die Konkursverwaltung[149];
- Verfügung über Aktiven des Konkursiten trotz Einstellung des Konkurses mangels Aktiven[150];
- pflichtwidrige Passivität des Gerichts nach einer Überschuldungsanzeige, wobei hier nur die Gesellschaft, nicht aber die Gläubiger, direkt geschädigt und damit schadenersatzberechtigt ist[151];
- Unterlassung des Abzugs der Grundstückgewinnsteuer vom Verwertungserlös[152];
- Urkundenfälschung durch einen Betreibungsbeamten[153].

Die Staatshaftung nach Art. 5 SchKG ist *subsidiär.* Bevor ein Geschädigter den Staat zur Verantwortung ziehen kann, muss er prüfen, ob keine anderweitigen Möglichkeiten bestehen, sich gegen das schädigende Verhalten der Staatsorgane zur Wehr zu setzen. Gegen allfällige widerrechtliche Verfügungen der Betreibungs- oder Konkursämter ist also beispielsweise betreibungsrechtliche Beschwerde oder eine spezifische SchKG-Klage zu erheben; gegen einen Gerichtsentscheid in rein betreibungsrechtlichen Streitigkeiten muss das nach der ZPO zulässige Rechtsmittel, gegen eine pflichtwidrige Untätigkeit einer Behörde eine Rechtsverweigerungsbeschwerde angehoben werden[154]. Keine Staatshaftung besteht ferner, wenn dem Geschädigten ein direkter Anspruch gegen das Betreibungsamt zusteht, z.B. ein Anspruch auf Verteilung gepfändeter Beträge[155]. Nur wenn einem Geschädigten kein anderweitiger Rechtsschutz offensteht, verbleibt die Möglichkeit eines Staatshaftungsprozesses[156]. Immerhin ist zu beachten, dass es einer Beschwerde nach Art. 17 SchKG, deren Zweck lediglich in der Feststellung einer Pflichtwidrigkeit zur Schaffung einer Grundlage für einen Verantwortlichkeitsanspruch besteht, am Rechtsschutzinteresse fehlt[157]. Die Staatshaftung nach Art. 5 SchKG ist sodann auch subsidiär zu öffentlich- oder privatrechtlichen Spezialhaftungen, wie z.B. zur Werkeigentümerhaftung nach Art. 58 OR[158].

149 Trib. Admin. NE, 26.5.1998, RJN 1998, 323.
150 BGE 5A.28/2004.
151 BGE 127 III 374, E. 3; BSK SchKG I-Gasser, Art. 5 N 10.
152 BGE 2C_798/2011, E. 6.
153 BGE 6B_306/2013, E. 3.1.
154 KUKO SchKG-Levante, Art. 5 N 8.
155 BSK SchKG EB-Staehelin, Art. 5 ad N 5.
156 Vgl. im einzelnen BSK SchKG I-Gasser, Art. 5 N 14 ff.
157 BGE 5A_776/2011, E. 3.2; BGE 5A_859/2011, E. 3.4.4; BGE 7B.90/2003; Amonn/Walther, § 5 N 8.
158 BSK SchKG I-Gasser, Art. 5 N 4 f.

2. Aktiv- und Passivlegitimation

Aktivlegitimiert ist der Geschädigte. Dieser kann eine Partei in einem betreibungs- oder konkursrechtlichen Verfahren, ein sonstiger Verfahrensbeteiligter oder auch ein gänzlich unbeteiligter Dritter sein[159].

Indem Art. 5 SchKG eine primäre und gegenüber dem Geschädigten ausschliessliche Staatshaftung statuiert[160], ist *passivlegitimiert* einzig der Kanton; gegenüber dem fehlbaren Beamten hat der Geschädigte keinen Anspruch (Art. 5 Abs. 2 SchKG). Ebenso wenig kann die Gemeinde zur Haftung gezogen werden[161]. Die Ausschliesslichkeit der Staatshaftung gilt selbstverständlich nur dann, wenn die Voraussetzungen von Art. 5 SchKG erfüllt sind und der Staat überhaupt in Anspruch genommen werden kann. Fehlt es an einer Haftungsvoraussetzung des Staates, beispielsweise weil der fehlbare Beamte den Schaden nicht in Erfüllung seiner betreibungsrechtlichen Aufgaben verursacht hat, kann der Geschädigte auch den fehlbaren Beamten in Anspruch nehmen[162]. Zudem können Dritte, in Art. 5 SchKG nicht genannte Personen, die den Schaden widerrechtlich mitverursacht haben, parallel zum Kanton in die Pflicht genommen werden[163].

Ereignet sich die schädigende Handlung kantonsübergreifend, etwa bei einer Rechtshilfehandlung (Art. 4 SchKG), so kann sich die Frage nach dem haftpflichtigen Kanton stellen. Im Falle einer Requisition sind Schäden aus requisitionsweise angeordneten Massnahmen beim Kanton der ersuchenden Behörde geltend zu machen, während Schäden aus der Durchführung der fraglichen Handlung beim Kanton der ersuchten Behörde zu beanstanden sind[164].

Die Frage des *Rückgriffs* des in die Pflicht genommenen Kantons auf den fehlbaren Funktionär richtet sich nach kantonalem Recht; dies gilt – anders als im Aussenverhältnis – nicht nur für das Verfahrensrecht, sondern auch für die materiell-rechtlichen Belange (Art. 5 Abs. 3 SchKG). Im Kanton Zürich besteht eine interne Beamtenhaftung nur bei Vorsatz oder grober Fahrlässigkeit (§ 14 HG ZH).

159 BSK SchKG I-Gasser, Art. 5 N 11.
160 KUKO SchKG-Levante, Art. 5 N 1.
161 BGE 2P.348/2005, E. 3.2.3.
162 Amonn/Walther, § 11 N 10.
163 KUKO SchKG-Levante, Art. 5 N 16.
164 KUKO SchKG-Levante, Art. 5 N 17.

II. Prozessuales

1. Zuständigkeit und Verfahren

Das SchKG regelt die Zuständigkeit für einen Staatshaftungsprozess lediglich für einen einzigen Fall: Wird eine Schadenersatzklage mit widerrechtlichem Verhalten der oberen kantonalen Aufsichtsbehörden oder des oberen kantonalen Nachlassgerichts begründet, so ist das Bundesgericht als einzige Instanz zuständig (Art. 7 SchKG).

Im Übrigen richten sich Zuständigkeit und Verfahren zur Schadenersatzklage gemäss Art. 5 SchKG nach kantonalem öffentlichem Recht[165]. Die Kantone können für die Staatshaftung nach Art. 5 SchKG den Zivil- oder den Verwaltungsweg vorsehen[166].

Verweisen die Kantone auf den *Zivilweg*, so ist die eidgenössische ZPO als kantonales Recht anwendbar[167]. Für die örtliche Zuständigkeit bestimmt Art. 10 Abs. 1 lit. d ZPO, dass Klagen gegen einen Kanton am Gericht des Kantonshauptorts zu erheben sind. Dennoch bejaht die wohl h.L. für die Staatshaftungsklage den Gerichtsstand für Klagen aus unerlaubten Handlungen, weil eine ausservertragliche Schädigung infrage steht[168]. Entsprechend würde sich der Gerichtsstand nach Art. 36 ZPO bestimmen. Dies kann zu einem Gerichtsstand führen, der ausserhalb des Kantonsgebietes des ins Recht gefassten Kantons liegt. Die sachliche Zuständigkeit richtet sich aufgrund des Verweises in Art. 4 ZPO nach kantonalem Recht. Betreffend das Verfahre*n* sieht Art. 243 ZPO sodann vor, dass bei einem Streitwert von unter CHF 30 000 das vereinfachte, bei einem höheren Streitwert das ordentliche Verfahren Anwendung findet.

Sehen die Kantone für den Staatshaftungsprozess hingegen den *Verwaltungsweg* vor, so richten sich Zuständigkeit und Verfahren nach den jeweiligen kantonalen Verwaltungsverfahrensgesetzen.

Der *Kanton Zürich* regelt die Haftung des Kantons und der Gemeinden sowie ihrer Beamten und Behörden im Haftungsgesetz vom 14. September 1969 (HG ZH). Dieses sieht für das Verantwortlichkeitsverfahren bei *Ansprüchen Dritter gegen den Staat* das Zivilverfahren vor (§ 2 VRG ZH i.V.m. § 19

165 BBl 1991 III 27; Jaeger/Walder/Kull/Kottmann, I, Art. 5 N 12.

166 BGE 126 III 431, E. 2b und 2c.

167 BSK SchKG I-Gasser, Art. 5 N 52; den Kantonen stünde es auch frei, ihre ehemaligen kantonalen Zivilprozessordnungen für anwendbar zu erklären.

168 BGE 5A_54/2008, E. 4.1; Kellerhals/von Werdt/Güngerich-Gasser, Art. 1 GestG N 40.

Abs. 1 lit. a HG ZH)[169]. Entsprechend kommt die ZPO als kantonales Recht zur Anwendung, sofern das HG ZH auf eine Frage nicht selber Antwort gibt. Bevor ein Geschädigter seine Forderung gegen den Kanton auf dem Zivilweg geltend machen kann, hat er nach § 22 lit. a HG ZH eine schriftliche Forderung an den Regierungsrat einzureichen. Nur falls der Regierungsrat den Anspruch bestreitet oder innert drei Monaten nicht reagiert, hat der Geschädigte innert Frist Klage einzuleiten (§ 23 i.V.m. § 24 HG ZH). Die Klage kann direkt beim zuständigen Gericht eingereicht werden, ein Schlichtungsverfahren ist nicht nötig (§ 23 HG ZH). Zuständig ist nach § 20 HG ZH das Bezirksgericht am Wohnsitz des Geschädigten im Kanton Zürich[170]. Die Bestimmungen der ZPO über die Zuständigkeiten sind damit nicht anwendbar. Über das Verfahren schweigt sich das HG ZH demgegenüber aus, sodass hier Art. 243 ZPO (als kantonales Recht) gilt: Bei einem Streitwert von unter CHF 30 000 findet das vereinfachte Verfahren, bei einem höheren Streitwert das ordentliche Verfahren Anwendung.

Für ein allfälliges *Regressverfahren des Kantons auf den fehlbaren Beamten* sieht der Kanton Zürich demgegenüber den Verwaltungsweg vor (§ 19 Abs. 3 HG ZH). Als letzte kantonale Instanz entscheidet das Verwaltungsgericht (§ 19 Abs. 3 HG ZH).

Im *internationalen Verhältnis* dürfte die Verantwortlichkeitsklage vom Anwendungsbereich des LugÜ ausgenommen sein, da es sich um eine öffentlich-rechtliche Klage und nicht um eine Zivil- und Handelssache handelt[171]. Auch das IPRG ist auf öffentlich-rechtliche Verfahren nicht anwendbar.

2. Rechtsbegehren

Das Rechtsbegehren für eine Verantwortlichkeitsklage gegen einen Kanton könnte wie folgt formuliert werden:

«Es sei der Beklagte zu verpflichten, dem Kläger den Betrag von CHF […] samt Zins zu 5% seit […] zu bezahlen, unter Kosten- und Entschädigungsfolgen zulasten des Beklagten.»

169 Meier, Schweizerisches Zivilprozessrecht, § 16, 126.
170 Jaag, § 31 N 3141–3144.
171 Dolge, 46.

3. Intervention, Streitverkündung

Die Kombination von externer Staats- und interner Beamtenhaftung legt eine Streitverkündung des beklagten Kantons an den fehlbaren Funktionär bzw. eine Intervention des fehlbaren Funktionärs nahe.

Streitverkündung und Intervention richten sich diesfalls – unter Lückenfüllung des kantonalen (Verwaltungs-)Verfahrensrechts – nach Art. 74 ff. bzw. 78 ff. ZPO.

4. Beweislast, Beweismass, Beweismittel

Je nach kantonal geregeltem Verfahrenstyp divergieren auch die im Staatshaftungsprozess vorherrschenden Verfahrensgrundsätze. Sehen die Kantone den *Zivilweg* vor, so bestimmt Art. 55 ZPO (alsdann wiederum als kantonales Recht), dass die Parteien dem Gericht die Tatsachen, auf die sie ihr Begehren stützen, darzulegen und die Beweismittel anzugeben haben (Verhandlungsmaxime). Wird eine prozessrelevante Tatsache von den Parteien nicht behauptet, dargelegt und mit Beweismitteln untermauert, ist sie für die Entscheidfindung des Gerichts irrelevant[172]. Die Beweislastverteilung richtet sich nach materiellem Bundesrecht. Nach Art. 8 ZGB trägt der Geschädigte die Beweislast für die Haftungsvoraussetzungen, der Kanton hingegen für allfällige Einreden, Einwendungen und Befreiungsgründe (wie z.B. Einrede der Verjährung nach Art. 6 SchKG, fehlende Widerrechtlichkeit wegen Vorliegens eines Rechtfertigungsgrundes, fehlende Kausalität wegen Vorliegens eines Unterbrechungsgrundes, Einwand objektiver Unvermeidbarkeit des «Betriebsfehlers»)[173].

Erklären die Kantone demgegenüber den *Verwaltungsweg* als anwendbar, so ist der Sachverhalt für einen Staatshaftungsprozess von Amtes wegen festzustellen (Untersuchungsmaxime).

Wie aufgezeigt sieht der *Kanton Zürich* für Ansprüche Dritter gegen den Staat das Zivilverfahren, für Ansprüche zwischen staatlichen Angestellten und dem Kanton demgegenüber das Verwaltungsverfahren vor. Für den letzteren Fall wird der im öffentlichen Verfahrensrecht vorherrschende Untersuchungsgrundsatz von § 7 VRG ZH konkretisiert. Die Parteien trifft bei der Sachverhaltsermittlung immerhin eine Mitwirkungspflicht (§ 7 Abs. 2 VRG

172 Sutter-Somm/Von Arx, in: Sutter-Somm/Hasenböhler/Leuenberger, ZPO Komm., Art. 55 N 13.
173 BSK SchKG I-Gasser, Art. 5 N 56 f.

ZH), sodass die Beweislastverteilung nach Art. 8 ZGB auch im Rahmen der Untersuchungsmaxime zum Tragen kommt. Nach Art. 8 ZGB richtet sich insbesondere auch die Frage, welche Partei das Risiko der Beweislosigkeit trägt[174].

5. Urteil

Ein gutheissendes Urteil verpflichtet den Kanton zur Bezahlung der klägerischen Schadenersatzforderung.

6. Klageanerkennung, Klagerückzug, Vergleich

Klageanerkennung, Klagerückzug und Vergleich sind zulässig und haben – unter Lückenfüllung des kantonalen (Verwaltungs-)Verfahrensrechts – die Wirkung eines rechtskräftigen Entscheides (Art. 241 Abs. 2 ZPO).

7. Rechtsmittel

Welche Rechtsmittel auf kantonaler Ebene zu ergreifen sind, hängt primär von der Verfahrensausgestaltung des jeweiligen Kantons ab.

Erklärt ein Kanton das *Zivilverfahren* für anwendbar, so richten sich die Rechtsmittel nach der ZPO. Der erstinstanzliche kantonale Entscheid über die Verantwortlichkeitsklage kann gemäss Art. 308 ZPO bei einem Streitwert von mindestens CHF 10 000 mit Berufung, bei einem tieferen Streitwert gemäss Art. 319 lit. a ZPO mit Beschwerde an die kantonale Rechtsmittelinstanz weitergezogen werden. Als solche amtet im Kanton Zürich das Obergericht (§ 48 GOG ZH).

Findet hingegen das *Verwaltungsverfahren* Anwendung, richtet sich der Rechtsmittelweg für den Verantwortlichkeitsprozess nach öffentlich-rechtlichem kantonalem Verfahrensrecht. Im Kanton Zürich entscheidet über Regressforderungen des Kantons gegen den fehlbaren Beamten als letzte kantonale Instanz das Verwaltungsgericht (§ 41 ff. VRG ZH i.V.m. § 19 Abs. 3 HG ZH).

Auf Bundesebene gilt Folgendes: Der Entscheid über die Staatshaftung ist öffentlich-rechtlicher Natur[175]. Da das Einhalten von Bestimmungen des

174 Sutter-Somm/Von Arx, in: Sutter-Somm/Hasenböhler/Leuenberger, ZPO Komm., Art. 55 N 13.

175 BGE 126 III 431, E. 2c/bb.

SchKG geprüft wird, fällt er dennoch unter «Entscheide in Schuldbetreibungs- und Konkurssachen» i.S.v. Art. 72 Abs. 2 lit. a BGG und kann entsprechend mit der Beschwerde in Zivilsachen ans Bundesgericht weitergezogen werden[176]. Dasselbe gilt für den Entscheid über den Regress des in Anspruch genommenen Kantons gegen den fehlbaren Beamten[177].

Mit der Beschwerde in Zivilsachen ans Bundesgericht kann hauptsächlich die Verletzung von Bundesrecht gerügt werden. Die Rüge der Verletzung kantonalen Rechts ist eingeschränkt: Nach Art. 95 BGG kann nur die Verletzung von kantonalen verfassungsmässigen Rechten und kantonalem Recht über die politische Stimmberechtigung geltend gemacht werden. Zu beachten gilt, dass der Regress des in Anspruch genommenen Kantons gegen den fehlbaren Beamten gänzlich durch kantonales Recht geregelt wird. Demzufolge muss die Geltendmachung solcher kantonal-rechtlicher Fragen mit der Willkürrüge verbunden werden. Sodann werden auch die Bestimmungen der eidgenössischen ZPO als kantonales Recht angewandt, wenn die Kantone für den Staatshaftungprozess den Zivilweg vorsehen und auf die ZPO verweisen. Somit ist auch die Rüge der Verletzung von ZPO-Bestimmungen mit deren willkürlicher Anwendung zu begründen. Die Feststellung des für die Staatshaftung relevanten Sachverhalts kann nur gerügt werden, wenn sie offensichtlich unrichtig ist oder auf einer Rechtsverletzung im Sinne von Art. 95 BGG beruht und wenn die Behebung des Mangels für den Ausgang des Verfahrens entscheidend sein kann (Art. 97 BGG).

Erreicht der Streitwert nicht die nach Art. 74 BGG erforderliche Höhe, ist bei einer Rechtsfrage von grundsätzlicher Bedeutung Zulassungsbeschwerde, ansonsten subsidiäre Verfassungsbeschwerde zu erheben (Art. 113 ff. BGG), wobei sich die Prüfung des Entscheides hier auf Willkür (Art. 9 BV) beschränkt.

176 BGE 5A_430/2014, E. 2.1; BGE 5A_385/2014, E. 2.1; BGE 5A_306/2007, E. 1.1.
177 KUKO SchKG-Levante, Art. 5 N 21.

§ 8 Aufsichtsbeschwerde (Art. 17 ff. SchKG)

Literatur: DIETH MARKUS, Beschwerde in Schuldbetreibungs- und Konkurssachen gemäss Art. 17 ff. SchKG, Diss. Zürich 1999; LORANDI FRANCO, Besonderheiten der Beschwerde in Zivilsachen gegen Entscheide der kantonalen Aufsichtsbehörden in SchKG-Sachen, AJP 2007, 433–450; MEIER ISAAK, Das Verwaltungsverfahren vor den Schuldbetreibungs- und Konkursbehörden, Beschwerdeverfahren nach Art. 17 ff. SchKG und Verfahren zum Erlass einer Verfügung, Zürich 2002; NÖTZLI PETER, Die analoge Anwendung zivilprozessualer Normen auf das Beschwerdeverfahren nach SchKG unter besonderer Berücksichtigung des Kantons Zürich, Diss. Zürich 1980; ROTH JÜRG, Vorläufige Vollstreckbarkeit und Vollstreckung, Ab wann und unter welchen Voraussetzungen sind Vollstreckungsmassnahmen in das Vermögen des Schuldners möglich?, AJP 2011, 771–787.

I. Allgemeines

Gemäss Art. 17 Abs. 1 SchKG kann gegen jede Verfügung eines Betreibungs- oder Konkursamtes bei der Aufsichtsbehörde wegen Gesetzesverletzung oder Unangemessenheit Beschwerde geführt werden.

Im Verhältnis zu den vom SchKG vorgesehenen gerichtlichen Klagen ist die Beschwerde nach dem ausdrücklichen Gesetzeswortlaut subsidiär[178]. Inhaltliche Mängel einer Verfügung sind in aller Regel klageweise geltend zu machen, während mit der Beschwerde vorwiegend verfahrensrechtliche Fragen beurteilt werden[179]. Subsidiär ist die Beschwerde auch zu Rechtsbehelfen im Rahmen von solchen Konkurs- oder Insolvenzverfahren, welche der Aufsicht der FINMA unterstehen. In diesen Verfahren finden die Bestimmungen des SchKG nur Anwendung, wenn das einschlägige Gesetz nicht etwas anderes vorschreibt (vgl. z.B. Art. 24 Abs. 2 und Art. 33 BankG, Art. 36a BEHG und Art. 173b SchKG)[180].

Besteht der Mangel einer Verfügung in der Verletzung von Vorschriften, welche im öffentlichen Interesse oder im Interesse von am Verfahren nicht beteiligten Personen erlassen worden sind, so ist die Verfügung nicht nur anfechtbar, sondern ex tunc nichtig (Art. 22 SchKG)[181]. Nichtigkeit haben die Aufsichtsbehörden (im Unterschied zum Bundesgericht[182]) von Amtes

178 Vgl. BGE 130 III 481, E. 3; BGE 119 III 49, E. 1.
179 AMONN/WALTHER, § 6 N 10.
180 KUKO SchKG-DIETH/WOHL, Art. 17 N 1.
181 Vgl. zum Begriff der Nichtigkeit KUKO SchKG-DIETH/WOHL, Art. 22 N 2 ff.
182 BGE 133 III 350.

wegen festzustellen (Art. 22 Abs. 1 SchKG). Erhebt der Betroffene dennoch «Beschwerde», so mutiert diese automatisch zur Aufsichtsanzeige[183]. Zur Erhebung einer solchen ist keine Frist einzuhalten, dem Anzeigeerstatter kommen keine Parteirechte zu, und die Aufsichtsbehörde ist entsprechend auch nicht an die Parteianträge gebunden.

II. Beschwerdeobjekt

Als Verfügung im Sinne von Art. 17 SchKG gilt jedes amtliche Handeln oder Unterlassen, welches auf den Fortgang des Vollstreckungsverfahrens gerichtet ist[184]. Nicht vorausgesetzt ist, dass die Verfügung als solche bezeichnet ist; auch Realakte können anfechtbar sein[185]. Nicht anfechtbar sind blosse Meinungsäusserungen oder Absichtserklärungen[186], die allgemeine Amtstätigkeit als solche[187] sowie rechtsgeschäftliche Handlungen (wie etwa der Abschluss eines Vergleichs)[188]. Ebenso wenig sind Rechtsgeschäfte der Vollstreckungsorgane beschwerdefähig[189]. Eine Ausnahme statuiert Art. 132a SchKG, wonach der im Rahmen des Verwertungsverfahrens getätigte Abschluss des Freihandverkaufes mit Beschwerde angefochten werden kann. Die grundsätzlich fehlende Anfechtungsmöglichkeit von Rechtsgeschäften ist mit Blick auf die Rechtsweggarantie in Art. 29a BV bedenklich[190]. Immerhin kann sich hier noch die Frage nach einer Staatshaftung im Sinne von Art. 5 SchKG stellen[191].

Die anfechtbare Verfügung kann – entgegen des zu engen Wortlauts von Art. 17 SchKG – von jedem Vollstreckungsorgan stammen. Insbesondere unterliegen der Beschwerde auch Handlungen der Gläubigerversammlungen (Art. 239 SchKG), der ausseramtlichen Konkursverwaltungen (Art. 241 SchKG), des Sachwalters in der Nachlassstundung (Art. 295 Abs. 3 SchKG),

183 BGE 5P.54/2005, E. 3.2.

184 KUKO SchKG-Dieth/Wohl, Art. 17 N 2.

185 KUKO SchKG-Dieth/Wohl, Art. 17 N 3.

186 Vgl. z.B. BGE 5A_1035/2015, E. 3.2; BGE 113 III 26, E. 1; BGE 121 III 35, E. 2.

187 BGE 7B.189/2005, E. 1.1.

188 BSK SchKG EB-Staehelin, Art. 17 ad N 22.

189 BGE 5A_142/2008, E. 4; BGE 108 III 1, wo der Abschluss eines Dienstbarkeitsvertrages durch die Konkursverwaltung als nicht anfechtbar taxiert wurde; vgl. aber BGE 129 III 400, wo der Dritte, der als Hilfsperson des Betreibungsamtes gestützt auf einen Auftrag die Liegenschaftsverwaltung besorgte, die Auflösung des Vertragsverhältnisses mittels Beschwerde anfechten konnte.

190 Amonn/Walther, § 6 N 8.

191 KUKO SchKG-Dieth/Wohl, Art. 17 N 3.

des Liquidators oder des Gläubigerausschusses beim Nachlassvertrag mit Vermögensabtretung (Art. 320 SchKG) sowie aller Hilfsorgane der genannten Personen (wie etwa der Post für die Zustellung eines Zahlungsbefehls[192], der Stadtpolizei, welche im Auftrag des Betreibungsamtes handelt[193], eines Anwalts, welcher im Auftrag der Konkursverwaltung tätig wird[194] oder eines Dritten, der vom Betreibungsamt mit der Verwaltung einer gepfändeten Liegenschaft beauftragt wurde[195]). Nicht beschwerdefähig sind demgegenüber Handlungen anderer Verfahrensbeteiligter, wie etwa das Betreibungs-, Fortsetzungs- oder Verwertungsbegehren des Gläubigers[196]. Ebenso wenig sind richterliche Verfügungen[197] oder Handlungen des Sachwalters im Konkursaufschub gemäss Art. 725a OR[198] anfechtbar.

III. Beschwerdegrund

Mit der Beschwerde können nur verfahrensrechtliche Fragen geltend gemacht werden[199]; materiell-rechtliche Fragen werden höchstens als Vorfrage geprüft[200].

Art. 17 SchKG nennt als zulässige Beschwerdegründe Gesetzesverletzung, Unangemessenheit sowie Rechtsverweigerung und Rechtsverzögerung. Die Kognition der Aufsichtsbehörde ist entsprechend umfassend; die Beschwerde stellt einen vollkommenen Rechtsbehelf dar[201]. Einzig ein Beschluss der zweiten Gläubigerversammlung kann nur wegen Gesetzesverletzung gerügt werden, was allerdings nicht unumstritten ist[202].

Der Begriff der *Gesetzesverletzung* – dazu gehören auch Ermessensüberschreitung, -unterschreitung und -missbrauch[203] – ist in einem weiten Sinn zu verstehen. Gemeint ist jede Verletzung von geschriebenem oder ungeschriebenem Bundesrecht, kantonalem Recht und Völkerrecht[204]. Auch

192 BGE 142 III 425, E. 3.4.
193 BGE 7B.72/2004, E. 2.2.
194 BSK SchKG EB-Staehelin, Art. 17 ad N 15.
195 BSK SchKG EB-Staehelin, Art. 17 ad N 15.
196 KUKO SchKG-Dieth/Wohl, Art. 17 N 4 f.
197 BGE 103 Ia 76, E. 1.
198 BGE 98 III 41; BSK SchKG I-Cometta/Möckli, Art. 17 N 17.
199 BGE 112 III 102, E. 4; BGE 7B.129/2005, E. 2.3.
200 BGE 120 III 163, E. 2; Amonn/Walther, § 6 N 24 mit Beispielen.
201 BSK SchKG I-Cometta/Möckli, Art. 17 N 4.
202 BGE 87 III 111, E. 3; a.M. KUKO SchKG-Dieth/Wohl, Art. 17 N 23.
203 BSK SchKG I-Cometta/Möckli, Art. 17 N 27.
204 KUKO SchKG-Dieth/Wohl, Art. 17 N 22.

die Rüge der unrichtigen oder unvollständigen Sachverhaltsermittlung ist grundsätzlich als Rechtsverletzung zu qualifizieren, sind solche Mängel doch in aller Regel die Folge einer Verletzung von Beweisvorschriften[205]. Als Beispiele von Rechtsverletzungen seien etwa die folgenden Fälle genannt:

- Betreibung auf Pfändung statt auf Pfandverwertung (beneficium excusionis realis)[206]; demgegenüber führt Betreibung auf Pfändung statt auf Konkurs zur Nichtigkeit der Betreibung[207];
- unrichtige Parteirollenverteilung im Widerspruchsverfahren;
- fehlende örtliche Zuständigkeit des Betreibungsamts;
- Zustellung eines Zahlungsbefehls in einer zweiten Betreibung desselben Gläubigers gegen denselben Schuldner für dieselbe Forderung, während die erste Betreibung noch hängig ist;
- Pfändung des künftigen Lohnes über die gesetzliche Höchstdauer von Art. 93 Abs. 2 SchKG hinaus; demgegenüber ist die Pfändung von absolut Unpfändbarem nach Art. 92 SchKG oder von Gegenständen, die offensichtlich Dritten gehören, nichtig;
- Betreibung eines Schuldners nach der Konkurseröffnung für Forderungen, die vor der Konkurseröffnung entstanden sind (Konkursforderungen);
- i.d.R. Verletzung von Zuständigkeitsvorschriften;
- Prüfung der Frage, ob die Zahlung des Schuldners an das Betreibungsamt die Betreibung zum Erlöschen brachte[208];
- Prüfung der Abtretungsverfügung i.S.v. Art. 260 SchKG auf ihre Gültigkeit[209];
- Frage der Rangfolge von Masseverbindlichkeiten[210];
- zu Unrecht abgelehnte Wiederherstellung der Frist zur Erhebung des Rechtsvorschlages gemäss Art. 33 Abs. 4 SchKG[211].

Keine Beschwerde ist hingegen in folgenden Fällen zu erheben:

- Betreibung auf Pfandverwertung statt auf Pfändung ist mit Rechtsvorschlag geltend zu machen;
- Betreibung auf Grundpfandverwertung statt auf Faustpfandverwertung ist mit Rechtsvorschlag geltend zu machen;
- Einwand eines in Gütergemeinschaft lebenden Ehegatten, dass nur mit dem Eigengut und dem Anteil des Schuldners am Gesamtgut und nicht mit dem gesamten Gesamtgut gehaftet wird (Art. 68a Abs. 3 SchKG), ist mit Rechtsvorschlag geltend zu machen;

---

205 BSK SchKG I-Cometta/Möckli, Art. 17 N 35.
206 BGE 40 III 75, E. 1.
207 BSK SchKG I-Acocella, Art. 38 N 46.
208 BGE 114 III 50, E. 1.
209 BGE 111 II 81, E. 3b.
210 BGE 113 III 148, E. 1.
211 Siehe dazu BGE 5A_383/2012, wo auf die Beschwerde allerdings nicht eingetreten wurde.

- Verneint wurde die Anfechtbarkeit sodann bei der Zustellung eines Zahlungsbefehls während der Betreibungsferien[212].

Unangemessen ist eine Verfügung, wenn sie im Rahmen des Ermessensspielraums fehlerhaft ist. Indem Unangemessenheit zum Beschwerdegrund erhoben wird, wird der Aufsichtsbehörde dasselbe Ermessen wie dem handelnden Vollstreckungsorgan zugestanden; sie kann und muss ihr eigenes Ermessen an die Stelle desjenigen des Vollstreckungsorgans setzen[213]. Als Beispiele hierfür seien folgende Fälle genannt[214]:

- leicht zu kurze Gewährung des Rechtsstillstandes an einen schwerkranken Schuldner;
- Fehler bei der Bemessung des unpfändbaren Notbedarfs innerhalb des Ermessensspielraums;
- Fehler bei Schätzungen innerhalb des Ermessensspielraums.

Als *Rechtsverweigerung und Rechtsverzögerung* i.S.v. Art. 17 SchKG gilt nur die sog. formelle Rechtsverweigerung bzw. -verzögerung. Eine solche liegt vor, wenn eine gesetzlich vorgeschriebene Amtshandlung nicht oder nicht rechtzeitig vorgenommen wird. Die materielle Rechtsverweigerung, die darin besteht, dass das Vollstreckungsorgan zwar eine Verfügung erlässt, diese aber willkürlich ist, gilt i.S.v. Art. 17 SchKG als Gesetzesverletzung[215]. Lehnt das Vollstreckungsorgan eine bestimmte Amtshandlung in einer formellen Verfügung ab, so liegt keine Rechtsverweigerung vor. Anderes gilt nach der Rechtsprechung nur dann, wenn die Weigerung des Vollstreckungsorgans ohne jegliche Begründung erfolgt oder wenn die vom Amt angeführten Gründe mit den Voraussetzungen, die das Gesetz für die infrage stehende Massnahme aufstellt, klarerweise nichts zu tun haben[216].

IV. Beschwerdelegitimation und Beschwerdegegner

Beschwerdelegitimiert ist, wer durch die angefochtene Verfügung *berührt* ist und ein *konkretes, schutzwürdiges, rechtliches oder tatsächliches Interesse* an deren Aufhebung oder Änderung hat[217]. Schutzwürdig und konkret ist

212 BGE 120 III 9, E. 1.
213 BGE 5D_13/2012, E. 5.2; BGE 100 III 16, E. 2; KUKO SchKG-Dieth/Wohl, Art. 17 N 23.
214 BSK SchKG I-Cometta/Möckli, Art. 17 N 28.
215 KUKO SchKG-Dieth/Wohl, Art. 17 N 32.
216 BSK SchKG I-Cometta/Möckli, Art. 17 N 24; BGE 97 III 28, E. 3a.
217 BGE 5A_578/2010, E. 2.2.; BGE 129 III 595, E. 3.

das Interesse, wenn der Ausgang des Beschwerdeverfahrens die Stellung des Beschwerdeführers unmittelbar beeinflussen kann[218]. Wer kein eigenes, konkretes Interesse dartut, sondern in allgemeiner Weise die Rechtsprechung zu einer bestimmten Frage kritisiert, ist nicht beschwerdelegitimiert[219].

Das Interesse muss darüber hinaus *aktuell* sein, die Beschwerde mithin einen praktischen Zweck verfolgen. Entsprechend muss es grundsätzlich möglich sein, auf die Sache zurückzukommen[220], was in der Regel voraussetzt, dass das Verfahren noch im Gang ist[221]. Insbesondere ist auf eine Beschwerde zur blossen Feststellung pflichtwidrigen Handelns der Vollstreckungsorgane[222] oder zur allgemeinen Kritik der Rechtsprechung[223] nicht einzutreten, es sei denn, die beanstandete Frage könnte sich jederzeit wieder stellen und nie rechtzeitig beantwortet werden[224]. Nicht einzutreten ist ferner auf eine Beschwerde, die darauf abzielt, eine Grundlage für die Geltendmachung von Schadenersatz- oder Genugtuungsansprüchen zu schaffen[225].

Nicht vorausgesetzt ist, dass das Interesse in einem direkten *finanziellen* Vorteil besteht[226].

Als potenziell *Beschwerdelegitimierte* kommen Schuldner und Gläubiger, aber auch Dritte mit oder gar ohne Parteistellung und ausnahmsweise auch Behörden[227] infrage. Zur Beschwerdelegitimation des Bieters an einer Steigerung vgl. BGE 60 III 31, E. 2, des schuldnerischen Bürgen vgl. BGE 103 III 28, des Dritteigentümers vgl. BGE 113 III 139, E. 3a, des nach Art. 16 Abs. 3 und 94 Abs. 2 VZG eingesetzten Verwalters des Grundstückes vgl. BGE 129 III 401, E. 1, von Familienangehörigen des Schuldners vgl. BGE 116 III 75, E. 1a[228] und BGE 5A_330/2008, des Betreibungsgläubigers bei einer Nachpfändung, der am vorinstanzlichen Verfahren nicht teilnehmen konnte, vgl. BGE 135 I 187 ff., des Gemeinschuldners gegen einen konkursamtlichen Freihandverkauf vgl. BGE 5A_590/2010, des Dritten, der ein Kaufrecht an einem

218 BGE 138 III 219, E. 2.3; Amonn/Walther, § 6 N 24.

219 BGE 5A_494/2010, E. 4.1.

220 BGE 120 III 107, E. 2; BGE 7B.162/2002, E. 4; anders in BGE 105 III 101, E. 2.

221 Amonn/Walther, § 6 N 2; vgl. aber BGE 77 III 77, E. 1, BGE 99 III 58, E. 2 und BGE 5A_327/2011, E. 2.2, gemäss welchen die Beschwerde in begrenztem Masse nach Abschluss der Betreibung möglich ist.

222 BGE 91 III 41, E. 7.

223 BGE 5A_494/2010, E. 4.1.

224 BGE 124 I 231, E. 1b.

225 BGE 138 III 265, E. 3.2.

226 BGE 138 III 219, E. 2.4.

227 Vgl. hierzu KUKO SchKG-Dieth/Wohl, Art. 17 N 20 f. mit weiteren Ausführungen.

228 Vgl. für weitere Beispiele BSK SchKG I-Cometta/Möckli, Art. 17 N 42.

mit einer Vormerkung eines Arrests belasteten Grundstücks ausübt, vgl. BGE 5A_839/2009, des neben dem Schuldner an einer Gesamthandschaft berechtigten Gesamteigentümers betreffend Fragen der Verwertung vgl. BGE 105 III 57, des Betreibungs- oder Konkursamtes vgl. BGE 5A_688/2012, BGE 141 III 587, BGE 116 III 34, BGE 130 III 611, BGE 119 III 4, E. 1, der ausländischen Konkurs- und Insolvenzverwaltung vgl. BGE 4A_380/2012, der Erwachsenenschutzbehörde vgl. Art. 360 ff. ZGB und Art. 14 SchlT ZGB, der ausländischen Konkursmasse vgl. BGE 138 III 628, des im paulianischen Anfechtungsprozess beklagten Dritten betreffend die Weigerung des Konkursamtes, die Kollokation der Forderung des Anfechtungsklägers und die Abtretung des Anfechtungsanspruches an diesen Dritten zu widerrufen vgl. BGE 139 III 384, des die Rechtshilfe ersuchenden Betreibungsorgans gegen die Verweigerung der Rechtshilfe durch das ersuchte Amt vgl. BGE 141 III 580, des Drittschuldners bei der Abtretung gemäss Art. 260 SchKG vgl. BGE 5A_324/2015.

Zu beachten ist, dass die Beschwerdelegitimation eine *Prozessvoraussetzung* darstellt und von Amtes wegen zu prüfen ist. Fehlt sie, so ergeht ein Nichteintretensentscheid[229]. Anders als bei der Aktivlegitimation im Zivilverfahren handelt es sich nicht um eine materiell-rechtliche Frage.

Beschwerdegegner ist nach der bisherigen Lehre das Vollstreckungsorgan, das die angefochtene Verfügung erlassen hat[230]. Im Falle einer Requisition ist es das requirierende Amt, wenn die Anordnung der Pfändung oder der Versteigerung als solche angefochten wird. Wird demgegenüber die Art und Weise der Vornahme der Anordnung gerügt, so hat als Beschwerdegegner das requirierte Amt zu gelten[231]. Die neuere Lehre vertritt demgegenüber die Meinung, dass das Betreibungsamt nicht Beschwerdegegner, sondern höchstens ein besonderer Verfahrensbeteiligter darstellt[232]. Ob der Beschwerdegegner alsdann in derjenigen Person zu sehen ist, die zur Vernehmlassung eingeladen wird und eine Kopie der Verfügung zugestellt erhält[233], oder ob das Beschwerdeverfahren ein Einparteienverfahren ohne Vorhandensein eines Beschwerdegegners darstellt, ist umstritten[234]. In der Praxis erscheint

229 BGE 5A_494/2010, E. 4.1.
230 Amonn/Walther, § 6 N 29.
231 BGE 7B.251/2004, E. 2.1.
232 Vgl. ZR 113 (2014) Nr. 70, E. 3.1, wonach dem Betreibungsamt als Vorinstanz keine Parteistellung, sondern lediglich ein Anhörungsrecht zukommt.
233 Dieser Ansicht: Meier, 80 und 90.
234 Lorandi, AJP 2007, 435.

es empfehlenswert, das Vollstreckungsorgan und ein involvierter Dritter als Beschwerdegegner 1 und 2 zu bezeichnen[235].

V. Zuständigkeit

Die Zuständigkeit zur Beurteilung einer SchKG-Beschwerde richtet sich nach *kantonalem Recht.* Gemäss Art. 13 SchKG hat jeder Kanton mindestens eine kantonale Aufsichtsbehörde einzusetzen. Diese Vorschrift steht nicht im Widerspruch zu Art. 75 BGG, der den Kantonen zwei Vorinstanzen vorschreibt. Bei Kantonen, welche die Aufsichtsbehörde nur einstufig geregelt haben, gilt als erste Vorinstanz i.S.v. Art. 75 BGG die verfügende Behörde, während die zweite Vorinstanz die einzige Aufsichtsbehörde darstellt[236]. Im Kanton Zürich sind zwei Aufsichtsbehörden vorgesehen: Das Bezirksgericht amtet als untere (§ 81 lit. c GOG ZH), das Obergericht als obere Aufsichtsbehörde. Das Obergericht hat für die Aufsicht über die Grundbuch- und Konkursämter besondere Inspektorate zu schaffen (§ 80 Abs. 2 GOG ZH).

Bundesrechtlich vorgeschrieben ist, dass gegen die Anordnung der Liquidatoren im Rahmen des Nachlassvertrages mit Vermögensabtretung vor Erhebung der Beschwerde an die untere Aufsichtsbehörde Einsprache an den Gläubigerausschuss zu erheben ist (Art. 320 Abs. 2 SchKG).

Irrtümliche Beschwerdeeinreichung bei einer *unzuständigen Instanz* ist unschädlich; die Eingabe ist von Amtes wegen der zuständigen Instanz zu überweisen (Art. 32 Abs. 2 SchKG bzw. Art. 48 Abs. 3 BGG). Obwohl der Wortlaut von Art. 32 Abs. 2 SchKG eine Überweisungspflicht nur bei Eingaben an ein unzuständiges Betreibungs- oder Konkursamt vorsieht, ist davon auszugehen, dass auch die Anrufung einer unzuständigen *Behörde,* mithin auch einer Aufsichtsbehörde, eine Überweisungspflicht auslöst[237]. Die Frage wurde vom Bundesgericht kürzlich offengelassen[238].

235 KUKO SchKG-Dieth/Wohl, Art. 17 N 1.

236 Spühler/Aemisegger/Dolge/Vock, Art. 75 N 8.

237 Dazu ausführlich Beschluss der II. ZK des Obergerichts des Kantons Zürich vom 6. Dezember 2011 (Geschäft Nr. PS110210); BSK SchKG I-Nordmann, Art. 32 N 6.

238 BGE 5A_421/2012, E. 3.1.

VI. Beschwerdefrist

Das Gesetz sieht im Grundsatz eine Beschwerdefrist von zehn Tagen vor (Art. 17 Abs. 2 SchKG). In der Wechselbetreibung und bei der Anfechtung von Beschlüssen der ersten Gläubigerversammlung beträgt die Frist fünf Tage (Art. 20 und 239 Abs. 1 SchKG), während bei Rechtsverweigerung und Rechtsverzögerung sowie im Falle nichtiger Verfügungen jederzeit Beschwerde geführt werden kann (vgl. Art. 17 Abs. 3 SchKG für den Fall der Rechtsverweigerung/-verzögerung).

Gemäss Gesetzeswortlaut wird die Frist durch Kenntnis der Verfügung ausgelöst (Art. 17 Abs. 2 SchKG). Gemeint ist nicht die tatsächliche Kenntnisnahme, sondern die schriftliche Mitteilung der Verfügung[239]. Eine Ausnahme hierzu gilt bei der Anfechtung eines Steigerungszuschlags oder des Abschlusses eines Freihandverkaufs. Gemäss Art. 132a Abs. 2 und 3 SchKG ist hier die Kenntnis der Verwertungshandlung und das Wissen um den Anfechtungsgrund fristauslösend. Unabgeholte, eingeschriebene Sendungen gelten als am letzten Tag der siebentägigen Abholfrist als zugestellt, sofern der Adressat mit einer Zustellung rechnen musste (Art. 138 Abs. 3 lit. a ZPO)[240].

Für die Berechnung und Einhaltung der Frist verweist Art. 31 SchKG auf die ZPO, während Art. 20a Abs. 3 SchKG einen generellen Verweis auf das kantonale Recht enthält. Da die Frist von Art. 17 Abs. 2 SchKG (und damit Bundesrecht) festgelegt wird, ist für deren Berechnung, Einhaltung und Lauf ebenfalls das Bundesrecht, mithin die ZPO massgebend[241]. Der Verweis von Art. 20a Abs. 3 SchKG auf kantonales Recht gilt diesbezüglich also nicht. Im Kanton Zürich ist die Frage ohnehin nur theoretischer Natur. Über § 18 EG SchKG wird hier zunächst auf § § 83 f. GOG ZH verwiesen, welche dann in §§ 83 Abs. 3 und 84 GOG ZH wiederum die Bestimmungen der ZPO für anwendbar erklären[242]. Nach Art. 142 Abs. 1 ZPO beginnen Fristen, die wie vorliegend durch eine Mitteilung oder ein Ereignis ausgelöst werden, am nächstfolgenden Tag zu laufen. Die Fristberechnung für eine SchKG-Beschwerde beginnt demnach einen Tag nach Zustellung der Verfügung. Erfolgt die Zustellung an einem Samstag, beginnt die Frist entsprechend an einem Sonntag. Fällt der letzte Tag der Frist auf einen Samstag, Sonntag

239 KUKO SchKG-Dieth/Wohl, Art. 17 N 25.

240 BGE 134 V 49, E. 4.

241 BSK SchKG EB-Staehelin, Art. 17 ad N 53; BGE 5A_125/2011, E. 3.2.

242 ZR 110 (2011) Nr. 78.

oder einen anerkannten Feiertag, so endigt sie am nächstfolgenden Werktag (Art. 142 Abs. 2 ZPO).

Die Beschwerdefrist stellt eine Verwirkungsfrist dar und ist damit grundsätzlich nicht erstreckbar (Art. 31 SchKG i.V.m. Art. 144 Abs. 1 ZPO)[243]. Eine Ausnahme sieht Art. 33 Abs. 2 SchKG für im Ausland wohnende Beteiligte vor. Bei diesen gilt diejenige längere Frist, die dem Betroffenen von Beginn weg hätte eingeräumt werden müssen. Die Frist ist dabei um mindestens so viele Tage zu erstrecken, als es der normalen Beförderungsdauer vom entsprechenden Staat in die Schweiz entspricht[244]. Für die Wiederherstellung der Frist gilt Art. 33 Abs. 4 SchKG[245].

Gerichtsferien gibt es beim Beschwerdeverfahren nicht. Die Frist für die Aufsichtsbeschwerde steht während der Gerichtsferien demnach nicht still[246]. Die Verlängerung der Frist gemäss Art. 63 SchKG gilt auch im Beschwerdeverfahren[247].

Das Einhalten der Frist hat die Aufsichtsbehörde als Prozessvoraussetzung von Amtes wegen zu prüfen[248]. Die Aufsichtsbehörde trägt auch die Beweislast für die Behauptung, die Beschwerde sei nicht rechtzeitig erhoben worden[249].

Die Frist zur allfälligen *Beantwortung* der Beschwerde und des Rechtsmittels ist eine gesetzliche und daher ebenfalls nicht erstreckbar[250]. Sie beträgt zehn Tage und läuft ungeachtet der Gerichtsferien[251].

---

243 BSK SchKG I-Cometta/Möckli, Art. 17 N 50.

244 BGE 5A_882/2012, E. 3.2 mit Verweis auf BGE 106 III 1, E. 2 und BGE 136 III 575, E. 4.1; hier wurde eine Fristverlängerung von einem Tag bei Wohnsitz in Deutschland als angemessen betrachtet.

245 Siehe dazu BGE 5A_383/2012 betreffend Beschwerde gegen die verweigerte Fristwiederherstellung zur Erhebung des Rechtsvorschlages.

246 BGE 141 III 170.

247 BGE 141 III 170; BGE 5A_547/2014, E. 3.2; BGE 5A_471/2013, E. 2.1; BSK SchKG I-Bauer, Art. 63 N 7.

248 BGE 5A_934/2012, E. 3.2.

249 BGE 114 III 51, E. 3c; Amonn/Walther, § 6 N 31.

250 ZR 110 (2011) Nr. 92.

251 BGE 141 III 170.

VII. Rechtsbegehren

Zielt eine Beschwerde auf die Aufhebung einer Verfügung ab, so könnte ein mögliches Rechtsbegehren wie folgt lauten:

«1. Die Verfügung des Betreibungsamtes [...] vom [...] sei aufzuheben.
2. Es sei der vorliegenden Beschwerde aufschiebende Wirkung zu erteilen.»

Strebt der Beschwerdeführer die Berichtigung einer gesetzeswidrigen oder fehlerhaften Verfügung an, kann das Rechtsbegehren wie folgt lauten:

«1. Die Verfügung des Betreibungsamtes [...] vom [...] sei in dem Sinne zu berichtigen, dass [...].
2. Es sei der vorliegenden Beschwerde aufschiebende Wirkung zu erteilen.»

Wird Nichtigkeit einer Verfügung geltend gemacht, so empfiehlt es sich, als Eventualbegehren dennoch die Aufhebung der Verfügung zu verlangen und die Beschwerdefrist einzuhalten. So kann der Gefahr vorgebeugt werden, dass die Aufsichtsbehörde nur auf Anfechtbarkeit anstelle von Nichtigkeit erkennt:

«1. Es sei festzustellen, dass die Verfügung des Betreibungsamtes [...] vom [...] nichtig ist.
2. Eventualiter sei die Verfügung des Betreibungsamtes [...] vom [...] aufzuheben.
3. Es sei der vorliegenden Beschwerde aufschiebende Wirkung zu erteilen.»

Da die Beschwerde kostenlos ist, erübrigt sich ein Antrag betreffend Kostenregelung.

VIII. Verfahren

Das Beschwerdeverfahren wird hauptsächlich vom *kantonalen Recht* geregelt (Art. 20a Abs. 3 SchKG). Daran ändert auch die neue ZPO nichts, da diese nur den Zivilprozess behandelt[252]. Die ZPO ist auf das Beschwerdeverfahren folglich nur anwendbar, wenn das kantonale Recht auf deren Bestimmungen verweist. In solchen Fällen kommen die Bestimmungen der ZPO als kantonales Recht zur Anwendung[253]. Ein entsprechender Verweis findet sich für den Kanton Zürich in § 83 Abs. 3 GOG ZH.

252 BGE 5A_275/2013, E. 6.2.1; BSK SchKG I-Cometta/Möckli, Art. 20a N 1.
253 Vgl. auch BGE 5A_44/2013, E. 2.2.

Immerhin enthält das SchKG für das Beschwerdeverfahren gewisse *bundesrechtliche Minimalvorschriften.* Beachtenswert sind dabei folgende Punkte (vgl. auch Art. 20a SchKG):

- Auch im Beschwerdeverfahren haben die Parteien Anspruch auf rechtliches Gehör (Art. 29 Abs. 2 BV und Art. 6 Abs. 1 EMRK). Dies beinhaltet auch das Recht, Eingaben der Gegenpartei zugestellt zu erhalten und sich dazu äussern zu können (Replikrecht)[254]. Eine Verletzung des rechtlichen Gehörs kann höchstens dann geheilt werden, wenn sich die in ihren Rechten verletzte Partei vor einer Rechtmittelinstanz äussern kann, welche sowohl den Sachverhalt als auch die Rechtsfragen frei überprüfen kann[255]. Wer von seinem Replikrecht Gebrauch machen will, soll nicht auf eine Fristansetzung warten, sondern innert nützlicher Frist (zehn Tage) direkt seine Bemerkungen einreichen[256] oder aber explizit eine Fristansetzung verlangen[257].
- Solange die Beschwerdefrist nicht abgelaufen ist, kann der Beschwerdeführer die Beschwerde ergänzen, berichtigen und korrigieren[258]. Nach Ablauf der Beschwerdefrist gestellte neue Anträge[259] und Ergänzungen der Beschwerde[260] sind demgegenüber unzulässig. Das Vollstreckungsorgan hat seinerseits bis zum Ablauf der Beschwerdefrist bzw. – bei Erhebung einer Beschwerde – bis zu seiner Vernehmlassung die Möglichkeit, seine Verfügung in *Wiedererwägung* zu ziehen (Art. 17 Abs. 4 SchKG). Nach Ablauf der Frist ist eine Wiedererwägung nicht mehr zulässig, es sei denn, es handle sich um eine nichtige Verfügung (Art. 22 Abs. 2 SchKG)[261]. Wird dem Beschwerdebegehren mit der neuen Verfügung entsprochen, so wird die Beschwerde gegenstandslos[262]. Andernfalls fährt die Aufsichtsbehörde mit der Behandlung der Beschwerde fort[263].
- Der Beschwerde kommt – unter Vorbehalt der Anfechtung des Zuschlags im Zusammenhang mit der Zwangsversteigerung von Grundstücken (Art. 66 Abs. 1 VZG[264]) – *keine aufschiebende Wirkung* zu. Die Aufsichtsbehörde oder ihr Präsident kann eine solche jedoch auf Antrag oder von Amtes wegen erteilen (Art. 36 SchKG), was gemäss Bundesgericht allerdings restriktiv[265] und grundsätzlich erst auf denjenigen Zeitpunkt hin erfolgen soll, in dem nicht rückgängig machbare

254 BGE 5A_225/2012, E. 2.1.2; BGE 137 I 195, E. 2.
255 Siehe dazu BGE 137 I 195, E. 2.3.2.
256 BGE 5A_777/2011, E. 2.2.
257 BGE 138 I 484, E. 2.2.
258 BGE 102 III 127.
259 BGE 142 III 234.
260 BGE 5A_237/2012, E. 2.2; 5A_205/2012, E. 2.2.
261 BGE 5A_735/2009, E. 5.
262 BGE 126 III 85, E. 3.
263 KUKO SchKG-Dieth/Wohl, Art. 17 N 35.
264 Dies gilt nicht auch für die Beschwerde gegen die Steigerungsbedingungen: BGE 5A_1026/2015, E. 4.2.
265 BGE 5A_466/2014, E. 2.1.

Vorkehrungen (wie z.B. Verwertung oder Verteilung) zu treffen sind[266]. Dennoch sollte die beschwerdeführende Partei bei Bedarf einen entsprechenden Antrag stellen. Für den Entscheid über die aufschiebende Wirkung sind das Drohen eines nicht oder nicht leicht wiedergutzumachenden Nachteils sowie die Wahrscheinlichkeit des Obsiegens/Unterliegens zu berücksichtigen[267]. Die Wirkung der Erteilung des Suspensiveffekts besteht – andersweitige Anordnungen vorbehalten – ex tunc[268] und hängt vom jeweils angefochtenen Akt ab. Fristen beginnen in der Regel neu zu laufen[269], so z.B. die Frist für den Rechtsvorschlag bei einer Beschwerde gegen den Zahlungsbefehl. Richtet sich die Beschwerde gegen eine Pfändung, so erhält der Schuldner ipso iure sein Verfügungsrecht zurück, und allfällige vom Betreibungsamt angeordnete Sicherungsmassnahmen fallen dahin[270]. Richtet sich die Beschwerde gegen eine Konkursandrohung, so hat das Konkursgericht seinen Entscheid über den Konkurs auszusetzen[271].

- Für die Feststellung des Sachverhalts gilt ein *gemildeter Untersuchungsgrundsatz:* Die Aufsichtsbehörde stellt den Sachverhalt von Amtes wegen fest[272] und würdigt die Beweise frei; sie kann die Parteien – unter Wahrnehmung ihrer Befragungs- und Aufklärungsplicht[273] – aber zur Mitwirkung anhalten und braucht auf deren Begehren nicht einzutreten, wenn sie die notwendige und zumutbare Mitwirkung verweigern (Art. 20a Abs. 2 Ziff. 2 und 3 SchKG[274], wobei Letzteres nicht gilt im Verfahren vor der Aufsichtsbehörde betreffend Nichtigkeit einer Verfügung[275]). Eine antizipierte Beweiswürdigung ist trotz Untersuchungsgrundsatz möglich[276]. Auf der anderen Seite gilt insofern die *Dispositionsmaxime,* als die Aufsichtsbehörde – unter Vorbehalt von nichtigen Verfügungen – an die Parteianträge gebunden ist (Art. 20a Abs. 2 Ziff. 3 SchKG)[277].
- Der Beschwerdeentscheid ist zu begründen, mit einer Rechtsmittelbelehrung zu versehen und schriftlich zu eröffnen (Art. 20a Abs. 2 Ziff. 4 SchKG). Für das erstinstanzliche Verfahren der Betreibungs- und Konkursbehörden besteht keine Pflicht, die Verfügungen mit einer Rechtsmittelbelehrung zu versehen[278].

266 BGE 5A_968/2015, E. 3.1.
267 KUKO SchKG-Dieth/Wohl, Art. 36 N 2a.
268 BGE 5A_968/2015, E. 3.1; BGE 127 III 569, E. 4b.
269 KUKO SchKG-Dieth/Wohl, Art. 36 N 7.
270 BGE 134 III 177, E. 3.2.
271 BGE 5A_805/2012, E. 5.1 und 5.2.
272 Siehe dazu BGE 5A_224/2013, E. 2.2.
273 BGE 5A_781/2010, E. 2.1; BGE 107 II 233 E. 2c.
274 Siehe dazu auch BGE 5A_253/2015, E. 4.1; BGE 5A_781/2010, E. 2.1; BGE 5A_9/2011, E. 4.3; BGE 5A_902/2010, E. 2.1; 5A_186/2011, E. 1.3.
275 BGE 5A_588/2011, E. 3.3.
276 BGE 5A_902/2010, E. 2.1.
277 Vgl. ZR 113 (2014) Nr. 70, E. 3.1, wonach der Vorinstanz keine Parteistellung zukommt und es – bei gemeinsamen Anträgen der Parteien – entsprechend nicht auf einen abweichenden Standpunkt bzw. Antrag der Vorinstanz ankommt.
278 BGE 5A_934/2012, E. 3.1.

- Das Beschwerdeverfahren vor den kantonalen Aufsichtsbehörden ist – unter Vorbehalt böswilliger oder mutwilliger Beschwerdeführung – *kostenlos;* auch Parteientschädigungen werden keine zugesprochen (Art. 20a Abs. 2 Ziff. 5 SchKG; Art. 62 Abs. 2 GebV SchKG). Der aus Art. 29 Abs. 3 Satz 2 BV abgeleitete Anspruch auf unentgeltlichen Rechtsbeistand kann im SchKG-Beschwerdeverfahren aber nicht grundsätzlich mit dem Hinweis ausgeschlossen werden, dass gemäss Art. 20a SchKG keine Kosten erhoben und keine Entschädigung zugesprochen würden. Da das SchKG-Beschwerdeverfahren der (gemilderten) Untersuchungsmaxime untersteht, ist die Mitwirkung eines Rechtsanwaltes zwar in der Regel nicht erforderlich. Sollte eine Partei ohne Vertretung aber dennoch nicht in der Lage sein, ihre Rechte sachgerecht wahrzunehmen, besteht ein Anspruch auf unentgeltliche Rechtsvertretung[279]. Allerdings gilt dies grundsätzlich nur für natürliche und nicht auch für juristische Personen[280]. Ebenso wenig haben Konkurs- und Nachlassmassen Anspruch auf unentgeltliche Rechtsvertretung[281]. Der Anspruch auf unentgeltliche Verbeiständung für das Verfahren vor kantonalen Aufsichtsbehörden in SchKG-Sachen wird auch unter der Geltung der ZPO in erster Linie durch kantonales Prozessrecht geregelt[282]. Für das Verfahren vor Bundesgericht gilt die allgemeine Kostenregelung nach BGG (Art. 62–66 und 68 BGG).
- Eine *Intervention* Dritter, auch als Nebenintervenienten, ist im Beschwerdeverfahren ausgeschlossen[283].

IX. Beschwerdeentscheid

Die Aufsichtsbehörde ist zur Erledigung der Beschwerde grundsätzlich an keine Frist gebunden. Ausnahmen hierzu statuieren Art. 20 SchKG, welcher der Aufsichtsbehörde im Rahmen einer Wechselbetreibung einen Entscheid innert fünf Tagen vorschreibt, sowie Art. 239 Abs. 2 SchKG, wonach gegen Beschlüsse der ersten Gläubigerversammlung «binnen kurzer Frist» zu entscheiden ist.

279 BGE 5A_147/2014, E. 2.3; BGE 122 I 8, E. 2c; BGE 122 III 392, E. 3c, d.
280 BGE 131 II 306, E. 5.2.1.
281 BGE 116 II 651, E. 2d.
282 BGE 5A_336/2011.
283 BGE 73 III 34, E. 1.

Die entscheidende Behörde erlässt – in den Fällen von Gegenstandslosigkeit[284], Beschwerderückzug, Beschwerdeanerkennung und Vergleich[285] – einen Abschreibungsbeschluss. Bei fehlender Prozessvoraussetzung erledigt sie das Verfahren durch einen prozessualen Nichteintretensentscheid. In allen übrigen Fällen fällt sie einen Sachentscheid[286].

Die Behörde, welche eine Beschwerde im Rahmen eines Sachentscheids für begründet erklärt, verfügt die Aufhebung oder Berichtigung der angefochtenen Handlung (Kassation oder Reformation). Die Aufhebung einer Verfügung wirkt ex tunc, und die darauf beruhenden Handlungen fallen dahin[287]; die Berichtigung einer Verfügung wirkt ex nunc und ordnet das Notwendige an[288]. Ein Rückweisungsentscheid drängt sich z.B. bei fehlender Spruchreife auf[289]. Ist die obere Instanz nach einer Rückweisung erneut mit demselben Fall beschäftigt, so kann sie nicht auf ihren ersten Entscheid zurückkommen. Auch die Parteien können in der zweiten Beschwerde diejenigen Rügen, die von der oberen Instanz im ersten Entscheid zurückgewiesen worden sind, nicht mehr vorbringen, soweit der Entscheid der oberen Instanz damals hätte angefochten werden können[290]. Etwas anderes kann die Aufsichtsbehörde im Rahmen eines gutheissenden Entscheids nicht zusprechen. Insbesondere ist es ihr nicht möglich, auf Schadenersatz zu erkennen[291]. Bei Rechtsverweigerung oder -verzögerung ordnet die Aufsichtsbehörde die Vollziehung der Handlungen an, deren Vornahme der Beamte unbegründetermassen verweigert oder verzögert (Art. 21 SchKG).

Der Beschwerdeentscheid greift in das Vollstreckungsverfahren ein. Entsprechend wirkt er nicht nur zwischen den Beschwerdeparteien, sondern gegenüber sämtlichen am Verfahren Beteiligten[292].

Der Beschwerdeentscheid wird begründet, mit einer Rechtsmittelbelehrung versehen und den Parteien, dem betroffenen Amt und allfälligen weiteren

284 Vgl. BGE 5A_327/2011, wonach eine Beschwerde gegen die Pfändung gewisser Gegenstände mit deren Verwertung nicht gegenstandslos wird.

285 Die Anerkennung des Rechtsbegehrens seitens der Gegenpartei sowie der Abschluss eines Vergleiches setzen voraus, dass die Parteien über den Streitgegenstand verfügen können. Dies dürfte im Zwangsvollstreckungsrecht selten der Fall sein. Vgl. BSK SchKG I- Cometta/Möckli, Art. 21 N 9.

286 BSK SchKG I-Cometta/Möckli, Art. 21 N 9–12.

287 BGE 5A_327/2011, E. 2.2; BGE 5A_ 1026/2015, E. 4.2; 5A_910/2015, E. 2.3.

288 Amonn/Walther, § 6 N 74; BGE 7B.97/2003, E. 2.2.

289 Amonn/Walther, § 6 N 74.

290 BGE 5A_236/2010, E. 4.1.

291 BSK SchKG I-Cometta/Möckli, Art. 21 N 3.

292 Amonn/Walther, § 6 N 74.

Beteiligten schriftlich mitgeteilt (Art. 20 Abs. 2 Ziff. 4 SchKG und Art. 112 BGG für die der Beschwerde ans Bundesgericht unterliegenden Entscheide).

X. Weiterzug

Sieht ein Kanton zwei Aufsichtsbehörden vor, so kann der Entscheid der unteren Aufsichtsbehörde nach Art. 18 SchKG innert zehn Tagen bzw. im Falle einer Rechtsverweigerung oder Rechtsverzögerung jederzeit an die *obere Aufsichtsbehörde* weitergezogen werden. Auch das Weiterziehungsverfahren wird primär durch kantonales Recht geregelt, wobei die bundesrechtlichen Grundsätze, insbesondere Art. 20a SchKG, auch hier Anwendung finden[293].

Zum Weiterzug legitimiert ist, wer durch den Entscheid der ersten Instanz beschwert, d.h., in seinen rechtlichen oder tatsächlichen Interessen verletzt ist. Dies kann neben dem Beschwerdeführer auch die Gegenpartei im Betreibungsverfahren (Gläubiger oder Schuldner), ein betroffener Dritter und unter gewissen Umständen das beschwerdebeklagte Vollstreckungsorgan[294] sein.

Beschwerdeobjekt und Beschwerdegründe dürfen für den Weiterzug an die obere kantonale Instanz nicht weniger weit reichen, als es das BGG für die Beschwerde in Zivilsachen vorsieht (vgl. Art. 111 Abs. 1 und 3 BGG).

Ob Noven vor der zweiten Instanz zuzulassen sind, bestimmt ebenfalls das kantonale Recht. Im Kanton Zürich wird in § 84 GOG ZH auf Art. 319 ff. ZPO (Beschwerde) verwiesen. Nach Art. 326 ZPO sind Noven im Beschwerdeverfahren nicht zulässig, was entsprechend auch vor der zweitinstanzlichen Aufsichtsbehörde in SchKG-Sachen gilt[295].

Heisst die Aufsichtsbehörde eine Beschwerde gut und weist sie die Sache zur Neuentscheidung zurück, sind die Erwägungen, mit welchen die Rückweisung begründet wurde, für die untere Behörde verbindlich. Wenn die Parteien die neue Entscheidung der unteren Behörde wiederum anfechten, können sie sich nicht auf Rügen stützen, welche von der Beschwerdeinstanz ausdrücklich verworfen wurden oder welche sie bereits in der ersten Be-

293 Amonn/Walther, § 6 N 80.

294 BGE 5A_688/2012 mit weiteren Hinweisen; vgl. hierzu auch Ausführungen bei Amonn/Walther, § 6 N 78 f.; BGE 5 A_112/2009, E. 1 und ZR 113 (2014) Nr. 70, E. 3.1, wonach der Vorinstanz keine Beschwerdelegitimation zukommt.

295 Beschluss und Urteil der II. ZK des Obergerichts des Kantons Zürich vom 21. Februar 2011 (Geschäft Nr. PS110019).

schwerde hätten vorbringen können[296]. Enthält der Rückweisungsentscheid genaue Anweisungen an die Vorinstanz, muss es dem Beschwerten im Lichte der Verfahrensökonomie aber auch möglich sein, den Rückweisungsentscheid direkt an die nächstmögliche Beschwerdeinstanz weiterzuziehen[297].

Der Entscheid der oberen bzw. der einzigen kantonalen Aufsichtsbehörde ist nach Art. 19 SchKG i.V.m. Art. 72 Abs. 2 lit. a BGG mit Beschwerde in Zivilsachen an das *Bundesgericht* weiterziehbar[298]. Dabei sind folgende Besonderheiten zu beachten:

- Zur Beschwerde ist *legitimiert,* wer vor der Vorinstanz am Verfahren teilgenommen hat oder keine Möglichkeit zur Teilnahme erhalten hat (formelle Beschwer; Art. 76 Abs. 1 lit. a BGG). Am vorinstanzlichen Verfahren hat neben dem Beschwerdeführer auch der Vollstreckungsgegner oder der Dritte teilgenommen, der Gelegenheit zur Vernehmlassung hatte[299]. Eine Partei, welche vor erster Instanz teilweise obsiegte, auf eine Beschwerde an die Aufsichtsbehörde aber verzichtete, kann nicht Beschwerde an das Bundesgericht erheben, wenn eine andere Partei den erstinstanzlichen Entscheid angefochten hat, es sei denn, der Entscheid der Aufsichtsbehörde verschlechtert deren Rechtsstellung[300]. Keine Möglichkeit zur Teilnahme am vorinstanzlichen Verfahren hatte derjenige, dem die Teilnahme trotz sorgfältiger Wahrung seiner Interessen nicht möglich war[301] (z.B. der Vollstreckungsgegner, der keine Gelegenheit zur Vernehmlassung erhalten hat[302], was als formelle Rechtsverweigerung oder Verletzung von Art. 17 SchKG bzw. der Regeln der Beschwerdelegitimation im Beschwerdeverfahren gerügt werden kann[303]). Weitere Voraussetzung für die Beschwerdelegitimation ist, dass der Beschwerdeführer «durch den angefochtenen Entscheid besonders berührt ist und ein schutzwürdiges Interesse an dessen Aufhebung oder Änderung hat»(materielle Beschwer; Art. 76 Abs. 1 lit. b BGG). Der Beschwerdeführer muss durch die angefochtene Verfügung des Zwangsvollstreckungsorgans also in seinen *rechtlichen oder tatsächlichen* Interessen unmittelbar betroffen, mithin beschwert sein[304]. Zur ausnahmsweisen Beschwerdelegitimation der Vollstreckungsorgane vgl. BGE 5A_688/2012.
- Gemäss Art. 74 Abs. 2 lit. c BGG besteht gegen Entscheide der kantonalen Aufsichtsbehörden in SchKG-Angelegenheiten *kein Streitwerterfordernis.*

296 BGE 5A_236/2010, E. 4.1.
297 KUKO SchKG-Dieth/Wohl, Art. 21 N 4.
298 BGE 5A_311/2013, E. 4.2.3; BGE 5A_555/2010, E. 1.1.
299 BSK SchKG I-Levante, Art. 19 N 38.
300 BGE 5A_577/2010, E. 1.2.
301 BSK SchKG I-Levante, Art. 19 N 39.
302 BGE 5A_900/2014, E. 1; BGE 135 I 187, E. 1.3.
303 BSK SchKG I-Levante, Art. 19 N 40.
304 Siehe dazu auch KUKO SchKG-Dieth/Wohl, Art. 19 N 5 ff. mit weiteren Ausführungen.

- Die *Frist* zur Erhebung der Beschwerde in Zivilsachen beträgt nach Art. 100 Abs. 2 lit. a bzw. Abs. 3 lit. a BGG ausnahmsweise nicht 30, sondern zehn bzw. fünf Tage. Die Beschwerde wegen Rechtsverweigerung bzw. -verzögerung kann jederzeit erhoben werden (Art. 100 Abs. 7 BGG). Wegen des Verweises in Art. 19 SchKG auf die Verfahrensbestimmungen des BGG gelten die Gerichtsferien nach Art. 46 BGG, nicht aber die Betreibungsferien nach Art. 56 Ziff. 2 SchKG i.V.m. Art. 63 SchKG[305]. Auch für die Wiederherstellung einer Frist ist Art. 50 BGG und nicht Art. 33 Abs. 4 SchKG massgebend[306].
- Mit Erhebung der Beschwerde ist bei Bedarf *aufschiebende Wirkung* zu verlangen (Art. 103 Abs. 3 BGG). Von Gesetzes wegen besteht kein Suspensiveffekt[307]. Zwar kommt der Beschwerde in Zivilsachen gemäss Art. 103 Abs. 2 lit. a BGG dann ipso iure Suspensiveffekt zu, wenn sie sich gegen ein Gestaltungsurteil in Zivilsachen richtet. Der Begriff der Zivilsache i.S.v. Art. 103 Abs. 2 lit. a BGG ist aber – anders als der Zivilsachenbegriff in Art. 72 BGG – eng auszulegen[308]. Bei einem Weiterzug eines SchK-Beschwerdeentscheids mangelt es an einer Zivilsache i.S.v. 103 BGG, sodass die aufschiebende Wirkung trotz Vorliegens eines Gestaltungsurteils explizit verlangt werden muss.
- Den *Beschwerdegrund* der Gesetzesverletzung prüft das Bundesgericht nur insoweit frei, als es sich um Bundesrecht handelt; die Verletzung kantonalen Rechts wird – mit Vorbehalt von verfassungsmässigen Rechten – nur auf Willkür geprüft (Art. 95 BGG). Es gilt, darauf hinzuweisen, dass das kantonale Beschwerdeverfahren auch dann vom kantonalen Recht geregelt wird, wenn ein Kanton die ZPO als anwendbar erklärt (z.B. § 83 Abs. 3 GOG ZH). Die Geltendmachung der Verletzung von ZPO-Bestimmungen dürfte unter diesen Voraussetzungen daher lediglich mit der Willkürrüge zulässig sein[309]. Die Feststellung des Sachverhalts kann nur gerügt werden, wenn sie offensichtlich unrichtig ist oder auf einer Rechtsverletzung im Sinne von Art. 95 BGG beruht und wenn die Behebung des Mangels für den Ausgang des Verfahrens entscheidend sein kann (Art. 97 Abs. 1 BGG)[310]. Den Beschwerdegrund der Unangemessenheit kann das Bundesgericht mangels Ermessenskontrolle nicht prüfen[311]; die Kognition bei geltend gemachter Rechtsverweigerung bzw. -verzögerung ist demgegenüber frei (Art. 94 BGG).
- Das *Novenrecht* richtet sich nach Art. 99 BGG. Da das Bundesgericht mit der Änderung von Art. 15 Abs. 1 SchKG nicht mehr die Oberaufsicht über das Schuldbetreibungs- und Konkurswesen ausübt, gilt dies neu selbst zur Feststel-

305 KUKO SchKG-Dieth/Wohl, Art. 19 N 14.
306 BSK SchKG I-Levante, Art. 19 N 50.
307 Lorandi, 441.
308 Roth, Ziff. II.2.4.
309 BGE 5A_44/2013, E. 2.3; BSK SchKG I-Levante, Art. 19 N 66.
310 BGE 133 II 249, E. 1.3.
311 Eine Ausnahme dazu statuiert Art. 4 Abs. 3 VGeK; KUKO SchKG-Dieth/Wohl, Art. 19 N 9 f.

lung der Nichtigkeit einer Verfügung, wo Noven früher uneingeschränkt zulässig waren[312].

Eine Verfügung der oberen bzw. einzigen Aufsichtsbehörde, welche die aufschiebende Wirkung verweigert, ist ein Zwischenentscheid i.S.v. Art. 93 BGG. Die Anfechtbarkeit von Zwischenentscheiden richtet sich nach dem Rechtsweg in der Hauptsache[313]. Wenn es in dieser also um ein Verfahren nach Art. 17 SchKG geht, ist die Beschwerde in Zivilsachen ohne Rücksicht auf einen Streitwert gegeben (Art. 72 Abs. 2 lit. a, Art. 74 Abs. 2 lit. c BGG)[314]. Allerdings ist der Zwischenentscheid nur anfechtbar, wenn er einen nicht wiedergutzumachenden Nachteil bewirken könnte (Art. 93 Abs. 1 lit. a BGG)[315]. Der Entscheid gegen die Verweigerung der aufschiebenden Wirkung betrifft eine vorsorgliche Massnahme, sodass dagegen nur die Verletzung verfassungsmässiger Rechte gerügt werden kann (Ar. 98 BGG)[316].

Um einen Zwischenentscheid handelt es sich auch bei einem Rückweisungsentscheid der Aufsichtsbehörde an die Vorinstanz, selbst wenn dieser der Vorinstanz genaue Anweisungen erteilt. Auch ein solcher Zwischenentscheid ist mit Beschwerde in Zivilsachen anfechtbar[317].

312 BGE 5A_482/2014, E. 5.
313 BGE 137 III 380, E. 1.1.
314 BGE 5A_968/2015, E. 1.
315 Vgl. dazu BGE 5A_187/2012, E. 1.3.
316 BGE 5A_81/2014, E. 1.
317 BGE 5D_13/2012, E. 2.2.

§ 9 Gesuch um Wiederherstellung einer versäumten Frist (Art. 33 Abs. 4 SchKG)

Literatur: WYSSEN HUGO, Geschlossene Zeiten, Betreibungsferien und Rechtsstillstand (Art. 56 ff. SchKG), Diss. Basel 1995.

I. Materielles

1. Allgemeines

Nach Art. 33 Abs. 4 SchKG kann derjenige, der durch ein unverschuldetes Hindernis davon abgehalten worden ist, innert Frist zu handeln, die Aufsichtsbehörde oder die in der Sache zuständige richterliche Behörde um Wiederherstellung der Frist ersuchen. Er muss, vom Wegfall des Hindernisses an, in der gleichen Frist wie der versäumten ein begründetes Gesuch einreichen und die versäumte Rechtshandlung bei der zuständigen Behörde nachholen.

Im Unterschied zu Art. 32 Abs. 2 SchKG, der die Rechtsfolgen einer mangelhaften Eingabe behandelt, regelt Art. 33 Abs. 4 SchKG diejenigen Fälle, in welchen eine Rechtshandlung gänzlich versäumt wurde.

Für eine Fristwiederherstellung nach Art. 33 Abs. 4 SchKG müssen kumulativ folgende Voraussetzungen vorliegen:

- Bei der verpassten Frist handelt es sich um eine betreibungsrechtliche Verwirkungsfrist.
- Die Fristsäumnis ist Folge eines unverschuldeten Hindernisses.
- Das Hindernis trifft im Falle einer vertretenen Partei deren Vertreter, ansonsten die am Verfahren beteiligte Partei.
- Der Säumige stellt innert Frist und bei der zuständigen Behörde das Gesuch um Wiederherstellung und holt die versäumte Rechtshandlung nach.

2. Gegenstand der Wiederherstellung

Art. 33 SchKG ist nur auf die betreibungsrechtlichen Verwirkungs- bzw. Eingabefristen anwendbar. Zu ihnen zählen etwa folgende Fristen[318]:

318 BSK SchKG I-NORDMANN, Art. 31 N 8; vgl. für weitere Beispiele AMONN/WALTHER, § 11 N 11.

- Frist für den Rechtsvorschlag (Art. 69 Abs. 2 Ziff. 3 und 4 SchKG), wobei Art. 33 Abs. 4 SchKG für die Rechtsvorschlagsfrist in der Wechselbetreibung keine Anwendung findet (Art. 179 Abs. 3 SchKG);
- Frist für das Fortsetzungsbegehren (Art. 88 Abs. 2 SchKG);
- Frist für das Konkursbegehren (Art. 166 Abs. 2 und 188 Abs. 2 SchKG);
- die im SchKG geregelten Rechtsmittelfristen (Art. 17 ff., 174 und 185 SchKG);
- die im SchKG vorhandenen Bestreitungs- und Klagefristen (z.B. Art. 83 Abs. 2 und 3, Art. 107 Abs. 2 und 5, Art. 108 Abs. 2 SchKG);
- Frist für den Zahlungs- bzw. Hinterlegungsnachweis gemäss Art. 174 Abs. 2 SchKG[319].

Nicht von Art. 33 SchKG erfasst sind demgegenüber die folgenden Fristen:

- Materiell-rechtliche Verjährungs- und Verwirkungsfristen (z.B. Verjährung von Ansprüchen aus Staatshaftung nach Art. 6 SchKG); hier gelten die Bestimmungen von Art. 139 OR;
- betreibungsrechtliche Zustandsfristen, d.h. Zeiträume, für die bestimmte Rechtsfolgen gelten (z.B. Rechtsstillstand nach Art. 56 ff. SchKG);
- betreibungsrechtliche Bedenkfristen, die dem Schuldner Zeit zur Vornahme seiner Verpflichtungen einräumen (z.B. Zahlungsfristen);
- Fristen der ZPO und des BGG (z.B. Fristen zur Ergreifung von Rechtsmitteln[320]);
- gerichtlich festgesetzte Fristen (z.B. vom Gericht angesetzte Frist zur Stellungnahme zu einem Rechtsöffnungsbegehren; Wiederholung einer versäumten Konkursverhandlung[321]).

Das Obergericht des Kantons Zürich hat Art. 33 Abs. 4 SchKG auch für die Neuansetzung eines unverschuldet versäumten Termins, konkret einer versäumten Konkursverhandlung für anwendbar erklärt[322]. Diese Praxis hat das Bundesgericht für unzulässig erklärt, da Art. 33 SchKG nach seinem klaren Wortlaut ausschliesslich die Änderung und Wiederherstellung von Fristen beschlage. Die Beseitigung von Säumnisfolgen durch Wiedereinsetzung in einen früheren Verfahrensstand bestimmt sich demgegenüber einzig nach der ZPO[323].

319 BGE 5A_290/2011, E. 1.3.2.
320 Siehe z.B. BGE 5D_166/2012 betreffend Rechtsmittelfrist im Rechtsöffnungsverfahren.
321 BGE 5A_290/2011, E. 1.3.1.
322 ZR 109 (2010) Nr. 71.
323 BGE 5A_290/2011, E. 1.3.1.

3. Unverschuldetes Hindernis

Im Gegensatz zu Art. 148 Abs. 1 ZPO, welcher die Wiederherstellung einer versäumten Frist auch schon bei Abwesenheit schweren Verschuldens und grober Nachlässigkeit zulässt[324], ist eine Wiederherstellung der versäumten Frist nach SchKG nur demjenigen zu gewähren, der von der rechtzeitigen Handlung durch ein unverschuldetes Hindernis abgehalten wurde. Diese Voraussetzung wird restriktiv gehandhabt: Die Säumnis muss absolut unverschuldet, unvorhergesehen und dergestalt sein, dass auch keine Möglichkeit zur Bestellung und Instruierung eines Vertreters bestanden hat[325].

Ob eine Säumnis unverschuldet ist, hängt von den konkreten Umständen des Einzelfalls ab und liegt im Ermessen der entscheidenden Behörde[326]. Als ungenügend, da nicht unverschuldet, qualifizierte das Bundesgericht beispielsweise kurzfristige Abwesenheit oder Krankheit[327] sowie Arbeitsüberlastung[328]. Bejaht wird das Fehlen von Verschulden beispielsweise in den Fällen eines Unfalls[329], einer plötzlichen schweren Erkrankung[330], einer plötzlich eintretenden Handlungsunfähigkeit[331], eines Übermittlungsfehlers[332], eines unerwarteten Todes naher Angehörigen[333] oder einer falschen Rechtsauskunft der zuständigen Behörde, wenn der Betroffene die Unrichtigkeit der Auskunft nicht leicht erkennen kann[334].

Unbedeutend ist, ob das unverschuldete Hindernis während der gesamten Frist vorliegt oder erst im Verlaufe des Fristenlaufs eintritt[335].

4. Verhinderte Person

Ist eine an einem Verfahren beteiligte Partei vertreten, so muss die Säumnis – entgegen dem Wortlaut von Art. 33 Abs. 4 SchKG – durch den Vertreter

324 Siehe dazu BGE 5A_393/2013, E. 2.1, gemäss welchem die gewollte grosszügigere Handhabung in der ZPO vom Gesetzgeber gewollt ist.

325 KUKO SchKG-Russenberger/Minet, Art. 33 N 22; BGE 5A_231/2012, E. 2; vgl. auch BGE 5A_514/2013; BGE 5A_33/2012; BGE 5D_11/2012.

326 Amonn/Walther, § 11 N 28.

327 BGE 112 V 255.

328 BGE 99 II 349.

329 BGE 108 V 109.

330 BGE 112 V 255.

331 Siehe BGE 5A_382/2012, E. 2.2.

332 BGE 104 II 61.

333 Siehe BGE 5A_382/2012, E. 2.2.

334 BGE 94 I 279.

335 BSK SchKG I-Nordmann, Art. 33 N 11.

begangen werden. Trifft das Hindernis die Partei, nicht aber ihren Vertreter, so kann keine Wiederherstellung verlangt werden, ist die Vertretungsmöglichkeit doch gerade für solche Fälle vorgesehen[336]. Zu beachten ist, dass für den Anwalt in Bezug auf die Fristeinhaltung eine erhöhte Sorgfaltspflicht gilt[337].

Verpasst eine (nicht vertretene) Partei aufgrund eines Verschuldens ihrer Angestellten eine Frist, so kann sie eine Fristwiederherstellung nicht mit der Begründung verlangen, sie habe ihre Hilfsperson sorgfältig ausgewählt, instruiert und überwacht (Art. 55 OR)[338].

5. Verhältnis zum Rechtsstillstand nach Art. 63 SchKG

Ein Rechtsstillstand wird u.a. ausgelöst bei Todesfall in der Familie (Art. 58 SchKG), schwerer Erkrankung (Art. 61 SchKG), Epidemien (Art. 62 SchKG) oder Militärdienst (Art. 57 SchKG). Diese Anwendungsfälle des Rechtsstillstandes sind mit der von Art. 33 Abs. 4 SchKG geforderten unverschuldeten Hinderung vergleichbar. Die Folge des Rechtsstillstandes besteht nach Art. 63 SchKG darin, dass eine Frist bis zum dritten Tag nach Ablauf eines Rechtsstillstandes verlängert wird.

Das Verhältnis der beiden Normen ist in der Lehre nicht restlos geklärt. Fest steht, dass Art. 63 SchKG für alle Fristen gilt, während sich Art. 33 Abs. 4 SchKG wie ausgeführt nur auf die betreibungsrechtlichen Eingabefristen bezieht. Überdies verlängern sich die Fristen nach Art. 63 SchKG automatisch, wohingegen bei Art. 33 Abs. 4 SchKG ein Gesuch erforderlich ist. Liegen Tatbestände von Art. 63 SchKG und Art. 33 Abs. 4 SchKG kumulativ vor, kann nach der hier vertretenen Meinung bis zum Ablauf der in Art. 33 Abs. 4 SchKG enthaltenen Frist, mithin auch noch nach Ablauf der Dreitagesfrist von Art. 63 SchKG, ein Wiederherstellungsgesuch gestellt werden[339].

6. Wiederherstellung in der Wechselbetreibung als lex specialis

Art. 179 Abs. 3 SchKG bestimmt, dass eine Fristwiederherstellung bei verpasstem Rechtsvorschlag in der Wechselbetreibung selbst bei unverschulde-

336 BGE 114 II 181.
337 BGE 5A_566/2007, E. 4.
338 BGE 5A_30/2010.
339 Ebenso: BSK SchKG I-Nordmann, Art. 33 N 19, a.M. Wyssen, 172; KUKO SchKG-Russenberger/Minet, Art. 33 N 30.

tem Hindernis nicht möglich ist. Diese Regelung geht Art. 33 Abs. 4 SchKG als lex specialis vor.

II. Prozessuales

1. Zuständigkeit

Im Falle von Säumnis vor einer *Behörde* ist das Gesuch um Wiederherstellung bei deren Aufsichtsbehörde einzureichen (Art. 33 Abs. 4 SchKG), die versäumte Handlung indessen bei der sachlich zuständigen Behörde nachzuholen. Im Falle der Versäumnis einer Beschwerdefrist (Art. 17 SchKG) sind entsprechend sowohl Gesuch als auch versäumte Beschwerdeeinreichung an die Aufsichtsbehörde zu richten. Fallen Aufsichtsbehörde und sachlich zuständige Behörde aber wie gewöhnlich auseinander, hat Letztere die Behandlung der nachgeholten Rechtshandlung auszusetzen, bis die Aufsichtsbehörde über die Wiederherstellung entschieden hat. Werden sowohl Gesuch als auch nachgeholte Handlung fälschlicherweise bei derselben Behörde eingereicht, müssen die betreffenden Dokumente nach Art. 32 Abs. 2 SchKG von Amtes wegen an die zuständige Behörde weitergeleitet werden[340].

In diversen Kantonen besteht eine zweistufige Aufsichtsbehörde. Ob das Gesuch um Fristwiederherstellung bei der oberen oder unteren Aufsichtsbehörde einzureichen ist, ist in der Lehre umstritten[341]. Um zu vermeiden, dass dem Gesuchsteller eine Instanz verloren geht, soll das Gesuch nach der hier vertretenen Auffassung an die untere Aufsichtsbehörde eingereicht werden[342].

Im Falle von Säumnis vor einem *Gericht* sind sowohl das Gesuch um Wiederherstellung als auch die Eingabe mit der versäumten Rechtshandlung an das zuständige Gericht zu richten (Art. 33 Abs. 4 SchKG)[343].

2. Rechtsbegehren

Das Rechtsbegehren für ein Gesuch um Fristwiederherstellung könnte, beispielsweise bei verpasstem Rechtsvorschlag, wie folgt lauten:

340 BSK SchKG I-Nordmann, Art. 33 N 15.
341 KUKO SchKG-Russenberger/Minet, Art. 33 N 28.
342 Ebenso: KUKO SchKG-Russenberger/Minet, Art. 33 N 28.
343 BGE 5A_734/2012, E. 6.1; BGE 5A_290/2011, E. 1.3.1.

«Dem Gesuchsteller sei in der gegen ihn angehobenen Betreibung Nr. […], Betreibungsamt […], Forderungsbetrag von CHF […], die Frist zur Einreichung des Rechtsvorschlages wiederherzustellen.»

3. Frist

Für das Wiederherstellen einer versäumten Frist ist erforderlich, dass innert der gleichen Frist wie der versäumten einerseits ein schriftliches, begründetes und mit Beweismitteln untermauertes Gesuch eingereicht und andererseits die versäumte Handlung nachgeholt wird. Der Fristenlauf beginnt am Tag nach Wegfall des Hindernisses.

4. Entscheid

Sind die Voraussetzungen für die Wiederherstellung erfüllt, lautet der Entscheid auf Gutheissung des Gesuches und auf Wiederherstellung der Frist. In diesem Fall ist die bereits nachgeholte Rechtshandlung innert der wiederhergestellten Frist zulässig. Bereits vollzogene Massnahmen, wie etwa eine Pfändung, müssen aus praktischen Gründen auch dann aufrechterhalten bleiben, wenn ein Wiederherstellungsgesuch gutgeheissen wird. Sie sind erst rückgängig zu machen, wenn der wiederhergestellte Rechtsbehelf Erfolg gezeitigt hat. Hingegen dürfen keine neuen Massnahmen getroffen werden, welche das Ziel des wiederhergestellten Rechtsbehelfs vereiteln oder übermässig erschweren können[344].

5. Rechtsmittel

Im Falle von Säumnis vor einer *Behörde* kann ein Entscheid über die Wiederherstellung der Frist nach den kantonalen Regeln über die Beschwerde zuerst an die obere Aufsichtsbehörde und anschliessend an das Bundesgericht weitergezogen werden (Art. 19 SchKG i.V.m. Art. 72 Abs. 2 BGG).

Im Falle von Säumnis vor einem *Gericht* dürfte ein gutheissender Entscheid über die Wiederherstellung der Frist i.S.v. Art. 319 lit. b Ziff. 2 ZPO beschwerdefähig sein. Ein abweisender Entscheid ist ein Prozessendentscheid und dürfte als solcher bei gegebenen Voraussetzungen mit Berufung, ansonsten mit Beschwerde anfechtbar sein. Auf Bundesebene dürfte die Beschwerde in Zivilsachen zulässig sein (Art. 90 und Art. 93 BGG).

344 Amonn/Walther, § 11 N 29.

§ 10 Gesuch um Aufhebung des Rechtsstillstandes (Art. 57d SchKG)

I. Materielles

Für einen Schuldner, der sich im Militär-, Zivil- oder Schutzdienst befindet, besteht während der Dauer des Dienstes Rechtsstillstand (Art. 57 Abs. 1 SchKG). In dieser Zeit dürfen – das Arrestverfahren und unaufschiebbare Massnahmen zur Erhaltung von Vermögensgegenständen vorbehalten – keine Betreibungshandlungen vorgenommen werden (Art. 56 Ziff. 3 SchKG). Den Fristenlauf hemmt der Rechtsstillstand nicht; fällt jedoch das Ende einer Frist in die Zeit des Rechtsstillstandes, so wird die Frist bis zum dritten Tag nach deren Ende verlängert (Art. 63 SchKG).

Der Rechtsstillstand aufgrund Militär-, Zivil- oder Schutzdienst gemäss Art. 57 Abs. 1 SchKG kann auf Antrag eines Gläubigers allgemein oder für einzelne Forderungen mit sofortiger Wirkung aufgehoben werden, wenn der Gläubiger glaubhaft macht, dass

- der Schuldner dem Zugriff der Gläubiger Vermögenswerte entzogen hat oder Anstalten zur Bevorzugung bzw. Benachteiligung einzelner Gläubiger trifft oder
- der Schuldner, der freiwilligen Dienst leistet, des Rechsstillstandes zur Erhaltung seiner wirtschaftlichen Existenz nicht bedarf oder
- der Schuldner freiwillig Dienst leistet, um sich seinen Verpflichtungen zu entziehen (Art. 57d SchKG).

II. Prozessuales

Das Gesuch um Aufhebung des Rechtsstillstandes nach Art. 57d SchKG ist an den Rechtsöffnungsrichter zu richten. Die Regeln über das Rechtsöffnungsverfahren kommen sinngemäss zur Anwendung[345]. Das Verfahren ist entsprechend ein summarisches (Art. 251 lit. a ZPO analog), das Beweismass eingeschränkt. Der Gläubiger hat das Vorliegen eines Aufhebungsgrundes und – obwohl vom Gesetz nicht ausdrücklich statuiert – den Bestand seiner Forderung lediglich glaubhaft zu machen (Art. 57c Abs. 1 Satz 2 SchKG analog)[346].

---

345 BSK SchKG I-Bauer, Art. 57d N 3.
346 BSK SchKG I-Bauer, Art. 57d N 2.

Das Rechtsbegehren für ein Gesuch um Aufhebung des Rechtsstillstandes könnte etwa wie folgt lauten:

«Es sei dem Schuldner X in der Betreibung Nr. […] des Betreibungsamtes […], Zahlungsbefehl vom […], (für die Forderung des Gesuchstellers in der Höhe von CHF […]), der Rechtsstillstand aufzuheben.»

Der Entscheid über das Gesuch um Aufhebung des Rechtsstillstandes ist nicht berufungsfähig (Art. 308 lit. b Ziff. 1 ZPO). Er ist somit einzig mit Beschwerde i.S.v. Art. 319 ff. ZPO anfechtbar. Auf Bundesebene ist die Beschwerde in Zivilsachen zulässig.

3. Kapitel

Klagen im Einleitungsverfahren

§ 11 Gesuch um Bewilligung des nachträglichen Rechtsvorschlages (Art. 77 Abs. 2 SchKG)

Literatur: Girsberger Esther, Der nachträgliche Rechtsvorschlag im schweizerischen Schuldbetreibungs- und Konkursrecht, Diss. Zürich 1990.

I. Materielles

1. Allgemeines

Bei einem Gläubigerwechsel während des laufenden Betreibungsverfahrens kann der Betriebene nachträglich einen Rechtsvorschlag erheben (Art. 77 Abs. 1 SchKG). Dieses Recht ist zeitlich bis zur Verteilung oder Konkurseröffnung begrenzt. Der Betriebene muss den Rechtsvorschlag innert zehn Tagen, nachdem er vom Gläubigerwechsel Kenntnis erhalten hat, beim Richter des Betreibungsortes schriftlich und begründet anbringen und die Einreden gegen den neuen Gläubiger glaubhaft machen (Art. 77 Abs. 2 SchKG). Mithilfe des nachträglichen Rechtsvorschlages kann der Betriebene nicht nur seine Einreden gegen den neuen Gläubiger, sondern auch Mängel der Übertragung bzw. des dem Wechsel zugrunde liegenden Rechtsgrundes geltend machen[347].

2. Verhältnis zur Aufsichtsbeschwerde

Gemäss Art. 77 Abs. 5 SchKG zeigt das Betreibungsamt dem Schuldner jeden Gläubigerwechsel an. Lehnt das Betreibungsamt den Gläubigerwechsel ab, so hat es dies dem angeblich neuen Gläubiger mitzuteilen, dem dann die Aufsichtsbeschwerde offensteht. Umgekehrt kann die Berücksichtigung eines offensichtlich mangelhaften Gläubigerwechsels auch vom Betriebenen mit Beschwerde gerügt werden[348]. Eine Beschwerde wird allerdings nur dann erfolgreich sein, wenn das Betreibungsamt im Rahmen seiner Kognition falsch entschieden hat oder es seine Kognition zu weit fasste[349].

347 BSK SchKG I-Bessenich, Art. 77 N 4.
348 Vgl. zum Ganzen BSK SchKG I-Bessenich, Art. 77 N 14.
349 Girsberger, 67.

3. Rechtsnatur

Beim Gesuch um Bewilligung des nachträglichen Rechtsvorschlages handelt es sich um eine betreibungsrechtliche Streitigkeit.

4. Aktiv- und Passivlegitimation

Aktivlegitimiert ist der Schuldner bzw. der Betriebene.

Passivlegitimiert ist der neue, übernehmende Gläubiger. Nach der bundesgerichtlichen Rechtsprechung tritt dieser im betreibungsrechtlichen Verfahren ohne Weiteres in die Stellung des alten Gläubigers ein. Die aus dem Betreibungsverfahren herrührenden Rechte sind Nebenrechte i.S.v. Art. 170 OR. Der neue Gläubiger kann somit etwa ein Rechtsöffnungsgesuch[350], ein Fortsetzungsbegehren oder ein Verwertungsbegehren stellen. Zudem tritt er z.B. in einem bestehenden Aberkennungsprozess in die Stellung des alten Gläubigers ein[351]. Dies ergibt sich auch aus dem Sinngehalt von Art. 83 ZPO.

Umstritten ist, ob auch der alte Gläubiger (z.B. Zedent) passivlegitimiert ist, wenn er die Betreibung gegen den Betriebenen ungeachtet des neuen Gläubigers fortführt. Nach der bundesgerichtlichen Rechtsprechung und der wohl h.L. hat sich der Betriebene gegenüber einem «Nicht mehr-Gläubiger» mit dem Begehren um richterliche Einstellung der Betreibung nach Art. 85 SchKG zu wehren[352]. Der alte Gläubiger kann im Verfahren um Bewilligung des nachträglichen Rechtsvorschlages somit nicht Partei sein.

5. Wirkung auf das Betreibungsverfahren

Die Wirkungen des nachträglichen Rechtsvorschlages sind rein betreibungsrechtlicher Natur. Wird der nachträgliche Rechtsvorschlag bewilligt, hemmt er den Fortgang des betreffenden Betreibungsverfahrens (Art. 78 Abs. 1 SchKG). Der Betreibende kann dann entscheiden, ob er nur Rechtsöffnung erwirken will oder ob er den Rechtsvorschlag mittels einer Anerkennungsklage beseitigen will[353].

350 Vgl. Anwendungsfall in BGer 5A_144/2014.

351 Vgl. zum Ganzen KUKO SchKG-Malacrida/Roesler, Art. 77 N 2 mit Hinweisen auf BGE 91 III 7; BGE 95 II 242, E. 4; vgl. auch BSK SchKG I-Bessenich, Art. 77 N 3 m.w.H.

352 BGE 96 I 3; vgl. auch BSK SchKG I-Bessenich, Art. 77 N 6; a.M. Jaeger/Kull/Kottmann, I, Art. 77 N 2.

353 BSK SchKG I-Bessenich, Art. 77 N 5.

Wird der nachträgliche Rechtsvorschlag bewilligt, ist aber bereits eine Pfändung vollzogen worden, wird diese Pfändung provisorisch, und das Betreibungsamt setzt dem neuen Gläubiger eine Frist von zehn Tagen an, innert der er auf Anerkennung seiner Forderung klagen kann. Das Rechtsöffnungsverfahren steht dem Betreibenden hier nicht zur Verfügung. Nutzt er die Frist zur Anhebung der Anerkennungsklage nicht, fällt die Pfändung dahin (Art. 77 Abs. 4 SchKG). Dasselbe muss auch gelten, wenn bereits ein Güterverzeichnis aufgenommen wurde.

Hat der Betriebene bereits ordentlich einen Rechtsvorschlag erhoben und ist bereits ein Rechtsöffnungsverfahren hängig, wird ein nachträglicher Rechtsvorschlag nicht bewilligt[354].

II. Prozessuales

1. Verfahren

Das Verfahren ist summarisch (Art. 251 lit. b ZPO) und kontradiktorisch[355].

2. Örtliche Zuständigkeit

Für die Bewilligung des nachträglichen Rechtsvorschlages ist örtlich der Richter am Betreibungsort zuständig[356]. Dies ergibt sich aus dem Gesetzeswortlaut von Art. 77 Abs. 2 SchKG. Da der Gerichtsstand zwingend ist, sind weder Gerichtsstandsvereinbarung noch Einlassung zulässig.

Im Geltungsbereich des LugÜ richtet sich der Gerichtsstand nach Art. 22 Ziff. 5 LugÜ. Der Betreibungsort ist hier ebenfalls der zulässige Gerichtsstand. Gleiches gilt im Anwendungsbereich des IPRG, wo mangels einer entsprechenden Regelung direkt Art. 77 Abs. 2 SchKG zur Anwendung kommt.

3. Sachliche Zuständigkeit

Das Einzelgericht im summarischen Verfahren ist sachlich für das Gesuch zuständig (vgl. z.B. im Kanton Zürich § 24 lit. c GOG ZH i.V.m. Art. 251 lit. b ZPO).

354 BGE 125 III 43.
355 KUKO SchKG-Malacrida/Roesler, Art. 77 N 6.
356 BGE 136 III 373, E. 3.

4. Einleitung Verfahren

Das Gesuch ist ohne Schlichtungsverfahren direkt beim zuständigen Einzelgericht einzureichen (Art. 198 lit. a ZPO). Es muss schriftlich und begründet sein[357].

5. Rechtsbegehren

Das Rechtsbegehren könnte wie folgt lauten:

«Es sei in der Betreibung Nr. […] des Betreibungsamtes […] (Zahlungsbefehl vom […]) für die Forderung des Beklagten in Höhe von CHF […] nachträglich der Rechtsvorschlag zu bewilligen, unter Kosten- und Entschädigungsfolgen zulasten des Beklagten.»

Obwohl das Einzelgericht von Amtes wegen eine vorläufige Einstellung des Betreibungsverfahrens verfügen kann (Art. 77 Abs. 3 SchKG), empfiehlt sich noch folgender prozessuale Antrag[358]:

«Es sei das Betreibungsverfahren Nr. […] des Betreibungsamtes […] (Zahlungsbefehl vom […]) während der Dauer des vorliegenden Prozesses vorläufig einzustellen.»

6. Streitwert

Der Streitwert richtet sich nach der Höhe der Forderung, gegen welche nachträglich Rechtsvorschlag erhoben wird (Art. 91 ZPO).

7. Frist

Das Gesuch um Bewilligung des nachträglichen Rechtsvorschlages ist innert zehn Tagen ab Kenntnis des Betriebenen vom Gläubigerwechsel beim zuständigen Einzelgericht einzureichen (Art. 77 Abs. 2 SchKG). Die Frist beginnt mit der Mitteilung des Gläubigerwechsels an den Betriebenen durch das Betreibungsamt zu laufen[359]. Erfährt der Betriebene auf andere Wege vom Gläubigerwechsel, beginnt die Frist nur zu laufen, wenn der Betriebene

357 KUKO SchKG-Malacrida/Roesler, Art. 77 N 5.
358 Vgl. auch Spühler, N 709.
359 KUKO SchKG-Malacrida/Roesler, Art. 77 N 4.

auch sichere Kenntnis von Umständen hat, die auf den Willen des neuen Gläubigers schliessen, das Betreibungsverfahren fortzuführen[360].

8. Streitgenossenschaft

Auch wenn mehrere Schuldner solidarisch haften, werden sie jeweils einzeln an ihrem jeweiligen Wohnsitz betrieben. So hat auch jeder solidarisch haftende Schuldner in seiner eigenen Betreibung ein Gesuch um Bewilligung des nachträglichen Rechtsvorschlages zu stellen. Streitgenossenschaft auf der Schuldnerseite ist somit auch für das Bewilligungsgesuch um nachträglichen Rechtsvorschlag nicht möglich.

Hingegen können mehrere Gläubiger zusammen einen Schuldner betreiben. Wird die in Betreibung gesetzte Forderung z.B. an mehrere Gläubiger abgetreten, so treten diese im Bewilligungsprozess als Streitgenossen auf. Bei gemeinschaftlicher Berechtigung an der Forderung bilden sie eine notwendige, bei solidarischer Berechtigung eine einfache Streitgenossenschaft.

9. Streitverkündung

Fraglich ist, ob der neue Gläubiger dem alten Gläubiger den Streit verkünden kann. Wesen der Streitverkündung gemäss Art. 78 Abs. 1 ZPO ist, dass eine Partei für den Fall ihres Unterliegens eine dritte Person belangen will. Der Streitverkündungsgrund bezeichnet den materiellen Anspruch, welcher der Streitverkünder im Falle des Prozessverlustes gegen den Streitberufenen zu haben glaubt. Unterliegt der neue Gläubiger und wird der nachträgliche Rechtsvorschlag bewilligt, ist über den materiellen Anspruch des neuen Gläubigers gegenüber dem Schuldner aber noch nicht entschieden. Somit ist eine Streitverkündung nicht zulässig, da es im Verfahren um den nachträglichen Rechtsvorschlag nicht um eine materiell-rechtliche Streitigkeit geht.

10. Beweislast

Der Betriebene trägt die Beweislast für die Richtigkeit seiner Einreden gegen den neuen Gläubiger. Sodann hat er allfällige Mängel der Übertragung bzw. des dem Wechsel zugrunde liegenden Rechtsgrundes zu beweisen.

---

360 KUKO SchKG-Malacrida/Roesler, Art. 77 N 4; BSK SchKG I-Bessenich, Art. 77 N 8; Girsberger, 64.

11. Beweismass

Die Einreden gegenüber dem neuen Gläubiger müssen nicht strikte bewiesen werden, Glaubhaftmachung genügt[361].

12. Beweismittel

Gemäss Art. 254 Abs. 1 ZPO ist der Beweis durch Urkunden zu erbringen. Andere Beweismittel sind nur zulässig, wenn es nicht zu wesentlichen Verfahrensverzögerungen kommt (Art. 254 Abs. 2 lit. a ZPO).

13. Urteil

Der Entscheid des Richters lautet entweder auf Bewilligung des nachträglichen Rechtsvorschlages oder auf Abweisung des entsprechenden Gesuchs.

14. Anerkennung, Rückzug, Vergleich

Eine Anerkennung gemäss Art. 241 Abs. 1 ZPO dürfte zulässig sein, in der Praxis jedoch selten vorkommen. Voraussetzung für ein Gesuch um Bewilligung des nachträglichen Rechtsvorschlages ist, dass der neue Gläubiger gegenüber dem Betreibungsamt eindeutig seinen Willen bekundet hat, das Betreibungsverfahren fortzuführen (Art. 77 Abs. 5 SchKG). Es ist daher unwahrscheinlich, dass der neue Gläubiger bereits im darauffolgenden Verfahren betreffend Bewilligung des nachträglichen Rechtsvorschlages seine Meinung wieder ändert und einen nachträglichen Rechtsvorschlag anerkennt.

Es ist zulässig, dass der Betriebene sein Gesuch um Bewilligung des Rechtsvorschlages zurückzieht. Allerdings wird er dann kostenpflichtig.

Schliesslich dürfte es auch zulässig sein, dass der Betriebene und der neue Gläubiger einen Vergleich abschliessen. So könnte der neue Gläubiger seine Forderung z.B. reduzieren und der Betriebene die Forderung in diesem Umfang anerkennen. Ob das Verfahren dann als durch Vergleich erledigt abgeschrieben wird oder ob der neue Gläubiger die Betreibung gegen den Betriebenen zurückzieht und das Verfahren infolge Gegenstandslosigkeit abgeschrieben werden kann (Art. 242 ZPO), ist der Parteiautonomie überlassen.

361 KUKO SchKG-Malacrida/Roesler, Art. 77 N 5.

15. Rechtsmittel

Der Entscheid über die Bewilligung des nachträglichen Rechtsvorschlages ist auf kantonaler Ebene mit Beschwerde gemäss Art. 319 lit. a i.V.m. Art. 309 lit. b Ziff. 2 ZPO anfechtbar.

Auf Bundesebene ist bei einem Streitwert über CHF 30 000 oder bei Rechtsfragen von grundsätzlicher Bedeutung (Art. 74 Abs 2 lit. a BGG) die Beschwerde in Zivilsachen zulässig. Bei beiden Rechtsmitteln ist die Kognition bei Sachverhaltsfragen beschränkt (Art. 320 lit. a ZPO; Art. 97 Abs. 1 BGG). Wird der Streitwert nicht erreicht, steht die subsidiäre Verfassungsbeschwerde zur Verfügung. Hier kann aber nur noch eine Verletzung von verfassungsmässigen Bestimmungen geltend gemacht werden (Art. 113 ff. BGG).

§ 12 Gesuch um Bewilligung des Rechtsvorschlages in der Wechselbetreibung (Art. 181 ff. SchKG)

Literatur: Riemer Isidor, Die Wechselbetreibung nach schweizerischem Recht, Diss. Zürich 1924; Schmidlin Alex, Die Bewilligung des Rechtsvorschlages in der Wechselbetreibung unter Hinterlegung der Forderungssumme gemäss SchKG 182 Ziff. 4, 1978.

I. Materielles

1. Allgemeines

In der Wechselbetreibung leitet das Betreibungsamt den Zahlungsbefehl einschliesslich Rechtsvorschlag und Begründung, den Wechsel oder den Check sowie allenfalls einen Kostenvorschuss unverzüglich dem Gericht weiter (Art. 181 SchKG)[362]. Dieses entscheidet gemäss Art. 181 SchKG innert zehn Tagen über den Rechtsvorschlag.

Der Rechtsvorschlag wird bewilligt, wenn der Schuldner durch Urkunden beweisen kann, dass die Schuld an den Inhaber des Wechsels oder Checks *bezahlt* oder durch denselben *nachgelassen* oder *gestundet* ist (Art. 182 Ziff. 1 SchKG). Die Bezahlung, der Nachlass oder die Stundung müssen sich aus der Urkunde direkt und eindeutig ergeben[363]. Der Begriff «Schuld» bezieht sich stets auf die Schuld aus Wechsel oder Check und nicht auf die sich aus dem Grundverhältnis ergebende Forderung[364].

Für die Bewilligung des Rechtsvorschlages genügt es nicht, wenn der Schuldner vorbringt, er habe an einen anderen als den Inhaber des Wechsels oder Checks bezahlt, es sei denn, der Schuldner leiste gleichzeitig eine Sicherheit in entsprechender Höhe. Sodann rechtfertigt auch die vom Schuldner erhobene Verrechnungseinrede die Bewilligung des Rechtsvorschlages nicht, ausser der Gläubiger akzeptiere die Verrechnung ausdrücklich durch schriftliche Erklärung[365].

---

362 KUKO SchKG-Roth, Art. 181 N 1; Jaeger/Walder/Kull/Kottmann, II, Art. 181 N 2.
363 KUKO SchKG-Roth, Art. 182 N 9.
364 KUKO SchKG-Roth, Art. 182 N 11.
365 Vgl. zum Ganzen KUKO SchKG-Roth, Art. 182 N 12 f.

Sodann bewilligt das Einzelgericht den Rechtsvorschlag, wenn der Schuldner glaubhaft vorbringt, dass entweder seine *Unterschrift gefälscht* oder die im Wechsel oder Check bezeichnete *Summe nachträglich abgeändert* worden sei (Art. 182 Ziff. 2 SchKG).

Die Bewilligung des Rechtsvorschlages wird überdies erteilt, wenn der Schuldner *Einreden aus dem Wechselrecht* glaubhaft macht (Art. 182 Ziff. 3 SchKG). Diese Einreden betreffen primär das Zustandekommen und den Bestand der Wechsel- oder Checkforderung. Die Einreden sind darauf gerichtet, dass die Wechsel- oder Checkforderung überhaupt nicht, nicht gegen den betriebenen Schuldner oder nicht im behaupteten Umfang entstanden ist oder dass die Forderung gemäss den Bestimmungen des Wechsel- oder Checkrechts untergegangen ist[366].

Schliesslich wird der Rechtsvorschlag bewilligt, wenn eine *andere nach Art. 1007 OR zulässige Einrede* geltend gemacht wird und die Forderungssumme in Geld oder Wertschriften hinterlegt oder eine gleichwertige *Sicherheit* geleistet wird (Art. 182 Ziff. 4 SchKG). Der Schuldner kann diejenigen Einreden gegenüber dem Gläubiger geltend machen, die aufgrund des persönlichen Verhältnisses zwischen Schuldner und Gläubiger bestehen. Somit kann der Schuldner insbesondere die Einrede der Zahlung (wenn kein Urkundenbeweis gemäss Art. 182 Ziff. 1 SchKG möglich ist), die Verrechnungseinrede sowie die Einreden der Stundung, des Erlasses bzw. der Tilgung der Schuld erheben. Zudem kann der Schuldner vorbringen, die Schuldverpflichtung bestehe wegen Betrugs, Irrtums oder Unsittlichkeit nicht[367].

2. Verhältnis zur Aufsichtsbeschwerde

Unterlässt es das Betreibungsamt, den Rechtsvorschlag dem Einzelgericht vorzulegen, so ist die Aufsichtsbeschwerde wegen Rechtsverzögerung zulässig.

3. Rechtsnatur

Die Bewilligung des Rechtsvorschlages in der Wechselbetreibung ist eine rein betreibungsrechtliche Streitigkeit.

366 KUKO SchKG-Roth, Art. 182 N 17; BSK SchKG II-Bauer, Art. 182 N 12.

367 Vgl. zum Ganzen KUKO SchKG-Roth, Art. 182 N 22; Jaeger/Walder/Kull/Kottmann, II, Art. 182 N 10.

4. Aktiv- und Passivlegitimation

Zwar reicht gemäss Gesetzeswortlaut das Betreibungsamt den Rechtsvorschlag beim Einzelgericht ein. Dies heisst aber nicht, dass das Betreibungsamt aktivlegitimiert ist. Aktivlegitimiert ist einzig der Schuldner, dessen Rechtsvorschlag bewilligt werden sollte.

Passivlegitimiert ist der Gläubiger.

5. Wirkung auf das Betreibungsverfahren

Die Wechselbetreibung kennt kein Rechtsöffnungsverfahren. An dessen Stelle tritt die gerichtliche Genehmigung des Rechtsvorschlages. Bei Bewilligung des Rechtsvorschlages wird die Wechselbetreibung eingestellt, und der Gläubiger muss seinen Anspruch mit der Wechselklage auf dem ordentlichen Prozessweg geltend machen (Art. 186 SchKG). Das Verfahren der Wechselklage ist identisch mit demjenigen der Anerkennungsklage.

Wird der Rechtsvorschlag nicht bewilligt, kann der Gläubiger die Wechselbetreibung mittels Einreichung des Konkursbegehrens fortsetzen, sobald der Zahlungsbefehl rechtskräftig und die fünftägige Zahlungsfrist gemäss Art. 178 Abs. 2 Ziff. 2 SchKG abgelaufen ist[368]. Zudem kann das Einzelgericht gemäss Art. 183 Abs. 1 SchKG als vorsorgliche Massnahme insbesondere die Aufnahme eines Güterverzeichnisses gemäss Art. 162 ff. SchKG anordnen oder dem Gläubiger eine Sicherheitsleistung auferlegen (Art. 183 Abs. 2 SchKG).

II. Prozessuales

1. Verfahren

Das Verfahren ist summarisch. Gemäss Art. 181 SchKG sind die Parteien zur mündlichen Verhandlung vorzuladen. Zwecks Wahrung des rechtlichen Gehörs müssen sich die Parteien mündlich zum Rechtsvorschlag äussern können. Eine blosse schriftliche Stellungnahme ist nicht zulässig[369].

Art. 181 SchKG, welcher bei der Bewilligung des Rechtsvorschlages eine mündliche Verhandlung vorschreibt, ist lex specialis zu Art. 156 Abs. 1 ZPO,

368 KUKO SchKG-Roth, Art. 182 N 27; Amonn/Walther, § 37 N 39.
369 KUKO SchKG-Roth, Art. 181 N 6.

wonach das Einzelgericht im summarischen Verfahren auf die Durchführung einer mündlichen Verhandlung verzichten kann[370].

Auch bei Säumnis einer Partei geht Art. 181 SchKG den Bestimmungen der ZPO vor. Erscheint eine oder erscheinen beide Parteien trotz ordnungsgemässer Vorladung nicht, fällt der Richter sein Urteil aufgrund der vorliegenden Akten. Die Ansetzung einer Nachfrist, wie sie z.B. Art. 223 Abs. 1 ZPO bei einer versäumten Klageantwort vorsieht, ist nicht zulässig[371].

2. Örtliche Zuständigkeit

Für die Bewilligung des Rechtsvorschlages ist örtlich der Richter am Betreibungsort zuständig. Dies ergibt sich aus dem Gesetzeswortlaut von Art. 181 SchKG. Da der Gerichtsstand zwingend ist, sind weder Prorogation noch Einlassung möglich.

Im Geltungsbereich des LugÜ richtet sich der Gerichtsstand nach Art. 22 Ziff. 5 LugÜ. Der Betreibungsort ist hier somit ebenfalls der zulässige Gerichtsstand. Gleiches gilt im Anwendungsbereich des IPRG.

3. Sachliche Zuständigkeit

Das Einzelgericht im summarischen Verfahren ist sachlich für das Gesuch zuständig (vgl. z.B. im Kanton Zürich § 24 lit. c GOG ZH i.V.m. Art. 251 lit. b ZPO).

4. Einleitung Verfahren

Art. 252 ZPO betreffend Gesuch und Einleitung des Verfahrens ist nicht anwendbar. Art. 181 SchKG regelt abschliessend, dass das Betreibungsamt den Rechtsvorschlag dem Gericht unverzüglich vorlegen muss. Entsprechend findet auch Art. 243 ZPO keine Anwendung, wonach die Möglichkeit des Gerichts besteht, im Fall von offensichtlich unzulässigen oder unbegründeten Gesuchen auf die Anhörung der Gegenpartei zu verzichten[372].

370 Gl.M. BSK SchKG II-Bauer, Art. 181 N 8.

371 BGE 138 III 483. Dieser Entscheid wurde im Rahmen eines Rechtsöffnungsverfahrens gefällt. Er gilt hier aber analog.

372 BSK SchKG II-Bauer, Art. 181 N 11.

5. Rechtsbegehren

Das Rechtsbegehren könnte wie folgt lauten:

«Es sei in der Wechselbetreibung Nr. […] des Betreibungsamtes […] (Zahlungsbefehl vom […]) für die Forderung des Beklagten in der Höhe von CHF […] der Rechtsvorschlag zu bewilligen, unter Kosten- und Entschädigungsfolgen zulasten des Beklagten.»

Einen Antrag des betreibenden Gläubigers auf vorsorgliche Massnahmen gemäss Art. 183 Abs. 1 SchKG ist nicht vorausgesetzt. Dies im Gegensatz zu Art. 261 ZPO, der einen ausdrücklichen Antrag des Gesuchstellers vorschreibt[373]. Gleiches gilt für die Auferlegung einer Sicherheitsleistung zugunsten des Schuldners i.S.v. Art. 183 Abs. 2 SchKG. Ein Antrag des Schuldners ist hier nicht erforderlich.

6. Streitwert

Der Streitwert richtet sich nach der Höhe der Wechsel- oder Checkforderung, gegen die der Rechtsvorschlag bewilligt werden soll (Art. 91 ZPO).

7. Frist

Art. 181 SchKG nennt keine Frist, schreibt dem Betreibungsamt aber vor, den Rechtsvorschlag *unverzüglich* dem Einzelgericht vorzulegen. Dies bedeutet, dass der Versand i.d.R. noch am Tage des Eingangs des Rechtsvorschlages beim Betreibungsamt, ausnahmsweise am darauffolgenden Arbeitstag, zu geschehen hat[374].

8. Streitgenossenschaft

Streitgenossenschaft auf Schuldnerseite ist nicht möglich, da jeder Schuldner einzeln betrieben wird. Auf Gläubigerseite ist eine einfache Streitgenossenschaft denkbar, wenn an einer Wechsel-/Checkforderung mehrere Gläubiger berechtigt sind.

---

373 BSK SchKG II-Bauer, Art. 183 N 4.
374 BSK SchKG II-Bauer, Art. 181 N 7.

9. Streitverkündung

Eine Streitverkündung ist nicht möglich, da es bei der Bewilligung eines Rechtsvorschlages nicht um einen materiellen Anspruch geht, der gegen den Streitberufenen durchgesetzt werden könnte.

10. Beweislast

Der Schuldner trägt die Beweislast für die Bewilligung des Rechtsvorschlages. So hat er durch Urkunden zu beweisen, dass die Schuld an den Inhaber des Wechsels oder Checks bezahlt oder durch denselben nachgelassen oder gestundet ist (Einrede gegen das Papier, vgl. Art. 182 Ziff. 1 SchKG). Zudem trägt der Schuldner die Beweislast für die Fälschung des Titels (Einrede aus dem Papier, Art. 182 Ziff. 2 SchKG) sowie für die Begründetheit der persönlichen Einreden (Art. 182 Ziff. 3 SchKG) bzw. der Einreden gemäss Art. 1007 OR (Art. 182 Ziff. 4 SchKG).

Die verwendeten Begriffe in Art. 182 SchKG («beweisen» oder «glaubhaft machen») deuten darauf hin, dass der Richter, wie im summarischen Verfahren in Art. 255 lit. a ZPO vorgesehen, den Sachverhalt nicht von Amtes wegen feststellen muss[375].

11. Beweismass

Der Schuldner hat den strikten Beweis zu erbringen, dass die Schuld bezahlt, nachgelassen oder gestundet ist (Art. 182 Ziff. 1 SchKG). Glaubhaftmachung genügt hier nicht[376]. Hingegen genügt es, wenn der Schuldner die Fälschung des Titels (Art. 182 Ziff. 2 SchKG), die persönlichen, aus dem Wechselrecht hervorgehenden Einreden (Art. 182 Ziff. 3 SchKG) oder die anderen Einreden nach Art. 1007 OR (Art. 182 Ziff. 4 SchKG) glaubhaft macht[377]. Die blosse Behauptung genügt aber auch hier nicht. Vielmehr müssen Hinweise und Anhaltspunkte vorgetragen werden, welche für die Behauptung sprechen[378].

375 Gl.M. BSK SchKG II-Bauer, Art. 181 N 11.

376 KUKO SchKG-Roth, Art. 182 N 9; BSK SchKG II-Bauer, Art. 182 N 7 m.H. auf BGE 114 III 89 = Pra 1987, 547.

377 BSK SchKG II-Bauer, Art. 182 N 1.

378 BSK SchKG II-Bauer, Art. 182 N 18.

12. Beweismittel

Art. 182 Ziff. 1 SchKG nennt als Beweismittel einzig die Urkunde. Daraus ist zu schliessen, dass andere Beweismittel nicht zulässig sind. Im Gegensatz zu Art. 182 Ziff. 1 SchKG wird bei den anderen Einreden gemäss Art. 182 Ziff. 2–4 SchKG der Urkundenbeweis nicht verlangt. Neben Urkunden sind somit auch andere Beweismittel zulässig, sofern sie das Verfahren nicht verzögern (Art. 254 Abs. 2 lit. a ZPO).

13. Urteil

Der Entscheid muss sich über die Bewilligung oder Nichtbewilligung des Rechtsvorschlages äussern und bei der Nichtbewilligung zusätzlich die allfällige Anordnung von vorsorglichen Massnahmen gemäss Art. 183 SchKG thematisieren. Zudem hat der Entscheid die Fristansetzung zur Erhebung der Klage auf Zahlung (Wechselklage) zu enthalten, wenn der Rechtsvorschlag nur nach Hinterlegung des streitigen Betrages bewilligt worden ist (Art. 184 Abs. 2 SchKG).

14. Anerkennung, Rückzug, Vergleich

Anerkennung, Rückzug und Vergleich sind zulässig. Die ausdrückliche Anerkennung des Gläubigers, dass der Schuldner die Schuld bezahlt hat, führt zur Bewilligung des Rechtsvorschlages, und zwar auch dann, wenn der Schuldner keine Urkunden vorlegen kann[379].

15. Rechtsmittel

Der Entscheid über die Bewilligung des nachträglichen Rechtsvorschlages ist auf kantonaler Ebene mit Beschwerde gemäss Art. 319 lit. a i.V.m. Art. 309 lit. b Ziff. 5 ZPO anfechtbar (Art. 185 SchKG). Die Frist beträgt lediglich fünf Tage (Art. 185 SchKG).

Auf Bundesebene ist bei einem Streitwert über CHF 30 000 oder bei Rechtsfragen von grundsätzlicher Bedeutung (Art. 74 Abs. 2 lit. a BGG) die Beschwerde in Zivilsachen zulässig (Art. 72 Abs. 2 lit. a BGG). Die Beschwerdefrist beträgt gemäss umstrittener Rechtsprechung des Bundesgerichts nicht

379 BSK SchKG II-Bauer, Art. 182 N 7.

fünf, sondern 30 Tage[380] und beginnt mit der Eröffnung des Entscheides der Beschwerdeinstanz zu laufen. Wird der Streitwert nicht erreicht, steht die subsidiäre Verfassungsbeschwerde zur Verfügung (Art. 113 ff. BGG). Hier kann aber nur noch eine Verletzung von verfassungsmässigen Bestimmungen geltend gemacht werden.

380 BGE 137 III 94, E. 1.3; SJZ 107 (2011) 65 f.

§ 13 Gesuch um Bewilligung des Rechtsvorschlages in der Betreibung aufgrund eines Konkursverlustscheines (Art. 265a Abs. 1–3 SchKG) und Klage auf Bestreitung oder Feststellung neuen Vermögens (Art. 265a Abs. 4 SchKG)

Literatur: BAUMGARTNER RICO, Die Bildung neuen Vermögens gemäss Art. 265 Abs. 2 SchKG, Diss. Zürich 1988; BRÖNNIMANN JÜRGEN, Feststellung neuen Vermögens, Arrest, Anfechtung, in: Das revidierte Schuldbetreibungs- und Konkursgesetz, Schriftenreihe SAV, Bd. 13, 65 ff.; GASSER DOMINIK, Nachlassverfahren, Insolvenzerklärung und Feststellung des neuen Vermögens nach rev. SchKG, ZBJV 1996, 1 ff.; GUT BEAT/RAJOWER FELIX/SONNENMOSER BRIGITTA, Rechtsvorschlag mangels neuen Vermögens, unter besonderer Berücksichtigung der zürcherischen Praxis, AJP 1998, 529 ff.; KREN KOSTKIEWICZ JOLANTA/MILANI DOMINIK, Das Bewilligungsverfahren bei der Einrede mangelnden neuen Vermögens (Art. 265a SchKG): unter Berücksichtigung der Parteirollenverteilung und den damit verbundenen Kostentragungspflichten, in: KUNZ PETER V. et al. (Hrsg.), Berner Gedanken zum Recht, Festgabe der Rechtswissenschaftlichen Fakultät der Universität Bern für den Schweizerischen Juristentag 2014, Bern 2014; KUSTER MATTHIAS, Begriff und Bedeutung der wirtschaftlichen Berechtigung nach Art. 265 und 265a des revidierten SchKG, SJZ 1997, 289 ff.

I. Materielles

1. Allgemeines

Einem ehemaligen konkursiten Gemeinschuldner, gegen den Verlustscheine vorliegen, steht in den nach dem Schlusserkenntnis angehobenen neuen Schuldbetreibungen die Einrede des neuen Vermögens zur Verfügung (Art. 265 Abs. 2 SchKG). Dies jedoch nur bezüglich Forderungen, die vor der Konkurseröffnung entstanden sind. Mit der besagten Einrede macht der Schuldner geltend:

- Es sei über ihn früher der Konkurs eröffnet worden;
- die Forderung sei vor dem Konkurs entstanden, und
- er sei seither nicht zu neuem Vermögen gekommen, weshalb er für die Forderung nicht betrieben werden dürfe.

Der Gemeinschuldner kann die Einrede mangelnden neuen Vermögens ohne jegliche zeitliche Beschränkung vorbringen: Er soll sich nach dem Konkurs wirtschaftlich und sozial erholen können[381].

2. Einrede des mangelnden neuen Vermögens

Will der Schuldner in einer gegen ihn angehobenen Betreibung für eine Forderung, die vor der Konkurseröffnung entstanden ist, die Einrede des mangelnden neuen Vermögens erheben, hat er dies im Rechtsvorschlag *ausdrücklich* zu erklären. Der Rechtsvorschlag ist somit entsprechend zu begründen (Art. 75 Abs. 2 SchKG)[382]. Unterlässt es der Schuldner, Rechtsvorschlag zu erheben oder mit dem Rechtsvorschlag ausdrücklich die Einrede mangelnden neuen Vermögens geltend zu machen, ist diese für die laufende Betreibung verwirkt (Art. 75 Abs. 2 SchKG). Sie kann in einem späteren Verfahrensstadium, wie etwa im Rechtsöffnungsverfahren, nicht nachgeholt werden[383]. Enthält der Rechtsvorschlag keine Begründung, ist darin lediglich eine Bestreitung der Forderung zu sehen[384].

Die Einrede des mangelnden neuen Vermögens ist nur zulässig, wenn über den Schuldner *in der Schweiz ein Konkurs eröffnet und durchgeführt* wurde. Wurde über den Schuldner in der Schweiz zufolge eines ausländischen Konkurses ein Anschlusskonkurs gemäss Art. 166 ff. IPRG eröffnet und durchgeführt, sollte die Einrede mangelnden neuen Vermögens gegen den ausländischen Verlustschein ebenfalls zulässig sein, auch wenn das ausländische Recht seinem Verlustschein diese Wirkungen nicht zukommen lässt[385]. Ist der Schuldner in der Schweiz nie in Konkurs gefallen, wurde der Konkurs mangels Aktiven eingestellt oder wurde er widerrufen, steht dem Schuldner die Einrede mangelnden neuen Vermögens nicht zur Verfügung.

Ausgeschlossen ist die Einrede bei einer *Betreibung auf Pfandverwertung*, die zwar gegen den früheren Konkursiten gerichtet ist, sich aber auf ein von einem Dritten bestelltes Pfand bezieht. Hingegen muss dem Schuldner Gelegenheit gegeben werden, die Einrede gegenüber einem in dieser Betreibung ergehenden Pfandausfallschein zu erheben[386].

381 BGE 136 III 51, E. 3.1; BGE 135 III 424, E. 2.1; BGE 133 III 620, E. 3.1; Spühler, N 415 ff.

382 Vgl. BGE 140 II 567, E. 2 zu den Grundsätzen der Auslegung des Rechtsvorschlages als Bestreitung der Schuld und als Einrede des fehlenden neuen Vermögens.

383 Amonn/Walther, § 48 N 36; BSK SchKG II-Huber, Art. 265a N 3.

384 BSK SchKG II-Huber, Art. 265a N 2.

385 BSK SchKG II-Huber, Art. 265a N 12.

386 Jaeger/Walder/Kull/Kottmann, II, Art. 265 N 21.

Die Einrede mangelnden neuen Vermögens steht dem ehemaligen Konkursiten nicht nur in einer gestützt auf einen Konkursverlustschein gegen ihn erhobenen Betreibung zu, sondern auch dann, wenn einer von ihm geltend gemachten Forderung *verrechnungsweise* eine auf einem Konkursverlustschein beruhende Forderung entgegengehalten wird[387]. Mit diesem Entscheid hat das Bundesgericht nun Klarheit geschaffen, ob die Einrede ein rein betreibungsrechtlicher Behelf oder materiell-rechtlicher Natur ist. Indem sie auch ausserhalb einer Betreibung erhoben werden kann, hat die Einrede als rein materiell-rechtlich zu gelten.

3. Begriff des neuen Vermögens

Unter den Begriff «neues Vermögen» fällt grundsätzlich nur das neue Nettovermögen, also der Überschuss der *nach Beendigung des Konkurses* erworbenen Aktiven über die neuen Schulden[388]. Es werden also nur jene Aktiven und Passiven berücksichtigt, die seit Abschluss des Konkursverfahrens erworben wurden bzw. entstanden sind[389]. Auf der Passivseite fallen somit insbesondere die Verlustscheinforderungen ausser Betracht[390].

Neues Vermögen kann *nur bei einer natürlichen Person* entstehen. Juristische Personen sowie Kollektiv- und Kommanditgesellschaften gehen nach einem Konkurs unter: Bei ihnen ist – unter Vorbehalt des Nachkonkurses – nach Schluss des Konkursverfahrens nichts mehr zu holen[391].

Der ehemalige Gemeinschuldner hat Anspruch auf eine *standesgemässe Lebensführung,* die es ihm erlaubt, eine neue Existenz aufzubauen und Ersparnisse zu bilden[392]. Bei der Bestimmung der Höhe des neuen Vermögens darf nicht einfach auf den Notbedarf, d.h. das betreibungsrechtliche Existenzminimum, abgestellt werden[393]. Der als neues Vermögen pfändbare Betrag wird in der Praxis nicht einheitlich bestimmt. Ausgangspunkt bildet in der Regel der betreibungsrechtliche Grundbedarf. Der darin festgelegte Grundbetrag wird durch einen prozentualen Zuschlag erhöht und um die angemessenen, effektiven Auslagen ergänzt. In der Praxis variieren diese Zuschläge zwischen 20% und 100%.

387 BGE 133 III 620, E. 2–4; zur Kritik, vgl. BSK SchKG II-Huber, Art. 265a N 13.

388 BGE 136 III 51, E. 3.1; BGE 135 III 424, E. 2.1; BGE 129 III 388, E. 5.1.1; BGE 109 III 93; BGE 99 Ia 19; vgl. zum Ganzen auch BSK SchKG EB-Bauer, Art. 265a ad N 1 ff.

389 BGE 5A_556/2008; BGE 109 III 91.

390 BSK SchKG II-Huber, Art. 265 N 14.

391 Amonn/Walther, § 48 N 31.

392 BGE 136 III 51, E. 3.1; BGE 135 III 424, E. 2.1.

393 BGE 129 III 388, E. 5.1.1; Amonn/Walther, § 48 N 33.

Nach der Rechtsprechung liegt neues Vermögen bereits dann vor, wenn der Schuldner – allein oder z.B. mit seinem Ehegatten – ein Einkommen erzielt, das ihm erlauben würde, Vermögen zu bilden. Der Schuldner darf sein Einkommen somit nicht einfach verprassen oder Vermögenswerte verschieben und auf diese Weise seine früheren Konkursgläubiger prellen[394]. Das neue Vermögen kann somit eine *fiktive Grösse* sein, nämlich dann, wenn es hätte gebildet werden können, aber nicht gebildet wurde[395]. Diesfalls kann der Gläubiger nicht nur das (nicht vorhandene, da hypothetische) neue Vermögen pfänden, sondern er kann den Schuldner gleich wie ein Gläubiger einer neuen, nach Konkurs entstandenen Forderung im Rahmen von Lohnpfändungen bis auf das Existenzminimum pfänden lassen[396]. Massgebend für die Berechnung desjenigen Betrages, den der Schuldner zu viel ausgegeben hat, sollen die Einkommensverhältnisse des Schuldners im letzten Jahr vor Anhebung der Betreibung sein[397]. Dies wird in der Lehre kritisiert[398].

Sodann stellt Art. 265 Abs. 2 Satz 3 SchKG auf das *wirtschaftliche Vermögen* ab. Darnach liegt neues Vermögen nicht nur dann vor, wenn es tatsächlich beiseitegelegt und kapitalisiert wurde, sondern auch dann, wenn der Schuldner über neu erworbene Vermögenswerte, wenn auch nicht rechtlich, so doch zumindest wirtschaftlich verfügen kann (Art. 265 Abs. 2 Satz 3 SchKG). Dem Schuldner soll es verwehrt sein, neues Vermögen hinter formellen Rechten Dritter zu verstecken[399]. Umstritten ist, ob Art. 265 Abs. 2 SchKG nur Rechtsmissbrauchsfälle erfasst oder ob der Schuldner im Rahmen seiner wirtschaftlichen Leistungsfähigkeit auch dann zur Rückzahlung seiner Schulden angehalten werden kann, wenn er sich nicht rechtsmissbräuchlich verhält[400]. Die Botschaft über die Änderung des Bundesgesetzes über Schuldbetreibung und Konkurs vom 8. Mai 1991[401] spricht im Zusammenhang mit Art. 265 Abs. 2 SchKG von «einer Konkretisierung des Rechtsmissbrauchsverbotes»[402]. Vor diesem Hintergrund sollte Art. 265 Abs. 2 SchKG nur bei Rechtsmissbrauchsfällen anwendbar sein[403].

394 AMONN/WALTHER, § 48 N 34.
395 JAEGER/WALDER/KULL/KOTTMANN, II, Art. 265 N 17.
396 BSK SchKG II-HUBER, Art. 265 N 16.
397 BGE 99 Ia 19.
398 BSK SchKG II-HUBER, Art. 265 N 18.
399 SPÜHLER, N 417.
400 BSK SchKG II-HUBER, Art. 265 N 24.
401 BBl 1991 III 1 ff.
402 BBl 1991 III 158.
403 A.M. BSK SchKG II-HUBER, Art. 265 N 24.

Vermögenswerte Dritter, über die der Schuldner wirtschaftlich verfügt, kann der Richter für pfändbar erklären, wenn die folgenden zwei Voraussetzungen erfüllt sind (Art. 265a Abs. 3 SchKG): (i) Das Recht des Dritten daran muss durch eine Handlung des Schuldners begründet worden sein, die darauf abzielte, die Bildung neuen Vermögens zu verhindern und (ii) für den Dritten musste diese Absicht des Schuldners erkennbar sein[404].

Der Dritte kann seine Ansprüche bzw. sein besseres Recht dann im Widerspruchsverfahren (Art. 106 ff. SchKG) bzw., wenn der Gemeinschuldner erneut in Konkurs fällt, im Aussonderungsprozess (Art. 242 Abs. 2 SchKG) geltend machen.

4. Gerichtliche Verfahren

Das gerichtliche Verfahren ist *zweistufig:* Auf der ersten Stufe ist das Verfahren summarisch (Bewilligungsverfahren; vgl. Art. 265a Abs. 1 SchKG). Auf der zweiten Stufe kann je nach Streitwert ein ordentliches (Art. 219 ff. ZPO) oder vereinfachtes Verfahren (Art. 243 ff. ZPO) folgen (Klage auf Bestreitung oder Feststellung des neuen Vermögens; vgl. Art. 265a Abs. 4 SchKG):

- *Erste Stufe:* Erhebt der Schuldner mit dem Rechtsvorschlag die Einrede mangelnden neuen Vermögens, legt das Betreibungsamt den Rechtsvorschlag von Amtes wegen dem Richter zur Bewilligung vor (Art. 265a Abs. 1 SchKG). Dies gilt selbst dann, wenn der Betreibungsbeamte der Meinung ist, die Einrede sei unzulässig, beispielsweise weil über den Schuldner gar nie ein Konkurs durchgeführt worden oder weil die Forderung erst nach der Konkurseröffnung entstanden ist[405]. Die Überprüfungsbefugnis des Betreibungsbeamten ist auf rein formelle Aspekte beschränkt[406]. Unterlässt es der Betreibungsbeamte, den begründeten Rechtsvorschlag dem zuständigen Richter vorzulegen, kann der Schuldner dagegen die Rechtsverweigerungsbeschwerde i.S.v. Art. 17 Abs. 3 SchKG erheben[407]. Nach Art. 265a SchKG hat das Betreibungsamt den Rechtsvorschlag aber nur dann dem Richter vorzulegen, wenn der Schuldner ihn mit der Begründung erhebt, er sei nicht zu neuem Vermögen gekommen. Das Betreibungsamt entscheidet alleine darüber, ob der Rechtsvorschlag begründet wurde oder nicht.
- *Zweite Stufe:* Die im Bewilligungsverfahren unterliegende Partei kann innert 20 Tagen nach Eröffnung des Entscheides über den Rechtsvorschlag auf dem ordentlichen Prozessweg Klage auf Bestreitung oder Feststellung des neuen Vermögens

404 BSK SchKG II-Huber, Art. 265a N 28.

405 BGE 130 III 679, E. 2.1.

406 BGE 130 III 679, E. 2.1; BGE 124 III 380, E. 3.

407 BGE 130 III 679, E. 2.1.

erheben. Die Funktion der Klage nach Art. 265a Abs. 4 SchKG entspricht derjenigen eines Rechtsmittels gegen den summarischen Bewilligungsentscheid[408].

Der Richter, der über die Bewilligung des Rechtsvorschlages entschieden hat, darf nicht über die ordentliche Klage auf Bestreitung oder Feststellung des neuen Vermögens urteilen. Eine solche Personalunion würde den Anspruch auf ein unbefangenes Gericht verletzen[409].

Beim ordentlichen Prozess handelt es sich um einen neuen, unabhängigen Prozess, bei dem der ganze Prozessstoff neu aufzurollen ist[410]. Entsprechend hat der Richter auch den Umfang des pfändbaren Vermögens neu festzulegen. Dazu gehört auch die Beurteilung der Frage, welche Vermögenswerte Dritter einzubeziehen sind, auch wenn der vorgängige Summarrichter darüber bereits entschieden hat[411].

5. Verhältnis zum Rechtsöffnungsverfahren

Beschränkt der ehemalige Gemeinschuldner seinen Rechtsvorschlag nicht ausdrücklich auf das Fehlen neuen Vermögens, bezieht sich der Rechtsvorschlag nach h.L. auch auf Bestand, Höhe, Fälligkeit und Vollstreckbarkeit der in Betreibung gesetzten Forderung (Art. 75 Abs. 1 SchKG analog). Damit die Betreibung fortgesetzt werden kann, braucht es in solchen Fällen zweierlei: Verweigerung des Rechtsvorschlages nach Art. 265a SchKG und Erteilung der Rechtsöffnung nach Art. 265 Abs. 1 i.V.m. Art. 82 SchKG. Nach heutiger wohl h.L. kann das Rechtsöffnungs- und Bewilligungsverfahren vereinigt werden[412]. Dies gebietet jedenfalls der Grundsatz der Prozessökonomie und ist auch in Art. 125 lit. c ZPO vorgesehen. Die örtliche Zuständigkeit am Betreibungsort und die Verfahrensart (summarisches Verfahren) sind für beide Verfahren gleich. Allerdings sind die Parteirollen vertauscht: Im Bewilligungsverfahren ist der ehemalige Gemeinschuldner Kläger, im Rechtsöffnungsverfahren der Gläubiger.

Der Rechtsöffnungsrichter kann nach *Abweisung des Rechtsvorschlages* im Bewilligungsverfahren nach Art. 265a Abs. 1 SchKG Rechtsöffnung erteilen, und zwar selbst dann, wenn der Feststellungsprozess nach Art. 265a Abs. 4

408 BGE 5A_452/2007.
409 BGE 131 I 27, E. 2.
410 BSK SchKG II-Huber, Art. 265a N 42.
411 BSK SchKG II-Huber, Art. 265a N 42.
412 BSK SchKG II-Huber, Art. 265a N 33.

SchKG noch hängig ist[413]. In diesem Verfahrensstadium kann die Rechtsöffnung allerdings nur eine provisorische sein, denn der Schuldner kann den Entscheid über die Abweisung des Rechtsvorschlages im ordentlichen Prozess noch umstossen (Art. 265a Abs. 4 SchKG). Wenn der Gläubiger über einen definitiven Rechtsöffnungstitel verfügt, kann die definitive Rechtsöffnung in diesem Verfahrensstadium daher nicht erteilt werden. Es ist der Ausgang des ordentlichen Prozesses gemäss Art. 265a Abs. 4 SchKG abzuwarten. Der Entscheid über die definitive Rechtsöffnung ist entsprechend auszusetzen[414].

Bewilligt der Richter den Rechtsvorschlag gestützt auf die Einrede, ist auf das Rechtsöffnungsbegehren nicht einzutreten[415]. Eine Sistierung des Verfahrens bis zur Erledigung des ordentlichen Prozesses gemäss Art. 265a Abs. 4 SchKG sollte nicht gewährt werden, denn die summarische Natur des Verfahrens lässt eine solche nicht zu.

Hat der Schuldner den Rechtsvorschlag ausdrücklich einzig zum Zwecke erhoben, um die Einrede mangelnden neuen Vermögens zu erheben, hat er mithin die Forderung selbst anerkannt, erübrigt sich ein Rechtsöffnungsverfahren. Beseitigt der Richter die Einrede rechtsgültig, kann der Gläubiger sofort das Fortsetzungsbegehren stellen[416].

6. Rechtsnatur

Sowohl das Verfahren betreffend Bewilligung des Rechtsvorschlages i.S.v. Art. 265a Abs. 1 SchKG als auch das Verfahren betreffend Bestreitung oder Feststellung neuen Vermögens nach Art. 265a Abs. 4 SchKG sind betreibungsrechtliche Streitigkeiten.

7. Aktiv- und Passivlegitimation

Zwar überweist das Betreibungsamt den Rechtsvorschlag des Schuldners von Amtes wegen an den Richter. Aktivlegitimiert beim Verfahren betreffend *Bewilligung des Rechtsvorschlages* (Art. 265a Abs. 1 SchKG) ist aber der Schuldner[417] und nicht das Betreibungsamt.

---

413 Amonn/Walther, § 48 N 46.
414 BSK SchKG II-Huber, Art. 265a N 34.
415 BSK SchKG II-Huber, Art. 265a N 33.
416 BSK SchKG II-Huber, Art. 265a N 36.
417 BGE 139 III 498, E. 2.

Die Einrede steht nur dem Schuldner persönlich zu, nicht etwa auch seinen Erben. Diese haben die Möglichkeit, die Erbschaft auszuschlagen, um sich vor Betreibungen durch Gläubiger ihres konkursiten Erblassers zu schützen[418].

Strittig ist, ob es Verlustscheingläubigern im Falle fehlenden neuen Vermögens nur verwehrt ist, den Schuldner selber zu betreiben oder ob sie sich auch an einer von neuen Gläubigern veranlassten Pfändung nicht beteiligen bzw. anschliessen können. Es geht m.a.W. um die Frage, ob die Einrede des mangelnden neuen Vermögens anstelle des Schuldners auch von den anderen Gläubigern im Rahmen eines Pfändungsanschlusses geltend gemacht werden kann. Dies ist in BGE 35 II 687 verneint worden[419].

Passivlegitimiert ist der Gläubiger[420]. Die Einrede mangelnden neuen Vermögens ist gemäss Art. 267 SchKG auch gegenüber jenen Gläubigern zulässig, die ihre Forderung im Konkurs nicht angemeldet haben und daher nicht über einen Verlustschein verfügen. Demgegenüber steht die Einrede nicht zur Verfügung gegen Forderungen, die erst nach der Konkurseröffnung entstanden sind[421].

Im Verfahren betreffend *Bestreitung oder Feststellung neuen Vermögens* gemäss Art. 265a Abs. 4 SchKG hängt die Parteirollenverteilung vom vorangegangenen Entscheid des Bewilligungsrichters ab. Bewilligt dieser den Rechtsvorschlag, so ist der Gläubiger für die Klage auf Feststellung neuen Vermögens aktivlegitimiert und der Schuldner passivlegitimiert. Verweigert der Richter die Bewilligung des Rechtsvorschlages, ist der Schuldner für die Klage auf Bestreitung neuen Vermögens aktivlegitimiert und der Gläubiger passivlegitimiert.

Der Dritte, der vom Einbezug seiner Vermögenswerte betroffen ist, hat in den beiden Verfahren nach Art. 265a Abs. 1 und 4 SchKG keine Parteistellung[422].

8. Wirkung auf das Betreibungsverfahren

Der mit der Einrede des mangelnden neuen Vermögens begründete Rechtsvorschlag bewirkt nicht unmittelbar mit seiner Erhebung die *Einstellung der*

418 Amonn/Walther, § 48 N 39.
419 A.M. Jaeger/Walder/Kull/Kottmann, II, Art. 265 N 20.
420 Gasser, 23.
421 BSK SchKG II-Huber, Art. 265a N 9.
422 BSK SchKG II-Huber, Art. 265a N 45; a.M. Gasser, 11 f.

Betreibung. Vielmehr muss der Richter zuerst seine Begründetheit prüfen. Beim gewöhnlichen Rechtsvorschlag kommt es hingegen automatisch zum Rechtsöffnungsverfahren und damit zu einer vorläufigen Einstellung des Betreibungsverfahrens[423].

Einen von einem Verlustscheingläubiger erwirkten *Arrest* hat das Betreibungsamt zu vollziehen, auch wenn der Schuldner die Einrede mangelnden neuen Vermögens erhoben hat. Das Betreibungsamt ist zur materiellen Überprüfung der Einrede nicht berechtigt. Hierfür ist einzig der Richter zuständig[424]. Ob der Arrest aufzuheben oder einzuschränken ist, kann erst entschieden werden, wenn das Gericht über die Einrede in der den Arrest prosequierenden Betreibung rechtskräftig entschieden hat[425].

Erhebt der Schuldner die Einrede, darf er während der Dauer der Betreibung durch Insolvenzerklärung nicht erneut die *Konkurseröffnung* herbeiführen (Art. 265b SchKG). Das muss – um Missbrauch zu verhindern – auch für einen Schuldner gelten, der die Einrede unterlassen hat[426]. Aufgrund eines (anderen) materiellen Konkursgrundes kann über den konkursfähigen Schuldner aber ein neuer Konkurs eröffnet werden.

II. Prozessuales

1. Verfahren

Das Verfahren betreffend Bewilligung des Rechtsvorschlages gemäss Art. 265a Abs. 1 SchKG ist summarisch (Art. 251 lit. d ZPO). Die Klage auf Feststellung oder Bestreitung neuen Vermögens (Art. 265a Abs. 4 SchKG) wird je nach Streitwert im ordentlichen (Art. 219 ff. ZPO; Streitwert > CHF 30 000) oder vereinfachten Verfahren (Art. 243 ff. ZPO; Streitwert ≤ CHF 30 000) geführt.

2. Örtliche Zuständigkeit

Für die Bewilligung des Rechtsvorschlages sowie für die Klage auf Feststellung oder Bestreitung neuen Vermögens ist örtlich der Richter am Betrei-

423 Amonn/Walther, § 48 N 40.
424 BSK SchKG II-Huber, Art. 265a N 14.
425 BGE 109 III 91.
426 Amonn/Walther, § 48 N 38.

bungsort zuständig (Art. 265a Abs. 1 und Abs. 4 SchKG). Da dieser Gerichtsstand zwingend ist, sind weder Prorogation noch Einlassung zulässig.

Der Gerichtsstand am Betreibungsort gilt auch in internationalen Verhältnissen. Es sind weder das LugÜ (Art. 1 Abs. 2 lit. b LugÜ) noch das IPRG anwendbar, sodass sich der Gerichtsstand direkt nach dem SchKG richtet.

3. Sachliche Zuständigkeit

Das Einzelgericht ist sachlich für das Gesuch um Bewilligung des Rechtsvorschlages zuständig (vgl. z.B. im Kanton Zürich § 24 lit. c GOG ZH i.V.m. Art. 251 lit. d ZPO). Sodann ist das Einzelgericht im Kanton Zürich auch für die Klage auf Feststellung und Bestreitung neuen Vermögens zuständig (§ 24 lit. b GOG ZH i.V.m. Art. 198 lit. e Ziff. 7 ZPO).

4. Einleitung Verfahren

Bei den beiden Verfahren nach Art. 265a Abs. 1 und Abs. 4 SchKG entfällt das Schlichtungsverfahren (Art. 198 lit. a und lit. e Ziff. 7 ZPO). So überweist das Betreibungsamt den Rechtsvorschlag direkt dem Einzelgericht. Auch die Klage auf Feststellung oder Bestreitung neuen Vermögens ist direkt beim Einzelgericht einzureichen.

5. Rechtsbegehren

Beim Bewilligungsverfahren:

«Es sei der Rechtsvorschlag in der Betreibung Nr. […] des Betreibungsamtes […] (Zahlungsbefehl vom […]) für die Forderung des Beklagten in der Höhe von CHF […] zu bewilligen, unter Kosten- und Entschädigungsfolgen zulasten des Beklagten.»

Bei der Klage des Gläubigers auf Feststellung neuen Vermögens:

«Es sei in der Betreibung Nr. […]. des Betreibungsamtes […] (Zahlungsbefehl vom […]) das pfändbare Vermögen des Schuldners […] festzustellen, unter Kosten- und Entschädigungsfolgen zulasten des Beklagten.»

Bei der Klage des Schuldners auf Bestreitung neuen Vermögens:

«Es sei in der Betreibung Nr. […] des Betreibungsamtes […] (Zahlungsbefehl vom […]) festzustellen, dass kein pfändbares Vermögen des Schuldners […] vorhanden ist, unter Kosten- und Entschädigungsfolgen zulasten des Beklagten.»

6. Streitwert

Der Streitwert richtet sich sowohl beim Bewilligungsverfahren (Art. 265a Abs. 1 SchKG) als auch bei der Klage auf Feststellung oder Bestreitung neuen Vermögens (Art. 265a Abs. 4 SchKG) nach der Höhe des ungedeckt bleibenden Betrages der Forderung des Gläubigers, wie er im Verlustschein i.S.v. Art. 265 SchKG aufgeführt ist.

7. Frist

Das Betreibungsamt ist gemäss *Art. 265a Abs. 1 SchKG* nicht an eine Frist gebunden, um den Rechtsvorschlag des Schuldners dem Richter vorzulegen.

Die Frist für die Einreichung einer *Klage auf Feststellung oder Bestreitung neuen Vermögens* beträgt 20 Tage (Art. 265a Abs. 4 SchKG). Sie beginnt mit der Eröffnung des Entscheides des Bewilligungsrichters zu laufen. Da der Bewilligungsrichter einen Entscheid ohne schriftliche Begründung nur im Dispositiv eröffnen kann (Art. 239 Abs. 1 ZPO), beginnt die Frist erst mit der Zustellung des schriftlich begründeten Entscheides gemäss Art. 239 Abs. 2 ZPO zu laufen.

8. Streitgenossenschaft

Eine Streitgenossenschaft auf *Schuldnerseite* dürfte sowohl im Bewilligungsverfahren als auch im nachfolgenden Feststellungsprozess ausgeschlossen sein.

Auf Gläubigerseite ist eine notwendige oder einfache Streitgenossenschaft möglich, wenn an der in Betreibung gesetzten Forderung *mehrere Gläubiger* gemeinschaftlich oder solidarisch berechtigt sind.

Allfällige *Dritte* können nicht Partei sein. Deswegen sind sie als Streitgenossen ausgeschlossen. Schuldner und Gläubiger sind durch den Verlustschein bestimmt (Art. 265 SchKG). Sie allein haben Parteistellung.

9. Intervention

Ein Dritter ist weder im summarischen noch im ordentlichen oder vereinfachten Verfahren Partei (Art. 265a Abs. 4 SchKG e contrario). Es sollte ihm aber gemäss Art. 73 ff. ZPO die Möglichkeit der Intervention gewährt werden[427].

10. Streitverkündung

Bewilligt der Richter den Rechtsvorschlag nicht, so erklärt er unter den gegebenen Voraussetzungen auch Vermögenswerte Dritter zum pfändbaren Vermögen des Schuldners. Eine Streitverkündung des Schuldners gegenüber dem Dritten, der Eigentümer von Vermögenswerten ist, über die der Schuldner wirtschaftlich verfügt, ist nicht denkbar. Der Dritte muss in solchen Fällen nicht vom Schuldner belangt werden, denn das Urteil wirkt direkt gegen ihn. Er ist seinerseits auf das Widerspruchsverfahren zu verweisen.

11. Beweislast

Der Schuldner hat im *Bewilligungsverfahren* nach Art. 265a Abs. 1 SchKG die betreffenden Voraussetzungen nachzuweisen, insbesondere, dass es sich um eine Forderung aus einem Konkurs handelt und dass dieser weder widerrufen noch eingestellt worden ist[428]. Ebenso hat er seine Einkommens- und Vermögensverhältnisse darzulegen und glaubhaft zu machen, dass er nicht zu neuem Vermögen gekommen ist (Art. 265a Abs. 2 SchKG). Die Behauptungs- und Beweislast liegt somit beim Schuldner. Der Richter hat den Schuldner deshalb unter Ansetzung einer Frist aufzufordern, Unterlagen über die wirtschaftlichen Verhältnisse und allenfalls über die Durchführung des Konkurses einzureichen, verbunden mit der Androhung, dass das Verfahren bei Nichtbefolgung mit einem Nichteintretensentscheid erledigt werde.

Der Gläubiger kann seinerseits dazu Stellung nehmen. Er wird bestrebt sein, den Richter auf weitere Vermögenswerte des Schuldners hinzuweisen, ebenso auf Rechtshandlungen des Schuldners, die darauf abzielten, die Bildung neuen Vermögens zu vereiteln[429].

Bei der *Klage auf Feststellung oder Bestreitung neuen Vermögens* i.S.v. Art. 265a Abs. 4 SchKG liegt die Beweislast für das Vorhandensein neuen Vermögens ausschliesslich beim Gläubiger, und zwar unabhängig davon, welche Partei-

427 Spühler, N 427.
428 BGE 5A_167/2010, E. 2.2.
429 BSK SchKG II-Huber, Art. 265a N 25.

rolle er innehat[430]. Der Schuldner hat demgegenüber seine Aufwendungen sowie deren Erforderlichkeit für eine standesgemässe Lebensführung darzutun und zu beweisen. Dies ergibt sich aus dem allgemeinen Grundsatz von Art. 8 ZGB[431].

12. Beweismass

Im *Bewilligungsverfahren* genügt Glaubhaftmachung, ein strikter Beweis ist nicht erforderlich. Allerdings verlangt Art. 265a Abs. 2 SchKG bei der Darlegung der Einkommens- und Vermögensverhältnisse einen erhöhten Massstab an die Glaubhaftmachung, denn die Offenlegung der finanziellen Verhältnisse muss vollständig und plausibel sein. Aus dieser Darlegung der Vermögensverhältnisse muss eine überwiegende Wahrscheinlichkeit mangelnden neuen Vermögens folgen[432].

Für das Vorhandensein neuen Vermögens hat der Gläubiger bei der *Klage auf Feststellung oder Bestreitung neuen Vermögens* den vollen Beweis zu erbringen. Glaubhaftmachung genügt nicht.

13. Beweismittel

Art. 265a Abs. 2 SchKG äussert sich nicht zu den Beweismitteln. Somit sind für das *Bewilligungsverfahren* die sich aus Art. 254 ZPO ergebenden Einschränkungen der Zulassung von Beweismitteln im summarischen Verfahren zu beachten. Im Grundsatz ist einzig der Urkundenbeweis zugelassen. Andere Beweismittel sind nur zulässig, wenn sie das Verfahren nicht wesentlich verzögern. Als Beweismittel für den Schuldner kommen etwa Kontobelege, Steuererklärungen und Steuereinschätzungen, Belege über finanzielle Verpflichtungen des Schuldners wie Mietverträge usw. in Betracht[433].

Hingegen sind bei der Klage *auf Feststellung oder Bestreitung neuen Vermögens* sämtliche Beweismittel i.S.v. Art. 168 ff. ZPO zulässig. Die Parteien sind berechtigt, weitere Beweismittel als jene, die der Schuldner bereits im Summarverfahren eingereicht hat, einzulegen oder Beweisanträge zu stellen.

430 BGE 131 I 24, E. 2.1 mit Hinweisen; BGE 5A_104/2010, E. 3.2.1; BSK SchKG II-Huber, Art. 265a N 41.

431 BGE 5A_21/2010, E. 2.3.

432 BSK SchKG II-Huber, Art. 265a N 23; vgl. auch Gasser, 19.

433 BSK SchKG II-Huber, Art. 265a N 24.

14. Urteil

Kommt der Richter im *Bewilligungsverfahren* nach Art. 265a Abs. 1 SchKG unter Würdigung aller Umstände zum Schluss, dass eine überwiegende Wahrscheinlichkeit gegen das Vorliegen neuen Vermögens spricht, bewilligt er den Rechtsvorschlag des Schuldners[434].

Bewilligt der Richter den Rechtsvorschlag nicht, so stellt er den rechnerischen Umfang des neuen Vermögens und damit das Pfändungssubstrat fest (Art. 265a Abs. 3 SchKG)[435]. Falls die Betreibungsforderung nicht (mehr) bestritten ist, kann der Betreibungsgläubiger – nach Ablauf der Zahlungsfrist – das Fortsetzungsbegehren einreichen und die provisorische Pfändung bzw. die Aufnahme eines Güterverzeichnisses verlangen[436]. Ist die Betreibungsforderung bestritten, muss der Richter noch über die Beseitigung des Rechtsvorschlages (Rechtsöffnung) entscheiden.

Die vorstehenden Grundsätze gelten auch, wenn der Richter die *Klage des Gläubigers* auf Feststellung neuen Vermögens gutheisst.

Heisst *der Richter die Klage des Schuldners* auf Bestreitung neuen Vermögens gut, so stellt er lediglich fest, dass kein pfändbares Vermögen des Schuldners vorhanden ist.

15. Anerkennung, Rückzug, Vergleich

Beim Verfahren um *Bewilligung des Rechtsvorschlages* i.S.v. Art. 265a Abs. 1 SchKG sind Rückzug und Anerkennung zulässig. Ein Vergleich ist ebenfalls denkbar, und zwar dann, wenn sich Schuldner und Gläubiger über die Grösse des pfändbaren Vermögens einigen können. Ein solcher Vergleich sollte sich auch über eine allfällige Rechtsöffnung äussern. Diesfalls dürfte eine betreibungsrechtliche richterliche Anordnung im Abschreibungsentscheid überflüssig sein.

Bei der *Klage auf Feststellung oder Bestreitung neuen Vermögens* dürften Klageanerkennung, Klagerückzug und Vergleich zulässig sein.

434 BSK SchKG II-Huber, Art. 265a N 27.
435 BGE 136 III 51, E. 3.2.
436 BGE 126 III 207, E. 3c.

16. Rechtsmittel

Der Richter entscheidet endgültig über die *Bewilligung des Rechtsvorschlages* (Art. 265a Abs. 1 SchKG). Die Berufung oder die Beschwerde stehen grundsätzlich nicht zur Verfügung. Allerdings kann die im summarischen Verfahren ergangene Entscheidung über die Feststellung des neuen Vermögens Gegenstand einer Beschwerde nach Art. 319 ff. ZPO bilden, wenn einzig die Verteilung der Kosten und Auslagen des erstinstanzlichen Entscheides strittig ist[437]. Bei der Beurteilung, ob gegen den Summarentscheid die Beschwerde in Zivilsachen zulässig ist, hat das Bundesgericht erkannt, dass die gesonderte Anfechtung des Summarentscheides mit der Voraussetzung der Letztinstanzlichkeit unvereinbar ist, wenn eine bestimmte Rüge durch den Entscheid im ordentlichen Verfahren nach Art. 265a Abs. 4 SchKG behandelt und ein allfälliger Mangel behoben werden kann. Nach dem Bundesgericht gilt dies jedoch nicht für die Rüge von Verletzungen des rechtlichen Gehörs, da die Klage auf Feststellung neuen Vermögens nach Art. 265a Abs. 4 SchKG in einem nunmehr abgeschlossenen Verfahren begangene Gehörsverletzungen nicht heilen kann[438]. Gegen den Entscheid des Summarrichters ist demnach die Beschwerde in Zivilsachen an das Bundesgericht nur zulässig, wenn die Verletzung des rechtlichen Gehörs geltend gemacht wird und der Streitwert mehr als CHF 30 000 beträgt[439].

Der Entscheid über die *Feststellung oder Bestreitung neuen Vermögens* ist auf kantonaler Ebene mit Berufung bei einem Streitwert über CHF 10 000 (Art. 308 ff. ZPO) und mit Beschwerde bei einem Streitwert bis CHF 10 000 (Art. 319 ff. ZPO) anfechtbar[440]. Letztinstanzlich ist die Beschwerde in Zivilsachen zulässig (Art. 72 Abs. 2 lit. a BGG), sofern der Streitwert über CHF 30 000 beträgt oder eine Rechtsfrage von grundsätzlicher Bedeutung vorliegt[441]. Ist die Streitwertgrenze nicht erreicht, steht die subsidiäre Verfassungsbeschwerde zur Verfügung (Art. 113 ff. BGG), wobei sich die Prüfung des Entscheides hier auf Willkür (Art. 9 BV) beschränkt.

437 BGE 138 III 130, E. 2.

438 BGE 134 III 524, E. 1.3.

439 BGE 138 III 44; BGE 134 III 524, E. 1.3.

440 Für die im ordentlichen oder vereinfachten Verfahren eingeleitete Klage sind auf die Fristen – insbesondere zur Anfechtung – nicht die Betreibungsferien, sondern die Gerichtsferien gemäss ZPO anwendbar, vgl. hierzu BGE 143 III 149, E. 2.

441 BGE 136 III 51 ff.; BGE 5A_283/2007; a.M. und veraltet BSK SchKG II-Huber, Art. 265a N 50.

§ 14 Anerkennungsklage (Art. 77 Abs. 4 SchKG, Art. 79 SchKG, Art. 153a SchKG)

Literatur: PETER HANSJÖRG, Das neue Bundesgerichtsgesetz und das Schuldbetreibungs- und Konkursrecht, BlSchK 2007, 1 ff.; RUEDIN ROLAND, Die Anerkennungsklage (Art. 79 SchKG), SJK 979a, 1986.

I. Materielles[442]

1. Allgemeines

Hat der Schuldner Rechtsvorschlag erhoben, kann die Betreibung nur nach Aufhebung des Rechtsvorschlages durch den Richter im Rechtsöffnungsverfahren (Art. 80–84 SchKG) oder auf dem ordentlichen Prozessweg (Art. 79, 153 Abs. 3 und 186 SchKG) fortgesetzt werden[443]. Liegt weder ein definitiver noch ein provisorischer Rechtsöffnungstitel vor, muss der Gläubiger auf Anerkennung der Forderung klagen bzw. seinen Anspruch im Verwaltungsverfahren geltend machen. Er kann zwischen provisorischer Rechtsöffnung und Anerkennungsklage wählen, wenn er über einen provisorischen Rechtsöffnungstitel verfügt. Hat er einen definitiven Rechtsöffnungstitel, kann er einzig das Rechtsöffnungsverfahren einleiten. Eine Anerkennungsklage wäre nicht zulässig, da sie der Rechtskraftwirkung des Rechtsöffnungstitels (res iudicata) entgegenstünde. Der Gläubiger kann die Beseitigung des Rechtsvorschlages im ordentlichen Verfahren auch dann beantragen, wenn ihm vorher für die gleiche Forderung die definitive oder provisorische Rechtsöffnung verweigert wurde[444]. In einem solchen Fall muss er nicht zuerst eine neue Betreibung einleiten[445].

Mit der Anerkennungsklage macht der Gläubiger Bestand, Höhe und Fälligkeit der in Betreibung gesetzten Forderung im Zeitpunkt der Zustellung des Zahlungsbefehls geltend und lässt den Rechtsvorschlag beseitigen. Die in der Sache materiell zuständige Instanz fungiert zugleich als Vollstreckungs-

442 Die nachfolgenden Ausführungen zur Anerkennungsklage basieren primär auf SK SchKG-VOCK/AEPLI-WIRZ, Art. 79 N 1 ff. und KUKO SchKG-VOCK, Art. 79 N 1 ff.

443 BGE 130 III 396, E. 1.2.3.

444 BGE 135 III 315, E. 2.6.

445 BGE 75 III 48 f.

richter, weshalb ein separates Rechtsöffnungsverfahren obsolet wird (Art. 79 SchKG)[446].

Die Anerkennungsklage ist auch an anderen Orten des SchKG geregelt: Gemäss Art. 77 Abs. 4 SchKG kann der Gläubiger innert einer vom Betreibungsamt angesetzten Frist von zehn Tagen auf Anerkennung seiner Forderung klagen, wenn ein nachträglicher Rechtsvorschlag bewilligt, eine Pfändung aber bereits vollzogen worden ist. In der Betreibung auf Pfandverwertung kann der Gläubiger innert zehn Tagen nach der Mitteilung des Rechtsvorschlages u.a. auf Anerkennung der Forderung klagen (Art. 153a SchKG).

2. Rechtsnatur

Die Anerkennungsklage ist eine Leistungsklage materiell-rechtlicher Art[447]. Sie kann aber auch eine Feststellungsklage sein, wenn in der Betreibung auf Pfandverwertung nur das Pfand bestritten ist[448].

3. Aktiv- und Passivlegitimation

Aktivlegitimiert ist regelmässig der Gläubiger, passivlegitimiert ist der Schuldner, der Rechtsvorschlag erhoben hat.

4. Wirkung auf das Betreibungsverfahren

Zieht der Gläubiger während des hängigen Anerkennungsprozesses die Betreibung zurück oder wird diese im Beschwerdeverfahren aufgehoben, wird der Prozess gleichwohl zu Ende geführt. Der Richter fällt in materiell-rechtlicher Hinsicht ein Urteil; das Begehren um Beseitigung des Rechtsvorschlages wird aber infolge Gegenstandslosigkeit abgeschrieben (Art. 242 ZPO)[449]. Gleiches gilt, wenn der Schuldner während des Prozesses den Rechtsvorschlag zurückzieht oder dieser im Beschwerdeverfahren für ungültig erklärt wird[450].

Mit dem Anerkennungsurteil wird der Rechtsvorschlag ausdrücklich beseitigt. Sobald das Urteil i.S.v. Art 336 Abs. 1 ZPO vollstreckbar geworden ist, kann der Gläubiger die Fortsetzung der Betreibung verlangen. Beim Betrei-

446 KUKO SchKG-Vock, Art. 79 N 2.
447 BGE 119 III 67, E. 4b.
448 BSK SchKG I-Staehelin Daniel, Art. 79 N 3.
449 KUKO SchKG-Vock, Art. 79 N 3; BSK SchKG I-Staehelin Daniel, Art. 79 N 11.
450 BSK SchKG I-Staehelin Daniel, Art. 79 N 11.

bungsamt muss hierfür das Urteil samt Bescheinigung der Vollstreckbarkeit gemäss Art. 336 Abs. 2 ZPO eingereicht werden[451].

Vorzeitige Vollstreckbarkeit des Urteils nach Art. 336 Abs. 1 lit. b ZPO bzw. nach Art. 315 Abs. 2 ZPO genügt für die Fortsetzung[452]. Zu beachten ist, dass die Beschwerde (Art. 319 ff. ZPO) und die Beschwerde in Zivilsachen in der Regel keine aufschiebende Wirkung haben (Art. 325 Abs. 1 ZPO; Art. 103 Abs. 1 BGG). Selbst wenn der Schuldner eines dieser Rechtsmittel ergriffen hat, kann der Gläubiger somit die Fortsetzung der Betreibung verlangen. Wenn der Schuldner die Fortsetzung der Betreibung verhindern will, hat er demnach ausdrücklich aufschiebende Wirkung zu beantragen (Art. 325 Abs. 2 ZPO bzw. Art. 103 Abs. 3 BGG). Unterlässt er dies und wird die Betreibung fortgesetzt, kann der Schuldner beim Betreibungsamt die Annullierung der inzwischen vollzogenen Betreibungshandlungen verlangen, wenn das Anerkennungsurteil dann durch die Rechtsmittelinstanz oder das Bundesgericht aufgehoben wird. Eine Klage gemäss Art. 85 SchKG ist nicht erforderlich[453].

II. Prozessuales

1. Verfahren

Der Anerkennungsprozess wird abhängig vom Streitwert entweder im ordentlichen (Streitwert > CHF 30 000; Art. 219 ff. ZPO) oder im vereinfachten Verfahren (Streitwert ≤ CHF 30 000; Art. 243 ff. ZPO) durchgeführt.

2. Örtliche Zuständigkeit

Die örtliche Zuständigkeit richtet sich nach den allgemeinen Bestimmungen in den Art. 10–45 i.V.m. Art. 46 ZPO und den verwaltungsrechtlichen Normen. Folglich gibt es keinen Gerichtsstand am Betreibungsort[454]. Eine Gerichtsstandsvereinbarung gilt auch für die Anerkennungsklage[455].

451 BSK SchKG I-Staehelin Daniel, Art. 79 N 33. Nach dem früheren Recht war eine Rechtskraftbescheinigung nicht erforderlich, vgl. BGE 120 III 120.

452 Gl.M. BSK SchKG I-Staehelin Daniel, Art. 79 N 33.

453 BSK SchKG I-Staehelin Daniel, Art. 79 N 37 m.H. auf BGE 56 III 153 f.; KUKO SchKG-Vock, Art. 79 N 15.

454 KUKO SchKG-Vock, Art. 79 N 4.

455 Ruedin, SJK 979a, 3; KUKO SchKG-Vock, Art. 79 N 4; BSK SchKG I-Staehelin Daniel, Art. 79 N 12.

Bei einem euro-internationalen Sachverhalt gelten die Gerichtsstände nach Art. 2 ff. LugÜ. Der Gerichtsstand am Vollstreckungsort nach Art. 22 Ziff. 5 LugÜ ist aber nicht gegeben[456]. Ausserhalb des Anwendungsbereichs des LugÜ gelten die allgemeinen Gerichtsstandsbestimmungen des IPRG.

3. Sachliche Zuständigkeit

Die allgemeinen kantonalen zivilprozessualen und verwaltungsrechtlichen Normen bestimmen sodann die sachliche Zuständigkeit (Art. 3 und 4 ZPO). Im Kanton Zürich ist je nach Streitwert das Einzelgericht (Streitwert ≤ CHF 30 000; § 24 lit. a GOG ZH; auch als Arbeits- oder Mietgericht, § 25 oder § 26 GOG ZH) oder das Kollegialgericht (Streitwert > CHF 30 000; § 19 GOG ZH; auch als Arbeits- oder Mietgericht, § 20 oder § 21 GOG ZH) sachlich zuständig. Sodann kann im Kanton Zürich auch das Handelsgericht gemäss § 44 GOG ZH oder das Obergericht nach § 43 GOG ZH sachlich zuständig sein, sofern die Voraussetzungen erfüllt sind.

Auch ein *Strafrichter in einem Adhäsionsprozess* kann einen Rechtsvorschlag aufheben[457].

Bildet das öffentliche Recht Grundlage für die in Betreibung gesetzte Forderung, sind für den materiellen Entscheid und die Beseitigung des Rechtsvorschlages die *Verwaltungsbehörden,* also die erstinstanzlich verfügende Behörde[458], sowie die Beschwerdeinstanzen sachlich zuständig. Dabei ist darauf hinzuweisen, dass nur diejenigen Verwaltungsbehörden einen Rechtsvorschlag beseitigen können, deren materielle Verfügungen im Rechtsöffnungsverfahren zur definitiven Rechtsöffnung berechtigen würden[459]. Dies sind Entscheide der Bundesbehörden und der kantonalen Behörden (Art. 80 Abs. 2 Ziff. 2 SchKG). Auch ausserkantonale Verwaltungsbehörden können einen Rechtsvorschlag beseitigen, da die Schweiz mit Inkrafttreten der ZPO einen einheitlichen Vollstreckungsraum bildet. Hat die Verwaltungsbehörde vor Einleitung der Betreibung bereits eine Verfügung über die Forderung erlassen, so kann sie den Rechtsvorschlag nicht nachträglich beseitigen. Es muss dann das definitive Rechtsöffnungsverfahren eingeleitet werden[460]. Somit kann die Verwaltungsbehörde nur dann einen Rechtsvorschlag beseiti-

---

456 BSK SchKG I-Staehelin Daniel, Art. 79 N 12 m.w.H.; KUKO SchKG-Vock, Art. 79 N 4.

457 BSK SchKG I-Staehelin Daniel, Art. 79 N 13 m.w.H.; KUKO SchKG-Vock, Art. 79 N 5.

458 BGE 134 III 115; BGE 128 III 41, E. 2; BGE 119 V 339, E. 2b; BGE 107 III 60, E. 3; BSK SchKG I-Staehelin Daniel, Art. 79 N 14; KUKO SchKG-Vock, Art. 79 N 5.

459 BGE 139 III 288; BGE 134 III 119, E. 3.2; BGE 128 III 41, E. 2.

460 BGE 134 III 120, E. 4.1.1; BGE 109 V 51.

gen, wenn sie erst nach dessen Erhebung über den in Betreibung gesetzten Anspruch eine materielle Verfügung erlässt[461].

Sodann können *Schiedsgerichte* sachlich zuständig sein, wenn sie gültig vereinbart worden sind. Allerdings ist die Beseitigung des Rechtsvorschlages nicht schiedsfähig, weshalb ein Schiedsgericht den Rechtsvorschlag in einem Anerkennungsprozess nicht ohne Mitwirkung eines staatlichen Richters beseitigen kann[462]. Sollte ein Schiedsgericht den Rechtsvorschlag dennoch beseitigen, so wird in der Lehre die Meinung vertreten, dass dem die Vollstreckungsbescheinigung ausstellenden Richter gemäss Art. 386 Abs. 3 ZPO oder Art. 193 Abs. 2 IPRG die Befugnis zu erteilen ist, die Beseitigung des Rechtsvorschlages durch ein Schiedsgericht mit Sitz in der Schweiz für verbindlich zu erklären[463]. Aus verfahrensökonomischen Gründen ist dieser Meinung zu folgen.

Ausländische Gerichte können zwar für die Beurteilung einer Forderung sachlich zuständig sein, aufgrund des Territorialitätsprinzips aber nicht für die Beseitigung des Rechtsvorschlages. Dafür ist der Rechtsöffnungsrichter, der zuerst über das Exequatur des ausländischen Urteils zu entscheiden hat, zuständig[464].

4. Einleitung Verfahren

Die Klage ist entsprechend den zivilprozessualen und verwaltungsrechtlichen Normen einzuleiten. Im Zivilverfahren ist der Prozess nach Art. 197 i.V.m. Art. 202 ZPO bei der Schlichtungsbehörde einzuleiten.

5. Rechtsbegehren

Die Anerkennungsklage muss die Anträge auf Verpflichtung des Schuldners zur Zahlung und auf Beseitigung des Rechtsvorschlages in der genau bezeichneten Betreibung enthalten. Das Rechtsbegehren könnte etwa wie folgt lauten[465]:

«Der Beklagte sei zu verpflichten, dem Kläger die in Betreibung gesetzte Forderung in Höhe von CHF […] zuzüglich Zins von […]% seit […] zu bezahlen, und es sei der

461 BSK SchKG I-Staehelin Daniel, Art. 79 N 16; KUKO SchKG-Vock, Art. 79 N 5.
462 BGE 136 III 583, E. 2.1.
463 KUKO SchKG-Vock, Art. 79 N 6; BSK SchKG I-Staehelin Daniel, Art. 79 N 20.
464 BGE 135 III 556.
465 Vgl. zum Ganzen KUKO SchKG-Vock, Art. 79 N 8.

Rechtsvorschlag in der Betreibung Nr. […] des Betreibungsamtes […]. (Zahlungsbefehl vom […]) zu beseitigen, unter Kosten- und Entschädigungsfolgen zulasten des Beklagten.»

6. Streitwert

Der Streitwert richtet sich nach der Höhe der Forderung des Gläubigers (Art. 91 ZPO).

7. Frist

Bei der Anerkennungsklage gemäss Art. 79 SchKG gibt es keine Klagefrist. Jedoch ist die Beseitigung des Rechtsvorschlages nur möglich, wenn die Frist zur Stellung des Fortsetzungsbegehrens (Art. 88 Abs. 2 SchKG) bzw. des Verwertungsbegehrens in der Betreibung auf Pfandverwertung (Art. 154 Abs. 1 SchKG) bzw. des Konkursbegehrens in der Wechselbetreibung (Art. 188 Abs. 2 SchKG) noch nicht abgelaufen ist. Auf eine später eingereichte Klage ist einzutreten, allerdings ist dann das Begehren um Beseitigung des Rechtsvorschlages abzuweisen. Der Richter muss diese Fristen nicht von Amtes wegen beachten, sondern nur auf Einrede des Schuldners hin[466].

Erhebt der Schuldner den Rechtsvorschlag erst nach Klageerhebung, weil erst während des Prozesses die Betreibung eingeleitet wurde, fragt es sich, ob der Gläubiger die Beseitigung des Rechtsvorschlages im Anerkennungsprozess noch verlangen kann. Diese Frage ist nach den Regeln der Klageänderung zu beurteilen[467]. Nach Art. 227 Abs. 1 ZPO wäre eine solche Klageänderung zulässig, und der Gläubiger könnte seinen Anspruch auf Beseitigung des Rechtsvorschlages im Anerkennungsprozess geltend machen[468].

Bei der Anerkennungsklage nach Art. 77 Abs. 4 SchKG beträgt die Klagefrist zehn Tage. Sie beginnt, mit der Fristansetzung des Betreibungsamtes an den Gläubiger zu laufen. Bei der Betreibung auf Pfandverwertung beträgt die Klagefrist ebenfalls zehn Tage. Hier beginnt sie mit der Mitteilung des Rechtsvorschlages an den Gläubiger (Art. 153a Abs. 1 SchKG).

466 Vgl. zum Ganzen BSK SchKG I-Staehelin Daniel, Art. 79 N 8; KUKO SchKG-Vock, Art. 79 N 9.

467 BGE 135 III 554 ff., E. 2.3.

468 Gl.M. BSK SchKG I-Staehelin Daniel, Art. 79 N 9.

8. Streitgenossenschaft, Intervention

Streitgenossenschaft und Nebenintervention sind nach den Art. 70–72 ZPO und Art. 74–77 ZPO zulässig. Allerdings ist zu beachten, dass die Beseitigung des Rechtsvorschlages für Nebenintervenienten auf der Schuldnerseite nicht wirkt, da diese im Betreibungsverfahren keine Schuldnerstellung haben[469].

9. Streitverkündung

Sodann ist eine Streitverkündung i.S.v. Art. 78–80 ZPO möglich. So könnte z.B. der Schuldner einem Dritten den Streit verkünden für den Fall, dass er gegen den Gläubiger unterliegt. Allerdings kann dem Dritten die Beseitigung des Rechtsvorschlages nicht entgegengehalten werden. Die Beseitigung gilt nur gegenüber dem Schuldner. Gegen den Dritten müsste dann eine neue Betreibung eingeleitet werden.

10. Beweislast

Der Gläubiger und Anerkennungskläger trägt die volle Beweislast für den Bestand und die Höhe seiner Forderung.

11. Beweismass

Da die Anerkennungsklage eine materiell-rechtliche Klage ist, hat der Gläubiger den vollen Beweis zu erbringen. Glaubhaftmachung genügt nicht.

12. Beweismittel

Es sind alle Beweismittel gemäss den Art. 168–193 ZPO zulässig.

13. Urteil

Mit dem Urteil bzw. der Verfügung einer Verwaltungsbehörde wird über den Bestand und die Höhe des Anspruches des Gläubigers mit materieller Rechtskraft entschieden.

Ist die Forderung nicht fällig, kann der Anerkennungsrichter zwar materiell über den Bestand der Forderung entscheiden, der Rechtsvorschlag ist aber

469 KUKO SchKG-Vock, Art. 79 N 11.

noch nicht zu beseitigen. Hierfür muss der Gläubiger den Eintritt der Fälligkeit abwarten und danach eine zweite Betreibung einleiten. Mit dem Anerkennungsurteil hat er dann einen definitiven Rechtsöffnungstitel[470].

Das Urteil muss auf die genau zu bezeichnende Betreibung Bezug nehmen, und der Rechtsvorschlag muss vollumfänglich oder für einen bestimmten Betrag ausdrücklich beseitigt werden. Eine bedingte Beseitigung des Rechtsvorschlages ist unzulässig[471]. Wird der Rechtsvorschlag nicht ausdrücklich beseitigt, muss der Gläubiger in einem neuen Verfahren definitive Rechtsöffnung verlangen[472]. Sowohl der Entscheid in der Sache selbst als auch die Beseitigung des Rechtsvorschlages müssen begründet werden. Das Betreibungsamt muss in formeller Hinsicht überprüfen, ob ein rechtskräftiger und vollstreckbarer Entscheid vorliegt. Es darf die Fortsetzung der Betreibung nur ablehnen, wenn der Entscheid nichtig ist[473].

14. Klageanerkennung, Klagerückzug, Vergleich

Klageanerkennung, Klagerückzug und Vergleich sind zulässig und haben die Wirkung eines rechtskräftigen Entscheides (Art. 241 Abs. 2 ZPO). Bei den Entscheidsurrogaten, wie gerichtlicher Vergleich und Klageanerkennung, muss der Rechtsvorschlag ausdrücklich beseitigt werden. Sonst darf das Betreibungsamt die Betreibung erst fortsetzen, wenn ihm die Beseitigung des Rechtsvorschlages vom Gericht im Abschreibungsentscheid gemäss Art. 241 Abs. 3 ZPO mitgeteilt worden ist oder wenn ihm eine schuldnerische Erklärung über den Rückzug des Rechtsvorschlages vorliegt[474].

15. Rechtsmittel

Der erstinstanzliche Entscheid über die Anerkennungsklage ist bei einem Streitwert von mindestens CHF 10 000 mit Berufung (Art. 308 Abs. 2 ZPO), bei einem tieferen Streitwert mit Beschwerde (Art. 319 ZPO) an die kantonale Rechtsmittelinstanz weiterzuziehen[475]. Als solche amtet im Kanton Zürich das Obergericht (§ 48 GOG ZH). Hat eine einzige kantonale Instanz entschieden (z.B. Handelsgericht), ist die kantonale Beschwerde nicht gege-

470 KUKO SchKG-Vock, Art. 79 N 3 m.w.H.; BSK SchKG I-Staehelin Daniel, Art. 79 N 10.
471 BGE 4A_439/2014, E. 8.3.
472 KUKO SchKG-Vock, Art. 79 N 12; BSK SchKG I-Staehelin Daniel, Art. 79 N 28 f.
473 KUKO SchKG-Vock, Art. 79 N 12; BSK SchKG I-Staehelin Daniel, Art. 79 N 29.
474 BGE 110 III 17, E. 4; KUKO SchKG-Vock, Art. 79 N 12; BSK SchKG I-Staehelin Daniel, Art. 79 N 28.
475 KUKO SchKG-Vock, Art. 79 N 18.

ben, sondern einzig die Beschwerde in Zivilsachen an das Bundesgericht. Hierbei gibt es kein Streitwerterfordernis (Art. 74 Abs. 2 lit. b BGG).

Auf Bundesebene ist der Entscheid der letzten kantonalen Instanz über die Anerkennung der Forderung mit der Beschwerde in Zivilsachen oder in öffentlich-rechtlichen Angelegenheiten anfechtbar (Art. 72 ff. oder Art. 82 ff. BGG), sofern die Streitwerterfordernisse gemäss Art. 74 BGG oder Art. 85 BGG erfüllt sind[476]. Andernfalls ist die subsidiäre Verfassungsbeschwerde i.S.v. Art. 113 ff. BGG zulässig, wobei sich die Prüfung des Entscheides über die Anerkennung der Forderung dann auf Willkür (Art. 9 BV) beschränkt[477].

Die Rechtsmittelinstanz hat den materiellen Entscheid frei und nicht unter dem eingeschränkten Gesichtspunkt der definitiven Rechtsöffnung zu überprüfen[478].

---

476 KUKO SchKG-Vock, Art. 79 N 18; vgl. zur Klage auf Anerkennung einer öffentlich-rechtlichen Forderung Peter, BlSchK 2007, 10.

477 KUKO SchKG-Vock, Art. 79 N 18.

478 KUKO SchKG-Vock, Art. 79 N 18; BSK SchKG I-Staehelin Daniel, Art. 79 N 32.

§ 15 Gesuch um Rechtsöffnung (Art. 80 ff. SchKG)

Literatur: ANGST, Der «papierlose» Schuldbrief, ZBGR 2006, 45 ff.; BERGER BERNHARD/KELLERHALS FRANZ, Internationale und interne Schiedsgerichtsbarkeit in der Schweiz, Bern 2006; EGLI RAINER, Das Rechtsöffnungsverfahren und seine Einbettung in der ZPO, in: KREN KOSTKIEWICZ JOLANTA et al. (Hrsg.), Rechtsöffnung und Zivilprozess – national und international, Bern 2014; GASSER DOMINIK, Die Vollstreckung nach der Schweizerischen ZPO, Anwaltsrevue 8/2008, 340–346; HÄFELIN/MÜLLER/UHLMANN, Allgemeines Verwaltungsrecht, 7. A., Zürich 2016; HESS HEINZ, Die materiellen Grundlagen der provisorischen Rechtsöffnung und der Aberkennungsklage, Diss. Bern 1946; KARLEN PETER, Privilegien des Staates bei der Vollstreckung öffentlich-rechtlicher Geldforderungen, in: Schweizerisches und Internationales Zwangsvollstreckungsrecht, FS für Karl Spühler, Zürich 2005, 149 ff.; KAUFMANN MARTIN, Ausgewählte Fragen des Rechtsöffnungsverfahrens: Replikrecht und Novenschranke Rechtskraft und Vollstreckung, in: KREN KOSTKIEWICZ JOLANTA et al. (Hrsg.), Rechtsöffnung und Zivilprozess – national und international, Bern 2014; KREN JOLANTA, Anerkennbare und vollstreckbare Titel nach IPR-Gesetz und Lugano-Übereinkommen, in: Beiträge zum Schweizerischen und Internationalen Zivilprozessrecht, FS für Oscar Vogel, Zürich 1991, 419 ff.; KROPHOLLER JAN, Europäisches Zivilprozessrecht, Kommentar zu EuGVO, Lugano-Übereinkommen und Europäischem Vollstreckungstitel, 9. A., 2012; MEYER BERNHARD F., Die Rechtsöffnung aufgrund synallagmatischer Schuldverträge, Diss. Zürich 1979; MUSTER ERIC, Dévelopements récents en matière de mainlevée de l'opposition, BlSchK 2008, 1 ff.; PANCHAUD ANDRÉ/CAPREZ MARCEL, Die Rechtsöffnung, 1980; PETER HANSJÖRG, La mainlevée del'opposition – La mainlevée définitive, in: KREN KOSTKIEWICZ JOLANTA et al. (Hrsg.), Rechtsöffnung und Zivilprozess – national und international, Bern 2014; SCHWANDER IVO, Vollstreckbare öffentliche Urkunden – Rechtsnatur, Verfahren der Erstellung und der Vollstreckung, AJP 2006, 667 ff.; ROTH JÜRG, Vorläufige Vollstreckbarkeit und Vollstreckung, Ab wann und unter welchen Voraussetzungen sind Vollstreckungsmassnahmen in das Vermögen des Schuldners möglich?, AJP 2011, 771–787; SOGO MIGUEL, Internationale Vollstreckbarkeit provisorischer Rechtsöffnungsentscheide nach LugÜ, AJP 2005, 808 ff.; STOJAN TEDDY, Die Anerkennung und Vollstreckung ausländischer Zivilurteile in Handelssachen, Diss. Zürich 1986; STÜCHELI PETER, Die Rechtsöffnung, Diss. Zürich 2000; VISINONI-MEYER CLAUDIA, Die Vollstreckung einer öffentlichen Urkunde gemäss Art. 50 LugÜ in der Schweiz: Definitiver oder provisorischer Rechtsöffnungstitel?, in: Schweizerisches und Internationales Zwangsvollstreckungsrecht, FS für Karl Spühler, Zürich 2005, 419 ff.; WALTER GERHARD/BOSCH WOLFGANG/BRÖNNIMANN JÜRGEN, Internationale Schiedsgerichtsbarkeit in der Schweiz, 1991; WALTHER FRIDOLIN, Das neue Vollstreckungsrecht und seine Möglichkeiten, Anwaltsrevue 1/2011, 29–31; WIGET GREGOR, Die Durchsetzung von Ansprüchen aus synallagmatischen Verträgen nach der zürcherischen Zivilprozessordnung, Diss. Zürich 1980.

I. Materielles[479]

1. Definitive Rechtsöffnung

Voraussetzungen der Bewilligung eines Gesuchs um definitive Rechtsöffnung sind – neben dem Vorliegen der allgemeinen Prozessvoraussetzungen – ein Vollstreckungstitel i.S.v. Art. 80 SchKG (definitiver Rechtsöffnungstitel) und in negativer Hinsicht das Fehlen von begründeten Einwendungen des Betriebenen (Art. 81 SchKG)[480].

Definitiver Rechtsöffnungstitel:

Ein definitiver Rechtsöffnungstitel ist ein *vollstreckbares gerichtliches Urteil* (Art. 80 Abs. 1 SchKG). Darunter fallen Entscheide des Bundesgerichts sowie inner- und ausserkantonale gerichtliche Entscheide. Ausserkantonale Gerichtsentscheide sowie Bundesgerichtsentscheide sind in der ganzen Schweiz vollstreckbar (Art. 122 Abs. 1 BV i.V.m. Art. 335 ff. ZPO; Art. 69 BGG). Ein separates Exequaturverfahren braucht es nicht[481].

Gerichtliche Urteile i.S.v. Art. 80 Abs. 1 SchKG sind primär Zivilurteile. Adhäsionsurteile in einem Strafprozess sind Zivilurteilen gleichgestellt, auch wenn dies in Art. 373 StGB nicht mehr ausdrücklich erwähnt wird, ebenso Entscheide von Verwaltungsbehörden über zivilrechtliche Ansprüche.

Nach dem klaren Wortlaut des Gesetzes muss der Entscheid vollstreckbar sein. In Abkehr von der bisherigen Rechtsprechung[482] ist ein Entscheid vollstreckbar, wenn er entweder rechtskräftig ist und das Gericht die Vollstreckung nicht aufgeschoben hat (Art. 325 Abs. 2 ZPO und Art. 336 Abs. 1 ZPO) oder wenn er noch nicht rechtskräftig ist, die Berufungsinstanz aber die vorzeitige Vollstreckung bewilligt hat (Art. 315 Abs. 2 ZPO). Für Urteile, welche auf eine Geldzahlung gerichtet sind, ist neu also eine vorzeitige Vollstreckung zulässig, was zur Folge hat, dass ein Entscheid trotz fehlender formeller Rechtskraft einen definitiven Rechtsöffnungstitel darstellen kann[483]. Materielle Rechtskraft des Entscheides wird ebenfalls nicht vorausgesetzt,

479 Die nachstehenden Ausführungen zur Rechtsöffnung stützen sich auf KUKO SchKG-Vock, Art. 80–84 N 1 ff. und SK SchKG-Vock/Aepli-Wirz, Art. 80–84 N 1 ff.
480 KUKO SchKG-Vock, Art. 80 N 1.
481 KUKO SchKG-Vock, Art. 80 N 2.
482 BGE 131 III 89, E. 3.2; BGE 131 III 406, E. 3.
483 Gasser, Ziff. I.2.2; Walther, Ziff. V.; Roth, 771 f.

sodass auch Massnahmenentscheide als definitive Rechtsöffnungstitel infrage kommen[484].

Ausländische Zivilurteile bilden ebenfalls definitive Rechtsöffnungstitel[485]. Sie müssen aber von einem schweizerischen Richter für vollstreckbar erklärt werden (Exequaturverfahren). Die Vollstreckbarerklärung richtet sich nach den jeweils anwendbaren Staatsverträgen oder, wenn solche nicht anwendbar sind, nach Art. 25 ff. IPRG. Die Vollstreckbarerklärung kann entweder vorgängig in einem separaten Exequaturverfahren oder vorfrageweise im Rechtsöffnungsverfahren erfolgen, wobei dem Gläubiger hierbei ein Wahlrecht zusteht[486]. Die vorfrageweise im Rechtsöffnungsverfahren erfolgte Vollstreckbarerklärung findet nicht Eingang ins Dispositiv und entfaltet keine Wirkung über das laufende Betreibungsverfahren hinaus, sofern nicht ausdrücklich ein entsprechendes Rechtsbegehren gestellt wird[487]. Die Vollstreckbarkeitsvoraussetzungen müssen sowohl im Exequatur- als auch im Rechtsöffnungsverfahren ohne Beweismittelbeschränkung umfassend und frei geprüft werden[488].

Wie im Bereich der neuen ZPO genügt auch für die LugÜ-Vollstreckung die vorläufige Vollstreckbarkeit des ausländischen Urteils (Art. 38 Abs. 1 LugÜ), insbesondere bedarf es hier ebenfalls keiner formellen Rechtskraft[489].

Urteile von nationalen und internationalen Schiedsgerichten sind staatlichen Urteilen gleichgestellt[490] und damit definitive Rechtsöffnungstitel (Art. 387 ZPO)[491]. Gleiches gilt für Massnahmenentscheide von Schiedsgerichten[492]. Die definitive Rechtsöffnung wird erteilt, wenn dem Rechtsöffnungsrichter die Vollstreckbarkeit des Schiedsspruches nachgewiesen wird[493]. Bei Entscheiden von Schiedsgerichten mit Sitz in der Schweiz kann der Nachweis mit einer Vollstreckbarkeitsbescheinigung nach Art. 386 Abs. 3 ZPO oder

484 KUKO SchKG-Vock, Art. 80 N 4.

485 BGE 139 III 135, E. 4.5.1.

486 KUKO SchKG-Vock, Art. 80 N 6. Vgl. für die LugÜ-Vollstreckung BGE 138 III 174, E. 6.

487 Roth, 775 f.

488 KUKO SchKG-Vock, Art. 80 N 7; BSK SchKG I-Staehelin Daniel, Art. 80 N 60.

489 Roth, 776 f.

490 BGE 130 III 128, E. 2.

491 Vorbehalten bleiben Fälle der Nichtigkeit des Schiedsentscheides, wenn z.B. der Schiedsentscheid bereits wegen seiner äusseren Form nicht als Entscheid erkannt wird oder wenn überhaupt keine Schiedsvereinbarung besteht und kein Verfahren durchgeführt worden ist, vgl. hierzu BGE 5A_877/2014, E. 4.1.1.

492 BGE 130 III 127 ff.

493 KUKO SchKG-Vock, Art. 80 N 15.

Art. 193 Abs. 2 IPRG erfolgen. Die Vollstreckbarkeit kann aber auch auf andere Weise nachgewiesen werden[494].

Für die Vollstreckung ausländischer Schiedssprüche gilt das New Yorker Übereinkommen vom 10.6.1958 über die Anerkennung und Vollstreckung ausländischer Schiedssprüche (SR 0.277.12)[495]. Die Vollstreckung eines auf Geld- oder Sicherheitsleistung lautenden Schiedsspruches kann vorfrageweise im Rechtsöffnungsverfahren oder vorgängig in einem separaten Exequaturverfahren geltend gemacht werden[496].

Für alle genannten Urteilstypen hat der Rechtsöffnungsrichter von Amtes wegen zu prüfen, ob der im Urteil zur Zahlung Verpflichtete und der Betriebene identisch sind[497]. Sodann müssen die im Urteil als Gläubiger bezeichnete Person und der Betreibende identisch sein. Dies hat der Rechtsöffnungsrichter ebenfalls von Amtes wegen zu prüfen[498]. Identität muss schliesslich zwischen dem Zahlungsbefehl und dem Rechtsöffnungstitel vorliegen. Folglich muss im Zahlungsbefehl als Grund der Forderung der gleiche Lebensvorgang angegeben werden, der dem zu vollstreckenden Entscheid zugrunde lag[499].

Das Urteil muss den Schuldner sodann zur Zahlung oder Sicherstellung einer Geldleistung verpflichten. Rechtsöffnung kann folglich nur für Leistungsurteile, nicht aber für Gestaltungs- bzw. Feststellungsurteile erteilt werden[500]. Sodann muss die durch das Urteil festgesetzte Forderung beziffert und zum Zeitpunkt der Zustellung des Zahlungsbefehls fällig sein[501]. Nur unter diesen strengen Voraussetzungen, welche der Richter von Amtes wegen zu prüfen[502] hat, kann die definitive Rechtsöffnung ausgesprochen werden. Als Beispiel ist in diesem Zusammenhang auf einen neueren Entscheid des Bundesge-

494 Roth, Ziff. VII.1.

495 Vgl. Anwendungsfall in BGE 138 III 520; BGE 5A_165/2014, E. 7.1.

496 KUKO SchKG-Vock, Art. 80 N 16.

497 BGE 141 I 97, E. 5.2; BGE 140 III 372, E. 3.1; BGE 139 III 444, E. 4.1.1; Panchaud/Caprez, § 106; KUKO SchKG-Vock, Art. 80 N 17.

498 KUKO SchKG-Vock, Art. 80 N 17; Panchaud/Caprez, § 107. Mehrere Forderungen können nur dann in einer einzigen Betreibung geltend gemacht werden, wenn genau dieselbe Person Gläubigerin der Forderungen ist bzw. genau dieselben Personen Gläubiger der Forderungen sind, vgl. BGE 143 III 221.

499 KUKO SchKG-Vock, Art. 80 N 17; BSK SchKG I-Staehelin Daniel, Art. 80 N 37.

500 Vgl. zum Ganzen KUKO SchKG-Vock, Art. 80 N 3 m.w.H.; einzig gestützt auf eine abgewiesene Aberkennungsklage (negatives Feststellungsurteil) kann in einem späteren Betreibungsverfahren definitive Rechtsöffnung gewährt werden, vgl. BGE 134 III 656, E. 5.

501 BGE 135 III 315, E. 2.3. Siehe aber auch BGE 5A_954/2015, E. 4: «Nach einem Teil der Lehre genügt für den Anspruch auf Sicherstellung von künftigen Unterhaltsbeiträgen bereits das Urteil, das zur künftigen Zahlung verpflichtet, um definitive Rechtsöffnung zu erteilen (Breitschmid, Sicherstellung künftiger Unterhaltsbeiträge, ZVW 1990 S. 4).»

502 Vgl. zum Ganzen KUKO SchKG-Vock, Art. 80 N 17 m.w.H.

richts hinzuweisen, der in Bezug auf einen Eheschutzentscheid ergangen ist: Werden im Dispositiv des Urteils die bereits bezahlten Unterhaltsleistungen vorbehalten, entspricht der im Dispositiv festgelegte Geldbetrag nicht der zu bezahlenden Schuld. Da der Betrag, der für die rückwirkenden Unterhaltsbeiträge bezahlt werden musste, auch der Begründung des Eheschutzurteils nicht zu entnehmen war, konnte mangels einer klaren Zahlungsverpflichtung gestützt auf dieses Urteil keine definitive Rechtsöffnung erteilt werden[503].

Bei *suspensiv bedingten* Urteilen kann die *definitive* Rechtsöffnung erteilt werden, wenn der Eintritt der Bedingung liquide nachgewiesen wird[504]. Ein Urteil auf Leistung *Zug um Zug* gilt als *bedingtes* Urteil und ist nur dann ein definitiver Rechtsöffnungstitel, wenn der betreibende Gläubiger zweifelsfrei den Nachweis erbringt, seiner Pflicht zur Gegenleistung nachgekommen zu sein[505]. Der Zessionar kann sich auf ein vom Zedenten erstrittenes Urteil als definitiven Rechtsöffnungstitel berufen, wenn seine Rechtsnachfolge liquide nachgewiesen ist[506].

Um zu entscheiden, ob ein *definitiver* Rechtsöffnungstitel vorliegt, kann der Rechtsöffnungsrichter auch die Urteilsbegründung oder andere Dokumente einbeziehen, auf die das Urteil verweist. Nur wenn der Sinn des Urteilsspruchs selbst zweifelhaft ist und dieser Zweifel auch anhand der Begründung nicht ausgeräumt werden kann, darf er die Rechtsöffnung verweigern[507].

Der *gerichtliche Vergleich und die gerichtliche Schuldanerkennung* sind einem gerichtlichen Urteil gleichgestellt und bilden somit definitive Rechtsöffnungstitel (Art. 80 Abs. 2 Ziff. 1 SchKG)[508]. Gemäss Art. 241 Abs. 2 ZPO haben der Vergleich und die Schuldanerkennung die Wirkung eines rechtskräftigen Entscheides. Sie bilden den definitiven Rechtsöffnungstitel. Der gestützt darauf ergehende Abschreibungsentscheid i.S.v. Art. 241 Abs. 3 ZPO ist kein Rechtsöffnungstitel, da er nur deklaratorische Wirkung hat. Als formeller Rechtsöffnungstitel genügt somit der Vergleich mit einer Bescheinigung des Gerichts, dass er im Gerichtsprotokoll schriftlich festgehalten und von allen Parteien unterzeichnet worden ist oder dass der aussergerichtlich ausgehandelte und unterzeichnete Vergleich dem Gericht zugestellt worden ist. Diese Bescheinigung kann auch im Abschreibungsentscheid (Art. 241

503 BGE 135 III 315, E. 2.4.
504 BGE 141 III 493, E. 9.2; BGE 140 III 372.
505 BGE 4A_187/2015, E. 9.2.
506 BGE 140 III 372, E. 3; BSK SchKG EB-Staehelin, Art. 80 ad N 35.
507 BGE 138 III 583, E. 6.1.1; BGE 135 III 315, E. 2.3.
508 Panchaud/Caprez, § 104. Gemäss BGE 5A_533/2017, E. 4 ist die Auslegung eines gerichtlichen Vergleichs durch den Rechtsöffnungsrichter unzulässig (zur amtl. Publ. vorgesehen).

Abs. 3 ZPO) erfolgen. Gleiches gilt für die Schuldanerkennung. Als formeller Rechtsöffnungstitel genügt eine Bescheinigung des Gerichts, dass die Klage anerkannt wurde. Diese kann auch im Abschreibungsentscheid gemäss Art. 241 Abs. 3 ZPO enthalten sein[509]. Zudem ist ein vor der Schlichtungsbehörde abgeschlossener Vergleich ein gerichtlicher Vergleich (Art. 208 Abs. 2 ZPO) und damit ein definitiver Rechtsöffnungstitel[510]. Auch ein Urteilsvorschlag der Schlichtungsbehörde, der von keiner Partei innert Frist abgelehnt wurde (Art. 211 Abs. 1 ZPO) sowie die von den Parteien anlässlich einer Mediation geschlossene und anschliessend gerichtlich genehmigte Vereinbarung (Art. 214 i.V.m. Art. 217 ZPO) berechtigen zur definitiven Rechtsöffnung[511]. Ein Vergleich, der vor einem Schiedsgericht abgeschlossen wurde, bildet nur dann einen definitiven Rechtsöffnungstitel, wenn sein Zustandekommen in Form eines Schiedsspruches festgestellt wurde (Art. 385 ZPO)[512].

Gemäss Art. 80 Abs. 2 Ziff. 1bis SchKG werden *vollstreckbare öffentliche Urkunden* nach den Art. 347–352 ZPO gerichtlichen Entscheiden gleichgestellt. Unter folgenden Bedingungen bilden sie definitive Rechtsöffnungstitel: (i) Der Schuldner muss in der Urkunde ausdrücklich erklären, dass er sich der direkten Vollstreckung unterwirft (Art. 347 lit. a ZPO), (ii) der Rechtsgrund der geschuldeten Leistung muss in der Urkunde erwähnt sein (Art. 347 lit. b ZPO) und (iii) die geschuldete Leistung muss genügend bestimmt, in der Urkunde vom Schuldner ausdrücklich anerkannt und zum Zeitpunkt der Ausstellung des Zahlungsbefehls fällig sein (Art. 347 lit. c ZPO). Abstrakte Schuldanerkennungen i.S.v. Art. 17 OR können somit nicht definitive Rechtsöffnungstitel sein[513]. Umstritten ist, ob blosse Bestimmbarkeit der Forderung genügt. Mit Daniel Staehelin ist hier auf die von der Rechtsprechung entwickelten Kriterien zur erforderlichen Bestimmtheit von gerichtlichen Entscheiden abzustellen: So muss die Urkunde die zu bezahlende Summe beziffern, doch kann sich die Summe auch aus dem Verweis auf andere Dokumente ergeben[514]. Ausländische vollstreckbare öffentliche Urkunden sind ebenfalls definitive Rechtsöffnungstitel, wenn die entsprechenden Voraussetzungen erfüllt sind[515].

509 Vgl. zum Ganzen auch BSK SchKG I-Staehelin Daniel, Art. 80 N 21.

510 BSK SchKG I-Staehelin Daniel, Art. 80 N 21.

511 BSK SchKG I-Staehelin Daniel, Art. 80 N 21; Walther, Ziff. VII.

512 KUKO SchKG-Vock, Art. 80 N 21.

513 BSK SchKG I-Staehelin Daniel, Art. 80 N 58c.

514 BSK SchKG I-Staehelin Daniel, Art. 80 N 58b.

515 Vgl. BGE 137 III 87, E. 2–4 in Bezug auf eine vollstreckbare öffentliche Urkunde gemäss Art. 50 LugÜ (in der Fassung bis 31. Dezember 2010); vgl. auch BGE 143 III 404 (LugÜ); BGE 135 III 623, E. 2.1; BGE 5A_203/2015.

Die *auf Geldzahlung oder Sicherheitsleistung in Geld gerichteten Verfügungen schweizerischer Verwaltungsbehörden* sind ebenfalls definitive Rechtsöffnungstitel, weil sie gemäss Art. 80 Abs. 2 Ziff. 2 SchKG gerichtlichen Urteilen gleichgestellt werden. Neu gilt dies für Verwaltungsbehörden des Bundes und auch der Kantone. Nur Verfügungen, die hoheitlicher Natur sind, bilden einen definitiven Rechtsöffnungstitel. Definitive Rechtsöffnung kann sodann nur erteilt werden, wenn die Verfügung der Verwaltungsbehörde auf eine bestimmte Geldsumme lautet. Der zu bezahlende Betrag muss in der Verfügung beziffert oder zumindest bestimmbar sowie fällig sein. Die Verfügung muss überdies als solche bezeichnet sein, oder es muss sich zumindest aus dem Inhalt zweifelsfrei ergeben, dass es sich um eine Verfügung handelt. Schliesslich muss der Schuldner erkennen können, dass die Verfügung vollstreckbar ist, wenn er gegen sie kein Rechtsmittel ergreift. Damit die definitive Rechtsöffnung gewährt werden kann, müssen schliesslich der aus der Verfügung oder aus dem Entscheid Berechtigte und der Betriebene, der im Entscheid Verpflichtete und Betreibende sowie der im Zahlungsbefehl genannte Grund der Forderung und der dem Rechtsöffnungstitel zugrunde liegende Lebenssachverhalt identisch sein[516].

Entscheide über *ausländische öffentlich-rechtliche* Forderungen werden – staatsvertragliche Bestimmungen vorbehalten – in der Schweiz nicht vollstreckt. Die Rechtsöffnung ist zu verweigern[517].

Den gerichtlichen Urteilen sind auch die *endgültigen Entscheide der Kontrollorgane* gleichgestellt, die in Anwendung von Art. 16 Abs. 1 des Bundesgesetzes vom 17. Juni 2005 gegen die Schwarzarbeit (BGSA; SR 822.41) getroffen werden und die Kontrollkosten zum Inhalt haben (Art. 80 Abs. 2 Ziff. 4 SchKG).

Einreden des Schuldners:

Beweist der Schuldner durch Urkunden, dass seine Schuld nach dem Erlass des Urteils oder der Verfügung getilgt oder gestundet wurde, oder ruft er die Verjährung an, so ist das Gesuch auf definitive Rechtsöffnung abzuweisen (Art. 81 Abs. 1 SchKG).

Beruht die Forderung auf einer vollstreckbaren öffentlichen Urkunde, so kann der Schuldner alle weiteren Einwendungen gegen die Leistungspflicht oder die Rechtmässigkeit des Errichtungsakts geltend machen, welche ihm

516 Vgl. zum Ganzen KUKO SchKG-Vock, Art. 80 N 24 ff.; BSK SchKG I-Staehelin Daniel, Art. 80 N 110–134.

517 BGE 141 III 28, E. 3.

das materielle Recht bietet (Art. 81 Abs. 2 SchKG). Eine solche Einwendung wäre z.B. die Geltendmachung eines Willensmangels oder die fehlende Zuständigkeit der Urkundsperson. Die fehlende Einredebeschränkung gegen vollstreckbare öffentliche Urkunden beruht auf der Tatsache, dass die Urkunde – anders als alle anderen definitiven Rechtsöffnungstitel – keine materielle Rechtskraft entfaltet (vgl. Art. 352 ZPO)[518].

Ist ein Entscheid in einem anderen Staat ergangen, so kann der Schuldner die Einwendungen geltend machen, die im betreffenden Staatsvertrag oder, wenn ein solcher fehlt, im IPRG vorgesehen sind, sofern ein schweizerisches Gericht nicht bereits über diese Einwendungen entschieden hat (Art. 81 Abs. 3 SchKG).

2. Provisorische Rechtsöffnung

Liegt kein definitiver Rechtsöffnungstitel vor, beruht die in Betreibung gesetzte Forderung aber auf einer durch öffentliche Urkunde festgestellten oder unterzeichneten Schuldanerkennung, kann der Gläubiger beim zuständigen Gericht ein Gesuch um provisorische Rechtsöffnung stellen (Art. 82 Abs. 1 SchKG).

Provisorischer Rechtsöffnungstitel:

Eine Schuldanerkennung ist eine schriftliche, vom Schuldner unterzeichnete oder durch öffentliche Urkunde ausgewiesene, *vorbehaltlose Erklärung,* dem Gläubiger einen genau bestimmten Betrag entweder schon bei der Erklärung oder von einem genau festgelegten Zeitpunkt an zu schulden[519]. Eine Schuldanerkennung liegt somit vor, wenn daraus der vorbehalt- und bedingungslose Wille des Betriebenen hervorgeht, dem Betreibenden eine bestimmte oder leicht bestimmbare und fällige Geldsumme zu zahlen[520]. Rechtlich irrelevant ist die von den Parteien gewählte Bezeichnung des Dokuments oder deren eigene rechtliche Würdigung im Titel. Nicht erforderlich ist sodann, dass der Schuldgrund in der Urkunde genannt wird; es genügt eine abstrakte Anerkennung[521].

518 Gasser, Ziff. III.3.1.

519 KUKO SchKG-Vock, Art. 82 N 3; Stücheli, 328; vgl. zudem zu den Anforderungen an eine Schuldanerkennung BGE 131 III 272, E. 3.2; BGE 130 III 88, E. 3.1; BGE 122 II 126, E. 2.

520 BGE 136 III 627, E. 2; BGE 132 III 480, E. 4.1; BGE 122 III 126, E. 2; KUKO SchKG-Vock, Art. 82 N 3.

521 BGE 131 III 273, E. 3.2.

Die *Höhe der Forderung* muss zum Zeitpunkt der Unterzeichnung der Schuldanerkennung genau bestimmt oder ohne Weiteres bestimmbar sein[522]. Entsprechend muss sie in der Schuldanerkennung selbst oder in einem darauf verweisenden Schriftstück beziffert werden. Ergibt sich die Bezifferung aus weiteren Urkunden, so muss sie anhand der eingereichten Unterlagen einfach ausgerechnet werden können. Die Schuldanerkennung muss sich auf diejenige Forderung beziehen, welche im Zahlungsbefehl genannt wurde[523].

Die schriftlich oder in einer öffentlichen Urkunde anerkannte *öffentlich-rechtliche Forderung* berechtigt nur dann zur provisorischen Rechtsöffnung, wenn sie vor dem Zivilrichter geltend gemacht werden könnte[524].

Die sich aus der Schuldanerkennung ergebende Forderung muss bei der Zustellung des Zahlungsbefehls *fällig* sein. Der Richter hat dies von Amtes wegen zu prüfen[525].

Bei einer Schuldanerkennung mit einer *suspensiven* Bedingung muss der Gläubiger den Bedingungseintritt durch Urkunde nachweisen[526]. Bei *Resolutivbedingungen* kann die Rechtsöffnung ohne Weiteres erteilt werden. Es ist Sache des Schuldners, einredeweise vorzutragen, dass die Resolutivbedingung eingetreten ist[527].

Die Erklärung in der Schuldanerkennung muss *vom Schuldner selbst* stammen. Es muss somit Identität vorliegen zwischen dem Schuldner, der im Zahlungsbefehl genannt ist, und dem Aussteller der Schuldanerkennung. Bei juristischen Personen und Handelsgesellschaften muss die Erklärung von einem zeichnungsberechtigten Organ oder von einem Handlungsbevollmächtigten unterschrieben sein[528]. Die Unterschrift durch nur einen kollektiv Unterschriftenberechtigten genügt nicht für eine gültige Schuldanerkennung[529]. Die vom gesetzlichen Vertreter im Namen des Vertretenen unterzeichnete Erklärung gilt im Rahmen der sich aus dem Gesetz ergebenden Vertretungsbefugnis als Schuldanerkennung des Vertretenen, wenn das Vertretungsverhältnis liquide ausgewiesen ist[530].

522 BGE 139 III 297, E. 2.3.1.
523 Vgl. zum Ganzen KUKO SchKG-Vock, Art. 82 N 5 m.w.H.
524 KUKO SchKG-Vock, Art. 82 N 5.
525 KUKO SchKG-Vock, Art. 82 N 11.
526 BGE 5A_83/2011, E. 5.1.
527 BSK SchKG I-Staehelin Daniel, Art. 82 N 37.
528 Vgl. zum Ganzen KUKO SchKG-Vock, Art. 82 N 9; Stücheli, 331.
529 BGE 136 III 627, E. 3.1.
530 Stücheli, 332.

Der Richter erteilt nur dann die Rechtsöffnung, wenn der *Gläubiger*, der das Rechtsöffnungsgesuch stellt, identisch ist mit dem in der Schuldanerkennung und auf dem Zahlungsbefehl genannten Gläubiger[531]. Steht die Forderung mehreren Gläubigern gesamthandschaftlich zu, darf die Rechtsöffnung nur erteilt werden, wenn diese gemeinsam betrieben haben[532]. Wechselt der Gläubiger nach Ausstellung der Schuldanerkennung, so kann auch der neue Gläubiger die Rechtsöffnung beantragen, sofern er die Zession oder Subrogation urkundlich nachweisen kann[533]. Es ist also zulässig, wenn der ursprüngliche Gläubiger die Betreibung einleitet, die Forderung danach abtritt und der neue Gläubiger das Rechtsöffnungsverfahren einleitet[534].

Die Schuldanerkennung muss sich sodann auf diejenige Forderung beziehen, welche auch im Zahlungsbefehl genannt ist[535]. Es ist nicht erforderlich, dass der Titel explizit im Zahlungsbefehl genannt ist, wenn er aufgrund der Forderungsangabe im Zahlungsbefehl einwandfrei identifiziert werden kann[536]. Dem Schuldner muss klar sein, welche Forderung in Betreibung gesetzt wurde. Diese Forderung muss diejenige sein, die sich aus dem Rechtsöffnungstitel ergibt.

Art. 82 Abs. 1 SchKG schreibt sodann die *Form der Schuldanerkennung* vor: Entweder bildet sie eine öffentliche Urkunde, oder sie muss vom Schuldner unterschrieben sein.

- Zur provisorischen Rechtsöffnung berechtigt also zunächst eine durch öffentliche Urkunde festgestellte Schuldanerkennung. Art. 9 ZGB bestimmt, was unter den Begriff der öffentlichen Urkunde fällt. Eine öffentliche Urkunde liegt vor, wenn es sich um die Aufzeichnung von im betreffenden Recht bestimmten, rechtserheblichen Tatsachen oder Willenserklärungen durch eine vom Staat mit dieser Aufgabe betrauten Person in einem gesetzlich geregelten Verfahren handelt[537]. Hierzu gehören neben den öffentlichen Urkunden i.e.S. auch die öffentlichen Register und Inventare sowie amtliche Auszüge daraus. Die öffentliche Urkunde bildet aber nur dann einen Rechtsöffnungstitel, wenn sie gerade die Beurkundung der für die Rechtsöffnung massgebenden Erklärungen bezweckt und die Urkundsperson beim Aufsetzen der Urkunde, bei Verträgen jedenfalls im Zeitpunkt ihres Abschlusses, mitgewirkt hat[538]. Die öffentliche Urkunde muss

531 KUKO SchKG-Vock, Art. 82 N 11.
532 Stücheli, 169.
533 BGE 132 III 141, E. 4.1.1.
534 BGE 140 III 372, E. 3.3.1
535 BSK SchKG I-Staehelin Daniel, Art. 82 N 40.
536 Stücheli, 189.
537 Vgl. zum Ganzen KUKO SchKG-Vock, Art. 82 N 12 m.w.H.
538 KUKO SchKG-Vock, Art. 82 N 12; Stücheli, 336.

nicht vom Schuldner unterschrieben[539], aber der Inhalt der verurkundeten Aussage muss dem Schuldner zur Kenntnis gebracht worden sein. Der Schuldner muss diesen Inhalt sodann vorbehaltlos als seinen Willen bestätigt haben[540].

- Ist die Schuldanerkennung nicht in einer öffentlichen Urkunde festgestellt, muss sie vom Schuldner eigenhändig unterschrieben sein. Eine maschinelle Unterzeichnung genügt nicht. Die Erfordernisse an eine gültige Unterschrift bestimmen sich nach Art. 13–15 OR. Neu ist Art. 14 Abs. 2bis OR zu beachten, wonach der eigenhändigen Unterschrift die qualifizierte elektronische Signatur gleichgestellt ist, die auf einem qualifizierten Zertifikat einer anerkannten Anbieterin von Zertifizierungsdiensten im Sinne des Bundesgesetzes vom 19. Dezember 2003 über die elektronische Signatur beruht. Dies führt dazu, dass auch die mit einer qualifizierten elektronischen Signatur versehene Schuldanerkennung einen provisorischen Rechtsöffnungstitel bilden kann, vorausgesetzt, der Rechtsöffnungsrichter verfügt über die für die Überprüfung nötige Infrastruktur[541]. Die Schuldanerkennung muss weder datiert noch beglaubigt sein. Telex, Teletext, Videotext und E-Mail enthalten keine Unterschrift und bilden somit keine provisorischen Rechtsöffnungstitel[542].

Die Schuldanerkennung kann sich aus einer *Gesamtheit von Urkunden* ergeben, sofern die notwendigen Elemente daraus hervorgehen[543]. Dies bedeutet, dass die eigentliche Anerkennungserklärung unterzeichnet bzw. beurkundet sein muss. Zudem muss die unterzeichnete Urkunde auf die Schriftstücke, welche die Schuld betragsmässig ausweisen, klar und unmittelbar Bezug nehmen[544].

Ein *zweiseitiger Vertrag* bildet gemäss der sog. Einredetheorie[545] und der Basler Rechtsöffnungspraxis in folgenden (alternativen) Fällen einen provisorischen Rechtsöffnungstitel:

- Der Schuldner ist vorleistungspflichtig.
- Der Schuldner unterlässt die Einrede, die Gegenleistung sei nicht oder nicht ordnungsgemäss erbracht worden.
- Die Einrede des Schuldners ist offensichtlich haltlos oder wird vom Gläubiger sofort liquid durch Urkunden widerlegt.

539 BGE 129 III 13, E. 2.1.
540 KUKO SchKG-Vock, Art. 82 N 12.
541 KUKO SchKG-Vock, Art. 82 N 14; BBl 2001 5688.
542 Vgl. zum Ganzen KUKO SchKG-Vock, Art. 82 N 14.
543 BGE 136 III 627, E. 2; BGE 132 III 481, E. 4.1; BGE 122 III 126, E. 2.
544 BGE 136 III 627, E. 2; BGE 132 III 481, E. 4.1; KUKO SchKG-Vock, Art. 82 N 15.
545 BGE 123 III 19 f.

Als Rechtsöffnungstitel für eine *pfandgesicherte Forderung* dient jede unterschriebene oder in öffentlicher Urkunde festgehaltene Schuldanerkennung, welche die allgemeinen Anforderungen erfüllt[546]. Bei der Rechtsöffnung für das Pfandrecht hat der Kläger durch Urkunde die Bestellung des Pfandes für die betriebene Forderung zu beweisen. Bei den Grundpfandrechten ist dieser Beweis durch den Grundbuchauszug, den Errichtungsvertrag oder den Grundpfandtitel, den Schuldbrief[547] oder die Inhaberobligation mit Grundpfandverschreibung zu erbringen. In der Betreibung auf Grundpfandverwertung ist somit der Schuldbrief Rechtsöffnungstitel für das Grundpfandrecht und auch für die Grundpfandforderung, soweit der betriebene Schuldner im Titel aufgeführt ist[548]. Der Papier-Schuldbrief bildet auch in Bezug auf einen *Drittpfandgeber* den Rechtsöffnungstitel für das Grundpfandrecht. Für die Grundpfandforderung muss eine Anerkennung durch den Schuldner vorliegen[549]. Beim Faustpfand anerkennt die Praxis den unterzeichneten Pfandvertrag mit der Verpflichtung, ein Faustpfand zu errichten, als Rechtsöffnungstitel[550].

In Art. 857 ff. ZGB wird der papierlose Register-Schuldbrief geregelt. Der Zwangsvollstreckung des Schuldbriefs liegt kein Pfandtitel mehr zugrunde. An dessen Stelle tritt ein Auszug aus dem Grundbuch über den Eintrag des Register-Schuldbriefs. Dieser Auszug ist eine öffentliche Urkunde i.S.v. Art. 9 ZGB, die in Verbindung mit dem Nachweis des Schuldners den provisorischen Rechtsöffnungstitel bildet[551].

Was eine Schuldanerkennung ist, die zur provisorischen Rechtsöffnung berechtigt, richtet sich immer nach Schweizer Recht als der lex fori. Die materiell-rechtlichen Fragen, insbesondere die Fälligkeit der Forderung, beruhen auf dem gemäß dem IPRG (bzw. den Staatsverträgen) anwendbarem Recht. Es obliegt dem Gläubiger, soweit zumutbar, den Inhalt des ausländischen Rechts zu ermitteln[552].

---

546 KUKO SchKG-Vock, Art. 82 N 35.

547 Beispiel: Verpfändet der betriebene Eigentümer zur Sicherung bestimmter Kosten des Miteigentums einen Schuldbrief, der nur nach Tilgung dieser Kosten herauszugeben ist, stellt dies in Verbindung mit einer von der Versammlung der Stockwerkeigentümer einstimmig genehmigten Kostenabrechnung einen provisorischen Rechtsöffnungstitel dar, vgl. BGE 139 III 297, E. 2.4.

548 BGE 134 III 73, E. 3.

549 BGE 140 III 36, E. 4.

550 Vgl. zum Ganzen KUKO SchKG-Vock, Art. 82 N 35; BSK SchKG I-Staehelin Daniel, Art. 82 N 169.

551 Schmid, ZBGR 2006, 45 ff.

552 BGE 140 III 456, E. 2.4.

Einreden des Schuldners:

Im Gegensatz zum definitiven sind im provisorischen Rechtsöffnungsverfahren alle Einreden und Einwendungen zulässig, insbesondere auch solche gegen Bestand und Höhe der Forderung. Möglich sind somit folgende Arten von Einreden und Einwendungen[553]:

- fehlende Prozessvoraussetzung;
- fehlender Rechtsöffnungstitel i.S.v. Art. 82 Abs. 1 SchKG;
- Willensmängel, Rücktritt, Tilgung, Stundung, Verjährung, Verwirkung oder Untergang der Forderung, Nichterfüllung, mangelhafte Erfüllung usw.

3. Rechtsnatur

Das Rechtsöffnungsverfahren ist eine betreibungsrechtliche Streitigkeit. Der Rechtsöffnungsrichter befindet nicht über den Bestand der in Betreibung gesetzten Forderung, sondern einzig über deren Vollstreckbarkeit[554].

4. Aktiv- und Passivlegitimation

Aktivlegitimiert ist der betreibende Gläubiger bzw. dessen Rechtsnachfolger[555].

Aufseiten des Gläubigers ist ein Parteiwechsel im Rechtsöffnungsverfahren möglich. Der neue Gläubiger tritt durch Universal- bzw. Singularsukzession nicht nur materiell, sondern auch in der durch den vormaligen Gläubiger angehobenen Betreibung in dessen Rechte ein. Er führt sie fort, als ob er sie selbst angehoben hätte. Folglich ist der neue Gläubiger als Kläger für die Rechtsöffnung aktivlegitimiert. Dies jedoch nur, wenn er durch Urkunden nachweist, dass er nach Anhebung der Betreibung die Rechtsnachfolge des alten Gläubigers angetreten hat[556].

Der betriebene Schuldner ist *passivlegitimiert.* Dritte (Ehegatte, Art. 68a, Art. 153 Abs. 2 lit. b SchKG; Drittpfandeigentümer, Art. 153 Abs. 2 lit. a SchKG), denen ein Doppel des Zahlungsbefehls zugestellt worden ist, sind von Gesetzes wegen nicht Partei im Rechtsöffnungsverfahren. Der Gläubi-

553 Vgl. zum Ganzen KUKO SchKG-Vock, Art. 82 N 38 m.w.H.

554 BGE 136 III 569, E. 3.3; BGE 133 III 400, E. 1.5.

555 Der neue Gläubiger muss seine Rechtsstellung durch Urkunden nachweisen können, vgl. BGE 140 III 37, E. 3.

556 Vgl. zum Ganzen KUKO SchKG-Vock, Art. 84 N 4; Stücheli, 69 f.

ger muss das Rechtsöffnungsverfahren somit ausdrücklich auch gegen sie einleiten[557].

Aufseiten des Schuldners ist ein Parteiwechsel nicht möglich. Der Gläubiger muss gegen den neuen Schuldner eine neue Betreibung einleiten. Eine Ausnahme liegt vor, wenn der Betriebene stirbt und die Betreibung i.S.v. Art. 49 Abs. 2 und 3 SchKG gegen die Erbschaft oder die Erben fortgesetzt wird[558].

5. Provisorische Pfändung, Güterverzeichnis

Nach einer *provisorischen Rechtsöffnung* ist die provisorische Pfändung oder die Aufnahme des Güterverzeichnisses zulässig (Art. 83 Abs. 1 SchKG). Hierfür muss die Zahlungsfrist abgelaufen sein[559]. Sie beträgt 20 Tage seit Zustellung des Zahlungsbefehls (Art. 69 Abs. 2 Ziff. 2 SchKG), wobei der Zeitraum zwischen dem Rechtsvorschlag und der Erteilung der provisorischen Rechtsöffnung nicht dazugerechnet wird (Art. 88 Abs. 2 SchKG). Das Begehren auf provisorische Pfändung oder auf Aufnahme eines Güterverzeichnisses muss nicht unmittelbar nach Ablauf der Zahlungsfrist gestellt werden. Es ist während der ganzen Dauer eines allfälligen Aberkennungsprozesses zulässig[560].

Die Aufnahme eines Güterverzeichnisses ist nur in der Betreibung auf Konkurs zulässig. Nach Art. 162 SchKG muss der Gläubiger den Antrag beim für die Konkurseröffnung zuständigen Gericht stellen. Dabei muss der Gläubiger nachweisen, dass die Aufnahme des Güterverzeichnisses zu seiner Sicherung geboten erscheint (Art. 162 SchKG). Dieser Nachweis wird aber nicht bereits durch die Tatsache erbracht, dass dem Gläubiger provisorische Rechtsöffnung erteilt wurde. Es sind an die Glaubhaftmachung des Sicherungsbedürfnisses des Gläubigers erhöhte Anforderungen zu stellen[561]. Ist der Nachweis erbracht, muss der Richter die Aufnahme des Güterverzeichnisses anordnen (Art. 163 SchKG).

557 KUKO SchKG-Vock, Art. 84 N 3; BSK SchKG I-Staehelin Daniel, Art. 84 N 29.
558 KUKO SchKG-Vock, Art. 84 N 4.
559 BGE 126 III 208, E. 4a.
560 Vgl. zum Ganzen KUKO SchKG-Vock, Art. 83 N 2.
561 Vgl. zum Ganzen KUKO SchKG-Vock, Art. 83 N 4.

II. Prozessuales

1. Verfahren

Das Rechtsöffnungsverfahren ist summarisch (Art. 251 lit. a ZPO).

Art. 84 Abs. 2 SchKG bestimmt, dass dem Schuldner im Rechtsöffnungsverfahren das *rechtliche Gehör* gewährt werden muss. Der Schuldner muss zu allen entscheidungsrelevanten Tatsachen angehört werden. Er muss also nicht nur zum Rechtsöffnungsgesuch und zu allen Beilagen Stellung nehmen können, sondern auch zu den von Amtes wegen beigezogenen Unterlagen[562]. Die Äusserung des Schuldners kann mündlich oder schriftlich erfolgen. Es liegt im Ermessen der Gerichte, das Rechtsöffnungsverfahren mündlich oder schriftlich durchzuführen (Art. 253 ZPO). Im *definitiven Rechtsöffnungsverfahren* besteht aber kein Anspruch auf mündliche Verhandlung[563]. Gleiches sollte für das *provisorische Rechtsöffnungsverfahren* gelten, weil auch dieses ein Vollstreckungsverfahren ist und somit nicht in den Anwendungsbereich von Art. 6 Ziff. 1 EMRK fällt.

Verzichtet der Schuldner auf eine schriftliche Stellungnahme, darf der Rechtsöffnungsrichter aufgrund der Akten entscheiden. Wird eine mündliche Verhandlung durchgeführt und erscheint eine oder erscheinen beide Parteien trotz ordnungsgemässer Vorladung nicht, fällt der Richter sein Urteil aufgrund der vorliegenden Akten (vgl. Art. 147 Abs. 2 ZPO). Das Fernbleiben des Gläubigers von einer mündlichen Verhandlung darf also nicht zur Abweisung des Begehrens führen. Der Gläubiger kann sein Rechtsöffnungsbegehren samt Rechtsöffnungstitel vorgängig schriftlich einreichen. Gleiches gilt für den Schuldner. Erscheint er nicht zur mündlichen Verhandlung, ist nicht auf Gutheissung des Rechtsöffnungsgesuches zu erkennen. Der Schuldner ist berechtigt, seine Einwendungen schriftlich vorzubringen[564]. Bei Säumnis einer Partei geht Art. 84 Abs. 2 SchKG den Bestimmungen der ZPO somit vor: Die Ansetzung einer Nachfrist, wie sie z.B. Art. 223 Abs. 1 ZPO bei einer versäumten Klageantwort vorsieht, ist nicht zulässig. Dies würde dem Beschleunigungsgebot im Rechtsöffnungsverfahren (Entscheid *innert fünf Tagen*) widersprechen[565]. Der Rechtsöffnungsrichter hat den Schuldner auf die Säumnisfolge hinzuweisen (Art. 147 Abs. 3 ZPO analog)[566].

---

562 KUKO SchKG-Vock, Art. 84 N 13.

563 BGE 141 I 97.

564 KUKO SchKG-Vock, Art. 84 N 14 m.w.H.

565 BGE 138 III 483, E. 3.2.4.

566 BGE 138 III 483, E. 3.2.5.

Art. 84 Abs. 2 SchKG sieht keine *Replik und Duplik* vor. Gleiches gilt nach Art. 253 ZPO. Dies ist aber nicht zu vereinbaren mit dem verfassungsmässigen Anspruch der Parteien auf Gewährung des rechtlichen Gehörs (Art. 29 Abs. 2 BV). Erhebt der Schuldner z.B. die Einrede der Tilgung, Stundung oder Verjährung, muss sich der Gläubiger hierzu äussern können, sofern diese Einreden aufgrund der Akten nicht mit an Sicherheit grenzender Wahrscheinlichkeit wahr sind. Ebenso muss sich der Gläubiger in der provisorischen Rechtsöffnung gestützt auf einen synallagmatischen Vertrag zu den Einreden des Schuldners, die Gegenleistung sei nicht oder nicht ordnungsgemäss erbracht worden, äussern können[567]. Entsprechend muss dem Schuldner in diesen Fällen ein Recht auf Duplik zustehen[568]. Allgemein gilt demnach: Das Recht auf Replik ist dem Gläubiger nur dort zuzugestehen, wo der Schuldner neue und rechtserhebliche Tatsachen vorgebracht hat, zu denen der Gläubiger noch nicht Stellung nehmen konnte. Der Schuldner hat dann das Recht auf eine Duplik[569].

2. Örtliche Zuständigkeit

Der Richter am Betreibungsort ist sowohl für die definitive als auch für die provisorische Rechtsöffnung zuständig (Art. 84 Abs. 1 SchKG). Das SchKG regelt die örtliche Zuständigkeit abschliessend. Gerichtsstandsbestimmungen der ZPO sind nicht anwendbar. Der Gerichtsstand am Betreibungsort ist zwingend. Prorogation und Einlassung sind somit unzulässig.

Der für den Rechtsöffnungsrichter massgebliche Betreibungsort befindet sich dort, wo das die Betreibung führende Amt seinen Sitz hat. Dies gilt selbst dann, wenn die Betreibung nicht am richtigen Ort angehoben wurde, der Schuldner aber dagegen nicht rechtzeitig Beschwerde erhoben hat[570]. Diesfalls steht es dem Gläubiger auch nicht zu, die Rechtsöffnung an einem anderen Ort zu beantragen. Wechselt der auf Pfändung oder Konkurs betriebene Schuldner nach Zustellung des Zahlungsbefehls seinen (Wohn-)Sitz, ist der Rechtsöffnungsrichter am neuen (Wohn-)Sitz zuständig, sofern der Gläubiger vom Umzug Kenntnis hatte oder haben musste[571]. Der Richter am alten Wohnsitz bleibt aber zuständig, wenn der Schuldner die Unzuständig-

567 KUKO SchKG-Vock, Art. 84 N 17; BSK SchKG I-Staehelin Daniel, Art. 84 N 49.
568 BGE 5A_535/2012, E. 2.3. Der Anspruch auf Replik besteht auch im Summarverfahren, vgl. BGE 5A_82/2015, E. 4.1.
569 KUKO SchKG-Vock, Art. 84 N 17.
570 KUKO SchKG-Vock, Art. 84 N 8 mit Hinweis auf BGE 112 III 11; Stücheli, 52.
571 BGE 136 III 373; KUKO SchKG-Vock, Art. 84 N 8; Stücheli, 53.

keitseinrede nicht erhebt. Teilt der Schuldner dem Gläubiger seinen Umzug nicht mit, kann er nicht verlangen, dass das Rechtsöffnungsverfahren am Betreibungsort seines neuen Wohnsitzes durchgeführt wird. Ein solches Verhalten wäre rechtsmissbräuchlich[572]. Am bisherigen Betreibungsort kann sodann nach einem Wohnsitzwechsel weiterhin Rechtsöffnung erteilt werden, wenn die Zuständigkeit nicht aufgrund des Wohnsitzes, sondern aufgrund eines besonderen Betreibungsortes gegeben war[573].

Im Geltungsbereich des LugÜ richtet sich der Gerichtsstand sowohl für das definitive als auch für das provisorische Rechtsöffnungsverfahren nach Art. 22 Ziff. 5 LugÜ[574]. Somit ist auch hier der Betreibungsort zwingender Gerichtsstand. Eine Gerichtsstandsvereinbarung und eine Einlassung sind unzulässig[575]. Das IPRG sieht keine Gerichtsstände für vollstreckungsrechtliche Angelegenheiten vor, sodass Art. 84 Abs. 1 SchKG direkt zur Anwendung kommt.

3. Sachliche Zuständigkeit

Das kantonale Recht regelt die sachliche Zuständigkeit des Rechtsöffnungsrichters (Art. 3 f. ZPO). Gemäss dem klaren Gesetzeswortlaut in Art. 84 Abs. 1 SchKG muss es eine richterliche Instanz sein, welche über die Rechtsöffnung entscheidet. Im Kanton Zürich ist das Einzelgericht sachlich zuständig, und zwar unabhängig vom Streitwert (§ 24 lit. c GOG ZH i.V.m. Art. 251 lit. a ZPO).

Der Rechtsöffnungsrichter ist auch dann sachlich zuständig, wenn für das ordentliche Verfahren ein Spezialgericht, wie z.B. das Handels-, das Arbeits- oder das Mietgericht zuständig ist[576].

572 BGE 115 III 30.

573 KUKO SchKG-Vock, Art. 84 N 8; BSK SchKG I-Staehelin Daniel, Art. 84 N 22 mit Hinweis auf BGE 115 III 31.

574 BGE 136 III 566 ff. für die provisorische Rechtsöffnung: Mit diesem Entscheid hat das Bundesgericht die langwierige Diskussion in der Lehre, ob das provisorische Rechtsöffnungsverfahren ein Erkenntnis- oder Vollstreckungsverfahren ist, beendet. Das Bundesgericht ist zum Schluss gekommen, dass es sich beim provisorischen Rechtsöffnungsverfahren nicht um ein Erkenntnisverfahren handeln kann (BGE 136 III 570, E. 3.3). Der Bezug der provisorischen Rechtsöffnung zur Zwangsvollstreckung ist nach dem Bundesgericht dermassen eng, dass dieses Verfahren unter Art. 22 Ziff. 5 LugÜ zu subsumieren ist (BGE 136 III 570, E. 3.3). Vgl. die Kritik in BSK SchKG EB-Staehelin, Art. 84 ad N 24.

575 BGE 136 III 570, E. 3.3.

576 KUKO SchKG-Vock, Art. 84 N 10; BSK SchKG I-Staehelin Daniel, Art. 84 N 26.

Ein Schiedsgericht ist nie sachlich zuständig, weil die Beseitigung des Rechtsvorschlages als vollstreckungsrechtliche Tätigkeit nicht schiedsfähig ist[577]. Die Beseitigung eines Rechtsvorschlages durch ein Schiedsgericht ist nichtig[578]. Unter Vorbehalt einer ausdrücklichen Klausel versagt eine Schiedsvereinbarung dem Betriebenen daher nicht das Recht, beim staatlichen Gericht die Rechtsöffnung zu verlangen. Ein provisorisches Rechtsöffnungsverfahren begründet im Verhältnis zur Klage auf Zahlung vor einem Schiedsgericht auch keine Rechtshängigkeit[579].

Der Rechtsöffnungsrichter ist auch für die vorfrageweise Erteilung des Exequaturs bei ausländischen Entscheiden sachlich zuständig.

4. Einleitung Verfahren

Das Rechtsöffnungsbegehren wird direkt beim Rechtsöffnungsrichter eingereicht, ein Schlichtungsverfahren entfällt (Art. 198 lit. a ZPO). Es kann schriftlich gestellt oder mündlich bei Gericht zu Protokoll gegeben werden (Art. 252 Abs. 2 ZPO). Urkunden (u.a. der Rechtsöffnungstitel) sind dem Begehren zwingend beizulegen (Art. 252 Abs. 2 i.V.m. Art. 221 Abs. 2 lit. c ZPO). Sie können nicht, wie es früher in gewissen Kantonen Praxis war, an einer allfälligen Rechtsöffnungsverhandlung vorgelegt werden.

5. Rechtsbegehren

Das Bundesrecht verlangt nicht, dass der Gläubiger in seinem Begehren klarstellt, ob provisorische oder definitive Rechtsöffnung zu erteilen sei. Es ist Sache des Rechtsöffnungsrichters, von Amtes wegen darüber zu entscheiden, ob provisorische oder definitive Rechtsöffnung gewährt wird[580]. In dieser Frage gilt der Offizialgrundsatz. Aufgrund des Offizialgrundsatzes schaden falsch formulierte Gesuche nicht. Wenn definitive Rechtsöffnung verlangt wurde, kann provisorische erteilt werden und umgekehrt. Allerdings muss in solchen Fällen der Anspruch des Schuldners auf rechtliches Gehör immer gewahrt bleiben[581].

577 BGE 136 II 583, E. 2.1; KUKO SchKG-Vock, Art. 84 N 10; BSK SchKG I-Staehelin Daniel, Art. 84 N 27 m.w.H.

578 BGE 5A_682/2009, E. 4.

579 BGE 136 III 583, E. 2.2 und 2.3.

580 KUKO SchKG-Vock, Art. 84 N 12.

581 KUKO SchKG-Vock, Art. 84 N 12; Fritzsche/Walder, I, § 18 N 20.

Ein Rechtsöffnungsbegehren könnte etwa wie folgt lauten:

«Es sei in der Betreibung Nr. […] des Betreibungsamtes […] (Zahlungsbefehl vom […]) der Rechtsvorschlag zu beseitigen und definitive (oder provisorische) Rechtsöffnung zu erteilen für CHF […] nebst Zins zu 5% seit […], unter Kosten- und Entschädigungsfolgen zulasten des Beklagten.»

In internationalen Verhältnissen braucht es keinen Antrag, ein ausländisches Urteil in der Schweiz für vollstreckbar zu erklären; dies prüft der Rechtsöffnungsrichter vorfrageweise. Ohne entsprechenden Antrag erwächst das Exequatur aber nicht in Rechtskraft.

6. Streitwert

Der Streitwert richtet sich nach der Höhe der in Betreibung gesetzten Forderung (Art. 91 Abs. 1 ZPO).

7. Frist

Beim Rechtsöffnungsverfahren gibt es keine Klagefrist. Jedoch ist die Beseitigung des Rechtsvorschlages nur möglich, wenn die Frist zur Stellung des Fortsetzungsbegehrens (Art. 88 Abs. 2 SchKG) bzw. des Verwertungsbegehrens in der Betreibung auf Pfandverwertung (Art. 154 Abs. 1 SchKG) bzw. des Konkursbegehrens in der Wechselbetreibung (Art. 188 Abs. 2 SchKG) noch nicht abgelaufen ist.

8. Streitgenossenschaft

Notwendige Streitgenossenschaft i.S.v. Art. 70 ZPO ist auf *Gläubigerseite* zulässig, und zwar dann, wenn die betreibenden Gläubiger materiell-rechtlich nur gesamthaft berechtigt sind, die Erfüllung zu verlangen. Soweit sie korrekt gemeinsam betrieben haben, müssen sie auch gemeinschaftlich als Kläger im Rechtsöffnungsverfahren auftreten. Sie sind alle einzeln im Zahlungsbefehl aufzuführen[582]. Zudem ist es möglich, dass Gläubiger im Rechtsöffnungsverfahren als einfache Streitgenossen gemäss Art. 71 ZPO auftreten. Dies ist dann der Fall, wenn gegen den Schuldner eine Solidarforderung gemäss Art. 150 OR besteht und die Gläubiger den Schuldner gemeinsam betrieben haben[583].

582 KUKO SchKG-Vock, Art. 84 N 5; Stücheli, 71.
583 Vgl. ähnlich BGE 143 III 221, E. 3 f.

Auf der *Beklagtenseite* ist eine Streitgenossenschaft mit Ausnahme der Betreibung einer Erbschaft i.S.v. Art. 49 SchKG kaum möglich. Mehrere Schuldner können zwar gemeinsam betrieben werden. Das Betreibungsamt stellt aber jedem einen separaten Zahlungsbefehl mit eigener Betreibungsnummer zu, sodass auch die nachfolgenden Rechtsöffnungsverfahren gesondert zu führen sind[584].

9. Streitverkündung, Intervention

Streitverkündung sowie Haupt- und Nebenintervention sind im Rechtsöffnungsverfahren ausgeschlossen. Die von einer Betreibung in ihren Rechten betroffenen Dritten haben ein eigenständiges Recht, Rechtsvorschlag zu erheben und sind in Art. 68a Abs. 2 und Art. 153 Abs. 2 SchKG abschliessend aufgezählt[585].

10. Beweislast

Im Rechtsöffnungsverfahren gilt eine beschränkte Untersuchungsmaxime. Der Rechtsöffnungsrichter hat unabhängig davon, ob sich der Schuldner äussert oder nicht, aufgrund der Angaben der Parteien und der von ihnen eingereichten Unterlagen von Amtes wegen Folgendes zu prüfen[586]:

- ob der Schuldner gehörig zur Rechtsöffnungsverhandlung geladen wurde, ob er rechts- und betreibungsfähig ist und ob er allenfalls richtig vertreten ist;
- ob das Rechtsöffnungsbegehren am Betreibungsort gestellt wurde, wobei er, sofern kein Wechsel des Betreibungsortes nach Zustellung des Zahlungsbefehls stattgefunden hat, nicht überprüfen darf, ob ein Betreibungsort besteht;
- ob ein gültiger Rechtsöffnungstitel vorliegt;
- ob die Forderung im Betreibungsbegehren und im Zahlungsbefehl genau bezeichnet ist;
- ob Identität zwischen dem Gesuchsteller und Betreibenden, dem Schuldner und Betriebenen sowie der in Betreibung gesetzten und der im Rechtsöffnungstitel verurkundeten Forderung gegeben ist[587];

584 KUKO SchKG-Vock, Art. 84 N 5; Stücheli, 73.
585 KUKO SchKG-Vock, Art. 84 N 5; Stücheli, 70 f.
586 KUKO SchKG-Vock, Art. 84 N 18; BSK SchKG I-Staehelin Daniel, Art. 84 N 50; vgl. auch Müller/Vock, Behauptungs,- Bestreitungs- und Substanziierungslast im Rechtsöffnungsverfahren, in: ZZZ 38 (2016) 130 ff.; BGE 142 III 720.
587 BGE 143 III 223, E. 4; BGE 140 III 372, E. 3.1; BGE 139 III 444, E. 4.1.1.

- ob bei der provisorischen Rechtsöffnung das Rechtsgeschäft, welches Grundlage der Schuldanerkennung bildet, nichtig ist und
- ob eine Einwendung des Schuldners glaubhaft ist i.S.v. Art. 82 Abs. 2 SchKG.

Der Rechtsöffnungsrichter ist nicht verpflichtet, den Gläubiger darüber zu informieren, dass die eingereichten Unterlagen nicht vollständig sind und für die Erteilung der Rechtsöffnung somit nicht ausreichen. Entsprechend ist er auch nicht verpflichtet, Aktenergänzungen anzuordnen oder fehlende Unterlagen einzuholen[588]. Der Richter ist aber befugt, dem Gläubiger Gelegenheit zu geben, weitere Urkunden nachzureichen, wobei er dem Schuldner dann die Möglichkeit zur Stellungnahme einräumen muss. Von dieser Befugnis sollte der Richter nur zurückhaltend Gebrauch machen. Ein Nachreichen sollte immer dann zulässig sein, wenn die entsprechende Urkunde zur Widerlegung einer nicht zu erwartenden Einrede des Schuldners dient[589].

Dort, wo der beschränkte Untersuchungsgrundsatz nicht gilt, ist im Rechtsöffnungsverfahren der Verhandlungsgrundsatz gemäss Art. 55 Abs. 2 ZPO anwendbar.

11. Beweismass

Beweist der Schuldner bei der *definitiven Rechtsöffnung* durch Urkunden, dass seine Schuld nach dem Erlass des Urteils oder der Verfügung getilgt oder gestundet wurde oder ruft er die Verjährung an, so ist das Gesuch auf definitive Rechtsöffnung abzuweisen (Art. 81 Abs. 1 SchKG). Glaubhaftmachung genügt nicht[590].

Bei der *provisorischen Rechtsöffnung* ist das Vorliegen einer Schuldanerkennung strikte zu beweisen, blosse Glaubhaftmachung genügt nicht.

Im *provisorischen Rechtsöffnungsverfahren* muss der Schuldner seine Einwendungen gemäss Art. 82 Abs. 2 SchKG nicht beweisen, sondern lediglich sofort glaubhaft machen[591]. Glaubhaftmachung bedeutet, dass der Rechtsöffnungsrichter vom Vorhandensein einer Tatsache nicht voll überzeugt zu sein braucht. Es genügt, wenn eine gewisse Wahrscheinlichkeit dafürspricht, auch wenn der Rechtsöffnungsrichter noch mit der Möglichkeit rechnet, dass sie sich nicht verwirklicht haben könnte. Der Rechtsöffnungsrichter

588 KUKO SchKG-Vock, Art. 84 N 19; BSK SchKG I-Staehelin Daniel, Art. 84 N 51.
589 KUKO SchKG-Vock, Art. 84 N 19; BSK SchKG I-Staehelin Daniel, Art. 84 N 52.
590 BGE 136 III 624, E. 4.2; BGE 130 III 128, E. 2; BGE 124 III 503, E. 3a; vgl. auch BGE 5D_72/2015, E. 4.1.
591 BGE 142 III 723, E. 4.1; KUKO SchKG-Vock, Art. 82 N 40 m.w.H.

darf weder blosse Behauptungen genügen lassen noch einen stringenten Beweis verlangen[592].

Bilden *zweiseitige Verträge* Gegenstand des provisorischen Rechtsöffnungsverfahrens, ist wie erwähnt die Basler Rechtsöffnungspraxis anwendbar. In Bezug auf das Beweismass gilt hier Folgendes:

- Der Schuldner muss die *nicht gehörige Erbringung der Gegenleistung* im Rechtsöffnungsverfahren nur behaupten und nicht glaubhaft machen. Es genügt die Behauptung, die Leistung sei quantitativ oder qualitativ mangelhaft[593]. Die Behauptung des Schuldners darf nicht offensichtlich haltlos sein. Wenn der Schuldner die Erbringung der Gegenleistung bestreitet, muss der Gläubiger die bereits erbrachte Erfüllung beweisen und nicht nur glaubhaft machen. Nach der wohl h.L. ist dieser Gegenbeweis durch den Gläubiger mit allen im summarischen Verfahren zugelassenen Beweismitteln zu erbringen, wobei als Beweismittel primär Urkunden infrage kommen[594].
- Dass die Gegenleistung in einem *Austauschverhältnis* steht, muss der Schuldner demgegenüber glaubhaft machen[595].
- In den Fällen, in denen der Schuldner eine Prüfungs- und Rügepflicht hat, muss er auch glaubhaft machen, dass er die *Mängelrüge rechtzeitig* erhoben hat[596].
- *Andere Einwendungen,* wie z.B. Willensmängel, Rücktritt, Widerruf, Nichtigkeit, Tilgung, Stundung, Auflösung des Vertrages, Verjährung, muss der Schuldner wie bei einer Schuldanerkennung glaubhaft machen[597].

In gewissen Kantonen reicht blosses Behaupten nicht aus. So muss der Schuldner z.B. im Kanton LU sowohl die Einrede der Nichterfüllung als auch die Einrede der mangelhaften Erfüllung glaubhaft machen. Andere Kantone (z.B. ZH oder GR) verlangen die Glaubhaftmachung bei der Einrede der mangelhaften Erfüllung, nicht aber bei der Einrede der Nichterfüllung[598].

592 BGE 132 III 140, E. 4.1.2; BGE 120 II 398, E. 4c. Es braucht keine überwiegende Wahrscheinlichkeit (vgl. hierzu BGE 130 III 321, E. 3.3).

593 KUKO SchKG-Vock, Art. 82 N 19; BSK SchKG I-Staehelin Daniel, Art. 82 N 102.

594 KUKO SchKG-Vock, Art. 82 N 21; BSK SchKG I-Staehelin Daniel, Art. 82 N 107.

595 Vgl. zum Ganzen KUKO SchKG-Vock, Art. 82 N 19 m.w.H.

596 KUKO SchKG-Vock, Art. 82 N 19; BSK SchKG I-Staehelin Daniel, Art. 82 N 104 m.w.H.; BGE 5A_1008/2014, E. 3.4.2.

597 KUKO SchKG-Vock, Art. 82 N 20; BSK SchKG I-Staehelin Daniel, Art. 82 N 106.

598 KUKO SchKG-Vock, Art. 82 N 19; BSK SchKG I-Staehelin Daniel, Art. 82 N 105.

12. Beweismittel

Der Gesuchsteller und Gläubiger muss als Rechtsöffnungstitel eine Urkunde vorlegen (andere Beweismittel sind nicht zuzulassen). Art. 254 Abs. 2 ZPO ist hier nicht anwendbar.

Betreffend die Einreden gegen einen *definitiven Rechtsöffnungstitel* gilt Folgendes: Den Beweis der Tilgung oder Stundung hat der Schuldner grundsätzlich ebenfalls mittels Urkunden zu erbringen[599]. Will sich der Schuldner auf die Tilgung durch Verrechnung mit einer Gegenforderung berufen, so muss diese Gegenforderung ihrerseits durch ein gerichtliches Urteil oder durch eine vorbehaltlose Schuldanerkennung belegt sein, die mindestens zur provisorischen Rechtsöffnung berechtigen würde[600]. Anerkennt der Gläubiger die entsprechende Einrede des Schuldners ausdrücklich, braucht es keinen Urkundenbeweis. Die Verjährung und andere Einreden – etwa gegen eine vollstreckbare öffentliche Urkunde – müssen nicht durch Urkunden bewiesen werden[601].

Die Einwendungen gegen den *provisorischen Rechtsöffnungstitel* muss der Schuldner ebenfalls nicht durch Urkunden beweisen. Er kann auch andere sofort verfügbare Beweismittel beibringen[602]. Dies ergibt sich auch aus Art. 254 Abs. 1 und Abs. 2 ZPO.

Da das Rechtsöffnungsverfahren summarisch ist, gibt es aber auch dort, wo kein expliziter Urkundenbeweis erforderlich ist, eine Beweismittelbeschränkung. Augenscheine ausserhalb des Gerichtsgebäudes und Expertisen sind unzulässig, ebenso die Einvernahme von Zeugen. Bei all diesen Beweismitteln käme es zu einer Verfahrensverzögerung, weshalb sie gemäss Art. 254 Abs. 2 lit. a ZPO nicht zuzulassen sind. Allerdings ist es nicht ausgeschlossen, Zeugen sofort einzuvernehmen, wenn sie von einer Partei in die Rechtsöffnungsverhandlung mitgenommen werden[603]. Werden keine Zeugen einvernommen, ist es zulässig, eine schriftliche Bescheinigung einer Person, die als Zeuge infrage kommen könnte, einzureichen, um eine behauptete Tatsache glaubhaft zu machen (vgl. Art. 190 Abs. 2 ZPO)[604]. Der Beweiswert einer solchen Bescheinigung ist aber geringer als derjenige einer Zeugenaussage.

599 BGE 140 III 372, E. 3.1.

600 BGE 5D_72/2015, E. 4.6, BGE 136 III 624, E. 4.2; BGE 115 III 97, E. 4.

601 KUKO SchKG-Vock, Art. 81 N 2; BSK SchKG I-Staehelin Daniel, Art. 81 N 4.

602 KUKO SchKG-Vock, Art. 84 N 20; BSK SchKG I-Staehelin Daniel, Art. 84 N 53.

603 KUKO SchKG-Vock, Art. 84 N 20; a.M. Stücheli, 109.

604 KUKO SchKG-Vock, Art. 84 N 20; Meyer, 33; vgl. auch BSK SchKG EB-Staehelin, Art. 84. ad N 56.

Angesichts der Beweismittelbeschränkung entscheidet der Rechtsöffnungsrichter in der Praxis in den meisten Fällen gestützt auf die eingereichten Urkunden.

Urkundenedition ist im Rechtsöffnungsverfahren unzulässig. Gleiches gilt für den Aktenbeizug von anderen Behörden[605]. Eine Ausnahme besteht nur für Akten eines hängigen Verfahrens des gleichen Gerichts, welche von einer Partei genau bezeichnet werden[606]. So muss der Gläubiger den Rechtsöffnungstitel selbst dem Richter vorlegen, und der Schuldner hat die Urkunden, mit denen er die Tilgung oder Stundung beweisen will, ebenfalls an der Verhandlung selbst vorzulegen[607].

Keine Beweismittelbeschränkung besteht im Verfahren der Vollstreckbarerklärung von ausländischen Urteilen, auch wenn sie vorfrageweise im Rechtsöffnungsverfahren erfolgt[608].

13. Urteil

Der Rechtsöffnungsentscheid ist kein materielles Urteil, das über den Bestand und die Höhe der in Betreibung gesetzten Forderung entscheidet. Der Rechtsöffnungsrichter entscheidet nur über die Vollstreckbarkeit der Forderung[609].

Nach dem Gesetzeswortlaut muss der Rechtsöffnungsrichter *innert fünf Tagen* nach der Stellungnahme durch den Schuldner den Parteien seinen Entscheid eröffnen. Diese Frist ist eine Ordnungsfrist und gilt nicht, wenn vorfrageweise über die Vollstreckbarkeit eines ausländischen Urteils zu befinden ist. Die Nichteinhaltung der Frist ist mit der Rechtsverzögerungsbeschwerde bei der oberen kantonalen Instanz und dann mit Beschwerde in Zivilsachen (Art. 74 Abs. 2 lit. c i.V.m. Art. 94 BGG) geltend zu machen[610].

Der Rechtsöffnungsentscheid ist so *präzise zu formulieren,* dass der Betreibungsbeamte und die Parteien genau ersehen können, welche Betreibung für welche Beträge fortgesetzt werden kann. Der Entscheid muss somit folgende Angaben enthalten: Bezeichnung der Parteien und der Betreibung unter Angabe der Nummer des Zahlungsbefehls und des Betreibungsamtes,

605 KUKO SchKG-Vock, Art. 84 N 21.
606 BSK SchKG I-Staehelin Daniel, Art. 84 N 57.
607 KUKO SchKG-Vock, Art. 84 N 21.
608 KUKO SchKG-Vock, Art. 84 N 22.
609 BGE 133 III 400, E. 1.5.
610 Vgl. zum Ganzen KUKO SchKG-Vock, Art. 84 N 23.

das Versanddatum des Rechtsöffnungsbegehrens und das Datum des Entscheides, die Angabe, ob definitive oder provisorische Rechtsöffnung erteilt wird, den Betrag, für den Rechtsöffnung gewährt wird, inklusive Zinsen[611], für die Rechtsöffnung erteilt wird, bei der Betreibung auf Pfandverwertung den Umfang der Pfandhaftung, die Kosten- und Entschädigungsfolgen[612], je nach kantonalem Recht den Mitteilungssatz und eine Rechtsmittelbelehrung sowie – im Falle einer provisorischen Rechtsöffnung – einen Hinweis auf die Möglichkeit der Aberkennungsklage. Für die *Betreibungskosten* ist keine Rechtsöffnung zu erteilen[613].

Der Rechtsöffnungsrichter kann seinen Entscheid ohne schriftliche *Begründung* in der Hauptverhandlung durch Übergabe des schriftlichen Dispositivs mit kurzer mündlicher Begründung oder durch Zustellung des Dispositivs an die Parteien eröffnen (Art. 239 Abs. 1 ZPO). Wird eine schriftliche Begründung gemäss Art. 239 Abs. 2 ZPO verlangt, darf die Begründung entsprechend dem summarischen Verfahren relativ knapp sein. Aus der Begründung muss aber ersichtlich sein, auf welches Dokument sich die erteilte Rechtsöffnung stützt bzw. weshalb sie nicht erteilt wurde. Soweit von der unterliegenden Partei Einwendungen erhoben wurden, ist auf diese kurz einzugehen, wobei eine pauschale Begründung in der Regel reicht[614].

Der Rechtsöffnungsentscheid entfaltet seine *Wirkungen* nur in der laufenden Betreibung. Wurde das Rechtsöffnungsbegehren abgewiesen, z.B. weil es der Gläubiger versäumt hat, seinen Titel einzureichen, muss er somit eine neue Betreibung anheben. Dies gilt aber nicht, wenn der Gläubiger erst nach Abweisung des Rechtsöffnungsbegehrens einen Rechtsöffnungstitel erhalten hat. Hier kann er, ohne eine neue Betreibung einzuleiten, ein zweites Rechtsöffnungsgesuch stellen[615]. In einer neuen Betreibung kann die Einrede der abgeurteilten Sache nicht erhoben werden, auch wenn es sich um dieselbe Forderung zwischen denselben Parteien handelt und sich am Sachverhalt seit dem ersten Entscheid nichts verändert hat[616]. Ein Entscheid über eine

611 KUKO SchKG-Vock, Art. 84 N 24 m.w.H.

612 Erhebt ein Betriebener die Verrechnungseinwendung in seiner Stellungnahme zum Rechtsöffnungsgesuch und wird das Rechtsöffnungsbegehren deshalb abgewiesen, so können dem Betriebenen die Kosten des Rechtsöffnungsverfahrens nicht deshalb auferlegt werden, weil er die Verrechnung bereits bei Erhebung des Rechtsvorschlages hätte einwenden können, denn der Rechtsvorschlag muss grundsätzlich nicht begründet werden, vgl. hierzu BGE 143 III 46, E. 3.

613 BGE 5A_455/2012, E. 3; BSK SchKG EB-Staehelin, Art. 84 ad N 67.

614 KUKO SchKG-Vock, Art. 84 N 25; Stücheli, 152.

615 KUKO SchKG-Vock, Art. 84 N 24; Meyer, 24 f.

616 KUKO SchKG-Vock, Art. 84 N 27; Stücheli, 157.

provisorische Rechtsöffnung hat in einem nachfolgenden materiellen Forderungsprozess keine materielle Rechtskraft[617].

Ist die definitive Rechtsöffnung formell rechtskräftig geworden und vollstreckbar, kann der Gläubiger das Fortsetzungsbegehren stellen. Die provisorische Rechtsöffnung wird zur definitiven, wenn der betriebene Schuldner nicht innert Frist Aberkennungsklage erhebt oder die Aberkennungsklage abgewiesen wurde. Für die Fortsetzung der Betreibung ersetzt der Rechtsöffnungsentscheid den Zahlungsbefehl[618].

Ein Rechtsöffnungsentscheid entfaltet seine Wirkung in der ganzen Schweiz[619]. Der Gläubiger, dem die definitive Rechtsöffnung über einen Anspruch gestützt auf Zivilrecht und öffentliches Recht des Bundes erteilt wurde, kann die Betreibung in demjenigen Kanton fortsetzen, wo sich der Betreibungsort in jenem Zeitpunkt befindet. Dies gilt unabhängig davon, wo die Rechtsöffnung erfolgte. Besitzt der Schuldner Vermögen im Ausland, kann der Rechtsöffnungsentscheid allenfalls auch im Ausland vollstreckt werden. So ist nach einem Entscheid des Oberlandesgerichts Düsseldorf ein provisorischer Rechtsöffnungsentscheid nach Ablauf der Frist für die Aberkennungsklage ohne zeitliche Schranke in Deutschland vollstreckbar[620].

Ein allfälliger Entscheid über die *Vollstreckbarerklärung eines ausländischen Urteils* erwächst in Rechtskraft, sofern der Gläubiger im Rechtsöffnungsverfahren explizit einen Antrag auf Vollstreckbarerklärung gestellt hat. Ohne einen solchen Antrag prüft der Rechtsöffnungsrichter die Frage der Vollstreckbarkeit nur vorfrageweise; der Exequaturentscheid erscheint diesfalls nicht im Dispositiv und erwächst auch nicht in Rechtskraft.

14. Anerkennung, Rückzug, Vergleich

Anerkennt der Schuldner die *Forderung* des Gläubigers, ist das Rechtsöffnungsverfahren abzuschreiben (Art. 241 Abs. 3 ZPO). Damit dem Gläubiger aber die Möglichkeit offensteht, die Fortsetzung der Betreibung zu beantragen, sollte der Rechtsöffnungsrichter die Anerkennung der Schuld als Rückzug des Rechtsvorschlages zu Protokoll nehmen (vgl. Art. 241 Abs. 1 ZPO)[621].

---

617 KUKO SchKG-Vock, Art. 84 N 27; Stücheli, 160.
618 KUKO SchKG-Vock, Art. 84 N 28.
619 KUKO SchKG-Vock, Art. 84 N 29; Stücheli, 159.
620 KUKO SchKG-Vock, Art. 84 N 29; Sogo, AJP 2005, 808 ff.
621 BSK SchKG I-Staehelin Daniel, Art. 82 N 18. Dies ist allerdings umstritten.

Hiervon zu unterscheiden ist die *prozessuale Anerkennung des Rechtsöffnungsgesuches.* Damit anerkennt der Schuldner bloss, dass die Voraussetzungen der Rechtsöffnung gegeben sind. Diesfalls kann der Richter den Prozess nicht einfach abschreiben, wie dies Art. 241 Abs. 3 ZPO vorsieht, da die Rechtsöffnung vollstreckungsrechtliche Wirkung hat. Der Rechtsöffnungsrichter muss deshalb in solchen Fällen die Rechtsöffnung erteilen. Ob tatsächlich ein Rechtsöffnungstitel vorliegt, hat er nicht zu prüfen[622]. Bei der provisorischen Rechtsöffnung kann der Schuldner dann immer noch die Aberkennungsklage erheben[623].

Schliessen der Gläubiger und der Schuldner einen *Vergleich* ab, so wird das Rechtsöffnungsverfahren gemäss Art. 241 Abs. 3 ZPO abgeschrieben. Die Parteien sollten beim Gericht noch beantragen, die Rechtsöffnung sei im verglichenen Forderungsbetrag zu erteilen.

Bei *Rückzug* des Rechtsöffnungsbegehrens durch den Gläubiger wird das Verfahren abgeschrieben (Art. 241 Abs. 3 ZPO).

15. Rechtsmittel

Gegen den Entscheid des Rechtsöffnungsrichters ist auf kantonaler Ebene einzig die Beschwerde (Art. 319 ff. ZPO) zulässig. Die Berufung ist nach klarem Gesetzeswortlaut unzulässig (Art. 309 lit. b Ziff. 3 ZPO). Der Entscheid über die Vollstreckbarerklärung ist ebenfalls nur mit Beschwerde anfechtbar (Art. 309 lit. a i.V.m. Art. 319 ff. ZPO). Damit gibt es die unerwünschte Spaltung des Rechtsmittelweges nicht mehr.

Gegen Rechtsöffnungsentscheide letzter kantonaler Instanzen ist bei einem Streitwert von mindestens CHF 30 000 (Art. 74 Abs. 1 lit. b BGG) oder bei Rechtsfragen von grundsätzlicher Bedeutung (Art. 74 Abs. 2 lit. a BGG) die Beschwerde in Zivilsachen (Art. 72 ff. BGG) zulässig[624]. Der provisorische oder definitive Rechtsöffnungsentscheid ist ein Endentscheid i.S.v. Art. 90 BGG[625] und beinhaltet keine vorsorgliche Massnahme i.S.v. Art. 98 BGG, sodass alle Rügen gemäss Art. 95 ff. BGG zulässig sind. Wird die Streitwertgrenze nicht erreicht, so ist die subsidiäre Verfassungsbeschwerde i.S.v. Art. 113 ff. BGG zu ergreifen, wobei sich die Prüfung des Entscheides hier auf Willkür (Art. 9 BV) beschränkt.

622 Ähnlich BSK SchKG I-Staehelin Daniel, Art. 82 N 19.
623 BSK SchKG I-Staehelin Daniel, Art. 84 N 69.
624 BGE 134 III 143, E. 2; BGE 133 III 399, E. 1.2.
625 BGE 134 III 143, E. 2; BGE 133 III 400, E. 1.4.

Auch der Entscheid des Rechtsöffnungsrichters über die Anerkennung und Vollstreckung von ausländischen Entscheiden kann mit Beschwerde in Zivilsachen angefochten werden[626]. Allerdings kann ein Entscheid, mit welchem die Sistierung des Exequaturverfahrens nach Art. 38 LugÜ (alte Fassung, neu Art. 46 LugÜ) im Rahmen des definitiven Rechtsöffnungsverfahrens verweigert wird, nicht mit Beschwerde beim Bundesgericht angefochten werden[627].

Rechtsöffnungsentscheide unterliegen schliesslich der Revision nach Art. 328 Abs. 1 ZPO[628].

626 Walter/Domej, § 9 III 2.
627 BGE 137 III 429, E. 2.
628 BGE 139 III 466, E. 3.4.

§ 16 Aberkennungsklage (Art. 83 Abs. 2 SchKG)

Literatur: HESS HEINZ, Ist die Aberkennungsklage eine Klage materiell-rechtlicher Natur?, SJZ 1948, 304 ff.; MARC ANDRÉ MAUERHOFER, Besonderheiten der Beschwerde in Zivilsachen gegen Rechtsöffnungsentscheide, in: Jusletter, 23.4.2007; RUEDIN ROLAND, Die Aberkennungsklage (Art. 83 Abs. 2–3 SchKG), SJK 957, 1989; SYZ ALFRED G., Aberkennungsklage und Aberkennungsprozess gemäss Art. 83 Abs. 2 SchKG, Diss. Zürich 1972.

I. Materielles[629]

1. Allgemeines

Nach Erteilung der provisorischen Rechtsöffnung muss der Betriebene Aberkennungsklage erheben, wenn er den Fortgang der Betreibung verhindern will[630]. Mit der Aberkennungsklage bestreitet der Schuldner und Betriebene Bestand, Höhe oder Fälligkeit der in Betreibung gesetzten Forderung[631]. Die Aufhebung der provisorischen Rechtsöffnung kann hingegen nicht verlangt werden[632]; die Aberkennungsklage ist kein Rechtsmittel gegen den Rechtsöffnungsentscheid. Sie wird inhaltlich auch nicht durch das vorangegangene Rechtsöffnungsverfahren präjudiziert. Dem Urteil im Rechtsöffnungsprozess kommt aufgrund des anders gelagerten Streitgegenstandes keine Rechtskraftwirkung für die Aberkennungsklage zu[633].

Voraussetzungen der Aberkennungsklage sind ein im Zeitpunkt der Klageeinreichung gültiges Schuldbetreibungsverfahren, in dem Rechtsvorschlag erhoben und provisorische Rechtsöffnung erteilt worden ist.

---

629 Die nachfolgenden Ausführungen basieren auf KUKO SchKG-VOCK, Art. 83 N 5 ff. und SK SchKG-VOCK/AEPLI-WIRZ, Art. 83 N 1 ff.

630 BGE 136 III 569, E. 3.3.

631 KUKO SchKG-VOCK, Art. 83 N 5.

632 BGE 128 III 16.

633 BGE 136 III 569, E. 3.3.

2. Rechtsnatur

Die Aberkennungsklage ist eine negative Feststellungsklage materiell-rechtlicher Natur[634]. Die allgemeinen zivilprozessualen Voraussetzungen für eine Feststellungsklage müssen aber nicht erfüllt sein. Das Feststellungsinteresse ist durch die Schuldbetreibung begründet. Es handelt sich um eine eigenständige Feststellungsklage nach dem SchKG[635].

Ein vor Erteilung der Rechtsöffnung hängiger Feststellungsprozess wird automatisch zum Aberkennungsprozess, ohne dass der Schuldner speziell auf Aberkennung klagen müsste[636].

3. Aktiv- und Passivlegitimation

Aktivlegitimiert ist der Schuldner und Betriebene, passivlegitimiert ist der Gläubiger. Allerdings muss der Aberkennungsbeklagte im Zeitpunkt der Zustellung des Zahlungsbefehls nicht unbedingt Gläubiger der Forderung gewesen sein, es genügt deren zwischenzeitliche Abtretung[637].

4. Wirkung auf das Betreibungsverfahren

Solange die Aberkennungsklage hängig ist, kann die Betreibung – mit Ausnahme der in Art. 83 Abs. 1 SchKG genannten Sicherungsmassnahmen – nicht weitergeführt werden. Bei Hängigkeit einer Aberkennungsklage sind auch eine Leistungsklage, eine negative Feststellungsklage nach Art. 85a SchKG, eine Klage gemäss Art. 85 SchKG und eine Rückforderungsklage i.S.v. Art. 86 SchKG nicht zulässig[638].

Ein gutheissendes Urteil wirkt sich betreibungsrechtlich wie folgt aus: Der Rechtsvorschlag bleibt bestehen und die provisorische Pfändung, das Güterverzeichnis sowie die Schuldbetreibung insgesamt fallen dahin[639].

Wurde die Aberkennungsklage vom Schuldner zurückgezogen oder abgewiesen, wird die provisorische Rechtsöffnung und allenfalls die provisorische Pfändung definitiv (Art. 83 Abs. 2 und 3 SchKG). Der Gläubiger muss

634 BGE 136 III 569, E. 3.3; BGE 130 III 292, E. 5.3.1; BGE 128 III 46, E. 4; BGE 127 III 233, E. 3; BGE 124 III 208, E. 3a.
635 KUKO SchKG-Vock, Art. 83 N 6.
636 BGE 128 III 47.
637 BGE 128 III 46, E. 3b, 5b, c.
638 KUKO SchKG-Vock, Art. 83 N 5; BSK SchKG I-Staehelin Daniel, Art. 83 N 20 f.
639 KUKO SchKG-Vock, Art. 83 N 15.

kein Pfändungsbegehren mehr stellen, sondern kann direkt die Verwertung verlangen (Art. 88 Abs. 1 SchKG). Das Aberkenntnisurteil stellt dann den Abschluss des Einleitungsverfahrens dar[640]. Wird die Betreibung in einem anderen Kanton fortgesetzt als in demjenigen, in dem das Aberkenntnisurteil erlassen wurde, so muss dem Schuldner nicht mehr die Möglichkeit gegeben werden, die ihm früher gemäss Art. 81 Abs. 2 SchKG gegen ausserkantonale Urteile zustehenden Einreden (nicht richtige Ladung oder nicht gesetzliche Vertretung) zu erheben. Mit Inkrafttreten der ZPO ist die Schweiz zu einem einheitlichen Vollstreckungsraum geworden, weshalb Art. 81 Abs. 2 SchKG aufgehoben wurde. Hat jedoch ein ausländisches Gericht die Aberkennungsklage abgewiesen und wurden vom Schuldner keine Einwendungen erhoben, hat das Betreibungsamt vor der Fortsetzung der Vollstreckung vorfrageweise zu prüfen, ob der Entscheid anerkennungsfähig ist (Art. 29 Abs. 3 IPRG; Art. 26 Abs. 1 LugÜ)[641].

II. Prozessuales

1. Verfahren

Der Aberkennungsprozess wird abhängig vom Streitwert entweder im ordentlichen (Streitwert > CHF 30 000; Art. 219 ff. ZPO) oder im vereinfachten Verfahren (Streitwert ≤ CHF 30 000; Art. 243 ff. ZPO) durchgeführt.

Eine mit der Aberkennungsklage verbundene Forderungsklage des Schuldners dürfte gemäss Art. 90 ZPO zulässig sein.

Sodann kann der Gläubiger gegen die Aberkennungsklage nach Massgabe von Art. 224 ZPO Widerklage erheben[642]. Für den Gerichtsstand am Betreibungsort muss zwischen Klage und Widerklage Konnexität bestehen (vgl. Art. 14 ZPO). Hat ein Gläubiger für eine andere Forderung als die in Betreibung gesetzte Widerklage erhoben und hat er mit dieser obsiegt, so muss er, wenn er diese Forderung vollstrecken will, eine neue Betreibung einleiten[643].

640 KUKO SchKG-Vock, Art. 83 N 15.
641 KUKO SchKG-Vock, Art. 83 N 15; BSK SchKG I-Staehelin Daniel, Art. 83 N 66.
642 BSK SchKG I-Staehelin Daniel, Art. 83 N 51.
643 BGE 127 III 234 f.

2. Örtliche Zuständigkeit

Gemäss Art. 83 Abs. 2 SchKG ist der Richter am Betreibungsort örtlich zuständig. Dieser Gerichtsstand ist ausschliesslich, aber nicht zwingend[644]. Vom Gesetzgeber nicht geregelt ist das Verhältnis des Gerichtsstandes am Betreibungsort zu anderen ausschliesslichen Gerichtsständen, wie z.B. dem Ort der gelegenen Sache bei der Miete unbeweglicher Sachen (Art. 33 ZPO). Diese Gerichtsstände gehen als lex specialis vor[645].

Bei einem Wohnsitzwechsel nach Zustellung des Zahlungsbefehls, aber vor Klageeinreichung, muss der Schuldner die Klage an seinem neuen Wohnsitz einreichen[646]. Die Anhebung der Betreibung am falschen Ort begründet für die Aberkennungsklage eine Prorogation oder Einlassung an diesem Ort, sofern der Schuldner die Zuständigkeit des Betreibungsamtes zur Ausstellung des Zahlungsbefehls nicht bestritten hatte[647].

Da die Aberkennungsklage eine materiell-rechtliche Klage darstellt, bestimmt sich der Gerichtsstand im internationalen Verhältnis nach den allgemeinen Vorschriften des LugÜ (Art. 2 ff. LugÜ) und des IPRG. Darüber hinaus bejaht die herrschende Lehre und Rechtsprechung auch einen Gerichtsstand am Betreibungsort[648], wenn auch mit unterschiedlichen Begründungen. So werden etwa die Meinungen vertreten, der Gläubiger habe sich durch Anhebung des provisorischen Rechtsöffnungsverfahrens auf die Aberkennungsklage am Betreibungsort eingelassen, es handle sich bei der Klage um eine Art Widerklage zum Rechtsöffnungsverfahren, die Parteirollenverteilung sei eine unechte oder es liege – zusammen mit der provisorischen Rechtsöffnung – ein einheitliches Erkenntnisverfahren vor[649].

3. Sachliche Zuständigkeit

Die allgemeinen kantonalen Normen bestimmen die sachliche Zuständigkeit (Art. 3 f. ZPO). Sachlich zuständig ist dasjenige Gericht, das auch für eine entsprechende Leistungsklage des Gläubigers zuständig wäre. Die Aberkennungsklage muss somit unter Umständen beim Arbeitsgericht, beim Mietgericht oder beim Handelsgericht eingereicht werden.

644 KUKO SchKG-Vock, Art. 83 N 7.
645 BSK SchKG I-Staehelin Daniel, Art. 83 N 34 m.w.H.
646 KUKO SchKG-Vock, Art. 83 N 7; BSK SchKG I-Staehelin Daniel, Art. 83 N 36.
647 KUKO SchKG-Vock, Art. 83 N 7.
648 BGE 130 III 285.
649 Vgl. zum Ganzen BSK SchKG I-Staehelin Daniel, Art. 83 N 38.

Richtet sich die sachliche Zuständigkeit des Spezialgerichts nach einer Eigenschaft des Beklagten (z.B. Eintrag im Handelsregister), so ist sie im Aberkennungsprozess aufgrund der vertauschten Parteirollen gegeben, wenn der Kläger diese Eigenschaft aufweist[650].

Ist für die Beurteilung der in Betreibung gesetzten Forderung ein Schiedsgericht vereinbart worden, so ist dieses zwingend für die Aberkennungsklage zuständig[651].

Wurde provisorische Rechtsöffnung für eine öffentlich-rechtliche Forderung erteilt, über welche die Verwaltung nicht hoheitlich verfügen kann, so ist für die Aberkennungsklage das Verwaltungsgericht zuständig[652].

In Zivilsachen ist im Kanton Zürich je nach Streitwert das Einzelgericht (Streitwert ≤ CHF 30 000; § 24 lit. a GOG ZH; auch als Arbeits- oder Mietgericht, § 25 oder § 26 GOG ZH) oder das Kollegialgericht (Streitwert > CHF 30 000; § 19 GOG ZH; auch als Arbeits- oder Mietgericht, § 20 oder § 21 GOG ZH) sachlich zuständig. Sodann kann im Kanton Zürich auch das Handelsgericht gemäss § 44 GOG ZH oder das Obergericht nach § 43 GOG ZH sachlich zuständig sein, sofern die Voraussetzungen erfüllt sind.

4. Einleitung Verfahren

Die Aberkennungsklage ist direkt beim zuständigen Gericht einzureichen. Ein Schlichtungsverfahren braucht es nicht (Art. 198 lit. e Ziff. 1 ZPO). Die fälschliche Einreichung eines Schlichtungsgesuches wahrt die Klagefrist, wenn die Klage innert 20 Tagen nach dem Rückzug oder dem Nichteintretensentscheid der Schlichtungsbehörde neu eingereicht wird (Art. 63 ZPO).

Auch die Aberkennungsklage aus der Miete von Wohn- und Geschäftsräumen ist nach dem klaren Wortlaut von Art. 198 lit. e Ziff. 1 ZPO direkt beim Gericht einzuleiten. Anders als früher muss die Schlichtungsbehörde in Mietsachen (vgl. Art. 200 Abs. 1 ZPO) hier nicht angerufen werden[653].

650 KUKO SchKG-Vock, Art. 83 N 8; BSK SchKG I-Staehelin Daniel, Art. 83 N 39.
651 KUKO SchKG-Vock, Art. 83 N 8; BSK SchKG I-Staehelin Daniel, Art. 83 N 42.
652 KUKO SchKG-Vock, Art. 83 N 8; BSK SchKG I-Staehelin Daniel, Art. 83 N 43.
653 BGE 133 III 650 ff., E. 3–5; gl.M. BSK SchKG I-Stahelin Daniel, Art. 83 N 41.

5. Rechtsbegehren

Das Rechtsbegehren könnte etwa wie folgt lauten:

«Es sei festzustellen, dass die in Betreibung gesetzte Forderung in Höhe von [...], Betreibung Nr. [...], (Zahlungsbefehl vom [...]), des Betreibungsamtes [...]) nicht [oder nicht mehr] besteht [oder dass die Forderung im Zeitpunkt der Zustellung des Zahlungsbefehls noch nicht fällig gewesen ist], unter Kosten- und Entschädigungsfolgen zulasten des Beklagten.»

Wird gleichzeitig mit der Aberkennungsklage auch Beschwerde gegen den Rechtsöffnungsentscheid erhoben, so kann zusätzlich ein prozessualer Antrag auf Sistierung des Aberkennungsverfahrens bis zum Entscheid der Rechtsmittelinstanz über den Suspensiveffekt sinnvoll sein[654]. Dieser könnte wie folgt lauten:

«Es sei das Aberkennungsverfahren zu sistieren bis zum Entscheid des Obergerichts/Bundesgerichts über den Suspensiveffekt der gegen das Rechtsöffnungsurteil vom [...] eingereichten Beschwerde vom [...].»

6. Streitwert

Der Streitwert richtet sich nach der Höhe der in Betreibung gesetzten Forderung (Art. 91 ZPO).

7. Frist

Die Aberkennungsklage ist innert 20 Tagen nach Erteilung der provisorischen Rechtsöffnung zu erheben. Da der Rechtsöffnungsentscheid einzig mit der Beschwerde anfechtbar ist (Art. 319 ff. ZPO) und dieser keine aufschiebende Wirkung zukommt (Art. 325 Abs. 1 ZPO), beginnt die Frist mit der Eröffnung des Rechtsöffnungsentscheides zu laufen. Wenn der Entscheid gemäss Art. 239 Abs. 1 ZPO im Dispositiv eröffnet wurde, beginnt die Klagefrist bereits mit dieser Eröffnung. Die nachfolgende schriftliche Begründung des Rechtsöffnungsentscheides gemäss Art. 239 Abs. 2 ZPO ist nicht massgebend[655].

Wurde gegen den Rechtsöffnungsentscheid Beschwerde erhoben und dieser von der Rechtsmittelinstanz aufschiebende Wirkung erteilt (Art. 325 Abs. 2

654 MAUERHOFER, Rz. 6.
655 BSK SchKG I-STAEHELIN DANIEL, Art. 83 N 23.

ZPO), so beginnt die Frist erst mit der Zustellung des Entscheides der Beschwerdeinstanz zu laufen[656].

Die Frist für die Aberkennungsklage ist eingehalten, wenn die Klage vorerst beim sachlich unzuständigen Gericht eingereicht, dann aber innert 20 Tagen nach dem Nichteintretensentscheid bei der sachlich zuständigen Instanz erhoben wird. Wenn die ursprüngliche Originalausgabe (mit Eingangsstempel des zuerst angerufenen Gerichts), allenfalls unter Beilage einer Übersetzung in die Amtssprache, beim zuständigen Gericht neu eingereicht wird, gilt als Zeitpunkt der Rechtshängigkeit das Datum der ersten Einreichung (Art. 63 Abs. 1 ZPO)[657].

Betreibungsferien und Rechtsstillstand hemmen den davor begonnenen Fristlauf nicht. Fällt jedoch das Ende der Klagefrist in die Betreibungsferien oder in den Rechtsstillstand, so wird die Klagefrist bis zum dritten Tag nach deren Ende verlängert (Art. 63 SchKG; Art. 145 Abs. 4 ZPO)[658]. Die Bestimmungen über den Stillstand der Fristen gemäss Art. 145 Abs. 1–3 ZPO gelten nicht (Art. 145 Abs. 4 ZPO)[659]. Da die Klagefrist eine gesetzliche Verwirkungsfrist ist, ist eine Verlängerung bzw. Wiederherstellung nur unter den strengen Voraussetzungen von Art. 33 Abs. 2 und 4 SchKG zulässig. Wird die Aberkennungsklage verspätet eingereicht, so tritt das Gericht nicht auf die Klage ein[660]. Die provisorische Rechtsöffnung und die allfällige provisorische Pfändung werden definitiv (Art. 83 Abs. 3 SchKG). Das Betreibungsamt darf die Betreibung dann nur fortsetzen, wenn offensichtlich ist, dass die Aberkennungsklage zu spät eingereicht wurde[661].

8. Streitgenossenschaft

Streitgenossenschaft ist nach den Art. 70–72 ZPO auf Beklagten- bzw. Gläubigerseite zulässig, wenn mehrere Gläubiger gemeinschaftlich bzw. solidarisch an einer Forderung berechtigt sind.

Auf der Kläger- bzw. Schuldnerseite ist sie mit Ausnahme der Betreibung einer Erbschaft i.S.v. Art. 49 SchKG aber ausgeschlossen. Mehrere Schuldner können zwar gemeinsam betrieben werden. Das Betreibungsamt stellt aber jedem einen separaten Zahlungsbefehl zu, sodass auch die nachfolgenden Rechtsöffnungs- und Aberkennungsverfahren gesondert zu führen sind.

656 BSK SchKG I-Staehelin Daniel, Art. 83 N 25; vgl. zum früheren Recht: BGE 127 III 571 f.
657 Vgl. zum Ganzen BGE 141 III 481.
658 BSK SchKG I-Staehelin Daniel, Art. 83 N 26.
659 BGE 143 III 40, E. 2.4, 3.2; BSK SchKG I-Staehelin Daniel, Art. 83 N 27.
660 KUKO SchKG-Vock, Art. 83 N 11.
661 BSK SchKG I-Staehelin, Art. 83 N 33.

9. Streitverkündung

Sodann ist eine Streitverkündung i.S.v. Art. 78–80 ZPO möglich.

10. Beweislast

Der Kläger ist zwar der Schuldner. Eine Umkehr der Beweislast gibt es aber nicht[662]. Wie im Anerkennungsprozess hat der Gläubiger Bestand, Umfang, Fälligkeit und Betreibbarkeit seiner Forderung zu beweisen (Art. 8 ZGB). Liegt aber eine Schuldanerkennung vor, führt dies im Aberkennungsprozess zu einer Umkehr der Beweislast[663].

Somit muss der Schuldner vorerst bloss den Nichtbestand bzw. die mangelnde Fälligkeit der in Betreibung gesetzten Forderung behaupten[664]. Einreden und Einwendungen des Schuldners sind zu beachten, auch wenn sie nach Zustellung des Zahlungsbefehls oder erst nach Erteilung der Rechtsöffnung entstanden sind. So kann sich der Schuldner im Aberkennungsverfahren auf Umstände berufen, die sich erst nach Anhebung der Betreibung zugetragen haben[665].

11. Beweismass

Da die Aberkennungsklage eine materiell-rechtliche Klage ist, hat der Gläubiger den vollen Beweis zu erbringen. Glaubhaftmachung genügt nicht.

12. Beweismittel

Es sind alle Beweismittel gemäss den Art. 168–193 ZPO zulässig.

13. Urteil

Das Urteil stellt Bestand und Fälligkeit oder Nichtbestand bzw. mangelnde Fälligkeit der in Betreibung gesetzten Forderung im Zeitpunkt der Zustellung des Zahlungsbefehls fest[666].

---

662 BGE 131 III 268 ff., E. 3.2; BGE 130 III 285 ff., E. 5.3.1.

663 BGE 131 III 268, E. 3.2.2; BGE 4A_151/2014, E. 5.1.

664 KUKO SchKG-Vock, Art. 83 N 11; BSK SchKG I-Staehelin Daniel, Art. 83 N 55.

665 KUKO SchKG-Vock, Art. 83 N 12; BSK SchKG I-Staehelin Daniel, Art. 83 N 57.

666 KUKO SchKG-Vock, Art. 83 N 13.

Zivilrechtlich erwächst das Urteil des Aberkennungsrichters in formelle und materielle Rechtskraft. Es entfaltet für die Parteien Rechtskraft über die Zwecke der Betreibung hinaus[667]. Das Urteil hat auch materielle Rechtskraft, wenn die Aberkennungsklage abgewiesen wird[668]. Obwohl es sich hierbei um ein negatives Feststellungsurteil handelt, kann gestützt darauf in einer späteren Betreibung für dieselbe Forderung definitive Rechtsöffnung gewährt werden[669].

Wird die Betreibung nachträglich aufgehoben oder zurückgezogen, fehlt das Feststellungsinteresse, und die Aberkennungsklage ist als gegenstandslos abzuschreiben (Art. 242 ZPO). Dies gilt aber nicht bei der Aufhebung der Betreibung infolge Konkurs des Schuldners. Hier ist der Aberkennungsprozess gemäss Art. 207 Abs. 1 SchKG zu sistieren und dann gemäss Art. 63 KOV zu erledigen[670].

14. Klageanerkennung, Klagerückzug, Vergleich

Klageanerkennung, Klagerückzug und Vergleich sind zulässig und haben die Wirkung eines rechtskräftigen Entscheides (Art. 241 Abs. 2 ZPO). Anerkennt der Schuldner einen Teil der Forderung oder die gesamte Forderung, ist dies als Rückzug des Rechtsvorschlages zu betrachten. Das Gericht hat dies im Abschreibungsentscheid gemäss Art. 241 Abs. 3 ZPO zu vermerken[671].

15. Rechtsmittel

Der erstinstanzliche Entscheid über die Aberkennungsklage ist bei einem Streitwert von mindestens CHF 10 000 mit Berufung (Art. 308 Abs. 2 ZPO), bei einem tieferen Streitwert mit Beschwerde (Art. 319 ZPO) an die kantonale Rechtsmittelinstanz weiterzuziehen[672]. Als solche amtet im Kanton Zürich das Obergericht (§ 48 GOG ZH).

Gegen Entscheide letzter kantonaler Instanzen ist bei einem Streitwert von mindestens CHF 30 000 (Art. 74 Abs. 1 lit. b BGG) oder bei Rechtsfragen von grundsätzlicher Bedeutung (Art. 74 Abs. 2 lit. a BGG) die Beschwerde in

667 KUKO SchKG-Vock, Art. 83 N 14 mit Hinweis auf BGE 128 III 47; BGE 124 III 208, E. 3a.

668 BGE 127 III 234.

669 BGE 134 III 656, E. 5; KUKO SchKG-Vock, Art. 83 N 14; a.M. BSK SchKG EB-Staehelin, Art. 83 ad N 62; BSK SchKG I-Staehelin Daniel, Art. 83 N 62.

670 KUKO SchKG-Vock, Art. 83 N 6 mit Hinweis auf BGE 118 III 41 ff.

671 BSK SchKG I-Staehelin Daniel, Art. 83 N 56.

672 KUKO SchKG-Vock, Art. 73 N 16.

Zivilsachen (Art. 72 ff. BGG) zulässig[673]. Andernfalls ist die subsidiäre Verfassungsbeschwerde i.S.v. Art. 113 ff. BGG zu ergreifen, wobei sich die Prüfung des Entscheides hier auf Willkür (Art. 9 BV) beschränkt[674].

673 KUKO SchKG-Vock, Art. 73 N 16.
674 KUKO SchKG-Vock, Art. 73 N 16.

§ 17 Gesuch um Aufhebung oder Einstellung der Betreibung (Art. 85 SchKG, Art. 85a SchKG)

Literatur: BRÖNIMANN JÜRGEN, Zur Klage nach Art. 85a SchKG «Negative Feststellungsklage», AJP 1996, 1394 ff.; HUBER UELI, Die Feststellungsklage nach Art. 85a SchKG, IWIR 1999, 48 ff.; SCHMID HANS, Negative Feststellungsklagen, AJP 2002, 774 ff.; SPÜHLER KARL/TENCHIO LUCA, Feststellungsklagen gemäss Art. 85a Abs. 1 SchKG nach gültig erhobenem Rechtsvorschlag?, AJP 1999, 1241 ff.; TENCHIO LUCA, Feststellungsklage und Feststellungsprozess nach Art. 85a Abs. 1 SchKG, Diss. Zürich 1999; WEINBERG HANS PETER, Richterliche Aufhebung oder Einstellung der Betreibung im Verfahren nach Art. 85 SchKG, Diss. Zürich 1990.

I. Materielles

1. Richterliche Aufhebung oder Einstellung der Betreibung im summarischen Verfahren (Art. 85 SchKG)

Beweist der Betriebene durch Urkunden, dass die Schuld samt Zinsen und Kosten getilgt oder gestundet ist, so kann er jederzeit beim Gericht des Betreibungsortes im ersteren Fall die Aufhebung, im letzteren Fall die Einstellung der Betreibung verlangen (Art. 85 SchKG). Die Klage ist in der Betreibung auf Pfändung, auf Pfandwertung, auf Konkurs und auch in der Wechselbetreibung zulässig[675].

Die Klage nach Art. 85 SchKG setzt eine hängige Betreibung voraus. In der Spezialexekution ist sie demnach bis zur Verteilung des Verwertungserlöses und in der Konkursbetreibung bis zur Konkurseröffnung zulässig[676]. Ein rechtskräftiger Zahlungsbefehl wird nicht vorausgesetzt. Der Betriebene kann somit die Klage *vor* Beseitigung des Rechtsvorschlages erheben[677]. Was eine «Tilgung» bzw. «Stundung» ist, ergibt sich aus dem materiellen Recht. Darunter fallen z.B. Zahlung, Schulderlass, Verrechnung[678] oder ein privatrechtlicher Vertrag zwischen Gläubiger und Schuldner über Hinausschieben der Fälligkeit der Schuld (Stundungsvertrag)[679]. Die Klage steht aber auch

675 KUKO SchKG-BRÖNNIMANN, Art. 85 N 3; für die Wechselbetreibung vgl. BGE 133 III 684.
676 BGE 140 III 41, E. 3.2.
677 BGE 140 III 41, E. 3.2.3.
678 BSK SchKG I-BODMER/BANGERT, Art. 85 N 16 ff.; KUKO SchKG-BRÖNNIMANN, Art. 85 N 7.
679 BSK SchKG I-BODMER/BANGERT, Art. 85 N 28.

zur Verfügung, wenn der ursprüngliche Nichtbestand der Schuld geltend gemacht wird[680].

2. Richterliche Aufhebung oder Einstellung der Betreibung im vereinfachten oder ordentlichen Verfahren (Art. 85a SchKG)

Sodann kann der Betriebene jederzeit beim Gericht des Betreibungsortes feststellen lassen, dass die Schuld nicht oder nicht mehr besteht oder gestundet ist (Art. 85a Abs. 1 SchKG).

Bei der Klage nach Art. 85a SchKG geht es ebenfalls um die Aufhebung oder Einstellung der Betreibung. Zudem geht es aber auch um die materiellrechtliche Feststellung, ob die Schuld nicht oder nicht mehr besteht oder gestundet ist.

Die Klage steht erst nach rechtskräftiger Beseitigung des Rechtsvorschlages (oder wenn dieser unterlassen wurde) zur Verfügung, und zwar bis zur Verteilung des Verwertungserlöses bzw. der Stellung des Konkursbegehrens. Sie ist demnach ein Notbehelf[681]. Hat der Betriebene rechtzeitig Rechtsvorschlag erhoben und dadurch die Betreibung gestoppt, kann er mangels Rechtsschutzinteresses nicht klagen[682].

Vorausgesetzt wird also eine laufende Betreibung. Die Betreibung muss auch noch im Zeitpunkt des Urteils hängig sein, ansonsten eine Prozessvoraussetzung fehlt[683]. Ein darüber hinausgehendes Rechtsschutzinteresse braucht es nicht[684]. Insbesondere ist der Nachweis eines besonderen Feststellungsinteresses nicht erforderlich. Das schutzwürdige Interesse an der Feststellung des Nichtbestandes einer Forderung wird nach der gelockerten bundesgerichtlichen Rechtsprechung bejaht, sobald diese in Betreibung gesetzt wurde. Der Feststellungskläger muss also nicht konkret nachweisen, dass er wegen der Betreibung in seiner wirtschaftlichen Bewegungsfreiheit empfindlich beeinträch-

680 BGE 140 III 41; E. 3.3.1.
681 BGE 141 III 68, E. 2.6.1.2; BGE 140 III 41, E. 3.2.2; BGE 127 III 43, E. 4c.
682 BGE 141 III 68, E. 2.6.1.2; BGE 140 III 41, E. 3.2.2.
683 BGE 127 III 43, E. 4c; KUKO SchKG-Brönnimann, Art. 85a N 8.
684 BGE 129 II 197.

tigt wird[685].Vorbehalten ist immerhin der Fall, wo die Betreibung nachweislich einzig zur Unterbrechung der Verjährung einer Forderung nach Art. 135 Ziff. 2 OR eingeleitet werden musste, nachdem der (angebliche) Schuldner die Unterzeichnung einer Verjährungsverzichtserklärung verweigert hat und die Forderung vom (angeblichen) Gläubiger aus triftigen Gründen nicht sofort im vollen Umfang gerichtlich geltend gemacht werden kann[686].

Die Klage ist nicht nur in der Betreibung auf Pfändung oder Pfandverwertung bzw. in der Konkursbetreibung zulässig, sondern auch in der Wechselbetreibung[687].

Gemäss Art. 85a Abs. 2 SchKG kann das Gericht nach Eingang der Klage und nach Anhörung der Parteien und in Würdigung der Beweismittel die Betreibung im Sinne einer vorsorglichen Massnahme vorläufig einstellen[688]. Vorausgesetzt wird, dass die Prozesschancen des klagenden Schuldners deutlich besser erscheinen als jene des Gläubigers. Nicht erforderlich ist, dass die Klage offensichtlich begründet ist[689]. Allerdings muss zusätzlich die Voraussetzung der besonderen Dringlichkeit gemäss Art. 265 Abs. 1 ZPO gegeben sein. Die vorläufige Einstellung der Betreibung erfolgt in der Betreibung auf Pfändung oder auf Pfandverwertung vor der Verwertung oder, wenn diese bereits stattgefunden hat, vor der Verteilung (Art. 85a Abs. 2 Ziff. 1 SchKG) und in der Betreibung auf Konkurs nach Zustellung der Konkursandrohung (Art. 85a Abs. 2 Ziff. 2 SchKG).

Fraglich ist, ob die vorläufige Einstellung der Betreibung auch ohne Anhörung der Parteien angeordnet werden kann. Der Gesetzeswortlaut («hört das Gericht die Parteien an») verbietet dies jedenfalls nicht, denn die superprovisorisch angeordnete vorläufige Einstellung der Betreibung wird nach erfolgter Anhörung der Gegenseite überprüft und vom Gericht entweder bestätigt oder aufgehoben (Art. 265 Abs. 2 ZPO)[690].

---

685 BGE 141 III 68, E. 2.7. Am 25. April 2013 verabschiedete die Kommission für Rechtsfragen des Nationalrates einen Vorentwurf u.a. zu Art. 85a SchKG. Dieser soll ergänzt werden. Nach der vorgeschlagenen Neufassung der Bestimmung kann der Betriebene, solange die Betreibung für Dritte aus dem Register ersichtlich ist, vom Gericht des Betreibungsortes feststellen lassen, dass die Schuld nicht oder nicht mehr besteht oder gestundet ist. Solange die Betreibung für Dritte aus dem Register ersichtlich ist, soll das Rechtsschutzinteresse der betriebenen Person damit von Gesetzes wegen vermutet werden. Vgl. hierzu BGE 141 III 68, E. 2.6.2.

686 BGE 141 III 68, E. 2.7.

687 BGE 133 III 684; BSK SchKG I-Bodmer/Bangert, Art. 85a N 13.

688 KUKO SchKG-Brönnimann, Art. 85a N 11 mit Hinweis auf BGE 125 III 440.

689 Amonn/Walther, § 20 N 25; BSK SchKG I-Bodmer/Bangert, Art. 85a N 21.

690 Gl.M. BSK SchKG I-Bodmer/Bangert, Art. 85a N 22a; KUKO SchKG-Brönnimann, Art. 85a N 13; vgl. auch BGE 5A_953/2012.

Wird eine Klage nach Art. 85a SchKG eingereicht, ist der Entscheid über den Konkurs i.S.v. Art. 173 Abs. 1 SchKG auszusetzen, bis das Gericht über die vorläufige Einstellung der Betreibung nach Art. 85a Abs. 2 SchKG entschieden hat[691]. Der Konkursrichter hat überdies ohne Weiteres den Entscheid über die vorläufige Einstellung der Betreibung zu beachten[692].

3. Rechtsnatur

Die *Klage nach Art. 85 SchKG* ist rein betreibungsrechtlicher Natur[693].

Im Unterschied zur Klage nach Art. 85 SchKG weist die *Klage nach Art. 85a SchKG* eine Doppelnatur auf: Einerseits bezweckt sie als materiell-rechtliche Klage die rechtskräftige Feststellung der Nichtschuld bzw. Stundung, andererseits hat sie auch betreibungsrechtliche Wirkung, da der Richter mit ihrer Gutheissung die Betreibung einstellt oder aufhebt[694].

4. Aktiv- und Passivlegitimation

Bei der *Klage nach Art. 85 SchKG* sind neben dem Betriebenen auch der Drittpfandbesteller und der Ehegatte aktivlegitimiert, wenn diesen ebenfalls ein Zahlungsbefehl zuzustellen ist[695]. Passivlegitimiert ist der betreibende Gläubiger oder sein Rechtsnachfolger.

Der Schuldner bzw. Betriebene ist sodann bei der *Klage nach Art. 85a SchKG* aktivlegitimiert. Ob auch der Ehegatte oder Drittpfandeigentümer aktivlegitimiert ist, hat das Bundesgericht offengelassen[696]. Dies ist aber zu bejahen[697]. Passivlegitimiert ist der betreibende Gläubiger.

691 BGE 136 III 587; BGE 133 III 684, E. 3.2; BGE 132 III 95.
692 KUKO SchKG-Brönnimann, Art. 85a N 16.
693 BGE 140 III 41, E. 3.1; BGE 125 III 149, E. 2b/aa.
694 BGE 140 III 41, E. 3.2.3; BGE 132 III 277, E. 4.3.1; BGE 132 III 92, E. 1.1; BGE 129 III 197; BSK SchKG I-Bodmer/Bangert, Art. 85a N 3; KUKO SchKG-Brönnimann, Art. 85a N 2; a.M. Spühler, N 726, der von einer betreibungsrechtlichen Klage mit Reflexwirkung auf das materielle Recht ausgeht.
695 BGE 5A_674/2012, E. 2.1; BSK SchKG I-Bodmer/Bangert, Art. 85 N 32; KUKO SchKG-Brönnimann, Art. 85 N 12.
696 BGE 129 III 197, E. 2.4.
697 KUKO SchKG-Brönnimann, Art. 85a N 23.

5. Wirkung auf das Betreibungsverfahren

Das Verfahren und der Entscheid nach Art. 85 SchKG sind betreibungsrechtlicher Natur und haben deshalb eine rein betreibungsrechtliche Wirkung[698].

Die Klage nach Art. 85a SchKG hat infolge ihrer Doppelnatur sowohl eine materiell-rechtliche als auch eine betreibungsrechtliche Wirkung. Die betreibungsrechtliche Wirkung ist dieselbe wie bei der Klage nach Art. 85 SchKG:

Obsiegt der Schuldner bzw. Betriebene, indem er die *Tilgung, das Nichtbestehen oder das Nichtmehrbestehen* seiner Schuld nachweisen konnte, wird die Betreibung aufgehoben. Das Betreibungsverfahren wird definitiv abgeschlossen, und Dritte erhalten keine Kenntnis mehr von der Betreibung (Art. 8a Abs. 3 lit. a SchKG)[699].

Wird die Klage demgegenüber gutgeheissen, weil der Schuldner eine *Stundung* der Schuld beweisen konnte, lautet der gerichtliche Entscheid auf Einstellung der Betreibung. Diesfalls bleibt das Betreibungsverfahren für die vom Gericht im Entscheid festgesetzten Dauer sistiert. Nach Ablauf der Einstellung wird das Betreibungsverfahren auf entsprechendes Begehren des Betreibers fortgesetzt[700]. Betreibungsrechtliche Fristen laufen während einer Einstellung weiter[701].

Bei Abweisung der Klage nimmt die hängige Betreibung ihren Fortgang.

II. Prozessuales

1. Verfahren

Das *Verfahren nach Art. 85 SchKG* ist summarisch (Art. 251 lit. c ZPO).

Der *Prozess nach Art. 85a SchKG* wird abhängig vom Streitwert entweder im ordentlichen (Streitwert > CHF 30 000; Art. 219 ff. ZPO) oder im vereinfachten Verfahren (Streitwert ≤ CHF 30 000; Art. 243 ff. ZPO) durchgeführt.

698 BGE 140 III 41, E. 3.1; BGE 125 III 149, E. 2b/aa.

699 KUKO SchKG-Brönnimann, Art. 85 N 16.

700 Spühler, N 723.

701 BGE 88 III 64 in Form eines obiter dictum.

2. Örtliche Zuständigkeit

Bei der *Klage nach Art. 85 SchKG* sind die Gerichte am Betreibungsort ausschliesslich und zwingend örtlich zuständig (Art. 46 ZPO). Eine Gerichtsstandsvereinbarung und eine Einlassung sind demnach nicht zulässig.

Im euro-internationalen Verhältnis ist der Betreibungsort ebenfalls der zwingende Gerichtsstand (Art. 22 Ziff. 5 LugÜ)[702]. Ausserhalb des Anwendungsbereichs des LugÜ richtet sich der Gerichtsstand direkt nach dem SchKG, da das IPRG keine entsprechenden Zuständigkeitsvorschriften enthält.

Der Gerichtsstand für die *Klage nach Art. 85a SchKG* ist ebenfalls der Betreibungsort. Allerdings ist dieser Gerichtsstand nicht zwingend und kann durch Prorogation abgeändert werden[703].

Im euro-internationalen Verhältnis ist wegen der materiell-rechtlichen Natur der Klage der Gerichtsstand am Betreibungsort nur zulässig, wenn er mit einem Gerichtsstand nach Art. 2 ff. LugÜ zusammenfällt[704]. Gleiches gilt im Anwendungsbereich des IPRG[705]. Für die vorläufige Einstellung der Betreibung nach Art. 85a Abs. 2 SchKG sind die Gerichte am Betreibungsort zuständig (Art. 31 LugÜ bzw. Art. 10 IPRG)[706].

3. Sachliche Zuständigkeit

Die sachliche Zuständigkeit richtet sich nach kantonalem Recht (Art. 3 f. ZPO). Art. 85 und 85a SchKG schreiben eine richterliche Behörde vor. Das Einzelgericht ist sachlich für das *Gesuch um Aufhebung oder Einstellung der Betreibung i.S.v. Art. 85 SchKG* zuständig (vgl. z.B. im Kanton Zürich § 24 lit. c GOG ZH i.V.m. Art. 251 lit. c ZPO).

Sodann ist im Kanton Zürich das Einzelgericht auch für die *Klage nach Art. 85a SchKG* sachlich zuständig (§ 24 lit. b GOG ZH i.V.m. Art. 198 lit. e Ziff. 2 ZPO).

Bei öffentlich-rechtlichen Forderungen ist bei der Klage nach Art. 85a SchKG die materiell-rechtliche Frage, ob die Schuld nicht oder nicht mehr besteht oder gestundet ist, nicht vom Zivilrichter, sondern von der nach dem öf-

702 BSK SchKG I-Bodmer/Bangert, Art. 85 N 29; KUKO SchKG-Brönnimann, Art. 85 N 11.

703 Amonn/Walther, § 20 N 21; Jaeger/Walder/Kull/Kottmann, II, Art. 85a N 1; KUKO SchKG-Brönnimann, Art. 85a N 18; a.M. BSK SchKG I-Bodmer/Bangert, Art. 85a N 24.

704 KUKO SchKG-Brönnimann, Art. 85a N 19.

705 Meier, IZPR, 176.

706 BSK SchKG I-Bodmer/Bangert, Art. 85a N 25a.

fentlichen Recht zuständigen Behörde zu behandeln. Der Zivilrichter bleibt aber sachlich zuständig für den vollstreckungsrechtlichen Entscheid über die Aufhebung oder Einstellung der Betreibung und ebenso für die vorläufige Einstellung der Betreibung i.S.v. Art. 85a Abs. 2 SchKG. Dieses Verfahren vor dem Zivilrichter wird bis zum Entscheid der zuständigen Behörde über die materiell-rechtliche Frage sistiert[707].

Für die Beurteilung der materiell-rechtlichen Frage, ob die Schuld nicht oder nicht mehr besteht oder gestundet ist, kann bei der Klage nach Art. 85a SchKG auch ein Schiedsgericht sachlich zuständig sein. Allerdings ist die Anordnung, die Betreibung aufzuheben oder einzustellen, nicht schiedsfähig. Hierfür sind einzig die staatlichen Gerichte zuständig[708].

4. Einleitung Verfahren

Bei beiden Klagen entfällt das Schlichtungsverfahren (Art. 198 lit. a ZPO und Art. 198 lit. e Ziff. 2 ZPO). Die Klagen sind somit direkt beim zuständigen Gericht einzureichen. Ist die Klage nach Art. 85a SchKG mietrechtlich begründet, entfällt auch ein Schlichtungsverfahren in Mietsachen gemäss Art. 200 Abs. 1 ZPO.

5. Rechtsbegehren

Das Rechtsbegehren der *Klage nach Art. 85 SchKG* könnte so lauten:

«Es sei die Betreibung Nr. […] des Betreibungsamtes […], (Zahlungsbefehl vom […]), aufzuheben (bzw. einzustellen bis […]) und im Betreibungsregister zu löschen, unter Kosten und Entschädigungsfolgen zulasten des Beklagten.»

Wegen der Doppelnatur der *Klage nach Art. 85a SchKG* muss hier zusätzlich noch ein Feststellungsantrag gestellt werden:

«1. Es sei festzustellen, dass die in Betreibung gesetzte Forderung des Beklagten gegenüber dem Kläger in Höhe von […] nebst Zins zu 5% seit dem […], Betreibung Nr. […] des Betreibungsamtes […], (Zahlungsbefehl vom […]), nicht besteht [bzw. nicht mehr besteht, bzw. gestundet ist];

2. Es sei die Betreibung Nr. […] des Betreibungsamtes […], (Zahlungsbefehl vom […]), aufzuheben und im Betreibungsregister zu löschen (bzw. einzustellen bis […]);

alles unter Kosten und Entschädigungsfolgen zulasten des Beklagten.»

707 Tenchio, 160 f.; KUKO SchKG-Brönnimann, Art. 85a N 5.
708 KUKO SchKG-Brönnimann, Art. 85a N 18.

Bei der Klage nach Art. 85a SchKG ist zudem folgender prozessualer Antrag zu stellen:

«Es sei die Betreibung Nr. [...] des Betreibungsamtes [...], (Zahlungsbefehl [...]), gegen den Kläger für die Dauer des Prozesses vorläufig einzustellen.»

Zwar kann das Gericht vorsorgliche Massnahmen von Amtes wegen anordnen. Gleichwohl gebietet eine sorgfältige Prozessführung, einen solchen Antrag ausdrücklich zu stellen.

6. Streitwert

Der Streitwert richtet sich bei beiden Klagen nach der Höhe der Schuld, die nicht oder nicht mehr besteht oder gestundet ist (Art. 91 ZPO).

7. Frist

Art. 85 und Art. 85a SchKG sehen keine Klagefrist vor. Dies ergibt sich aus dem Wortlaut («jederzeit»). Die Klagemöglichkeit ist aber in dem Sinne zeitlich eingeschränkt, als dass sie nur solange besteht, wie die Betreibung läuft. Die Betreibung muss hängig sein. In der Spezialexekution sind die Klagen demnach bis zur Verteilung des Verwertungserlöses[709] und in der Konkursbetreibung bis zur Stellung des Konkursbegehrens (und nicht bis zur Konkurseröffnung) zulässig. Da der Schuldner im Konkurseröffnungsverfahren einredeweise die Tilgung oder Stundung seiner Schuld geltend machen kann (Art. 172 Ziff. 3 SchKG), hat er an einer Klage nach Art. 85 oder Art. 85a SchKG kein Rechtsschutzinteresse mehr. Dies ist in der Lehre allerdings umstritten[710].

8. Streitgenossenschaft

Notwendige Streitgenossenschaft i.S.v. Art. 70 ZPO auf der Beklagten- bzw. Gläubigerseite ist zulässig, und zwar dann, wenn die betreibenden Gläubiger materiell-rechtlich nur gesamthaft berechtigt sind, die Erfüllung zu verlangen. Soweit sie korrekt gemeinsam betrieben haben, müssen sie auch gemeinschaftlich als Beklagte im Verfahren nach Art. 85 oder Art. 85a SchKG auftreten. Zudem ist es möglich, dass Gläubiger als einfache Streitgenossen gemäss Art. 71 ZPO auftreten. Dies ist dann der Fall, wenn gegen den

709 BSK SchKG I-Bodmer/Bangert, Art. 85 N 14.
710 BSK SchKG I-Bodmer/Bangert, Art. 85 N 15 m.w.H.

Schuldner eine Solidarforderung gemäss Art. 150 OR besteht und die Gläubiger den Schuldner gemeinsam betrieben haben.

Auf der Kläger- bzw. Schuldnerseite ist eine Streitgenossenschaft mit Ausnahme der Betreibung einer Erbschaft i.S.v. Art. 49 SchKG ausgeschlossen. Zwar können mehrere Schuldner gemeinsam betrieben werden. Die Betreibungsverfahren werden aber gegen jeden einzelnen Schuldner separat geführt.

9. Streitverkündung, Intervention

Streitverkündung sowie Haupt- und Nebenintervention sind im Verfahren auf Aufhebung oder Einstellung der Betreibung ausgeschlossen. Die von einer Betreibung in ihren Rechten betroffenen Dritten haben ein eigenständiges Klagerecht.

10. Beweislast

Gemäss dem Gesetzeswortlaut von *Art. 85 SchKG* liegt die Beweislast beim Schuldner. Er hat zu beweisen, dass die Schuld getilgt oder gestundet ist. Macht der Schuldner Tilgung durch Verrechnung geltend, hat er Bestand und Höhe der Verrechnungsforderung sowie die erfolgte Verrechnung urkundlich zu beweisen[711].

Demgegenüber ist die Beweislast bei der *Klage nach Art. 85a SchKG* umgekehrt. Nicht der Betriebene als Kläger, sondern der Gläubiger trägt die Beweislast. Er hat den Bestand, den Umfang und die Fälligkeit seiner Forderung zu beweisen. Dem Schuldner steht der Gegenbeweis offen.

11. Beweismass

Der Betriebene hat in der *Klage nach Art. 85 SchKG* den strikten Beweis der Tilgung, Stundung oder des Nichtbestehens der Betreibungsforderung zu erbringen. Es braucht somit volle richterliche Überzeugung; Glaubhaftmachung genügt nicht[712]. Dieses Beweismass gilt für beide Parteien, also auch für einen allfälligen Gegenbeweis des Gläubigers[713].

711 BSK SchKG I-Bodmer/Bangert, Art. 85 N 20; KUKO SchKG-Brönnimann, Art. 85 N 9.

712 BGE 140 III 41, E. 3.3.2; BGE 125 III 151, E. 2b/aa.

713 KUKO SchKG-Brönnimann, Art. 85 N 14 m.w.H.; a.M. BSK SchKG I-Bodmer/Bangert, Art. 85 N 33b.

Auch bei der *Klage nach Art. 85a SchKG* ist ein strikter Beweis erforderlich[714]. Glaubhaftmachung genügt nicht. Dies gilt auch für den Gegenbeweis.

12. Beweismittel

Für die *Klage nach Art. 85 SchKG* sieht das Gesetz ausschliesslich die Urkunde als Beweismittel vor[715]. Andere Beweismittel sind bei der Klage nach Art. 85 SchKG demzufolge nicht zulässig, auch wenn die Voraussetzungen gemäss Art. 254 Abs. 2 ZPO erfüllt wären[716].

Bei der *Klage nach Art. 85a SchKG* sind sämtliche Beweismittel zulässig (Art. 168–193 ZPO).

13. Urteil

Das gutheissende Urteil hat bei der *Klage nach Art. 85 SchKG* ausschliesslich betreibungsrechtliche Wirkung. Wenn das Gericht zum Schluss kommt, die Schuld sei samt Zinsen und Kosten getilgt, so lautet es auf Aufhebung der Betreibung. Kommt das Gericht zum Schluss, die Schuld sei gestundet, so lautet das Urteil auf Einstellung der Betreibung.

Bei der *Klage nach Art. 85a SchKG* hat das Urteil sowohl materiell-rechtliche als auch betreibungsrechtliche Wirkungen. Bei Klagegutheissung lautet das Urteil auf Feststellung, dass die Schuld nicht bzw. nicht mehr besteht oder gestundet ist. Zudem lautet das Urteil auf Aufhebung der Betreibung (wenn das Gericht zum Schluss kommt, die Schuld bestehe nicht oder nicht mehr) oder auf Einstellung der Betreibung (wenn das Gericht zum Schluss kommt, die Schuld sei gestundet; vgl. Art. 85a Abs. 3 SchKG).

Der Entscheid über die materiell-rechtliche Frage, ob die Schuld nicht besteht bzw. nicht mehr besteht oder gestundet ist, erwächst in materielle Rechtskraft. Weist das Gericht die Klage ab, steht umgekehrt ebenfalls mit materieller Rechtskraft fest, dass die vom Gläubiger in Betreibung gesetzte Forderung besteht bzw. fällig ist. Das Urteil ist aber ein Feststellungsurteil und stellt damit keinen Vollstreckungstitel dar[717].

714 BGE 140 III 41, E. 3.2.3.
715 Das Bundesgericht spricht vom «strikten Urkundenbeweis», vgl. BGE 140 III 41, E. 3.3.2.
716 Gl.M. BSK SchKG I-Bodmer/Bangert, Art. 85 N 31, N 33.
717 BSK SchKG I-Bodmer/Bangert, Art. 85a N 31.

14. Anerkennung, Rückzug, Vergleich

Anerkennung, Rückzug und Vergleich sind zulässig. Im Abschreibungsentscheid des Gerichts i.S.v. Art. 241 Abs. 3 ZPO müsste das Gericht bei der Anerkennung bzw. bei einem Vergleich auch noch über die Aufhebung oder Einstellung der Betreibung befinden.

15. Rechtsmittel

Gegen den Entscheid betreffend die *Klage nach Art. 85 SchKG* ist auf kantonaler Ebene einzig die Beschwerde (Art. 319 ff. ZPO) zulässig. Die Berufung ist nach klarem Gesetzeswortlaut unzulässig (Art. 309 lit. b Ziff. 4 ZPO).

Gegen den Entscheid über eine *Klage gemäss Art. 85a SchKG* ist auf kantonaler Ebene bei Streitwerten über CHF 10000 die Berufung (Art. 308 ff. ZPO) und darunter die Beschwerde (Art. 319 ff. ZPO) zulässig. Gleiches gilt für den Entscheid über die vorläufige Einstellung der Betreibung (Art. 308 Abs. 1 lit. b ZPO; Art. 319 lit. a ZPO)[718].

Auf Bundesebene ist der Entscheid der letzten kantonalen Instanz über die Aufhebung oder Einstellung der Betreibung nach *Art. 85 SchKG oder nach Art. 85a SchKG* mit der Beschwerde in Zivilsachen anfechtbar (Art. 72 ff. BGG). Auch der Entscheid über die vorläufige Einstellung der Betreibung ist beschwerdefähig. Zwar handelt es sich hierbei um einen Zwischenentscheid; da dieser aber einen nicht wiedergutzumachenden Nachteil bewirken kann, ist er dennoch selbständig anfechtbar (Art. 93 Abs. 1 lit. a BGG)[719]. Die Beschwerde ist aber nur zulässig, wenn der Streitwert mindestens CHF 30000 beträgt (Art. 74 Abs. 1 lit. b BGG), es sei denn, es bestehe ein Ausnahmegrund nach Art. 74 Abs. 2 BGG. Die Streitwertgrenze gilt auch, wenn die dem Betreibungsverfahren zugrunde liegende Forderung arbeits- oder mietrechtlich begründet ist[720]. Mit der Beschwerde kann die Verletzung von eidgenössischem (Art. 95 BGG) und ausländischem (Art. 96 BGG) Recht gerügt werden, es sei denn, beim angefochtenen Entscheid handle es sich um die vorläufige Einstellung der Betreibung, mithin also um eine vorsorgliche Massnahme, wogegen nur die Rüge der Verletzung verfassungsmässiger Rechte zulässig ist (Art. 98 BGG).

718 BGE 5A_473/2012, E. 1.2.1.

719 BGE 5A_472/2012, E. 1.2.1; BGE 4A_176/2010, E. 1.

720 BGE 135 III 472.

Beträgt der Streitwert weniger als CHF 30 000, ist der Entscheid über die Aufhebung oder Einstellung der Betreibung i.S.v. Art. 85 bzw. Art. 85a SchKG mit der subsidiären Verfassungsbeschwerde gemäss Art. 113 ff. BGG anfechtbar. Allerdings kann hier lediglich die Verletzung von verfassungsmässigen Rechten gerügt werden (Art. 116 BGG).

§ 18 Rückforderungsklage (Art. 86 SchKG, Art. 187 SchKG)

Literatur: DAGON ROGER, Über die Rückforderung im Betreibungsrecht, Diss. Zürich 1960.

I. Materielles

1. Allgemeines

Wurde der Rechtsvorschlag unterlassen oder durch Rechtsöffnung beseitigt, so kann derjenige, welcher infolgedessen eine Nichtschuld bezahlt hat, den bezahlten Betrag innerhalb eines Jahres nach der Zahlung auf dem Prozessweg zurückfordern (Art. 86 Abs. 1 SchKG).

Auch in der Wechselbetreibung gibt es eine Rückforderungsklage. So kann derjenige, der infolge der Unterlassung oder Nichtbewilligung eines Rechtsvorschlages eine Nichtschuld bezahlt hat, das Rückforderungsrecht nach Massgabe von Art. 86 SchKG ausüben (Art. 187 SchKG).

Die Rückforderungsklage bezweckt die Wiedergutmachung des Unrechts, das der Schuldner erlitten hat, indem er unter dem Druck einer ungerechtfertigten Betreibung oder Wechselbetreibung eine Nichtschuld bezahlt hat[721].

Die Rückforderung setzt zunächst *Bezahlung* voraus. Nicht vorausgesetzt ist die volle Bezahlung der in Betreibung gesetzten Forderung. Auch Teilzahlungen können zurückverlangt werden[722]. Der Betriebene kann die Rückforderungsklage auch erheben, wenn er meint, mehr bezahlt zu haben, als von ihm geschuldet war, z.B. infolge von Wechselkursschwankungen während des Vollstreckungsverfahrens auf eine in Fremdwährung lautende Schuld[723]. Nicht nur die direkte Zahlung an den Gläubiger, sondern auch die Zahlung infolge Pfandverwertung oder Verwertung der Konkursmasse begründet ein Rückforderungsrecht[724].

721 BSK SchKG II-BAUER, Art. 187 N 3.
722 BSK SchKG II-BAUER, Art. 187 N 7.
723 BGE 134 III 155.
724 BGE 132 III 539, E. 3.3; BGE 131 III 589; KUKO SchKG-BRÖNNIMANN, Art. 86 N 4.

Die Zahlung muss infolge der Unterlassung oder Nichtbewilligung des Rechtsvorschlages und *unter dem Druck der Betreibung* erfolgt sein[725]. Sie setzt ein vorausgehendes und abgeschlossenes Betreibungsverfahren voraus[726]. Kein Rückforderungsrecht besteht beim Rückzug des Rechtsvorschlages, da die Schuld hier freiwillig bezahlt worden ist[727]. Die Klage ist auch ausgeschlossen, wenn die Zahlung im Rahmen einer nichtigen oder erloschenen Betreibung erfolgt ist oder wenn sie vor Anhebung der Betreibung geleistet wurde[728].

Der Betriebene muss sodann eine *Nichtschuld* bezahlt haben[729]. Zahlung einer Nichtschuld liegt vor, wenn der Betriebene den Gläubiger für eine Forderung befriedigte, die teilweise oder ganz nicht bestand. Zudem liegt Zahlung einer Nichtschuld vor, wenn der Betriebene eine Sicherheitsleistung erbringt, zu der er nicht verpflichtet war oder wenn das von einem Dritten bestellte Pfand verwertet wurde, nachdem das Pfandrecht untergegangen war[730]. Das Rückforderungsrecht ist nach wohl h.L. aber nicht gegeben, wenn die Forderung zwar Bestand hat, aber nicht durchsetzbar ist. Zu denken ist hier etwa an eine verjährte Forderung[731]. Eben sowenig hat der Betriebene ein Rückforderungsrecht, wenn er eine Naturalobligation oder eine sittliche Pflicht erfüllt[732].

In der Wechselbetreibung kann sich die Nichtschuld entweder aus dem Nichtbestand der Wechselschuld (z.B. wegen Fälschung des Titels) oder aus dem persönlichen Verhältnis zwischen den Parteien des Betreibungsverfahrens (z.B. persönliche Einreden des Schuldners gemäss Art. 1007 OR) ergeben[733]. Die Nichtschuld bezieht sich insoweit auch auf die kausale Rechtsbeziehung der Parteien «unterhalb» des Wechselrechtsverhältnisses. Ergibt sich im Rückforderungsprozess somit, dass eine wechselmässige Haftung des Schuldners zwar nicht bestanden hat, gleichwohl aber eine aus dem Grund-

725 BSK SchKG II-Bauer, Art. 187 N 8.

726 BSK SchKG I-Bodmer/Bangert, Art. 86 N 4.

727 BSK SchKG II-Bauer, Art. 187 N 8.

728 BSK SchKG I-Bodmer/Bangert, Art. 86 N 14 ff. mit Hinweisen auf die Kasuistik; KUKO SchKG-Brönnimann, Art. 86 N 5.

729 BGE 4A_95/2014, E. 2.4.1.

730 BSK SchKG I-Bodmer/Bangert, Art. 86 N 7.

731 Amonn/Walther, § 20 N 29; BSK SchKG II-Bauer, Art. 187 N 9; Jaeger/Walder/Kull/Kottmann, II, Art. 86 N 6; Spühler, N 738; a.M. BSK SchKG I-Bodmer/Bangert, Art. 86 N 8.

732 BSK SchKG I-Bodmer/Bangert, Art. 86 N 7; Spühler, N 738.

733 Vgl. zum Ganzen BSK SchKG II-Bauer, Art. 187 N 10 f.

verhältnis herrührende Schuld, die unter Druck der Wechselbetreibung bezahlt wurde, so ist die Klage abzuweisen[734].

Nur Zahlungen, die aufgrund eines *privatrechtlichen Verhältnisses* geleistet wurden, sind rückforderbar. Für öffentlich-rechtliche Rückforderungsansprüche steht Art. 86 SchKG nicht zur Verfügung[735].

2. Rechtsnatur

Die Rückforderungsklage ist materiell-rechtlicher Natur[736]. Es handelt sich um eine Leistungsklage.

3. Aktiv- und Passivlegitimation

Aktivlegitimiert ist der Betriebene oder seine Rechtsnachfolger, ferner der Eigentümer des Drittpfandes, dessen Pfand für eine nicht bestehende Forderung verwertet wurde[737]. Der Betreibende oder seine Rechtsnachfolger sind passivlegitimiert[738].

In der *Wechselbetreibung* ist der Betriebene aktivlegitimiert. Die Rückforderungsklage ist auch nach der Konkurseröffnung zulässig. Der Anspruch wird dann von der Konkursmasse geltend gemacht[739]. Die Rückforderungsklage richtet sich ausschliesslich gegen den betreibenden Wechselgläubiger, an den der Betriebene bezahlt hat[740].

4. Wirkung auf das Betreibungsverfahren

Da die Rückforderungsklage materiell-rechtlich ist und einzig die Frage des Bestandes oder Nichtbestandes der Forderung auf Rückerstattung zum Prozessgegenstand hat, hat sie keine Wirkung auf das Betreibungsverfahren.

734 Vgl. zum Ganzen BSK SchKG II-Bauer, Art. 187 N 11; KUKO SchKG-Brönnimann, Art. 86 N 2.
735 KUKO SchKG-Brönnimann, Art. 86 N 6.
736 Spühler, N 736.
737 BSK SchKG I-Bodmer/Bangert, Art. 86 N 21; KUKO SchKG-Brönnimann, Art. 86 N 19.
738 BGE 4A_95/2014, E. 2.4.1.
739 BSK SchKG II-Bauer, Art. 187 N 5.
740 BSK SchKG II-Bauer, Art. 187 N 6.

II. Prozessuales

1. Verfahren

Der Prozess über die Rückforderungsklage wird abhängig vom Streitwert entweder im ordentlichen (Streitwert > CHF 30 000; Art. 219 ff. ZPO) oder im vereinfachten Verfahren (Streitwert ≤ CHF 30 000; Art. 243 ff. ZPO) durchgeführt.

2. Örtliche Zuständigkeit

Nach Wahl des Klägers ist örtlich das Gericht am Betreibungsort oder das Gericht am ordentlichen Gerichtsstand des Beklagten i.S.v. Art. 10 ff. ZPO zuständig (Art. 86 Abs. 2 SchKG). Eine Gerichtsstandsvereinbarung ist zulässig.

Bei einem euro-internationalen Sachverhalt gelten die Gerichtsstände nach Art. 2 ff. LugÜ. Das Gericht am Betreibungsort ist nur zuständig, wenn der Betreibungsort mit einem Gerichtsstand nach Art. 2 ff. LugÜ zusammenfällt[741]. Im Anwendungsbereich des IPRG richtet sich der Gerichtsstand nach Art. 127 IPRG (Gerichtsstand für Klagen aus ungerechtfertigter Bereicherung)[742].

3. Sachliche Zuständigkeit

Die allgemeinen kantonalen zivilprozessualen Normen bestimmen sodann die sachliche Zuständigkeit (Art. 3 f. ZPO). Im Kanton Zürich ist je nach Streitwert das Einzelgericht (Streitwert ≤ CHF 30 000; § 24 lit. a GOG ZH; auch als Arbeits- oder Mietgericht, § 25 oder § 26 GOG ZH) oder das Kollegialgericht (Streitwert > CHF 30 000; § 19 GOG ZH; auch als Arbeits- oder Mietgericht, § 20 oder § 21 GOG ZH) sachlich zuständig. Sodann kann im Kanton Zürich auch das Handelsgericht gemäss § 44 GOG ZH oder das Obergericht nach § 43 GOG ZH sachlich zuständig sein, sofern die Voraussetzungen erfüllt sind.

Schliesslich können auch Schiedsgerichte sachlich zuständig sein, wenn sie gültig vereinbart worden sind.

741 KUKO SchKG-Brönnimann, Art. 86 N 17.
742 Meier, IZPR, 177.

4. Einleitung Verfahren

Die Klage ist entsprechend den zivilprozessualen Normen einzuleiten. Nach Art. 197 i.V.m. Art. 202 ZPO ist der Prozess bei der Schlichtungsbehörde anzuheben.

5. Rechtsbegehren

Das Rechtsbegehren könnte wie folgt formuliert werden:

«Der Beklagte sei zu verpflichten, dem Kläger den in Betreibung gesetzten Forderungsbetrag in Höhe von CHF [...] zuzüglich Zins von [...]% seit [...] zurückzubezahlen, unter Kosten- und Entschädigungsfolgen zulasten des Beklagten.»

6. Streitwert

Der Streitwert richtet sich nach der Höhe der Forderung, die der Betreibende zurückzuzahlen hat (Art. 91 ZPO).

7. Frist

Gemäss Art. 86 Abs. 1 SchKG muss die Rückforderungsklage innerhalb eines Jahres nach der Zahlung erhoben werden. Die Frist beginnt somit mit der Zahlung des nicht geschuldeten Betrages an den Betreibenden, an seinen Vertreter oder an das Betreibungsamt zu laufen[743]. Bei der Befriedigung des Gläubigers aus Zwangsverwertung beginnt die Frist im Zeitpunkt der Zahlung an den Betreibenden zu laufen und nicht im Zeitpunkt, in dem der Erlös einkassiert wurde[744]. Bei Bezahlung in Raten beginnt die Frist mit der Entrichtung der letzten Rate für den ganzen Betrag[745].

Es handelt sich nach h.L. um eine materielle Verwirkungsfrist, welche von Amtes wegen zu beachten ist. Sie kann weder verlängert noch wiederhergestellt noch unterbrochen werden[746]. Ihr Lauf kann aber gehemmt sein, insbesondere während der Dauer einer Nachlassstundung (Art. 293c Abs. 1 SchKG, Art. 297 Abs. 1 SchKG)[747].

743 BSK SchKG I-Bodmer/Bangert, Art. 86 N 24.
744 BSK SchKG I-Bodmer/Bangert, Art. 86 N 24.
745 KUKO SchKG-Brönnimann, Art. 86 N 15.
746 Amonn/Walther, § 20 N 32 und § 11 N 16 f.; Dagon, 23 f.; Spühler, N 740.
747 Amonn/Walther, § 11 N 17.

8. Streitgenossenschaft, Intervention

Streitgenossenschaft und Nebenintervention sind nach den Art. 70–72 ZPO und Art. 74–77 ZPO auf der Beklagten- bzw. Gläubigerseite zulässig. Streitgenossenschaft könnte somit beispielsweise auf der Beklagtenseite vorkommen, wenn der Betriebene seine Nichtschuld an mehrere Gläubiger bezahlt hat.

Auf der Kläger- bzw. Schuldnerseite ist sie mit Ausnahme der Betreibung einer Erbschaft i.S.v. Art. 49 SchKG aber ausgeschlossen. Mehrere Schuldner können zwar gemeinsam betrieben werden. Das Betreibungsamt stellt aber jedem einen separaten Zahlungsbefehl zu, sodass auch die mit dem Betreibungsverfahren im Zusammenhang stehenden Klageverfahren gesondert zu führen sind.

9. Streitverkündung

Sodann ist eine Streitverkündung i.S.v. Art. 78–80 ZPO möglich. So könnte z.B. der Eigentümer des Drittpfandes dem Schuldner bzw. Betriebenen den Streit verkünden für den Fall, dass er gegen den Gläubiger bzw. Betreibenden unterliegt.

10. Beweislast

Der Betriebene trägt die Beweislast dafür, dass er eine Nichtschuld bezahlt hat. Der Beklagte ist aber aus Treu und Glauben verpflichtet, bei der Abklärung des Sachverhaltes mitzuwirken[748]. Zudem hat der Betriebene und Kläger zu beweisen, dass er die Zahlung geleistet hat, und zwar unter Betreibungszwang[749]. Hingegen muss der Kläger nicht beweisen, dass er sich über die Schuldpflicht im Irrtum befunden hat[750].

11. Beweismass

Da die Rückforderungsklage eine materiell-rechtliche Klage ist, hat der Schuldner den vollen Beweis zu erbringen. Glaubhaftmachung genügt nicht.

748 BGE 119 II 306; KUKO SchKG-Brönnimann, Art. 86 N 20.
749 BSK SchKG I-Bodmer/Bangert, Art. 86 N 23.
750 KUKO SchKG-Brönnimann, Art. 86 N 20.

12. Beweismittel

Es sind alle Beweismittel gemäss den Art. 168–193 ZPO zulässig.

13. Urteil

Das gutheissende Urteil lautet auf (Rück-)Zahlung des Betreibenden an den Schuldner bzw. Betriebenen[751]. Das Urteil hat volle materielle Rechtskraft. Seine Wirkung ist nicht beschränkt auf ein bestimmtes Betreibungsverfahren[752].

14. Klageanerkennung, Klagerückzug, Vergleich

Klageanerkennung, Klagerückzug und Vergleich sind zulässig und haben die Wirkung eines rechtskräftigen Entscheides (Art. 241 Abs. 2 ZPO).

15. Rechtsmittel

Der erstinstanzliche Entscheid über die Rückforderungsklage ist bei einem Streitwert von mindestens CHF 10 000 mit Berufung (Art. 308 Abs. 2 ZPO), bei einem tieferen Streitwert mit Beschwerde (Art. 319 ZPO) an die kantonale Rechtsmittelinstanz weiterzuziehen. Als solche amtet im Kanton Zürich das Obergericht (§ 48 GOG ZH).

Gegen Entscheide letzter kantonaler Instanzen ist bei einem Streitwert von mindestens CHF 30 000 (Art. 74 Abs. 1 lit. b BGG) oder bei Rechtsfragen von grundsätzlicher Bedeutung (Art. 74 Abs. 2 lit. a BGG) die Beschwerde in Zivilsachen (Art. 72 ff. BGG) zulässig. Andernfalls ist die subsidiäre Verfassungsbeschwerde i.S.v. Art. 113 ff. BGG zu ergreifen, wobei sich die Prüfung des Entscheides hier auf Willkür (Art. 9 BV) beschränkt.

751 BSK SchKG II-Bauer, Art. 187 N 15.
752 Amonn/Walther, § 4 N 49.

4. Kapitel

Klagen bei der Betreibung auf Pfändung und Pfandverwertung

§ 19 Widerspruchsklage (Art. 106 ff. SchKG)

Literatur: BOMMER FLORIAN, Die Zuständigkeit für Widerspruchs- und Anfechtungsklagen im internationalen Verhältnis, Zürich 2001; BRUNNER ALEXANDER/ REUTTER MARK, Kollokations- und Widerspruchsklagen nach SchKG, 2. A., Zürich 2002; DOLGE ANNETTE, Internationale Zuständigkeit für zwangsvollstreckungsrechtliche Klagen nach dem revidierten Lugano-Übereinkommen, Zürich 2009; ROHNER THOMAS, Das Widerspruchsverfahren gemäss SchKG, St. Gallen 2002.

I. Materielles

1. Allgemeines

Das Widerspruchsverfahren dient der Klärung angeblicher Rechte Dritter an gepfändeten Gegenständen. Es findet sich in der Betreibung auf Pfändung (Art. 107 ff. SchKG), der Betreibung auf Pfandverwertung (Art. 155 Abs. 1 i.V.m. Art. 107 ff. SchKG) sowie im Arrestverfahren, wenn im Rahmen der Arresteinsprache des Dritten nach Art. 278 SchKG kein sofortiger Beweis des besseren Rechts möglich ist (Art. 275 SchKG). Ebenso kommt es - wenn auch gesetzlich nicht ausdrücklich vorgesehen - bei der Mietretention gemäss Art. 283 SchKG[753] und bei der Feststellung neuen Vermögens gemäss Art. 265a SchKG[754] zur Anwendung. In der Betreibung auf Konkurs ist es demgegenüber nicht vorgesehen[755].

Vorausgesetzt ist die Gültigkeit der Pfändung, der Pfandverwertung, des Retentionsbeschlags und des Arrestvollzugs; eine nichtige Pfändung vermag kein Widerspruchsverfahren auszulösen[756]. Nichtigkeit der Pfändung liegt u.a. dann vor, wenn der gepfändete Gegenstand offensichtlich einem Dritten gehört[757]. Sind die Rechte eines Dritten an gepfändeten Gegenständen demgegenüber unklar, so ist das Widerspruchsverfahren einzuleiten.

---

753 BGE 108 III 122, E. 4.

754 KUKO SchKG-ROHNER, Art. 106 N 3.

755 Im Konkurs wird die Funktion der Widerspruchsklage durch die Aussonderungs- bzw. Kollokationsklage erfüllt.

756 BSK SchKG I-STAEHELIN, Art. 106 N 5; Nichtigkeit der Pfändung liegt bspw. vor, wenn sie vom örtlich unzuständigen Amt vorgenommen oder erst nach Ablauf der Frist für das Fortsetzungsbegehren verlangt wird.

757 BGE 5A_618/2007, E. 2.1.

Das Widerspruchsverfahren kann sich auf alle gepfändeten Vermögenswerte beziehen, mithin auf bewegliche und unbewegliche Sachen, Forderungen[758] und sonstige Rechte (z.B. Immaterialgüterrechte)[759]. Nach der Verwertung des infrage stehenden Vermögensobjekts bezieht sich das Widerspruchsverfahren auf den Erlös[760]. An all diesen Vermögenswerten können im Rahmen des Widerspruchsverfahrens folgende Ansprüche geltend gemacht werden[761]:

- Eigentumsrechte an Fahrnis oder an einem Grundstück[762];
- beschränkte dingliche Rechte an Fahrnis;
- Rang eines beschränkten dinglichen Rechts an Fahrnis;
- Berechtigung (Gläubiger- oder Pfandrecht) an Forderungen[763] oder an einem gepfändeten Liquidationsanteil an einer Erbschaft[764];
- Eigentumsvorbehalt an Fahrnis (der Eigentumsvorbehalt wird in der Betreibung auf Pfändung gleich einem Pfandrecht behandelt)[765];
- Unzulässigkeit der Pfändung eines Miteigentumsanteils, weil Gesamteigentum vorliegt;
- Zugehörigkeit von Gegenständen zum Eigengut oder Gesamtgut bei einem in Gütergemeinschaft lebenden Ehegatten;
- Herausgabeansprüche aus Auftragsrecht nach Art. 401 OR.

Nie Gegenstand eines Widerspruchsverfahrens sind demgegenüber folgende Ansprüche:

- Geltendmachung von obligatorischen Rechten an einer Sache, z.B. Anspruch auf Übergabe des Kaufobjekts nach abgeschlossenem Kaufvertrag;
- obligatorischer Anspruch des Vermieters, der nicht Eigentümer ist, auf Sachrückgabe aus Art. 931 ZGB[766];
- Geltendmachung beschränkter dinglicher Rechte an Grundstücken; hier ist das Lastenbereinigungsverfahren nach Art. 140 SchKG anzuheben, welches seinerseits auf die Regeln des Widerspruchsverfahrens verweist (Art. 140 Abs. 2

---

758 BGE 120 III 18, E. 3a; BGE 5A_728/2009, E. 3.

759 KUKO SchKG-Rohner, Art. 106 N 4.

760 BGE 5A_728/2009, E. 3.3.

761 Vgl. auch die Aufzählung in KUKO SchKG-Rohner, Art. 106 N 11.

762 Siehe zu einem Spezialfall des Eigentumsrechts BGE 5A_330/2012, wo in der Zwangsvollstreckung gegen den Aktionär gestützt auf einen umgekehrten Durchgriff auch die Pfändung und Verwertung des Vermögens der AG zugelassen wurde (Abweisung der Widerspruchsklage).

763 BGE 5A_702/2014, E. 3.

764 Demgegenüber ist die Behauptung der übrigen Erben, der Liquidationsanteil des Schuldners sei zufolge Verrechnung ohne Aktivwert, nicht im Widerspruchsverfahren geltend zu machen. Vgl. BGE 5A_341/2012, E. 3.

765 BGE 101 III 23; BGE 93 III 96.

766 BSK SchKG I-Staehelin, Art. 106 N 17; a.M. Amonn/Walther, § 24 N 15; KUKO SchKG-Rohner, Art. 106 N 11.

SchKG)[767]. Das Lastenbereinigungsverfahren muss auch für die Geltendmachung des Eigentumsvorbehalts an Grundstücken angestrengt werden, da der Eigentumsvorbehalt in der Betreibung auf Pfändung gleich einem Pfandrecht behandelt wird;
- bei Drittansprüchen an gepfändeten Forderungen sind Bestand und Höhe der Forderung nicht Thema des Widerspruchsverfahrens. Die fragliche Forderung wird als bestritten gepfändet[768];
- das Widerspruchsverfahren ist gemäss Bundesgericht sodann ausgeschlossen für gepfändete Lohnforderungen, wenn der Drittansprecher sein Recht aus einer vom Pfändungsschuldner vorgenommenen Lohnzession ableitet. Bestreiten die Pfändungsgläubiger die Gültigkeit der Zession, so ist die Lohnforderung ebenfalls als bestritten zu pfänden und ein Prätendentenstreit durchzuführen[769].

Massgebender Zeitpunkt für den Bestand der Drittrechte ist grundsätzlich der Zeitpunkt der Pfändung. Danach ist es dem Schuldner in der Regel ohnehin versagt, Dritten Rechte an gepfändeten Vermögenswerten einzuräumen, da die Pfändung die Verfügungsbefugnis des Schuldners beschränkt (Art. 96 Abs. 2 SchKG). Entstehen solche Rechte unter den Voraussetzungen von Art. 96 Abs. 2 SchKG ausnahmsweise dennoch, so sind auch sie im Widerspruchsverfahren geltend zu machen[770]. Auch ein allfälliger Untergang des Drittanspruchs zwischen Pfändung und Urteilsfällung ist im Urteil über das Widerspruchsverfahren zu berücksichtigen; insofern ist hier auf den Zeitpunkt der Urteilsfällung abzustellen[771].

2. Vorverfahren

Dem Widerspruchsprozess geht ein Vorverfahren vor dem Betreibungsamt voraus. Dabei melden die Dritten, welche ein besseres Recht an einer gepfändeten Sache behaupten, ihre Ansprüche beim Betreibungsamt mündlich oder schriftlich[772] an (Art. 106 Abs. 1 SchKG)[773]. Die *Anmeldung* kann auch vom Schuldner oder einem sonstigen besonders involvierten Dritten (z.B. vom Mieter, der das Eigentumsrecht des Vermieters geltend macht) vorgenommen werden[774]. Sie kann schon anlässlich der Pfändung erfolgen (Art. 95

767 BGE 5A_543/2015, E. 4.3.
768 BGE 120 III 18, E. 4; BGE 7B.74/2006.
769 BGE 120 III 18, E. 4.
770 BSK SchKG I-Staehelin, Art. 106 N 10.
771 BGE 112 III 100.
772 BGE 57 III 71.
773 BGE 97 III 60, E. 2; 88 III 109, E. 4; für die in der Anmeldung erforderlichen Angaben vgl. BSK SchKG I-Staehelin, Art. 106 N 20.
774 Amonn/Walther, § 24 N 20.

Abs. 3 SchKG) und ist solange möglich, als der Erlös aus der Verwertung des gepfändeten Gegenstandes noch nicht verteilt ist (Art. 106 Abs. 2 SchKG)[775]. Die Anmeldung darf indessen nicht rechtsmissbräuchlich, böswillig oder grob fahrlässig verzögert werden[776]. Bei einem Zuwarten von mehr als einem Jahr[777], in der Regel aber bereits von über fünf Monaten[778], verwirkt der Anspruch[779]. Erfolgt keine (fristgerechte) Anmeldung von besseren Rechten, so ist ein Widerspruchsverfahren ausgeschlossen. Das Betreibungsamt muss ein solches gemäss bundesgerichtlicher Rechtsprechung jedenfalls nicht von sich aus einleiten[780].

Die angemeldeten Rechte merkt das Betreibungsamt in der Pfändungsurkunde vor oder zeigt sie, sollte die Urkunde bereits zugestellt sein, den Parteien besonders an (Art. 106 Abs. 1 SchKG). Sodann stellt das Betreibungsamt im Rahmen des Vorverfahrens fest, wem am fraglichen Vermögenswert dem Rechtsschein nach *das bessere Recht zukommt.* Mit diesem Entscheid wird die Parteirollenverteilung für das nachfolgende Widerspruchsverfahren festgelegt.

Der *Schuldner* hat am fraglichen Gegenstand das *bessere Recht,* wenn er an der beweglichen Sache ausschliesslichen Gewahrsam hat (Art. 107 Abs. 1 Ziff. 1 SchKG)[781], dessen Berechtigung an einer Forderung oder einem anderen Recht wahrscheinlicher ist als diejenige eines Dritten (Art. 107 Abs. 1 Ziff. 2 SchKG)[782] oder sich sein Recht an einem Grundstück aus dem Grundbuch ergibt (Art. 107 Abs. 1 Ziff. 3 SchKG). Ebenso spricht das bessere Recht für den Schuldner, wenn sich der fragliche Gegenstand bei einem Vierten (z.B. einer Bank) befindet und dieser seinen Gewahrsam ausschliesslich

775 Nach der Verwertung kann der frühere Besitzer einer abhandengekommenen oder gestohlenen Sache die sachenrechtlichen Verfolgungsrechte anstrengen (Art. 106 Abs. 3 SchKG); vgl. auch BGE 136 III 437, E. 4.3.

776 Zur rechtsmissbräuchlichen Verzögerung, wenn der Pfändung ein Arrest vorangeht, vgl. BGE 5A_586/2014, E. 5.2; siehe weiter BGE 5A_392/2013; BGE 5A_414/2010; BGE 97 III 60, E. 2; BGE 120 III 123, E. 2a; BGE 7B.18/2004, E. 2.1; vgl. auch die weiterführenden Ausführungen in BSK SchKG I-Staehelin, Art. 106 N 23 ff.

777 BGE 5A_392/2013, E. 4.

778 BGE 5A_543/2015, E. 4.2.1.

779 Zur rechtzeitigen Anmeldung des Anspruches im Zusammenhang mit einem Arrest siehe BGE 5A_586/2014, E. 5.2.

780 BGE 5A_671/2012, E. 5; BGE 5A_543/2015, E. 4.2.1.

781 Gewahrsam bedeutet unmittelbare, faktische Herrschaft über eine Sache. Der Begriff ist nicht identisch mit dem Besitz: Der mittelbare Besitzer einer Sache (z.B. ein Vermieter) hat keinen Gewahrsam an derselben; vgl. BSK SchKG I-Staehelin, Art. 107 N 5 f.

782 Siehe dazu KUKO SchKG-Rohner, Art. 108 N 8 ff. mit weiteren Ausführungen sowie BGE 5A_35/2014, E. 3.3.

für den Schuldner ausübt[783]. In diesen Fällen ist das weitere Verfahren ein *zweistufiges. In einem ersten Schritt* obliegt es dem Schuldner und/oder den Gläubigern, den Anspruch des Dritten innert einer vom Betreibungsamt angesetzten Frist von zehn Tagen mündlich oder schriftlich[784] zu bestreiten (Art. 107 Abs. 1 und 2 SchKG). Verzichten sie darauf, gilt der Anspruch des Dritten in der betreffenden Betreibung als anerkannt, und das Widerspruchsverfahren ist abgeschlossen (Art. 107 Abs. 4 SchKG)[785]. Bestreiten sie den Anspruch des Dritten, so obliegt es dem Dritten *in einem zweiten Schritt,* beim Gericht auf Feststellung seines Anspruches zu klagen, mithin den Widerspruchsprozess anzuheben.

Befindet sich eine bewegliche Sache demgegenüber im Gewahrsam oder Mitgewahrsam des Dritten (Art. 108 Abs. 1 Ziff. 1 SchKG), erscheint dessen Berechtigung an einer Forderung oder einem anderen Recht wahrscheinlicher als diejenige des Schuldners (Art. 108 Abs. 1 Ziff. 2 SchKG) oder ergibt sich das Recht eines Dritten an einem Grundstück aus dem Grundbuch (Art. 108 Abs. 1 Ziff. 3 SchKG), so erkennt das Betreibungsamt dem *Dritten* das *bessere Recht* zu. Gleiches gilt, wenn sich die Sache im Gewahrsam eines Vierten befindet und dieser für sich selbst, für sich und den Schuldner gemeinsam oder für den Dritten und den Schuldner gemeinsam besitzt[786]. Das weitere Verfahren ist in solchen Fällen ein *einstufiges:* Gläubiger und Schuldner haben gegen den Dritten den Widerspruchsprozess vor Gericht anzuheben.

Beim Entscheid, wem das bessere Recht zukommt, muss das Betreibungsamt auf die äusserlich erkennbaren Umstände zum Zeitpunkt der Pfändung abstellen[787]. Bei der Betreibung auf Pfandverwertung ist der Zeitpunkt der Zustellung des Zahlungsbefehls[788], bei der Arrestbetreibung der Zeitpunkt des Arrestvollzugs[789] und bei der Mietretention der Zeitpunkt der Aufnahme des Retentionsverzeichnisses[790] massgebend[791]. Ob der tatsächliche Zustand

783 BGE 123 III 367, E. 3b; vgl. die weiterführenden Ausführungen in BSK SchKG I-Staehelin, Art. 107 N 9 ff.

784 KUKO SchKG-Rohner, Art. 108 N 15.

785 Die Fiktion der Anerkennung gilt nur für die betreffende Betreibung (BGE 86 III 134, E. 2) und wirkt sich bei mehreren Gläubigern nur gegen diejenigen aus, die eine fristgerechte Bestreitung unterlassen haben (BGE 61 III 102).

786 BGE 5A_697/2008, E. 3.

787 BGE 5A_35/2014, E. 3.3; BGE 5A_638/2008, E. 5.2; BGE 123 III 367.

788 BGE 71 III 119.

789 BGE 5A_697/2008, E. 3.2.

790 BGE 76 III 87, E. 2.

791 Siehe auch BSK SchKG I-Staehelin, Art. 107 N 7.

zu Recht besteht, ist demgegenüber nicht zu prüfen[792]. Rechtliche Überlegungen sind beim Entscheid über das bessere Recht nur insoweit zugelassen, als sie unbestritten oder sofort beweisbar sind und Rückschlüsse auf die tatsächliche Situation zulassen[793].

3. Verhältnis zur Aufsichtsbeschwerde und zur Anfechtungsklage

Mit dem Widerspruchsverfahren sind ausschliesslich Ansprüche *materiellrechtlicher* Natur geltend zu machen.

Die Nichtbeachtung *formeller Vorschriften* bei der Durchführung des amtlichen Widerspruchsverfahrens ist mit Beschwerde geltend zu machen (z.B. fehlerhafter Entscheid des Amtes über die Ungültigkeit der Anmeldung des Drittanspruchs, Unterlassung des Vormerks von Drittansprachen, Unterlassung der Anzeige der Drittansprache an die Beteiligten, Nichteinleitung des Widerspruchsverfahrens trotz [fristgerechter] Anmeldung[794], Unterlassung der Fristansetzung zur Bestreitung des Drittanspruchs oder zur Klageerhebung, ungenaue Bezeichnung des strittigen Gegenstandes etc.)[795].

Insbesondere ist auch der im Rahmen des erläuterten Vorverfahrens ergehende Entscheid des Betreibungsamtes über die Verteilung der Beweisrollen beschwerdefähig. Wird Beschwerde gegen die Ansetzung der Klage- bzw. der Bestreitungsfrist[796] erhoben, ist aufschiebende Wirkung zu verlangen, damit die Frist für die Einreichung der Widerspruchsklage nicht verpasst wird. Wird der Beschwerde aufschiebende Wirkung erteilt, was in der Praxis zumeist der Fall ist[797], so weist die Aufsichtsbehörde das Betreibungsamt an, die Klagefrist neu anzusetzen[798].

Macht ein Dritter Rechte an einem Vermögenswert geltend, von dem gleichzeitig Unpfändbarkeit nach Art. 92 SchKG behauptet wird, so ist vor einem allfälligen Widerspruchsverfahren ebenfalls ein Beschwerdeverfahren (Art. 17 SchKG) über die Frage der Pfändbarkeit durchzuführen. Wird der Gegenstand im Beschwerdeverfahren alsdann für unpfändbar erklärt, so ist der Streit zwischen dem Schuldner und dem Drittansprecher ausserhalb des

792 BGE 5A_697/2008, E. 3.2; BGE 110 III 87, E. 2a.
793 BGE 87 III 11, E. 1.
794 BGE 136 III 437, E. 4.1; BGE 5A_543/2015, E. 4.2.1.
795 Brunner/Reutter, 98 f.
796 BGE 7B_270/2003, E. 2.4.
797 KUKO SchKG-Rohner, Art. 108 N 24.
798 BGE 5A_882/2012; BGE 123 III 330, E. 2.

Betreibungsverfahrens in einem Vindikations- oder Besitzes(rechts)schutzverfahren auszutragen, da eine nichtige Pfändung wie erwähnt kein Widerspruchsverfahren auslösen kann[799].

Ebenso wenig wie die Verletzung formeller Vorschriften sind die *im Schuldbetreibungsrecht verankerten Rechte Dritter* im Widerspruchsverfahren geltend zu machen. Der Streit um vollstreckungsrechtliche Privilegien ist vielmehr im Kollokations- oder ebenfalls im Beschwerdeverfahren auszutragen. So ist z.B. das Vorrecht der Gläubiger einer Pfändungsgruppe am gepfändeten Vermögensgegenstand, welcher für eine nachfolgende Gruppe nochmals gepfändet wird (Art. 111 Abs. 3 SchKG), im Beschwerdeverfahren geltend zu machen[800]. Gleiches gilt für den Streit zwischen dem betreibenden Pfandgläubiger und den Pfändungsgläubigern, für welche das Betreibungsamt fälschlicherweise den dem Pfandgläubiger zustehenden Verwertungserlös gepfändet hat[801].

Im Widerspruchsverfahren wird wie erwähnt abgeklärt, ob ein bestimmter Gegenstand oder Wert zum Vermögen des Schuldners gehört und damit der Zwangsvollstreckung unterliegt. Demgegenüber bezweckt die Anfechtungsklage, den Gläubigern entzogene Vermögenswerte wieder der Zwangsvollstreckung zuzuführen. Können die infrage stehenden Gegenstände entsprechend als dem Schuldner gehörend gepfändet werden, so ist der Gläubiger nicht auf eine Anfechtungsklage angewiesen[802].

4. Rechtsnatur

Die Widerspruchsklage stellt nach der hier vertretenen Auffassung eine betreibungsrechtliche Klage mit Reflexwirkung auf das materielle Recht dar[803].

Für den Fall, dass sich im Widerspruchsprozess Drittansprecher und Schuldner gegenüberstehen, ist die Widerspruchsklage nach einem Teil der Lehre eine rein materiell-rechtliche Klage[804].

799 Vgl. BGE 84 III 33, E. 3.
800 BSK SchKG I-Staehelin, Art. 106 N 9a; KUKO SchKG-Rohner, Art. 106 N 9.
801 BGE 74 III 65.
802 BGE 5A_75/2015, E. 5.
803 BGE 5A_29/20914, E. 2; BGE 5A_602/2013, E. 3.
804 Amonn/Walther, § 24 N 51, 68; Jaeger/Walder/Kull, Art. 109 N 5; a.M. BSK SchKG I-Staehelin, Art. 109 N 30; das Bundesgericht hat die Frage in BGE 5A_29/2014, E. 2.3.3 offengelassen.

Entgegen des Gesetzeswortlautes – Art. 107 Abs. 5 SchKG spricht von einer Klage auf «Feststellung» – handelt es sich um eine prozessuale Gestaltungsklage[805].

5. Aktiv- und Passivlegitimation

Mit dem (beschwerdefähigen) Entscheid über das bessere Recht im Rahmen des Vorverfahrens legt das Betreibungsamt die Parteirollenverteilung im nachfolgenden Widerspruchsprozess vor dem Richter verbindlich fest.

Erkennt das Betreibungsamt das bessere Recht dem Schuldner zu, so ist der Dritte, dem am fraglichen Vermögenswert Rechte zustehen, aktivlegitimiert. Passivlegitimiert ist der Schuldner und/oder der Gläubiger, welche(r) den Anspruch des Dritten im Rahmen des Vorverfahrens innert Frist bestritten hat resp. haben.

Spricht das bessere Recht demgegenüber zugunsten des Dritten, so sind Gläubiger und Schuldner aktivlegitimiert. Diese können ihr Klagerecht unabhängig voneinander ausüben. Das Betreibungsamt muss ihnen daher je einzeln eine Frist zur Klageanhebung ansetzen[806]. Passivlegitimiert ist der Dritte, der am fraglichen Vermögenswert Rechte geltend macht.

6. Wirkung auf das Betreibungsverfahren

Die Betreibung wird in Bezug auf den fraglichen Vermögenswert – nicht auch in Bezug auf die anderen gepfändeten Vermögensstücke[807] – während der Dauer des Widerspruchsprozesses eingestellt und die Fristen für die Verwertungsbegehren (Art. 116 SchKG) stehen still (Art. 109 Abs. 5 SchKG). Demgegenüber werden Betreibungshandlungen und Fristen, welche in ein früheres Stadium des Betreibungsverfahrens als die Pfändung fallen, nicht gehemmt. So hat ein Widerspruchsverfahren beispielsweise keinen Einfluss auf die Frist für das Fortsetzungsbegehren in der Arrestbetreibung[808].

805 KUKO SchKG-ROHNER, Art. 109 N 2; JAEGER/WALDER/KULL, Art. 109 N 6; a.M. AMONN/WALTHER, § 24 N 48, welche die Widerspruchsklage als Feststellungsklage qualifizieren.

806 KUKO SchKG-ROHNER, Art. 108 N 20.

807 BGE 96 III 111, E. 3.

808 BGE 108 III 36, E. 2.

II. Prozessuales

1. Verfahren

Der Widerspruchsprozess wird abhängig vom Streitwert entweder im ordentlichen (Streitwert > CHF 30 000; Art. 219 ff. ZPO) oder im vereinfachten Verfahren (Streitwert ≤ CHF 30 000; Art. 243 ff. ZPO) durchgeführt.

2. Örtliche Zuständigkeit

Die Bestimmungen der ZPO über die örtliche Zuständigkeit sind nicht anwendbar (Art. 46 ZPO). Massgeblich ist ausschliesslich Art. 109 SchKG, welcher zwingende Zuständigkeiten vorsieht, sodass Einlassung und Gerichtsstandsvereinbarungen unzulässig sind[809]. Klagen des Drittansprechers sind beim Gericht am Betreibungsort anzuheben (Art. 109 Abs. 1 Ziff. 1 SchKG). Für Klagen des Schuldners und/oder des Gläubigers ist ebenfalls der Richter am Betreibungsort zuständig, wenn der Drittansprecher seinen Wohnsitz im Ausland hat (Art. 109 Abs. 1 Ziff 2 SchKG). Hat der Drittansprecher seinen Wohnsitz in der Schweiz, so ist die Klage beim Gericht an dessen Wohnsitz anzuheben (Art. 109 Abs. 2 SchKG). Für Klagen, die sich auf ein Grundstück beziehen, ist das Gericht am Ort des Grundstücks ausschliesslich zuständig (Art. 109 Abs. 3 SchKG). Die Gerichtsstände gemäss Art. 109 SchKG sind zwingender Natur, sodass Gerichtsstandsvereinbarungen und Einlassung unzulässig sind[810].

Im Anwendungsbereich des LugÜ ist für die Bestimmung der Zuständigkeit Art. 22 Ziff. 5 LugÜ anwendbar[811]. Die nationale örtliche Zuständigkeit richtet sich mangels Vorschriften im IPRG nach Art. 109 SchKG. Im Anwendungsbereich des IPRG ist Art. 109 SchKG direkt anwendbar[812], da das IPRG keine Zuständigkeiten für vollstreckungsrechtliche Verfahren vorsieht[813].

809 BGE 5A_360/2012, E. 3.2 und 3.3.

810 Brunner/Reutter, 112.

811 Meier, IZPR, 178; vgl. auch BGE 5A_360/2012, der einen entsprechenden Entscheid des Obergerichts des Kantons Zug im Rahmen einer subsidiären Verfassungsbeschwerde zumindest als nicht willkürlich betrachtet; a.M. für den Fall, dass sich Schuldner und Drittansprecher gegenüberstehen: Amonn/Walther, § 24 N 59, wonach in solchen Fällen die Zuständigkeitsvorschriften für Erkenntnisverfahren nach Art. 2 ff. LugÜ gelten sollen; a.M. für den Fall, dass der Drittansprecher Beklagter ist: Bommer, 221.

812 BGE 107 III 118, E. 2.

813 Meier, IZPR, 178.

3. Sachliche Zuständigkeit

Die sachliche Zuständigkeit richtet sich nach kantonalem Recht (Art. 3 f. ZPO). Im Kanton Zürich ist für Widerspruchsklagen gemäss § 24 lit. b GOG ZH i.V.m. Art. 198 lit. e Ziff. 3 ZPO das Einzelgericht (und damit ein *Einzelrichter am Bezirksgericht*) zuständig. Dies gilt unabhängig davon, ob der Widerspruchsprozess im ordentlichen oder im vereinfachten Verfahren geführt wird. Das *Handelsgericht* ist nie zuständig[814].

4. Einleitung Verfahren

Gemäss Art. 198 lit. e Ziff. 3 ZPO entfällt das Schlichtungsverfahren. Entsprechend ist die Klage direkt beim örtlich und sachlich zuständigen Gericht anzuheben.

5. Rechtsbegehren

Rechtsbegehren des Drittansprechers auf Herausgabe des gepfändeten Vermögensgegenstandes bzw. auf Vormerkung seines die Pfändung einschränkenden Rechts (z.B. seines Pfandrechts):

«Es sei in der Betreibung Nr. [...] des Betreibungsamtes [...] gegen den Schuldner [...] der Vermögensgegenstand [...] aus der Pfändung vom [...] zu entlassen, unter Kosten- und Entschädigungsfolgen zulasten des Beklagten.»

bzw.

«Es sei in der Betreibung Nr. [...] des Betreibungsamtes [...] gegen den Schuldner [...] der Vermögenswert [...] als mit einem Pfandrecht des Klägers im [...] Rang vorzumerken und das Recht bei der Verwertung nach Massgabe der gesetzlichen Vorschriften zu berücksichtigen, unter Kosten- und Entschädigungsfolgen zulasten des Beklagten.»

Rechtsbegehren des Schuldners bzw. des Gläubigers auf Weiterführung des Betreibungsverfahrens ohne Rücksicht auf den geltend gemachten Drittanspruch:

«Es sei in der Betreibung Nr. [...] des Betreibungsamtes [...] gegen den Schuldner [...] der Vermögenswert [...] in der Pfändung vom [...] zu belassen, unter Kosten- und Entschädigungsfolgen zulasten des Beklagten.»

bzw.

814 BGE 140 III 355, E. 2.3.4.

«Es sei in der Betreibung Nr. [...] des Betreibungsamtes [...] gegen den Schuldner [...] der gepfändete Vermögenswert [...] als unbelastet in der Pfändung vom [...] zu belassen, unter Kosten- und Entschädigungsfolgen zulasten des Beklagten.»

6. Streitwert

Für die Streitwertberechnung sind die Art. 91 ff. ZPO massgebend. Der Streitwert bemisst sich nach der wertmässigen Bedeutung der Widerspruchsklage für die Parteien[815]. In Betracht kommen der Schätzungswert des umstrittenen Vermögenswertes, der Forderungsbetrag des Gläubigers oder – wenn der Dritte am fraglichen Gegenstand ein Pfandrecht geltend macht – die Pfandforderung des Dritten. Massgebend ist jeweils der tiefste dieser Werte[816]. Macht der Dritte am fraglichen Gegenstand ein Pfandrecht geltend, welches anderen Pfandrechten im Range nachgeht, so vermindert sich der Streitwert um den Betrag der vorangehenden Pfandforderungen[817].

7. Frist

Die Frist zur Einleitung des Widerspruchsprozesses beträgt 20 Tage. Sie wird vom Betreibungsamt angesetzt (Art. 107 Abs. 5 und 108 Abs. 2 SchKG) und kann weder durch Vertrag abgeändert noch sonst wie erstreckt werden (Art. 33 Abs. 1 SchKG). Eine Fristverlängerung bzw. -wiederherstellung ist einzig unter den strengen Voraussetzungen von Art. 33 Abs. 2 und 4 SchKG möglich.

Erkennt das Betreibungsamt im Vorverfahren das bessere Recht dem Schuldner zu und unterlässt der Dritte die Klageanhebung innert Frist, so wird angenommen, der Dritte habe in der betreffenden Betreibung auf die Geltendmachung seines Anspruchs verzichtet (Art. 107 Abs. 5 SchKG). Der Verzicht wirkt allerdings nur gegenüber dem bestreitenden Gläubiger. Allfällige weitere Gläubiger haben den Anspruch des Dritten durch Unterlassen der Bestreitung im Vorverfahren anerkannt (Art. 107 Abs. 4 SchKG). Dem Verzicht kommt keine materiell-rechtliche Bedeutung zu[818]. Das Widerspruchsverfahren wird durch ihn aber abgeschlossen.

815 BSK SchKG I-Staehelin, Art. 109 N 24.
816 BGE 5A_360/2012, E. 1.2; BGE 5A_55/2008, E. 3.3.
817 BGE 89 II 192, E. 1c.
818 BGE 86 III 134, E. 2 (mit Vorbehalt des Falles, wo sich Drittansprecher und Schuldner gegenüberstehen).

Spricht das bessere Recht im Vorverfahren vor dem Betreibungsamt demgegenüber zugunsten des Dritten und erheben weder Schuldner noch Gläubiger innert Frist eine Widerspruchsklage, so gilt der Anspruch des Dritten in der betreffenden Betreibung als anerkannt (Art. 108 Abs. 3 SchKG). Auch hier kommt dem Verzicht keine materiell-rechtliche Bedeutung zu[819].

Macht der eine Drittansprecher ein Eigentumsrecht, der andere ein Pfandrecht geltend, so hat das Betreibungsamt in der Fristansetzung für beide Klagen anzumerken, dass die Frist zur Klage gegen den Pfandansprecher erst und nur dann zu laufen beginnt, wenn die Klage des Eigentumsansprechers rechtskräftig abgewiesen wird. Wird dem Eigentumsansprecher das Eigentumsrecht nämlich zuerkannt, so fällt der umstrittene Vermögenswert ohnehin aus der Pfändung, weshalb das behauptete Pfandrecht für die laufende Betreibung nicht mehr interessiert[820].

8. Streitgenossenschaft

Mehrere Gläubiger bzw. Gläubiger und Schuldner, welche den Drittanspruch bestreiten, bilden eine einfache Streitgenossenschaft, können mithin gemeinsam klagen (aktive Streitgenossenschaft) oder beklagt werden (passive Streitgenossenschaft)[821]. Sie können Drittansprachen am fraglichen Vermögenswert aber auch gleichzeitig und unabhängig voneinander bestreiten. Zu einer (aktiven oder passiven) notwendigen Streitgenossenschaft kommt es nicht[822]. Allenfalls können die Verfahren dann gemäss Art. 125 lit. c ZPO zur Vereinfachung des Prozesses zusammengefasst oder gemäss Art. 126 ZPO aus Zweckmässigkeitsgründen sistiert werden.

Gleiches gilt bei einer Mehrheit von Drittansprechern.

9. Streitverkündung

Eine Streitverkündung ist nicht möglich: Ein für den Streitverkünder ungünstiges Urteil kann gegenüber dem Streitberufenen keine Wirkung entfalten, weil über materiell-rechtliche Fragen nur vorfrageweise entschieden wird.

819 BGE 86 III 134, E. 2 (mit Vorbehalt des Falles, wo sich Drittansprecher und Schuldner gegenüberstehen).

820 BGE 110 III 60, E. 2b.

821 BSK ZPO-Ruggle, Art. 71 N 26.

822 BSK SchKG I-Staehelin, Art. 109 N 25.

Anderes dürfte nur für den Fall gelten, wenn der Widerspruchsprozess zwischen Drittansprecher und Schulder als rein materiell-rechtlich angesehen wird.

10. Beweislast

Die Parteirollenverteilung durch das Betreibungsamt hat keinen Einfluss auf die Beweislastverteilung im Widerspruchsprozess. Es kommen die allgemeinen Regeln über die Beweislastverteilung gemäss Art. 8 ZGB zur Anwendung[823]. Entsprechend hat der Drittansprecher die Tatsachen zu beweisen, aus welchen er seinen Anspruch am umstrittenen Vermögenswert ableitet[824]. Er kann sich gegebenenfalls auf die Rechtsvermutung aus dem Besitz nach Art. 930 ff. ZGB berufen[825]. Das Betreibungsamt kann den Dritten auf Verlangen des Schuldners oder der Gläubiger bereits im Vorverfahren (vgl. vorne § 19/I/2) dazu auffordern, seine Beweismittel beim Betreibungsamt zur Einsicht aufzulegen (Art. 107 Abs. 3 SchKG bzw. Art. 108 Abs. 4 SchKG). Die Einreichung der Beweismittel stellt für den Dritten jedoch keine Pflicht, sondern eine Obliegenheit dar: Kommt er der Aufforderung des Betreibungsamtes nicht nach, so kann dies im späteren Widerspruchsprozess beim Entscheid über die Prozesskosten berücksichtigt werden (Art. 107 Abs. 3 i.V.m. Art. 73 Abs. 2 SchKG).

Demgegenüber obliegt es dem bestreitenden Schuldner oder Gläubiger, gegen das Recht des Drittansprechers Einreden zu erheben und die den Einreden zugrunde liegenden Tatsachen darzulegen und zu beweisen. Ist der Gläubiger Verfahrenspartei, so darf er – unabhängig davon, ob er als Kläger oder Beklagter auftritt – alle Rechte und Einreden geltend machen, die der Schuldner gegenüber dem Dritten besitzt. Er kann das Recht des Drittansprechers aber auch bestreiten, ohne ein vom Schuldner abgeleitetes Recht anzurufen, und beispielsweise vorbringen, der Drittanspruch sei durch eine anfechtbare Handlung des Schuldners (Art. 285 ff. SchKG) erworben worden[826]. Soll die Klage mit einem Anfechtungstatbestand begründet werden, ist erforderlich, dass dem Gläubiger die Aktivlegitimation zur paulianischen Anfechtung nach Art. 285 Abs. 2 SchKG zusteht[827].

823 BGE 5C.245/2002, E. 2.3; Fritzsche/Walder, Bd. I, § 26 N 35.
824 BGE 117 II 124, E. 2.
825 BSK SchKG I-Staehelin, Art. 106 N 28.
826 BGE 107 III 118, E. 3.
827 BSK SchKG I-Staehelin, Art. 106 N 4.

11. Beweismass

Es braucht den vollen Beweis; Glaubhaftmachung genügt nicht.

12. Beweismittel

Es sind sämtliche Beweismittel gemäss Art. 168 ff. ZPO zulässig.

13. Urteil

Das Urteil hält fest, ob und inwiefern das angebliche Recht des Drittansprechers in der laufenden Betreibung zu beachten ist[828]. Ob dem Dritten das seinem Anspruch zugrunde liegende materielle Recht (z.B. Eigentum, Pfandrecht) tatsächlich zusteht, wird demgegenüber nur vorfrageweise geprüft und erscheint nicht im Urteilsdispositiv[829]. Der Entscheid des Gerichts erwächst entsprechend nicht in materielle Rechtskraft[830]. Er wirkt nur in der hängigen Betreibung[831] und grundsätzlich nur inter partes. Obsiegt der bestreitende Gläubiger gegen den Drittansprecher, so wird ein allfälliger Überschuss nicht an weitere, am Prozess nicht teilnehmende Gläubiger verteilt[832], sondern verbleibt bei einem Verfahren gemäss Art. 108 SchKG dem Drittansprecher, bei einem Verfahren nach Art. 107 SchKG dem Schuldner[833].

Stehen sich im Widerspruchsprozess jedoch Drittansprecher und Schuldner gegenüber, so wirkt der Entscheid des Gerichts erga omnes[834]: Bei Obsiegen des Schuldners fällt das vom Dritten geltend gemachte Recht in der anschliessenden Verwertung ausser Betracht. Das Urteil kommt somit allen an

828 BGE 5A_602/2013, E. 3.

829 Entsprechend muss die Widerspruchsklage als gegenstandslos geworden abgeschrieben werden, wenn die Pfändung dahinfällt oder deren Nichtigkeit festgestellt wird; FRITZSCHE/WALDER, Bd. I, § 26 N 33.

830 A.M. für den Fall, dass sich Drittansprecher und Schuldner gegenüberstehen: AMONN/WALTHER, § 24 N 51, 68.

831 BGE 107 III 118, E. 2.

832 BGE 64 III 133, E. 2; BGE 56 III 37.

833 BSK SchKG I-STAEHELIN, Art. 109 N 32a; a.M. KUKO SchKG-ROHNER, Art. 109 N 18, wonach ein Überschuss bei passivem Verhalten des Schuldners immer dem Drittansprecher verbleibt.

834 In der Lehre wird teilweise die Ansicht vertreten, es handle sich beim Widerspruchsprozess in dieser Konstellation um eine rein materiell-rechtliche Klage. Da die Rechte am fraglichen Vermögenswert alsdann abschliessend geklärt werden, soll der Entscheid des Gerichts nach dieser Lehrmeinung in materielle Rechtskraft erwachsen; vgl. z.B. AMONN/WALTHER, § 24 N 51, 68; JAEGER/WALDER/KULL, Art. 109 N 5; a.M. BSK SchKG I-STAEHELIN, Art. 109 N 30.

der Pfändung beteiligten Gläubigern zugute, auch denjenigen, welche den Drittanspruch nicht bestritten und somit anerkannt haben[835].

14. Klageanerkennung, Klagerückzug, Vergleich

Klageanerkennung, Klagerückzug und Vergleich sind zulässig (Art. 241 ZPO)[836].

15. Rechtsmittel

Der erstinstanzliche Entscheid über die Widerspruchsklage ist bei einem Streitwert von mindestens CHF 10 000 mit Berufung (Art. 308 Abs. 2 ZPO), bei einem tieferen Streitwert mit Beschwerde (Art. 319 ZPO) an die kantonale Rechtsmittelinstanz weiterzuziehen. Als solche amtet im Kanton Zürich das Obergericht (§ 48 GOG ZH).

Gegen Entscheide letzter kantonaler Instanzen ist bei einem Streitwert von mindestens CHF 30 000 (Art. 74 Abs. 1 lit. b BGG) oder bei Rechtsfragen von grundsätzlicher Bedeutung (Art. 74 Abs. 2 lit. a BGG) die Beschwerde in Zivilsachen (Art. 72 ff. BGG) zulässig. Andernfalls ist die subsidiäre Verfassungsbeschwerde i.S.v. Art. 113 ff. BGG zu ergreifen, wobei sich die Prüfung des Entscheides hier auf Willkür (Art. 9 BV) beschränkt.

835 BSK SchKG I-Staehelin, Art. 109 N 32.
836 Brunner/Reutter, 139.

§ 20 Klage auf privilegierten Anschluss (Art. 111 Abs. 5 SchKG)

Literatur: BRUNNER ALEXANDER/REUTTER MARK, Kollokations- und Widerspruchsklagen nach SchKG, 2.A., Zürich 2002; RAGGENBASS JOSEF, Die privilegierte Anschlusspfändung nach schweizerischem Recht, Diss. Freiburg i.Ue. 1944.

I. Materielles

1. Allgemeines

Art. 111 SchKG räumt gewissen Gläubigern mit einer nahen persönlichen Beziehung zum Schuldner das Recht ein, innert 40 Tagen nach dem Pfändungsvollzug ohne vorgängige Betreibung, d.h. ohne Durchlaufen des Einleitungsverfahrens, an der Pfändung teilzunehmen.

Die Aufzählung der privilegierten Gläubiger ist abschliessend. Es handelt sich um folgende Personen (Art. 111 Abs. 1 Ziff. 1–4 i.V.m. Art. 111 Abs. 2 SchKG):

- Der Ehegatte bzw. der eingetragene Partner des Schuldners, sofern die Pfändung während der Ehe bzw. der eingetragenen Partnerschaft oder ein Jahr nach deren Beendigung erfolgt ist. Die Dauer eines Prozess- oder Betreibungsverfahrens wird dabei nicht mitberechnet. Die Forderung gegen den Schuldner muss während der Ehe bzw. der eingetragenen Partnerschaft entstanden und fällig geworden sein[837], kann sich aber aus einem beliebigen Rechtsgrund ergeben[838];
- Kinder des Schuldners sowie volljährige Personen, welche dem Schuldner einen Vorsorgeauftrag erteilt haben, sofern die Pfändung während der Dauer des elterlichen Verhältnisses bzw. während der Wirksamkeit des Vorsorgeauftrages oder ein Jahr nach deren Beendigung erfolgt ist. Die Dauer eines Prozess- oder Betreibungsverfahrens wird dabei nicht mitberechnet. Das Privileg für Kinder besteht gemäss Gesetzeswortlaut nur für Forderungen aus dem elterlichen Verhältnis, soll aber nach einem Teil der Lehre auch für Unterhaltsbeiträge gemäss Art. 277 Abs. 2 ZGB gelten, welche erst nach der Mündigkeit entstanden sind[839];

837 BGE 127 III 46, E. 3bb; entsprechend muss das Privileg für nacheheliche Unterhaltsbeiträge verneint werden (BGE 34 I 167, aber umstritten). Demgegenüber besteht das Privileg für Ansprüche aus Güterrecht infolge einer Scheidung, da die Auflösung eines Güterstandes nach Art. 204 Abs. 2 und 236 Abs. 2 ZGB auf den Tag zurückbezogen wird, an dem das Begehren eingereicht wurde (BSK SchKG I-JENT-SØRENSEN, Art. 111 N 19a).

838 KUKO SchKG-WERNLI, Art. 111 N 8.

839 BSK SchKG I-JENT-SØRENSEN, Art. 111 N 25; KUKO SchKG-WERNLI, Art. 111 N 9.

- volljährige Kinder und Grosskinder des Schuldners, welche ihren Eltern bzw. Grosseltern im gemeinsamen Haushalt Arbeit geleistet oder Einkünfte zugewendet haben, für ihre Lidlohnforderungen aus Art. 334 und 334bis ZGB;
- der Pfründer des Schuldners für seine Ersatzforderung nach Art. 529 OR.

Das Privileg ist an die Person des Gläubigers gebunden und geht bei einer Zession entsprechend nicht auf den Zessionaren über (Art. 170 Abs. 1 OR)[840]. Umstritten war lange Zeit der Übergang des Privilegs auf die Erben und auf das Gemeinwesen, welches bei Erfüllung der elterlichen Unterhaltspflicht nach Art. 289 Abs. 2 ZGB durch Legalzession die Forderung gegen die Eltern erwirbt[841]. Das Bundesgericht hat nunmehr klargestellt, dass das die Unterhaltsbeiträge bevorschussende Gemeinwesen ebenfalls den privilegierten Pfändungsanschluss verlangen kann[842].

2. Vorverfahren

Soweit dem Betreibungsamt anschlussberechtigte Personen bekannt sind, teilt es diesen die Pfändung durch uneingeschriebenen Brief mit (Art. 111 Abs. 3 SchKG).

Unabhängig davon, ob eine solche Mitteilung erfolgt ist[843] und ob die privilegierten Gläubiger von der Pfändung Kenntnis haben[844], muss das *Anschlussbegehren* innert 40 Tagen nach dem Pfändungsvollzug erfolgen (Art. 111 Abs. 1 SchKG)[845], ansonsten die privilegierte Teilnahme ausgeschlossen ist. Es handelt sich bei der 40-tägigen Anschlussfrist um eine Verwirkungsfrist, welche selbst unter den Voraussetzungen von Art. 33 Abs. 2 und 4 SchKG nicht verlänger- bzw. wiederherstellbar ist[846]. Fällt das Ende der Frist in die Betreibungsferien gemäss Art. 56 SchKG, so verlängert sie sich bis zum dritten Tag nach deren Ablauf (Art. 63 SchKG)[847]. Das Anschlussbegehren kann mündlich oder schriftlich erfolgen[848] und muss alle Angaben enthalten, die

840 KUKO SchKG-Wernli, Art. 111 N 4; vgl. auch BGE 5A_404/2011, E. 3.4.2.
841 BSK SchKG I-Jent-Sørensen, Art. 111 N 15 m.w.H.
842 BGE 5A_404/2011.
843 Bei Unterlassen der Mitteilung durch das Betreibungsamt kann sich immerhin die Frage der Staatshaftung nach Art. 5 SchKG stellen. Vgl. KUKO SchKG-Wernli, Art. 111 N 13.
844 BGE 85 III 169.
845 Fristauslösend ist die erste für die Bildung einer Gruppe massgebende endgültige oder provisorische Pfändung; BGE 98 III 49, E. 2.
846 BSK SchKG I-Jent-Sørensen, Art. 111 N 8; a.M. wohl Amonn/Walther, § 11 N 11.
847 BSK SchKG I-Jent-Sørensen, Art. 111 N 8 und Art. 110 N 14.
848 BGE 73 III 136.

auch in einem Betreibungsbegehren erforderlich sind (Art. 67 SchKG)[849]. Das Anschlussbegehren für (handlungsunfähige) Kinder, Mündel und Verbeiständete muss von deren gesetzlichen Vertreter oder von der Vormundschaftsbehörde gestellt werden (Art. 111 Abs. 2 Satz 2 SchKG).

Das Betreibungsamt gibt dem Schuldner und den anderen Gläubigern alsdann Kenntnis vom erfolgten Anschlussbegehren und setzt ihnen eine Frist von zehn Tagen zur *Bestreitung des Anschlussanspruchs* an (Art. 111 Abs. 4 SchKG). Die zehntägige Bestreitungsfrist ist – im Gegensatz zur 40-tägigen Anschlussfrist – unter den strengen Voraussetzungen von Art. 33 Abs. 2 und 4 SchKG verlänger- bzw. wiederherstellbar[850]. Die Bestreitung ist mündlich oder schriftlich ans Betreibungsamt am Betreibungsort zu richten[851] und bedarf keiner Begründung[852].

Wird der Anspruch des privilegierten Gläubigers *nicht bestritten,* so gilt er für die betreffende Betreibung als anerkannt, und der Gläubiger nimmt an der Pfändung teil[853]. Wird der Anspruch *bestritten,* so findet seine Teilnahme an der Pfändung nur mit dem Recht einer provisorischen Pfändung statt[854], und der Ansprecher muss innert Frist beim zuständigen Gericht Anschlussklage erheben.

3. Verhältnis zur Kollokationsklage und zur Aufsichtsbeschwerde

Im Anschlussprozess kann nur über das Anschlussprivileg und – sofern dies nicht schon in einem rechtskräftigen Urteil abgeklärt wurde – über Höhe und Bestand der Forderung entschieden werden. Der Rang einer privilegierten Forderung ist demgegenüber im Kollokationsverfahren abzuklären[855].

Wurde der privilegierte Anschluss nicht bestritten oder im Anschlussprozess bejaht, so ist dieser Entscheid für das spätere Kollokationsverfahren verbindlich[856].

849 BGE 41 III 398, E. 4.
850 Amonn/Walther, § 11 N 11.
851 Jaeger/Walder/Kull, Art. 111 N 37.
852 KUKO SchKG-Wernli, Art. 111 N 14.
853 Amonn/Walther, § 25 N 41.
854 Die Teilnahme steht unter der Bedingung, dass der Gläubiger im nachfolgenden Anschlussprozess obsiegt, und der privilegierte Gläubiger ist nicht berechtigt, das Verwertungsbegehren zu stellen; BSK SchKG I-Jent-Sørensen, Art. 111 N 5 und 38; Fritzsche/Walder, Bd. I, § 27 N 26.
855 BGE 61 III 80, E. 5.
856 KUKO SchKG-Wernli, Art. 111 N 20.

Die Nichtbeachtung formeller Vorschriften bei der Durchführung des Anschlussverfahrens ist im Beschwerdeverfahren nach Art. 17 SchKG geltend zu machen (z.B. Unterlassung der Fristansetzung zur Bestreitung des Anschlussanspruchs oder zur Erhebung der Anschlussklage). Ebenso ist die Legitimation eines Gläubigers zur Stellung des Anschlusspfändungsbegehrens, d.h., die Frage nach der Berechtigung zur Anschlusspfändung vorab vom Betreibungsamt zu prüfen und dessen Entscheid alsdann im Beschwerdeverfahren anzufechten[857].

4. Rechtsnatur

Bei der Anschlussklage handelt es sich nach der hier vertretenen Meinung um eine betreibungsrechtliche Klage mit Reflexwirkung auf das materielle Recht[858].

Stehen sich im Prozess Schuldner und Anschlussgläubiger gegenüber, so handelt es sich gemäss einem Teil der Lehre um eine rein materiell-rechtliche Klage[859].

Die Anschlussklage ist eine Gestaltungsklage.

5. Aktiv- und Passivlegitimation

Zur Anschlussklage aktivlegitimiert ist immer der Gläubiger, der Anspruch auf privilegierten Anschluss hat.

Passivlegitimiert ist, wer den Anspruch auf Anschluss bestritten hat, sei es der Schuldner, ein anderer Gläubiger oder beide[860].

857 BGE 5A_404/2011, E. 3.1; noch anders, aber vor BGE 5A_404/2011 ergangen: OGer ZH PS 110070-O/U, E. 2.

858 BGE 5C.151/2001, E. 1; Fritzsche/Walder, Bd. I, § 6 N 11.

859 vgl. z.B. Amonn/Walther, § 4 N 49 und § 25 N 52; Fritzsche/Walder, Bd. I, § 27 Fn. 63; BSK SchKG I-Jent-Sørensen, Art. 111 N 47.

860 Amonn/Walther, § 25 N 43.

II. Prozessuales

1. Verfahren

Der Anschlussprozess wird abhängig vom Streitwert entweder im ordentlichen (Streitwert > CHF 30 000; Art. 219 ff. ZPO) oder im vereinfachten Verfahren (Streitwert ≤ CHF 30 000; Art. 243 ff. ZPO) durchgeführt.

In gewissen Fällen liesse sich auch die Anwendung des Summarverfahrens rechtfertigen: Besteht über den angeschlossenen Anspruch bereits ein rechtskräftiges Urteil und ist der Schuldner im Anschlussprozess beklagte Partei, so weist das Anschlussverfahren grosse Parallelen zum (definitiven) Rechtsöffnungsverfahren auf. Entsprechend könnte nach JENT-SØRENSEN in solchen Fällen das summarische Verfahren i.S.v. Art. 251 lit. a ZPO zur Anwendung kommen. Steht dem Anschlussgläubiger demgegenüber ein Gläubiger als beklagte Partei gegenüber, so fehlt die Parallele zum Rechtsöffnungsverfahren[861]. Die Anwendung des Summarverfahrens könnte sich immerhin noch dadurch rechtfertigen, dass bei Vorliegen eines rechtskräftigen Urteils u.U. ein klarer Fall i.S.v. Art. 248 lit. b ZPO bejaht werden kann. Die Praxis wird zeigen, ob Anschlussverfahren bei Vorliegen von rechtskräftigen Urteilen tatsächlich im Summarverfahren geführt werden können. Das Obergericht des Kantons Bern hat dies verneint[862].

2. Örtliche Zuständigkeit

Art. 111 Abs. 5 SchKG bestimmt, dass die Anschlussklage beim Gericht des Betreibungsortes anzuheben ist. Damit sind die Vorschriften in der ZPO über die örtliche Zuständigkeit nicht anwendbar (Art. 46 ZPO). Der Gerichtsstand ist zwingend, sodass Einlassung und Gerichtsstandsvereinbarungen unzulässig sind[863].

Im internationalen Verhältnis fällt die Anschlussklage unter die vollstreckungsrechtlichen Klagen i.S.v. Art. 22 Ziff. 5 LugÜ[864]. Da damit nur die internationale Zuständigkeit geregelt wird (Zuständigkeit des Vertragsstaates, in dem die Zwangsvollstreckung durchgeführt wird), richtet sich die nationale örtliche Zuständigkeit mangels Vorschriften im IPRG abermals nach Art. 111 Abs. 5 SchKG. Ausserhalb des Anwendungsbereichs des LugÜ

861 BSK SchKG I-JENT-SØRENSEN, Art. 111 N 41.
862 OGer BE, 2,7,2913, ZK 13 188.
863 JAEGER/WALDER/KULL, Art. 111 N 49.
864 DOLGE, 64.

kommt Art. 111 Abs. 5 SchKG direkt zur Anwendung, da das IPRG keine Zuständigkeiten für vollstreckungsrechtliche Verfahren vorsieht[865].

3. Sachliche Zuständigkeit

Die sachliche Zuständigkeit richtet sich nach kantonalem Recht. Im Kanton Zürich ist für Anschlussklagen gemäss § 24 lit. b GOG ZH i.V.m. Art. 198 lit. e Ziff. 4 ZPO das Einzelgericht zuständig. Dies gilt unabhängig davon, ob der Prozess im ordentlichen oder im vereinfachten Verfahren ergeht.

4. Einleitung Verfahren

Gemäss Art. 198 lit. e Ziff. 4 ZPO entfällt das Schlichtungsverfahren bei der Anschlussklage. Entsprechend ist diese direkt beim örtlich und sachlich zuständigen Gericht anzuheben.

5. Rechtsbegehren

Ist beklagte Partei ein anderer Gläubiger, so könnte das Rechtsbegehren des Anschlussgläubigers wie folgt lauten:

«Es sei der Kläger in der Betreibung Nr. […] des Betreibungsamtes […] gegen den Schuldner […] zur Teilnahme an der Pfändung bzw. dem Verwertungserlös zuzulassen, unter Kosten- und Entschädigungsfolgen zulasten des Beklagten.»

Wird die Anschlussklage demgegenüber gegen den Schuldner erhoben, so kann das Rechtsbegehren wie folgt formuliert werden:

«Es sei in der Betreibung Nr. […] des Betreibungsamtes […] gegen den Beklagten […] die Forderung des Klägers in Höhe von CHF […] nebst Zins von […] zu anerkennen und der Kläger entsprechend zur Teilnahme an der Pfändung bzw. dem Verwertungserlös zuzulassen, unter Kosten- und Entschädigungsfolgen zulasten des Beklagten.»

865 Vgl. für die Widerspruchsklage Meier, IZPR, 178; das Gesagte gilt nach überwiegender Ansicht auch, wenn die Anschlussklage unter der Konstellation, dass sich Schuldner und Anschlussgläubiger gegenüberstehen, als rein materiell-rechtliche Klage beurteilt wird. Ein unmittelbarer Bezug der Anschlussklage zur Zwangsvollstreckung besteht nämlich unabhängig von der Qualifikation der Klage. Dieser ist für die Zuständigkeitsvorschriften ausschlaggebend; vgl. BSK SchKG I-Jent-Sørensen, Art. 111 N 42.

6. Streitwert

Der Streitwert der Anschlussklage bemisst sich nach Art. 91 ff. ZPO, wobei die bisherigen Lehren zur Streitwertberechnung beibehalten werden können. Danach bemisst sich der Streitwert nach der wertmässigen Bedeutung der Anschlussklage für die Parteien. Als Streitwert kommen entsprechend die Forderung des Anschlussgläubigers[866], die Forderung oder der potenzielle Prozessgewinn des bestreitenden Gläubigers oder der Wert der gepfändeten Gegenstände[867] in Betracht. Welcher dieser Werte massgebend ist, ist umstritten. Parallel zur Widerspruchsklage ist mit AMONN/WALTHER davon auszugehen, dass jeweils der Tiefste ausschlaggebend ist[868]. Wenn sich im Anschlussprozess Gläubiger und Schuldner gegenüberstehen, entspricht der Streitwert gemäss Bundesgericht dem Nominalbetrag der Forderung[869].

7. Frist

Die Frist zur Anhebung der Anschlussklage beträgt 20 Tage (Art. 111 Abs. 5 SchKG) und kann nicht durch Vertrag verändert werden (Art. 33 Abs. 1 SchKG). Es handelt sich um eine Verwirkungsfrist, welche nur unter den strengen Voraussetzungen nach Art. 33 Abs. 2 und 4 SchKG verlänger- bzw. wiederherstellbar ist. Im Übrigen gelten für die Berechnung und Einhaltung der Frist die Bestimmungen in der ZPO (Art. 31 SchKG). Die Einhaltung der Klagefrist ist Prozessvoraussetzung und von den Gerichten entsprechend von Amtes wegen zu prüfen[870].

Nutzt der Ansprecher die Frist nicht, so fällt seine Teilnahme an der Pfändung dahin (Art. 111 Abs. 5 SchKG)[871]. Vom Ausscheiden des privilegierten Gläubigers profitieren aber auch hier nur diejenigen Gläubiger, welche den Anschlussanspruch bestritten haben. Erfolgte die Bestreitung hingegen seitens des Schuldners, so gereicht das Ausscheiden allen Gläubigern zum Vorteil[872].

866 Vgl. BGE 5A_10/2013, E. 1.2.
867 Vgl. BGE 5A_10/2013, E. 1.2.
868 AMONN/WALTHER, § 25 N 45; ähnlich FRITZSCHE/WALDER, Bd. I, § 27 N 29; a.M. JAEGER/WALDER/KULL, Art. 111 N 53; vgl. zur Kontroverse BSK SchKG I-JENT-SØRENSEN, Art. 111 N 46.
869 BGE 5C.151/2001, E. 1.
870 AMONN/WALTHER, § 25 N 41; vgl. auch BGE 82 III 31.
871 BGE 106 III 62, E. 2.
872 BSK SchKG I-JENT-SØRENSEN, Art. 111 N 40.

8. Streitgenossenschaft

Wenn Schuldner und Gläubiger oder mehrere Gläubiger derselben Gruppe den Anspruch bestritten haben, so kann die Klage gegen sie als einfache Streitgenossen gleichzeitig angehoben werden[873].

9. Streitverkündung

Eine Streitverkündung ist nicht möglich: Ein für den Streitverkünder ungünstiges Urteil kann gegenüber dem Streitberufenen keine Wirkung entfalten, weil über materiell-rechtliche Fragen, z.B. über den Bestand und die Höhe einer Forderung, nur vorfrageweise entschieden wird.

Anderes dürfte nur gelten, wenn der Streit über den Anschluss zwischen Schuldner und Anschlussgläubiger – wie von einem Teil der Lehre – als materiell-rechtlich angesehen wird.

10. Beweislast

Die Verteilung der Beweislast richtet sich nach den allgemeinen Regeln, insbesondere nach Art. 8 ZGB. Richtet sich die Anschlussklage gegen einen Gläubiger, so trägt der privilegierte Gläubiger die Beweislast für diejenigen Tatsachen, welche seine Zulassung zur Teilnahme an der Pfändung bzw. am Verwertungserlös begründen. Ist der Schuldner beklagte Partei, so wird dem Kläger zugleich der Beweis für die Anerkennung der Forderung auferlegt[874].

Der Beklagte seinerseits kann das Fehlen von bestimmten Anschlussvoraussetzungen (z.B. keine Forderung aus dem elterlichen Verhältnis) und – soweit über die Anschlussforderung noch kein rechtskräftiges Urteil besteht – auch Höhe und Bestand der Forderung bestreiten[875]. Er ist entsprechend zum Gegenbeweis zuzulassen.

11. Beweismass

Es braucht den vollen Beweis; Glaubhaftmachung genügt nicht.

873 Jaeger/Walder/Kull, Art. 111 N 52.
874 BSK SchKG I-Jent-Sørensen, Art. 111 N 45.
875 BSK SchKG I-Jent-Sørensen, Art. 111 N 41.

12. Beweismittel

Es sind sämtliche Beweismittel gemäss Art. 168 ff. ZPO zulässig.

13. Urteil

Das Urteil des Anschlussprozesses hält verbindlich fest, ob der privilegierte Gläubiger an der Pfändung teilnehmen kann. Materiell-rechtliches, wie etwa Bestand und Höhe der Forderung, wird demgegenüber nur vorfrageweise geprüft[876]. Der Entscheid des Gerichts erwächst entsprechend nicht in materielle Rechtskraft[877]. Er wirkt nur in der hängigen Betreibung und grundsätzlich nur *inter partes:* Obsiegt der bestreitende Gläubiger gegen den privilegierten Anschlussgläubiger, so kommt ihm der Prozessgewinn allein zugute[878]. Der Prozessgewinn besteht in demjenigen Teil des Verwertungsergebnisses, der durch die Abweisung des Pfändungsanschlusses frei wird[879].

Stehen sich im Anschlussprozess aber Anschlussgläubiger und Schuldner gegenüber, so wirkt der Entscheid des Gerichts *erga omnes*[880]: Bei Obsiegen des Schuldners profitieren sämtliche Gläubiger vom Ausschluss des privilegierten Anschlussgläubigers an der Verteilung des Verwertungserlöses. Das Urteil kommt somit allen an der Pfändung beteiligten Gläubigern zugute, auch denjenigen, welche den Anschlussanspruch nicht bestritten haben[881].

Obsiegt der privilegierte Anschlussgläubiger gegen den bestreitenden Schuldner und/oder Gläubiger, so wird er definitiv Gläubiger in der entsprechenden Pfändungsgruppe[882].

876 Vgl. AMONN/WALTHER, § 25 N 48; entsprechend muss die Anschlussklage als gegenstandslos geworden abgeschrieben werden, wenn die Pfändung dahinfällt oder deren Nichtigkeit festgestellt wird.

877 A.M. für den Fall, dass sich Drittansprecher und Schuldner gegenüberstehen: AMONN/WALTHER, § 25 N 52 und KUKO SchKG-WERNLI, Art. 111 N 17.

878 BSK SchKG I-JENT-SØRENSEN, Art. 111 N 47 f.

879 JAEGER/WALDER/KULL, Art. 111 N 55.

880 Gemäss einigen Autoren handelt es sich beim Anschlussprozess in dieser Konstellation um eine rein materiell-rechtliche Klage, sodass der Entscheid des Gerichts dieser Ansicht nach in materielle Rechtskraft erwächst, vgl. z.B. AMONN/WALTHER, § 4 N 49 und § 25 N 52; FRITZSCHE/WALDER, Bd. I, § 27 Fn. 63; BSK SchKG I-JENT-SØRENSEN, Art. 111 N 47.

881 BSK SchKG I-JENT-SØRENSEN, Art. 111 N 47.

882 KUKO SchKG-WERNLI, Art. 111 N 18.

14. Klageanerkennung, Klagerückzug, Vergleich

Klageanerkennung, Klagerückzug und Vergleich sind zulässig[883] (Art. 241 ZPO).

15. Rechtsmittel

Der erstinstanzliche Entscheid über die Anschlussklage ist bei einem Streitwert von mindestens CHF 10 000 mit Berufung (Art. 308 Abs. 2 ZPO), bei einem tieferen Streitwert mit Beschwerde (Art. 319 ZPO) an die kantonale Rechtsmittelinstanz weiterzuziehen. Als solche amtet im Kanton Zürich das Obergericht (§ 48 GOG ZH).

Gegen Entscheide letzter kantonaler Instanzen ist bei einem Streitwert von mindestens CHF 30 000 (Art. 74 Abs. 1 lit. b BGG) oder bei Rechtsfragen von grundsätzlicher Bedeutung (Art. 74 Abs. 2 lit. a BGG) die Beschwerde in Zivilsachen (Art. 72 ff. BGG) zulässig. Andernfalls ist die subsidiäre Verfassungsbeschwerde i.S.v. Art. 113 ff. BGG zu ergreifen, wobei sich die Prüfung des Entscheides hier auf Willkür (Art. 9 BV) beschränkt.

883 Brunner/Reutter, 139 für die Widerspruchsklage.

§ 21 Schadenersatzklage gegen den Ersteigerer (Art. 129 Abs. 4 SchKG)

I. Materielles

1. Allgemeines

Die beim Schuldner gepfändeten Vermögenswerte müssen zur Befriedigung der Gläubiger verwertet werden. Die Verwertung kann u.a. auf dem Weg der öffentlichen Versteigerung erfolgen (Art. 125 Abs. 1 SchKG). Dabei wird der Verwertungsgegenstand dem Meistbietenden nach dreimaligem Aufruf zugeschlagen, sofern das Angebot den Betrag allfälliger dem betreibenden Gläubiger im Range vorgehender pfandgesicherter Forderungen übersteigt (Deckungsprinzip, Art. 126 SchKG)[884].

Für den Fall, dass ein solcher Zuschlag erfolgt, regelt Art. 129 SchKG die Zahlungsmodalitäten. Nach der im Zusammenhang mit der Geldwäschereibekämpfung erfolgten Revision von Art. 129 SchKG und Art. 136 SchKG (in Kraft seit 1.1.2016)[885] kann der Steigerungspreis bis zum Betrag von CHF 100 000 in bar beglichen werden, während der die genannte Schwelle von CHF 100 000 übersteigende Betrag über einen Finanzintermediär nach dem Geldwäschereigesetz abgewickelt werden muss (Art. 129 Abs. 2 SchKG). Die Zahlung ist grundsätzlich sofort anlässlich der Steigerung zu bezahlen (Art. 129 Abs. 1 SchKG)[886]. Ausnahmsweise kann das Betreibungsamt einen Zahlungstermin von höchstens 20 Tagen gestatten (Art. 129 Abs. 2 SchKG). Eine Verlängerung der Zahlungsfrist ist in analoger Anwendung von Art. 63 Abs. 1 VZG nur möglich, wenn sämtliche Beteiligten zustimmen[887].

Wird die Zahlung nicht rechtzeitig geleistet[888], so hat das Betreibungsamt den Zuschlag aufzuheben und von Amtes wegen eine neue Steigerung anzu-

884 Vgl. die weiterführenden Ausführungen in BSK SchKG I-Rutz/Roth, Art. 126.
885 Siehe dazu BSK SchKG EB-Staehelin, Art. 129 ad N 1.
886 Zur Zulässigkeit der Verrechnung durch einen Gläubiger siehe BGE 111 III 60.
887 BGE 75 III 11, siehe aber auch den unklaren BGE 109 III 37.
888 Wird die Zahlung nach Ablauf der Frist aber vor Aufhebung des Zuschlags oder während der aufschiebenden Wirkung einer erhobenen Beschwerde geleistet, so muss diese akzeptiert werden, BGE 109 III 37, E. 2b.

ordnen (Art. 129 Abs. 3 SchKG)[889]. Der Erstersteigerer haftet alsdann für den Ausfall und allen weiteren Schaden (Art. 129 Abs. 4 SchKG). Ein Verschulden des Erstersteigeres ist nicht vorausgesetzt[890].

Der Anspruch auf den Ausfall und den weiteren Schaden gegen den Erstersteigerer ist ein Aktivum des Schuldners und nicht dessen Gläubiger. Dieses Aktivum ist zu pfänden und seinerseits – durch Freihandverkauf nach Art. 130 Ziff. 1 SchKG, Forderungsüberweisung nach Art. 131 SchKG oder öffentliche Steigerung[891] – zu verwerten[892]. Dies gilt auch dann, wenn über Bestand und Höhe der Schadenersatzforderung ein Streit entsteht. Dann hat derjenige, der die bestrittene Schadenersatzforderung im Rahmen der Forderungsüberweisung zugewiesen erhält bzw. bei deren Versteigerung oder Freihandverkauf erwirbt, gegen den Erstersteigerer auf Schadenersatz zu klagen[893].

2. Rechtsnatur

Die Schadenersatzklage ist eine materiell-rechtliche Leistungsklage[894].

3. Aktiv- und Passivlegitimation

Zur Schadenersatzklage aktivlegitimiert ist, wer die bestrittene Schadenersatzforderung bei deren Versteigerung oder dem Freihandverkauf erworben hat bzw. im Rahmen der Forderungsüberweisung zugewiesen erhielt. Den Gläubigern steht kein direktes Klagerecht zu; die Verwertung der strittigen Ausfallforderung ist zwingend[895].

Passivlegitimiert ist einzig der Erstersteigerer, dem ursprünglich der Zuschlag erteilt wurde. Nicht haftbar und damit nicht passivlegitimiert ist demgegenüber ein Kaufinteressent, der zwar ein Angebot zu einem Freihandverkauf gemacht hat, dann aber der vom Amt organisierten nicht öffentlichen Steigerung fernbleibt, auch wenn der an dieser Versteigerung erzielte Preis unter seinem Angebot liegt[896]. Wird der Zuschlag in einem Beschwerdever-

889 Das Betreibungsamt ist mithin nicht verpflichtet, den Erstersteigerer für die offene Schuld zu betreiben; Jaeger/Walder/Kull, Art. 129 N 8.
890 Fritzsche/Walder, Bd. I, § 30 N 13.
891 Vgl. die weiterführenden Ausführungen in BSK SchKG I-Rutz/Roth, Art. 129 N 14.
892 BGE 5C.222/2006, E. 3; Fritzsche/Walder, Bd. I, § 30 N 14.
893 BSK SchKG I-Rutz/Roth, Art. 129 N 16.
894 Staehelin/Staehelin/Grolimund, § 9 N 152 f.
895 BGE 28 II 582, E. 4; BGE 29 I 597, E. 1; BGE 5C.222/2006, E. 3.
896 BSK SchKG I-Rutz/Roth, Art. 129 N 10.

fahren für ungültig erklärt, so kann auch der Erstersteigerer nicht mehr belangt werden[897].

II. Prozessuales

1. Verfahren

Der Schadenersatzprozess wird abhängig vom Streitwert entweder im ordentlichen (Streitwert > CHF 30 000; Art. 219 ff. ZPO) oder im vereinfachten Verfahren (Streitwert ≤ CHF 30 000; Art. 243 ff. ZPO) durchgeführt.

2. Örtliche Zuständigkeit

Das SchKG sieht keine Zuständigkeitsvorschriften für die Schadenersatzklage gegen den Ersteigerer vor, sodass für die örtliche Zuständigkeit die allgemeinen Regeln von Art. 9 ff. ZPO zur Anwendung gelangen (Art. 46 ZPO e contrario). Anwendbar ist Art. 10 ZPO, welcher den Wohnsitz bzw. Sitz des Beklagten für massgeblich erklärt. Der Gerichtsstand ist nicht zwingend, sodass Prorogation und Einlassung zulässig sind.

Im internationalen Verhältnis bestimmt sich die Zuständigkeit nach den allgemeinen Vorschriften des IPRG, des LugÜ oder allfälliger weiterer Staatsverträge.

3. Sachliche Zuständigkeit

Die sachliche Zuständigkeit für die Schadenersatzklage gegen den Ersteigerer richtet sich nach kantonalem Recht (Art. 3 f. ZPO). Im Kanton Zürich ist – sofern der Prozess wegen eines Streitwerts von unter CHF 30 000 im vereinfachten Verfahren durchgeführt wird – das Einzelgericht (§ 24 lit. a GOG ZH i.V.m. Art. 243 Abs. 1 ZPO), ansonsten das Bezirksgericht als Kollegialgericht (§ 19 GOG ZH) zuständig.

897 KUKO SchKG-Amberg, Art. 129 N 11.

4. Einleitung Verfahren

Dem Entscheidverfahren geht ein Schlichtungsverfahren vor einer Schlichtungsbehörde – im Kanton Zürich vor den Friedensrichtern (§ 52 GOG ZH) – voraus (Art. 197 ZPO).

5. Rechtsbegehren

Das Rechtsbegehren des Klägers gegen den Erstersteigerer kann wie folgt formuliert werden:

«Es sei der Beklagte zu verpflichten, dem Kläger CHF [...] zuzüglich Zins zu 5% seit [...] zu bezahlen, unter Kosten- und Entschädigungsfolgen zulasten des Beklagten.»

6. Streitwert

Der Streitwert entspricht der Höhe des Ausfalls zuzüglich dem allfälligen weiteren Schaden.

Der *Ausfall* besteht in der Differenz zwischen dem an der widerrufenen und dem an der neuen Steigerung erzielten Preis. Erfolgt an der neuen Steigerung kein Zuschlag, so ist zu unterscheiden: Wurde an der neuen Steigerung ein Mindestpreis angesetzt, so errechnet sich der Ausfall als Differenz zwischen dem Angebot des Erstersteigerers und diesem Mindestpreis. Wurde kein Mindestpreis angesetzt, so entspricht der Ausfall der gesamten Summe des ursprünglichen Angebots[898].

Der *weitere Schaden* besteht in den Kosten für die neue Steigerung und allenfalls die Aufbewahrung und den Unterhalt des Steigerungsobjekts in der Zeit zwischen dem ursprünglichen Zuschlag und der neuen Steigerung. Schliesslich ist auch der Zinsverlust zum weiteren Schaden zu zählen. Er entspricht dem zwischen dem festgesetzten Zahlungstermin und der Zahlung durch den neuen Erwerber erzielbaren Zins von 5%[899].

Eine Haftung für weiteren, d.h. mittelbaren Schaden, besteht nach Art. 129 Abs. 4 SchKG nicht, kann aber über die allgemeinen Regeln des OR, mithin Art. 97 OR, geltend gemacht werden[900].

898 FRITZSCHE/WALDER, Bd. I, § 30 N 13.
899 KUKO SchKG-AMBERG, Art. 129 N 13.
900 Die Haftung für weiteren Schaden ist damit verschuldensabhängig; JAEGER/WALDER/KULL, Art. 129 N 15.

7. Frist

Eine Frist zur Einleitung des Schlichtungsverfahrens sieht das SchKG nicht vor. Zu beachten ist, dass die Schadenersatzklage innert zehn Jahren verjährt[901].

Kommt es im Rahmen des Schlichtungsverfahrens nicht zu einem Vergleich, einem Klagerückzug oder einer Klageanerkennung, so hat der Kläger innert drei Monaten seit Erteilung der Klagebewilligung Klage beim zuständigen Gericht einzureichen (Art. 209 ZPO).

8. Streitgenossenschaft, Intervention

Streitgenossenschaft und Nebenintervention sind nach den Art. 70–72 ZPO und Art. 74–77 ZPO zulässig.

9. Streitverkündung

Sodann ist eine Streitverkündung i.S.v. Art. 78–80 ZPO möglich.

10. Beweislast

Der Kläger trägt die Beweislast für die Voraussetzungen seines Schadenersatzanspruches; es gilt die allgemeine Beweislastregel nach Art. 8 ZGB.

11. Beweismass

Da die Schadenersatzklage gegen den Erstersteigerer eine materiell-rechtliche Klage ist, hat der Schuldner den vollen Beweis zu erbringen. Glaubhaftmachung genügt nicht.

12. Beweismittel

Es sind alle Beweismittel gemäss den Art. 168–193 ZPO zulässig.

901 BGE 38 II 338; vgl. auch FRITZSCHE/WALDER, Bd. I, § 30 N 14.

13. Urteil

Das gutheissende Urteil verpflichtet den Erstersteigerer zur Bezahlung der klägerischen Schadenersatzforderung.

14. Klageanerkennung, Klagerückzug, Vergleich

Klageanerkennung, Klagerückzug und Vergleich sind zulässig. Sie haben die Wirkung eines rechtskräftigen Entscheides (Art. 241 Abs. 2 ZPO).

15. Rechtsmittel

Der erstinstanzliche Entscheid über die Schadenersatzklage ist bei einem Streitwert von mindestens CHF 10 000 mit Berufung (Art. 308 Abs. 2 ZPO), bei einem tieferen Streitwert mit Beschwerde (Art. 319 ZPO) an die kantonale Rechtsmittelinstanz weiterzuziehen. Als solche amtet im Kanton Zürich das Obergericht (§ 48 GOG ZH).

Gegen Entscheide letzter kantonaler Instanzen ist bei einem Streitwert von mindestens CHF 30 000 (Art. 74 Abs. 1 lit. b BGG) oder bei Rechtsfragen von grundsätzlicher Bedeutung (Art. 74 Abs. 2 lit. a BGG) die Beschwerde in Zivilsachen (Art. 72 ff. BGG) zulässig. Andernfalls ist die subsidiäre Verfassungsbeschwerde i.S.v. Art. 113 ff. BGG zu ergreifen, wobei sich die Prüfung des Entscheides hier auf Willkür (Art. 9 BV) beschränkt.

§ 22 Lastenbereinigungsklage (Art. 140 SchKG)

Literatur: BRUNNER ALEXANDER/REUTTER MARK, Kollokations- und Widerspruchsklagen nach SchKG, 2. A., Zürich 2002; GASSER DOMINIK, Die Vollstreckung nach der Schweizerischen ZPO, Anwaltsrevue 8/2008, 340 ff.; JENT-SØRENSEN INGRID, Die Rechtsdurchsetzung bei der Grundstücksverwertung in der Spezialexekution, Zürich/Basel/Genf 2003.

I. Materielles

1. Lastenverzeichnis

Das Lastenbereinigungsverfahren findet sich in der Betreibung auf Pfändung und auf Pfandverwertung. Demgegenüber ist es in der Betreibung auf Konkurs nicht vorgesehen[902].

Im Rahmen des Lastenbereinigungsverfahrens wird ein für die Verwertung von Grundstücken verbindliches Lastenverzeichnis erstellt. Das Lastenverzeichnis bezweckt, vor der Versteigerung eines Grundstücks genaue Kenntnis der auf dem Grundstück ruhenden Lasten zu erlangen. Dies ist nicht nur erforderlich, um eine zuverlässige Schätzung des Grundstücks gemäss Art. 140 Abs. 3 SchKG vornehmen zu können, sondern auch um den zur Einhaltung des Deckungsprinzips massgebenden Minimalzuschlagspreis festzulegen und einen allfälligen Doppelaufruf (Art. 142 SchKG) korrekt durchzuführen[903]. Schliesslich müssen die Pfandgläubiger im Hinblick auf die Verteilung wissen, welche Rechte ihrem Anspruch vorgehen oder gleichgestellt sind[904].

Das Lastenverzeichnis hält also verbindlich fest, welche Lasten mit dem Grundstück auf den Ersteigerer übergehen (vgl. Art. 135 Abs. 1 SchKG). Nicht ins Lastenverzeichnis aufgenommene Lasten gehen mit der Versteigerung des Grundstücks unter. Dies gilt – unter der Voraussetzung, dass der Ersteigerer gutgläubig ist – selbst dann, wenn sich die im Lastenverzeichnis fehlenden Lasten aus dem Grundbuch ergeben[905]. Das Lastenverzeichnis

902 In der Betreibung auf Konkurs übernimmt der Kollokationsplan die Funktion des Lastenverzeichnisses.

903 AMONN/WALTHER, § 28 N 23.

904 BGE 129 III 246, E. 3.1.

905 BGE 106 II 183, E. 3a.

geht dem Grundbuch mithin vor, wobei dessen Wirkung auf die jeweilige Betreibung beschränkt ist[906].

Das Lastenverzeichnis (Art. 140 SchKG i.V.m. Art. 33 ff. VZG) muss – neben der Bezeichnung des Grundstücks samt Zugehör und dessen Schätzung – alle auf den Erwerber zu überbindenden, dinglichen und realobligatorischen Rechte an einem Grundstück enthalten. Bei der Zwangsverwertung eines Stockwerkeigentumsanteils sind auch die entsprechenden Rechte am Grundstück selbst aufzunehmen (Art. 73a Abs. 2 VZG)[907]. Nicht ins Lastenverzeichnis gehören grundsätzlich rein obligatorische Rechte an einem Grundstück. Bei den aufzunehmenden Rechten handelt es sich um die folgenden (vgl. auch Art. 34 Abs. 1 lit. b VZG)[908]:

- vertragliche und gesetzliche Grundpfandrechte (vgl. Art. 37 Abs. 1 SchKG; nicht zu berücksichtigen sind leere Pfandstellen und Inhaber-/Eigentümerschuldbriefe im Besitze des Schuldners, soweit sie auch nicht als Faustpfand verpfändet sind);
- Dienstbarkeiten (Art. 730 ff. ZGB) und Grundlasten (Art. 782 ff. ZGB);
- vorgemerkte persönliche Rechte (Art. 959 ZGB), d.h. obligatorische Rechte, welche mit dem Grundstück «subjektiv-dinglich» verknüpft sind sowie Verfügungsbeschränkungen i.S.v. Art. 960 Abs. 1 ZGB[909];
- gemäss einem Teil der Lehre befristete Miet- und Pachtverträge[910].

2. Vorverfahren vor dem Betreibungsamt

In einem ersten Schritt ermittelt der Betreibungsbeamte die auf dem Grundstück ruhenden Lasten anhand eines Grundbuchauszugs und der Eingaben der Berechtigten. Der Betreibungsbeamte hat bei der Erstellung des Lastenverzeichnisses keine Befugnis, Bestand und Umfang der Lasten zu überprüfen. Er muss sämtliche sich aus dem Grundbuch ergebenden und angemeldeten Rechte unverändert und ungeprüft ins Lastenverzeichnis aufnehmen (Art. 36 Abs. 2 VZG)[911].

Lasten, welche weder innert der 20-tägigen Anmeldefrist (Art. 138 Abs. 2 Ziff. 3 SchKG) angemeldet werden noch aus dem Grundbuch ersichtlich

906 BGE 129 III 246, E. 3.1; fällt die Betreibung dahin, so wird das Lastenverzeichnis wirkungslos.
907 BGE 5A_135/2011, E. 3.2.
908 BGE 2P.90/2006, E. 2.7; zur Behandlung von Miteigentum vgl. Art. 73c VZG und BSK SchKG I-Feuz, Art. 140 N 95 ff.; für den genauen Inhalt des Lastenverzeichnisses vgl. Art. 34–36 VZG und BSK SchKG I-Feuz, Art. 140 N 7 ff.
909 BGE 5A_394/2014, E. 4.1.2.
910 Vgl. statt vieler BSK SchKG EB-Staehelin, Art. 140 ad N 44a; vom Bundesgericht offengelassen in BGE 5A_97/2013, E. 2.2.
911 BGE 5A_275/2012, E. 2.1; BGE 121 III 24, E. 2b; BGE 112 III 26, E. 4 und 5.

sind, darf und muss der Betreibungsbeamte nicht ins Verzeichnis aufnehmen (siehe auch Art. 36 Abs. 1 VZG)[912].

Nach Erstellen des Lastenverzeichnisses anhand des Grundbuches und der Eingaben der Berechtigten stellt der Betreibungsbeamte das Verzeichnis den Beteiligten (vgl. Art. 73d VZG) zu[913] und setzt ihnen gleichzeitig eine *Bestreitungsfrist* von zehn Tagen (Art. 140 Abs. 2 SchKG). Die Bestreitungsfrist ist eine Verwirkungsfrist[914] und als solche unter den Voraussetzungen von Art. 33 Abs. 2 und 4 SchKG verlänger- bzw. wiederherstellbar[915]. Wird das Lastenverzeichnis aufgrund einer Aufsichtsbeschwerde korrigiert, so hat das Betreibungsamt die Änderung wiederum mitzuteilen und eine neue zehntägige Bestreitungsfrist anzusetzen[916]. Da der Ausgang einer allfälligen Beschwerde aber ungewiss ist und dieser grundsätzlich keine aufschiebende Wirkung zukommt, empfiehlt es sich, das Lastenverzeichnis innert Frist vorsorglich auch bereits zu bestreiten.

Zur Bestreitung legitimiert sind der Schuldner, ein allfälliger Dritt- oder Miteigentümer des Grundstücks, die Pfändungsgläubiger sowie die Inhaber von Rechten, welche im Lastenverzeichnis aufgeführt sind (Art. 37 Abs. 1 VZG)[917]. Die Bestreitung des Lastenverzeichnisses ist schriftlich ans Betreibungsamt zu richten, wobei die Einreichung bei einer unzuständigen Behörde nicht schädlich ist (Art. 32 Abs. 2 SchKG). Es muss klar hervorgehen, welcher Drittanspruch bestritten wird. Eine Begründung der Bestreitung ist indessen nicht erforderlich. Ebenso wenig muss in der Bestreitung angegeben werden, was konkret Gegenstand der Bestreitung ist, d.h., ob sich diese auf die Forderung, das Pfandrecht, dessen Rang oder die Fälligkeit bezieht (vgl. zum möglichen Gegenstand der Bestreitung auch Art. 37 Abs. 2 VZG)[918]. Nicht zulässig sind gänzlich neue Eingaben von Lasten während der Bestreitungsfrist[919].

---

912 BGE 5A_275/2012, E. 2.1; anders BSK SchKG I-Feuz, Art. 140 N 101, wonach das Betreibungsamt auch solche Lasten aufnehmen muss, die ihm auf andere Weise als durch den Grundbucheintrag zur Kenntnis gelangen; differenzierend: Jent-Sørensen, Rz. 212 ff.

913 Eine öffentliche Auflage reicht nicht aus; vgl. BGE 5A_217/2014, E. 2.3.

914 BGE 5A_217/2014, E. 2.2.

915 BSK SchKG I-Feuz, Art. 140 N 115; vgl. auch BGE 5A_217/2014, wonach die Folgen aus der fehlenden Ansetzung der Bestreitungsfrist unter den gegebenen Umständen nicht dem Gläubiger angerechnet werden konnten.

916 KUKO SchKG-Bernheim/Känzig, Art. 140 N 11 und 33.

917 Jaeger/Walder/Kull, Art. 140 N 36.

918 BGE 141 III 141, E. 4.2.

919 KUKO SchKG-Bernheim/Känzig, Art. 140 N 35.

Verzichten die Beteiligten auf eine Bestreitung des Lastenverzeichnisses innert Frist, so gelten die Lasten (nur, aber immerhin) in der betreffenden Betreibung als anerkannt, und es kann zur Verwertung des Grundstücks geschritten werden (Art. 37 Abs. 2 und Art. 43 Abs. 1 VZG)[920]. Dies gilt selbst dann, wenn das Lastenverzeichnis fehlerbehaftet ist, darf das rechtskräftige Lastenverzeichnis doch grundsätzlich nicht mehr abgeändert werden[921]. Eine nachträgliche Abänderung ist nur möglich, wenn das Lastenverzeichnis aufgrund gravierender Mängel nichtig ist[922] oder wenn nach der Rechtskraft neue Tatsachen auftreten und erheblichen Interessen nur so genügend Rechnung getragen werden kann[923].

Wird demgegenüber eine *Last bestritten,* so wird die Rechtskraft des Lastenverzeichnisses vorerst – jedoch nur gegenüber dem Bestreitenden und im Umfang der Bestreitung – verhindert[924]. Alsdann hat das Betreibungsamt die Parteirollenverteilung für den nachfolgenden Lastenbereinigungsprozess festzulegen. Gemäss Art. 140 Abs. 2 SchKG sind die Art. 106–109 SchKG über das Widerspruchsverfahren sinngemäss anwendbar, wobei das Betreibungsamt für die Parteirollenverteilung auf den Grundbucheintrag abzustellen hat[925]. Wird ein Recht bestritten, welches sich nicht aus dem Grundbuch ergibt, obwohl der Grundbucheintrag für dessen Gültigkeit vorausgesetzt wäre, so ist die Klägerrolle dem vermeintlichen Inhaber des Rechts zuzuweisen[926]. Wird ein Recht bestritten, welches im Grundbuch eingetragen oder ohne Eintragung von Gesetzes wegen gültig ist (z.B. unmittelbar gesetzliches Pfandrecht, wie etwa gemäss Art. 818 Abs. 1 Ziff. 2 und 3 ZGB[927]), so hat derjenige die Klägerrolle einzunehmen, der die Abänderung oder Löschung des Rechts verlangt (Art. 39 VZG).

Die Parteirollenverteilung durch das Betreibungsamt ist für das Gericht verbindlich. Der als Kläger ermittelten Partei setzt das Betreibungsamt schliesslich die 20-tägige Frist an, innert welcher die Lastenbereinigungsklage zu erheben ist.

920 BGE 5A_272/2014, E. 4.1.1.
921 BGE 120 III 20, E. 3; BGE 121 III 24, E. 2b.
922 BGE 99 III 66, E. 2; Amonn/Walther, § 28 N 41.
923 BGE 5A_445/2011, E. 4.3; BGE 76 III 41, E. 1; BGE 121 III 24.
924 BGE 113 III 17, E. 3.
925 BGE 72 III 44, E. b.
926 BGE 5A_272/2014.
927 Siehe dazu BGE 5A_608/2012.

3. Verhältnis zum Widerspruchsverfahren, zum Rechtsvorschlag und zur Aufsichtsbeschwerde

Aufgrund der fehlenden *materiellen* Prüfungsbefugnis des Betreibungsamtes muss geklärt werden können, ob und in welchem Umfang die aufgenommenen Lasten tatsächlich bestehen. Hierzu dient der *Lastenbereinigungsprozess.* Nicht im Lastenverzeichnis aufgenommene Lasten können nicht Gegenstand dieses Verfahrens sein[928]. Im Lastenbereinigungsprozess wird mithin für die laufende Betreibung über einen im Verzeichnis aufgeführten Anspruch nach Bestand, Umfang (Kapital- und Zinsanspruch), Rang und Fälligkeit befunden[929].

Nicht Gegenstand der Lastenbereinigung kann die Frage sein, wem ein solches Recht zusteht. Dies ist in einem *Widerspruchsverfahren* zu klären[930].

Wenn der betriebene Schuldner den Bestand, die Höhe und die Fälligkeit der in Betreibung gesetzten Forderung sowie ihr allfälliges Pfandrecht bestreitet, hat er dies durch Erhebung des *Rechtsvorschlags* zu tun; im Lastenbereinigungsverfahren kann der betriebene Schuldner nur andere Forderungen und Lasten als diejenigen des betreibenden Gläubigers bestreiten[931]. Versucht sich der Schuldner mittels Bestreitung des Lastenverzeichnisses gegen den betreibenden Gläubiger zur Wehr zu setzen, so braucht das Betreibungsamt von vorneherein keine Klagefrist anzusetzen[932].

Schliesslich sind *formelle* Fehler bei der Durchführung des amtlichen Lastenbereinigungsverfahrens mit Beschwerde geltend zu machen[933]. Wird eine im Grundbuch eingetragene oder angemeldete Last nicht oder nicht richtig aufgenommen, so ist dagegen Beschwerde der betroffenen Gläubiger nach Art. 17 SchKG möglich. Auch kann sich in solchen Fällen die Frage einer Staatshaftung nach Art. 5 SchKG stellen[934]. Wird eine Last aufgenommen, die sich weder aus dem Grundbuch ergibt noch angemeldet wurde, so ist der Schuldner in gleicher Weise beschwerdebefugt. Ebenso kann Beschwerde bei einem unklaren Lastenverzeichnis erhoben werden[935]. Im Beschwerde-

928 BGE 5A_109/2011, E. 4.2.3.
929 BGE 5A_284/2015, E. 2.2.1; BGE 141 III 141, E. 4.2; BGE 140 III 234, E. 3.1; BGE 5A_272/2014, E. 4.1.2.
930 BGE 5A_285/2015, E. 2.2.1; BGE 5A_284/2015, E. 2.2.1; BGE 5A_758/2013, E. 3.2.1.
931 BGE 5A_285/2015, E. 2.2.1; BGE 5A_284/2015, E. 2.2.1; BGE 5A_445/2011, E. 4.2; BGE 5C.266/2005; BGE 118 III 22, E. 2a.
932 BGE 5A_445/2011, E. 4.2.
933 BGE 5A_608/2012, E. 2.1; BGE 5A_135/2011.
934 Amonn/Walther, § 28 N 44.
935 KUKO SchKG-Bernheim/Känzig, Art. 140 N 10.

verfahren ist auch die Frage über die Fristwahrung für die Bestreitung eines Lastenverzeichnisses zu beurteilen[936]. Ebenfalls kann etwa mit Beschwerde angefochten werden, wenn das Urteil eines Lastenbereinigungsprozesses die Entfernung einer Last anordnet, das Betreibungsamt die besagte Last aber trotzdem im Lastenverzeichnis belässt[937].

Die Parteirollenverteilung durch das Betreibungsamt, welche für das Gericht wie erwähnt verbindlich ist, kann schliesslich ebenfalls mit Beschwerde nach Art. 17 ff. SchKG angefochten werden[938].

4. Rechtsnatur

Die Lastenbereinigungsklage ist nach der hier vertretenen Meinung eine betreibungsrechtliche Klage mit Reflexwirkung auf das materielle Recht[939].

Für den Fall, dass sich im Lastenbereinigungsprozess Drittansprecher und Schuldner gegenüberstehen, wird die Klage von einem Teil der Lehre als rein materiell-rechtlich angesehen[940].

Wie bei der Widerspruchsklage handelt es sich bei der Lastenbereinigungsklage um eine prozessuale Gestaltungsklage[941].

5. Aktiv- und Passivlegitimation

Die Aktiv- und Passivlegitimation zur Lastenbereinigungsklage ergibt sich aus dem Vorverfahren vor dem Betreibungsamt, mithin aus der Verfügung, mit welcher der Betreibungsbeamte die Parteirollen zugeteilt hat.

Wird ein Recht bestritten, welches sich nicht aus dem Grundbuch ergibt, obwohl der Grundbucheintrag für dessen Gültigkeit vorausgesetzt wäre, so ist der vermeintliche Inhaber des Rechts aktivlegitimiert. Passivlegimitiert ist in diesem Fall derjenige, der den Anspruch bestritten hat.

936 BGE 5A_217/2014, E. 2.

937 BGE 140 III 234, E. 3.2.

938 Siehe z.B. BGE 5A_608/2012.

939 BSK SchKG I-Feuz, Art. 140 N 127a.

940 Amonn/Walther, § 28 N 38 i.V.m. § 24 N 51, 68; Jaeger/Walder/Kull, Art. 140 N 40 i.V.m. Art. 109 N 5; a.M. betreffend Widerspruchsverfahren BSK SchKG I-Staehelin, Art. 109 N 30.

941 Jaeger/Walder/Kull, Art. 140 N 40 i.V.m. Art. 109 N 6; a.M. wohl KUKO SchKG-Bernheim/Känzig, Art. 140 N 42, welche die Widerspruchsklage implizit als Feststellungsklage qualifizieren.

Wird ein Recht bestritten, welches im Grundbuch eingetragen oder ohne Eintragung von Gesetzes wegen gültig ist (z.B. unmittelbar gesetzliches Pfandrecht), so ist derjenige, der die Abänderung oder Löschung des Rechts verlangt (Art. 39 VZG), aktivlegitimiert. Passivlegitimiert ist dann der vermeintliche Inhaber des Rechts.

II. Prozessuales

1. Verfahren

Der Lastenbereinigungsprozess wird abhängig vom Streitwert entweder im ordentlichen (Streitwert > CHF 30 000; Art. 219 ff. ZPO) oder im vereinfachten Verfahren (Streitwert ≤ CHF 30 000; Art. 243 ff. ZPO) durchgeführt.

2. Örtliche Zuständigkeit

Art. 140 Abs. 2 i.V.m. Art. 109 SchKG regelt die örtliche Zuständigkeit für die Anhebung der Lastenbereinigungsklage. Die Bestimmungen der ZPO über die örtliche Zuständigkeit sind damit nicht anwendbar (Art. 46 ZPO). Nach Art. 109 Abs. 3 SchKG ist für Klagen, die sich – wie die Lastenbereinigungsklage – auf ein Grundstück beziehen, das Gericht am Ort des Grundstücks zuständig. Der Gerichtsstand ist ausschliesslicher und zwingender Natur, sodass Gerichtsstandsvereinbarungen und Einlassung unzulässig sind[942].

Im Anwendungsbereich des LugÜ muss die Lastenbereinigungsklage als vollstreckungsrechtliche Klage i.S.v. Art. 22 Ziff. 5 LugÜ gelten[943]. Da dieser Artikel nur die internationale Zuständigkeit regelt (Zuständigkeit des Vertragsstaates, in dem die Zwangsvollstreckung durchgeführt wird), richtet sich die nationale örtliche Zuständigkeit mangels Vorschriften im IPRG nach Art. 109 SchKG. Ausserhalb des Anwendungsbereichs des LugÜ kommt Art. 109 SchKG direkt zur Anwendung, da das IPRG keine Zuständigkeiten für vollstreckungsrechtliche Verfahren vorsieht[944].

942 BGE 5A_360/2012, E. 3.2 und 3.3 zur Widerspruchsklage; BSK SchKG I-Staehelin, Art. 109 N 20.

943 Dolge, 67; vgl. auch BGE 5A_360/2012 zur Widerspruchsklage, wo ein entsprechender Entscheid des Obergerichts des Kantons Zug im Rahmen einer subsidiären Verfassungsbeschwerde zumindest als nicht willkürlich betrachtet wurde; bei der Widerspruchsklage a.M. für den Fall, dass sich Schuldner und Drittansprecher gegenüberstehen: Amonn/Walther, § 24 N 59.

944 Für die Widerspruchsklage: Meier, IZPR, 178.

3. Sachliche Zuständigkeit

Die sachliche Zuständigkeit für die Lastenbereinigungsklage richtet sich nach kantonalem Recht (Art. 3 f. ZPO). Im Kanton Zürich ist – sofern der Prozess wegen eines Streitwerts von unter CHF 30 000 im vereinfachten Verfahren ergeht – das Einzelgericht (§ 24 lit. a GOG ZH i.V.m. Art. 243 Abs. 1 ZPO), ansonsten das Bezirksgericht als Kollegialgericht (§ 19 GOG) zuständig. Dies folgt an sich aus dem klaren Gesetzeswortlaut.

Es fragt sich allerdings, ob für die Lastenbereinigungsklage in Bezug auf die sachliche Zuständigkeit nicht das Gleiche wie bei der Widerspruchsklage gelten sollte. Dann wäre im Kanton Zürich gemäss § 24 lit. b GOG ZH i.V.m. Art. 198 lit. e Ziff. 3 ZPO in analogiam das Einzelgericht zuständig, und zwar unabhängig davon, ob der Prozess im ordentlichen oder vereinfachten Verfahren geführt wird.

Die Zuständigkeit des Handelsgerichts hat das Bundesgericht für die betreibungsrechtlichen Klagen mit Reflexwirkung auf das materielle Recht, mithin auch für die Lastenbereinigungsklage, kürzlich verneint[945].

4. Einleitung Verfahren

Auf die Klageeinleitung finden die zivilprozessualen Normen Anwendung. Nach Art. 197 i.V.m. Art. 202 ZPO ist der Prozess bei der Schlichtungsbehörde einzuleiten.

Auch hier fragt sich aber, ob das Schlichtungsverfahren nicht wie bei der Widerspruchsklage gemäss Art. 198 lit. e Ziff. 3 ZPO entfallen sollte. Obwohl Art. 198 lit. e ZPO als abschliessend gilt, ist aus Gründen der Verfahrensbeschleunigung nicht ersichtlich, weshalb die Lastenbereinigungsklage nicht unter den Ausnahmetatbestand von Art. 198 lit. e ZPO fallen sollte[946].

5. Rechtsbegehren

Da die Lastenbereinigungsklage eine Gestaltungsklage darstellt, sollte das Rechtsbegehren des Klägers auf eine Änderung der Rechtslage für das betreffende Betreibungsverfahren abzielen[947].

945 BGE 141 III 527, E. 2.3; BGE 140 III 355, E. 2.3.4.

946 Vgl. Gasser, 345, wonach alle Verfahren, welche vor Inkrafttreten der Schweizerischen ZPO im beschleunigten Verfahren ergingen, ohne Schlichtungsverhandlung einzuleiten sind.

947 Vgl. für das Widerspruchsverfahren BSK SchKG I-Staehelin, Art. 109 N 6.

Wird Bestand oder Umfang eines angemeldeten Rechts bestritten, welches nicht (wie angemeldet) im Grundbuch eingetragen ist, so kann das Rechtsbegehren des vermeintlichen Inhabers wie folgt lauten:

«Es sei in der Betreibung Nr. […] des Betreibungsamtes […] gegen den Schuldner […] auf dem gepfändeten Grundstück Gbbl. Nr. […] ein Grundpfandrecht des Klägers im […] Rang für eine Forderung von CHF […] nebst Zins zu 5% seit […] anzuerkennen und das Recht im Lastenverzeichnis zu belassen bzw. bei der Verwertung nach Massgabe der gesetzlichen Vorschriften zu berücksichtigen, unter Kosten- und Entschädigungsfolgen zulasten des Beklagten.»

Wird Bestand, Umfang oder Höhe eines Rechts, welches im Grundbuch eingetragen ist, bestritten, so könnte das Rechtsbegehren des Bestreitenden wie folgt formuliert werden:

«Es sei in der Betreibung Nr. […] des Betreibungsamtes […] gegen den Schuldner […] das Grundpfandrecht des Beklagten im […] Rang auf dem gepfändeten Grundstück Gbbl. Nr. […] für eine Forderung von CHF […] nebst Zins zu 5% seit […] im Lastenverzeichnis zu löschen/wie folgt abzuändern […], unter Kosten- und Entschädigungsfolgen zulasten des Beklagten.»

6. Streitwert

Der Streitwert der Lastenbereinigungsklage bemisst sich nach Art. 91 ff. ZPO. Massgebend ist die wertmässige Bedeutung, welche der Lastenbereinigungsklage für die Parteien in der laufenden Vollstreckung zukommt. Entsprechend wird auf den Betrag abgestellt, um welchen sich die wertmässige Belastung des Grundstücks bei Wegfall der Last verringern würde bzw. auf den Betrag, welcher der bestreitenden Partei bei Wegfall der Belastung zufallen würde, wenn dieser niedriger ist[948].

Beim Lastenbereinigungsprozess um ein Pfandrecht bemisst sich der Streitwert nach dem Wert des Grundpfandes, dem Betrag der gesicherten Forderung im Umfang der Bestreitung oder, wenn der betreibende Gläubiger Prozesspartei ist, der Betreibungsforderung. Massgebend ist stets der geringste dieser Beträge[949].

Beim Prozess um andere beschränkt dingliche oder realobligatorische Rechte bemisst sich der Streitwert nach dem geschätzen Wert der Last oder,

948 Brunner/Reutter, 158.
949 Brunner/Reutter, 158.

wenn der betreibende Gläubiger Prozesspartei ist, der Betreibungsforderung. Massgebend ist auch hier der geringere dieser Beträge[950].

7. Frist

Die Frist zur Einreichung des Lastenbereinigungsprozesses beträgt 20 Tage. Sie wird vom Betreibungsamt angesetzt (Art. 140 Abs. 2 i.V.m. Art. 107 Abs. 5 und 108 Abs. 2 SchKG) und ist durch Parteiabrede nicht veränderbar (Art. 33 Abs. 1 SchKG). Es handelt sich um eine betreibungsrechtliche Verwirkungsfrist, welche unter den strengen Voraussetzungen von Art. 33 Abs. 2 und 4 SchKG verlängerbar bzw. wiederherstellbar ist[951]. Im Übrigen bestimmen sich Berechnung und Einhaltung der Frist nach Art. 142 ff. ZPO (Art. 31 SchKG). Die Einhaltung der Frist stellt eine Prozessvoraussetzung dar und ist von Amtes wegen zu überprüfen[952].

Erkennt das Betreibungsamt die Klägerrolle im Vorverfahren dem Ansprecher eines Rechts zu und unterlässt dieser die Klageanhebung innert Frist, so wird angenommen, er habe in der betreffenden Betreibung auf die Geltendmachung seines Anspruchs verzichtet (Art. 140 Abs. 2 i.V.m. Art. 107 Abs. 5 SchKG). Wird die Klägerrolle demgegenüber dem ein bestimmtes Recht Bestreitenden zugewiesen und erhebt dieser keine Lastenbereinigungsklage innert Frist, so gilt das fragliche Recht des Dritten in der betreffenden Betreibung als anerkannt (Art. 108 Abs. 3 SchKG).

8. Streitgenossenschaft

Mehrere Personen, welche den Drittanspruch bestreiten, bilden eine einfache Streitgenossenschaft, können mithin gemeinsam klagen (aktive Streitgenossenschaft) oder beklagt werden (passive Streitgenossenschaft)[953]. Sie können Drittansprachen am fraglichen Vermögenswert aber auch gleichzeitig und unabhängig voneinander bestreiten. Zu einer (aktiven oder passiven) notwendigen Streitgenossenschaft kommt es nicht[954]. Allenfalls können die Verfahren dann gemäss Art. 125 lit. c ZPO zur Vereinfachung des Prozesses

950 Brunner/Reutter, 158.

951 Amonn/Walther, § 11 N 11.

952 Vgl. für das Widerspruchsverfahren BGE 86 III 134, E. 2; a.M. BSK SchKG I-Staehelin, Art. 109 N 11, wonach es bei Säumnis der Frist an einer materiell-rechtlichen Voraussetzung fehlt.

953 BSK ZPO-Ruggle, Art. 71 N 26.

954 BSK SchKG I-Staehelin, Art. 109 N 25.

zusammengefasst oder gemäss Art. 126 ZPO aus Zweckmässigkeitsgründen sistiert werden.

Eine notwendige Streitgenossenschaft wäre allenfalls denkbar, wenn der Streitgegenstand der Klage bspw. in einem lebenslänglichen Wohnrecht besteht, das zugunsten beider Ehegatten eingetragen ist. Dann müssten die Ehegatten im Prozess als notwendige Streitgenossen auftreten.

9. Streitverkündung

Eine Streitverkündung ist nicht möglich: Ein für den Streitverkünder ungünstiges Urteil kann gegenüber dem Streitberufenen keine Wirkung entfalten, weil über materiell-rechtliche Fragen nur vorfrageweise entschieden wird.

Anderes dürfte nur für den Fall gelten, wenn der Lastenbereinigungsprozess zwischen Drittansprecher und Schuldner als rein materiell-rechtlich angesehen wird.

10. Beweislast

Die Parteirollenverteilung durch das Betreibungsamt hat keinen Einfluss auf die Beweislastverteilung im Lastenbereinigungsprozess. Es kommen die allgemeinen Regeln über die Beweislastverteilung, insbesondere Art. 8 ZGB zur Anwendung[955]. Es gilt das beim Widerspruchsverfahren Ausgeführte.

11. Beweismass

Es braucht den vollen Beweis; Glaubhaftmachung genügt nicht.

12. Beweismittel

Es sind sämtliche Beweismittel gemäss Art. 168 ff. ZPO zulässig.

955 Vgl. für das Widerspruchsverfahren BGE 5C.245/2002, E. 2.3; FRITZSCHE/WALDER Bd. I, § 26 N 35.

13. Urteil

Das Urteil des Lastenbereinigungsprozesses hält fest, ob, in welchem Umfang und in welchem Rang das angebliche Recht des Drittansprechers in der laufenden Betreibung zu beachten ist[956]. Ob dem Dritten das seinem Anspruch zugrunde liegende materielle Recht (z.B. Pfandrecht) tatsächlich zusteht, wird demgegenüber nur vorfrageweise geprüft und erscheint auch nicht im Urteilsdispositiv. Der Entscheid des Gerichts erwächst entsprechend nicht in materielle Rechtskraft[957]. Er wirkt nur in der hängigen Betreibung und grundsätzlich nur *inter partes*[958]. Der obsiegende Gläubiger hat Anspruch auf volle Befriedigung seiner in Betreibung gesetzten Forderung samt Zins und Betreibungskosten. Ein allfälliger Überschuss aus dem Prozessgewinn kommt nicht allfälligen weiteren Gläubigern zu (Art. 43 Abs. 2 VZG)[959], sondern verbleibt der unterliegenden Prozesspartei[960].

Stehen sich im Lastenbereinigungsprozess jedoch Drittansprecher und Schuldner gegenüber, so wirkt der Entscheid des Gerichts *erga omnes*[961]: Bei Obsiegen des Schuldners fällt das vom Dritten geltend gemachte Recht in der anschliessenden Verwertung ausser Betracht. Das Urteil kommt somit allen an der Pfändung beteiligten Gläubigern zugute, auch denjenigen, welche den Drittanspruch nicht bestritten haben[962].

Das Urteil des Gerichts ist für das Betreibungsamt verbindlich. Das aufgrund eines Urteils abgeänderte Lastenverzeichnis kann, anders als das infolge einer Beschwerde berichtigte Verzeichnis, nicht erneut bestritten werden[963].

Das rechtskräftige Lastenverzeichnis darf zu einem späteren Zeitpunkt, insbesondere durch die Steigerungsbedingungen, nicht mehr abgeändert werden[964]. Vorbehalten bleiben Fälle, in denen nach Eintreten der Rechtskraft

956 Vgl. BGE 5A_602/2013, E. 3 zur Widerspruchsklage.
957 A.M. für den Fall, dass sich Drittansprecher und Schuldner gegenüberstehen: Amonn/Walther, § 28 N 38 mit Verweis auf § 24 N 55, 67 ff.
958 BSK SchKG I-Feuz, Art. 140 N 130 und 136.
959 BGE 113 III 17, E. 3.
960 Jaeger/Walder/Kull, Art. 140 N 40.
961 Gemäss verschiedenen Autoren handelt es sich in dieser Konstellation um eine rein materiellrechtliche Klage. Da die Rechte am fraglichen Grundstück alsdann abschliessend geklärt werden, soll der Entscheid des Gerichts dieser Ansicht nach in materielle Rechtskraft erwachsen; vgl. z.B. Amonn/Walther, § 28 N 38 i.V.m. § 24 N 51, 68; Jaeger/Walder/Kull, Art. 140 N 40 i.V.m. Art. 109 N 5; a.M. betreffend Widerspruchsverfahren BSK SchKG I-Staehelin, Art. 109 N 30.
962 BGE 129 III 246, E. 3.2; Amonn/Walther, § 28 N 38 i.V.m. § 24 N 51, 68.
963 BGE 140 III 234, E. 3.2.2; BGE 5A_543/2015, E. 4.2.2.
964 BGE 121 III 24, E. 2b.

neue Tatsachen auftreten und erheblichen Interessen nur so genügend Rechnung getragen werden kann, sowie Fälle, in denen das Lastenverzeichnis wegen gravierender Mängel nichtig ist[965].

14. Klageanerkennung, Klagerückzug, Vergleich

Klageanerkennung, Klagerückzug und Vergleich sind zulässig (Art. 241 ZPO)[966].

Umstritten ist im Sinne einer untechnischen Anerkennung, ob ein Berechtigter, dessen Ansprüche mangels rechtzeitiger Bestreitung als anerkannt gelten, eine verspätete Bestreitung anerkennen, mithin nachträglich auf sein Recht verzichten kann – wenigstens solange, als die Verwertung noch nicht erfolgt ist[967]. Bejaht man dies, so muss eine Berechtigung und Neuzustellung des Lastenverzeichnisses erfolgen[968].

15. Rechtsmittel

Der erstinstanzliche Entscheid über die Lastenbereinigungsklage ist bei einem Streitwert von mindestens CHF 10 000 mit Berufung (Art. 308 Abs. 2 ZPO), bei einem tieferen Streitwert mit Beschwerde (Art. 319 ZPO) an die kantonale Rechtsmittelinstanz weiterzuziehen. Als solche amtet im Kanton Zürich das Obergericht (§ 48 GOG ZH).

Gegen Entscheide letzter kantonaler Instanzen ist bei einem Streitwert von mindestens CHF 30 000 (Art. 74 Abs. 1 lit. b BGG) oder bei Rechtsfragen von grundsätzlicher Bedeutung (Art. 74 Abs. 2 lit. a BGG) die Beschwerde in Zivilsachen (Art. 72 ff. BGG) zulässig. Andernfalls ist die subsidiäre Verfassungsbeschwerde i.S.v. Art. 113 ff. BGG zu ergreifen, wobei sich die Prüfung des Entscheides hier auf Willkür (Art. 9 BV) beschränkt.

---

965 BGE 5A_373/2010, E. 4.4; KUKO SchKG-Bernheim/Känzig, Art. 140 N 48.

966 Brunner/Reutter, 165 f.

967 Bejahend KUKO SchKG-Bernheim/Känzig, Art. 140 N 49.

968 KUKO SchKG-Bernheim/Känzig, Art. 140 N 49.

§ 23 Kollokationsklage (Art. 148 SchKG, Art. 157 Abs. 4 SchKG)

Literatur: BRUNNER ALEXANDER/REUTTER MARK, Kollokations- und Widerspruchsklagen nach SchKG, 2. A., Bern 2002; FURRER VIKTOR, Die Kollokationsklagen nach schweizerischem Recht, Diss. Zürich 1979; GULDENER MAX, Zwangsvollstreckung und Zivilprozess, ZSR 1955 I, 19 ff. (zit. GULDENER, ZSR).

I. Materielles

1. Allgemeines

Im Kollokationsverfahren wird entschieden, welche Gläubiger in der laufenden Betreibung mit welchen Anteilen des Vollstreckungssubstrates befriedigt werden[969]. Das Kollokationsverfahren findet sich in der Betreibung auf Pfändung (Art. 148 SchKG), auf Pfandverwertung (Art. 157 Abs. 4 SchKG) und auf Konkurs. Während es im Konkursverfahren voraussetzungslos durchzuführen ist, kommt es in der Spezialexekution nur dann zur Anwendung, wenn aus dem vorangegangenen Pfändungs- und Verwertungsverfahren nicht alle Gläubiger befriedigt werden können (Art. 146 Abs. 1 SchKG). Deckt der bei der Verwertung erzielte Erlös hingegen alle geltend gemachten Forderungen, wurde überhaupt kein Erlös erzielt oder steht das Verwertungsergebnis nur einem einzelnen Gläubiger zu[970], so entfällt die Notwendigkeit des Kollokationsverfahrens[971].

Das Verfahren beginnt mit der Erstellung des Plans für die Rangordnung der Gläubiger (Kollokationsplan) und der Verteilungsliste durch das Betreibungsamt (Art. 146 Abs. 1 SchKG).

Der *Kollokationsplan,* welcher als Verfügung des Betreibungsamtes gilt[972], listet die am Verwertungserlös berechtigten Gläubiger auf, gibt die Höhe ihrer Forderung (nebst Zins und Betreibungskosten) an und weist ihnen ihren Rang in der Befriedigung aus dem Vollstreckungssubstrat zu[973]. Gläubiger

969 KUKO SchKG-SPRECHER, Art. 146 N 30.
970 BGE 37 I 562, E. 1.
971 KUKO SchKG-SPRECHER, Art. 146 N 1.
972 BGE 35 I 605, E. 1.
973 AMONN/WALTHER, § 30 N 5 ff.

mit grundpfandgesicherten Forderungen sind nicht im Kollokationsplan, sondern im Lastenverzeichnis aufzunehmen (Art. 79 Abs. 2 VZG).

Der Kollokationsplan erfasst nur Gläubiger derselben Gruppe. Bei mehreren Gruppen zufolge Anschlusspfändung ist für jede Gruppe ein eigener Kollokationsplan zu erstellen.

Das Betreibungsamt ermittelt die Angaben des Kollokationsplans anhand der ihm zur Verfügung stehenden Akten. Es hat keine Befugnis, Teilnahmeberechtigung sowie Höhe und Bestand der zu kollozierenden Forderungen zu überprüfen. Demgegenüber hat es über die Rangfolge der Forderungen zu befinden[974]. Die Gläubiger erhalten dabei denjenigen Rang, den sie nach Art. 219 SchKG im Konkurs des Schuldners einnehmen würden. Setzt ein Forderungsprivileg nach Art. 219 SchKG die Entstehung der Forderung in einer bestimmten zurückliegenden Frist voraus, ist für den Beginn der Rückrechnung der Zeitpunkt des Fortsetzungsbegehrens massgebend (Art. 146 Abs. 2 SchKG).

Der konkrete Betrag, den der einzelne Gläubiger ausbezahlt erhält, wird in der *Verteilungsliste* festgehalten. Sie bestimmt die rechnerische Zuweisung des Vollstreckungssubstrats auf die gemäss Kollokationsplan berechtigten Gläubiger[975].

Nach Art. 147 SchKG werden Kollokationsplan und Verteilungsliste beim Betreibungsamt aufgelegt. Dieses benachrichtigt die Beteiligten davon und stellt jedem Gläubiger einen seine Forderung betreffenden Auszug zu. Alsdann haben die Gläubiger die Möglichkeit, Kollokationsplan und Verteilungsliste zu überprüfen und sich gegebenenfalls dagegen zur Wehr zu setzen. Je nach Rügegrund kann der Gläubiger Kollokationsklage oder Beschwerde nach Art. 17 SchKG erheben.

2. Gegenstand der Kollokationsklage

Die Kollokationsklage gibt dem Gläubiger die Möglichkeit, sich gegen die Forderungen anderer Gläubiger, welche ebenfalls Anspruch auf das Vollstreckungssubstrat erheben, zur Wehr zu setzen[976]. Mit der Kollokationsklage kann der Gläubiger entweder die Forderung oder den Rang *eines anderen Gläubigers* bestreiten (Art. 148 Abs. 1 SchKG). Er macht geltend, dessen For-

974 BGE 7B.127/2001, E. 3a; Fritzsche/Walder, Bd. I, § 32 N 14.
975 BSK SchKG I-Schöniger, Art. 146 N 3; BGE 5A_942/2014, E. 2.6.
976 KUKO SchKG-Sprecher, Art. 148 N 1.

derung sei aus materiell-rechtlichen Gründen fehlerhaft kolloziert, da sie überhaupt nicht, nicht in der angegebenen Höhe oder nicht im zugewiesenen Rang bestehe[977]. Ziel ist also die Änderung des Kollokationsplanes zulasten eines anderen Gläubigers, indem dessen Forderung gestrichen, herabgesetzt oder im Rang zurückgestuft wird (sog. negative Kollokationsklage)[978].

Wenn die Gläubiger bereits in einem früheren Verfahrensstadium Gelegenheit hatten, die Teilnahmeberechtigung eines Mitgläubigers zu bestreiten, so kann darüber nicht erneut in einem Kollokationsprozess entschieden werden. Gegen Bestand und Höhe der Forderung eines privilegierten Anschlussgläubigers nach Art. 111 SchKG ist die Kollokationsklage entsprechend ausgeschlossen. Den Gläubigern steht zur Geltendmachung der entsprechenden Beanstandungen die Anschlussklage offen. Hält die bestrittene Forderung der gerichtlichen Überprüfung im Anschlussprozess stand oder haben die Gläubiger auf Erhebung der Anschlussklage verzichtet und die Forderung somit anerkannt, so ist dies für die nachfolgende Kollokation verbindlich. Hinsichtlich des Rangs der Anschlussforderung bleibt eine Kollokationsklage aber möglich[979].

Auch eine Forderung, für welche ein Pfandrecht an beweglichen Sachen oder Forderungen besteht, kann nicht Gegenstand der Kollokationsklage sein. Streitfragen zwischen den Gläubigern über Pfandforderung, Pfandrecht und Rang sind im Widerspruchsverfahren nach Art. 106–109 SchKG zu entscheiden. Im Widerspruchsverfahren geschützte oder mangels Bestreitung anerkannte Forderungen sind unverändert zu kollozieren[980]. Grundpfandgesicherte Forderungen finden schliesslich wie erwähnt überhaupt keinen Eingang in den Kollokationsplan. Sie sind im Lastenverzeichnis aufzunehmen und können mittels Lastenbereinigungsklage angefochten werden[981]. Eine Kollokationsklage ist auch gegen solche Forderungen ausgeschlossen.

Fraglich ist, ob eine Kollokationsklage gegen Bestand und Höhe einer Forderung möglich ist, über welche in der hängigen Betreibung bereits in einem vorangegangenen Verfahren zwischen Gläubiger und *Schuldner* – etwa einem An- oder Aberkennungsprozess – rechtskräftig entschieden wurde. Grundsätzlich liegt eine res iudicata nur dann vor, wenn der zweite Prozess zwischen denselben Parteien ergeht[982]. Zu berücksichtigen ist aber, dass im

977 BGE 31 I 157, E. 1.
978 BGE 81 III 20, E. 1.
979 BGE 52 III 110, E. 2.
980 BGE 27 II 648.
981 Amonn/Walther, § 30 N 19.
982 BGE 97 II 390, E. 4.

Kollokationsprozess vorfragweise stets das Forderungsverhältnis zwischen Schuldner und Gläubiger geprüft werden muss. Entsprechend wird in der Literatur die Ansicht vertreten, dass die bereits rechtskräftig beurteilte Forderung nicht erneut überprüft werden kann[983]. Der Gefahr, dass der Schuldner den Prozessausgang durch sein Verhalten zugunsten eines bestimmten Gläubigers beeinflusst, wird dadurch begegnet, dass den übrigen Gläubigern gegen solche Machenschaften des Schuldners die paulianischen Anfechtungsklagen offenstehen[984].

3. Verhältnis zur Aufsichtsbeschwerde

Die Korrektur von *formellen Fehlern* bei der Erstellung des Kollokationsplans und der Verteilungsliste ist mit Beschwerde nach Art. 17 SchKG geltend zu machen (z.B. ungenügende Auflage des Kollokationsplans, Unklarheiten eines Kollokationsplans etc.)[985]. Beschwerde ist auch zu erheben, wenn zu Unrecht ein Kollokationsplan erstellt bzw. zu Unrecht auf dessen Erstellung verzichtet wurde[986].

Zu beachten ist auch hier, dass formelle Fehler gegen den Pfändungsanschluss eines Gläubigers nach Art. 110 SchKG mit Beschwerde gegen die Anschlussverfügung geltend gemacht werden müssen. Eine nachträgliche Beanstandung des Anschlusses durch Beschwerde gegen den Kollokationsplan ist nur möglich, wenn der bestreitende Gläubiger entgegen Art. 113 f. SchKG den Pfändungsanschluss nicht mitgeteilt erhielt oder die Pfändung zu diesem Zeitpunkt fälschlicherweise als genügend bescheinigt wurde, da diesfalls kein Gläubiger durch den Anschluss eines anderen benachteiligt wird[987].

Anders als im Konkursverfahren ist es in der Spezialexekution nicht möglich, mit der Kollokationsklage die mangelhafte *Kollokation der eigenen Forderung* (z.B. wegen eines zu tiefen Rangs oder Betrags) geltend zu machen (sog. positive Kollokationsklage). Das Einleitungsverfahren ist für die Kollokation der eigenen Forderung verbindlich, sodass der Gläubiger diesbezüg-

983 JAEGER/WALDER/KULL, Art. 148 N 2; AMONN/WALTHER, § 30 N 20; BSK SchKG I-SCHÖNIGER, Art. 146 N 17 f.; KUKO SchKG-Sprecher, Art. 148 N 8.

984 Für weitergehende Ausführungen vgl. BSK SchKG I-SCHÖNIGER, Art. 146 N 17 f.

985 BGE 96 III 35, E. 2; für weitere Beispiele von Beschwerdefällen vgl. BSK SchKG I-SCHÖNIGER, Art. 148 N 65 f. und N 78 f. und BRUNNER/REUTTER, 36.

986 KUKO SchKG-SPRECHER, Art. 148 N 39.

987 BGE 70 III 43, E. 1.

lich nur die Verletzung verfahrensrechtlicher Vorschriften geltend machen kann. Hierfür ist entsprechend Beschwerde zu erheben[988].

Ebenso wenig kann die rein *betragsmässige Zuteilung des konkreten Anteils* am Vollstreckungssubstrat Gegenstand einer Kollokationsklage sein[989]. Wird also nur die Berechnung des Betrages beanstandet, so ist Beschwerde gegen die Verteilungsliste zu erheben[990]. Die Verteilungsliste ist nicht Bestandteil des Kollokationsplans[991] und kann demzufolge eigenständig durch Beschwerde angefochten werden[992].

Werden Kollokationsplan oder Verteilungsliste in einem Beschwerdeverfahren geändert oder nimmt das Betreibungsamt während der Anfechtungsfrist selber Änderungen vor, so sind sie beim Betreibungsamt neu aufzulegen und die 20-tägige Frist zur Erhebung der Kollokationsklage beginnt von Neuem. Dies gilt gegenüber sämtlichen Gläubigern, da die Abänderung des Kollokationsplans zufolge Beschwerde *erga omnes* wirkt[993]. Ist der Kollokationsplan gleichzeitig mit formellen und materiellen Mängeln behaftet, so hat der Gläubiger zur Vermeidung eines Rechtsverlusts neben der Beschwerde vorsorglich auch Kollokationsklage zu erheben[994].

Wird anstelle der Beschwerde fälschlicherweise eine Kollokationsklage erhoben, so hat das Gericht einen Nichteintretensentscheid zu fällen. Ergeht entgegen der gesetzlichen Zuständigkeitsordnung ein Sachentscheid, so ist dieser für die Betreibungsämter nicht bindend und der aufgelegte Kollokationsplan wird rechtskräftig[995].

4. Rechtsnatur

Die Kollokationsklage dient der gerichtlichen Überprüfung des Kollokationsplans und stellt ihrem Sinn und Zweck nach ein Rechtsmittel gegen die Kollokationsverfügung dar[996].

988 BGE 81 III 20, E. 1.
989 BGE 64 III 133, E. 1.
990 BGE 105 III 88, E. 1.
991 A.M. Amonn/Walther, § 30 N 4.
992 BGE 64 III 133, E. 1.
993 KUKO SchKG-Sprecher, Art. 148 N 40.
994 KUKO SchKG-Sprecher, Art. 148 N 4.
995 BGE 29 I 537.
996 BGE 98 III 313, E. 4.

Sie ist eine betreibungsrechtliche Klage mit Reflexwirkung auf das materielle Recht[997].

Es handelt sich um eine prozessuale Gestaltungsklage[998].

5. Aktiv- und Passivlegitimation

Aktivlegitimiert ist jeder kollozierte Gläubiger, der die Forderung oder den Rang eines anderen Gläubigers bestreiten will. Zur Klage zugelassen sind nur Gläubiger derselben Pfändungsgruppe. Gläubiger einer nachfolgenden Gruppe sind grundsätzlich nicht einmal dann klagebefugt, wenn für sie eine Pfändung des Mehrerlöses stattgefunden hat[999]. Gewisse Autoren billigen solchen Gläubigern wenigstens dann ein Klagerecht zu, wenn sie geltend machen, der Schuldner habe durch Unterlassen des Rechtsvorschlages einen Gläubiger einer vorgehenden Gruppe privilegiert, sofern eine Wegweisung des vorangehenden Gläubigers zu einem Mehrerlös für die nachfolgende Gruppe führen würde[1000].

Die formelle Gläubigerstellung des Klägers hat das Gericht als *Prozessvoraussetzung* (und nicht im Rahmen der Aktivlegitimation) zu prüfen. Massgebend ist dabei allein dessen Aufnahme in den Kollokationsplan. Ein Gläubiger, der fälschlicherweise nicht kolloziert wurde, hat vor Anhebung der Kollokationsklage Beschwerde zu erheben. Ebenfalls als Prozessvoraussetzung ist das Rechtsschutzinteresse des Klägers abzuklären. Dieses fehlt mitunter dann, wenn die Klage gegen einen Gläubiger in tieferem Rang gerichtet ist[1001].

Passivlegitimiert ist der Gläubiger, dessen Forderung im Kollokationsplan geändert werden soll.

Dem *Schuldner* kommt weder Aktiv- noch Passivlegitimation zu. Er hatte schon im Einleitungsverfahren Gelegenheit, die gegen ihn erhobenen Forderungen zu bestreiten. Er ist aber befugt, den Kollokationsplan wegen formeller Mängel mit Beschwerde anzufechten[1002]. Die Abfindungen für die berechtigten Gläubiger bzw. die Höhe eines allfälligen Überschusses zu sei-

997 BSK SchKG I-Schöniger, Art. 148 N 10; Amonn/Walther, § 30 N 19.
998 BSK SchKG I-Schöniger, Art. 148 N 10.
999 BGE 28 I 276.
1000 BSK SchKG I-Schöniger, Art. 148 N 19; vgl. auch Amonn/Walther, § 30 N 22.
1001 BSK SchKG I-Schöniger, Art. 148 N 20 f.
1002 BGE 81 III 20, E. 1.

nen Gunsten kann der Schuldner nur mit der Rückforderungsklage gemäss Art. 86 SchKG infrage stellen[1003].

II. Prozessuales

1. Verfahren

Der Kollokationsprozess wird abhängig vom Streitwert entweder im ordentlichen (Streitwert > CHF 30 000; Art. 219 ff. ZPO) oder im vereinfachten Verfahren (Streitwert ≤ CHF 30 000; Art. 243 ff. ZPO) durchgeführt.

2. Örtliche Zuständigkeit

Art. 148 SchKG regelt die örtliche Zuständigkeit für die Anhebung der Kollokationsklage. Die Bestimmungen der ZPO über die örtliche Zuständigkeit sind damit nicht anwendbar (Art. 46 ZPO). Nach Art. 148 SchKG ist die Kollokationsklage beim Gericht des Betreibungsorts zu erheben. Der Gerichtsstand ist ausschliesslich und zwingend, sodass Gerichtsstandsvereinbarungen, Schiedsabreden und Einlassung unzulässig sind[1004].

Im Anwendungsbereich des LugÜ muss die Kollokationsklage als vollstreckungsrechtliche Klage i.S.v. Art. 22 Ziff. 5 LugÜ gelten. Da dieser Artikel nur die internationale Zuständigkeit regelt (Zuständigkeit des Vertragsstaates, in dem die Zwangsvollstreckung durchgeführt wird), richtet sich die nationale örtliche Zuständigkeit mangels Vorschriften im IPRG abermals nach Art. 148 SchKG. Ausserhalb des Anwendungsbereichs des LugÜ kommt Art. 148 SchKG direkt zur Anwendung, da das IPRG keine Zuständigkeiten für vollstreckungsrechtliche Verfahren vorsieht[1005].

3. Sachliche Zuständigkeit

Die sachliche Zuständigkeit für die Kollokationsklage richtet sich nach kantonalem Recht. Im Kanton Zürich ist gemäss § 24 lit. b GOG ZH i.V.m. Art. 198 lit. e Ziff. 6 ZPO das Einzelgericht zuständig, und zwar unabhängig davon, ob der Kollokationsprozess im ordentlichen oder im vereinfachten Verfahren durchgeführt wird.

1003 BGE 132 III 539, E. 3.3.
1004 KUKO SchKG-Sprecher, Art. 148 N 19.
1005 Meier, IZPR, 180.

Die Zuständigkeit des Handelsgerichts hat das Bundesgericht für die betreibungsrechtlichen Klagen mit Reflexwirkung auf das materielle Recht, mithin auch für die Kollokationsklage, verneint[1006].

4. Einleitung Verfahren

Gemäss Art. 198 lit. e Ziff. 4 ZPO entfällt das Schlichtungsverfahren bei der Kollokationsklage. Entsprechend ist diese direkt beim örtlich und sachlich zuständigen Gericht anzuheben.

5. Rechtsbegehren

Im Falle der Bestreitung von *Bestand oder Höhe* der Forderung eines Mitgläubigers kann das Rechtsbegehren wie folgt formuliert werden:

«1. Es sei die vom Beklagten in der Betreibung Nr. […] des Betreibungsamtes […], Pfändungsgruppe Nr. […], gegen [Schuldner] angemeldete und im […] Rang kollozierte Forderung des Beklagten in Höhe von CHF […] im Kollokationsplan als unbegründet zu streichen.
2. Es sei der auf den Beklagten laut Verteilungsliste (Pfändungsgruppe Nr. […] des Betreibungsamtes […]) entfallende Anteil am Verwertungserlös im Betrag von CHF […] dem Kläger zuzuweisen.
3. Unter Kosten- und Entschädigungsfolgen zulasten des Beklagten.»

Soll demgegenüber der *Rang* der Forderung beanstandet werden, so kann das Rechtsbegehren wie folgt lauten:

«1. Die in der Betreibung Nr. […] des Betreibungsamtes […] mit Verfügung vom […] in der [ersten] Klasse erfolgte Kollokation des Beklagten für den Forderungsbetrag von CHF […] sei aufzuheben, und die Forderung sei in der [dritten] Klasse zu kollozieren.
2. Es sei der auf den Beklagten laut Verteilungsliste (Pfändungsgruppe Nr. […] des Betreibungsamtes […]) entfallende Anteil am Verwertungserlös im Betrag von CHF […] dem Kläger zuzuweisen.
3. Unter Kosten- und Entschädigungsfolgen zulasten des Beklagten.»

6. Streitwert

Der Streitwert der Kollokationsklage bemisst sich nach Art. 91 ff. ZPO. Er besteht im Prozessgewinn, der dem Kläger im Falle seines Obsiegens zukommen würde und entspricht der Differenz zwischen demjenigen Betrag,

---

1006 BGE 141 III 527, E. 2.3; BGE 140 III 355, E. 2.3.4.

der dem Kläger gemäss aufgelegtem Kollokationsplan zugeteilt worden wäre und demjenigen, der ihm nach korrigiertem Kollokationsplan zustünde[1007]. Der in der Verteilungsliste ausgewiesene Verlust des Klägers bildet in jedem Fall die Obergrenze des Streitwerts[1008].

7. Frist

Die Frist zur Einreichung der Kollokationsklage beträgt 20 Tage und beginnt mit Empfang des Auszugs des Kollokationsplanes (Art. 148 Abs. 1 i.V.m. Art. 147 SchKG). Der Tag der Zustellung wird nicht mitberechnet (Art. 31 SchKG i.V.m. Art. 142 Abs. 1 ZPO). Gemäss Bundesgericht beginnt die (zehntägige) Beschwerdefrist bei Divergenzen zwischen dem Verteilungsplan und der Anzeige an den Gläubiger für den betroffenen Gläubiger erst mit tatsächlicher Kenntnis des Mangels zu laufen. Sollte der Verwertungserlös in der Zwischenzeit bereits verteilt sein, so ist es Sache des Betreibungsamtes, sich um die dem klagenden Gläubiger geschuldeten Beträge zu bemühen[1009]. Dasselbe muss auch für die Frist zur Kollokationsklage gelten, wenn dem Gläubiger überhaupt keine Anzeige zugestellt wurde[1010].

Bei der Frist zur Kollokationsklage handelt es sich um eine betreibungsrechtliche Verwirkungsfrist, welche unter den strengen Voraussetzungen von Art. 33 Abs. 2 und 4 SchKG verlängerbar bzw. wiederherstellbar ist[1011]. Im Übrigen bestimmen sich Berechnung und Einhaltung der Frist nach Art. 142 ff. ZPO (Art. 31 SchKG). Bei Einreichung der Kollokationsklage an einem unzuständigen Gericht gilt die Frist nur dann als gewahrt, wenn der Gläubiger die Klage innert 20 Tagen seit dem Nichteintretensentscheid an die richtige Instanz einreicht (Art. 63 Abs. 1 und Abs. 3 ZPO). Die Einhaltung der Frist stellt eine Prozessvoraussetzung dar und ist vom Gericht von Amtes wegen zu überprüfen[1012].

Der Gläubiger, der fälschlicherweise nicht kolloziert wurde, dagegen Beschwerde erhob und sich der Konkurseingabe eines Dritten widersetzen möchte, muss die 20-tägige Kollokationsfrist auch dann einhalten, wenn

1007 Vgl. auch BGE 135 III 127, E. 1.2; BGE 131 III 451.
1008 BGE 81 III 73.
1009 BGE 59 III 213.
1010 Vgl. auch BGE 114 III 60; KUKO SchKG-Sprecher, Art. 147 N 9.
1011 Amonn/Walther, § 11 N 11.
1012 Jaeger/Walder/Kull, Art. 148 N 5.

über seine eigene Gläubigereigenschaft noch nicht entschieden wurde. Ansonsten geht er seines Klagerechts verlustig[1013].

Erhebt kein Gläubiger Kollokationsklage (oder Beschwerde) innert Frist, so erwachsen Kollokationsplan und Verteilungsliste in formelle Rechtskraft. Deren Abänderung mittels Klage oder durch Korrektur seitens des Betreibungsamtes bzw. der Aufsichtsbehörde ist ausgeschlossen[1014], es sei denn, es läge Nichtigkeit des Kollokationsplanes vor[1015]. Die Betreibung wird abgeschlossen und das Verwertungssubstrat entsprechend verteilt.

8. Streitgenossenschaft

Bestreiten mehrere Gläubiger die Forderung oder den Rang desselben Mitgläubigers, ist eine einfache Streitgenossenschaft i.S.v. Art. 71 ZPO zulässig. Denkbar wäre auch, dass das Gericht bei getrennter Klageeinleitung die Verfahren gemäss Art. 125 lit. c ZPO zur Vereinfachung des Prozesses zusammenfasst[1016].

9. Streitverkündung, Intervention

Der Schuldner, welcher weder aktiv- noch passivlegitimiert ist, kann sich am Prozess auch nicht als Nebenpartei durch Nebenintervention i.S.v. Art. 74 ff. ZPO oder Streitverkündung i.S.v. Art. 78 ff. ZPO beteiligen[1017].

Eine Streitverkündung ist ohnehin nicht möglich: Ein für den Streitverkünder ungünstiges Urteil in Bezug auf den Bestand und die Höhe einer Forderung kann gegenüber dem Streitberufenen keine Wirkung entfalten, weil über materiell-rechtliche Fragen nur vorfrageweise entschieden wird.

10. Beweislast

Die Beweislast im Kollokationsprozess weicht von der Parteirollenverteilung ab. Es obliegt dem Beklagten, Bestand, Umfang und Rang seiner bestrittenen Forderung zu beweisen[1018]. Demgegenüber hat der Kläger gegen die Kollo-

1013 BGE 5A_312/2009, E. 2, in welchem es allerdings um eine Kollokationsklage im Konkursverfahren nach Art. 250 SchKG geht.

1014 BGE 108 III 23.

1015 BGE 91 III 87, E. 3.

1016 BSK SchKG I-Schöniger, Art. 148 N 23.

1017 BSK SchKG I-Schöniger, Art. 148 N 24.

1018 Vgl. BGE 30 II 375.

kation der bestrittenen Forderung Einreden und Einwendungen zu erheben, mithin Gründe für die Nichtberücksichtigung der Forderung im Vollstreckungsverfahren darzutun[1019].

Ob der Kläger alle Einreden und Einwendungen erheben kann, die dem Schuldner aus dem Rechtsverhältnis mit dem Beklagten zustehen, ist umstritten[1020]. Einigkeit besteht darüber, dass die paulianischen Anfechtungstatbestände auch einredeweise geltend gemacht werden können[1021]. Steht dem Gläubiger die Aktivlegitimation zur paulianischen Anfechtung zu, kann die Kollokationsklage sogar mit einem Anfechtungstatbestand begründet werden[1022].

11. Beweismass

Es braucht den vollen Beweis; Glaubhaftmachung genügt nicht.

12. Beweismittel

Es sind sämtliche Beweismittel gemäss Art. 168 ff. ZPO zulässig.

13. Urteil

Das Urteil des Kollokationsprozesses hält verbindlich fest, ob, in welchem Umfang und in welchem Rang die Forderung des Beklagten in der laufenden Betreibung zu kollozieren und zu befriedigen ist. Bestand und Höhe der Forderung wird demgegenüber nur vorfrageweise geprüft und erscheint auch nicht im Urteilsdispositiv. Der Entscheid des Gerichts erwächst entsprechend nicht in materielle Rechtskraft[1023]. Er wirkt nur in der hängigen Betreibung[1024] und nur *inter partes*[1025]. Der obsiegende Gläubiger hat Anspruch auf volle Befriedigung seiner in Betreibung gesetzten Forderung samt Zins und Betreibungskosten. Ein Überschuss aus dem Prozessgewinn kommt nicht allfälligen weiteren Gläubigern zu, sondern verbleibt der unterliegen-

1019 KUKO SchKG-Sprecher, Art. 148 N 25.
1020 Mit Ausnahme der Verrechnungseinrede bejahend: Jaeger/Walder/Kull, Art. 148 N 9; differenzierend BSK SchKG I-Schöniger, Art. 148 N 44.
1021 KUKO SchKG-Sprecher, Art. 148 N 27.
1022 Vgl. BGE 107 III 118, E. 3 für die Begründung der Widerspruchsklage.
1023 BGE 98 II 313, E. 4.
1024 A.M. Guldener, ZSR, 49.
1025 KUKO SchKG-Sprecher, Art. 148 N 29.

den Prozesspartei (Art. 148 Abs. 3 SchKG)[1026]. Haben mehrere Gläubiger erfolgreich geklagt, so wird ihnen der Prozessgewinn nach dem Rang ihrer Forderung zugewiesen[1027].

Eine eigentliche Vollstreckung eines gutheissenden Urteils ist nicht nötig. Diese erfolgt durch das an das Urteil gebundene Betreibungsamt mittels Anpassung der Verteilungsliste. Verzichtet das Betreibungsamt auf die Korrektur, so ist Beschwerde zu erheben[1028].

14. Klageanerkennung, Klagerückzug, Vergleich

Der Kollokationsprozess unterliegt der Dispositionsmaxime, sodass eine Prozessbeendigung durch Klageanerkennung, Rückzug oder Vergleich ohne Weiteres möglich ist[1029].

Fällt die Betreibung weg, so wird der Prozess wegen seiner betreibungsrechtlichen Natur als gegenstandslos geworden abgeschrieben[1030].

15. Rechtsmittel

Der erstinstanzliche Entscheid über die Kollokationsklage ist bei einem Streitwert von mindestens CHF 10 000 mit Berufung (Art. 308 Abs. 2 ZPO), bei einem tieferen Streitwert mit Beschwerde (Art. 319 ZPO) an die kantonale Rechtsmittelinstanz weiterzuziehen. Als solche amtet im Kanton Zürich das Obergericht (§ 48 GOG ZH).

Gegen Entscheide letzter kantonaler Instanzen ist bei einem Streitwert von mindestens CHF 30 000 (Art. 74 Abs. 1 lit. b BGG) oder bei Rechtsfragen von grundsätzlicher Bedeutung (Art. 74 Abs. 2 lit. a BGG) die Beschwerde in Zivilsachen (Art. 72 ff. BGG) zulässig. Die Kollokation von Ansprüchen aus Arbeitsrecht wird als betreibungs- und nicht als arbeitsrechtliche Angelegenheit behandelt, weshalb die Streitwertgrenze auch hier CHF 30 000 beträgt[1031]. In den übrigen Fällen ist die subsidiäre Verfassungsbeschwerde i.S.v. Art. 113 ff. BGG zu ergreifen, wobei sich die Prüfung des Entscheides hier auf Willkür (Art. 9 BV) beschränkt.

1026 AMONN/WALTHER, § 30 N 27.
1027 KUKO SchKG-SPRECHER, Art. 148 N 30.
1028 Vgl. BGE 22 I 277; BSK SchKG I-SCHÖNIGER, Art. 148 N 51.
1029 KUKO SchKG-SPRECHER, Art. 148 N 32.
1030 BSK SchKG I-SCHÖNIGER, Art. 148 N 58.
1031 BGE 5A_629/2008, E. 1.2, in welchem es allerdings um eine Kollokationsklage im Nachlassvertrag mit Vermögensabtretung geht (Art. 321 Abs. 1 SchKG i.V.m. Art. 250 Abs. 1 SchKG).

5. Kapitel

Klagen bei der Betreibung auf Konkurs

§ 24 Gesuch um Konkurseröffnung (Art. 166 SchKG, Art. 188 SchKG, Art. 190 ff. SchKG)

Literatur: GIROUD ROGER, Die Konkurseröffnung und ihr Aufschub bei der Aktiengesellschaft, 2. A., 1986; FRITSCHI EUGEN, Verfahrensfragen bei der Konkurseröffnung, ZStV 163, Zürich/Basel/Genf 2010.

I. Materielles

1. Allgemeines

Die Konkurseröffnung über einen Schuldner setzt einen ausdrücklichen Antrag des Gläubigers voraus, das Konkursbegehren. Dieses stellt die Prozesshandlung dar, welche das eigentliche Konkurseröffnungsverfahren auslöst[1032].

Das Gesuch um Konkurseröffnung muss bei allen Arten von Konkursverfahren gestellt werden, mithin bei:

- der ordentlichen Konkursbetreibung (Art. 166 SchKG);
- der Wechselbetreibung (Art. 188 SchKG);
- der Konkurseröffnung ohne vorgängiges Betreibungsverfahren (Art. 190 ff. SchKG)[1033] und
- der Konkurseröffnung im Rahmen einer Betreibung für Schulden eines Trustvermögens (Art. 284a SchKG).

Bei Scheitern eines Nachlassverfahrens bzw. Ablehnung eines Nachlassvertrages eröffnet das Nachlassgericht den Konkurs von Amtes wegen, sodass hier kein Gesuch um Konkurseröffnung mehr nötig ist (Art. 309 SchKG).

2. Rechtsnatur

Das Konkurseröffnungsverfahren stellt ein rein betreibungsrechtliches Verfahren dar[1034].

1032 BSK SchKG II-NORDMANN, Art. 166 N 3.
1033 Vgl. Anwendungsbeispiel in BGE 137 III 460.
1034 BSK SchKG II-GIROUD, Art. 171 N 5.

Bei der Insolvenzerklärung nach Art. 191 SchKG handelt es sich um ein nichtstreitiges Einparteienverfahren.

3. Aktivlegitimation

Zur Stellung des Konkursbegehrens legitimiert ist in der *ordentlichen Konkursbetreibung* der betreibende Gläubiger, welcher die Konkursandrohung erwirkt hat[1035]. In der *Wechselbetreibung* ist der über einen rechtskräftigen Zahlungsbefehl verfügende Gläubiger aktivlegitimiert (Art. 188 Abs. 1 SchKG). Bei der *Konkurseröffnung ohne vorgängige Betreibung* ist zu unterscheiden: Bei der Insolvenzerklärung nach Art. 191 SchKG beantragt der Schuldner den Konkurs selber. Ein Gläubiger ist nicht legitimiert, Anträge zu stellen[1036]. Ist der Schuldner eine juristische Person, z.B. eine AG, so bedarf die Insolvenzerklärung eines Beschlusses der Generalversammlung in öffentlicher Urkunde[1037]. Das Begehren des Schuldners um Konkurseröffnung darf nicht rechtsmissbräuchlich sein. Dies wäre z.B. der Fall, wenn keine Aktiven vorhanden sind, die zugunsten der Gläubiger verwertet werden könnten[1038]. In den übrigen Fällen der Konkurseröffnung ohne vorgängige Betreibung ist jeder Gläubiger aktivlegitimiert, unabhängig davon, ob seine Forderung fällig ist oder nicht (Art. 190 ff. SchKG)[1039]. Vorbehalten bleiben bei einem Gläubiger einer nicht fälligen Forderung ebenfalls die Fälle des Rechtsmissbrauchs. Ein solcher liegt etwa dann vor, wenn der Gläubiger die Forderung gestundet hat und das Gesuch um Konkurseröffnung während der Stundung stellt[1040]. Auch ein Pfandgläubiger kann eine Konkurseröffnung nach Art. 190 ff. SchKG verlangen, selbst wenn er vorher eine Betreibung auf Grundpfandverwertung eingeleitet hat[1041].

Der gesuchstellende Gläubiger muss handlungsfähig sein oder durch einen gesetzlichen Vertreter handeln (Art. 67 Abs. 2 ZPO). Ansonsten mangelt es an einer Prozessvoraussetzung (Art. 59 ZPO), und das Gericht fällt von Amtes wegen einen Nichteintretensentscheid. Der handlungsfähige Gläubiger kann durch einen gewillkürten Vertreter handeln, was nach Art. 68 Abs. 3

1035 Giroud, 20.
1036 BSK SchKG II-Brunner/Boller, Art. 190 N 27.
1037 BSK SchKG EB-Staehelin, Art. 191 ad N 13.
1038 BGE 5A_78/2016, E. 3.1; BGE 5A_915/2014, E. 5.1.
1039 BSK SchKG II-Brunner/Boller, Art. 190 N 20.
1040 BGE 5A_506/2009, E. 3.6.
1041 BGE 5A_135/2016, E. 2.3.1.

ZPO eine schriftliche Vollmacht voraussetzt[1042], wobei die Praxis auch eine zu Protokoll gegebene Vollmacht akzeptiert[1043].

Ebenfalls aktivlegitimiert sind die Erben und Zessionare des Gläubigers. Sie sind aufgrund der Universal- bzw. Singularsukzession nicht verpflichtet, eine neue Betreibung anzuheben. Gegen den Zessionaren kann der Schuldner allerdings nachträglich Rechtsvorschlag nach Art. 77 SchKG erheben[1044]. Zur Einreichung des Konkursbegehrens nicht legitimiert ist das Betreibungsamt.

4. Passivlegitimation

Passivlegitimiert ist der betriebene, konkursfähige Schuldner. Bei der *Konkurseröffnung ohne vorgängige Betreibung* ist jeder Schuldner passivlegitimiert, mithin auch ein solcher, welcher nicht im Handelsregister eingetragen ist[1045]. Beim Einparteienverfahren nach Art. 191 SchKG gibt es keinen Passivlegitimierten.

II. Prozessuales

1. Verfahren

Das Konkurseröffnungsverfahren ist summarisch (Art. 171 SchKG und Art. 251 lit. c ZPO). Das Gericht hat ohne Aufschub zu entscheiden (Art. 171 SchKG) und den Entscheid unverzüglich mitzuteilen[1046].

Gemäss Art. 256 Abs. 1 erste Satzhälfte ZPO kann das Gericht in summarischen Verfahren auf die Durchführung einer Verhandlung verzichten und aufgrund der Akten entscheiden. Dies gilt für das Konkurseröffnungsverfahren nicht, da Art. 168 SchKG ausdrücklich eine gerichtliche Verhandlung vorschreibt[1047]. Möglich ist aber, dass das Urteil in Abwesenheit der Parteien ergeht (Art. 171 SchKG). Den Parteien steht es nach Art. 168 SchKG frei, vor Gericht zu erscheinen, sei es persönlich oder durch einen Vertreter. Er-

---

1042 Für den notwendigen Bestimmtheitsgrad der Vollmacht vgl. BSK SchKG II-NORDMANN, Art. 166 N 4.

1043 KUKO SchKG-DIGGELMANN, Art. 166 N 2.

1044 BSK SchKG II-NORDMANN, Art. 166 N 4.

1045 BSK SchKG II-BRUNNER/BOLLER, Art. 190 N 22.

1046 BGE 120 Ib 248, E. 2b)aa), wonach eine nach drei Wochen erfolgte Mitteilung des Konkurserkenntnisses zu spät ist und eine Haftung auslöst.

1047 BSK SchKG II-GIROUD, Art. 171 N 3.

forderlich ist jedoch stets deren rechtsgenügliche Vorladung, ansonsten eine Gehörsverletzung vorliegt.

Art. 168 SchKG gilt nicht für die *Wechselbetreibung* und die *Konkurseröffnung ohne vorgängige Betreibung* (Art. 189 Abs. 2 SchKG e contrario bzw. Art. 194 Abs. 1 SchKG e contrario, vgl. für die Konkurseröffnung ohne vorgängige Betreibung jedoch den ähnlichen Art. 190 Abs. 2 SchKG). Der Richter kann hier somit auf die Durchführung einer mündlichen Verhandlung verzichten (Art. 256 Abs. 1 ZPO).

2. Örtliche Zuständigkeit

Für das Konkursbegehren ist örtlich der Richter am Konkursort (vgl. Art. 46 ff. SchKG) zuständig. Der Gerichtsstand ist zwingend, sodass weder Prorogation noch Einlassung zulässig sind.

Die *Insolvenzerklärung* nach Art. 191 SchKG kann nur am ordentlichen Konkursort (Wohnsitz) und nicht auch am Aufenthaltsort abgegeben werden[1048].

Das LugÜ ist auf das Konkursbegehren gemäss Art. 1 Ziff. 2 LugÜ nicht anwendbar[1049]. Auch das IPRG befasst sich nicht mit rein vollstreckungsrechtlichen Verfahren[1050]. Der Konkursort ist also auch im internationalen Verhältnis der zulässige Gerichtsstand.

3. Sachliche Zuständigkeit

Die sachliche Zuständigkeit richtet sich nach kantonalem Recht. Im Kanton Zürich amtet als Konkursgericht das Einzelgericht im summarischen Verfahren (§ 24 lit. c GOG ZH i.V.m. Art. 251 lit. b ZPO).

4. Einleitung Verfahren

Das Gesuch ist direkt ohne Schlichtungsverfahren beim zuständigen Einzelgericht einzureichen (Art. 198 lit. a ZPO).

Für die Form des Begehrens gelten die allgemeinen Bestimmungen der ZPO. Danach kann das Konkursbegehren in Papierform oder elektronisch eingereicht (Art. 252 Abs. 2 i.V.m. Art. 130 ZPO) und in dringenden Fällen

1048 OGer ZH, BlSchKG 2002, 147 ff.
1049 Walter/Domej, § 5B II 3.
1050 Vgl. Meier, IZPR, 171.

auch mündlich zu Protokoll gegeben werden (Art. 252 Abs. 2 ZPO). Der Gesuchsteller hat seinem Begehren in der *ordentlichen Konkursbetreibung* die Doppel des Zahlungsbefehls (Art. 70 Abs. 1 SchKG) und der Konkursandrohung (Art. 161 Abs. 2 SchKG) beizulegen (Art. 166 Abs. 1 SchKG)[1051]. In der *Wechselbetreibung* sind der Forderungstitel (Wechsel oder Check) sowie der Zahlungsbefehl und ein allfälliger Gerichtsentscheid über die Verweigerung oder Beseitigung des Rechtsvorschlages beizulegen (Art. 188 Abs. 1 SchKG).

5. Rechtsbegehren

Das Rechtsbegehren könnte wie folgt formuliert werden:

«Es sei über den Gesuchsgegner [...] der Konkurs zu eröffnen, unter Kosten- und Entschädigungsfolgen zulasten des Gesuchsgegners.»

Für die Insolvenzerklärung nach Art. 191 SchKG kann das Rechtsbegehren folgendermassen lauten:

«Es sei über den Gesuchsteller [...] der Konkurs zu eröffnen.»

6. Streitwert

Da im Konkursverfahren das gesamte Vermögen des Schuldners betroffen ist, ist die Berechnung des Streitwerts heikel und fast unmöglich[1052].

7. Frist

Das Konkursbegehren ist in der *ordentlichen Konkursbetreibung* zeitlich doppelt limitiert. Es kann frühestens nach Ablauf von 20 Tagen seit der Zustellung der Konkursandrohung (Art. 166 Abs. 1 SchKG) und spätestens 15 Monate nach der Zustellung des Zahlungsbefehls (Art. 166 Abs. 2 SchKG) gestellt werden.

Bei der 20-tägigen Frist handelt es sich um eine Bedenkfrist, auf deren Geltendmachung der Schuldner nicht nach Art. 33 Abs. 3 SchKG verzichten kann[1053]. Die Frist ist auch dann gewahrt, wenn das Begehren zwar vor Ablauf der 20-tägigen Frist der Post übergeben wird, jedoch erst nach deren Ablauf beim Konkursamt eintrifft. Ein vor Ablauf der 20-tägigen Frist beim

1051 BSK SchKG II-Nordmann, Art. 166 N 7.

1052 BBl 2001 4309; Spühler/Aemisegger/Dolge/Vock, Art. 74 N 21; BSK BGG-Rudin, Art. 74 N 30.

1053 Vgl. BGE 101 III 16, E. 1 zur Frist in Art. 88 Abs. 1 SchKG.

Konkursamt eingetroffenes Konkursbegehren ist nicht unwirksam. Es wird vom Gericht beiseitegelegt und nach Fristablauf an Hand genommen[1054] oder aber als verfrüht zurückgeschickt[1055]. Wenn das Ende der 20-tägigen Frist in die Zeit der Betreibungsferien oder des Rechtsstillstandes fällt, so wird die Frist nach Art. 63 SchKG bis zum dritten Tag nach deren Ende verlängert[1056]. Demgegenüber ist Art. 56 SchKG nicht anwendbar: Das Konkursbegehren stellt keine Betreibungshandlung i.S.v. Art. 56 SchKG dar und kann entsprechend auch während der Betreibungsferien oder eines Rechtsstillstandes gestellt werden. Eine betreibungsrechtliche Beschwerde des Schuldners gemäss Art. 160 Abs. 1 Ziff. 4 i.V.m. Art. 17 SchKG, mit welcher die Zulässigkeit der Konkursbetreibung bestritten wird, hemmt die 20-tägige Frist nur, wenn der Beschwerde ausnahmsweise aufschiebende Wirkung nach Art. 36 SchKG zuerkannt wird[1057].

Bei der 15-monatigen Frist nach Art. 166 Abs. 2 SchKG handelt es sich um eine Verwirkungsfrist, welche unter den strengen Voraussetzungen von Art. 33 Abs. 2 und 4 SchKG verlängerbar bzw. wiederherstellbar ist[1058]. Auf ein nach Fristablauf gestelltes Konkursbegehren ist nicht einzutreten[1059]. Erfolgt trotz verspäteten Konkursbegehrens ein Konkurserkenntnis, so ist dieses anfechtbar[1060]. Ist Rechtsvorschlag erhoben worden, so steht die 15-monatige Frist zwischen der Einleitung und der Erledigung eines dadurch veranlassten gerichtlichen Verfahrens still (Art. 166 Abs. 2 SchKG). Ebenso steht die Frist während der Verfahrensdauer still, wenn bei Zustellung des Zahlungsbefehls bereits eine Anerkennungsklage hängig war[1061]. Schliesslich ruht die Frist, solange einer Beschwerde gegen die Konkursandrohung aufschiebende Wirkung zukommt[1062].

In der *Wechselbetreibung* entfällt die 20-tägige Frist ab Zustellung der Konkursandrohung, da die Konkursandrohung bereits im Zahlungsbefehl enthalten ist. Das Konkursbegehren kann gestellt werden, sobald der Zahlungs-

1054 BGE 122 III 130.
1055 KUKO SchKG-Diggelmann, Art. 166 N 5.
1056 BSK SchKG II-Nordmann, Art. 166 N 12.
1057 KUKO SchKG-Diggelmann, Art. 166 N 6.
1058 Amonn/Walther, § 11 N 11.
1059 Amonn/Walther, § 36 N 35; a.M. BSK SchKG II-Nordmann, Art. 166 N 13, gemäss welchem ein verspätetes Konkursbegehren von Amtes wegen abzuweisen ist.
1060 BSK SchKG II-Nordmann, Art. 166 N 13; a.M. Jaeger/Walder/Kull/Kottmann, II, Art. 166 N 8, wonach ein wegen verspäteten Konkursbegehrens irrtümlich ausgesprochenes Konkurserkenntnis für die Vollstreckungsbehörden unverbindlich ist.
1061 KUKO SchKG-Diggelmann, Art. 166 N 6; BGE 113 III 120.
1062 BGE 136 III 152, E. 4.1 und 4.2; KUKO SchKG-Diggelmann, Art. 166 N 6.

befehl rechtskräftig ist[1063]. Die 15-monatige Verwirkungsfrist beträgt in der Wechselbetreibung nur einen Monat (Art. 188 Abs. 2 SchKG).

In der *Konkurseröffnung ohne vorgängige Betreibung* gelten keine Fristen. Eine Konkurseröffnung infolge einer Insolvenzerklärung nach Art. 191 SchKG ist auch während der Betreibungsferien möglich[1064].

8. Streitgenossenschaft, Intervention

Ein gleichzeitig mit mehreren Konkurseröffnungsverfahren befasstes Gericht entscheidet über alle Begehren in einem Konkurserkenntnis, eröffnet den Konkurs aber nur einmal auf einen bestimmten Zeitpunkt[1065]. Die Verfahren werden i.d.R. gemäss Art. 125 lit. c ZPO zur Vereinfachung des Prozesses zusammengefasst. Eine notwendige Streitgenossenschaft besteht nicht.

Im Einparteienverfahren nach Art. 191 SchKG ist eine Gläubigerintervention ausgeschlossen[1066].

9. Streitverkündung

Eine Konstellation für eine Streitverkündung ist kaum denkbar.

10. Beweislast

Es gilt die Untersuchungsmaxime. Das Gericht hat die konkurshindernden Tatsachen von Amtes wegen zu berücksichtigen und beschafft sich seine Entscheidungsgrundlagen unabhängig von den Parteivorbringen (Art. 255 lit. a ZPO)[1067].

Dennoch haben die Parteien mitzuwirken. Dem Schuldner obliegt insofern die Beweislast für die konkurshindernden Tatsachen (vgl. Art. 172 Ziff. 3 SchKG), als dass er das Gericht bei der Sachverhaltsabklärung zu dokumentieren und die Folgen der Beweislosigkeit zu tragen hat.

Bei der *Konkurseröffnung ohne vorgängige Betreibung* nach Art. 190 SchKG trägt der Gläubiger die Beweislast für die Gläubigereigenschaft und den ma-

---

1063 BSK SchKG II-Bauer, Art. 188 N 3.
1064 BSK SchKG II-Brunner/Boller, Art. 191 N 27.
1065 BSK SchKG II-Nordmann, Art. 168 N 7.
1066 BGE 123 III 402.
1067 Vgl. BGE 102 Ia 153; Amonn/Walther, § 36 N 34.

teriellen Konkursgrund[1068]. Soweit eine negative Tatsache bewiesen werden muss (z.B. das Fehlen eines festen Wohnsitzes), hat der Schuldner bei der Beweisführung mitzuwirken. Zwar ändert dies die Beweislast nicht; das Gericht berücksichtigt die ungerechtfertigte Verweigerung der Mitwirkung aber bei der Beweiswürdigung[1069]. Bei der *Insolvenzerklärung* hat der Schuldner die Voraussetzungen gemäss Art. 191 SchKG nachzuweisen.

11. Beweismass

Der Schuldner muss den strikten Beweis erbringen, dass eine konkurshindernde Tatsache vorliegt, die Schuld beispielsweise bezahlt oder gestundet ist (Art. 172 Ziff. 3 SchKG). Glaubhaftmachung genügt hier nicht[1070].

Bei der *Konkurseröffnung ohne vorgängige Betreibung* nach Art. 190 SchKG muss der Gläubiger seine Gläubigereigenschaft lediglich glaubhaft machen[1071]. Ein neuerer Entscheid des Bundesgerichts, wonach der Gläubiger seine Gläubigereigenschaft durch Vorlage eines Titels nachweisen muss, welcher zur provisorischen Rechtsöffnung berechtigt und durch glaubhaft gemachte Einreden oder Einwendungen des Schuldners nicht sofort entkräftet wird, ist nach der hier vertretenen Auffassung zu streng[1072]. Der materielle Konkursgrund dürfte mit überwiegender Wahrscheinlichkeit darzulegen sein[1073]. Ein strikter Beweis wird hier jedenfalls nicht verlangt[1074].

12. Beweismittel

Grundsätzlich sind in Summarverfahren alle Beweismittel zugelassen, wenn das Gericht den Sachverhalt von Amtes wegen abzuklären hat (Art. 254 Abs. 2 lit. c ZPO). Im Konkurseröffnungsverfahren wird der Schuldner allerdings auf den Beweis durch Urkunden eingeschränkt (vgl. Art. 172 Ziff. 3 SchKG)[1075].

1068 BGE 5A_860/2008, E. 5.
1069 BGE 5A_730/2013, E. 6.2; BGE 5A_719/2010, E. 5.2.
1070 JAEGER/WALDER/KULL/KOTTMANN, II, Art. 172 N 11.
1071 BGE 5A_442/2015, E. 4.1.2.2; BGE 5A_117/2012, E. 3.2.2; ZR 84 (1985) Nr. 133.
1072 BGE 5A_730/2013, E. 6.1; zu Recht auch kritisiert in BSK SchKG EB-STAEHELIN, Art. 191 ad N 29 b
1073 Gl.M. BSK SchKG II-BRUNNER/BOLLER, Art. 190 N 29.
1074 ZR 84 (1985) Nr. 133.
1075 JAEGER/WALDER/KULL/KOTTMANN, II, Art. 171 N 3.

In der *Konkurseröffnung ohne vorgängige Betreibung* gilt keine Beweismittelbeschränkung[1076].

13. Urteil

Das Gericht hat ohne Aufschub zu entscheiden (Art. 171 SchKG). Es eröffnet den Konkurs, wenn nicht ein Grund vorliegt, um auf das Konkursbegehren nicht einzutreten (z.B. Fehlen einer Prozessvoraussetzung), dieses abzuweisen (u.a. Gründe gemäss Art. 172 SchKG)[1077] oder den Entscheid darüber auszusetzen (u.a. Gründe gemäss Art. 173[1078] und Art. 173a SchKG). Ist über den Schuldner bereits der Konkurs eröffnet worden, so wird das Gesuch als gegenstandslos geworden abgeschrieben (Art. 242 i.V.m. Art. 219 ZPO)[1079]. Während Betreibungsferien und Rechtsstillstand darf der Konkurs nicht eröffnet werden[1080].

Das Urteil muss alle für den Vollzug des Konkurses nötigen Angaben enthalten, mithin die genaue Bezeichnung des Gläubigers und des Schuldners, den genauen Zeitpunkt der Konkurseröffnung (Art. 175 Abs. 2 SchKG), die Einwendungen des Schuldners, allfällige getroffene vorsorgliche Anordnungen, eine kurze Begründung des Entscheides sowie die Regelung der Kostentragung und allfällige Parteienentschädigungen[1081].

Das Urteil über die Konkurseröffnung wird dem Betreibungs-, dem Konkurs-, dem Handelsregister- und dem Grundbuchamt mitgeteilt (Art. 176 Abs. 1 Ziff 1 SchKG) und öffentlich bekannt gemacht (Art. 232 Abs. 2 SchKG).

1076 BSK SchKG II-Brunner/Boller, Art. 190 N 25.

1077 Für die Wechselbetreibung besteht hinsichtlich der Abweisungsgründe eine Einschränkung (Art. 189 Abs. 2 SchKG). In der Konkurseröffnung ohne vorgängige Betreibung gilt Art. 172 SchKG nicht (Art. 194 Abs. 1 SchKG e contrario).

1078 In der Konkurseröffnung ohne vorgängige Betreibung gilt Art. 173 SchKG nicht (Art. 194 Abs. 1 SchKG e contrario).

1079 KUKO SchKG-Diggelmann, Art. 171 N 4.

1080 BSK SchKG II-Giroud, Art. 171 N 3.

1081 Fritzsche/Walder, Bd. II, § 36 N 27; Jaeger/Walder/Kull/Kottmann, II, Art. 171 N 6 f.

14. Anerkennung, Rückzug, Vergleich

Rückzug

Art. 167 SchKG regelt den Rückzug des Konkursbegehrens in der *ordentlichen Konkursbetreibung* durch den Gläubiger. Im Unterschied zu einer zurückgezogenen Zivilklage, welche wegen der eingetretenen materiellen Rechtskraft (Art. 241 Abs. 2 ZPO) nicht erneut angehoben werden kann, kann ein zurückgezogenes Konkursbegehren - nach Ablauf eines Monats - ohne Weiteres erneuert werden. Der Rückzug ist somit nicht als Verzicht auf Erfüllung zu verstehen. Als Rückzug des Gesuchs um Konkurseröffnung qualifiziert die Praxis auch den Antrag des Gläubigers um Sistierung[1082], die Zustimmung des Gläubigers zur Verschiebung der bereits angesetzten Konkursverhandlung[1083], die Gewährung eines Zahlungsaufschubs durch den Gläubiger[1084] sowie die Nichtleistung des dem Gläubiger auferlegten Kostenvorschusses (Art. 169 Abs. 2 SchKG)[1085].

Art. 167 SchKG findet keine Anwendung auf die *Wechselbetreibung* (Art. 189 Abs. 2 SchKG e contrario) und die *Konkurseröffnung ohne vorgängige Betreibung* (Art. 194 Abs. 1 SchKG e contrario)[1086]. Auch hier schliesst ein Rückzug das Stellen eines neuen Konkursbegehrens aber nicht aus[1087]. Das Konkursbegehren kann jederzeit erneuert werden, sogar ohne dass die Monatsfrist von Art. 167 SchKG zu beachten wäre.

Anerkennung und Vergleich

Die Anerkennung des Gesuchs um Konkurseröffnung durch den Schuldner und die Prozesserledigung durch Vergleich dürften nicht möglich sein. Der Entscheid über die Konkurseröffnung unterliegt nicht der Parteidisposition. Wenn die Konkursandrohung gültig ist, dann muss der Konkursrichter den Konkurs eröffnen, soweit keine Ausschlussgründe nach Art. 172, 173 und 173a SchKG vorliegen. Ein Vergleich, dass der Konkurs nur teilweise oder für gewisse Forderungen eröffnet wird, ist ohnehin unmöglich. Die Konkurseröffnung wirkt erga omnes und betrifft alle Gläubiger.

1082 BGE 62 I 209, E. 5.
1083 BGE 64 I 194.
1084 SJZ 65 (1969) 334.
1085 BGE 134 V 88, E. 6.2.
1086 BSK SchKG II-Nordmann, Art. 167 N 4.
1087 BSK SchKG II-Bauer, Art. 188 N 19.

Bei der *Insolvenzerklärung* nach Art. 191 SchKG sind Vergleich und Anerkennung naturgemäss ausgeschlossen; es handelt sich um ein Einparteienverfahren.

15. Verfahrenskosten

Art. 169 Abs. 2 SchKG bestimmt, dass das Gericht vom Gläubiger einen *Vorschuss* für die Kosten verlangen kann, die bis und mit Einstellung des Konkurses mangels Aktiven bzw. bis zum Schuldenruf entstehen. Der Kostenvorschuss umfasst auch die Gerichtskosten für das Konkurserkenntnis[1088]. Insofern stellt Art. 169 Abs. 2 SchKG eine lex specialis zu Art. 98 ZPO dar. Verlangt das Konkursgericht gestützt auf Art. 169 Abs. 2 SchKG einen Kostenvorschuss und wird dieser nicht fristgerecht geleistet, so darf der Konkurs nicht eröffnet werden[1089].

Bei der *Insolvenzerklärung* nach Art. 191 SchKG wird der Kostenvorschuss vom Schuldner erhoben (Art. 194 SchKG i.V.m. Art. 169 SchKG). Der Anspruch auf unentgeltliche Rechtspflege nach Art. 29 Abs. 3 BV ist grundsätzlich auch im Insolvenzverfahren gewährleistet, wird aber wegen Aussichtslosigkeit des Gesuchs verweigert, wenn der Schuldner über keine Aktiven verfügt, welche im Konkursverfahren verwertet werden können. Muss der Konkurs mangels Aktiven umgehend wieder eingestellt werden, so fehlt es dem Schuldner an einem schutzwürdigen Interesse an der Durchführung des Verfahrens[1090].

16. Rechtsmittel

Gegen den Entscheid des Konkursgerichts über das Konkursbegehren ist die Berufung ausgeschlossen (Art. 309 lit. b Ziff. 7 ZPO). Es steht nur die Beschwerde nach Art. 319 ff. ZPO zur Verfügung, welche zusätzlich von Art. 174 SchKG geregelt wird[1091]. Als Beschwerdeinstanz amtet im Kanton Zürich das Obergericht (§ 48 GOG ZH).

1088 BSK SchKG II-Nordmann, Art. 169 N 7.

1089 BGE 5A_843/2011, E. 3.2.

1090 BGE 5A_843/2011, E. 3.4; BGE 119 III 113; BGE 133 III 614.

1091 Art. 174 SchKG findet bei der Wechselbetreibung keine Anwendung (Art. 189 Abs. 2 SchKG e contrario); ebenso wenig ist Art. 174 SchKG bei der Anfechtung einer Verfügung des Konkursgerichts über den Konkursschluss gemäss Art. 268 Abs. 2 SchKG anwendbar (siehe BGE 5A_50/2015, E. 3).

Nach der bundesgerichtlichen Rechtsprechung sind Drittgläubiger (d.h. solche, die nicht selbst das Konkursbegehren gestellt haben) nicht zur Beschwerdeerhebung im Sinn von Art. 174 SchKG legitimiert[1092]. Ebenso wenig ist das Konkursamt beschwerdelegitimiert[1093]. Erachtet das Konkursamt ein Konkursdekret zufolge Verletzung zwingender Zuständigkeitsvorschriften nach Art. 46 ff. SchKG aber als nichtig und hat es mit der Durchführung des Konkurses noch nicht begonnen, so kann es den Vollzug des Konkursdekrets immerhin mittels Verfügung verweigern[1094].

Bei der *Insolvenzerklärung* nach Art. 191 SchKG steht die Beschwerdelegitimation einzig dem Schuldner zu, welcher sich grundsätzlich nur gegen die Verweigerung der Konkurseröffnung zur Wehr setzen kann. Im Übrigen kann er höchstens dann gegen das Konkursdekret vorgehen, wenn er sich bei der Abgabe der Insolvenzerklärung in einem wesentlichen Irrtum befunden hat[1095]. Wegen der Natur des Einparteienverfahrens steht auch hier keinem Gläubiger eine Beschwerdelegitimation zu[1096]. Dasselbe gilt für das Konkursamt.

Erfolgt die Konkurseröffnung gestützt auf eine *Überschuldungsanzeige* des Verwaltungsrates einer AG (Art. 192 SchKG i.V.m. Art. 725 ff. OR), so ist – neben dem Gesellschaftsgläubiger – auch die Gesellschaft bzw. der Verwaltungsrat legitimiert, den infolge Überschuldungsanzeige gefällten Entscheid des Konkursrichters weiterzuziehen[1097]. Die Auffassung des Kantonsgerichts Zug, welches die Überschuldungsanzeige als Parteiantrag auf Konkurseröffnung auffasste und daraus folgerte, dass aufgrund beantragter und gutgeheissener Konkurseröffnung keine (formelle) Beschwer zum Weiterzug bestehe, hat das Bundesgericht abgelehnt. Die Überschuldungsanzeige ist entsprechend kein Antrag auf Konkurseröffnung, sondern eine gesetzliche Handlungspflicht des Verwaltungsrates. An dieser Qualifikation ändert sich gemäss korrekter Auffassung des Bundesgerichts selbst dann nichts, wenn der Verwaltungsrat die Überschuldungsanzeige mit einem «Antrag auf Konkurseröffnung» verbindet, ist für den Beschluss zur Auflösung einer AG doch die Generalversammlung zuständig[1098].

1092 BGE 5A_43/2013, E. 2.
1093 BGE 5A_306/2014, E. 3.3.3.
1094 BSK SchKG II-Brunner/Boller, Art. 191 N 29.
1095 BSK SchKG II-Brunner/Boller, Art. 191 N 30 mit weiteren Hinweisen.
1096 BGE 5A_43/2013, E. 2; BGE 123 III 402.
1097 BGE 5A_269/2010, E. 3.2.
1098 BGE 5A_625/2015, E. 3.2.1 ff.

Die zehntägige Beschwerdefrist gemäss Art. 174 Abs. 1 SchKG ergibt sich schon aus Art. 321 Abs. 2 ZPO. Für Berechnung, Einhaltung und Lauf der Beschwerdefrist dürften daher die Regeln der ZPO und nicht diejenigen des SchKG gelten (Art. 31 SchKG)[1099].

Das Novenrecht von Art. 174 Abs. 1 und 2 SchKG geht dem Novenrecht i.S.v. Art. 324 Abs. 1 ZPO vor[1100]. Vor dem erstinstanzlichen Entscheid ergangene Noven können im Beschwerdeverfahren uneingeschränkt vorgebracht werden (Art. 174 Abs. 1 SchKG)[1101]. Die zulässigen, nach dem erstinstanzlichen Entscheid entstandenen Noven werden in Art. 174 Abs. 2 SchKG demgegenüber abschliessend aufgezählt. Es handelt sich um die konkurshindernden Tatsachen der Tilgung[1102], der Hinterlegung und des Gläubigerverzichts, welche nur vom Schuldner vorgebracht werden können[1103] und welche dieser allesamt durch Urkunden zu beweisen hat (Art. 174 Abs. 2 Ziff. 1–3 SchKG)[1104]. Die Konkurshinderungsgründe nach Art. 174 Abs. 2 Ziff. 1–3 SchKG sind nur zu berücksichtigen, wenn sie sich innert der Rechtsmittelfrist verwirklicht haben und auch innert dieser Frist geltend gemacht werden[1105]. Dies hat das Bundesgericht kürzlich mit eingehender Erläuterung bestätigt[1106]. Die kantonale Praxis, wonach die Gerichte das Nachreichen der Unterlagen sogar nach Ablauf der Rechtsmittelfrist erlaubt und hierfür eine Nachfrist angesetzt haben, widerspricht nach Ansicht des Bundesgerichts dem Gesetzestext[1107]. Offen ist, inwiefern ein Gesuch um Wiederherstellung der Rechtsmittelfrist möglich ist[1108]. Neben dem Beweis der Noven muss der Schuldner in allen Fällen seine Zahlungsfähigkeit glaubhaft machen (Art. 174 Abs. 2 SchKG), was ebenfalls innert der Beschwerdefrist zu erfol-

---

1099 Die blosse Erwähnung der zehntägigen Frist in Art. 174 SchKG genügt nicht als ausreichende Abweichung des SchKG von den Regeln der ZPO gemäss Art. 31 SchKG; vgl. BSK SchKG II-Giroud, Art. 174 N 11; anders KUKO SchKG-DIGGELMANN, Art. 174 N 2a, wonach die Widerherstellung der Frist nach Art. 33 SchKG erfolgen soll.

1100 BGE 5A_230/2011.

1101 BGE 5A_899/2014, E. 3.1.

1102 Die Tilgung bezieht sich auch auf die durch die Beurteilung des Konkursbegehrens anfallenden Gerichtskosten (vgl. Art. 251 lit. a ZPO) sowie eine allfällige Parteientschädigung in diesem Verfahren; siehe BGE 5A_409/2013, E. 2.1.

1103 BGE 5A_899/2014; BGE 5A_711/2012, E. 5.2.

1104 BGE 5A_965/2013, E. 4.1.1.

1105 BGE 136 III 294, E. 3.2.

1106 BGE 5A_258/2013; vgl. auch BGE 136 III 294; BGE 5A_801/2014, E. 5.2.

1107 BGE 136 III 294, E. 3.1.

1108 BGE 5A_865/2013, E. 3.

gen hat[1109]. An diese Glaubhaftmachung dürfen keine allzu strengen Anforderungen gestellt werden[1110].

Der Beschwerde kommt von Gesetzes wegen keine aufschiebende Wirkung zu. Die Beschwerdeinstanz kann eine solche – auf Antrag einer Partei oder von Amtes wegen – jedoch anordnen (Art. 174 Abs. 3 SchKG, welcher lex specialis zu Art. 325 ZPO ist[1111]). Die bewilligte aufschiebende Wirkung kann sowohl die Vollstreckung durch die Konkursämter als auch die Wirkungen des Konkurses hemmen[1112]. So kann der Richter die Konkurseröffnung mit Gewährung der aufschiebenden Wirkung gänzlich aufheben. Wird die Beschwerde dann abgewiesen, muss die Beschwerdeinstanz einen neuen Zeitpunkt der Konkurseröffnung festlegen[1113]. Hebt der Richter demgegenüber nur die Vollstreckbarkeit, nicht aber die Rechtskraft des Konkurserkenntnisses auf (und ist die aufschiebende Wirkung entsprechend darauf beschränkt, dass für die Dauer des Verfahrens keine Zwangsmassnahmen durchgeführt werden dürfen, dass allfällige Sicherungsmassnahmen aber bestehen bleiben), so muss bei Abweisung der Beschwerde kein neues Datum für die Konkurseröffnung festgelegt werden[1114]. Bei Gewährung der aufschiebenden Wirkung hat die Beschwerdeinstanz zum Schutz der Gläubiger die notwendigen vorsorglichen Massnahmen nach Art. 170 SchKG anzuordnen (Art. 174 Abs. 3 SchKG).

Auf Bundesebene ist der Entscheid der letzten kantonalen Instanz über die Konkurseröffnung unabhängig vom Streitwert mit der Beschwerde in Zivilsachen anfechtbar (Art. 74 Abs. 2 lit. d BGG). Der Beschwerde kommt von Gesetzes wegen keine aufschiebende Wirkung zu (Art. 103 Abs. 1 BGG), da der Entscheid über die Konkurseröffnung nicht als Gestaltungsurteil in Zivilsachen gemäss Art. 103 Abs. 2 lit. a BGG qualifiziert[1115]. Im Verfahren vor dem Bundesgericht richtet sich die Zulässigkeit neuer Tatsachen und Beweismittel einzig nach Art. 99 Abs. 1 BGG und nicht nach der grosszügige-

1109 BGE 139 III 491, E. 4; BGE 5A_606/2014, E. 4.2.

1110 Zur Frage, wann die Anforderungen an die Glaubhaftmachung erfüllt sind, vgl. BGE 5A_810/2015, E. 3.2.1; BGE 5A_786/2012; BGE 5A_922/2012, E. 3.3; BGE 5A_944/2013, E. 3.1; BGE 5A_297/2012, E. 2.3; BGE 5A_446/2014, E. 4.2; BGE 5A_921/2014, E. 3.1; BGE 5A_115/2012, E. 3; BGE 5A_495/2015; BGE 5A_335/2014, E. 3.1; BGE 5A_606/2014, E. 3.1; BGE 5A_912/2013, E. 3; BGE 5A_469/2012, E. 4.1.1; BGE 5A_118/2012, E. 3.1; BSK SchKG II-Giroud, Art. 174 N 26; zum Begriff der Zahlungsfähigkeit als Gegenteil der Zahlungsunfähigkeit vgl. Amonn/Walther, § 38 N 13 f.; vgl. auch BGE 5A_829/2014, E. 4.4.

1111 BGE 5A_92/2016, E. 1.3.2.1.

1112 BGE 5P.288/2003, E. 1.2.

1113 BGE 5A_92/2016, E. 1.3.2.1.

1114 BGE 5A_386/2010, E. 1.2.

1115 Vgl. BGE 4A_116/2007, E. 2 und BGE 5A_539/2007.

ren Regelung von Art. 174 SchKG[1116]. Ob das kantonale Gericht das richtige Beweismass, d.h. Glaubhaftmachung, angewandt hat, ist eine vom Bundesgericht frei prüfbare Rechtsfrage. Ob das kantonale Gericht die vorgelegten Beweismittel richtig bewertet hat, betrifft demgegenüber die Beweiswürdigung, welche vom Bundesgericht nur unter dem Gesichtspunkt von Art. 97 BGG überprüft werden kann[1117].

17. Verhältnis zur Aufsichtsbeschwerde

Die betreibungsrechtliche Beschwerde ist sowohl gegen die Eröffnung des Konkurses[1118] als auch gegen die Verweigerung des Konkursaufschubs[1119] ausgeschlossen.

Dies gilt grundsätzlich auch dann, wenn der Schuldner die Nichtigkeit des Konkursdekrets geltend machen will. Art. 22 SchKG ist nur auf Verfügungen der Zwangsvollstreckungsorgane, nicht aber auf das gerichtliche Konkursdekret anwendbar, weshalb die Nichtigkeit des Konkursdekretes grundsätzlich auf dem dafür vorgesehenen Rechtsmittelweg geltend gemacht werden muss[1120]. Vorbehalten bleibt indes die Feststellung der Nichtigkeit des Konkursdekretes durch die Aufsichtsbehörden wegen grober Fehler einer richterlichen Verfügung. Ein Mangel dieser Art wird etwa angenommen, wenn das Gericht, das entschieden hat, nicht zuständig war, mit anderen Worten die Schranken seines rechtlichen Könnens überschritten hat und dem von ihm gefällten Entscheid daher kein Bestand zugesprochen werden kann[1121].

Konkursamt und Aufsichtsbehörde können das Konkurserkenntnis jedenfalls definitiv dann nicht (mehr) auf seine Gesetzmässigkeit hin überprüfen, wenn mit der Durchführung des Konkurses bereits begonnen wurde[1122].

1116 BGE 5A_176/2016, E. 4; BGE 5A_810/2015, E. 3.2.2; BGE 5A_382/2012, E. 1.2.
1117 BGE 5A_810/2015, E. 3.2.1.
1118 BGE 7B.149/2003; BGE 7B.3/2003.
1119 BGE 7B.214/2002.
1120 BGE 5A_734/2012, E. 3.3.
1121 BGE 5A_576/2010, E. 3.2.
1122 BGE 100 III 19, E. 2.

§ 25 Gesuch um Widerruf des Konkurses (Art. 195 SchKG)

I. Materielles

1. Allgemeines

Das Konkursgericht widerruft den Konkurs und gibt dem Schuldner das Verfügungsrecht über sein Vermögen zurück, wenn er nachweist, dass sämtliche Forderungen getilgt sind, wenn er von jedem Gläubiger eine schriftliche Erklärung vorlegt, dass dieser seine Konkurseingabe zurückzieht oder wenn ein Nachlassvertrag zustande gekommen ist (Art. 195 Abs. 1 SchKG)[1123]. Die konkursamtliche Liquidation einer ausgeschlagenen Erbschaft wird überdies eingestellt, wenn ein Erbberechtigter vor Schluss des Verfahrens den Antritt der Erbschaft erklärt und für die Bezahlung der Schulden hinreichend Sicherheit leistet (Art. 196 SchKG).

Beim Konkurswiderruf zufolge Rückzugs der Konkurseingaben muss der Rückzug auch jene eingegebenen Konkursforderungen umfassen, welche vom Schuldner oder der Konkursverwaltung nicht anerkannt worden sind (Art. 244 und 245 SchKG). Nicht zu berücksichtigen sind nur Forderungseingaben, die in einem Kollokationsprozess rechtskräftig abgewiesen worden sind[1124]. Der Rückzug hat nur einen Verzicht auf die Eingabe im Konkurs darzustellen, nicht auch einen Verzicht auf die Forderungen selbst[1125]. Diese bleiben bestehen.

Der Konkurswiderruf gilt grundsätzlich für alle Arten der Konkurseröffnung. Einzig ein Konkursverfahren, welches vom Richter zufolge eines Organisationsmangels gestützt auf Art. 731b Abs. 1 Ziff. 3 OR angeordnet wurde, kann nicht gestützt auf Art. 195 Abs. 1 SchKG oder dessen analoge Anwendung widerrufen werden[1126].

1123 Vgl. zu den einzelnen Widerrufsgründen BSK SchKG II-Brunner/Boller, Art. 195 N 7 ff.
1124 SJZ 67 (1971) 343.
1125 KUKO SchKG-Diggelmann, Art. 195 N 1.
1126 BGE 141 III 43, E. 2.

2. Verhältnis zu anderen Möglichkeiten der vorzeitigen Konkursbeendigung

Der Widerruf des Konkurses ist abzugrenzen von der Aufhebung des Konkursdekrets im *Rechtsmittelverfahren gemäss Art. 174 SchKG*. Während das Beschwerdeverfahren nach ZPO ein rechtskräftiges Konkursdekret verhindert, setzt der Konkurswiderruf ein solches gerade voraus. Der Widerruf zielt anders als das Rechtsmittelverfahren nicht auf die Aufhebung des Konkursdekrets, sondern auf die Aufhebung des ganzen Vollstreckungsverfahrens ab[1127]. Daher werden die bei der Konkurseröffnung hängigen Betreibungen nach Aufhebung des Konkursdekrets im Rechtsmittelverfahren wieder gültig, während sie nach Widerruf des Konkurses ausser Kraft bleiben[1128].

Abzugrenzen ist der Konkurswiderruf auch von der *Revision* des Konkurserkenntnisses gemäss Art. 328 ff. ZPO. Diese setzt Umstände voraus, welche zum Zeitpunkt des abzuändernden Entscheides bereits eingetreten sind, dem Gericht aber nicht bekannt waren (unechte Noven, vgl. Art. 328 Abs. 1 lit. a ZPO). Der Konkurswiderruf kommt demgegenüber dann zur Anwendung, wenn nachträglich eingetretene Tatsachen (echte Noven) die Voraussetzungen für die damalige Konkurseröffnung entfallen lassen[1129]. Revision und Konkurswiderruf schliessen sich nicht gegenseitig aus[1130].

Schliesslich ist der Konkurswiderruf von der *Einstellung des Konkursverfahrens mangels Aktiven (Art. 230 SchKG)* abzugrenzen. Der Grund für die Einstellung des Konkurses liegt hier nicht in (echten oder unechten) Noven, welche das Konkursverfahren hinfällig machen, sondern darin, dass nicht genügend Aktiven für die Deckung der Kosten eines summarischen Konkursverfahrens vorhanden sind. Die Einstellung des Konkurses mangels Aktiven lässt – im Unterschied zum Konkurswiderruf und in Übereinstimmung mit der Aufhebung des Konkursdekrets im Rechtsmittelverfahren – sämtliche Betreibungen, welche durch die Konkurseröffnung dahingefallen sind (Art. 206 SchKG), wieder aufleben[1131].

1127 Amonn/Walther, § 39 N 5.
1128 BGE 111 III 70.
1129 BSK SchKG II-Brunner/Boller, Art. 195 N 1.
1130 KUKO SchKG-Diggelmann, Art. 195 N 1.
1131 Amonn/Walther, § 44 N 23.

3. Rechtsnatur

Das Konkurswiderrufsverfahren ist ein rein betreibungsrechtliches Verfahren. Es handelt sich um ein Einparteienverfahren.

4. Aktiv- und Passivlegitimation

Zum Antrag um Konkurswiderruf berechtigt ist in den Fällen der Tilgung und des Rückzugs (Art. 195 Abs. 1 Ziff. 1 und 2 SchKG) der konkursite Schuldner. Im Falle des Zustandekommens eines Nachlassvertrags (Art. 195 Abs. 1 Ziff. 3 SchKG) teilt die Nachlassbehörde die Bestätigung des Nachlassvertrags der Konkursverwaltung mit, welche dem Konkursgericht alsdann von Amtes wegen den Antrag auf Konkurswiderruf stellt (Art. 332 Abs. 3 SchKG)[1132]. Im Falle der Erbschaftsliquidation (Art. 196 SchKG) muss der Widerruf von einem Erben beantragt werden[1133].

Einen Passivlegitimierten gibt es nicht.

5. Wirkung auf das Betreibungsverfahren

Ein Konkurswiderruf hat u.a. folgende formellen und materiellen *Wirkungen auf das Betreibungsverfahren*[1134]:

- Sämtliche formellen und materiellen Wirkungen des Konkurses fallen dahin.
- Die Befugnisse der Konkursverwaltung und des Gläubigerausschusses erlöschen, auch eine betreibungsrechtliche Beschwerde gegen sie ist nicht mehr zulässig.
- Der Schuldner erhält die Verfügungsmacht über sein Vermögen zurück (mit Ausnahme des Widerrufs infolge Annahme eines Nachlassvertrags mit Vermögensabtretung).
- Die Konkursmasse als Sondervermögen und Rechtssubjekt wird aufgehoben[1135].
- Erfolgte Abtretungen nach Art. 260 SchKG fallen dahin[1136].
- Die Prozessführungsbefugnis der Konkursmasse in einem Aktivprozess nach Art. 240 SchKG geht auf den Schuldner über oder der Prozess fällt – wegen seiner konkursrechtlichen Natur (z.B. Pauliana, Kollokationsprozess) – dahin.
- Die bei Konkurseröffnung hängig gewesenen Betreibungen leben nicht wieder auf (mit Ausnahme des Falls der Bestätigung eines Nachlassvertrages, wo Be-

1132 BGE 85 III 86; BSK SchKG II-Brunner/Boller, Art. 195 N 12.
1133 Amonn/Walther, § 40 N 13.
1134 BSK SchKG II-Brunner/Boller, Art. 195 N 11; Amonn/Walther, § 39 N 5 ff.
1135 BGE 49 III 195, E. 3.
1136 BGE 109 III 27, E. 1a.

treibungen auf Pfandverwertung möglich bleiben, Art. 332 Abs. 2 Satz 1 i.V.m. Art. 311 SchKG); neue Betreibungen sind hingegen möglich.
- Bereits erfolgte Verwertungen und Abschlagszahlungen nach Art. 256 bzw. 266 SchKG bleiben rechtswirksam.

Die *zivilrechtlichen Folgen* eines Konkurses, etwa das Erlöschen gewisser Vertragsverhältnisse oder das Eintreten der Gütertrennung (Art. 188 ZGB) bleiben trotz Konkurswiderrufs rechtswirksam[1137]. Für die (noch bestehenden) Forderungen gelten aber wieder die ursprünglichen Fälligkeiten und Verzinslichkeiten.

II. Prozessuales

1. Verfahren

Das Konkurswiderrufsverfahren ist summarisch (Art. 251 lit. c ZPO). Die Durchführung einer mündlichen Verhandlung ist nicht vorgeschrieben (Art. 256 Abs. 1 ZPO). Es handelt sich um ein Einparteienverfahren.

2. Örtliche Zuständigkeit

Für den Antrag auf Konkurswiderruf ist der Richter am Konkursort ausschliesslich zuständig[1138]. Der Gerichtsstand ist zwingend.

Das LugÜ ist auf den Konkurswiderruf gemäss Art. 1 Ziff. 2 LugÜ nicht anwendbar[1139]. Auch das IPRG befasst sich nicht mit rein vollstreckungsrechtlichen Verfahren[1140]. Der Konkursort ist also auch im internationalen Verhältnis der zulässige Gerichtsstand.

3. Sachliche Zuständigkeit

Die sachliche Zuständigkeit richtet sich nach kantonalem Recht. Im Kanton Zürich amtet das Einzelgericht als Konkursgericht (§ 24 lit. c GOG ZH i.V.m. Art. 251 lit. b ZPO).

1137 BSK SchKG II-Brunner/Boller, Art. 195 N 11; zu den öffentlich-rechtlichen Folgen der Konkurseröffnung bzw. des Konkurswiderrufs vgl. Fritzsche/Walder, Bd. II, § 39 N 8.
1138 Jaeger/Walder/Kull/Kottmann, II, Art. 195 N 2.
1139 Walter/Domej, § 5B II 3.
1140 Vgl. Meier, IZPR, 171.

4. Einleitung Verfahren

Der Antrag ist direkt ohne Schlichtungsverfahren beim zuständigen Einzelgericht einzureichen (Art. 198 lit. a ZPO).

5. Rechtsbegehren

Das Rechtsbegehren kann wie folgt formuliert werden:

«Es sei der über den Gesuchsteller [...] am [...] eröffnete Konkurs zu widerrufen.»

6. Streitwert

Die Berechnung des Streitwerts ist heikel und fast unmöglich[1141].

7. Frist

Der Antrag auf Konkurswiderruf kann gemäss Gesetzeswortlaut vom Ablauf der Eingabefrist an gestellt werden (Art. 195 Abs. 2 SchKG). Dieser Zeitpunkt tritt einen Monat nach Bekanntmachung der Konkurseröffnung ein (Art. 232 Abs. 2 Ziff. 2 SchKG). Die Eingabefrist ist abzuwarten, da erst danach feststeht, wer die Verfahrensgläubiger sind, welche eine Rückzugserklärung abzugeben (Art. 195 Abs. 1 Ziff. 2 SchKG) bzw. dem Nachlassvertrag zuzustimmen (Art. 195 Abs. 1 Ziff. 3 SchKG) haben und welche zu tilgenden Konkursforderungen bestehen (Art. 195 Abs. 1 Ziff. 1 SchKG)[1142].

Der Konkurswiderruf kann bis zum Schluss des Konkursverfahrens verfügt werden. Ob er konkret nur bis vor der Schlussverteilung (Art. 264 SchKG) möglich ist[1143] oder auch nach stattgefundener Schlussverteilung, mithin bis vor der Schlusserkenntnis des Konkursgerichts (Art. 268 Abs. 2 SchKG), zuzulassen ist[1144], ist umstritten.

8. Streitgenossenschaft

Streitgenossenschaft ist nicht möglich.

1141 BBl 2001 4309; Spühler/Aemisegger/Dolge/Vock, Art. 74 N 21; BSK BGG-Rudin, Art. 74 N 30.

1142 BGE 5A_831/2009, E. 2.4; BGE 111 III 70, E. 2b.

1143 So etwa BSK SchKG II-Brunner/Boller, Art. 195 N 13.

1144 So etwa KUKO SchKG-Diggelmann, Art. 195 N 3a.

9. Streitverkündung

Streitverkündung ist nicht möglich; es handelt sich um ein Einparteienverfahren.

10. Beweislast

Es gilt die Untersuchungsmaxime. Das Gericht hat den Sachverhalt von Amtes wegen abzuklären (Art. 255 lit. a ZPO).

Dennoch haben die Parteien mitzuwirken. Dem Schuldner obliegt die Beweislast für die Tilgung oder die Rückzüge der Konkurseingaben durch die Gläubiger (vgl. Art. 195 Abs. 1 Ziff. 1 und 2 SchKG). Somit trägt er auch die Folgen der Beweislosigkeit.

11. Beweismass

Der Schuldner muss den strikten Beweis erbringen, dass sämtliche Forderungen getilgt sind oder alle Gläubiger die Konkurseingaben zurückgezogen haben. Ebenso hat die Nachlassbehörde den strikten Beweis für den Abschluss und die Bestätigung eines Nachlassvertrages zu erbringen. Glaubhaftmachung genügt hier nicht[1145].

12. Beweismittel

Grundsätzlich sind in Summarverfahren alle Beweismittel zugelassen, wenn das Gericht den Sachverhalt von Amtes wegen abzuklären hat (Art. 254 Abs. 2 lit. c ZPO). Immerhin hält Art. 195 Abs. 1 Ziff. 2 SchKG fest, dass die Verzichtserklärungen der Gläubiger schriftlich vorgelegt werden müssen. Hier ist ausschliesslich der Urkundenbeweis zulässig.

13. Urteil

Das Urteil über den Konkurswiderruf wird dem Betreibungs-, dem Konkurs-, dem Handelsregister- und dem Grundbuchamt mitgeteilt (Art. 176 Abs. 1 Ziff 2 SchKG) und öffentlich bekannt gemacht (Art. 195 Abs. 3 SchKG).

1145 Vgl. BSK ZPO-Mazan, Art. 254 N 9 f.

14. Anerkennung, Rückzug, Vergleich

Ein *Rückzug* des Antrags um Konkurswiderruf durch den Schuldner ist möglich und führt – parallel zum Rückzug des Konkurseröffnungsbegehrens durch den Gläubiger – nicht zur Verwirkung des Rechts auf Konkurswiderruf.

Anerkennung und *Vergleich* sind nicht möglich, da es sich um ein Einparteienverfahren handelt.

Eine «uneigentliche» Anerkennung durch die Gläubiger liegt beim Widerrufsgrund von Art. 195 Abs. 1 Ziff. 2 SchKG insofern vor, als sämtliche Gläubiger ihre Konkurseingaben schriftlich zurückziehen. Dabei handelt es sich aber gerade nicht um eine eigentliche Anerkennung i.S.v. Art. 241 ZPO, da das Begehren zufolge Gläubigerverzichts nicht abgeschrieben (Art. 241 Abs. 3 ZPO), sondern gutgeheissen wird.

Ein Vergleich ist auch deshalb nicht denkbar, da der Konkurs entweder widerrufen oder fortgesetzt wird. Ein Teilwiderruf ist unmöglich.

15. Rechtsmittel

Gegen den Entscheid des Konkursgerichts über den Konkurswiderruf ist die Berufung ausgeschlossen (Art. 309 lit. b Ziff. 7 ZPO). Es steht nur die Beschwerde nach Art. 319 ff. ZPO zur Verfügung.

Auf Bundesebene ist der Entscheid der letzten kantonalen Instanz über den Konkurswiderruf unabhängig vom Streitwert mit der Beschwerde in Zivilsachen anfechtbar (Art. 74 Abs. 2 lit. d BGG). Der Beschwerde kommt von Gesetzes wegen keine aufschiebende Wirkung zu (Art. 103 Abs. 1 BGG), weil der Entscheid über den Konkurswiderruf nicht als Gestaltungsurteil in Zivilsachen gemäss Art. 103 Abs. 2 lit. a BGG qualifiziert[1146].

Die Konkursverwaltung ist nicht zur Anfechtung des Entscheids über den Konkurswiderruf legitimiert, da sie nicht Partei ist[1147].

1146 Vgl. BGE 4A_116/2007, E. 2 und BGE 5A_539/2007, E. 1.
1147 BGE 99 Ia 10, E. 2c und 3c.

§ 26 Aussonderungsklage (Art. 242 Abs. 2 SchKG)

Literatur: Zimmermann Emil, Die Aussonderung im schweizerischen Konkursrecht, Diss. Freiburg 1935 (1958).

I. Materielles

1. Allgemeines zu Aussonderung und Admassierung

Bestandteil der Konkursmasse sind nur (pfändbare) Vermögenswerte, welche dem Schuldner gehören (Art. 197 SchKG). Aussonderung und Admassierung dienen der Klärung des sachlichen Umfangs der Konkursmasse, wenn die Zugehörigkeit von gewissen Vermögenswerten strittig ist, weil Dritte Rechte daran geltend machen. Die beiden Klagen erfüllen die gleiche Funktion wie das Widerspruchsverfahren in der Spezialexekution[1148].

Das *Aussonderungsverfahren* kommt zur Anwendung, wenn ein Dritter eine bewegliche Sache herausverlangt, welche sich im ausschliesslichen Gewahrsam des Schuldners befindet, oder ein Grundstück beansprucht, welches im Grundbuch auf den Namen des Schuldners eingetragen ist (Art. 242 Abs. 1 SchKG)[1149]. Es geht um Drittansprüche an Vermögenswerten, die zufolge Konkurseröffnung mit Konkursbeschlag belegt sind. Demgegenüber muss die Konkursmasse das *Admassierungsverfahren* anstrengen, wenn sich die umstrittene bewegliche Sache im Gewahrsam oder Mitgewahrsam eines Dritten befindet oder das strittige Grundstück im Grundbuch auf den Namen eines Dritten eingetragen ist (Art. 242 Abs. 3 SchKG). Befindet sich der fragliche Gegenstand bei einem Vierten, so ist für die Frage nach dem Gewahrsam darauf abzustellen, für wen der Vierte den Gewahrsam ausübt[1150]. Als massgebender Zeitpunkt für die Gewahrsamsverhältnisse gilt derjenige der Konkurseröffnung[1151].

1148 BSK SchKG II-Russenberger, Art. 242 N 1.

1149 BGE 110 III 87, E. 2a; zum Begriff des Gewahrsams vgl. BSK SchKG II-Russenberger, Art. 242 N 28 ff.

1150 BSK SchKG II-Russenberger, Art. 242 N 30; Jaeger/Walder/Kull/Kottmann, II, Art. 242 N 8; Fritzsche/Walder, Bd. II, § 48 N 7.

1151 BGE 110 III 87, E. 2.

Aussonderung und Admassierung sind nur angebracht, wenn es sich bei den strittigen Vermögenswerten um bewegliche oder unbewegliche Sachen handelt. Nicht anwendbar sind die beiden Klagen betreffend von Dritten angesprochene Rechte und Forderungen, welche nicht in einem Wertpapier verkörpert sind[1152].

Mit der *Aussonderungsklage* kann ein Dritter alle Rechte geltend machen, welche eine konkursrechtliche Verwertung des Vermögenswerts ausschliessen[1153]. Es handelt sich im Wesentlichen um folgende Rechte:

- Eigentumsrecht;
- Eigentumsvorbehalt, welcher vor Konkurseröffnung eingetragen wurde[1154];
- konkursrechtliche Aussonderungsgründe nach Art. 201–203 SchKG;
- auftragsrechtliches Aussonderungsrecht nach Art. 401 Abs. 3 OR.

2. Vorverfahren

Das Verfahren der Aussonderung wird in Art. 45–54 KOV geregelt. Es gliedert sich in zwei Verfahrensstadien: Das Vorverfahren vor der Konkursverwaltung und den eigentlichen Aussonderungsprozess.

Im Rahmen des Vorverfahrens erlässt die Konkursverwaltung eine Verfügung über die Herausgabe derjenigen Sachen, welche sich in der Verfügungsgewalt der Masse befinden und von einem Dritten zu Eigentum angesprochen werden (Art. 242 SchKG). Die Verfügung ist nach Ablauf der Eingabefrist (Art. 232 Abs. 2 Ziff. 2 SchKG) zu erlassen, ohne Rücksicht darauf, ob der Ansprecher den Anspruch selbst angemeldet hat oder ob die Sache vom Gemeinschuldner oder von einer anderen Person als Dritteigentum bezeichnet worden ist. Die Verfügung ist auch dann noch zu erlassen, wenn der Anspruch erst nach der Versteigerung des angesprochenen Gegenstandes, jedoch vor der Verteilung des Erlöses angemeldet wird (Art. 45 KOV).

Möchte die Konkursverwaltung den Drittanspruch im Rahmen ihrer Verfügung anerkennen, so benötigt sie hierzu grundsätzlich die Zustimmung der zweiten Gläubigerversammlung[1155]. Gegebenenfalls wird der Vermögenswert dem Dritten herausgegeben.

1152 BGE 5A_1035/2015, E. 3.2.4; BGE 128 III 388; BGE 105 III 11, E. 2; BGE 90 III 90, E. 1.

1153 Vgl. zu den einzelnen Aussonderungsgründen detailliert BSK SchKG II-Russenberger, Art. 242 N 15 ff.

1154 BGE 93 III 96.

1155 Zu den Ausnahmen siehe Art. 51 KOV und BSK SchKG II-Russenberger, Art. 242 N 40. Auch im summarischen Konkursverfahren liegt die Zuständigkeit über die Anerkennung von

Wenn die Konkursverwaltung, die Gläubigerversammlung oder einzelne Gläubiger, welche sich den Gegenanspruch der Masse nach Art. 260 SchKG abtreten lassen (Art. 47 Abs. 1 KOV), den Anspruch des Dritten demgegenüber nicht anerkennen, kommt es zum eigentlichen Aussonderungsprozess als zweitem Verfahrensstadium. In diesen Fällen setzt die Konkursverwaltung dem Drittansprecher die Frist zur Anhebung der Aussonderungsklage an (Art. 242 Abs. 2 SchKG).

3. Verhältnis zur Aufsichtsbeschwerde und zur Kollokationsklage

Die Nichtbeachtung formeller Vorschriften bei der Durchführung des amtlichen Aussonderungsverfahrens ist mit *Beschwerde* geltend zu machen (z.B. Nichteinleitung des Aussonderungsverfahrens, Unterlassung der Fristansetzung zur Klageerhebung, ungenaue Bezeichnung des strittigen Gegenstandes etc.)[1156].

Macht ein Dritter Rechte an einem Vermögenswert geltend, von dem gleichzeitig Unpfändbarkeit nach Art. 92 SchKG behauptet wird, so ist vor einem allfälligen Aussonderungsverfahren ein Beschwerdeverfahren (Art. 17 SchKG) über die Frage der Pfändbarkeit durchzuführen (vgl. auch Art. 54 Abs. 2 KOV)[1157]. Wird der Gegenstand von der Masse als Kompetenzstück anerkannt, so unterbleibt das Verfahren nach Art. 242 SchKG. Der Dritte ist dann darauf zu verweisen, den Anspruch gegen den Gemeinschuldner ausserhalb des Konkursverfahrens geltend zu machen (Art. 54 Abs. 2 KOV).

Wird einem Dritten Frist zur Erhebung einer Aussonderungsklage angesetzt und ist er der Ansicht, es hätte richtigerweise eine Admassierungsklage gegen ihn erhoben werden müssen, so ist dies ebenfalls mit Beschwerde geltend zu machen[1158].

Das eigentliche *Aussonderungsverfahren* hat immer nur Herausgabeansprüche zum Gegenstand. Streitigkeiten über Bestand, Umfang und Rang von beschränkten dinglichen Rechten werden nicht im Aussonderungsverfahren entschieden, da sie die konkursrechtliche Verwertung der Sache nicht hin-

Dritteigentumsansprüchen bei den Gläubigern, wobei der Entscheid hier durch ein Gläubigerzirkular zu fällen ist (Art. 49 KOV).

1156 Brunner/Reutter, 98 f.

1157 BGE 83 III 20.

1158 BGE 5A_631/2009.

dern. Beschränkte dingliche Rechte sind im *Kollokationsverfahren* geltend zu machen[1159].

4. Rechtsnatur

Die Aussonderungsklage ist eine betreibungsrechtliche Klage mit Reflexwirkung auf das materielle Recht[1160].

5. Aktiv- und Passivlegitimation

Zur Aussonderungsklage aktivlegitimiert ist der Drittansprecher.

Passivlegitimiert ist die Konkursmasse, vertreten durch die Konkursverwaltung (vgl. Art. 240 SchKG), oder einzelne Abtretungsgläubiger. Letztere können wie erwähnt nach Art. 260 SchKG die Prozessführungsbefugnis übernehmen, wenn sämtliche Gläubiger auf die Geltendmachung des Anspruchs verzichten. Sie machen als Prozessstandschafter einen fremden Anspruch in eigenem Namen und auf eigene Rechnung geltend[1161]. Die Abtretungsgläubiger werden dem Dritten zusammen mit der Fristansetzung angegeben (Art. 52 KOV).

II. Prozessuales

1. Verfahren

Der Aussonderungsprozess wird abhängig vom Streitwert entweder im ordentlichen (Streitwert > CHF 30 000; Art. 219 ff. ZPO) oder im vereinfachten Verfahren (Streitwert ≤ CHF 30 000; Art. 243 ff. ZPO) durchgeführt.

2. Örtliche Zuständigkeit

Art. 242 Abs. 2 SchKG regelt die örtliche Zuständigkeit für die Anhebung der Aussonderungsklage abschliessend. Die Bestimmungen der ZPO über

1159 BSK SchKG II-Russenberger, Art. 242 N 11.

1160 BGE 131 III 595, E. 2.1; BSK SchKG II-Russenberger, Art. 242 N 6; KUKO SchKG-Bürgi, Art. 242 N 4; a.M. Jaeger/Walder/Kull/Kottmann, II, Art. 242 N 21, wonach die Aussonderungsklage eine besondere Vindikationsklage und damit eine rein materiell-rechtliche Klage darstelle.

1161 BSK SchKG II-Berti, Art. 260 N 56.

die örtliche Zuständigkeit gelten damit nicht (Art. 46 ZPO). Nach Art. 242 Abs. 2 SchKG ist die Aussonderungsklage beim Gericht des Konkursorts zu erheben. Der Gerichtsstand ist zwingend, sodass Prorogation und Einlassung unzulässig sind.

Das LugÜ ist auf die Aussonderungsklage gemäss Art. 1 Ziff. 2 LugÜ nicht anwendbar[1162]. Auch das IPRG befasst sich nicht mit vollstreckungsrechtlichen Verfahren[1163]. Der Konkursort ist also auch im internationalen Verhältnis der zulässige Gerichtsstand.

3. Sachliche Zuständigkeit

Die sachliche Zuständigkeit richtet sich nach kantonalem Recht. Im Kanton Zürich ist für Aussonderungsklagen gemäss § 24 lit. b GOG ZH i.V.m. Art. 198 lit. e Ziff. 5 ZPO das Einzelgericht zuständig. Dies gilt unabhängig davon, ob der Aussonderungsprozess im ordentlichen oder im vereinfachten Verfahren durchgeführt wird.

Die Zuständigkeit des Handelsgerichts hat das Bundesgericht für die betreibungsrechtlichen Klagen mit Reflexwirkung auf das materielle Recht, mithin auch für die Aussonderungsklage, kürzlich verneint[1164].

4. Einleitung Verfahren

Gemäss Art. 198 lit. e Ziff. 5 ZPO entfällt das Schlichtungsverfahren bei der Aussonderungsklage. Entsprechend ist diese direkt beim örtlich und sachlich zuständigen Gericht anzuheben.

5. Rechtsbegehren

Das Rechtsbegehren kann wie folgt formuliert werden:

«Es sei dem Kläger der sich in der Konkursmasse […] befindliche Gegenstand […] herauszugeben, unter Kosten- und Entschädigungsfolgen zulasten des Beklagten.»

1162 Dolge, 44; Meier, IZPR, 171.

1163 Vgl. Meier, IZPR, 171.

1164 BGE 141 III 527, E. 2.3; BGE 140 III 355, E. 2.3.4.

6. Streitwert

Der Streitwert entspricht dem Schätzungswert der umstrittenen Sache (Art. 91 ZPO)[1165].

7. Frist

Die Frist zur Einreichung der Aussonderungsklage beträgt 20 Tage. Sie wird von der Konkursverwaltung angesetzt (Art. 242 Abs. 2 SchKG) und kann weder durch Vertrag abgeändert noch sonst wie erstreckt werden (Art. 33 Abs. 1 SchKG). Eine Verlängerung und Wiederherstellung ist lediglich unter den strengen Voraussetzungen von Art. 33 Abs. 2 und 4 SchKG möglich[1166].

Bei Nichteinhalten der Frist ist der Anspruch des Drittansprechers verwirkt (Art. 242 Abs. 2 SchKG und Art. 46 KOV). Dies bedeutet, dass der betreffende Gegenstand in der Masse verbleibt und verwertet wird. Die Folgen der Verwirkung bleiben mithin auf das Konkursverfahren beschränkt[1167].

8. Streitgenossenschaft

Mehrere Drittansprecher können am fraglichen Vermögenswert gleichzeitig und unabhängig voneinander Aussonderungsrechte geltend machen. Diesfalls können die Verfahren gemäss Art. 125 lit. c ZPO zur Vereinfachung des Prozesses zusammengefasst oder gemäss Art. 126 ZPO aus Zweckmässigkeitsgründen sistiert werden. Es ist auch möglich, dass mehrere Drittansprecher bereits zu Beginn des Prozesses als einfache Streitgenossen auftreten. Eine aktive notwendige Streitgenossenschaft besteht hier aber nicht.

Wenn die Konkursverwaltung die umstrittene Sache im Falle mehrerer Drittansprachen nicht selber beansprucht, kann sie den Anspruch eines Drittansprechers anerkennen und die Sache diesem herausgeben. Es bleibt dann den anderen Drittansprechern überlassen, gegen denjenigen, der die Sache erhalten hat, vorzugehen. Bei unklarer Rechtslage empfiehlt es sich, die Sache zu hinterlegen[1168].

1165 BGE 5C.242/2004; Amonn/Walther, § 45 N 43.
1166 Amonn/Walther, § 11 N 11.
1167 Fritzsche/Walder, Bd. II, § 48 N 7; KUKO SchKG-Bürgi, Art. 242 N 12.
1168 BSK SchKG II-Russenberger, Art. 242 N 17.

Eine aktive notwendige Streitgenossenschaft besteht, wenn der *Drittansprecher* der infrage stehenden Sache eine *Gesamthandschaft* (z.B. eine Erbengemeinschaft oder eine einfache Gesellschaft) ist.

Eine (passive) uneigentliche notwendige Streitgenossenschaft liegt vor, wenn mehrere *Abtretungsgläubiger* nach Art. 260 SchKG die Prozessführungsbefugnis übernommen haben[1169].

9. Streitverkündung

Eine Streitverkündung ist nicht möglich: Ein für den Streitverkünder ungünstiges Urteil kann gegenüber dem Streitberufenen keine Wirkung entfalten, weil über materiell-rechtliche Fragen nur vorfrageweise entschieden wird.

Anderes dürfte nur für den Fall gelten, wenn der Aussonderungsprozess – wie von einem Teil der Lehre – als rein materiell-rechtlich angesehen wird.

10. Beweislast

Es kommen die allgemeinen Regeln über die Beweislastverteilung gemäss Art. 8 ZGB zur Anwendung[1170]. Entsprechend hat der Drittansprecher diejenigen Tatsachen zu beweisen, aus welchen er seinen Anspruch am umstrittenen Vermögenswert ableitet[1171]. Demgegenüber obliegt es der Konkursverwaltung oder den bestreitenden Abtretungsgläubigern, gegen das Recht des Drittansprechers Einreden zu erheben und die den Einreden zugrunde liegenden Tatsachen darzulegen und zu beweisen.

11. Beweismass

Es braucht den vollen Beweis; Glaubhaftmachung genügt nicht.

12. Beweismittel

Es sind sämtliche Beweismittel gemäss Art. 168 ff. ZPO zulässig.

1169 BGE 121 III 488, E. 2c, mit Hinweisen betreffend die Unterschiede zu einer «eigentlichen» notwendigen Streitgenossenschaft; vgl. dazu auch § 6 VI 1.

1170 BGE 5C.245/2002, E. 2.3; Fritzsche/Walder, Bd. I, § 26 N 35.

1171 BGE 117 II 124, E. 2.

13. Urteil

Das Urteil hält lediglich fest, ob der strittige Gegenstand dem Konkursbeschlag unterliegt oder nicht. Beim Entscheid geht es also nur um das Schicksal des strittigen Vermögenswerts in der laufenden Zwangsvollstreckung. Ob dem Dritten das seinem Anspruch zugrunde liegende materielle Recht (z.B. Eigentum) tatsächlich zusteht, wird demgegenüber nur vorfrageweise geprüft und erscheint auch nicht im Urteilsdispositiv. Der Entscheid des Gerichts erwächst entsprechend nicht in materielle Rechtskraft, sondern wirkt nur in der hängigen Zwangsvollstreckung. Nach Beendigung des Konkursverfahrens könnte der Gemeinschuldner bei Gutheissung der Klage gegen den obsiegenden Kläger daher erneut einen ordentlichen Prozess anheben[1172].

Ein rechtskräftiges Urteil auf Herausgabe der Sache muss mit den Mitteln der ZPO vollstreckt werden. Eine Vollstreckung auf dem Beschwerdeweg nach Art. 17 SchKG ist ausgeschlossen[1173].

14. Klageanerkennung, Klagerückzug, Vergleich

Klageanerkennung, Klagerückzug und Vergleich sind zulässig (Art. 241 ZPO).

Es fragt sich hier allerdings, ob die Konkursverwaltung in Analogie zu Art. 66 KOV zu verfahren hat[1174]. Alsdann bestünden für die Konkursverwaltung, welche eine Aussonderungsklage anerkennen oder mit dem Drittansprecher einen Vergleich abschliessen möchte, dieselben Einschränkungen wie bei der Kollokationsklage (siehe dort).

15. Rechtsmittel

Der erstinstanzliche Entscheid über die Aussonderungsklage ist bei einem Streitwert von mindestens CHF 10 000 mit Berufung (Art. 308 Abs. 2 ZPO), bei einem tieferen Streitwert mit Beschwerde (Art. 319 ZPO) an die kantonale Rechtsmittelinstanz weiterzuziehen. Als solche amtet im Kanton Zürich das Obergericht (§ 48 GOG ZH).

1172 Fritzsche/Walder, Bd. II, § 48 N 20 mit Einschränkungen; BSK SchKG II-Russenberger, Art. 242 N 6; a.M. Jaeger/Walder/Kull/Kottmann, II, Art. 242 N 21, wonach die Aussonderungsklage als rein materiell-rechtliche Klage volle materielle Rechtskraft entfaltet.

1173 BSK SchKG II-Russenberger, Art. 242 N 42.

1174 Hierfür sprechen sich jedenfalls Brunner/Reutter, 139, aus.

Gegen Entscheide letzter kantonaler Instanzen ist bei einem Streitwert von mindestens CHF 30 000 (Art. 74 Abs. 1 lit. b BGG) oder bei Rechtsfragen von grundsätzlicher Bedeutung (Art. 74 Abs. 2 lit. a BGG) die Beschwerde in Zivilsachen (Art. 72 ff. BGG) zulässig. Andernfalls ist die subsidiäre Verfassungsbeschwerde i.S.v. Art. 113 ff. BGG zu ergreifen, wobei sich die Prüfung des Entscheides hier auf Willkür (Art. 9 BV) beschränkt.

§ 27 Admassierungsklage (Art. 242 Abs. 3 SchKG)

I. Materielles

1. Allgemeines

Vgl. Ausführungen bei der Aussonderungsklage.

2. Verhältnis zur Aufsichtsbeschwerde und anderen Klagen

Macht die Konkursmasse Rechte an einem Vermögenswert geltend, von dem gleichzeitig Unpfändbarkeit nach Art. 92 SchKG behauptet wird, so ist vor einem allfälligen Admassierungsverfahren ein Beschwerdeverfahren (Art. 17 SchKG) über die Frage der Pfändbarkeit durchzuführen (vgl. auch Art. 54 Abs. 2 KOV)[1175].

Die Admassierungsklage hat nur Herausgabeansprüche der Konkursmasse zum Gegenstand. Beschränkte dingliche Rechte können nicht mit der Admassierungsklage geltend gemacht werden. Solche Rechte muss die Masse im eigens dafür vorgesehenen Rechtsschutzverfahren geltend machen (z.B. actio confessoria)[1176].

3. Rechtsnatur

Die Rechtsnatur der Admassierungsklage ist umstritten. Nach der hier vertretenen Auffassung ist sie eine rein materiell-rechtliche Klage[1177]. Es handelt sich um eine ordentliche Eigentumsklage (rei vindicatio) nach Art. 641 Abs. 2 ZGB. Ist der strittige Gegenstand ein Grundstück, kann die Grundbuchberichtigungsklage nach Art. 975 ZGB neben oder statt der Eigentumsklage angehoben werden[1178].

1175 BGE 83 III 20.
1176 BSK SchKG II-Russenberger, Art. 242 N 13.
1177 BSK SchKG II-Russenberger, Art. 242 N 7; KUKO SchKG-Bürgi, Art. 242 N 5; a.M. Amonn/Walther, § 45 N 46, wonach es sich bei der Admassierungsklage um eine betreibungsrechtliche Klage mit Reflexwirkung auf das materielle Recht handelt.
1178 BSK SchKG II-Russenberger, Art. 242 N 7 und 43.

Bei der Vindikationsklage handelt es sich um eine Leistungsklage, bei der Grundbuchberichtigungsklage um eine bundesrechtlich gewährleistete Feststellungsklage[1179].

4. Aktiv- und Passivlegitimation

Zur Admassierungsklage aktivlegitimiert ist die Konkursmasse, vertreten durch die Konkursverwaltung (Art. 240 SchKG). Der Entscheid zur Anhebung einer Admassierungsklage wird im ordentlichen Konkursverfahren von den Gläubigern, im summarischen Konkursverfahren hingegen von der Konkursverwaltung getroffen[1180].

Wenn die Gesamtheit der Gläubiger auf die Geltendmachung des Anspruchs verzichtet, kann die Prozessführungsbefugnis von einem oder mehreren Abtretungsgläubigern nach Art. 260 SchKG übernommen werden. Diese machen als Prozessstandschafter einen fremden Anspruch in eigenem Namen und auf eigene Rechnung geltend[1181].

Passivlegitimiert ist der Dritte, der an der umstrittenen Sache Gewahrsam oder Mitgewahrsam hat bzw. auf dessen Namen das umstrittene Grundstück im Grundbuch eingetragen ist.

II. Prozessuales

1. Verfahren

Der Admassierungsprozess wird abhängig vom Streitwert entweder im ordentlichen (Streitwert > CHF 30 000; Art. 219 ff. ZPO) oder im vereinfachten Verfahren (Streitwert ≤ CHF 30 000; Art. 243 ff. ZPO) durchgeführt[1182].

2. Örtliche Zuständigkeit

Das SchKG sieht keine Zuständigkeitsvorschriften für die Admassierungsklage vor, sodass für die örtliche Zuständigkeit die ZPO zur Anwendung kommt (Art. 46 ZPO e contrario). Handelt es sich beim umstrittenen Vermögenswert um eine bewegliche Sache, so sind nach Art. 30 ZPO die Ge-

1179 BSK SchKG II-Russenberger, Art. 242 N 45 und 47.
1180 Amonn/Walther, § 45 N 31.
1181 BSK SchKG II-Berti, Art. 260 N 56.
1182 BSK SchKG II-Russenberger, Art. 242 N 7.

richte am Wohnsitz des Beklagten oder am Ort der gelegenen Sache zuständig. Geht es um ein Grundstück, so ist das Gericht am Ort, an dem das Grundstück im Grundbuch aufgenommen ist, zuständig (Art. 29 Abs. 1 lit. a ZPO). Die Gerichtsstände sind nicht zwingend (Art. 9 Abs. 1 ZPO), sodass Einlassung und Prorogation möglich sind.

Im internationalen Verhältnis ist die Admassierungsklage nach h.L. vom Anwendungsbereich des LugÜ ausgenommen (Art. 1 Abs. 2 lit. b LugÜ)[1183]. Demgegenüber dürfte das IPRG auf die Admassierungsklage als rein sachenrechtliche Klage anwendbar sein[1184]. Bei strittigen beweglichen Sachen ist alsdann das Gericht am Wohnsitz oder Aufenthalt des Beklagten oder am Ort der gelegenen Sache zuständig (Art. 98 IPRG). Bei strittigen Grundstücken ist das Gericht am Ort der gelegenen Sache zwingend zuständig (Art. 97 IPRG).

3. Sachliche Zuständigkeit

Die sachliche Zuständigkeit richtet sich nach kantonalem Recht (Art. 3 f. ZPO). Im Kanton Zürich ist für Admassierungsklagen gemäss § 24 lit. b GOG ZH i.V.m. Art. 198 lit. e Ziff. 5 ZPO das Einzelgericht zuständig. Dies gilt unabhängig davon, ob der Admassierungsprozess im ordentlichen oder im vereinfachten Verfahren ergeht.

4. Einleitung Verfahren

Gemäss Art. 198 lit. e Ziff. 5 ZPO entfällt das Schlichtungsverfahren bei der Admassierungsklage. Entsprechend ist diese direkt beim örtlich und sachlich zuständigen Gericht anzuheben.

5. Rechtsbegehren

Das Rechtsbegehren kann wie folgt formuliert werden:

«Der Beklagte sei zu verpflichten, der Klägerin den sich in seinem Gewahrsam befindliche Gegenstand […] herauszugeben, unter Kosten- und Entschädigungsfolgen zulasten des Beklagten.»

1183 Dolge, 44; Meier, IZPR, 179.

1184 Meier, IZPR, 179; a.M. wohl die Autoren, welche die Admassierungsklage für eine betreibungsrechtliche Klage mit Reflexwirkung auf das materielle Recht halten.

6. Streitwert

Der Streitwert entspricht dem Schätzungswert der umstrittenen Sache (Art. 91 ZPO)[1185].

7. Frist

Die Admassierungsklage ist an keine Frist gebunden[1186].

8. Streitgenossenschaft

Eine (aktive) uneigentliche notwendige Streitgenossenschaft liegt vor, wenn mehrere Abtretungsgläubiger nach Art. 260 SchKG die Prozessführungsbefugnis übernommen haben[1187].

Eine passive notwendige Streitgenossenschaft liegt vor, wenn die zu admassierende bewegliche Sache im Gewahrsam einer Gesamthandschaft (z.B. einer Erbengemeinschaft oder einer einfachen Gesellschaft) liegt bzw. das Grundstück im Grundbuch als Eigentum einer Gesamthandschaft eingetragen ist.

9. Streitverkündung

Eine Streitverkündung ist möglich: Ein für den Streitverkünder ungünstiges Urteil kann gegenüber dem Streitberufenen Wirkung entfalten, weil über materiell-rechtliche Fragen endgültig entschieden wird. So könnte z.B. der Beklagte als Käufer der infrage stehenden Sache seinem Verkäufer den Streit verkünden für den Fall, dass er im Prozess unterliegt.

Eine Streitverkündung dürfte nur dann ausgeschlossen sein, wenn die Admassierungsklage – wie von einem Teil der Lehre – als betreibungsrechtliche Klage mit Reflexwirkung auf das materielle Recht angesehen wird. Nach dieser Ansicht wird über materiell-rechtliche Fragen nur vorfrageweise entschieden.

1185 BGE 5C.242/2004; Amonn/Walther, § 45 N 43.

1186 BSK SchKG II-Russenberger, Art. 242 N 7.

1187 BGE 121 III 488, E. 2c, mit Hinweisen betreffend die Unterschiede zu einer «eigentlichen» notwendigen Streitgenossenschaft; vgl. dazu auch § 6 VI 1.

10. Beweislast

Es kommen die allgemeinen Regeln über die Beweislastverteilung gemäss Art. 8 ZGB zur Anwendung. Die Masse hat das Eigentum des Gemeinschuldners zu beweisen, d.h., einen gültigen Erwerbsgrund und – bei derivativem Eigentumserwerb – das Eigentum des Vormannes darzulegen[1188]. Sie hat dabei die Rechtsvermutung aus dem Besitz nach Art. 930 ff. ZGB bzw. aus dem Grundbucheintrag nach Art. 937 ZGB zu widerlegen.

Demgegenüber obliegt es dem Beklagten, gegen das Recht des Gemeinschuldners Einreden zu erheben und die den Einreden zugrunde liegenden Tatsachen zu beweisen.

11. Beweismass

Es braucht den vollen Beweis; Glaubhaftmachung genügt nicht.

12. Beweismittel

Es sind sämtliche Beweismittel gemäss Art. 168 ff. ZPO zulässig.

13. Urteil

Das Urteil hält verbindlich fest, wem das Eigentum am strittigen Vermögenswert zusteht und begründet bei Obsiegen des Klägers einen Anspruch auf Besitzübertragung bzw. bei Grundstücken auf Berichtigung des Grundbuchs. Das Urteil entfaltet volle materielle Rechtskraft und wirkt über die laufende Zwangsvollstreckung hinaus erga omnes[1189].

Die Vollstreckung des Urteils auf Herausgabe einer beweglichen Sache ist in Art. 335 ff. ZPO geregelt. Die Berichtigung des Grundbuches kann beim Grundbuchamt vom wahren Berechtigten gestützt auf das Urteil angemeldet werden[1190].

1188 BSK SchKG II-Russenberger, Art. 242 N 45.

1189 BSK SchKG II-Russenberger, Art. 242 N 7 und 45; a.M. Amonn/Walther, § 45 N 47, wonach das Admassierungsurteil über das Konkursverfahren hinaus keine materielle Rechtskraft entfaltet.

1190 BSK SchKG II-Russenberger, Art. 242 N 53.

14. Klageanerkennung, Klagerückzug, Vergleich

Klageanerkennung, Klagerückzug und Vergleich sind zulässig. Sie haben die Wirkung eines rechtskräftigen Entscheides (Art. 241 Abs. 2 ZPO).

15. Rechtsmittel

Der erstinstanzliche Entscheid über die Admassierungsklage ist bei einem Streitwert von mindestens CHF 10 000 mit Berufung (Art. 308 Abs. 2 ZPO), bei einem tieferen Streitwert mit Beschwerde (Art. 319 ZPO) an die kantonale Rechtsmittelinstanz weiterzuziehen. Als solche amtet im Kanton Zürich das Obergericht (§ 48 GOG ZH).

Gegen Entscheide letzter kantonaler Instanzen ist bei einem Streitwert von mindestens CHF 30 000 (Art. 74 Abs. 1 lit. b BGG) oder bei Rechtsfragen von grundsätzlicher Bedeutung (Art. 74 Abs. 2 lit. a BGG) die Beschwerde in Zivilsachen (Art. 72 ff. BGG) zulässig. Andernfalls ist die subsidiäre Verfassungsbeschwerde i.S.v. Art. 113 ff. BGG zu ergreifen, wobei sich die Prüfung des Entscheides hier auf Willkür (Art. 9 BV) beschränkt.

§ 28 Kollokationsklage (Art. 250 SchKG)

Literatur: Brunner Alexander/Reutter Mark, Kollokations- und Widerspruchsklagen nach SchKG, 2. A., Bern 2002; Furrer Viktor, Die Kollokationsklagen nach Schweizerischem Recht, Diss. Zürich 1979; Milani Dominik, Die Behandlung der konkursrechtlichen Kollokationsklage im vereinfachten Verfahren, Diss. Zürich/St. Gallen 2011; Pfiffner Rauber Brigitte, Anfechtung des Kollokationsplanes im Konkurs der Arbeitgeberin durch die versicherte Person oder durch die Arbeitslosenkasse, AJP 1998, 607 ff.; Spichty Daniel, Gegenstand, Rechtsnatur und Rechtskraftwirkung des Kollokationsplanes im Konkurs, Diss. Basel 1979.

I. Materielles

1. Allgemeines

Das Kollokationsverfahren beginnt mit der *Erstellung des Plans* für die Rangordnung der Gläubiger (Kollokationsplan) durch die Konkursverwaltung. Der Plan ist innert 60 Tagen nach Ablauf der Eingabefrist zu erstellen (Art. 247 Abs. 1 SchKG). Gehört zur Masse ein Grundstück, so erstellt die Konkursverwaltung innert der gleichen Frist ein Verzeichnis der darauf ruhenden Lasten. Das Lastenverzeichnis bildet – anders als in der Spezialexekution – einen Bestandteil des Kollokationsplanes (Art. 247 Abs. 2 SchKG).

Der *Kollokationsplan* gibt Auskunft über die Passivmasse. Er bestimmt, welche Ansprüche als Konkursforderungen anerkannt werden, und hält fest, in welchem Rang, aus welcher Masse und – bei Pfandforderungen – aus welcher Sache sie Recht auf Befriedigung aus dem Vollstreckungssubstrat haben. Die Zuweisung des Rangs erfolgt nach Massgabe von Art. 219 SchKG. Neben den zugelassenen werden auch die abgewiesenen Forderungen mit Angabe des Abweisungsgrundes vorgemerkt (Art. 248 SchKG). Weiter bestimmt der Kollokationsplan, welche dinglichen Rechte an den zum Konkurssubstrat gehörenden Gegenständen (Pfandrechte, Grundlasten und Dienstbarkeiten) anerkannt werden und welche nicht[1191]. Nicht aufzunehmen sind Aussonderungsansprüche und Masseverbindlichkeiten. Erstere werden im Aussonderungsprozess beurteilt[1192], Letztere sind aus dem Bruttoerlös der Masse vorweg zu bezahlen[1193].

1191 KUKO SchKG-Sprecher, Art. 247 N 1.
1192 BGE 105 III 11, E. 2.
1193 BGE 106 III 118, E. 3.

Die Konkursverwaltung muss die Forderung eines Gläubigers in ihrer angemeldeten Höhe kollozieren. Hat ein Gläubiger seine Forderung mit einer Gegenforderung des Schuldners verrechnet und nur noch die Restforderung eingegeben, so kann sich die Konkursverwaltung nicht gegen die Verrechnung zur Wehr setzen, indem sie die Forderung des Gläubigers in ihrer vollen Höhe kolloziert. Die Masse muss ihre Gegenforderung gegen den verrechnenden Gläubiger in solchen Fällen mit einer normalen Forderungsklage einklagen und kann die Verrechnungsfrage nur so zum Austrag bringen[1194]. Kommt die Konkursverwaltung demgegenüber zum Schluss, es liege ein Anfechtungstatbestand i.S.v. Art. 285 ff. SchKG vor, so kann sie eine als pfandgesichert angemeldete Forderung in der dritten Klasse kollozieren und das Faustpfandrecht abweisen[1195]. Da die Konkursverwaltung zur Anfechtungsklage legitimiert ist (Art. 285 Abs. 2 Ziff. 2 SchKG), muss ihr auch eine entsprechende Einrede zustehen[1196].

Nach Art. 249 SchKG wird der Kollokationsplan beim Konkursamt *zur Einsicht aufgelegt* und die Auflage durch die Konkursverwaltung öffentlich bekannt gemacht. Im Gegensatz zur Spezialexekution, wo jeder Gläubiger von der Auflage benachrichtigt und einen seine Forderung betreffenden Auszug zugestellt erhält (Art. 147 SchKG), werden im Konkurs nur diejenigen Gläubiger gesondert benachrichtigt, deren Forderung abgewiesen oder nicht im beanspruchten Rang zugelassen wurde (Art. 249 Abs. 3 SchKG). Alsdann haben die Gläubiger die Möglichkeit, den Kollokationsplan zu überprüfen und sich gegebenenfalls dagegen zur Wehr zu setzen. Je nach Rügegrund kann der Gläubiger Kollokationsklage oder Beschwerde nach Art. 17 SchKG erheben.

2. Gegenstand der Kollokationsklage

Die Kollokationsklage dient der Bereinigung des Kollokationsplans[1197]. Mit ihr kann ein Gläubiger geltend machen, die Konkursverwaltung habe über die Anerkennung oder Abweisung einer Forderung, ihren Betrag oder ihren Rang bzw. über Bestand und Umfang eines beschränkten dinglichen Rechts nicht richtig entschieden.

Anders als in der Spezialexekution gibt die Kollokationsklage dem Gläubiger zunächst die Möglichkeit, die *mangelhafte Kollokation der eigenen Forderung*

1194 BGE 71 III 184, E. 2.
1195 BGE 114 III 110.
1196 KUKO SchKG-SPRECHER, Art. 250 N 9.
1197 BGE 98 II 313, E. 4.

geltend zu machen (sog. positive Kollokationsklage). Der Gläubiger kann den Kollokationsplan also anfechten, wenn seine Forderung ganz oder teilweise abgewiesen oder nicht im beanspruchten Rang zugelassen worden ist (Art. 250 Abs. 1 SchKG).

Sodann gibt die Kollokationsklage dem Gläubiger wie in der Spezialexekution auch die Möglichkeit, sich gegen die *Forderungen anderer Gläubiger,* welche ebenfalls Anspruch auf das Vollstreckungssubstrat erheben, zur Wehr zu setzen (sog. negative Kollokationsklage oder Wegweisungsprozess). Mit der Kollokationsklage kann der Gläubiger die Forderung oder den Rang eines anderen Gläubigers bestreiten (Art. 250 Abs. 2 SchKG). Er macht geltend, dessen Forderung sei aus materiell-rechtlichen Gründen fehlerhaft kolloziert, da sie überhaupt nicht, nicht in der angegebenen Höhe oder nicht im zugewiesenen Rang bestehe. Ziel ist hier also die Änderung des Kollokationsplanes zulasten eines anderen Gläubigers, indem dessen Forderung gestrichen, herabgesetzt oder im Rang zurückgestuft wird.

Streitige Forderungen, welche im Zeitpunkt der Konkurseröffnung noch nicht rechtskräftig geklärt sind, aber bereits Gegenstand eines *schweizerischen* Prozesses bilden, können nicht mehr Gegenstand einer Kollokationsklage sein. Wird der Prozess weder von der Masse noch von einzelnen Gläubigern nach Art. 260 SchKG fortgeführt, so gilt die Forderung als anerkannt, und die Gläubiger haben kein Recht mehr, ihre Kollokation nach Art. 250 SchKG anzufechten. Wird der Prozess dagegen fortgeführt, so wird er ex lege zum Kollokationsprozess. Je nach dessen Ausgang erfolgt alsdann die Streichung der Forderung oder ihre definitive Kollokation, welche von den Gläubigern ebenfalls nicht mehr angefochten werden kann (Art. 63 KOV)[1198].

Ist bei Konkurseröffnung demgegenüber ein *ausländischer* Prozess über die streitige Forderung hängig, so kann diese Forderung noch immer Gegenstand des schweizerischen Kollokationsprozesses sein (Art. 63 KOV ist auf ausländische Prozesse nicht anwendbar). Das Kollokationsverfahren am schweizerischen Konkursort nimmt unbeschadet ausländischer Prozesse seinen Lauf. Das Bundesgericht lehnt in solchen Fällen mithin sowohl eine Sistierung des Kollokationsprozesses als auch eine Anerkennbarkeit eines ausländischen Urteils als Kollokationsurteil ab – und zwar unabhängig davon, ob es sich beim ausländischen Prozess um einen LugÜ-Prozess handelt oder nicht[1199].

1198 BGE 135 III 127, E. 3.3.1; BGE 141 III 382, E. 4.2.
1199 BGE 141 III 382, E. 4.2 und 5.2.

Gleiches gilt freilich auch für nach Insolvenzeröffnung erhobene Klagen vor ausländischen Gerichten. Auch solche Klagen beschneiden weder die Kompetenz der Konkursverwaltung noch des Kollokationsrichters, sodass derartig im Ausland eingeklagte Forderungen noch immer Gegenstand des Kollokationsprozesses sein können. Nach der Konkurseröffnung erhobene Klagen stellen ihrer Funktion nach ohnehin stets insolvenzrechtliche Verfahren dar, welche nicht unter das LugÜ fallen (Art. 1 Abs. 2 lit. b LugÜ), sodass eine Sistierung/Anerkennung gemäss LugÜ von vornherein ausgeschlossen ist[1200].

Beruht eine angemeldete Forderung hingegen auf einem bereits vor der Konkurseröffnung in Rechtskraft erwachsenen und – nach Staatsvertrag oder IPRG – anerkenn- und vollstreckbaren Gerichtsurteil, sind die Konkursverwaltung und das Kollokationsgericht an die urteilsmässigen Feststellungen über Bestand und Höhe der Forderung gebunden[1201]. Derartig rechtskräftig beurteilte Forderungen können mithin nicht mehr Gegenstand der Kollokationsklage sein.

Schliesslich kann ein Gläubiger anders als in der Spezialexekution[1202] mit der Kollokationsklage auch bestreiten, dass die Konkursverwaltung über das *Bestehen oder den Umfang eines beschränkten dinglichen Rechts* richtig entschieden habe[1203]. So ist etwa auch die Frage nach dem Umfang der Pfandhaft im Kollokationsverfahren zu entscheiden[1204].

3. Verhältnis zur Aufsichtsbeschwerde

Während die Kollokationsklage die *materielle* Rechtslage im Hinblick auf die Befriedigung der Gläubiger aus der Konkursmasse betrifft[1205], sind *formelle* Fehler bei der Erstellung des Kollokationsplans mit der Aufsichtsbeschwerde nach Art. 17 SchKG geltend zu machen[1206].

1200 BGE 141 III 382, E. 4.1.

1201 BGE 141 III 382, E. 4; BGE 4A_740/2012, E. 8.3.1.

1202 In der Spezialexekution sind beschränkte dingliche Rechte im Widerspruchs- bzw. Lastenbereinigungsverfahren geltend zu machen.

1203 Dagegen sind Eigentumsansprachen im Aussonderungsverfahren geltend zu machen, vgl. vorne § 26; BSK SchKG II-Hierholzer, Art. 250 N 6.

1204 BGE 114 III 23, E. 2; BGE 108 III 83.

1205 BGE 119 III 84.

1206 BGE 5A_272/2016, E. 2.2 und 2.5.2.

Die Aufsichtsbeschwerde ist zu ergreifen, wenn der Kollokationsplan nicht eindeutig, unverständlich oder mit Formfehlern behaftet ist[1207]. Als Beispiele solcher formeller Fehler kann etwa Folgendes genannt werden[1208]:

- Fehlen der Gründe für die Abweisung einer Forderung;
- Entscheid zugunsten einer Forderung, die nicht eingegeben wurde;
- fehlende Behandlung einer eingegebenen Forderung[1209];
- mangelhafte oder fehlende Auflage des Kollokationsplanes;
- Kollokation einer Masseverbindlichkeit[1210];
- Behandlung von Ansprüchen, welche nicht im Kollokationsverfahren zu erfolgen haben, wie z.B. Aussonderungsansprüche;
- Fehlerhafte Schätzung der mutmasslichen Konkursdividende, welche u.a. für die Streitwertberechnung der Kollokationsklage einschlägig ist[1211].

Der Richter ist zur Überprüfung solcher formeller Mängel nicht zuständig. Er hat bei der Beurteilung einer Kollokationsklage vom Kollokationsplan auszugehen, der Gegenstand der Klage bildet[1212].

Wird der Kollokationsplan in einem Beschwerdeverfahren geändert, so ist er neu aufzulegen und die Neuauflage öffentlich bekannt zu machen[1213]. Wird der Kollokationsplan demgegenüber in einem Kollokationsprozess geändert, so ist eine Neuauflage nicht zulässig und sogar nichtig[1214].

Ist der Kollokationsplan gleichzeitig mit formellen und materiellen Mängeln behaftet, so hat der Gläubiger zur Vermeidung eines Rechtsverlusts neben der Beschwerde vorsorglich auch Kollokationsklage zu erheben. Denn die Einreichung einer Beschwerde hemmt die 20-tägige Frist zur Einreichung der Kollokationsklage nur, wenn der Beschwerde nach Art. 36 SchKG aufschiebende Wirkung erteilt wird[1215].

1207 BGE 5A_392/2012, E. 4.4.1.

1208 Vgl. BSK SchKG II-Hierholzer, Art. 250 N 8 und Amonn/Walther, § 46 N 42; Fritzsche/Walder, Bd. II, § 49 N 18.

1209 Die Aufsichtsbehörde darf die dagegen erhobene Beschwerde nicht wegen Versäumnis der Beschwerdefrist zurückweisen. Da Konkurseingaben nach Art 251 Abs. 1 SchKG bis zum Schluss des Konkursverfahrens angebracht werden können, darf der Gläubiger, dessen rechtzeitige Eingabe zu Unrecht nicht berücksichtigt wurde, nicht schlechter gestellt werden als Gläubiger, welche ihre Eingaben verspätet einreichen, BGE 5A_294/2010, E. 2 und 3.

1210 BGE 106 III 118, E. 3.

1211 BGE 5A_84/2012, E. 3.2.2.

1212 BGE 105 III 122, E. 4.

1213 Amonn/Walther, § 46 N 44.

1214 BGE 108 III 23, E. 2 und 3.

1215 BSK SchKG II-Hierholzer, Art. 250 N 43.

4. Rechtsnatur

Die Kollokationsklage dient der gerichtlichen Überprüfung des Kollokationsplans und stellt ihrem Sinn und Zweck nach ein Rechtsmittel gegen die Kollokationsverfügung dar[1216].

Sie ist eine betreibungsrechtliche Klage mit Reflexwirkung auf das materielle Recht[1217] und eine prozessuale Gestaltungsklage[1218].

5. Aktivlegitimation

Aktivlegitimiert kann jeder im Kollokationsplan aufgenommene (anerkannte oder abgelehnte) *Gläubiger sein,* mithin jeder Konkursgläubiger sowie jeder Inhaber eines beschränkten dinglichen Rechts oder eines vorgemerkten persönlichen Rechts[1219].

Wird die kollozierte Forderung während der Auflagefrist an einen Dritten abgetreten oder wird dieser sonst wie Rechtsnachfolger des Gläubigers, so verliert der kollozierte Gläubiger seine Aktivlegitimation und geht diese auf den Dritten über[1220].

Dem Kläger kann zur Entkräftung von dessen Aktivlegitimation grundsätzlich nicht entgegengehalten werden, er sei zu Unrecht kolloziert worden. Sobald die 20-tägige Frist zur Erhebung der Kollokationsklage mit Bezug auf seine Forderung unbenutzt verstrichen ist, gilt er als Konkursgläubiger, auch wenn ihm materiell keine Forderung zusteht[1221].

Klagt ein nicht zugelassener Gläubiger gegen die Masse auf Zulassung und gleichzeitig gegen einen Mitgläubiger auf Wegweisung, so hängt seine Klagelegitimation im zweitgenannten Prozess davon ab, ob er im erstgenannten obsiegt[1222]. In solchen Fällen sollte das Gericht den Wegweisungsprozess bis zur rechtskräftigen Erledigung des Prozesses gegen die Masse sistieren. Die Aktivlegitimation kann auch im Verlaufe des Prozesses dahinfallen, wenn die Kollokation der eigenen Forderung durch einen Mitgläubiger in einem

1216 BSK SchKG II-Hierholzer, Art. 250 N 1; BGE 98 III 313, E. 4; a.M. Spichty, 146 ff., wonach die Kollokationsklage eine rein materiell-rechtliche Klage darstelle.

1217 5A_491/2013, E. 3.5.2; BGE 114 III 110, E. 3d; Amonn/Walther, § 46 N 62.

1218 Furrer, 136 f.; BSK SchKG II-Hierholzer, Art. 250 N 5.

1219 BGE 7B.75/2002, E. 3.

1220 BGE 78 II 265, E. 2 und 3.

1221 BSK SchKG II-Hierholzer, Art. 250 N 23.

1222 BGE 135 III 545, E. 2.

anderen Kollokationsprozess rechtskräftig weggewiesen wurde. Auch hier drängt sich eine Sistierung des erstgenannten Prozesses auf[1223].

Die *formelle Gläubigerstellung* des Klägers, mithin dessen Aufnahme in den Kollokationsplan, hat das Gericht als Prozessvoraussetzung und nicht im Rahmen der Aktivlegitimation zu prüfen. Ein Gläubiger, der fälschlicherweise nicht kolloziert wurde, hat vor Anhebung der Kollokationsklage Beschwerde zu erheben[1224].

Ebenfalls als Prozessvoraussetzung ist das *Rechtsschutzinteresse des Klägers* abzuklären. Dieses fehlt mitunter dann, wenn der Kläger seine eigene Kollokation beanstandet, mithin einen Prozess gegen die Masse anhebt, obwohl seine Forderung in der von ihm angemeldeten Höhe und dem von ihm beanspruchten Rang zugelassen wurde[1225]. Demgegenüber ist das Rechtsschutzinteresse eines Gläubigers, der die Kollokation eines Mitgläubigers bestreitet, auch dann gegeben, wenn der klagende Gläubiger vollständig befriedigt wird. Ein gegen einen Mitgläubiger klagender Gläubiger nimmt nicht nur seine eigenen Interessen, sondern – analog zu einem Abtretungsgläubiger nach Art. 260 SchKG – auch diejenigen der Masse wahr[1226]. Beträgt die mutmassliche Konkursdividende null, so wird ein Rechtsschutzinteresse nur in Ausnahmefällen bejaht. Ein solches kann etwa vorliegen, um im Konkurs gegen eine Privatperson einen Konkursverlustschein zu erhalten und gestützt darauf eine neue Betreibung einzuleiten (Art. 265 Abs. 2 SchKG)[1227]. Beim Konkurs einer juristischen Person genügt dieses Interesse nicht, weil eine konkursite Firma im Handelsregister gelöscht wird[1228]. Ebenso wenig genügt die theoretische Möglichkeit eines Nachkonkurses[1229]. Trotz Null-Dividende kann aber auch ein Rechtsschutzinteresse eines ehemaligen Organs der Gemeinschuldnerin vorliegen, wenn dieses die zu kollozierende Forderung mit eventuellen Verantwortlichkeitsansprüchen verrechnen und solche Verantwortlichkeitsansprüche damit verhindern will[1230].

Nicht legitimiert ist der *Schuldner*. Er kann sich gegen fehlerhafte Verfügungen der Konkursorgane lediglich auf dem Beschwerdeweg zur Wehr

1223 Jaeger/Walder/Kull/Kottmann, II, Art. 250 N 2.
1224 BSK SchKG II-Hierholzer, Art. 250 N 21.
1225 KUKO SchKG-Sprecher, Art. 250 N 15 f.
1226 BGE 115 III 68; BGE 5C.185/2002, E. 2.3.
1227 BGE 5A_84/2012, E. 3.3; BGE 82 III 94.
1228 BGE 5A_484/2010 und BGE 5A_485/2010.
1229 BGE 65 III 28, E. 2.
1230 BGE 5A_84/2012, E. 3.4; BGE 5A_484/2010 und BGE 5A_485/2010.

setzen[1231], so z.B. wenn die Konkursverwaltung über die Anerkennung von Forderungen einen widersprüchlichen oder unklaren Entscheid fällt (vgl. Art. 245 SchKG)[1232]. Der Entscheid der Konkursverwaltung über den Bestand eines Pfandes oder über den Rang der kollozierten Forderung kann indessen nicht angefochten werden[1233].

6. Passivlegitimation

Die Passivlegitimation hängt vom Gegenstand der Bestreitung ab. Beanstandet der klagende Gläubiger seine eigene Kollokation, so hat er seine Klage gegen die *Masse* zu richten (Art. 250 Abs. 1 SchKG). Wenn die Masse den gegen sie geführten Kollokationsprozess nicht mehr weiterführen will, können die Gläubiger nicht die Abtretung des Prozessführungsrechts nach Art. 260 SchKG verlangen[1234] (vgl. aber Art. 66 KOV und dazu unten unter «Klageanerkennung, Rückzug und Vergleich»).

Möchte der Kläger demgegenüber die Zulassung eines anderen Gläubigers oder dessen Rang bestreiten, so muss er gegen denjenigen *Gläubiger* klagen, dessen Forderung im Kollokationsplan geändert werden soll (Art. 250 Abs. 2 SchKG). Der Kläger klagt in letzterem Fall auf eigenes Risiko, aber wie erwähnt anstelle der Masse und übt im Prozess deren Rechte aus[1235].

Der *Gemeinschuldner* ist nie passivlegitimiert.

II. Prozessuales

1. Verfahren

Der Kollokationsprozess wird abhängig vom Streitwert entweder im ordentlichen (Streitwert > CHF 30 000; Art. 219 ff. ZPO) oder im vereinfachten Verfahren (Streitwert ≤ CHF 30 000; Art. 243 ff. ZPO) durchgeführt.

1231 AMONN/WALTHER, § 46 N 53; FRITZSCHE/WALDER, Bd. II, § 49 N 34.

1232 BSK SchKG II-HIERHOLZER, Art. 245 N 10a.

1233 BSK SchKG II-HIERHOLZER, Art. 250 N 22.

1234 BGE 33 II 680, E. 2; JAEGER/WALDER/KULL/KOTTMANN, II, Art. 250 N 16.

1235 BGE 115 III 68, E. 3; BSK SchKG II-HIERHOLZER, Art. 250 N 23.

2. Örtliche Zuständigkeit

Art. 250 SchKG regelt die örtliche Zuständigkeit für die Anhebung der Kollokationsklage ausschliesslich. Die Bestimmungen der ZPO über die örtliche Zuständigkeit sind damit nicht anwendbar (Art. 46 ZPO). Nach Art. 250 Abs. 1 SchKG ist die Kollokationsklage beim Gericht des Konkursorts zu erheben. Der Gerichtsstand ist ausschliesslich und zwingend; Gerichtsstandsvereinbarungen, Schiedsabreden und Einlassung sind unzulässig[1236].

Vom Anwendungsbereich des LugÜ ist die Kollokationsklage im Konkursverfahren ausgenommen (Art. 1 Abs. 2 lit. b LugÜ), sodass Art. 250 SchKG direkt zur Anwendung kommt[1237]. Gleiches gilt im internationalen Verhältnis ausserhalb des Anwendungsbereichs der LugÜ, da das IPRG keine Zuständigkeiten für vollstreckungsrechtliche Verfahren vorsieht[1238].

3. Sachliche Zuständigkeit

Die sachliche Zuständigkeit für die Kollokationsklage richtet sich nach kantonalem Recht (Art. 3 f. ZPO). Im Kanton Zürich ist gemäss § 24 lit. b GOG ZH i.V.m. Art. 198 lit. e Ziff. 6 ZPO das Einzelgericht zuständig, und zwar unabhängig davon, ob der Kollokationsprozess im ordentlichen oder im vereinfachten Verfahren durchgeführt wird.

Die Zuständigkeit des Handelsgerichts hat das Bundesgericht für die betreibungsrechtlichen Klagen mit Reflexwirkung auf das materielle Recht, mithin auch für die Kollokationsklage, verneint[1239].

4. Einleitung Verfahren

Gemäss Art. 198 lit. e Ziff. 6 ZPO entfällt das Schlichtungsverfahren bei der Kollokationsklage. Entsprechend ist diese direkt beim örtlich und sachlich zuständigen Gericht anzuheben.

1236 BGE 71 III 192, E. 2.

1237 BGE 141 III 382, E. 3.4.

1238 Meier, IZPR, 180; Dolge, 44; vgl. BGE 135 III 127, E. 3.3.2: «Folglich gilt für den Kollokationsstreit wie für andere betreibungsrechtliche Zwischenstreitigkeiten in einem in der Schweiz durchgeführten Zwangsvollstreckungsverfahren, dass alle in dessen Verlauf auftauchenden, mit ihm zusammenhängenden Rechtsfragen im Streitfall ausschliesslich von den in der Schweiz örtlich zuständigen Behörden (Aufsichtsbehörden und Gerichte) zu beurteilen sind.»

1239 BGE 141 III 527, E. 2.3; BGE 140 III 355, E. 2.3.4.

5. Rechtsbegehren

Der Kläger kann weniger verlangen als in seiner Konkurseingabe. Demgegenüber darf er nicht mehr oder anderes verlangen[1240].

Möchte der Gläubiger den Kollokationsplan anfechten, da seine Forderung abgewiesen wurde, so kann das Rechtsbegehren wie folgt formuliert werden:

«Die im Konkurs der [X AG] mit Eingabe vom [...] angemeldete Forderung des Klägers sei in der Höhe von CHF [...] in der [...] Klasse zu kollozieren, unter Kosten- und Entschädigungsfolgen zulasten des Beklagten.»

Möchte der Gläubiger den Kollokationsplan anfechten, da seine Forderung teilweise abgewiesen oder nicht im beanspruchten Rang kolloziert wurde, so kann das Rechtsbegehren wie folgt formuliert werden:

«Die im Konkurs der [X AG] mit Verfügung der Konkursverwaltung vom [...] vorgenommene Kollokation des Klägers für die Forderung im Betrag von CHF [...]/ in der [dritten] Klasse sei aufzuheben, und es sei der Kläger für die Forderung im Betrag von CHF [...]/in der [ersten] Klasse zu kollozieren, unter Kosten- und Entschädigungsfolgen zulasten des Beklagten.»

Im Falle der Bestreitung von Bestand oder Höhe der Forderung eines Mitgläubigers kann das Rechtsbegehren wie folgt formuliert werden:

«Die im Konkurs der [X AG] mit Verfügung der Konkursverwaltung vom [...] vorgenommene Kollokation des Beklagten für die Forderung im Betrag von CHF [...] sei aufzuheben/sei im Betrag von CHF [...] aufzuheben/sei in der [ersten] Klasse aufzuheben und in der [dritten Klasse] vorzunehmen, unter Kosten- und Entschädigungsfolgen zulasten des Beklagten.»

6. Streitwert

Der Streitwert der Kollokationsklage bemisst sich nach Art. 91 ff. ZPO und besteht grundsätzlich im höchstens erzielbaren Prozessgewinn[1241]. In einem Prozess gegen die Masse entspricht er der Differenz zwischen der Konkursdividende des Klägers gemäss angefochtener Kollokation und derjenigen gemäss beanspruchter Kollokation[1242]. Im Wegweisungsprozess berechnet sich diese Differenz auf der Dividende, die dem Beklagten zufällt[1243]. Der Streitwert geht hier über den Prozessgewinn des Klägers hinaus und umfasst

1240 KUKO SchKG-Sprecher, Art. 250 N 34.
1241 BGE 140 III 65, E. 3.1 und 3.2; BGE 81 III 73, E. 2.
1242 BGE 5A_26/2016, E. 3.1; BGE 5A_630/2008, E. 1.2; BGE 135 III 127, E. 1.2; BGE 93 II 82, E. 1.
1243 BGE 114 III 114.

auch einen allfälligen Gewinn der Masse[1244]. Ist nur das Pfandrecht streitig, so besteht der Streitwert in der Differenz zwischen demjenigen Betrag, den der Kläger bei Anerkennung des Pfandrechts erhalten würde, und demjenigen, den er bei Ablehnung des Pfandrechts, mithin als «regulärer» Gläubiger der dritten (oder allenfalls einer privilegierten) Klasse erhalten würde[1245].

Die Berechnung der mutmasslichen Konkursdividende zur Bestimmung des Streitwertes erfolgt durch die Konkursverwaltung, welche hierfür die Aktiven gemäss Inventar den Passiven gemäss Kollokationsplan gegenüberstellt und das zu erwartende Resultat im Kollokationsplan angibt[1246]. Diese Schätzung ist für das mit der Kollokationsklage befasste Gericht verbindlich[1247].

Massgebender Zeitpunkt der Streitwertbestimmung ist derjenige der Klageeinleitung. Wertänderung der Aktiven der Konkursmasse (wie etwa Änderung des Kurses von Wertschriften oder des Verkehrswerts einer Liegenschaft etc.) im Laufe des Verfahrens sind – entgegen gewisser Lehrmeinungen – nicht zu berücksichtigen[1248].

Besteht trotz voraussichtlicher Null-Dividende ausnahmsweise ein Rechtsschutzinteresse an einer Kollokationsklage und liegt dieses im Erhalt eines Konkursverlustscheins, so ist nur ein minimaler Streitwert, entsprechend dem «eher symbolischen» Streitinteresse anzunehmen[1249]. Dasselbe gilt, wenn das Interesse an der Klage bei voraussichtlicher Null-Dividende im Verhindern von Schadenersatzklagen gegen die Organe der Gemeinschuldnerin besteht. Die in der Lehre teilweise vertretene Ansicht, dass für den Streitwert in letzterem Fall auf die eingeklagte, zu kollozierende Forderung abzustellen sei[1250], hat das Bundesgericht verworfen[1251].

7. Frist

Die Frist zur Einreichung der Kollokationsklage beträgt 20 Tage und beginnt grundsätzlich mit der Publikation der öffentlichen Auflage des Kollokations-

1244 BGE 5A_84/2012, E. 3.1.

1245 KUKO SchKG-Sprecher, Art. 250 N 31.

1246 BGE 5A_26/2016, E. 3.1; BGE 5A_84/2012, E. 3.2.

1247 BGE 138 III 675. Gegen die Schätzung ist lediglich eine Beschwerde nach Art. 17 SchKG möglich; BGE 5A_84/2012, E. 3.2.2.

1248 BGE 140 III 65, E. 3.2.1, 3.2.2 und 3.2.3.

1249 BGE 82 III 94, 96.

1250 Beschlüsse des OGer des Kantons Zürich, Verwaltungskommission, vom 21. Mai 2010 (VB090064/U und VB090065/U); vgl. auch BGE 5A_484/2010 und BGE 5A_485/2010, E. 4.2.4.

1251 BGE 5A_84/2012, E. 3.4.1, 3.4.2 und 3.5; BGE 5A_94/2014, E. 1.1.2.

planes im SHAB (Art. 249 Abs. 2 SchKG). Ist das Konkursamt (und damit der aufgelegene Kollokationsplan) an diesem Tag nicht der Öffentlichkeit zugänglich, so beginnt die Frist erst an dem der SHAB-Publikation folgenden Werktag[1252].

Es handelt sich bei der Frist zur Kollokationsklage um eine betreibungsrechtliche Verwirkungsfrist[1253], welche unter den strengen Voraussetzungen von Art. 33 Abs. 2 und 4 SchKG verlängerbar bzw. wiederherstellbar ist[1254]. Im Übrigen bestimmen sich Berechnung und Einhaltung der Frist nach Art. 142 ff. ZPO (Art. 31 SchKG). Die Vorschriften über die Betreibungsferien (Art. 56 und 63 SchKG) sind im Konkurs nicht anwendbar[1255]. Die Einhaltung der Frist stellt eine Prozessvoraussetzung dar und ist von Amtes wegen zu überprüfen.

Der Gläubiger, der fälschlicherweise nicht kolloziert wurde, dagegen Beschwerde erhob und sich der Konkurseingabe eines Dritten widersetzen möchte, muss die 20-tägige Kollokationsfrist auch dann einhalten, wenn über seine eigene Gläubigereigenschaft noch nicht entschieden wurde. Ansonsten geht er seines Klagerechts verlustig[1256].

Während der 20-tägigen Kollokationsfrist kann die Konkursverwaltung den Kollokationsplan auch von sich aus abändern. Dies gilt allerdings nur solange, als noch keine Kollokationsklage angehoben wurde (Art. 65 Abs. 1 KOV).

Erhebt kein Gläubiger Kollokationsklage (oder Beschwerde) innert Frist, so erwächst der Kollokationsplan in formelle Rechtskraft. Dessen Abänderung mittels Klage oder durch Korrektur seitens der Konkursverwaltung bzw. der Aufsichtsbehörde ist ausgeschlossen, es sei denn, es läge Nichtigkeit des Kollokationsplanes vor[1257].

1252 BGE 119 V 89, E. 4; KUKO SchKG-Sprecher, Art. 250 N 22.

1253 BGE 5C.279/2001, E. 3b.

1254 Amonn/Walther, § 11 N 11.

1255 BGE 96 III 74, E. 1; KUKO SchKG-Sprecher Art. 250 N 25; a.M. BSK SchKG EB-Bauer, Art. 250 ad N 45.

1256 BGE 5A_312/2009, E. 2.

1257 BGE 91 III 87, E. 3; BGE 112 III 31, E. 3.

8. Streitgenossenschaft

Fechten mehrere Gläubiger den Kollokationsplan im gleichen Punkt an, so bilden sie eine einfache Streitgenossenschaft[1258]. Leiten die Gläubiger unabhängig voneinander eine Kollokationklage ein, so kann das Gericht die Verfahren gemäss Art. 125 lit. c ZPO zur Vereinfachung des Prozesses zusammenfassen.

9. Streitverkündung und Intervention

Eine Streitverkündung ist nicht möglich: Ein für den Streitverkünder ungünstiges Urteil kann gegenüber dem Streitberufenen keine Wirkung entfalten, weil über materiell-rechtliche Fragen nur vorfrageweise entschieden wird.

Jeder zur Kollokation zugelassene Gläubiger ist auch als Nebenintervenient der Konkursmasse in einem gegen sie angehobenen Kollokationsprozess zuzulassen. Da das Urteil des Kollokationsprozesses Wirkung auf alle Gläubiger zeitigt, besteht ein rechtsgenügendes Interesse an der Nebenintervention (Art. 74 ZPO)[1259]. Obwohl der Schuldner zur Kollokationsklage weder aktiv- noch passivlegitimiert ist, besteht die Möglichkeit, dass er als Nebenintervenient im Kollokationsprozess gegen die Masse zugelassen wird[1260].

Eine Hauptintervention im Kollokationsprozess, mit welcher der Intervenient das Eigentumsrecht an der Streitsache, also einen Aussonderungsgrund geltend macht, ist unzulässig. Das Bundesgericht hat offengelassen, ob eine Hauptintervention in einem Kollokationsprozess nicht ohnehin grundsätzlich unzulässig ist[1261].

10. Beweislast

Beanstandet ein Gläubiger seine *eigene Kollokation,* so obliegt ihm gemäss der allgemeinen Beweislastregel von Art. 8 ZGB die Beweislast für Bestand und Höhe seiner Forderung bzw. den von ihm beanspruchten Rang[1262]. Er

1258 Zirkulationsbeschluss des Kassationsgerichts des Kantons Zürich vom 11. Mai 2007, Kass.-Nr. AA070041, 11; BSK ZPO-Ruggle, Art. 71 N 26.

1259 ZR 76 (1977) Nr. 6.

1260 Jaeger/Walder/Kull/Kottman, II, Art. 250 N 3; BSK SchKG II-Hierholzer, Art. 250 N 68. Demgegenüber besteht im Kollokationsprozess in der Spezialexekution keine Möglichkeit zur Nebenintervention des Schuldners: BSK SchKG I-Schöniger, Art. 148 N 24.

1261 BGE 48 III 163, E. 3.

1262 BGE 6A_93/2014, E. 4.1.3.

kann bei der Klagesubstanziierung neue und andere Tatsachen geltend machen als bei der Konkurseingabe[1263]. Die Masse kann gegen die Forderung des Klägers alle materiellen Einreden und Einwendungen erheben, welche dem Gemeinschuldner gegenüber dem Kläger zustehen[1264], [1265]. Daneben kann sie auch eigene Einreden, wie insbesondere die paulianischen Anfechtungstatbestände geltend machen[1266].

Bestreitet ein Gläubiger die *Kollokation eines Mitgläubigers,* so weicht die Beweislast von der Parteirollenverteilung ab. Es obliegt dem Beklagten, Bestand, Umfang und Rang seiner bestrittenen Forderung zu beweisen[1267]. Demgegenüber hat der Kläger gegen die Kollokation der bestrittenen Forderung Einreden und Einwendungen zu erheben, mithin Gründe für die Nichtberücksichtigung der Forderung im Vollstreckungsverfahren darzutun. Dem Kläger stehen dabei alle Einreden zu, die dem Schuldner bzw. der Masse zustehen[1268]. Er kann insbesondere auch die paulianischen Anfechtungstatbestände einredeweise geltend machen. Einreden aus persönlichen Streitigkeiten zwischen Kläger und Beklagtem kann der Kläger demgegenüber nicht erheben[1269]. Sowohl Kläger als auch Beklagter können andere Tatsachen, Beweismittel und Rechtsgründe als diejenigen der Konkursverwaltung geltend machen[1270].

11. Beweismass

Es braucht den vollen Beweis; Glaubhaftmachung genügt nicht.

12. Beweismittel

Es sind sämtliche Beweismittel gemäss Art. 168 ff. ZPO zulässig.

1263 BGE 82 III 94.

1264 BGE 5C.206/2002, E. 2.1.

1265 Zu den Besonderheiten der Verrechnungseinrede vgl. BSK SchKG II-Hierholzer, Art. 250 N 63.

1266 BGE 5A_397/2013 und 5A_398/2013, E. 4.3; BGE 114 III 110, E. 2; BGE 95 III 47; BSK SchKG II-Hierholzer, Art. 250 N 62.

1267 BGE 5A_734/2010, E. 4.1.1; ZR 60 (1961) Nr. 96.

1268 BGE 5C.279/2002, E. 2.3; Jaeger/Walder/Kull/Kottmann, II, Art. 250 N 9.

1269 BSK SchKG II-Hierholzer, Art. 250 N 62.

1270 KUKO SchKG-Sprecher, Art. 250 N 37.

13. Urteil

Das Urteil des Kollokationsprozesses hält verbindlich fest, ob, in welchem Umfang und in welchem Rang die Forderung des Klägers (Art. 250 Abs. 1 SchKG) bzw. des Beklagten (Art. 250 Abs. 2 SchKG) zu kollozieren und zu befriedigen ist[1271]. Bestand und Höhe der Forderung wird demgegenüber nur vorfrageweise geprüft und erscheint auch nicht im Urteilsdispositiv. Der Entscheid des Gerichts erwächst entsprechend nicht in materielle Rechtskraft und wirkt nur in der hängigen Zwangsvollstreckung[1272]. Der mit einer Kollokationsklage gegen die Masse unterlegene Gläubiger kann seine Forderung demnach später gegen den Schuldner persönlich einklagen[1273]. Ausgeschlossen ist immerhin, dass ein Gläubiger, welcher auf eine Kollokationsklage gegen einen zu Unrecht kollozierten Mitgläubiger verzichtet hat oder im Kollokationsprozess unterlegen ist, im Anschluss daran eine Bereicherungsklage gegen den betreffenden Mitgläubiger anhebt[1274]. Umstritten ist, ob der Gemeinschuldner gegen einen Konkursgläubiger nach Ende des Konkursverfahrens eine Rückforderungsklage gemäss Art. 86 SchKG anheben und die angeblich zu Unrecht ausbezahlte Konkursdividende zurückfordern kann[1275].

Der gegen einen Mitgläubiger obsiegende Kläger hat Anspruch auf volle Befriedigung seiner Forderung samt Zins und Betreibungskosten. Ein Überschuss aus dem Prozessgewinn kommt – anders als in der Spezialexekution – den weiteren Gläubigern zu und wird nach dem berichtigten Kollokationsplan verteilt (Art. 250 Abs. 2 SchKG). Haben mehrere Gläubiger erfolgreich gegen einen Mitgläubiger geklagt, so wird ihnen der Prozessgewinn nach dem Rang ihrer Forderung zugewiesen[1276].

Eine eigentliche Vollstreckung eines gutheissenden Urteils ist nicht nötig. Diese erfolgt durch die ans Urteil gebundenen Konkursbehörden mittels

1271 BSK SchKG II-Hierholzer, Art. 250 N 3; BGE BGE 5A_709/2015, E. 4.1.2.

1272 BGE 5D_13/2013, E. 3.1; BGE 5A_491/2013, E. 3.5.1; BGE 119 III 124; BSK SchKG II-Hierholzer, Art. 250 N 3; a.M. etwa Spichty, 146 ff., wonach das Urteil auch in späteren Betreibungsverfahren Rechtskraft entfaltet.

1273 BSK SchKG II-Hierholzer, Art. 250 N 4.

1274 Jaeger/Walder/Kull/Kottmann, II, Art. 250 N 4; BSK SchKG II-Hierholzer, Art. 250 N 4.

1275 Verneinend und m.w.H. BSK SchKG II-Hierholzer, Art. 250 N 4 und Jaeger/Walder/Kull/Kottmann, II, Art. 250 N 4.

1276 Vgl. für die Kollokationsklage in der Spezialexekution KUKO SchKG-Sprecher, Art. 148 N 30.

Anpassung des Kollokationsplans. Verzichten diese auf die Korrektur, so ist Aufsichtsbeschwerde i.S.v. Art. 17 ff. SchKG zu erheben[1277].

14. Klageanerkennung, Klagerückzug, Vergleich, Gegenstandslosigkeit

Der Kollokationsprozess unterliegt der Dispositionsmaxime, sodass eine Prozessbeendigung durch Klageanerkennung, Rückzug oder Vergleich ohne Weiteres möglich ist.

Eine Einschränkung gilt für die Konkursverwaltung nach Art. 66 KOV: Will sie in dem gegen sie geführten Kollokationsstreit das geltend gemachte Rechtsbegehren nachträglich ganz oder zum Teil anerkennen, so kann diese Anerkennung nur unter Vorbehalt der Rechte der Konkursgläubiger erfolgen, die Zulassung der Forderung oder den ihr neu zugewiesenen Rang ihrerseits noch gemäss Art. 250 SchKG zu bestreiten. Gegen den durch die Anerkennung seitens der Konkursverwaltung abgeänderten Kollokationsplan können die Gläubiger ihrerseits also nochmals Kollokationsklage erheben[1278]. Zu diesem Zwecke hat die Konkursverwaltung die sich aus ihrer nachträglichen Anerkennung ergebende Abänderung des ursprünglich aufgelegten Kollokationsplanes neu aufzulegen und zu publizieren.

Die Regelung von Art. 66 KOV gilt auch für den Fall, dass die Konkursverwaltung mit dem klagenden Gläubiger einen Vergleich schliesst[1279]. Anstelle des Vorbehalts einer allfälligen erneuten Kollokationsklage durch die Gläubiger kann sich die Konkursverwaltung auch die Genehmigung des Vergleichs durch die zweite Gläubigerversammlung vorbehalten. Dies muss im Vergleich ausdrücklich festgehalten werden[1280]. Ist ein Gläubigerausschuss gewählt worden, so behält Art. 66 Abs. 3 KOV auch die dem Gläubigerausschuss allfällig übertragene Kompetenz zum Abschluss oder zur Genehmigung von Vergleichen gemäss Art. 237 Abs. 3 Ziff. 3 SchKG ausdrücklich vor. In diesen Fällen hat keine Neuauflage und Publikation des durch den Vergleich abgeänderten Kollokationsplanes stattzufinden.

1277 BSK SchKG II-Hierholzer, Art. 250 N 69 und 90.

1278 Demgegenüber steht es den Gläubigern nicht zu, anstelle der Konkursverwaltung in den Kollokationsprozess nach Art. 260 SchKG einzutreten.

1279 BGE 78 III 133, E. 2. Zu Gesamtvergleichen der Konkursverwaltung mit verschiedenen Gläubigern, welche z.B. auch Aussonderungsfragen zum Gegenstand haben, und zu deren Verhältnis zu Art. 260 SchKG, vgl. BSK SchKG II-Hierholzer, Art. 250 N 75 f.

1280 BGE 107 III 136.

Der Kollokationsprozess setzt voraus, dass die Aktiven nicht ausreichen, um alle Gläubiger voll zu befriedigen. Stellt sich heraus, dass die Aktiven für die Befriedigung aller Forderungen ausreichen, so wird der Prozess als gegenstandslos geworden abgeschrieben[1281].

15. Verfahrenskosten

Von der ordentlichen Regelung der Kostentragung kann abgewichen werden, wenn die Forderung im Kollokationsplan abgewiesen worden ist, weil der im Kollokationsprozess obsiegende Gläubiger sie damals nicht hinreichend belegt hat[1282].

Besondere Erwähnung verdient sodann, dass die Konkursmasse keinen Anspruch auf unentgeltliche Prozessführung hat[1283]. Gerichtskosten und Parteientschädigungen, die der unterliegenden Konkursmasse auferlegt werden, sind Masseverbindlichkeiten[1284].

16. Rechtsmittel

Der erstinstanzliche Entscheid über die Kollokationsklage ist bei einem Streitwert von mindestens CHF 10 000 mit Berufung (Art. 308 Abs. 2 ZPO), bei einem tieferen Streitwert mit Beschwerde (Art. 319 ZPO) an die kantonale Rechtsmittelinstanz weiterzuziehen. Als solche amtet im Kanton Zürich das Obergericht (§ 48 GOG ZH).

Grundsätzlich unterliegt das Kollokationsurteil bei Vorliegen eines Revisionsgrunds auch der Revision nach Art. 328 ff. ZPO. Hat die Verteilung allerdings bereits stattgefunden, so ist eine Revision ausgeschlossen[1285].

Gegen Entscheide letzter kantonaler Instanzen ist bei einem Streitwert von mindestens CHF 30 000 (Art. 74 Abs. 1 lit. b BGG) oder bei Rechtsfragen von grundsätzlicher Bedeutung (Art. 74 Abs. 2 lit. a BGG) die Beschwerde in Zivilsachen (Art. 72 ff. BGG) zulässig. Die Kollokation von Ansprüchen aus Arbeitsrecht wird als betreibungs- und nicht als arbeitsrechtliche Angelegenheit behandelt, weshalb die Streitwertgrenze auch hier CHF 30 000

1281 BSK SchKG EB-Bauer, Art. 250 ad N 31.
1282 BGE 68 III 136.
1283 BGE 61 III 170.
1284 BGE 62 III 33.
1285 BGE 7B.38/2003, E. 5.1.

beträgt[1286]. In den übrigen Fällen ist die subsidiäre Verfassungsbeschwerde i.S.v. Art. 113 ff. BGG zu ergreifen, wobei sich die Prüfung des Entscheides hier auf Willkür (Art. 9 BV) beschränkt. Handelt es sich um eine Forderung, welche ihren Grund im öffentlichen Recht hat, so kommt die Beschwerde in öffentlich-rechtlichen Angelegenheiten zur Anwendung[1287].

1286 BGE 5A_629/2008, E. 1.2, in welchem es allerdings um eine Kollokationsklage im Nachlassvertrag mit Vermögensabtretung geht (Art. 321 Abs. 1 SchKG i.V.m. Art. 250 Abs. 1 SchKG).
1287 BGE 9C_526/2010, E. 1.2.

6. Kapitel

Klagen im Arrestverfahren

§ 29 Gesuch um Arrestbewilligung (Art. 272 SchKG)

Literatur: BOLLER URS, Neuere Rechtsprechung im Arrestrecht, AJP 2015, 1282–1300; BREITSCHMID PETER, Übersicht zur Arrestbewilligungspraxis nach revidiertem SchKG, Anhand von Entscheiden des Zürcher Obergerichts, AJP 1999, 1007–1029; LAZOPOULOS MICHAEL, Arrestrecht – die wesentlichen Änderungen im Zusammenhang mit dem revidierten LugÜ und der Schweizerischen ZPO, AJP 2011, 608–618; MEIER-DIETERLE FELIX C., Formelles Arrestrecht – eine Checkliste, AJP 2002, 1224–1237 (zit. AJP 2002); DERS., Arrestpraxis ab 1. Januar 2011, AJP 2010, 1211–1227 (zit. AJP 2010); MEIER-DIETERLE FELIX C./CRESTANI REMO, Die schweizweite Zuständigkeit im Arrestvollzug, AJP 2015, 1122–1128; NAEGELI GEORG, Und nochmals zum neuen Arrestgrund des definitiven Rechtsöffnungstitels: Klärende Worte des Bundesgerichts, in: Jusletter 22. April 2013; REISER HANS, Überblick über die Arrestrevision 2009, SJZ 106 (2010) 333–337; DERS., Arrest in Theorie und Praxis, BlSchK 2015 169 ff. (zit. REISER, BlSchK); REISER HANS/JENT-SØRENSEN INGRID, Exequatur und Arrest im Zusammenhang mit dem revidierten Lugano-Übereinkommen, SJZ 107 (2011) 453–459; RODRIGUEZ RODRIGO, Sicherung und Vollstreckung nach revidiertem Lugano-Übereinkommen, AJP 2009, 1550–1562; ROTH JÜRG, Vorläufige Vollstreckbarkeit und Vollstreckung, Ab wann und unter welchen Voraussetzungen sind Vollstreckungsmassnahmen in das Vermögen des Schuldners möglich?, AJP 2011, 771–787; SOGO MIGUEL, Prüfung der internationalen Vollstreckbarkeit im definitiven Rechtsöffnungsverfahren oder im separaten Exequaturverfahren?, ZZZ 2008/2009, 29 ff.; STAEHELIN DANIEL, Neues Arrestrecht ab 2011, in: Jusletter 11. Oktober 2010; STOFFEL WALTER, Das neue Arrestrecht, AJP 1996, 1400–1415 (zit. AJP 1996); DERS., Das neue Arrestrecht im Zuge der LugÜ-Revision, in: KREN KOSTKIEWIC JOLANTA/MARKUS ALEXANDER/RODRIGUEZ RODRIGO (Hrsg.), Internationaler Zivilprozess, Bern 2010.

I. Materielles

1. Allgemeines

Auf Antrag eines Gläubigers können bestimmte Vermögenswerte des Schuldners im Hinblick auf eine spätere Zwangsvollstreckung provisorisch mit betreibungsrechtlichem Beschlag (Arrest) belegt werden[1288]. Der Arrest hat reine Sicherungsfunktion und verleiht dem Gläubiger keinerlei Vorrecht auf die verarrestierten Vermögenswerte des Schuldners[1289].

1288 MEIER-DIETERLE, AJP 2002, 1224.
1289 AMONN/WALTHER, § 51 N 2.

Der Arrestbeschlag setzt materiell-rechtlich dreierlei voraus:

- Bestand einer auf Geldzahlung oder Sicherheitsleistung gerichteten *Forderung* des Arrestgläubigers gegen den Arrestschuldner (Art. 272 Abs. 1 Ziff. 1 SchKG). Die Forderung muss – mit Ausnahme der in Art. 271 Abs. 2 SchKG genannten Fälle – fällig sein[1290]. Sie darf nicht pfandgesichert (Art. 271 Abs. 1 SchKG) und im Falle zweiseitiger Verträge nicht mit den Einreden der nicht erfüllten Gegenleistung (Art. 82 OR) oder der Zahlungsunfähigkeit (Art. 83 OR) belastet sein[1291]. Ob ein Pfandrecht besteht, beurteilt sich nach den Verhältnissen zum Zeitpunkt des Arrestvollzuges[1292]. Auch wenn der Begriff der «Pfandsicherung» weit auszulegen ist, gilt eine vorläufige Eintragung eines Bauhandwerkerpfandrechts nach korrekter Auffassung des Zürcher Obergerichts nicht als Pfanddeckung gemäss Art. 271 Abs. 1 SchKG und steht dem Arrest entsprechend nicht entgegen[1293]. Ebenso wenig stehen ein bereits gelegter Arrest sowie eine frühere Pfändung gemäss Art. 91 SchKG einer erneuten Arrestlegung für dieselbe Forderung entgegen[1294]. Für Nachlassforderungen ist der Arrest während der Nachlassstundung ausgeschlossen (Art. 297 Abs. 3 SchKG). Untersteht die Arrestforderung ausländischem Recht, so ist es gemäss Rechtsprechung des Bundesgerichts zumindest nicht willkürlich, wenn der Arrestrichter angesichts der Dringlichkeit darauf verzichtet, den Inhalt des ausländischen Rechts festzustellen und stattdessen direkt Schweizer Recht anwendet. Entscheidet sich der Arrestrichter aber für die Anwendung des ausländischen Rechts, so ist er anders als der Sachrichter zumindest nicht gehalten, jedes erdenkliche Mittel zur Feststellung des Inhalts des ausländischen Rechts auszuschöpfen[1295]. Forderungen in ausländischer Währung sind in Schweizer Franken umzurechnen[1296].
- Bestand eines *Arrestgrundes* (Art. 272 Abs. 1 Ziff. 2 SchKG). Neben den in Art. 271 SchKG genannten Arrestgründen kennt das Verwaltungsrecht des Bundes weitere Arrestgründe in diversen Abgabegesetzen. Ruft ein Arrestgläubiger einen unzutreffenden Arrestgrund an, so haben die Gerichte – gemäss Zürcher Rechtsprechung – unter Umständen von Amtes wegen zu prüfen, ob ein anderer Arrestgrund vorliegt[1297].
- Bestand von *Vermögenswerten,* welche dem Schuldner gehören (Art. 272 Abs. 1 Ziff. 3 SchKG). Was offensichtlich einem Dritten gehört, darf nicht mit Arrest belegt werden. Dies gilt auch dann, wenn der Gläubiger behauptet, das Eigentum des Dritten sei lediglich fiduziarischer Natur und die Vermögenswerte stünden

1290 Siehe BGE 5A_954/2015, zur Fälligkeit und zu künftigen Unterhaltsbeiträgen als Arrestforderung.

1291 BSK SchKG II-Stoffel, Art. 271 N 34.

1292 BSK SchKG EB-Bauer, Art 271 ad N 37 u. 39.

1293 Urteil des Obergerichts des Kantons Zürich vom 6. Oktober 2016 (Geschäftsnr. PS 160 176).

1294 BGE 5A_925/2012 BGE 5A_15/2013, E. 6.2.

1295 BGE 5A_60/2013, E. 3.2.1.2.

1296 Zum Umrechnungskurs: BGE 137 III 623.

1297 ZR 114 (2015) Nr. 79.

wirtschaftlich gesehen dem Arrestschuldner zu[1298]. Solche rechtlich im Eigentum eines Dritten stehende Vermögenswerte können nur verarrestiert werden, wenn ein Strohmannverhältnis oder die Voraussetzungen für einen Durchgriff glaubhaft gemacht werden, d.h., wenn dem Arrestschuldner ein rechtsmissbräuchliches Verhalten vorzuwerfen ist[1299]. Werden an den verarrestierten Gegenständen Ansprüche Dritter behauptet, so ist das Widerspruchsverfahren einzuleiten[1300]. Die Vermögenswerte müssen pfändbar sein (Art. 275 SchKG i.V.m. Art. 92 ff. SchKG) und sich grundsätzlich dauernd oder für einige Zeit in der Schweiz befinden. Sog. Taschenarreste sind nur beim Arrestgrund von Art. 271 Ziff. 3 SchKG zulässig[1301]. Als verarrestierbare Vermögenswerte gelten auch obligatorische Rechte des Schuldners und – gemäss Bundesgericht – grundsätzlich auch künftige sowie suspensiv bedingte Forderungen, nicht aber blosse Hoffnungen oder Anwartschaften[1302]. Die Forderung muss in dem Zeitpunkt verwertbar sein, in dem der prosequierende Gläubiger das Fortsetzungsbegehren stellt[1303]. Ein Patent kann nach Ablauf seiner Schutzdauer nicht mehr als Vermögensbestandteil des Schuldners qualifizieren[1304].

Als weitere Voraussetzung für die Arrestlegung kann der Richter den Arrestgläubiger zur *Sicherheitsleistung* (Arrestkaution) verpflichten (Art. 273 Abs. 1 Satz 2 SchKG).

Der Arrest kann bei Vorliegen eines *Gefährdungstatbestandes* als vorsorgliche Sicherungsmassnahme bereits vor Erwirken eines vollstreckbaren Urteils eingesetzt werden. Es handelt sich bei den klassischen Gefährdungstatbeständen um die Arrestgründe gemäss Art. 271 Abs. 1 Ziff. 1–5 SchKG. Danach besteht ein Arrestgrund in den folgenden Fällen:

- Der Schuldner hat weder in der Schweiz noch im Ausland einen festen Wohnsitz (Ziff. 1). Ausschlaggebend für den Wohnsitz ist der äusserlich sichtbare, objektive Umstand des Aufenthaltes am Ort und das subjektive Element der Absicht des dauernden Verbleibens (Art. 23 Abs. 1 ZGB)[1305];
- der Schuldner schafft Vermögensgegenstände beiseite in der Absicht, sich der Erfüllung seiner Verbindlichkeiten zu entziehen, macht sich flüchtig oder trifft

1298 BGE 5A_629/2011, E. 3 und 5.1; BGE 106 III 86.

1299 BGE 5A_629/2011, E. 3 und 5.1; BGE 5A_739/2012, E. 7.2.1; BGE 5A_925/2012.

1300 BGE 104 III 43, BGE 104 III 55.

1301 BGE 112 III 47.

1302 BGE 5A_328/2013.

1303 BGE 5A_328/2013, E. 5.4.

1304 BGE 142 III 348, E. 3.3 und 3.4.

1305 Die Absicht eines Ausländers, vorläufig am Ort zu bleiben, aber gelegentlich wieder wegzureisen, genügt. Vgl. zum Ganzen BSK SchKG II-Stoffel, Art. 271 N 62; siehe auch BGE 5A_538/2013, E. 3.4.

Anstalten zur Flucht (Ziff. 2)[1306]. Unter den Begriff «Beiseiteschaffen» fallen das Verstecken, Wegbringen, Weggeben, das Veräussern oder Belasten sowie das Zerstören und Beschädigen von Vermögensgegenständen[1307]. Die Umstände müssen indizieren, dass sich der Schuldner der Erfüllung seiner Verbindlichkeiten zu entziehen versucht, was z.B. dann nicht der Fall ist, wenn der Schuldner bekannt gibt, sein Haus zu verkaufen und wegzuziehen[1308];

- der Schuldner ist auf der Durchreise begriffen oder gehört zu den Personen, welche Messen und Märkte besuchen. Dieser Arrestgrund besteht nur für Forderungen, die ihrer Natur nach sofort zu erfüllen sind («Taschenarrest», Ziff. 3). Zu denken ist etwa an Rechnungen für Unterkunft, Fahrzeugreparaturen oder Barkäufe von Touristen, Marktfahrern, Schiess- und Schaubudenbesitzern oder fahrenden Kaufleuten[1309];
- der Schuldner wohnt nicht in der Schweiz, es ist kein anderer Arrestgrund gegeben, die Forderung weist aber einen genügenden Bezug zur Schweiz auf oder beruht auf einer Schuldanerkennung i.S.v. 82 Abs. 1 SchKG («Ausländerarrest», Ziff. 4). Voraussetzung ist gemäss herrschender Lehre grundsätzlich zunächst, dass für den Schuldner in der Schweiz kein Betreibungsort besteht[1310]. Allerdings hat das Obergericht des Kantons Zürich den Ausländerarrest trotz der Vereinbarung eines Spezialdomizils in der Schweiz im Sinn von Art. 50 Abs. 2 SchKG als zulässig erklärt, was das Bundesgericht zumindest als nicht willkürlich betrachtete[1311]. Massgebender Zeitpunkt für die Frage, ob der Schuldner in der Schweiz wohnt, ist derjenige der Einreichung des Arrestbegehrens[1312]. Weitere Voraussetzung ist, dass die Forderung durch eine erhöhte Titelqualität (provisorischer Rechtsöffnungstitel[1313]) nachgewiesen werden kann oder ein hinreichender Bezug zur Schweiz besteht (z.B. Vertragsabschluss oder Erfüllungsort in der Schweiz[1314], Prorogation eines schweizerischen Gerichtes[1315], Gläubigerdomizil in der Schweiz[1316], Handlungs- oder Erfolgsort in der Schweiz[1317], Rechtswahl des Schweizerischen Rechts, Arbeitsort in der Schweiz[1318], Konto des Schuldners in der Schweiz[1319]);

1306 Vgl. dazu BGE 5P.347/2006; BGE 5P.177/2006.
1307 BSK SchKG II-Stoffel, Art. 271 N 69.
1308 BGE 5A_818/2013, E. 3.2.
1309 Amonn/Walther, § 51 N 15; BGE 112 III 51.
1310 KUKO SchKG-Meier-Dieterle, Art. 271 N 9.
1311 BGE 5A_622/2012.
1312 BGE 5A_870/2010, E. 3.1 und 6.
1313 Die Schuldanerkennung i.S.v. Art. 82 SchKG muss für die Arrestlegung nicht unterschriftlich bekräftigt sein; vgl. BGE 5A_501/2010, E. 2.3.3.
1314 BGE 5A_261/2009, E. 4.3.
1315 BGE 106 Ia 148.
1316 BGE 5A_501/2010, E. 2.3.2.
1317 BGE 5A_873/2010, E. 4.1.2; BGE 5A_60/2013, E. 4.2.2.2.
1318 Vgl. zum Ganzen BSK SchKG II-Stoffel, Art. 271 N 92.
1319 Urteil des Obergerichts des Kantons Zürich vom 31. März 2016 (Geschäftsnr. PS 160037); differenzierend betreffend Vermögensstücke in der Schweiz aber BGE 5A_60/2013, E. 4.2.2.2 und BGE 5A_222/2012, E. 4.1.2.

- der Gläubiger besitzt gegen den Schuldner einen provisorischen oder einen definitiven Verlustschein (Ziff. 5). Ein Pfandausfallschein gemäss Art. 158 SchKG genügt nicht. Sofern ein ausländischer «Verlustschein» dem schweizerischen entspricht, kann praxisgemäss auch dieser als Arrestgrund angerufen werden[1320]. Beim Konkursverlustschein können nur Vermögensgegenstände verarrestiert werden, die neues Vermögen i.S.v. Art. 265 Abs. 2 SchKG bilden[1321].

Beim *Arrestgrund des Vorliegens eines definitiven Rechtsöffnungstitels* gemäss Art. 271 Abs. 1 Ziff. 6 SchKG sind – anders als bei den Arrestgründen von Art. 271 Abs. 1 Ziff. 1–5 SchKG – *weder ein* Gefährdungstatbestand noch eine zeitliche Dringlichkeit erforderlich[1322]. Demgegenüber hat der Gläubiger auch hier glaubhaft zu machen, dass Vermögenswerte vorhanden sind, die dem Schuldner gehören, und wo sich diese befinden. Das Auferlegen einer Kaution gemäss Art. 273 SchKG ist bei diesem Arrestgrund ausgeschlossen[1323].

Zum Arrest berechtigen im Rahmen von Art. 271 Abs. 1 Ziff. 6 SchKG als definitive Rechtsöffnungstitel sowohl *schweizerische als auch ausländische* staatliche Urteile, Schiedssprüche und öffentliche Urkunden. Nicht massgebend ist, ob die ausländischen Entscheide aufgrund des LugÜ ergangen sind oder aus einen Nicht-LugÜ-Staat stammen[1324].

Als definitive Rechtsöffnungstitel und damit als Arrestgrund im Sinne von Art. 271 Abs. 1 Ziff. 6 SchKG gelten nur vollstreckbare Entscheide. Vollstreckbarkeit liegt vor, wenn der Entscheid rechtskräftig ist und das Gericht die Vollstreckung nicht aufgehoben hat oder wenn die vorzeitige Vollstreckung bei einem noch nicht rechtskräftigen Entscheid bewilligt wurde (Art. 336 ZPO). Wird demgemäss ein Obergerichtsurteil als Arrestgrund verwendet und einem gegen das Urteil erhobenen Rechtsmittel vom Bundesgericht aufschiebende Wirkung erteilt, so muss dies gemäss Obergericht des Kantons Zürich zur Aufhebung des Arrestes führen[1325].

Bei den *Nicht-LugÜ-Urteilen sowie den altrechtlichen LugÜ-Urteilen (ergangen vor dem 1.1.2011)* kann der Arrestrichter aufgrund einer summarischen rechtlichen Würdigung und auf der Grundlage der glaubhaft gemachten Tatsachen vorfrageweise die Vollstreckbarkeit des Titels prüfen (z.B. nach

1320 Urteil des Obergerichts des Kantons Zürich vom 11. Mai 2015 (Geschäftsnr. PS 150042), E. 3.
1321 BSK SchKG II-Stoffel, Art. 271 N 97 mit Hinweis auf BGE 109 III 93 und BGE 65 III 22.
1322 Reiser, 334; Lazopoulos, 609 f.
1323 BBl 2009 1816.
1324 BGE 139 III 135.
1325 Urteil des Obergerichts Zürich vom 19. Dezember 2013 (Geschäftsnr. PS 130129), E. 5b.

Art. 25 ff. IPRG oder – bei Schiedsurteilen – nach Art. V NYÜ); ein vorgängiges Exequatur ist nicht erforderlich. Anderes gilt gemäss Bundesgericht bei den *neurechtlichen LugÜ-Urteilen,* wo das entsprechende Urteil gemäss Art. 271 Abs. 3 SchKG vorgängig zwingend für vollstreckbar erklärt werden muss, damit gestützt darauf ein Arrest bewilligt werden kann[1326]. Bei Vorliegen eines solchen Urteils hat der Richter das Arrestbewilligungsverfahren daher mit einem Vollstreckbarkeitsverfahren zu kombinieren (Art. 271 Abs. 3 SchKG)[1327]. Die Pflicht zum Entscheid über die Vollstreckbarkeit gilt gemäss Botschaft selbst ohne entsprechenden Antrag des Gläubigers[1328], was von der Lehre teilweise kritisiert wird[1329]. Das Bundesgericht hat diese Frage bis anhin nicht geklärt. Demgegenüber entschied das Obergericht des Kantons Zürich, dass es zwingend eines Exequaturantrags des Gläubigers bedürfe, ansonsten dem Arrestbegehren nicht stattgegeben werden könne[1330]. Selbst wenn zwar ein Exequaturantrag gestellt werde, die hierfür erforderlichen Dokumente aber nicht beigebracht würden, ergehe ein Nichteintretensentscheid ohne Rechtskraftwirkung[1331]. Die Rechtsprechung des Bundesgerichts, wonach es bei neurechtlichen LugÜ-Urteilen zwingend einer vorgängigen Vollstreckbarkeitserklärung bedarf, überzeugt nach der hier vertretenen Auffassung nicht und führt zu einer ungerechtfertigten Schlechterstellung eines «neurechtlichen LugÜ-Gesuchstellers» gegenüber Gesuchstellern, welche im Besitz eines Nicht-LugÜ-Urteils oder eines altrechtlichen LugÜ-Urteils sind. Wie das Bezirksgericht Zürich zu Recht ausführt, sollte Art. 271 Abs. 3 SchKG nicht als Aufforderung zu einer zwingenden Vollstreckbarerklärung, sondern vielmehr als blosse Zuständigkeitsvorschrift verstanden werden[1332].

Neben der Vollstreckbarkeit ist selbstredend vorausgesetzt, dass der Rechtsöffnungstitel den Schuldner zur Zahlung einer Geldsumme oder zur Leistung von Sicherheiten verpflichtet. Das Obergericht des Kantons Zürich hat entsprechend festgehalten, dass ein Entscheid, mit welchem provisorische

---

1326 BGE 139 III 135, E. 4.5.2; Boller, 1290 f.; Naegeli, Rz. 6 und 18; a.M.: Bezirksgericht Zürich, Urteil vom 12. Februar 2015, wonach Art. 271 Abs. 3 SchKG nur eine Zuständigkeitsnorm darstelle und ein Arrestgesuch gestützt auf ein neurechtliches LugÜ-Urteil entsprechend auch ohne ausdrücklichen Antrag auf Vollstreckbarerklärung bewilligt werden sollte (ZR 114 2015 Nr. 79).

1327 BSK SchKG II-Stoffel, Art. 271 N 105.

1328 BBl 2009 1821; Lazopoulos, 616.

1329 BSK LugÜ-Hofmann/Kunz, Art. 47 N 63; Reiser/Jent-Sørensen, 454 f.

1330 Urteil des Obergerichts Zürich vom 18. Dezember 2014 (Geschäftsnr. PS 140 239), E. 4.3.

1331 Urteil des Obergerichts Zürich vom 18. Dezember 2014 (Geschäftsnr. PS 140 239), E. 4.5; vgl. auch Reiser/Jent-Sørensen, 455.

1332 ZR 114 2015 Nr. 79.

Rechtsöffnung erteilt wurde, nicht als definitiver Rechtsöffnungstitel und als Arrestgrund gelten kann, da der Rechtsöffnungsentscheid den Schuldner gerade nicht zur Zahlung einer Geldsumme oder zur Leistung von Sicherheiten verpflichtet[1333]. Demgegenüber bildet der Kostenentscheid in einem bundesgerichtlichen Urteil einen definitiven Rechtsöffnungstitel, auch wenn in der Sache selbst eine Rückweisung an die Vorinstanz erfolgt[1334]. Für weitere Ausführungen zum definitiven Rechtsöffnungstitel sei auf die Ausführungen zum Rechtsöffnungsbegehren verwiesen.

Unklar ist bis anhin schliesslich die Frage, ob sich ein Gläubiger, der im Besitz eines vollstreckbaren Urteils ist, alternativ auf Art. 271 Abs. 1 Ziff. 4 SchKG berufen kann, wenn der Schuldner keinen Wohnsitz in der Schweiz hat. Gerade in Konstellationen, in denen der über ein neurechtliches LugÜ-Urteil verfügende Gläubiger kein vorgängiges Exequatur erwirken will oder keinen diesbezüglichen Antrag stellt, oder wenn die Exequaturvoraussetzungen nicht gegeben sind, fragt sich, ob der Arrest nicht wenigstens gestützt auf Art. 271 Abs. 1 Ziff. 4 SchKG bewilligt werden kann[1335]. Das Bundesgericht scheint dies eher zu verneinen[1336]. Auch gemäss Bezirksgericht des Kantons Zürich kann sich derjenige, der über einen definitiven Rechtsöffnungstitel verfügt, nicht auf den Arrestgrund von Art. 271 Abs. 1 Ziff. 4 SchKG berufen[1337]. Eine andere Auffassung vertritt das Obergericht des Kantons Zürich. Gemäss dessen Praxis ist der Ausländerarrest gemäss Art. 271 Abs. 1 Ziff. 4 SchKG bei Vorliegen eines vollstreckbaren gerichtlichen Urteils zulässig, und zwar unabhängig davon, ob es sich um ein LugÜ- oder um ein anderes Urteil handelt[1338]. Stützt sich der Gläubiger nach dieser Praxis auf den Arrestgrund von Art. 271 Abs. 1 Ziff. 4 SchKG, so hat er die Anerkennungsfähigkeit des Entscheids lediglich glaubhaft zu machen[1339].

2. Rechtsnatur

Beim Arrestbewilligungsgesuch handelt es sich um ein rein vollstreckungsrechtliches Begehren.

1333 Urteil des Obergerichts Zürich vom 19. Juni 2013 (Geschäftsnr. PS 130094), E. 3.4.
1334 BGE 5A_886/2012, E. 4.1 und 5.1.
1335 Boller, 1291 f.
1336 BGE 5A_335/2012.
1337 ZR 114 (2015) Nr. 79.
1338 Urteil des Obergerichts Zürich vom 18. Dezember 2014 (Geschäftsnr. PS 140239), E. 5.2.
1339 Urteil des Obergerichts Zürich vom 20. April 2012 (Geschäftsnr. PS 120035), E. 4.4.2.

Der Arrest stellt die einzig zulässige superprovisorische Massnahme zur Vollstreckung von Geldforderungen dar[1340]; einstweilige Verfügungen des Prozessrechts nach Art. 265 ZPO sind zu diesem Zwecke ausgeschlossen[1341]. Auch die von Art. 47 Ziff. 2 LugÜ vorgesehenen Sicherungsmassnahmen werden durch den Arrest umgesetzt.

3. Aktiv- und Passivlegitimation

Aktivlegitimiert ist jeder Gläubiger einer Forderung auf Geldleistung. Passivlegitimiert ist der Schuldner.

Eine ausländische Konkursverwaltung ist nicht zur Arrestlegung befugt, wenn damit der Zweck verfolgt wird, das Haftungssubstrat für die Konkursgläubiger um in der Schweiz gelegene Vermögenswerte zu vergrössern[1342].

Arreste sind auch gegen im Ausland ansässige Schuldner möglich, und zwar selbst dann, wenn über den Schuldner im Ausland ein Konkursverfahren eröffnet wurde[1343]. Zum Arrest berechtigt sind alsdann alle Gläubiger des ausländischen Konkursiten, nicht aber der Konkursverwalter[1344]. Die Anerkennung des ausländischen Konkurses in der Schweiz gemäss Art. 166 ff. IPRG macht alle Betreibungen und Arreste gegen den Gemeinschuldner hinfällig[1345].

II. Prozessuales

1. Verfahren

Das Verfahren über die Arrestbewilligung ist summarisch (Art. 251 lit. a ZPO) und einseitig. Der Schuldner wird nicht angehört. Ihm wird das rechtliche Gehör erst in einem zweiten Verfahrensstadium im Rahmen der Einsprache gewährt[1346].

1340 BGE 133 III 589.
1341 Amonn/Walther, § 51 N 3.
1342 KUKO SchKG-Meier-Dieterle, Art. 271 N 2a; BGE 139 III 236 betreffend Prozessführungsbefugnis einer ausländischen Konkursverwaltung.
1343 BGE 111 III 38.
1344 BGE 102 III 71.
1345 BGE 115 III 148, E. 2.
1346 BSK SchKG II-Stoffel, Art. 271 N 5.

Immerhin wird auch im Arrestverfahren die Schutzschrift zugelassen. Wer Grund zur Annahme hat, dass gegen ihn ohne vorgängige Anhörung die Anordnung eines Arrestes beantragt wird, kann seinen Standpunkt vorsorglich in einer Schutzschrift darlegen (Art. 270 Abs. 1 ZPO).

2. Örtliche Zuständigkeit

Art. 272 Abs. 1 SchKG sieht für das Gesuch um Arrestbewilligung einen *alternativen Gerichtsstand* vor: Der Arrestgläubiger kann einen Arrest wahlweise am Betreibungsort (Art. 46 ff. SchKG) oder am Belegenheitsort eines zu verarrestierenden Vermögenswerts legen lassen. Bei beiden Gerichtsständen entfaltet der Arrestbefehl schweizweite Wirkung. Der Arrest kann vom Gericht also auch für solche Vermögenswerte bewilligt werden, die ausserhalb seines Gerichtskreises belegen sind[1347]. Der Gerichtsstand nach Art. 272 Abs. 1 SchKG ist *zwingend.*

Der ordentliche *Betreibungsort* ist der Wohnort des Schuldners (Art. 46 Abs. 1 SchKG), wobei der Wohnort zum Zeitpunkt der Einleitung des Arrestverfahrens massgebend ist. Eine spätere Wohnortverlegung hat keinen Einfluss auf die begründete Zuständigkeit[1348].

Der *Belegenheitsort* von verbrieften Wertpapieren besteht grundsätzlich am Ort, wo sich diese tatsächlich befinden. Sind die verbrieften Wertpapiere aber bei einem Dritten hinterlegt, der sich verpflichtet hat, diese aufzubewahren, so gilt als Belegenheitsort der Sitz/Wohnsitz des Dritten, und zwar ungeachtet der Möglichkeit, dass er die Wertpapiere tatsächlich in einem Banksafe (an einem anderen Ort) aufbewahrt[1349]. Der *Belegenheitsort von* nicht in Wertpapieren verbrieften *Forderungen* befindet sich am schweizerischen Wohnort des Gläubigers, der gleichzeitig Arrestschuldner ist. Hat der Arrestschuldner Wohnsitz im Ausland, so wird aus Praktikabilitätsgründen auf den schweizerischen Wohnort des Drittschuldners abgestellt[1350]. Ist der Drittschuldner eine Bank, stellt sich die Frage, wo sich der Belegenheitsort befindet, wenn diese neben dem schweizerischen Hauptsitz in der Schweiz eine Zweigniederlassung betreibt und der Schuldner seine Bankverbindungen mit dieser führt. Gemäss bundesgerichtlicher Praxis ist grundsätzlich das Gericht am Hauptsitz der Bank zuständig. Eine Zuständigkeit des Gerichts am Ort der Zweigniederlassung besteht demgegenüber dann, wenn unzweifelhaft ein

1347 Reiser, 334.
1348 Urteil des Obergerichts Zürich vom 20. Februar 2015 (Geschäftsnr. PS 150016), E. 4.4.
1349 Urteil des Obergerichts Zürich vom 20. Dezember 2011 (Geschäftsnr. PS 110211).
1350 BGE 5A_723/2013, E. 3.2; BGE 114 III 31; Stoffel, AJP 1996, 1409.

überwiegender Anknüpfungspunkt mit der Zweigniederlassung besteht[1351]. Befindet sich die Zweigniederlassung des schweizerischen Hauptsitzes im Ausland, so wird die Zuständigkeit am schweizerischen Hauptsitz vom Bundesgericht aber zu Recht auch dann bejaht, wenn die Geschäftsbeziehung des Arrestschuldners mit der ausländischen Zweigniederlassung besteht[1352]. Ebenso sollte eine Forderung – bei Vorliegen eines überwiegenden Anknüpfungspunkts mit der Zweigniederlassung – am Ort der Zweigniederlassung in der Schweiz verarrestiert werden können, auch wenn sich der Hauptsitz der Bank im Ausland befindet[1353].

Der zu verarrestierende Liquidationsanteil eines Schuldners an einer Erbschaft wird vollstreckungsrechtlich ebenfalls als Forderung behandelt, deren Belegenheitsort sich wie erwähnt am schweizerischen Wohnort des Gläubigers (Arrestschuldners) bzw. – bei Fehlen eines solchen – am schweizerischen Wohnort des Drittschuldners befindet. Allerdings gilt die Erbengemeinschaft im Verhältnis zum Erben nicht als Drittschuldnerin[1354]. Hat der Erbe (Arrestschuldner) also Wohnsitz im Ausland, so konnte in der Schweiz bislang auch dann kein Arrest gelegt werden, wenn der Erblasser den letzten Wohnsitz in der Schweiz hatte oder wenn das Erbschaftsvermögen in der Schweiz belegen war[1355]. Mit Einfügen des neuen Abs. 2 in Art. 2 VVAG hat sich dies per 1.1.2017 geändert. Danach ist eine Pfändung eines Anteils an einer unverteilten Erbschaft nunmehr explizit auch am letzten Wohnsitz des Erblassers oder – mangels eines solchen – an einer sich aus Art. 87 IPRG ergebenden Zuständigkeit möglich, sofern der Schuldner seinen Wohnort im Ausland hat.

Der Belegenheitsort von Bucheffekten sollte sich nach der hier vertretenen Auffassung nach Art. 14 BEG richten. Wird gegen einen Kontoinhaber eine Pfändung, ein Arrest oder eine andere vorsorgliche Massnahme verfügt, die Bucheffekten zum Gegenstand hat, so ist diese Massnahme gemäss besagtem Artikel ausschliesslich bei der Verwahrungsstelle zu vollziehen, die das Effektenkonto führt, dem die Bucheffekten gutgeschrieben sind. Obwohl Art. 14 BEG den Vollzug (und nicht auch die Anordnung) des Arrestes be-

1351 BGE 128 III 473, E. 2 und 3.

1352 BGE 5A_723/2013; BGE 128 III 473; KUKO SchKG-Meier-Dieterle, Art. 272 N 6 ff. m.w.H.

1353 A.M. KUKO SchKG-Meier-Dieterle, Art. 272 N 6 ff.

1354 BGE 118 III 62, E. 2b; BGE 5A_628/2012, E. 3.1.2.

1355 BGE 5A_628/2012, E. 3.1.2; BGE B.96/1996, E. 2 und 3; BGE 5A_435/2014, E. 3.2.

trifft, sollte der Lageort von Bucheffekten für die Arrestlegung analog zu Art. 14 Abs. 1 BEG zu bestimmen sein[1356].

Immaterialgüterrechte sind grundsätzlich am Wohnsitz des Patentinhabers in der Schweiz belegen. Wohnt der Inhaber im Ausland, so sind seine in einem schweizerischen Register eingetragenen Immaterialgüterrechte (z.B. Patente) am Sitz des IGE in Bern gelegen[1357].

Ruft der Arrestgläubiger *mehrere örtlich zuständige Gerichte* an, so wird der Arrest vom zuerst angerufenen Gericht bewilligt. Die übrigen Gerichte verfahren nach den Regeln über die Litispendenz (Art. 62 ff. ZPO)[1358].

Im *internationalen Verhältnis* ist im Anwendungsbereich des LugÜ zu unterscheiden: Ist noch kein anerkennungsfähiges Urteil ergangen, so handelt es sich beim Arrest um eine vorsorgliche Massnahme nach Art. 31 LugÜ[1359]. Der Gläubiger kann danach am Gerichtsstand von Art. 272 Abs. 1 SchKG in der Schweiz auch dann einen Arrest beantragen, wenn das Hauptverfahren im Ausland ausgetragen wird, aber ein genügender Bezug zur Schweiz besteht[1360]. Dass das LugÜ den exorbitanten Gerichtsstand des Arrestorts für die Arrestprosequierungsklage gemäss Art. 4 IPRG ausschliesst (Art. 3 Ziff. 2 in Verbindung mit Anhang I LugÜ), steht der Zuständigkeit der schweizerischen Gerichte für das Arrestbewilligungs- und Arresteinspracheverfahren nicht entgegen[1361]. Ist demgegenüber bereits ein anerkennungsfähiges Urteil vorhanden, so stellt die Arrestlegung eine vollstreckungsrechtliche Angelegenheit nach Art. 22 Ziff. 5 LugÜ dar. Die örtliche Zuständigkeit richtet sich in beiden Fällen nach Art. 272 SchKG (und nicht nach Art. 10 IPRG)[1362]. Erfolgt die Arrestlegung im Anschluss an eine erstinstanzliche Vollstreckbarerklärung gemäss Art. 47 Abs. 2 LugÜ, so wäre auch denkbar, dass sich die örtliche Zuständigkeit direkt nach Art. 39 Abs. 2 LugÜ richtet. Zuständig sind danach die Gerichte am Wohnsitz des Schuldners oder am Ort, an dem die Zwangsvollstreckung durchgeführt werden soll. Diese Regelung entspricht im Ergebnis weitgehend dem neuen Art. 272 SchKG, der an Art. 39 Abs. 2 LugÜ angelehnt wurde[1363]. Im Anwendungsbereich des IPRG bestimmt sich

1356 Vgl. Urteil des Obergerichts des Kantons Zürich vom 13. März 2013 (Geschäftsnr. PS 130022).
1357 BGE 142 III 348, E. 3.2.
1358 BSK SchKG II-Stoffel, Art. 272 N 44.
1359 BGE 5A_571/2014, E. 2.1 und 2.2; Meier, IZPR, 185 f.
1360 Dolge, 77; vgl. auch Walter, § 12 II 2; BSK LugÜ-Hofmann/Kunz, Art. 47 N 44 f.
1361 Urteil des Obergerichts Zürich vom 3. Juli 2014 (Geschäftsnr. PS 140006), E. 2.3.
1362 Meier, IZPR, 185 f.; BSK LugÜ-Hofmann/Kunz, Art. 47 N 44.
1363 Rodriguez, 1557; Meier-Dieterle, 1217 Rz. 41.

die internationale Zuständigkeit direkt nach Art. 272 SchKG, da das IPRG diese Frage nicht regelt.

3. Sachliche Zuständigkeit

Die Zuständigkeit für Arrestbefehle liegt beim Vollstreckungsgericht (Art. 338 ff. ZPO)[1364]. Auch im Anwendungsbereich des LugÜ ist zur Arrestbewilligung das kantonale Vollstreckungsgericht zuständig (Art. 47 Abs. 2 i.V.m. 39 Abs. 1 i.V.m. Anhang II LugÜ). Als solches amtet im Kanton Zürich das Einzelgericht (§ 24 lit. e GOG ZH).

Die Zuständigkeit des Handelsgerichts für die Arrestbewilligung ist nach der hier vertretenen Meinung ausgeschlossen. Die Ausführungen des Bundesgerichts, mit welchen dieses die handelsgerichtliche Zuständigkeit für betreibungsrechtliche Klagen mit Reflexwirkung auf das materielle Recht abgelehnt hat, haben auch für die Arrestbewilligung zu gelten[1365]. In diesem Sinne hat kürzlich auch das Handelsgericht des Kantons Aargau seine Zuständigkeit für einen Arrestbefehl abgelehnt[1366].

Als vorsorgliche Vollstreckungsmassnahme muss der Arrest stets vom staatlichen Richter angeordnet werden. Der Erlass des Arrests durch den Betreibungsbeamten oder durch ein Schiedsgericht ist unzulässig[1367].

4. Einleitung Verfahren

Nach Art. 198 lit. a ZPO entfällt das Schlichtungsverfahren in Summarangelegenheiten. Das Arrestbegehren ist damit direkt – mündlich oder schriftlich – beim zuständigen Gericht einzureichen.

5. Rechtsbegehren

Das Rechtsbegehren kann wie folgt formuliert werden:

«Es seien sämtliche Guthaben des Gesuchsgegners […] auf dem Konto Nr. […] bei der Bank […] in […] zu verarrestieren, bis zur Deckung der Arrestforderung von CHF […] nebst Zins zu 5% seit […] sowie der Kosten.»

1364 Rodriguez, 1556 f.

1365 Siehe dazu BGE 140 III 355.

1366 Urteil des Handelsgerichts des Kantons Aargau vom 1. Juli 2014, BlSchK 2015, 76.

1367 BSK SchKG II-Stoffel, Art. 272 N 41; Fritzsche/Walder, Bd. II, § 57 Fn. 2.

Möchte ein Gläubiger mit einem einzigen Arrestbegehren für dieselbe Forderung gegen mehrere Solidarschuldner vorgehen, so muss er gegen jeden einzelnen Schuldner einen Arrestbefehl verlangen und im Begehren klar darlegen, welche Werte gegen welchen Schuldner zu verarrestieren sind[1368]. Ist der Gläubiger im Ungewissen darüber, welchem seiner Solidarschuldner ein Vermögenswert gehört, so darf er den Arrest mit der Geltendmachung von gemeinschaftlichem Eigentum verlangen. Arrestverfahren gegenüber mehreren Solidarschuldnern für die gleiche Forderung betreffend die gleichen Vermögenswerte sind also zulässig, wenn der Gläubiger nicht zuordnen kann, ob die Vermögenswerte dem einen oder anderen gehören, wie etwa bei gemeinsamen Konten, für welche jeder Inhaber eine Forderung gegenüber der Bank hat[1369].

6. Streitwert

Der Streitwert bemisst sich nach Bundesrecht (Art. 1 lit. c. i.V.m. Art. 91 ff. ZPO). Ist der Wert der Arrestgegenstände bekannt, so ist dieser für die Festsetzung des Streitwertes entscheidend. In Fällen, bei denen der Wert des Arrestgegenstandes im Zeitpunkt der Anfechtung des Arrests nicht bekannt ist, ist demgegenüber auf die Höhe der zu sichernden Forderung des Arrestgläubigers abzustellen[1370]. Letzteres ist beispielsweise bei der Verarrestierung von Bankguthaben der Fall, da die Bank erst nach rechtskräftiger Erledigung der Arresteinsprache zur Auskunft über den Wert der verarrestierten Guthaben verpflichtet ist[1371].

7. Frist

Das Arrestgesuch ist an keine Frist gebunden.

8. Streitgenossenschaft

Eine Streitgenossenschaft ist kaum denkbar, es sei denn, es handle sich beim Arrestgläubiger um eine vorbestehende Gesamthandschaft (z.B. Erbengemeinschaft), welche im Prozess als notwendige Streitgenossenschaft auftre-

1368 BGE 5A_712/2010, E. 3.2.1; BGE 107 III 154, E. 3.
1369 BGE 5A_712/2010, E. 3.2.2; BGE 115 III 134, E. 5.
1370 BGE 5A_28/2013, E. 2.4.
1371 Zur Auskunftspflicht der Bank: BGE 125 III 391, E. 2.

ten muss[1372]. Sind mehrere Gläubiger solidarisch an einer Forderung berechtigt, wäre auch eine einfache Streitgenossenschaft zulässig.

Möchte ein Gläubiger für dieselbe Forderung gegen mehrere Solidarschuldner vorgehen, so muss er gegen jeden einzelnen Schuldner einen sich auf diesem gehörende Aktiven beziehenden Arrestbefehl erlangen[1373]. Eine Streitgenossenschaft auf Schuldnerseite ist somit nicht möglich. Abgesehen davon handelt es sich bei der Arrestbewilligung in diesem Verfahrensstadium (vor einer allfälligen Arresteinsprache) ohnehin noch um ein einseitiges Verfahren.

9. Streitverkündung

Eine Streitverkündung ist nicht möglich; es handelt sich bei der Arrestbewilligung in diesem Verfahrensstadium noch um ein einseitiges Verfahren.

10. Beweislast

Es obliegt dem Arrestgläubiger, das Vorliegen der Arrestvoraussetzungen (Arrestforderung, Arrestgrund, Arrestgegenstände) darzulegen.

Insbesondere hat der Arrestgläubiger auch die Arrestgegenstände zu bezeichnen und deren Standort anzugeben. Anders als im Pfändungsverfahren obliegt es nicht dem Betreibungsamt, nach diesen zu forschen[1374]. Die Arrestlegung ohne Anhaltspunkte über das Vorliegen von Vermögenswerten (sog. Sucharrest) ist unzulässig[1375]. Demgegenüber ist die blosse Bezeichnung der Vermögenswerte ihrer Gattung nach (sog. Gattungsarrest) ausreichend, wenn wenigstens ihr Standort und der Gewahrsamsinhaber plausibel angegeben werden. Dies gilt z.B. für Guthaben und Vermögenswerte des Arrestschuldners bei einer Bank[1376].

Könnten die zu verarrestierenden Vermögensgegenstände dem Anschein nach einem Dritten gehören, muss der Gläubiger überdies die Gründe für die Berechtigung des Schuldners, mithin z.B. die Gründe für einen Durchgriff, dartun[1377].

1372 Für die Erbengemeinschaft BSK ZGB II-Schaufelberger/Keller, Art. 602 N 26.
1373 BGE 5A_712/2010, E. 3.2.1; BGE 80 III 91.
1374 BGE 130 III 579.
1375 BGE 109 III 120, E. 6.
1376 BGE 5A_496/2015; BGE 103 III 86; BGE 103 III 91.
1377 BGE 5A_925/2012; BGE 5A_15/2013, E. 9.4 f.; BGE 126 III 95.

11. Beweismass

Ein strikter Beweis ist nicht erforderlich. Das Glaubhaftmachen der Arrestvoraussetzungen genügt (Art. 272 Abs. 1 SchKG). Gemäss Rechtsprechung des Obergerichts des Kantons Zürich ist auch die örtliche Zuständigkeit des Arrestgerichtes glaubhaft zu machen, wenn diese beispielsweise – wie bei der Verarrestierung von Forderungen – vom Wohnsitz des Schuldners abhängig ist[1378].

Eine Tatsache ist glaubhaft gemacht, wenn der Richter sie aufgrund einer plausiblen Darstellung für wahrscheinlich hält, wenngleich er mit der Möglichkeit zu rechnen hat, dass sich die Umstände nicht wie geschildert verwirklicht haben könnten[1379]. Eine erhöhte oder qualifizierte Wahrscheinlichkeit ist nicht nötig[1380].

Die Praxis setzt an das Glaubhaftmachen der Vermögensgegenstände tiefere Anforderungen als an dasjenige der übrigen Arrestvoraussetzungen[1381]. Das Vortragen von Indizien ist hier ausreichend. Besteht der Arrestgrund in einem LugÜ-Urteil nach Art 271 Abs. 1 Ziff. 6 SchKG, so ist das Beweismass für die Arrestgegenstände noch tiefer anzusetzen, da Art. 47 LugÜ dem Urteilsgläubiger einen unbedingten Sicherungsanspruch gewährt, der für weitere Voraussetzungen des nationalen Rechts keinen Raum lässt. In diesem Fall hat der Arrestgläubiger die Arrestgegenstände lediglich substanziiert zu bezeichnen, wozu eine plausible Behauptung grundsätzlich genügt[1382]. Ein Sucharrest ist allerdings auch hier ausgeschlossen.

12. Beweismittel

Die Beweismittel sind beschränkt. Der Beweis ist im summarischen Verfahren grundsätzlich durch Urkunden zu erbringen (Art. 254 Abs. 1 ZPO). An-

1378 Urteil des Obergerichts Zürich vom 29. Juni 2015 (Geschäftsnr. PS 150 102), Regeste und E. 2; Urteil des Obergerichts Zürich vom 18. März 2015 (Geschäftsnr. PS 150 011), E. 5.3; siehe auch Boller, 1283.

1379 BGE 5A_739/2013, E. 5.1; BGE 5A_581/2011, E. 4.1.1; BGE 107 III 33; BGE 5P.296/2005, E. 3.2.

1380 Für nähere Ausführungen zum Glaubhaftmachen der einzelnen Arrestvoraussetzungen vgl. BSK SchKG II-Stoffel, Art. 272 N 8 ff. Zum Glaubhaftmachen der Arrestforderung vgl. BGE 5A_366/2011.

1381 Breitschmid, 1010 f.

1382 Botschaft vom 18. Februar 2009 zum Bundesbeschluss über die Genehmigung und die Umsetzung des revidierten LugÜ, BBl 2009 1777, 1822 f.; Urteil des Obergerichts Zürich vom 5. Juni 2013 (Geschäftsnr. PS 130 049), E. 5; Boller, 1294.

dere Beweismittel, wie etwa Zeugenaussagen, sind nur zugelassen, wenn sie das Verfahren nicht wesentlich verzögern (Art. 254 Abs. 2 lit. a ZPO).

Das SchKG verlangt – anders als etwa für die Einwendungen gegen die definitive Rechtsöffnung (Art. 81 SchKG) – nicht explizit einen Urkundenbeweis. In der Praxis ist das Arrestverfahren in aller Regel aber ein reiner Aktenprozess. Aussagen und Bestätigungen von Dritten dürfen in Urkundenform eingereicht werden[1383]. Für die Arrestgründe von Art. 271 Abs. 1 Ziff. 5 und 6 SchKG sowie teilweise von Ziff. 4 sind Urkunden naturgemäss ausdrücklich vom Gesetz verlangt.

13. Urteil

Der Entscheid über das Arrestbegehren muss *sofort* erfolgen, d.h. je nach Umständen spätestens nach zwei bis drei Tagen. Bei Gutheissung des Gesuchs erlässt der Richter den Arrestbefehl i.S.v. Art. 274 SchKG. Die Mitteilung des Arrestbefehls an das Betreibungsamt leitet das Stadium des Arrestvollzugs ein[1384]. Bei ungenügenden Angaben im Arrestbefehl kann der Arrest nicht vollzogen werden[1385].

Offen ist bislang die Frage, ob der Arrestrichter für den Fall, dass die Arrestgegenstände an verschiedenen Orten belegen sind, *mehrere Arrestbefehle* zu erlassen hat und ob in solchen Fällen mehrere einzelne Arrestvollzüge oder ein einheitlicher Vollzug unter Inanspruchnahme von Rechtshilfe zu erfolgen haben[1386]. Sinnvollerweise sollte ein schweizweiter Arrestvollzug durch Rechtshilfe in Analogie zu dem die Pfändung betreffenden Art. 89 SchKG möglich sein, auch wenn Art. 275 SchKG nicht explizit auf Art. 89 SchKG verweist. Die Praxis des Bezirksgerichts Zürich, wonach dieses ein «Lead-Amt», beispielsweise das Betreibungsamt Zürich 1, anweist, den Arrestbefehl rechtshilfeweise an weitere vom Verfahren betroffene Betreibungsämter weiterzuleiten und den Vollzug der verschiedenen Ämter zu koordinieren, wurde mittlerweilen auch von weiteren Gerichten und Betreibungsämtern übernommen und scheint mit Bezug auf die Prozessökonomie sinnvoll[1387]. Bei der Verarrestierung verschiedener Forderungen gegen einen Schuldner mit Wohnsitz bzw. Sitz in der Schweiz reicht das Ausstellen eines Arrestbe-

1383 BGE 138 III 636.

1384 BSK SchKG II-Stoffel, Art. 272 N 56 f.

1385 BGE 5A_394/2017 (zur Publikation vorgesehen).

1386 Daniel Hunkeler, Vortragsreihe des Europa Institutes vom 25. November 2011, Neuere Entwicklungen im Zwangsvollstreckungs- und Sanierungsrecht.

1387 Vgl. dazu ausführlich und überzeugend Meier-Dieterle/Crestani, 1122 ff.

fehls an das Betreibungsamt des Wohnsitzes bzw. Sitzes des Arrestschuldners ohnehin aus[1388].

Da es sich beim Entscheid über das Arrestbegehren um einen *Massnahmeentscheid* handelt, erwächst er nicht in materielle Rechtskraft. Der Richter kann den Entscheid auf Begehren einer Partei oder von Amtes wegen abändern, aufheben oder von einer Arrestkaution abhängig machen, wenn sich die Umstände geändert haben oder sich der Arrest nachträglich als ungerechtfertigt erweist (Art. 268 ZPO). Sodann kann ein abgewiesenes Arrestbegehren jederzeit mit einer ergänzten Sachverhaltsdarstellung wieder neu gestellt werden. Es ist mithin möglich, auf dieselben Vermögenswerte für dieselbe Forderung mehrere Male Arrest legen zu lassen. Vorbehalten ist einzig der Fall, dass der Gläubiger in rechtsmissbräuchlicher Weise mehrere Arreste hintereinander erwirkt, um den Arrest nicht prosequieren zu müssen[1389]. Das Stellen eines neuen Arrestbegehrens kann u.U. schneller zum Ziel führen als die Einlegung eines Rechtsmittels[1390].

Um einem allfälligen erneuten Arrestbewilligungsgesuch des Gläubigers nicht den Überraschungseffekt zu entziehen, wird der *Abweisungsentscheid* eines Arrestgesuchs dem Schuldner *nicht mitgeteilt*[1391]. Die Praxis des Zürcherischen Obergerichts, wonach ein Entscheid, der ein superprovisorisches Begehren abweist oder als durch Rückzug erledigt abschreibt, dem «obsiegenden» Gesuchsgegner zuzustellen und ihm im Anschluss daran zur Wahrnehmung des rechtlichen Gehörs Akteneinsicht zu gewähren ist[1392], gilt beim Arrest entsprechend nur beschränkt. Nur wenn der Arrestschuldner auf andere Weise vom abweisenden Massnahmeentscheid erfährt, kann er sein Recht auf Akteneinsicht wahrnehmen. Auf eine generelle Anfrage des Schuldners beim Gericht, ob gegen ihn ein Arrest hängig sei, wird i.d.R. keine Auskunft erteilt, weshalb dem Schuldner die Möglichkeit zur Akteneinsicht in solchen Fällen verwehrt bleibt.

Besteht der Arrestgrund im Vorliegen eines definitiven Rechtsöffnungstitels eines Lugano-Staates, hat der Arrestrichter gleichzeitig über die Anerken-

1388 Meier-Dieterle, AJP 2010, 1218; Entscheid des Kantonsgerichts Zug vom 16. September 2011, wo das Gericht in einem Arrestverfahren gegen einen Schuldner mit Wohnsitz in Zug den Arrestbefehl (nur) an das Betreibungsamt Zug gerichtet hat; das Betreibungsamt hat die Vermögenswerte (ausschliesslich Forderungen gegen Banken) in Zug und verschiedenen anderen Kantonen arrestiert.

1389 BGE 5A_220/2013, E. 5.1.

1390 KUKO SchKG-Meier-Dieterle, Art. 272 N 20.

1391 BGE 5A_712/2010, E. 1.4.

1392 ZR 110 (2011) Nr. 46.

nungsvoraussetzungen zu entscheiden (Art. 271 Abs. 3 SchKG). Dieser *selbständige Exequaturentscheid* wird nach Abschluss eines allfälligen Rechtsmittelverfahrens endgültig gefällt, sodass die Anerkennungserklärung nicht nur im laufenden Arrestverfahren gilt, sondern als allgemeine Exequaturbescheinigung auch in anderen Verfahren verwendet werden kann[1393]. Da dem Exequatur res iudicata Wirkung zukommt, ist beispielsweise auch der spätere Rechtsöffnungsrichter daran gebunden (Art. 81 Abs. 3 SchKG)[1394].

14. Anerkennung, Rückzug, Vergleich

Ein Rückzug des Arrestbewilligungsgesuchs durch den Arrestgläubiger ist möglich. Anerkennung und Vergleich sind ausgeschlossen, da es sich bei der Arrestbewilligung in diesem Verfahrensstadium noch um ein einseitiges Verfahren handelt.

15. Rechtsmittel

Bei *Erteilung der Arrestbewilligung* kann der Schuldner oder ein Dritter nur Einsprache i.S.v. Art. 278 SchKG erheben. Der eigentliche Rechtsmittelweg kann erst gegen den Einspracheentscheid beschritten werden, wobei alsdann Beschwerde gemäss Art. 319 ff. ZPO zu erheben ist (Art. 278 Abs. 3 SchKG)[1395]. Eine allfällige Einsprache hat keine aufschiebende Wirkung (Art. 278 Abs. 3 SchKG), der Arrestbefehl ist mithin sofort vollstreckbar[1396].

Wurde mit der Bewilligung des Arrestes gleichzeitig ein *neurechtliches LugÜ-Urteil für vollstreckbar erklärt,* so stellt sich die Frage nach dem Verhältnis zwischen der Arresteinsprache und der LugÜ-Beschwerde, welche gemäss Art. 327a ZPO i.V.m. Art. 43 LugÜ explizit gegen Entscheide des Vollstreckungsgerichts nach den Artikeln 38–52 rev. LugÜ vorgesehen ist. In der Literatur werden die unterschiedlichen Ansichten vertreten, dass

- für die arrestspezifischen Einwendungen innert zehn Tagen Arresteinsprache zu erheben ist, während Einwände gegen die Vollstreckbarkeit (z.B. Art. 34 ff. LugÜ) innert eines bzw. innert zwei Monaten mit Beschwerde geltend zu machen sind (Spaltung des Rechtsmittelwegs)[1397];

1393 BSK SchKG II-Stoffel, Art. 271 N 105.
1394 BSK SchKG II-Reiser, Art. 278 N 5.
1395 BGE 5A_508/2012, E. 2.1.
1396 BSK SchKG II-Stoffel, Art. 272 N 58 f.
1397 BBl 2009 1813; Lazopoulos, 615; Roth, Ziff. III.5.; Staehelin, N 35.

- mit der Arresteinsprache auch die auf das Exequatur bezogenen Einwände (Art. 34 ff. LugÜ) vorgebracht werden können[1398] oder
- die Arresteinsprache gänzlich entfallen soll und gegen beide Entscheide (Arrest und Exequatur) direkt innert eines bzw. innert zwei Monaten Beschwerde gemäss Art. 327a ZPO i.V.m. Art. 43 LugÜ zu erheben ist[1399].

Nach der hier vertretenen Auffassung hat der Schuldner beide Rechtsbehelfe zu ergreifen. Wird entsprechend sowohl Einsprache gegen den Arrest als auch Beschwerde gegen das Exequatur eingeleitet, so sollten die Verfahren vor der Einspracheinstanz (erstinstanzlicher Einzelrichter) und dem oberen kantonalen Gericht koordiniert werden. Sinnvoll wäre eine Sistierung des Einspracheverfahrens, bis über das Exequatur entschieden ist[1400]. Das Gutheissen der Beschwerde führte zum Dahinfallen des Arrestes[1401]. Das Kantonsgericht Graubünden hat eine solche Sistierung allerdings unter Hinweis auf das Beschleunigungsgebot im Arresteinspracheverfahren sowie auf die Unterschiedlichkeit der in den beiden Verfahren zu klärenden Rechtsfragen abgelehnt[1402].

Wurde der Arrestgläubiger mit der Arrestbewilligung zur *Leistung einer Arrestkaution* verpflichtet, so muss er die Aufhebung oder Reduktion der ihm auferlegten Arrestkaution mit der Beschwerde nach Art. 309 lit. b Ziff. 6 ZPO i.V.m. Art. 319 lit. a ZPO verlangen. Wird vom Schuldner oder einem Dritten parallel dazu eine Arresteinsprache erhoben, so rechtfertigt es sich, das Beschwerdeverfahren zu sistieren, da der Gläubiger die Arrestkaution dann im Rahmen des Einspracheverfahrens rügen kann[1403]. Die herrschende Lehre fordert, dass dem Gläubiger für solche Fälle eine direkte und selbständige Einsprachemöglichkeit gewährt wird[1404].

Offen ist auch die Frage, was mit einem Arrest geschieht, der gestützt auf ein *vollstreckbares, aber noch (mit Beschwerde nach ZPO oder BGG) anfechtbares Urteil* bewilligt wurde (Art. 271 Abs. 1 Ziff. 6 SchKG), wenn dieses Urteil nachträglich aufgehoben wird und die Rechtsmittelfrist gegen die Arrestbewilligung bereits abgelaufen ist. Eine Revision des Arrestentscheides scheidet

1398 BSK SchKG II-Stoffel, Art. 271 N 105; ders., 6; diese Lösung ist eher abzulehnen.

1399 Reiser/Jent-Sørensen, 457 f.

1400 Reiser/Jent-Sørensen, 458.

1401 Lazopoulos, 616.

1402 Urteil des Kantonsgericht Graubünden vom 7. Januar 2014 (Geschäftsnr. KSK 13 54), E. 3bb; vgl. auch Boller, 1297.

1403 KUKO SchKG-Meier-Dieterle, Art. 272 N 26a.

1404 Artho von Gunten, 31; BSK SchKG II-Reiser, Art. 278 N 26; KUKO SchKG-Meier-Dieterle, Art. 278 N 3 und Art. 272 N 26a.

u.a. deshalb aus, da die neuen Tatsachen erst nach dem Entscheid entstanden sind (Art. 328 Abs. 1 lit. a ZPO). Denkbar wäre es, der Rechtsmittelinstanz die Aufhebung des Arrestes zu erlauben oder ausnahmsweise eine verspätete Arresteinsprache zuzulassen. Bis zur Klärung dieser Frage sollte der Schuldner vorsorglich Arresteinsprache erheben, diese aber bis zum rechtskräftigen Entscheid über die Forderung sistiert halten[1405].

Ist das Arrestbegehren demgegenüber *abgewiesen* worden, so kommt die Einsprache nicht zum Zug. Unabhängig vom Streitwert steht dem Gläubiger die Beschwerde nach Art. 309 lit. b Ziff. 6 i.V.m. Art. 319 ZPO offen. Die Berufung ist ausgeschlossen. Hat der Richter gleichzeitig die Anerkennungsvoraussetzungen eines LugÜ-Urteils abgelehnt (Art. 271 Abs. 3 SchKG), so gilt für das Beschwerdeverfahren nicht die längere LugÜ-Frist wie bei selbständigen Exequaturverfahren (Art. 43 Abs. 5 LugÜ i.V.m. Art. 327a Abs. 3 ZPO), sondern nur die zehntägige Frist gemäss Art. 321 Abs. 2 ZPO[1406]. Der Schuldner ist auch vor der zweiten Instanz nicht am Verfahren zu beteiligen[1407].

Da Arrestentscheide nicht in materielle Rechtskraft erwachsen, ist gegen sie keine *Revision* nach Art. 328 ff. ZPO möglich. Sämtliche – aus irgendwelchen Gründen – bis anhin nicht vorgebrachten Tatsachen und Beweismittel können in einem neuen Arrestbegehren vorgebracht werden[1408].

Auf Bundesebene ist gegen den Beschwerdeentscheid die Beschwerde in Zivilsachen möglich, sofern der Streitwert über CHF 30 000 beträgt oder eine Rechtsfrage von grundsätzlicher Bedeutung vorliegt. Da es sich beim Arrest um eine vorsorgliche Massnahme handelt, ist lediglich die Verletzung verfassungsmässiger Rechte rügbar (Art. 98 BGG)[1409]. Dasselbe gilt für den Entscheid über die Arrestkaution i.S.v. Art. 273 Abs. 1 SchKG[1410]. Erreicht der Streitwert nicht CHF 30 000, so ist die subsidiäre Verfassungsbeschwerde möglich, welche ebenfalls nur die Rüge der Verletzung von verfassungsmässigen Rechten zulässt (Art. 113 und 116 BGG).

1405 Staehelin, Rz. 38.
1406 Staehelin, Rz. 33; BBl 2009 1826; a.M. wohl BSK SchKG II-Stoffel, Art. 271 N 105.
1407 Reiser/Jent-Sørensen, 456.
1408 BGE 5A_59/2012, E. 3.2.3.
1409 BGE 133 III 589.
1410 BGE 5A_165/2010, E. 1.2.

§ 30 Arrestschadenersatzklage (Art. 273 SchKG)

Literatur: MEIER-DIETERLE FELIX C., Formelles Arrestrecht – eine Checkliste, AJP 2002, 1224–1237.

I. Materielles

1. Allgemeines

Mit dem Arrest können schuldnerische Vermögenswerte ohne vorgängige Anspruchsprüfung blockiert werden, was ein gewisses Schadenspotenzial birgt. Wenn sich der Arrest im Nachhinein als ungerechtfertigt erweist, da beispielsweise keine Forderung oder kein Arrestgrund bestand, trifft den Arrestgläubiger entsprechend eine Schadenersatzpflicht[1411]. Die Rechtsgrundlage hierfür befindet sich in Art. 273 SchKG, welcher eine Kausalhaftung statuiert und eine Sonderbestimmung des allgemeinen Schadenersatzrechtes (Art. 41 ff. OR) bildet.

Voraussetzungen für eine Schadenersatzpflicht des Arrestgläubigers nach Art. 273 SchKG sind das Vorliegen eines Schadens, die Widerrechtlichkeit des Arrestes sowie ein Kausalzusammenhang. Ein Verschulden des Gläubigers ist nicht vorausgesetzt[1412]; der Arrestgläubiger kann sich im Schadenersatzprozess mithin nicht mit dem Vorbringen zur Wehr setzen, das Arrestgesuch in guten Treuen gestellt zu haben[1413].

- *Schaden:* Der Schaden resultiert aus der Unmöglichkeit, über die verarrestierten Vermögenswerte frei zu verfügen[1414]. Er besteht in der Differenz zwischen dem hypothetischen Ertrag der Vermögenswerte bei freier Verfügbarkeit des Geschädigten und dem tatsächlich erfolgten Vermögenszuwachs oder Vermögensabgang während der Blockierung. Bei Vermögenswerten zu Anlagezwecken kann er beispielsweise im Zinsverlust[1415], bei Produktionsgütern im Ausfall des Produktionsertrags bestehen. Zu ersetzen sind weiter die Ausgaben, die der Geschädigte für den Ersatz der blockierten Werte erbringen musste (z.B. Kosten für die Sicherheitsleistung nach Art. 277 SchKG), sowie die Kosten, die er für

1411 FRITZSCHE/WALDER Bd. II, § 61 N 2.
1412 BGE 5A_83/2012, E. 4.2; BGE 115 III 125; BGE 5C.177/2002, E. 1.
1413 BGE 5A_83/2012, E. 4.2.
1414 BGE 93 I 278, E. 5.
1415 BGE 5C.177/2002, E. 2 f.

seine Verteidigung aufzubringen hatte (z.B. Kosten der Arresteinsprache)[1416]. Die Schadenminderungspflicht trifft den Verletzten auch im Arrestrecht[1417].

- *Widerrechtlichkeit:* Der Arrest ist widerrechtlich, wenn die Arrestvoraussetzungen von Art. 271 und Art. 272 SchKG nicht erfüllt waren. Als Hauptfälle des ungerechtfertigten Arrestes gelten mithin das Fehlen eines Arrestgrundes, das Nichtbestehen der Gläubigerforderung und der Arrest auf Vermögen, das im Eigentum Dritter steht. Kommt der Arresteinspracherichter nach Prüfung der Arrestbewilligung zum Schluss, dass die Arresteinsprache gutzuheissen ist, so ist der Richter im Schadenersatzprozess an den abweisenden Arresteinspracheentscheid gebunden, obwohl der Einspracheentscheid im summarischen Verfahren ergeht[1418].
- *Kausalzusammenhang:* Der Schaden muss durch den Arrest, d.h. die Blockierung der Vermögenswerte, herbeigefügt worden sein[1419].

Nach Art. 273 Abs. 1 Satz 2 SchKG kann der Gläubiger zur Sicherstellung einer allfälligen Schadenersatzpflicht gegenüber dem Schuldner und einem gefährdeten Dritten zu einer Sicherheitsleistung verpflichtet werden (Arrestkaution)[1420]. Die Auferlegung der Kaution erfolgt durch den Arrestrichter und steht in dessen pflichtgemässen Ermessen[1421]. Er kann sie von Amtes wegen bei der Arrestbewilligung oder – auf Antrag des Schuldners oder des Dritten – auch zu einem späteren Zeitpunkt anordnen[1422] und jederzeit den jeweiligen Verhältnissen anpassen[1423]. Die Leistung der auferlegten Sicherheit (z.B. durch Hinterlegung) ist eine materiell-rechtliche Bedingung für die Erteilung bzw. Aufrechterhaltung des Arrestbefehls und keine Prozesskaution[1424]. Die Anordnung einer Sicherheit setzt die Möglichkeit voraus, dass sich die Arrestvoraussetzungen in einem späteren Zeitpunkt als nicht gegeben und der Arrest als unzulässig erweist. Entsprechend ist bei der Vollstreckung eines rechtskräftigen Urteils in der Regel von einer Sicherheitsleistung abzusehen[1425].

1416 BSK SchKG II-Stoffel, Art. 273 N 7 ff.; BGE 5A_83/2012, E. 4.3.1; BGE 113 III 94, E. 10.
1417 BGE 5C.177/2002, E. 1.
1418 BGE 5A_83/2012, E. 4.1.
1419 BSK SchKG II-Stoffel, Art. 273 N 12.
1420 Meier-Dieterle, 1226.
1421 Zu den bei der Emessensausübung zu berücksichtigenden Kriterien vgl. BSK SchKG II-Stoffel, Art. 273 N 20 ff.; vgl. auch BGE 5A_757/2010, E. 2.1.
1422 BGE 115 III 125; BGE 5P.143/2003; BGE 5A_757/2010, E. 3.2.2.
1423 BGE 113 III 94; BGE 112 III 112; vgl. auch Jaeger/Walder/Kull/Kottmann, II, Art. 278 N 3 zum Antrag auf Anpassung der Kaution während des Einspracheverfahrens.
1424 KUKO SchKG-Meier-Dieterle, Art. 273 N 9.
1425 BGE 5A_165/2010, E. 2.3.1 f.

2. Rechtsnatur

Die Arrestschadenersatzklage ist eine rein materiell-rechtliche Klage[1426].

3. Aktiv- und Passivlegitimation

Aktivlegitimiert ist der aus dem ungerechtfertigten Arrest Geschädigte. Dies kann nach dem ausdrücklichen Gesetzeswortlaut sowohl der Schuldner als auch ein verletzter Dritter sein (Art. 273 Abs. 2 SchKG).

Passivlegitimiert ist der Gläubiger, welcher die Vermögenswerte zu Unrecht verarrestieren liess.

II. Prozessuales

1. Verfahren

Der Schadenersatzprozess wird abhängig vom Streitwert entweder im ordentlichen (Streitwert > CHF 30 000; Art. 219 ff. ZPO) oder im vereinfachten Verfahren (Streitwert ≤ CHF 30 000; Art. 243 ff. ZPO) durchgeführt.

2. Örtliche Zuständigkeit

Die Arrestschadenersatzklage kann vom Geschädigten alternativ an den ordentlichen Gerichtsständen für Klagen aus unerlaubter Handlung (nach Art. 36 ZPO mithin z.B. am Wohnsitz des Arrestgläubigers) oder am Arrestort (Art. 273 Abs. 2 SchKG) eingereicht werden. Prorogation und Einlassung sind zulässig.

Im internationalen Verhältnis sind im Anwendungsbereich des LugÜ vorab die Gerichte im Wohnsitzstaat des Beklagten zuständig (Art. 2 LugÜ). Die örtliche Zuständigkeit richtet sich dann nach Art. 129 IPRG. Daneben ist alternativ das Gericht des Ortes, an dem das schädigende Ereignis eingetreten ist (Art. 5 Ziff. 3 LugÜ), zuständig. Im Rahmen des IPRG sind die schweizerischen Gerichte am Wohnsitz des Beklagten oder, wenn ein solcher fehlt, diejenigen an seinem gewöhnlichen Aufenthaltsort zuständig. Überdies besteht auch hier eine Zuständigkeit der schweizerischen Gerichte am

1426 Meier-Dieterle, 1233; Amonn/Walther, § 51 N 85.

Handlungs- oder Erfolgsort (Art. 129 IPRG). Der Handlungsort entspricht bei der Arrestschadenersatzklage dem Arrestort[1427].

3. Sachliche Zuständigkeit

Die sachliche Zuständigkeit für die Arrestschadenersatzklage richtet sich nach kantonalem Recht (Art. 3 f. ZPO). Im Kanton Zürich ist – sofern der Prozess wegen eines Streitwerts von unter CHF 30 000 im vereinfachten Verfahren durchgeführt wird – das Einzelgericht (§ 24 lit. a GOG ZH i.V.m. Art. 243 Abs. 1 ZPO), ansonsten das Bezirksgericht als Kollegialgericht (§ 19 GOG ZH) zuständig[1428].

4. Einleitung Verfahren

Dem Entscheidverfahren geht ein Schlichtungsverfahren vor einer Schlichtungsbehörde – im Kanton Zürich vor den Friedensrichtern (§ 52 GOG ZH) – voraus (Art. 197 ZPO).

Der Anspruch kann auch widerklageweise geltend gemacht werden, insbesondere im Verfahren der Arrestprosequierung[1429].

5. Rechtsbegehren

Das Rechtsbegehren kann wie folgt formuliert werden:

«Es sei der Beklagte zu verpflichten, dem Kläger CHF [...] zu bezahlen, unter Kosten- und Entschädigungsfolgen zulasten des Beklagten.»

6. Streitwert

Der Streitwert entspricht der Höhe der Schadenersatzforderung des Geschädigten (Art. 91 ZPO).

1427 BSK SchKG II-Stoffel, Art. 273 N 32.

1428 Für die Klage auf Auferlegung einer Arrestkaution nach durchgeführtem Bewilligungsverfahren ist stets der Arrestrichter zuständig, auch wenn bereits die Arrestprosequierung im Gange ist, BGE 112 III 112, E. 1b.

1429 BGE 47 I 176.

7. Frist

Eine Frist zur Einleitung des Schlichtungsverfahrens sieht das SchKG nicht vor. Zu beachten ist, dass die Arrestschadenersatzklage aufgrund ihrer deliktischen oder deliktsähnlichen Natur nach Art. 60 OR innert eines Jahres verjährt[1430]. Die relative Verjährungsfrist beginnt mit dem Dahinfallen des Arrestes wegen Gutheissung der Einsprache (Art. 278 SchKG), fehlender Arrestprosequierung oder Abweisung der Prosequierungsklage (Art. 280 SchKG) zu laufen. Erst ab diesem Zeitpunkt ist das schädigende Ereignis vollendet und der Schaden feststellbar[1431]. Die absolute Verjährungsfrist von 10 Jahren beginnt am Tage der schädigenden Handlung, mithin der ungerechtfertigten Arrestbewilligung zu laufen[1432].

Kommt es im Rahmen des Schlichtungsverfahrens nicht zu einem Vergleich, einem Klagerückzug oder einer Klageanerkennung, so hat der Kläger innert drei Monaten seit Erteilung der Klagebewilligung Klage beim zuständigen Gericht einzureichen (Art. 209 ZPO).

8. Streitgenossenschaft, Intervention

Streitgenossenschaft und Nebenintervention sind nach den Art. 70–72 ZPO und Art. 74–77 ZPO zulässig.

9. Streitverkündung

Sodann ist eine Streitverkündung i.S.v. Art. 78–80 ZPO möglich.

10. Beweislast

Es gelten die üblichen Beweislastregeln des Haftpflichtrechts. Der Geschädigte (der Schuldner oder ein Dritter) hat den Schaden, die Widerrechtlichkeit des Arrestes sowie den Kausalzusammenhang zu beweisen[1433].

1430 BGE 64 III 107.
1431 BSK SchKG II-Stoffel, Art. 273 N 27.
1432 BSK SchKG II-Stoffel, Art. 273 N 27.
1433 KUKO SchKG-Meier-Dieterle, Art. 273 N 8; BSK SchKG II-Stoffel, Art. 273 N 26.

11. Beweismass

Da die Arrestschadenersatzklage eine materiell-rechtliche Klage ist, hat der Arrestschuldner oder der Dritte den vollen Beweis zu erbringen. Glaubhaftmachung genügt nicht.

12. Beweismittel

Es sind alle Beweismittel gemäss den Art. 168–193 ZPO zulässig.

13. Urteil

Das gutheissende Urteil verpflichtet den Arrestgläubiger zur Bezahlung der Schadenersatzforderung. Wurde vom Gläubiger eine Arrestkaution geleistet, verfällt diese bis zur Höhe des zugesprochenen Schadenersatzes dem Kläger[1434].

14. Klageanerkennung, Klagerückzug, Vergleich

Klageanerkennung, Klagerückzug und Vergleich sind zulässig. Sie haben die Wirkung eines rechtskräftigen Entscheides (Art. 241 Abs. 2 ZPO).

15. Rechtsmittel

Der erstinstanzliche Entscheid über die Arrestschadenersatzklage ist bei einem Streitwert von mindestens CHF 10 000 mit Berufung (Art. 308 Abs. 2 ZPO), bei einem tieferen Streitwert mit Beschwerde (Art. 319 ZPO) an die kantonale Rechtsmittelinstanz weiterzuziehen. Als solche amtet im Kanton Zürich das Obergericht (§ 48 GOG ZH).

Gegen Entscheide letzter kantonaler Instanzen ist bei einem Streitwert von mindestens CHF 30 000 (Art. 74 Abs. 1 lit. b BGG) oder bei Rechtsfragen von grundsätzlicher Bedeutung (Art. 74 Abs. 2 lit. a BGG) die Beschwerde in Zivilsachen (Art. 72 ff. BGG) zulässig. Andernfalls ist die subsidiäre Verfassungsbeschwerde i.S.v. Art. 113 ff. BGG zu ergreifen, wobei sich die Prüfung des Entscheides hier auf Willkür (Art. 9 BV) beschränkt.

1434 Amonn/Walther, § 51 N 86.

§ 31 Einsprache gegen den Arrestbefehl (Art. 278 SchKG)

Literatur: ARTHO VON GUNTEN YVONNE, Die Arresteinsprache, Diss. Zürich 2001; MEIER-DIETERLE FELIX C., Formelles Arrestrecht – eine Checkliste, AJP 2002, 1224–1237; MEIER-DIETERLE FELIX C./CRESTANI REMO, Die schweizweite Zuständigkeit im Arrestvollzug, AJP 2015, 1122–1128; OTTOMANN RUDOLF, Der Arrest, in MEIER ISAAK (Hrsg.), Aktuelle Fragen des Schuldbetreibungs-und Konkursrechts nach revidiertem Recht, 1996, ZSR Sonderdruck, 55 ff.; REISER HANS/ JENT-SØRENSEN INGRID, Exequatur und Arrest im Zusammenhang mit dem revidierten Lugano-Übereinkommen, SJZ 107 (2011) 453–459.

I. Materielles

1. Allgemeines

Das Einspracheverfahren stellt den zweiten Teil des Arrestbewilligungsverfahrens dar und trägt dem Grundsatz Rechnung, dass über jede superprovisorische Massnahme nach Anhörung der beklagten Partei neu zu entscheiden ist (Art. 265 Abs. 2 ZPO). Da das Arrestbewilligungsverfahren nach Art. 272 SchKG ohne Anhörung des Schuldners erfolgt, wird dem Schuldner und den in ihren Rechten tangierten Dritten mit dem Einspracheverfahren die Möglichkeit eröffnet, sich zur bereits erteilten Arrestbewilligung nachträglich zu äussern. Der Arrestrichter überprüft nicht seinen Arrestbewilligungsentscheid, sondern entscheidet erneut mit voller Kognition über sämtliche Voraussetzungen der Arrestbewilligung[1435]. Gegenstand des Einspracheverfahrens sind mithin alle Prozessvoraussetzungen sowie alle materiellen Arrestvoraussetzungen[1436].

Als Einsprachegründe kommt etwa Folgendes in Betracht[1437]:

- Unglaubhaftigkeit einer Arrestvoraussetzung, z.B. von Bestand, Höhe oder Fälligkeit der Forderung; fehlende, dem Schuldner gehörende Vermögenswerte; fehlender Arrestgrund[1438]. Zu beachten ist, dass der Einsprecher nur rügen kann,

1435 MEIER-DIETERLE, 1230.

1436 KUKO SchKG-MEIER-DIETERLE, Art. 278 N 5 und 11.

1437 Vgl. auch BSK SchKG II-REISER, Art. 278 N 8 ff.

1438 Erklärt das Vollstreckungsgericht i.S.v. Art. 39 LugÜ die in einem anderen Vertragsstaat ergangene Entscheidung als vollstreckbar und erlässt es gestützt darauf einen Arrestbefehl nach Art. 47 Abs. 2 LugÜ, so kann der Schuldner die Vollsteckbarerklärung nicht mittels Einsprache bestreiten.

der Arrestgläubiger habe die Arrestvoraussetzungen nicht *glaubhaft gemacht*. Bestreitet der Schuldner beispielsweise, Eigentümer von Arrestgegenständen zu sein, so erfolgt die Abklärung der tatsächlichen Eigentumsverhältnisse im Widerspruchsverfahren[1439]. Auch der endgültige Entscheid über Bestand und Fälligkeit der Forderung ist nicht Gegenstand des Einspracheverfahrens[1440]. Dieselben Grundsätze gelten auch für das Rechtsmittelverfahren gegen den Arresteinspracheentscheid[1441];

- Einrede der Pfandsicherheit;
- Einrede der Tilgung, Stundung und Verjährung[1442];
- Fehlen einer Prozessvoraussetzung, z.B. mangelnde örtliche oder sachliche Zuständigkeit oder mangelnde Partei- und Prozessfähigkeit[1443];
- Einrede fehlenden neuen Vermögens, wenn die Forderung auf einem Konkursverlustschein beruht (Art. 265a SchKG);
- Einrede der Rechtsmissbräuchlichkeit des Arrestbefehls[1444];
- Begehren um Auferlegung oder Neufestsetzung einer Arrestkaution;
- Einwände gegen die Vollstreckbarerklärung eines ausländischen *Nicht-LugÜ-Urteils* bei einem Arrest i.S.v. Art. 271 Abs. 1 Ziff. 6 i.V.m. Art. 271 Abs. 3 SchKG[1445].

Nicht Gegenstand der Einsprache sind Einwände gegen die Vollstreckbarerklärung eines *neurechtlichen LugÜ-Urteils* bei einem Arrest i.S.v. Art. 271 Abs. 1 Ziff. 6 i.V.m. Art. 271 Abs. 3 SchKG. Solche Einwendungen sind direkt mit der Beschwerde nach Art. 327a ZPO i.V.m. Art. 43 LugÜ geltend zu machen.

2. Verhältnis zur Aufsichtsbeschwerde und zum Widerspruchsverfahren

Während sich die Einsprache gegen den Arrestbefehl als solchen richtet, sind Rügen gegen den Arrestvollzug mit betreibungsrechtlicher Beschwerde gemäss Art. 17 SchKG geltend zu machen[1446].

Entsprechend sind etwa folgende Rügen mit der betreibungsrechtlichen Beschwerde zu erheben[1447]:

1439 BGE 5A_697/2010, E. 3.
1440 BGE 5A_306/2010, E. 4.1.
1441 BGE 5A_697/2010, E. 3.
1442 Staehelin, Rz. 29.
1443 BGE 64 III 1279; BGE 66 III 71.
1444 BGE 5A_947/2012, E. 4; BGE 5A_812/2010, E. 3.2.2; BGE 105 III 18.
1445 BGE 139 III 135, E. 4.5.2.
1446 Meier-Dieterle, 1232 f.
1447 Amonn/Walther, § 51 N 76; KUKO SchKG-Meier-Dieterle, Art. 275 N 12.

- beschränkte Pfändbarkeit der Vermögenswerte, da diese Frage hauptsächlich den Arrestvollzug betrifft;
- Unpfändbarkeit der Vermögenswerte, so gemäss Bundesgericht etwa die Frage, ob eine Genugtuungsleistung gemäss Art. 92 Abs. 1 Ziff. 9 SchKG pfändbar ist[1448]. In der Lehre ist die Frage, ob die Unpfändbarkeit mit Beschwerde oder Einsprache geltend zu machen ist, allerdings umstritten[1449];
- Arrestvollzug durch ein unzuständiges Betreibungsamt;
- Vollzug eines von einer unzuständigen Behörde erlassenen Arrestbefehls;
- verspäteter oder unrichtiger Arrestvollzug;
- Vollzug eines formell ungenügenden Arrestbefehls (vgl. Art. 274 Abs. 2 SchKG);
- Arrestbefehl gegen einen verstorbenen Schuldner;
- Verarrestierung von mehr Vermögenswerten als zur Sicherung der Gläubigerforderung nötig wäre[1450];
- Verarrestierung eines im Arrestbefehl nicht genannten Vermögenswertes.

Bestreitet der Schuldner, Eigentümer der auf seinen Namen verarrestierten Gegenstände zu sein, so ist dies nicht mit der Einsprache, sondern im Widerspruchsverfahren geltend zu machen[1451]. Hingegen ist der Dritteigentümer, welcher an der verarrestierten Sache eigene Rechte behauptet, zur Einsprache legitimiert[1452]. Wird seine Einsprache abgewiesen und der Arrest bestätigt, so kann der Dritteigentümer noch immer das Widerspruchsverfahren anheben. Dies hat innert angemessener Frist seit Kenntnis des Arrestvollzuges zu erfolgen, da bei grob fahrlässiger Verzögerung die Verwirkung dieses Rechts droht[1453].

3. Rechtsnatur

Das Arrestbewilligungsverfahren ist rein betreibungsrechtlicher Natur.

4. Aktiv- und Passivlegitimation

Zur Einsprache *legitimiert* ist nach Art. 278 Abs. 1 SchKG, «wer durch einen Arrest in seinen Rechten betroffen ist». Die Einsprachelegitimation ist Pro-

1448 BGE 5A_389/2014.

1449 Die Einsprache bejahend: BSK SchKG II-Reiser, Art. 278 N 14; a.M. Amonn/Walther, § 51 N 76, der auch bei Unpfändbarkeit der Vermögenswerte die betreibungsrechtliche Beschwerde für anwendbar erklärt.

1450 BGE 5A_947/2012, E. 4; BGE 5A_812/2010, E. 3.2.2; BGE 120 III 42; BGE 120 III 49.

1451 BGE 5A_697/2010, E. 3.

1452 BGE 5A_660/2009, E. 3.3.

1453 BGE 5A_25/2014, E. 5.2; BGE 5A_925/2012; BGE 5A_15/2013, E. 4.4.

zessvoraussetzung, deren Fehlen einen Nichteintretensentscheid zur Folge hat[1454].

Legitimiert sind neben dem Arrestschuldner auch der Dritte, der am Arrestobjekt eigene Rechte geltend macht[1455], ein allfälliger Drittverwahrer der Arrestgegenstände sowie der Drittschuldner[1456]. Letzterer dürfte allerdings nur dann legitimiert sein, wenn seine Betroffenheit über die Anweisung, nicht mehr befreiend an den Schuldner leisten zu können (Art. 99 SchKG), hinausgeht[1457]. Dies kann etwa dann gegeben sein, wenn wegen der unklaren Formulierung im Arrestbefehl ein Schaden entstehen kann. Umstritten ist, ob der Drittschuldner auch ohne eine solche besondere Betroffenheit die Nichtigkeit des Arrestbefehls (z.B. wegen örtlicher Unzuständigkeit) geltend machen kann[1458].

Nicht zur Einsprache legitimiert sind das Betreibungsamt[1459] sowie der Gläubiger, dessen Arrestgesuch abgewiesen wurde. Er kann den Bewilligungsentscheid mit Beschwerde nach Art. 319 ff. ZPO anfechten. Die herrschende Lehre fordert, dass der Arrestgläubiger mit der Einsprache wenigstens die Aufhebung oder Reduktion der ihm auferlegten Arrestkaution verlangen kann[1460]. Derzeit hat er auch dieses Begehren mit der Beschwerde geltend zu machen[1461]. Immerhin kann sich der Gläubiger gegen die Arrestkaution im Rahmen eines vom Schuldner oder einem betroffenen Dritten eingeleiteten Einspracheverfahrens zur Wehr setzen[1462].

Passivlegitimiert ist der Gläubiger. Da es sich beim Einspracheverfahren um den zweiten Teil des Arrestbewilligungsverfahrens handelt, bleibt der Gläubiger aber in der Kläger- und der Einsprecher in der Beklagtenrolle[1463].

1454 BSK SchKG II-Reiser, Art. 278 N 20.

1455 BGE 5A_364/2012, E. 8.3; BGE 5A_660/2009, E. 3.3; dem Drittansprecher steht bei Misslingen der Einsprache noch das Widerspruchsverfahren offen.

1456 Amonn/Walther, § 51 N 65; a.M. für den Drittschuldner: BSK SchKG II-Reiser, Art. 278 N 24.

1457 KUKO SchKG-Meier-Dieterle, Art. 278 N 2.

1458 BSK SchKG EB-Bauer, Art. 278 ad N 24.

1459 BSK SchKG II-Reiser, Art. 278 N 26.

1460 Artho von Gunten, 31; BSK SchKG II-Reiser, Art. 278 N 26; KUKO SchKG-Meier-Dieterle, Art. 278 N 3.

1461 KUKO SchKG-Meier-Dieterle, Art. 272 N 26a.

1462 BGE 126 III 485.

1463 KUKO SchKG-Meier-Dieterle, Art. 278 N 11.

5. Wirkung auf das Arrestverfahren

Die Einsprache hat keine aufschiebende Wirkung (Art. 278 Abs. 4 SchKG), der Arrest bleibt bis zu ihrer Erledigung bestehen. Immerhin laufen die Prosequierungsfristen während der Dauer des Einspracheverfahrens (inkl. dessen Weiterziehung) nicht (Art. 279 Abs. 5 Ziff. 1 SchKG). Der Fristenstillstand läuft bis zum Eintritt der Rechtskraft des Einspracheverfahrens[1464].

II. Prozessuales

1. Verfahren

Das Einspracheverfahren erfolgt wie die Arrestbewilligung im summarischen Verfahren (Art. 251 lit. a ZPO), ist im Gegensatz zu dieser aber kontradiktorischer Natur. Der Richter gibt den Beteiligten Gelegenheit zur Stellungnahme und entscheidet ohne Verzug (Art. 278 Abs. 2 SchKG). Wer als «beteiligt» i.S.v. Art. 278 Abs. 2 SchKG gilt, entscheidet das Gericht. Dem Gläubiger und dem Schuldner ist jede Einsprache zur Stellungnahme vorzulegen. Dritten ist die Einsprache stets dann vorzulegen, wenn eine Partei Anträge stellt, welche die Stellung des Dritten im Vergleich zum Arrestbefehl verschlechtern kann[1465]. Die Stellungnahme kann schriftlich oder im Rahmen einer mündlichen Verhandlung erfolgen (Art. 256 Abs. 1 ZPO).

2. Zuständigkeit

Die Arresteinsprache ist an denjenigen Richter zu richten, der den gerügten Arrestbewilligungsentscheid erlassen hat. Das erstinstanzliche Gericht ist auch dann zuständig, wenn der Arrest erst zweitinstanzlich bewilligt wurde[1466].

Vgl. zur örtlichen und sachlichen Zuständigkeit die Ausführungen beim Arrestbewilligungsgesuch.

1464 BGE 129 III 599.
1465 KUKO SchKG-Meier-Dieterle, Art. 278 N 12.
1466 Amonn/Walther, § 51 N 72; BSK SchKG II-Reiser, Art. 278 N 28.

3. Einleitung Verfahren

Die Einsprache wird direkt beim zuständigen Gericht eingereicht und hat schriftlich oder elektronisch mit anerkannter Signatur zu erfolgen (Art. 252 Abs. 2 ZPO analog i.V.m. Art. 130 ZPO). In einfachen oder dringenden Fällen kann sie mündlich beim Gericht zu Protokoll gegeben werden (Art. 252 Abs. 2 ZPO analog). Eine Begründung dürfte nicht erforderlich sein, da der Einsprecher, z.B. der Arrestschuldner, das Arrestbegehren im Zeitpunkt seiner Einsprache noch nicht kennt[1467]. Die Möglichkeit, die Einsprache mündlich oder schriftlich zu begründen (Art. 278 Abs. 2 SchKG), sollte dem Einsprecher in jedem Fall noch nachträglich gewährt werden[1468].

4. Rechtsbegehren

Das Rechtsbegehren kann wie folgt formuliert werden:

«Es seien der Arrestbefehl Nr. […] vom […] sowie dessen Vollzug aufzuheben, unter Kosten- und Entschädigungsfolgen zulasten des Gläubigers.»

5. Streitwert

Der Streitwert bemisst sich nach Bundesrecht (Art. 1 lit. c. i.V.m. Art. 91 ff. ZPO). Ist der Wert der Arrestgegenstände bekannt, so ist dieser für die Festsetzung des Streitwertes entscheidend. In Fällen, bei denen der Wert des Arrestgegenstandes im Zeitpunkt der Anfechtung des Arrests nicht bekannt ist, ist demgegenüber auf die Höhe der zu sichernden Forderung des Arrestgläubigers abzustellen. Letzteres ist beispielsweise bei der Verarrestierung von Bankguthaben der Fall, da die Bank erst nach rechtskräftiger Erledigung der Arresteinsprache zur Auskunft über den Wert der verarrestierten Guthaben verpflichtet ist. Klagt ein Dritter, ist der Wert seiner vom Arrest erfassten Vermögenswerte massgebend[1469].

1467 BSK SchKG II-Reiser, Art. 278 N 28; KUKO SchKG-Meier-Dieterle, Art. 278 N 12; vgl. dazu auch Urteil des Obergerichts Zürich vom 20. Februar 2015 (Geschäftsnr. PS 150016), E. 4.2.3.

1468 Ottomann, 74.

1469 BGE 5A_789/2010; BGE 5A_492/2012; BGE 5A_28/2013, E. 2.4 f.; BGE 5A_493/2012, E. 4.3.2; BGE 5A_171/2014, E. 2.

6. Frist

Die Frist zur Einreichung der Einsprache beträgt zehn Tage (Art. 278 Abs. 1 SchKG). Sie beginnt gemäss Gesetzeswortlaut mit Kenntnis des Betroffenen von der Anordnung des Arrests (Art. 278 Abs. 1 SchKG). Für den *Arrestschuldner* läuft die Frist ab Zustellungsdatum der Abschrift der Arresturkunde (Art. 276 Abs. 2 SchKG), welche durch eingeschriebenen Brief oder gegen Empfangsbestätigung zuzustellen ist (Art. 34 SchKG)[1470]. Dies gilt – Fälle des offenkundigen Rechtsmissbrauchs vorbehalten – unabhängig davon, ob der Schuldner vom Arrest schon vorher Kenntnis erhalten hat, z.B. zufolge Anwesenheit beim Arrestvollzug[1471]. Erfolgte der Arrestvollzug durch mehrere Betreibungsämter, so beginnt die Frist erst zu laufen, wenn das letzte der involvierten Betreibungsämter die Arresturkunde zugestellt hat[1472]. Für den *Dritten,* der Gewahrsam an den Arrestgegenständen hat, beginnt die Frist mit seiner förmlichen Benachrichtigung[1473]. Für den *Drittschuldner* ist auf das Datum der Mitteilung gemäss Art. 99 SchKG abzustellen, dass er rechtsgültig nur noch an das Betreibungsamt leisten könne. Diese Mitteilung ist an keine besondere Form gebunden[1474].

Es handelt sich bei der Einsprachefrist um eine Verwirkungsfrist, die unter den strengen Voraussetzungen von Art. 33 Abs. 2 und 4 SchKG verlängert bzw. wiederhergestellt werden kann.

Gemäss Obergericht des Kantons Zürich muss der Einsprecher die Möglichkeit haben, eine fristgerecht erhobene Einsprache auch noch nach Ablauf der Einsprachefrist zu begründen, hat er vom Arrestbegehren im Zeitpunkt der Einsprache doch regelmässig noch keine genaue Kenntnis nehmen können[1475].

7. Streitgenossenschaft

Erheben mehrere durch denselben Arrest in ihren Rechten Betroffene (z.B. Schuldner und Drittansprecher) eine Einsprache, so kann das Gericht die Verfahren bei gegebenen Voraussetzungen vereinigen (Art. 125 lit. c ZPO).

1470 BGE 135 III 232.
1471 BGE 135 III 232, E. 2; BGE 5P.380/2000.
1472 Meier-Dieterle/Crestani, 1128.
1473 BGE 114 III 118.
1474 BGE 118 III 60.
1475 Urteil des Obergerichts Zürich vom 20. Februar 2015 (Geschäftsnr. PS 150016), E. 4.2.3.

Auf Gläubigerseite ist eine notwendige Streitgenossenschaft möglich, wenn es sich beim Arrestgläubiger um eine vorbestehende Gesamthandschaft (z.B. Erbengemeinschaft) handelt. Sind mehrere Gläubiger solidarisch an einer Forderung berechtigt, wäre auch eine einfache Streitgenossenschaft zulässig.

8. Streitverkündung

Eine Streitverkündung ist nicht möglich: Ein für den Streitverkünder ungünstiges Urteil kann gegenüber dem Streitberufenen keine Wirkung entfalten, weil über materiell-rechtliche Fragen kein endgültiger Entscheid ergeht (Bestand von Forderungen und dem Schuldner gehörenden Arrestgegenständen werden nur glaubhaft gemacht.)

9. Beweislast

Die Beweislast für die Arrestvoraussetzungen trägt der Arrestgläubiger, der Einsprachegegner ist[1476]. Die Einreden und Einwendungen dagegen muss der Einsprecher dartun (Art. 8 ZGB).

Art. 278 Abs. 3 SchKG, welcher gemäss Wortlaut das Novenrecht im Beschwerdeverfahren gegen den Einspracheentscheid regelt, gilt gemäss Bundesgericht auch im Arresteinspracheverfahren[1477]. Zulässig sind demnach mit Sicherheit echte Noven[1478]. Ob auch unechte Noven von Art. 278 Abs. 3 SchKG erfasst sind, hat das Bundesgericht bislang offengelassen[1479] und wird vom Obergericht des Kantons Zürich verneint[1480].

Demnach können – zumindest im Rahmen echter Noven – sämtliche Argumente vorgetragen werden, die den Bewilligungsentscheid zu beeinflussen vermögen. Dem Arrestgläubiger steht es auch frei, sich in rechtlicher Hinsicht auf einen anderen als den im Arrestbewilligungsgesuch geltend gemachten Arrestgrund zu berufen[1481]. Auch der zur Einsprache legitimierte Dritte ist nicht auf diejenigen Einreden beschränkt, die sich aus seiner di-

1476 BSK SchKG II-Reiser, Art. 278 N 38.
1477 BGE 140 III 466, E. 4.2.3.
1478 BGE 140 III 466, E. 4.2.3; ZR 98 (1999) Nr. 58; KUKO SchKG-Meier-Dieterle, Art. 278 N 6.
1479 BGE 140 III 466, E. 4.2.3.
1480 Urteil des Obergerichts Zürich vom 20. Februar 2015 (Geschäftsnr. PS 150016), E. 4.1 und 4.6.
1481 BGE 5A_306/2010, E. 6.1; Amonn/Walther, § 51 N 71.

rekten Betroffenheit ergeben. Immerhin kann jeder Einsprecher nur für sich selbst eine Arrestkaution verlangen[1482].

10. Beweismass

Ein strikter Beweis ist nicht erforderlich. Glaubhaftmachen der Arrestvoraussetzungen seitens des Gläubigers bzw. der Einreden seitens des Einsprechers genügt (Art. 272 Abs. 1 SchKG).

11. Beweismittel

Die Beweismittel sind beschränkt. Der Beweis ist im summarischen Verfahren grundsätzlich durch Urkunden zu erbringen (Art. 254 Abs. 1 ZPO). Andere Beweismittel, wie etwa Zeugenaussagen, sind nur zugelassen, wenn sie das Verfahren nicht wesentlich verzögern (Art. 254 Abs. 2 lit. a ZPO).

Vgl. auch die Ausführungen zu den Beweismitteln beim Arrestbewilligungsgesuch.

12. Urteil

Heisst der Richter die Einsprache gut, wird der Arrest aufgehoben, lehnt er die Einsprache ab, so wird der Arrestbefehl bestätigt. Auch eine Teilgutheissung (z.B. Reduktion der Arrestforderung) ist denkbar[1483].

Im Einspracheverfahren wird über das Vorliegen eines Arrestgrundes endgültig entschieden. Demgegenüber wird betreffend Arrestforderung und zu verarrestierende Vermögenswerte nur deren Wahrscheinlichkeit beurteilt. Entsprechend ergeht über den Bestand der Forderung, das Bestehen eines allfälligen Pfandrechts und die rechtliche Zugehörigkeit der Arrestobjekte zum Schuldnervermögen kein materiell rechtskräftiger Entscheid. Dieser Entscheid wird in einem späteren Verfahren gefällt, etwa im Rahmen des Arrestprosequierungsprozesses oder – bei Drittansprachen – im Rahmen eines Widerspruchsverfahrens[1484]. Der Drittansprecher muss das Widerspruchsverfahren nach Ablauf der Einsprachefrist bzw. nach der rechtskräftigen Erledigung des Einspracheverfahrens innert nützlicher Frist anheben, ansonsten seine Rechte verwirken. Er darf damit nicht bis zur Pfändung zu-

1482 Ottomann, 73.
1483 KUKO SchKG-Meier-Dieterle, Art. 278 N 7.
1484 BSK SchKG II-Reiser, Art. 278 N 3 f.

warten[1485]. Es steht ihm auch frei, auf das Einspracheverfahren zu verzichten und nach seiner Kenntnisnahme des Arrestes direkt Widerspruchsklage anzuheben.

Auch der Entscheid über die Titelqualität eines vom Gläubiger eingereichten Urteils oder einer Schuldanerkennung und die dagegen erhobenen Einreden des Schuldners sind – etwa für den späteren Rechtsöffnungsrichter – nicht bindend.

13. Klageanerkennung, Klagerückzug, Vergleich

Klageanerkennung, Klagerückzug und Vergleich sind zulässig (Art. 219 ZPO i.V.m. Art. 241 Abs. 2 ZPO).

14. Rechtsmittel

Der Einspracheentscheid kann mit Beschwerde nach Art. 319 lit. a ZPO i.V.m. Art. 309 lit. b Ziff. 6 ZPO an die obere kantonale Instanz weitergezogen werden. Die Berufung ist von Gesetzes wegen ausgeschlossen (Art. 309 lit. b Ziff. 6 ZPO). Art. 278 Abs. 4 SchKG hält explizit fest, dass die Weiterziehung die Wirkung des Arrestes nicht hemmt. Diese Bestimmung dürfte eine lex specialis zu Art. 325 Abs. 2 ZPO darstellen, sodass auch der Richter keine aufschiebende Wirkung erteilen kann[1486]. Vor der Rechtsmittelinstanz dürfen nach Art. 278 Abs. 3 SchKG i.V.m Art. 326 Abs. 2 ZPO – zumindest während der Rechtsmittelfrist[1487] – neue Tatsachen geltend gemacht werden. Damit sind primär echte Nova gemeint, mithin Tatsachen, welche nach dem Einspracheentscheid eingetreten sind[1488]. Ob auch früher eingetretene Tatsachen vorgebracht werden dürfen, hat das Bundesgericht bislang offengelassen[1489] und wird vom Obergericht des Kantons Zürich verneint[1490]. Nach der hier vertretenen Meinung sollten unechte Noven zumindest dann zulässig sein, wenn ihr Nichtvorbringen im Einspracheverfahren entschuldbar ist[1491]. Hebt ein oberes kantonales Gericht einen Arresteinspracheentscheid einer

1485 BGE 114 III 92; BGE 5C.209/2006, E. 4.1; Ottomann, 76.

1486 BSK SchKG II-Reiser, Art. 278 N 41.

1487 Nach Ablauf der Rechtsmittelfrist sind die oberen Gerichtsinstanzen nicht verpflichtet, Eingaben mit Noven zuzulassen; BGE 5A_306/2010, E. 3.2; BGE 5A_654/2010, E. 5.2.

1488 BGE 5P.296/2005, E. 4.2.1.

1489 BGE 140 III 466, E. 4.2.3.

1490 Urteil des Obergerichts Zürich vom 20. Februar 2015 (Geschäftsnr. PS 150016), E. 4.1 und 4.6.

1491 Gl.M. Ottomann, 75 f.; BSK SchKG II-Reiser, Art. 278 N 49.

unteren Instanz auf und weist diesen an die Vorinstanz zurück, so gilt vor der Vorinstanz wiederum das Novenrecht nach Art. 278 Abs. 3 SchKG, sodass also echte Noven, die sich nach dem Rückweisungsentscheid zugetragen haben, von der ersten Instanz zu berücksichtigten sind[1492]. Keine Noven können in der Beschwerde gegen die Nichterteilung des Arrestes geltend gemacht werden, da der Gläubiger ein abgewiesenes Arrestbegehren jederzeit neu stellen kann[1493].

Auf Bundesebene steht gegen den Einspracheentscheid die Beschwerde in Zivilsachen offen, sofern der Streitwert über CHF 30 000 beträgt oder eine Rechtsfrage von grundsätzlicher Bedeutung vorliegt. Da es sich beim Arrest um eine vorsorgliche Massnahme handelt, ist lediglich die Verletzung verfassungsmässiger Rechte rügbar (Art. 98 BGG)[1494]. Erreicht der Streitwert nicht CHF 30 000, so bleibt die subsidiäre Verfassungsbeschwerde möglich, welche ebenfalls nur die Rüge der Verletzung von verfassungsmässigen Rechten zulässt (Art. 113 und 116 BGG). Für die Geltendmachung der Verletzung von verfassungsmässigen Rechten gilt ein strenges Rügeprinzip (Art. 106 Abs. 2 BGG)[1495]. In diesem Bereich kommt auch der Grundsatz der gerichtlichen Rechtsanwendung von Amtes wegen nicht zum Tragen[1496]. Für das Novenrecht vor Bundesgericht ist Art. 99 BGG und nicht Art. 278 Abs. 3 SchKG anwendbar[1497].

Da Arrestentscheide nicht in materielle Rechtskraft erwachsen, ist gegen sie keine *Revision* nach Art. 328 ff. ZPO möglich. Sämtliche – aus irgendwelchen Gründen – bis anhin nicht vorgebrachten Tatsachen und Beweismittel können in einem neuen Arrestbegehren vorgebracht werden[1498].

1492 BGE 140 III 466, E. 4.2.4.
1493 Urteil des Obergerichts Zürich vom 18. Dezember 2014 (Geschäftsnr. 140 239), E. 1.2.
1494 BGE 5A_832/2015, E. 2; BGE 5A_818/2014, E. 1.2; BGE 135 III 232 ff.; BGE 133 III 589.
1495 BGE 133 III 638; BGE 133 III 639.
1496 BGE 5A_581/2012, E. 2.
1497 BGE 5A_409/2010, E. 1.3.
1498 BGE 5A_59/2012, E. 3.2.3.

§ 32 Arrestprosequierungsklage (Art. 279 SchKG)

Literatur: LAZOPOULOS MICHAEL, Arrestrecht – die wesentlichen Änderungen im Zusammenhang mit dem revidierten LugÜ und der Schweizerischen ZPO, AJP 2011, 608–618; MEIER-DIETERLE FELIX C., Formelles Arrestrecht – eine Checkliste, AJP 2002, 1224–1237; MEIER-DIETERLE FELIX C./CRESTANI REMO, Die schweizweite Zuständigkeit im Arrestvollzug, AJP 2015, 1122–1128; REISER HANS, Überblick über die Arrestrevision 2009, SJZ 106 (2010) 333–337; STAEHELIN DANIEL, Neues Arrestrecht ab 2011, in: Jusletter 11. Oktober 2010.

I. Materielles

1. Allgemeines

Der Arrest fällt dahin, wenn er nicht innert Frist prosequiert (weiterverfolgt) wird (Art. 280 SchKG). Die Prosequierung kann entweder durch Klageanhebung (Arrestprosequierungsklage) und anschliessende Betreibung oder direkt durch Betreibung erfolgen (Art. 279 Abs. 1 SchKG)[1499]. Der Gläubiger muss das Verfahren aber auch für jeden weiteren Schritt ohne Unterbruch vorantreiben. Sämtliche Verfahrensschritte des Einleitungsverfahrens müssen innert einer Frist von zehn Tagen vorgenommen werden, ansonsten der Sicherungsbeschlag nachträglich dahinfällt[1500]. Der Arrest fällt mangels einer prosequierbaren Betreibung auch dann dahin, wenn der Zahlungsbefehl nicht zugestellt werden kann und der Gläubiger dagegen nichts unternimmt[1501]. Der Schuldner kann vom Betreibungsamt jederzeit eine Bescheinigung des Wegfalls des Arrestes verlangen[1502]. Die Betreibung selber wird vom Wegfall nicht tangiert. Der Wegfall des Arrestes hat einzig zur Folge, dass der Schuldner bis zum Zeitpunkt des Pfändungs- bzw. Konkursbeschlags wieder frei über seine Vermögenswerte verfügen kann[1503].

Hat der Gläubiger gehörig prosequiert und eine definitive Beseitigung des Rechtsvorschlages erwirkt, muss er binnen 20 Tagen das Fortsetzungsbegehren stellen (Art. 279 Abs. 3 SchKG). Mit der definitiven Pfändung bzw. der

1499 BGE 121 III 184.
1500 KUKO SchKG-MEIER-DIETERLE, Art. 279 N 12.
1501 BGE 5A_288/2012, E. 4.1.
1502 BGE 93 III 72; BGE 106 III 92.
1503 BGE 5P.265/2005, E. 4.1; AMONN/WALTHER, § 51 N 91.

Aufnahme der Vermögensgegenstände ins Güterverzeichnis oder ins Konkursinventar wird der Arrestbeschlag durch den Pfändungs- bzw. den Konkursbeschlag ersetzt[1504].

Der Arrest ist nur prosequiert, wenn die Prosequierung diejenige Forderung betrifft, für welche der Arrest bewilligt wurde[1505]. Andernfalls fällt der Arrest wie bei Nichteinhalten der Prosequierungsfristen dahin. Eine weitere Arrestlegung von zusätzlichen Vermögensstücken für dieselbe Forderung bedarf einer erneuten Prosequierung. Demgegenüber ist eine erneute Prosequierung nicht nötig, wenn dieselben Vermögenswerte ein weiteres Mal verarrestiert werden[1506].

Wird der Arrest durch *Betreibung* prosequiert und hat ein Arrestgericht für dieselbe Forderung Vermögenswerte des Schuldners an verschiedenen Orten verarrestiert, so stellt sich die Frage, ob der Gläubiger die in mehreren Betreibungskreisen vollzogenen Arreste mit einer einzigen Betreibung am Ort des Arrestgerichts prosequieren kann oder ob er bei jedem Betreibungsamt, das einen Arrest vollzogen hat, eine separate Betreibung einleiten muss. Nach der hier vertretenen Auffassung sollte eine Betreibung zur Prosequierung sämtlicher Arreste genügen[1507]. Bis zur Klärung dieser Frage durch das Bundesgericht[1508] tut ein Arrestgläubiger aber gut daran, die in verschiedenen Betreibungskreisen vollzogenen Arreste je mit einzelnen Betreibungen zu prosequieren.

Mit der *Arrestprosequierungsklage* wird über den Bestand und die Höhe der Arrestforderung entschieden. Deshalb ist die Prosequierung durch Klage beim Arrestgrund von Art. 271 Abs. 1 Ziff. 6 SchKG ausgeschlossen. Hier liegt bereits ein vollstreckbarer Entscheid über den Bestand und die Höhe der Arrestforderung vor. Die Arrestprosequierungsklage findet somit nur in den Fällen Anwendung, in denen ein Arrest gestützt auf einen Arrestgrund gemäss Art. 271 Abs. 1 Ziff. 1–5 SchKG gelegt worden ist. Nachfolgend wird auf diese Fälle bzw. die Arrestprosequierungsklage eingegangen.

2. Rechtsnatur

Die Arrestprosequierungsklage ist eine rein materiell-rechtliche Klage.

1504 BGE 129 III 391; BGE 130 III 661, E. 1.3.
1505 BGE 220/2013, E. 5.2; BGE 110 III 97.
1506 BGE 5A_220/2013, E. 5.3.
1507 A.M. CJ GE, SJ 2015, 49 ff., E. 2.
1508 Die Frage wurde in BGE 5A/846_2013 offengelassen.

3. Aktiv- und Passivlegitimation

Aktivlegitimiert ist der Arrestgläubiger, passivlegitimiert der Arrestschuldner.

II. Prozessuales

1. Verfahren

Der Prosequierungsprozess wird abhängig vom Streitwert entweder im ordentlichen (Streitwert > CHF 30 000; Art. 219 ff. ZPO) oder im vereinfachten Verfahren (Streitwert ≤ CHF 30 000; Art. 243 ff. ZPO) durchgeführt.

2. Örtliche Zuständigkeit

Die örtliche Zuständigkeit der Arrestprosequierungsklage richtet sich nach den allgemeinen Bestimmungen in den Art. 10–45 ZPO i.V.m. Art. 46 ZPO. Einen speziellen Gerichtsstand am Arrestort sieht die ZPO nicht vor. Eine Gerichtsstandsvereinbarung zwischen Gläubiger und Schuldner ist auch für die Arrestprosequierungsklage bindend[1509].

Im Anwendungsbereich des LugÜ muss die Klage an einem nach dem Abkommen zugelassenen Gerichtsstand nach Art. 2 ff. LugÜ erhoben werden. Der Gerichtsstand des Arrestortes ist nach Art. 3 Abs. 2 LugÜ i.V.m. Anhang I LugÜ ausdrücklich ausgeschlossen. Im Anwendungsbereich des IPRG gilt für die Arrestprosequierungsklage der subsidiäre Gerichtsstand am Arrestort, sofern in der Schweiz kein anderer Gerichtsstand gegeben ist (Art. 4 IPRG). Hier kann die gesamte Forderung eingeklagt werden, für welche der Arrest bewilligt wurde. Dies gilt auch dann, wenn der Wert der verarrestierten Vermögenswerte nur einen geringen Teil der Forderung ausmacht[1510]. Die Zuständigkeit am Arrestort nach Art. 4 IPRG entfällt allerdings, wenn sich der Arrest als leer erweist, d.h., überhaupt keine Vermögensgegenstände verarrestiert werden konnten[1511].

1509 BGE 118 II 188, E. 3a.
1510 BGE 117 II 90.
1511 KUKO SchKG-Meier-Dieterle, Art. 279 N 11.

3. Sachliche Zuständigkeit

Die allgemeinen kantonalen zivilprozessualen Normen bestimmen die sachliche Zuständigkeit (Art. 3 und 4 ZPO). Im Kanton Zürich ist je nach Streitwert das Einzelgericht (Streitwert ≤ CHF 30 000; § 24 lit. a GOG ZH; auch als Arbeits- oder Mietgericht, § 25 oder § 26 GOG ZH) oder das Kollegialgericht (Streitwert > CHF 30 000; § 19 GOG ZH; auch als Arbeits- oder Mietgericht, § 20 oder § 21 GOG ZH) zuständig. Sodann kann im Kanton Zürich auch das Handelsgericht gemäss § 44 GOG ZH oder das Obergericht nach § 43 GOG ZH sachlich zuständig sein, sofern die Voraussetzungen erfüllt sind.

Schliesslich kann auch ein Schiedsgericht sachlich zuständig sein, wenn es gültig vereinbart worden ist. Alsdann muss der Gläubiger innert zehn Tagen die notwendigen Vorkehren für die Bezeichnung der Schiedsrichter treffen und nach Konstituierung des Schiedsgerichts innert weiterer zehn Tagen Klage einleiten[1512].

4. Einleitung Verfahren

Die Klage ist nach Art. 197 i.V.m. Art. 202 ZPO bei der Schlichtungsbehörde einzuleiten[1513].

5. Rechtsbegehren

Das Rechtsbegehren könnte wie folgt lauten:

«Der Beklagte sei zu verpflichten, dem Kläger CHF [...] zuzüglich Zins von [...]% seit [...] zu bezahlen, unter Kosten- und Entschädigungsfolgen zulasten des Beklagten.»

6. Streitwert

Der Streitwert richtet sich nach der Höhe der Forderung des Gläubigers (Art. 91 ZPO). Fremdwährungsforderungen sind bereits anlässlich des Arrestgesuches zum damaligen Tageskurs in CHF umzurechnen. Dieser Betrag bleibt für die Arrestprosequierung massgebend[1514].

1512 BGE 112 III 120; Meier-Dieterle, 1231.

1513 Entscheid des Kantonsgerichts Basel-Landschaft vom 25. November 2014 (Geschäftsnr. 410 14 246).

1514 BGE 5A_197/2012, E. 2.1.

7. Frist

Die Frist zur Arrestprosequierungsklage beträgt zehn Tage. Es handelt sich um eine Verwirkungsfrist, die unter den strengen Voraussetzungen von Art. 33 Abs. 2 und 4 SchKG verlängert bzw. wiederhergestellt werden kann. Die Frist läuft ab Zustellung der Arresturkunde an den Gläubiger (Art. 279 Abs. 1 i.V.m. Art. 276 Abs. 2 SchKG). Wird der Arrest an verschiedenen Orten gelegt, so sollte die Prosequierungsfrist erst beginnen, wenn der Gläubiger alle entsprechenden Arresturkunden erhalten hat[1515]. Dabei sollte eine *einzige* Prosequierung für alle Arrestbefehle genügen[1516].

Die zehntägige Frist steht in folgenden Fällen still:

- *während der Dauer eines Einspracheverfahrens (Art. 279 Abs. 5 Ziff. 1 SchKG).* Da die Prosequierungsfrist und die Einsprachefrist identisch sind, ist der Gläubiger durch diese Suspendierung allerdings nicht von der Einleitung des ersten Prosequierungsschrittes entbunden. Er muss, um nicht säumig zu sein, die Prosequierungshandlung vornehmen, noch bevor er weiss, ob der Schuldner oder ein Dritter Einsprache erheben[1517].
- *bei Weiterziehung des Einspracheentscheids (Art. 279 Abs. 5 Ziff. 1 SchKG).* Die Frist beginnt nach der hier vertretenen Auffassung erst mit einem allfälligen Entscheid des Bundesgerichts wieder zu laufen[1518].
- *während eines Exequaturverfahrens nach dem LugÜ und bei Weiterziehung des Exequaturentscheides (Art. 279 Abs. 5 Ziff. 2 SchKG).* Für Gläubiger, welche über eine vollstreckbar erklärte Entscheidung verfügen und gemäss LugÜ einen Arrest gegen den Schuldner erwirkt haben, beginnen die Prosequierungsfristen erst mit rechtskräftigem Entscheid über die Vollstreckbarerklärung. Dieser Stillstand gilt nur für die Prosequierung durch Betreibung. Eine Prosequierungsklage ist ausgeschlossen, da bereits ein vollstreckbarer Entscheid vorliegt.
- *Gemäss Rechtsprechung während der Dauer eines Widerspruchsverfahrens,* wenn der Gerichtsstand für die Klage nur nach Art. 4 IRPG besteht und insofern vom Ausgang des Widerspruchsverfahrens abhängt, als der Dritte am einzigen Arrestgegenstand Eigentum beansprucht[1519].

Hatte der Gläubiger schon vor der Arrestbewilligung gegen den Schuldner Klage eingeleitet, so gilt diese als Prosequierungsklage[1520].

1515 Meier-Dieterle/Crestani, 1128; Reiser, 336; Staehelin, Rz. 48; a.M. Lazopoulos, 617 f.

1516 Staehelin, Rz. 48.

1517 BGE 126 III 293; BGE 129 III 599, E. 2.

1518 A.M. Amonn/Walther, § 51 N 89; BSK SchKG II-Reiser, Art. 279 N 2, wonach die Frist bereits mit dem kantonalen Beschwerdeentscheid wieder zu laufen beginnt.

1519 BGE 108 III 36.

1520 BGE 135 III 551, E. 2.3; BGE 93 III 72, E. 2.

Kommt es im Rahmen der Schlichtungsverhandlung nicht zu einer Einigung und erteilt das Gericht dem Kläger die Klagebewilligung (Art. 209 Abs. 1 ZPO), so beträgt die Frist zur Einreichung der Klage beim Gericht nicht drei Monate, sondern wiederum zehn Tage (Art. 209 Abs. 4 ZPO i.V.m. Art. 279 Abs. 1 SchKG)[1521].

8. Streitgenossenschaft, Intervention

Streitgenossenschaft und Nebenintervention sind nach den Art. 70–72 ZPO und Art. 74–77 ZPO zulässig.

9. Streitverkündung

Sodann ist eine Streitverkündung i.S.v. Art. 78–80 ZPO möglich.

10. Beweislast

Der Gläubiger und Prosequierungskläger trägt die volle Beweislast für den Bestand und die Höhe seiner Forderung.

11. Beweismass

Da die Arrestprosequierungsklage eine materiell-rechtliche Klage ist, hat der Gläubiger den vollen Beweis zu erbringen. Glaubhaftmachung genügt nicht.

12. Beweismittel

Es sind alle Beweismittel gemäss den Art. 168–193 ZPO zulässig.

13. Urteil

Wird die Arrestprosequierungsklage gutgeheissen, so hat der Gläubiger innert zehn Tagen seit Eröffnung des rechtskräftigen Urteils die Prosequierungsbetreibung anzuheben und jeweils nach Massgabe von Art. 279 Abs. 2 und 3 SchKG rechtzeitig weiterzuführen. Wird die Klage rechtskräftig abge-

1521 BSK SchKG II-Reiser, Art. 279 N 14.

wiesen oder zurückgezogen, so fällt der Arrest dahin (Art. 280 Ziff. 2 und 3 SchKG)[1522].

14. Klageanerkennung, Klagerückzug, Vergleich

Klageanerkennung, Klagerückzug und Vergleich sind zulässig und haben die Wirkung eines rechtskräftigen Entscheides (Art. 241 Abs. 2 ZPO).

15. Rechtsmittel

Der erstinstanzliche Entscheid des Prosequierungsrichters ist bei einem Streitwert von mindestens CHF 10 000 mit Berufung (Art. 308 Abs. 2 ZPO), bei einem tieferen Streitwert mit Beschwerde (Art. 319 ff. ZPO) an die kantonale Rechtsmittelinstanz weiterzuziehen. Als solche amtet im Kanton Zürich das Obergericht (§ 48 GOG ZH).

Gegen Entscheide letzter kantonaler Instanzen ist bei einem Streitwert von mindestens CHF 30 000 (Art. 74 Abs. 1 lit. b BGG) oder bei Rechtsfragen von grundsätzlicher Bedeutung (Art. 74 Abs. 2 lit. a BGG) die Beschwerde in Zivilsachen (Art. 72 ff. BGG) zulässig. Andernfalls ist die subsidiäre Verfassungsbeschwerde i.S.v. Art. 113 ff. BGG zu ergreifen, wobei sich die Prüfung des Entscheides hier auf Willkür (Art. 9 BV) beschränkt.

1522 Amonn/Walther, § 51 N 98.

7. Kapitel

Klagen in den besonderen Bestimmungen über Miete und Pacht

§ 33 Klage auf Rückschaffung von Retentionsgegenständen (Art. 284 SchKG)

Literatur: WALDER HANS ULRICH, Zum Retentionsrecht der Gemeinschaft der Stockwerkeigentümer, SJZ 87 (1991) 357–358.

I. Materielles

1. Allgemeines

Vermietern und Verpächtern von Geschäftsräumen steht zur Sicherung ihrer Miet- und Pachtzinsforderungen ein Retentionsrecht an den beweglichen Sachen zu, welche sich in den betreffenden Räumlichkeiten befinden (Art. 268 Abs. 1 und Art. 299c OR). Der Gemeinschaft der Stockwerkeigentümer wird dasselbe Retentionsrecht für ihre Beitragsforderungen zugestanden (Art. 712k ZGB)[1523], den Gast- und Stallwirten für ihre Forderungen aus Beherbergung und Unterkunft (Art. 491 OR).

Das Verfahren zur Geltendmachung des Retentionsrechts ist in Art. 283 SchKG geregelt. Danach nimmt das Betreibungsamt auf Antrag des Gläubigers ein Verzeichnis der dem Retentionsrecht unterliegenden Gegenstände auf und setzt ihm alsdann eine Prosequierungsfrist von zehn Tagen zur Anhebung der Betreibung auf Pfandverwertung an (Art. 283 Abs. 3 SchKG).

Werden im Retentionsverzeichnis aufgenommene Gegenstände von der Mieterpartei fortgeschafft, so kann der Gläubiger sie jederzeit und bedingungslos vom Betreibungsamt zurückschaffen lassen[1524]. Werden hingegen Gegenstände fortgeschafft, welche noch nicht im Retentionsverzeichnis aufgenommen sind und daher noch nicht dem Retentionsbeschlag unterliegen, so sind für deren Rückschaffung die Voraussetzungen und das Verfahren von Art. 284 SchKG einzuhalten. Das Rückschaffungsrecht von Art. 284 SchKG bezweckt die Wiederbegründung des materiellen Retentionsrechts[1525], da dieses mit Entfernung der noch nicht im Retentionsverzeichnis aufgenommenen Gegenstände untergeht.

1523 Zum Gegenstand des Retentionsrechts WALDER, 358.
1524 BGE 104 III 26, E. 1; BGE 97 III 77, E. 1a.
1525 FRITZSCHE/WALDER, Bd. II, § 63 Fn. 81.

Die Ausübung des Rückschaffungsrechts nach Art. 284 SchKG setzt zunächst voraus, dass der Mieter oder ein Dritter[1526] die Gegenstände heimlich oder gewaltsam fortgeschafft hat[1527]. Weiter ist vorausgesetzt, dass der Gläubiger die Rückschaffung der Gegenstände fristgerecht beim Betreibungsamt am Ort des Mietobjekts beantragt[1528]. Das Begehren muss innert zehn Tagen seit der Fortschaffung der Gegenstände gestellt werden, ansonsten das Rückschaffungsrecht verwirkt[1529]. Allenfalls kann die Frist nach Art. 33 Abs. 4 SchKG wiederhergestellt werden, wenn der Gläubiger von der Fortschaffung keine Kenntnis hatte[1530]. Gelingt es dem Retentionsgläubiger, die genannten Voraussetzungen glaubhaft zu machen, so ordnet das Betreibungsamt die Rückschaffung der Gegenstände an, die – wenn nötig – auch mit Polizeigewalt durchgesetzt werden kann (Art. 284 SchKG). Anstelle der Rückschaffung kann das Betreibungsamt die Gegenstände auch in amtliche Verwahrung nehmen oder vom Schuldner eine entsprechende Sicherheitsleistung verlangen[1531].

Streitigkeiten über die Rückschaffung der Retentionsgegenstände können je nach Rügegrund im betreibungsrechtlichen Beschwerdeverfahren oder im ordentlichen Prozess ausgetragen werden.

2. Verhältnis zur Aufsichtsbeschwerde und zum Widerspruchsverfahren

Die Anordnung der Rückschaffung durch das Betreibungsamt, die Rückschaffung selbst sowie die übliche Ansetzung einer kurzen Frist an den Mieter zur freiwilligen Rückgabe stellen beschwerdefähige Verfügungen dar[1532]. Im *Beschwerdeverfahren* kann auch die vom Retentionsgläubiger glaubhaft gemachte Darstellung des Vermieters entkräftet und beispielsweise über die Frage entschieden werden, ob die Retentionsgegenstände heimlich bzw. gewaltsam weggeschafft wurden[1533]. Schliesslich kann der Retentionsschuldner

1526 BGE 101 II 91, E. 2.

1527 Zu den Begriffen «heimlich» und «gewaltsam» vgl. BSK SchKG II-Schnyder/Wiede, Art. 284 N 7 f.

1528 BGE 52 III 33, E. 2.

1529 BSK SchKG II-Schnyder/Wiede, Art. 284 N 10.

1530 KUKO SchKG-Rohner, Art. 284 N 4; Amonn/Walther, § 34 N 40; vgl. aber auch BSK SchKG II-Schnyder/Wiede, Art. 284 N 10.

1531 Fritzsche/Walder, Bd. II, § 63 N 50; Amonn/Walther, § 34 N 43.

1532 BGE 80 III 36, E. 1.

1533 BSK SchKG II-Schnyder/Wiede, Art. 284 N 9 und 13.

mit Beschwerde auch geltend machen, dass offensichtlich kein Retentionsrecht besteht[1534].

Geht es demgegenüber um die Klärung materieller Rechte eines Dritten an den fraglichen Gegenständen, so ist wie folgt zu unterscheiden: Stützt sich der Dritte auf ein dingliches Recht, welches er schon vor der Fortschaffung des Gegenstandes innehatte, so ist die Rückschaffung zu vollziehen und der Dritte auf das *Widerspruchsverfahren* zu verweisen[1535]. Hat der Dritte an den Gegenständen demgegenüber erst im Anschluss an deren Fortschaffung gutgläubig Rechte erworben (Art. 933 ZGB), und sind die weggeschafften Gegenstände im Zeitpunkt der Rückschaffung in seinem Besitz, so dürfen diese vom Betreibungsamt nicht zwangsweise weggenommen werden[1536]. Der Dritte wird in seinem Besitzrecht vorläufig geschützt (Art. 284 Satz 2 SchKG). Das Betreibungsamt setzt den Gläubiger von dieser Sachlage in Kenntnis, und es liegt nunmehr an ihm, gegen den besitzenden Dritten *Klage auf Rückschaffung von Retentionsgegenständen* anzuheben (Art. 284 Satz 3 SchKG).

3. Rechtsnatur

Die Klage auf Rückschaffung von Retentionsgegenständen stellt eine rein materiell-rechtliche Klage dar.

4. Aktiv- und Passivlegitimation

Aktivlegitimiert ist der Retentionsgläubiger, mithin der Vermieter, der Verpächter, die Stockwerkeigentümergemeinschaft oder ein Gast- und Stallwirt.

Passivlegitimiert ist der besitzende Dritte, welcher an den umstrittenen Gegenständen nach deren Fortschaffung angeblich gutgläubig Rechte erworben hat.

Der Schuldner ist nicht Partei.

1534 KUKO SchKG-Rohner, Art. 284 N 6.
1535 BGE 104 III 26, E. 2; BGE 101 II 91, E. 3; BSK SchKG II-Schnyder/Wiede, Art. 284 N 19.
1536 BGE 68 III 3.

II. Prozessuales

1. Verfahren

Der Prozess auf Rückschaffung von Retentionsgegenständen wird abhängig vom Streitwert entweder im ordentlichen (Streitwert > CHF 30 000; Art. 219 ff. ZPO) oder im vereinfachten Verfahren (Streitwert ≤ CHF 30 000; Art. 243 ff. ZPO) durchgeführt.

2. Örtliche Zuständigkeit

Das SchKG sieht keine Zuständigkeitsvorschriften für die Klage auf Rückschaffung von Retentionsgegenständen vor, sodass für die örtliche Zuständigkeit die Regeln der ZPO zur Anwendung gelangen (Art. 46 ZPO e contrario). Einschlägig ist Art. 30 ZPO für dingliche Klagen an *beweglichen* Sachen, dient die Klage auf Rückschaffung von Retentionsgegenständen doch in erster Linie der Erhaltung eines dinglichen Rechts[1537]. Der Gerichtsstand befindet sich entsprechend am jeweiligen Ort, wo die Sachen im Gewahrsam des Dritten liegen, und alternativ am (Wohn-)Sitz des Beklagten. Der Gerichtsstand ist nicht zwingend, sodass Prorogation und Einlassung zulässig sind. Art. 33 ZPO über Klagen aus Miete und Pacht ist nicht anwendbar[1538].

Im internationalen Verhältnis richtet sich die Zuständigkeit nach den einschlägigen Vorschriften des LugÜ bzw. des IPRG. Art. 22 Ziff. 1 LugÜ betreffend Klagen, welche dingliche Rechte oder die Miete und Pacht an *unbeweglichen* Sachen zum Gegenstand haben, dürfte ebenso wenig anwendbar sein wie Art. 33 ZPO. Die internationale Zuständigkeit richtet sich im Anwendungsbereich des LugÜ daher nach Art. 2 ff. LugÜ. Im Rahmen des IPRG sind für Klagen betreffend dingliche Rechte an beweglichen Sachen die schweizerischen Gerichte am Wohnsitz oder, wenn ein solcher fehlt, diejenigen am gewöhnlichen Aufenthalt des Beklagten und überdies die schweizerischen Gerichte am Ort der gelegenen Sache zuständig (Art. 98 IPRG).

3. Sachliche Zuständigkeit

Die sachliche Zuständigkeit richtet sich nach kantonalem Recht (Art. 3 f. ZPO). Im Kanton Zürich ist für die Klage auf Rückschaffung von Retenti-

1537 Amonn/Walther, § 34 N 45; BSK SchKG II-Schnyder/Wiede, Art. 284 N 15.
1538 Amonn/Walther, § 34 N 45.

onsgegenständen gemäss § 24 lit. b GOG ZH i.V.m. Art. 198 lit. e Ziff. 8 ZPO das Einzelgericht zuständig. Dies gilt unabhängig davon, ob der Prozess im ordentlichen oder im vereinfachten Verfahren ergeht.

4. Einleitung Verfahren

Gemäss Art. 198 lit. e Ziff. 8 ZPO entfällt das Schlichtungsverfahren bei der Klage auf Rückschaffung von Retentionsgegenständen. Entsprechend ist diese direkt beim örtlich und sachlich zuständigen Gericht anzuheben.

5. Rechtsbegehren

Das Rechtsbegehren lautet kumulativ auf Feststellung des Retentionsrechts und auf Duldung der Rückschaffung und kann wie folgt formuliert werden[1539]:

«Es sei an den sich im Besitze des Beklagten befindlichen Gegenständen [...] der Bestand eines Retentionsrechts des Klägers festzustellen, und es sei der Beklagte zur Duldung der Rückschaffung der Gegenstände zu verpflichten, unter Kosten- und Entschädigungsfolgen zulasten des Beklagten.»

6. Streitwert

Der Streitwert bemisst sich stets nach dem objektiven Schätzungswert der Gegenstände und nicht – wie im Widerspruchsverfahren – nach dem allfällig tieferen Wert der Forderung des Retentionsgläubigers[1540].

7. Frist

Zur Anhebung des Retentionsstreites durch den Gläubiger bedarf es keiner Fristansetzung durch das Betreibungsamt, da der Gläubiger an einer raschen Erledigung des Streites selber ein erhebliches Interesse hat: An den Gegenständen im Besitz des Dritten kann kein Retentionsverzeichnis aufgenommen werden, und der Dritte bleibt in seinen Rechten geschützt[1541].

1539 BGE 68 III 3; Fritzsche/Walder, Bd. II, § 63 N 48 f.

1540 BSK SchKG II-Schnyder/Wiede, Art. 284 N 15.

1541 BGE 68 III 3; BSK SchKG II-Schnyder/Wiede, Art. 284 N 14.

8. Streitgenossenschaft, Intervention

Streitgenossenschaft und Nebenintervention sind nach den Art. 70–72 ZPO und Art. 74–77 ZPO zulässig.

Klagt die beschränkt prozessfähige Stockwerkeigentümergemeinschaft aus Art. 712k ZGB, so treten die Stockwerkeigentümer als Einheit auf, nicht als Streitgenossen[1542].

9. Streitverkündung

Eine Streitverkündung i.S.v. Art. 78–80 ZPO ist zulässig. Eine solche wäre z.B. möglich, wenn der Retentionsgläubiger dem Schuldner im Prozess gegen den Dritten den Streit verkündet. Unterliegt der Retentionsgläubiger, wird ihm eine solche Streitverkündung jedoch nicht viel nützen, weil er den Retentionsgegenstand als Sicherungsmittel verloren und gegen den Schuldner letztlich nur noch einen obligatorischen Anspruch hat, der sich wahrscheinlich ohnehin mit der Retentionsforderung deckt. Auch der Dritte könnte dem Schuldner den Streit verkünden, und zwar für den Fall, dass er gegenüber dem Retentionsgläubiger unterliegt und diesem den Retentionsgegenstand zurückgeben muss.

10. Beweislast

Dem Kläger und Retentionsgläubiger obliegt die Beweislast für sein besseres Recht. Er hat das Retentionsrecht und die ihm zugrunde liegende Forderung nachzuweisen und den guten Glauben des Dritten zu zerstören[1543]. Der Dritte kann einredeweise nicht nur sein eigenes Recht, mithin den gutgläubigen Erwerb der Sache (Art. 933 ZGB) dartun, sondern auch geltend machen, dass dem Gläubiger das Retentionsrecht nicht zusteht[1544].

11. Beweismass

Da die Klage auf Rückschaffung von Retentionsgegenständen eine materiell-rechtliche Klage ist, hat der Gläubiger den vollen Beweis zu erbringen. Glaubhaftmachung genügt nicht.

1542 BSK ZGB II-Bösch, Art. 712l N 11.

1543 Amonn/Walther, § 34 N 46.

1544 BGE 70 II 226; BSK SchKG II-Schnyder/Wiede, Art. 284 N 17.

12. Beweismittel

Es sind alle Beweismittel gemäss den Art. 168–193 ZPO zulässig.

13. Urteil

Mit dem Urteil über die Klage auf Rückschaffung von Retentionsgegenständen wird nicht eine vollstreckungsrechtliche Frage entschieden, sondern der Bestand des Retentionsrechts festgestellt[1545]. Bei Gutheissung der Klage wird die Rückschaffung des Gegenstandes angeordnet, bei Abweisung verbleibt der Gegenstand beim beklagten Dritten. Hat sich der Dritte des zur Rückschaffung bestimmten Gegenstandes vorher entäussert, wird er dem Gläubiger schadenersatzpflichtig[1546].

14. Klageanerkennung, Klagerückzug, Vergleich

Klageanerkennung, Klagerückzug und Vergleich sind zulässig und haben die Wirkung eines rechtskräftigen Entscheides (Art. 241 Abs. 2 ZPO). Einigen sich die Parteien vergleichsweise auf die Rückgabe gewisser Retentionsgegenstände, so sind diese im Vergleich genau zu definieren, damit das Betreibungsamt die entsprechenden Gegenstände auch retinieren kann.

15. Rechtsmittel

Der erstinstanzliche Entscheid über die Klage auf Rückschaffung von Retentionsgegenständen ist bei einem Streitwert von mindestens CHF 10 000 mit Berufung (Art. 308 Abs. 2 ZPO), bei einem tieferen Streitwert mit Beschwerde (Art. 319 ff. ZPO) an die kantonale Rechtsmittelinstanz weiterzuziehen. Als solche amtet im Kanton Zürich das Obergericht (§ 48 GOG ZH).

Gegen Entscheide letzter kantonaler Instanzen ist bei einem Streitwert von mindestens CHF 30 000 (Art. 74 Abs. 1 lit. b BGG) oder bei Rechtsfragen von grundsätzlicher Bedeutung (Art. 74 Abs. 2 lit. a BGG) die Beschwerde in Zivilsachen (Art. 72 ff. BGG) zulässig. Andernfalls ist die subsidiäre Verfassungsbeschwerde i.S.v. Art. 113 ff. BGG zu ergreifen, wobei sich die Prüfung des Entscheides hier auf Willkür (Art. 9 BV) beschränkt.

1545 Fritzsche/Walder, Bd. II, § 63 N 49.
1546 BGE 101 II 91, E. 4.

8. Kapitel

Anfechtungsklagen

§ 34 Anfechtungsklagen (Art. 285–292 SchKG, Art. 331 SchKG)

Literatur: BERNHEIM/GEIGER, Paulianische Anfechtung - Auswirkungen der Beweislastverteilung aus beratender und forensischer Sicht, in: SPRECHER THOMAS (Hrsg.), Sanierung und Insolvenz von Unternehmen VI, Zürich 2014, 7 ff.; BOMMER FLORIAN, Die Zuständigkeit für Widerspruchs- und Anfechtungsklagen im internationalen Verhältnis, Zürich 2001; FORSTMOSER PETER, Paulianische Anfechtung und aktienrechtliche Verantwortlichkeit, in: OERTLE/BREITENSTEIN/WOLF/DIEM (Hrsg.), M&A Recht und Wirtschaft in der Praxis, Liber amicorum für Rudolf Tschäni, Zürich/St. Gallen 2010, 431 ff.; GALLIKER ANDREA/VON DER CRONE HANS CASPAR, Absichtsanfechtung und Sanierung, SZW 2008, 602 ff.; GLANZMANN LUKAS, Sanierungsdarlehen, ZBJV 2010, 261 ff.; HAAS ULRICH, Actio Pauliana nach Art. 288 SchKG, ZZPInt. 2013, 283 ff.; HUNKELER DANIEL, Anfechtbarkeit von Zahlungen für Beratungsdienstleistungen mit Sanierungskontext, GesKR 4/2011, 548 ff.; INFANGER DOMINIK, Neuerungen bei den paulianischen Anfechtungsklagen, in: DOLGE ANNETTE (Hrsg.), SchKG und ZPO: Neuerungen, Erfahrungen und Aussichten im schweizerischen und internationalen Vollstreckungsrecht, Zürich 2014, 35 ff.

I. Materielles

1. Allgemeines

Die paulianischen Anfechtungsklagen sind in den Art. 285–292 SchKG geregelt. Diese Bestimmungen gelten auch für den Nachlassvertrag mit Vermögensabtretung (vgl. Art. 331 Abs. 1 SchKG). Zweck der paulianischen Anfechtungsklage ist die Wiederherstellung des Vermögens des Schuldners bzw. des schuldnerischen Vollstreckungssubstrates. Vermögenswerte, die der Schuldner zuvor durch zivilrechtlich gültige, aber paulianisch anfechtbare Rechtshandlungen veräusserte, sollen der Zwangsvollstreckung wieder zugeführt werden. Die anfechtbaren Handlungen behalten dabei ihre zivilrechtliche Gültigkeit, sind betreibungsrechtlich aber unbeachtlich[1547]. Bei einer Gutheissung der Klage hat der ins Recht gefasste Dritte zu dulden, dass der fragliche Vermögenswert gegebenenfalls verwertet wird[1548]. Die Anfechtung

1547 BGE 143 III 169, E. 3.2; BGE 143 III 398, E. 4.2, 5.3; BGE 141 III 527, E. 2.2; BGE 136 III 247, E. 2; BGE 135 III 265, E. 3; BGE 132 III 494, E. 3.3; KUKO SchKG-UMBACH-SPAHN/BOSSART, Art. 285 N 1.

1548 BGE 136 III 341, E. 3; BGE 135 III 265, E. 3; BGE 131 III 227, E. 3.3.

entfaltet ihre Wirkung entsprechend lediglich in vollstreckungsrechtlicher Hinsicht und nur in Bezug auf ein bestimmtes Vollstreckungsverfahren[1549].

Dass die Anfechtungsklage ein Ausnahmetatbestand ist und nur bei unlauteren Machenschaften greifen soll, hat das Bundesgericht in einem neueren Entscheid klargestellt[1550]:

> «(...) insofern handelt es sich bei der Anfechtungsklage um einen Ausnahmetatbestand, der seiner Natur nach restriktiv zu handhaben ist. Es darf insbesondere nicht aus den Augen verloren gehen, dass zivilrechtliches Handeln immer auch vor dem Hintergrund der Insolvenzbeständigkeit vor sich geht. Es ist im Geschäftsverkehr einerlei, ob ein Rechtsgeschäft durch eine allfällige Anfechtungsklage zivilrechtlich dahinfällt oder ob lediglich die Vollstreckung in die empfangenen Vermögenswerte zu dulden ist, unabhängig von der rechtlichen Ausgestaltung des Institutes der Anfechtung bzw. von der technischen Umsetzung ist das Vertrauen in die Beständigkeit zivilrechtlich gültig geschlossener Verträge und damit die Rechtssicherheit betroffen.
>
> In diesem Sinne geht es beim Institut der Anfechtungsklage nicht darum, den Schuldner faktisch seiner Handlungsfähigkeit zu berauben und ihn zu immobilisieren, zumal damit in der Regel seine sofortige Konkursreife herbeigeführt würde, was selten im Interesse der Gläubigergesamtheit liegen dürfte. Dem Schuldner muss mit anderen Worten selbst in schwierigen Zeiten bzw. bei finanziell angespannter Lage eine normale Geschäftstätigkeit möglich sein (Urteil 5A_386/2008 vom 6. April 2009 E. 4.3), und auch sachlich motivierte Entscheide des Schuldners im Rahmen dieser Tätigkeit können naturgemäss eine Ungleichbehandlung der Gläubiger beinhalten. Die Anfechtungsklage soll dort greifen, wo es um unlautere Machenschaften geht, wie es namentlich der Fall ist, wenn Vollstreckungssubstrat beiseitegeschafft worden ist, das sich bei normalem Geschäftsgebaren in der Masse noch vorgefunden hätte.»

Anfechtungsklagen sind ausgeschlossen, wenn der Zivilrichter vorher die Nichtigkeit des anfechtbaren Geschäfts festgestellt hat[1551].

Nicht anfechtbar sind zudem Rechtshandlungen, die während einer Nachlassstundung stattgefunden haben, sofern sie von einem Nachlassgericht oder von einem Gläubigerausschuss (Art. 295a SchKG) genehmigt worden sind (Art. 285 Abs. 3 SchKG). Fraglich bleibt, ob Rechtshandlungen, die vom Sachwalter genehmigt worden sind, anfechtbar sind oder nicht[1552].

1549 BGE 130 III 676, E. 3.2; BSK SchKG II-Bauer, Art. 291 N 9.

1550 BGE 136 III 247, E. 2; vgl. auch BGE 137 III 268, E. 4.2.1.

1551 BGE 143 III 171, E. 3.3.4.

1552 Gemäss der früheren bundesgerichtlichen Praxis waren solche Rechtshandlungen anfechtbar, sofern die übrigen Voraussetzungen erfüllt sind, vgl. BGE 134 III 273, E. 4.3.2.

Es gibt drei Arten von Anfechtungsklagen: die Schenkungsanfechtung (Art. 286 SchKG), die Überschuldungsanfechtung (Art. 287 SchKG) und die Absichtsanfechtung (Art. 288 SchKG).

2. Schenkungspauliana

Mit der Schenkungspauliana sind mit Ausnahme üblicher Gelegenheitsgeschenke alle Schenkungen und unentgeltlichen Verfügungen anfechtbar, die der Schuldner innerhalb des letzten Jahres vor der Pfändung oder Konkurseröffnung (Verdachtsperiode) vorgenommen hat (Art. 286 Abs. 1 SchKG). Massgebend für die Anfechtung sind ausschliesslich die objektiven Umstände der Schenkung oder der ihr gleichgestellten Rechtshandlungen. Auf den guten Glauben und die Absichten der Beteiligten kommt es hingegen nicht an[1553].

Gegenstand der Anfechtung kann immer nur eine *vollzogene Schenkung* sein. Ein blosses Schenkungsversprechen ist nicht anfechtbar, da es nicht zu einer Verminderung der Aktiven führt. Schenkungen von Todes wegen fallen ebenfalls nicht in den Anwendungsbereich der Schenkungspauliana[1554].

Eine *unentgeltliche Verfügung* i.S.v. Art. 286 Abs. 1 SchKG liegt vor, wenn der Schuldner – ohne eine Gegenleistung zu erhalten – eine Leistung erbringt, zu der er rechtlich nicht verpflichtet ist[1555]. Es geht um eine Zuwendung, durch welche jemand einem anderen einen Vorteil verschafft, der in einer Vergrösserung des Vermögens oder in der Abwendung einer drohenden Vermögensverminderung besteht. Der Verzicht auf die Erbenstellung ist keine solche Leistung oder Verpflichtung[1556].

Den Schenkungen gleichgestellt sind

- Rechtsgeschäfte, bei denen der Schuldner eine Gegenleistung angenommen hat, die zu seiner eigenen Leistung in einem Missverhältnis steht (sog. *gemischte Schenkungen;* Art. 286 Abs. 2 Ziff. 1 SchKG). Ein solches Missverhältnis beurteilt sich nach dem objektiven wirtschaftlichen Wert der Leistung[1557]. Der relevante Zeitpunkt zur Bestimmung des Wertes ist derjenige der Vornahme der anfechtbaren Handlung. Anfechtbar ist aber lediglich die Differenz zwischen der Leistung des Schuldners und der erhaltenen Gegenleistung von geringerem

1553 BGE 5A_557/2008, E. 3; BGE 130 III 235, E. 2.1.1.
1554 KUKO SchKG-Umbach-Spahn/Bossart, Art. 286 N 2.
1555 BGE 143 III 171, E. 3.4.1; BGE 138 III 497, E. 6.3; BGE 95 III 47, E. 2.
1556 BGE 138 III 497, E. 6.3.
1557 BGE 95 III 47, E. 2.

Wert[1558]. Neuerer Anwendungsfall: Die Veräusserung von Stammanteilen einer in Liquidation befindlichen GmbH ist anfechtbar, wenn sie unter Verkehrswert erfolgte[1559].

- Rechtsgeschäfte, durch die der Schuldner für sich oder für einen Dritten *eine Leibrente, eine Pfrund, eine Nutzniessung oder ein Wohnrecht* erworben hat (Art. 286 Abs. 2 Ziff. 2 SchKG). Hier handelt es sich um Rechte, die nicht oder nur beschränkt pfändbar und admassierbar sind. Erwirbt der Schuldner somit gegen Entgelt ein entsprechendes Recht für sich selbst, so werden die Gläubiger meist geschädigt[1560]. Die Anfechtbarkeit besteht unabhängig des Verhältnisses von Leistung und Gegenleistung und selbst bei gutem Glauben der Beteiligten[1561]. Neuerer Anwendungsfall: Das Einräumen eines Wohnrechts gegen Entgelt ist anfechtbar, auch wenn objektive Gleichwertigkeit der Leistungen besteht. Die Benachteiligung der Gläubiger liegt darin, dass der Schuldner durch ein solches Rechtsgeschäft pfändbares Vermögen in unpfändbares umwandelt[1562].

3. Überschuldungspauliana

Mit der Überschuldungspauliana sind die folgenden Rechtshandlungen anfechtbar, wenn der Schuldner sie innerhalb des letzten Jahres vor der Pfändung oder Konkurseröffnung (Verdachtsperiode) vorgenommen hat und im Zeitpunkt der Vornahme bereits überschuldet war: (i) Bestellung von Sicherheiten für bereits bestehende Verbindlichkeiten, zu deren Sicherstellung der Schuldner nicht schon früher verpflichtet war; (ii) Tilgung einer Geldschuld auf andere Weise als durch Barschaft oder durch anderweitige übliche Zahlungsmittel und (iii) Zahlung einer nicht verfallenen Schuld (Art. 287 Abs. 1 SchKG). Beweist der Begünstigte allerdings, dass er die Überschuldung des Schuldners nicht gekannt hat und auch nicht hätte kennen müssen, ist die Anfechtung ausgeschlossen (Art. 287 Abs. 2 SchKG).

Überschuldung liegt vor, wenn das Fremdkapital die Aktiven übersteigt. Massgebend ist die Bilanz des Schuldners zu Fortführungs- und Liquidationswerten[1563]. Illiquidität ist noch keine Überschuldung[1564].

Bei der Überschuldungspauliana steht dem Begünstigten der *Exkulpationsbeweis* offen. Er hat zu beweisen, dass er die Überschuldung nicht kannte

1558 BGE 65 III 142, E. 5; vgl. zum Ganzen BSK SchKG II-Staehelin Adrian, Art. 286 N 15 ff.
1559 BGE 132 III 489, E. 2 ff.
1560 KUKO SchKG-Umbach-Spahn/Bossart, Art. 286 N 6.
1561 BGE 130 III 235, E. 2.1.1.
1562 BGE 130 III 235, E. 2.
1563 KUKO SchKG-Umbach-Spahn/Bossart, Art. 287 N 8.
1564 BSK SchKG II-Staehelin Adrian, Art. 287 N 17.

und auch bei Anwendung der gebotenen Sorgfalt nicht hätte erkennen können[1565]. Den Begünstigten trifft eine Erkundigungspflicht, deren Umfang sich nach den konkreten Umständen richtet. Je enger und je länger der geschäftliche Verkehr zwischen den Parteien war, desto eher wird der Begünstigte eine Überschuldung erkennen müssen. Besondere Vorsicht ist geboten, wenn der Schuldner ständig betreffend Zahlungen vertröstet, wenn gegen einen Schuldner, der sein Geschäft aufgibt, zahlreiche Betreibungen bestehen etc.[1566].

4. Absichtspauliana

Mit der Absichtspauliana anfechtbar sind endlich alle Rechtshandlungen, welche der Schuldner innerhalb der letzten fünf Jahre vor der Pfändung oder Konkurseröffnung (Verdachtsperiode) in der dem anderen Teile erkennbaren Absicht vorgenommen hat, seine Gläubiger zu benachteiligen oder einzelne Gläubiger zum Nachteil anderer zu begünstigen (Art. 288 SchKG).

Bei der Absichtspauliana müssen neben objektiven auch subjektive Voraussetzungen erfüllt sein. Objektiv wird vorausgesetzt, dass die angefochtene Handlung die *Gläubiger schädigt.* In subjektiver Hinsicht wird die *Schädigungsabsicht* des Schuldners sowie die *Erkennbarkeit der Schädigungsabsicht* für den Begünstigten vorausgesetzt[1567].

Gläubigerschädigung

Eine Gläubigerschädigung liegt vor, wenn das Vollstreckungssubstrat vermindert oder die Stellung der Gläubiger im Vollstreckungsverfahren verschlechtert wird[1568]. Es genügt die Schädigung eines einzigen Gläubigers[1569]. Daran fehlt es grundsätzlich, wenn die Gläubiger auch bei richtigem Verhalten des Schuldners zum gleichen Verlust gekommen wären[1570].

Die *Tilgung fälliger Schulden durch übliche Zahlungsmittel,* namentlich durch Bezahlung, Check oder Bankanweisung, führt im Allgemeinen objektiv zu einer Schädigung der anderen Gläubiger, wenn der Schuldner infolge seiner angespannten finanziellen Lage ausserstande ist, auch seine anderen Ver-

---

1565 BGE 43 III 228, E. 2.
1566 BSK SchKG II-Staehelin Adrian, Art. 287 N 21; KUKO SchKG-Umbach-Spahn/Bossart, Art. 286 N 6 mit Hinweis auf BGE 37 II 113, E. 3.
1567 BGE 136 III 247, E. 3; BGE 134 III 452, E. 2 m.w.H.
1568 BGE 137 III 268, E. 4.1; BGE 136 III 247, E. 3; BGE 135 III 265, E. 2; BGE 99 III 27, E. 3.
1569 BGE 101 III 92, E. 4a.
1570 BGE 136 III 247, E. 3.

pflichtungen im Zeitpunkt des Eintritts ihrer Fälligkeit zu tilgen. Bei Vorliegen des subjektiven Erfordernisses ist eine solche Handlung daher anfechtbar[1571]. Zur Vermeidung der Anfechtung ist der Schuldner gehalten, seine Gläubiger gleichmässig zu befriedigen, sofern ihnen nicht ein Konkursprivileg oder ein dingliches Vorrecht zusteht[1572].

Eine vom Schuldner im Rahmen eines *synallagmatischen Verhältnisses* erbrachte Leistung führt nur dann nicht zu einer Gläubigerschädigung, wenn die folgenden Voraussetzungen erfüllt sind: Die zu erbringende Gegenleistung ist gleichwertig und erfolgt entweder Zug um Zug oder nach Erhalt der Leistung des Schuldners[1573]. Erbringt die Vertragspartei ihre Gegenleistung zeitlich vor der Leistung des Schuldners, so erwirbt sie eine Forderung gegen den Schuldner. Die spätere Tilgung dieser Forderung durch den Schuldner ist anfechtbar, weil im Zeitpunkt der Tilgung keine Gegenleistung erbracht wird[1574].

Die Rückzahlung eines dem Schuldner gewährten *Darlehens* stellt keine unschädliche «Veräusserung mit gleichwertiger Gegenleistung» dar. Die Rückzahlung ist nicht Gegenleistung für die Gewährung, sondern beruht auf der bei der Darlehensaufnahme eingegangenen Verpflichtung, das Darlehen später zurückzubezahlen[1575]. Demgegenüber sind Darlehenszinsen die synallagmatische Gegenleistung für die Wertgebrauchsüberlassung der Valuta. Periodische Zinsen werden mit Blick auf die Fortsetzung der Kreditierung geleistet, weshalb ihre vertragsgemässe Entrichtung in der Regel nicht anfechtbar ist[1576].

Nach der neueren Rechtsprechung liegt z.B. eine Gläubigerschädigung vor, wenn die Schuldnerin, eine Fluggesellschaft, aus ihren letzten Aktiven kurz vor der Bewilligung der Nachlassstundung ausstehende Flughafen- und Flugsicherungsgebühren bezahlt und der bevorzugte Gläubiger nicht rechtsgenüglich nachweist, dass der eingestellte Flugbetrieb nur dank der angefochtenen Zahlung wieder aufgenommen werden konnte[1577].

1571 BSK SchKG II-Staehelin Adrian, Art. 288 N 9.
1572 ZR 104 (2005) Nr. 78.
1573 BGE 136 III 247, E. 3; BGE 135 III 276, E. 6.1.2; BGE 134 III 452, E. 3.1.
1574 KUKO SchKG-Umbach-Spahn/Bossart, Art. 288 N 6 mit Hinweis auf BGE 99 III 27, E. 4; vgl. auch BGE 134 III 455, E. 3.1.
1575 BGE 134 III 455.
1576 BGE 136 III 247, E. 6.
1577 BGE 135 III 270, E. 4.

Schädigungsabsicht des Schuldners

Subjektives Erfordernis ist die Absicht des Schuldners, seine Gläubiger durch die anfechtbare Rechtshandlung zu benachteiligen. Unter Absicht ist vorsätzliches Handeln oder Unterlassen zu verstehen, wobei Eventualvorsatz ausreicht. Entsprechend genügt es, wenn der Schuldner die Schädigung in Kauf nimmt, d.h., wenn er sie als mögliche Folge seiner Handlung in seinen Willensentscheid einbezieht. Drängt sich bei objektiver Beurteilung für den Schuldner der Gedanke an eine Benachteiligung der Gläubiger als eine mögliche Folge seines Handelns auf, so ist dies ein gewichtiges Indiz für seinen Eventualvorsatz[1578]. Blosse Fahrlässigkeit des Schuldners reicht demgegenüber nicht aus[1579].

Das Bundesgericht hat zur Schädigungsabsicht in BGE 134 III 463, E. 7.4 Folgendes erwogen:

> «Für die Beurteilung der Schädigungsabsicht ist insgesamt entscheidend, dass die SAirGroup bereits vor der ersten angefochtenen Darlehensrückzahlung am 21. August 2001 über ihre finanzielle Notlage im Bilde war. Sie hatte Schulden in der Höhe von mehr als zwei Milliarden Franken und konnte ihre Liquidität praktisch nur über Fremdmittel sicherstellen (...). Ihre wirtschaftlichen Verhältnisse verbesserten sich auch in den Monaten August und September 2001 nicht, zumal der beabsichtigte Verkauf von Unternehmensteilen noch nicht stattgefunden hatte und ihr deshalb keine neuen Eigenmittel zugeflossen waren. (...) In Anbetracht ihres Wissens um die schlechte finanzielle Lage muss davon ausgegangen werden, dass die SAirGroup zumindest in Kauf genommen hat, durch ihre drei Zahlungen an die Beschwerdegegnerin könnten andere Gläubiger geschädigt werden.»

Für die Frage, ob eine Schädigungsabsicht vorliegt, genügt somit das Wissen des Schuldners um seine schlechte finanzielle Lage. Es braucht keine begründete Besorgnis einer Überschuldung. Nach dieser Rechtsprechung sind die Voraussetzungen für das Vorliegen einer Schädigungsabsicht somit leicht zu erfüllen. Es fragt sich, ob dies mit dem Grundsatz im Einklang steht, dass die Anfechtungsklage ein Ausnahmetatbestand sein soll[1580]. Dies ist wohl zu verneinen, und es ist zu hoffen, dass das Bundesgericht in Bezug auf das Vorliegen einer Schädigungsabsicht wieder auf seine frühere, strengere Rechtsprechung zurückkommt.

1578 BGE 135 III 265, E. 2; BGE 135 III 276, E. 7.1.
1579 BGE 134 III 456; BSK SchKG II-Staehelin Adrian, Art. 288 N 16.
1580 BGE 136 III 247, E. 2.

Erkennbarkeit der Schädigungsabsicht für den Dritten

Für die Anfechtbarkeit ist sodann erforderlich, dass die Schädigungsabsicht des Schuldners für den begünstigten Dritten erkennbar war, dass sie also bei Einhaltung der gebotenen Sorgfalt und Aufmerksamkeit vom Begünstigten erkannt werden konnte.

Hier genügt *blosse Fahrlässigkeit*[1581]. Die Anforderungen an die Sorgfalts- und Vorsichtspflicht des Begünstigten dürfen jedoch nicht zu hoch gespannt werden. Im Allgemeinen braucht sich niemand darum zu kümmern, ob durch eine Rechtshandlung die Gläubiger des Handelnden geschädigt werden.

Nur wenn *deutliche Anzeichen* für eine entsprechende Absicht vorliegen, muss vom Begünstigten eine sorgfältige Prüfung verlangt werden, ob eine solche Absicht vorliegt oder nicht[1582]. Als deutliche Anzeichen gelten nach der bundesgerichtlichen Rechtsprechung eine dramatische finanzielle Lage, eine Liquiditätssicherung durch neue Kredite, ein Verkauf von Unternehmensteilen sowie «Hoffen und Bangen». Weiter sind wiederholte Zahlungsrückstände und Stundungsgesuche sowie Zahlungseinstellungen des Schuldners zu nennen[1583].

Die erst *nachträglich eingetretene Erkenntnis oder Erkennbarkeit* der schädigenden Absicht des Schuldners schadet dem Anfechtungsbeklagten nicht mehr; massgebend ist nur sein Wissensstand im Zeitpunkt des angefochtenen Rechtsgeschäfts[1584].

Bei der Beurteilung der Erkennbarkeit führte das Bundesgericht in einem neueren Entscheid Folgendes aus:

> «(...) ist für die Beurteilung der Erkennbarkeit der Schädigungsabsicht entscheidend, dass die Beschwerdegegnerin auch dann noch passiv geblieben ist und keine weitergehenden Erkundigungen eingezogen hat, als auf Grund der wirtschaftlichen Gesamtlage bereits deutliche Anzeichen dafür bestanden, die SAirGroup könnte mit den jeweiligen Darlehensrückzahlungen eine Schädigung anderer Gläubiger zumindest in Kauf nehmen[1585]. Vor der ersten Darlehensrückzahlung per 22. August 2001 hat die Beschwerdegegnerin alarmieren müssen, dass die SAirGroup nach Mitteilung des massiven Vorjahresverlustes und der ersten einschneidenden Massnahmen (Auswechseln der Führungsspitze) ihre Liquidität bereits im April 2001 nur mehr durch die erfolgreiche Aushandlung

1581 BGE 138 III 497, E. 7.3; BGE 135 III 265, E. 2; BGE 134 III 456, E. 4.2.
1582 BGE 138 III 497, E. 7.3; BGE 135 III 265, E. 2; BGE 134 III 456, E. 4.2.
1583 BSK SchKG II-Staehelin Adrian, Art. 288 N 20.
1584 BSK SchKG II-Staehelin Adrian, Art. 288 N 22.
1585 BGE 134 III 465, E. 8.4.

> eines Kredits von einer Milliarde Franken sicherstellen konnte und im Juli 2001 den Verkauf von Unternehmensteilen ankündigen musste. Hängt aber die jederzeitige Zahlungsbereitschaft des Schuldners vom Erfolg der Verhandlungen mit den Kreditgebern oder dem Verkauf von Unternehmensteilen ab, darf sich ein Gläubiger nicht darauf beschränken, seine Gleichbehandlung mit anderen Gläubigern von Bankdarlehen abzusichern. Unter den gegebenen Voraussetzungen muss vom Gläubiger vielmehr eine sorgfältige Prüfung verlangt werden, ob durch Zahlungen des Schuldners die Schädigung anderer Gläubiger als möglich erscheint oder vom Schuldner gar gewollt sein könnte[1586].»

In einem unpublizierten Entscheid führte das Bundesgericht zudem aus, die Umwandlung eines seit Jahren immer wieder verlängerten Betriebsrahmenkredites in einen kurzfristigen Termingeldkredit lasse darauf schliessen, dass sich die Bank spätestens ab diesem Zeitpunkt über die dramatische Situation des Schuldners im Klaren gewesen sei[1587]. Würden die Zeichen auf Hoffen und Bangen stehen, so das Bundesgericht weiter, müsse einer Geschäftsbank bewusst sein, dass ihr Kreditengagement einem sehr hohen Risiko ausgesetzt sei[1588].

Offenbleibt, wie der Gläubiger seiner *Erkundigungspflicht* nachkommt. Dabei wird die Befragung des Schuldners wohl nicht viel weiter helfen, da dieser in der Regel seine wirklichen finanziellen Verhältnisse nicht offenlegt. Hingegen erscheint das Einholen eines Betreibungsauszuges als geboten. Jedenfalls kann eine Erkennbarkeit nur dann bejaht werden, wenn aufgrund der Erkundigungen durch den Gläubiger negative Aspekte (z.B. eine grosse Zahl von Betreibungen) zum Vorschein gekommen sind.

Bei den *Verdachtsperioden* werden die Dauer der vorausgegangenen Betreibung (Art. 288a Ziff. 3 SchKG), die Dauer einer vorausgegangenen Nachlassstundung (Art. 288a Ziff. 1 SchKG)[1589] und bei der konkursamtlichen Liquidation einer Erbschaft die Zeit zwischen dem Todestag und der Anordnung der Liquidation (Art. 288a Ziff. 2 SchKG) nicht mitberechnet.

1586 BGE 134 III 465, E. 8.4.

1587 BGE 5A_386/2008, E. 5.2.

1588 BGE 5A_386/2008, E. 5.2.

1589 Mit der Revision vom 21. Juni 2013 wurde Ziff. 1 präzisiert, indem die Worte «eines vorausgegangenen Nachlassverfahrens» ersetzt wurden durch «einer vorausgegangenen Nachlassstundung». Dies macht Sinn, denn erst mit Bestätigung des Nachlassvertrages mit Vermögensabtretung erlischt das Verfügungsrecht des Schuldners über sein Vermögen, und erst von diesem Zeitpunkt an, vermag er keine anfechtbaren Rechtshandlungen mehr vorzunehmen.

5. Sanierungsdarlehen und Sanierungsberatung

Nach der neueren bundesgerichtlichen Rechtsprechung hat die Anfechtungsklage nicht zum Zweck, alle Versuche zur Rettung des Schuldners unmöglich oder sehr gefährlich zu machen. Es liegt im Interesse der Gläubiger, dass Dritte versuchen, dem Schuldner zu Hilfe zu kommen. Insofern muss es erlaubt sein, dem Schuldner «aus der Klemme zu helfen»[1590].

Damit ein besonderer Behandlung würdiges Sanierungsdarlehen angenommen werden kann, «müssen berechtigte, die Wahrscheinlichkeit einer günstigen Prognose hinsichtlich der Vermögensentwicklung des Schuldners eindeutig rechtfertigende Hoffnungen gegeben sein». Zudem müssen die zur Verfügung gestellten Geldmittel zum besonderen Zweck der Sanierung gewährt worden sein[1591]. Sind diese Voraussetzungen erfüllt, liegt die Abwicklung des ganzen Geschäfts, einschliesslich Gewährung und Rückzahlung des Darlehens, nicht nur im Interesse des Darlehensgebers, sondern auch im Interesse aller anderen Gläubiger des Schuldners. In einem solchen Fall darf die Frage nach einer Schädigungsabsicht und deren Erkennbarkeit deshalb nicht einzig mit Bezug auf die Rückzahlung gestellt werden. Aufnahme und Rückzahlung des Darlehens sind vielmehr als Einheit zu würdigen[1592].

Die bundesgerichtlichen Vorgaben für das Vorliegen von Sanierungsdarlehen sind nicht gerade einfach formuliert. Ein Sanierungsdarlehen liegt etwa dann vor, wenn (i) ein taugliches Sanierungskonzept vorliegt, (ii) für die Durchführung der Sanierungsmassnahme gemäss Konzept eine günstige Prognose gestellt werden kann und (iii) das Darlehen zum Sanierungskonzept gehört. Es wird im Einzelfall schwierig zu beurteilen sein, wann eine günstige Prognose gestellt werden kann.

In der Praxis wird diese Rechtsprechung zu Unsicherheiten führen und mögliche Darlehensgeber davon abhalten, neues Geld einzuwerfen[1593]. Allenfalls werden mögliche Darlehensgeber (Banken) den Schuldner darauf drängen, in ein Nachlassverfahren zu gehen. Dann kann der Sachwalter einer Darlehensgewährung zustimmen. Die Rückzahlungspflicht bildet eine Masseverbindlichkeit, mit der Folge, dass eine paulianische Anfechtbarkeit eher unwahrscheinlich erscheint.

1590 BGE 134 III 458, E. 5.2; vgl. auch BGE 137 III 268, E. 4.2.3.
1591 BGE 5A_386/2008, E. 4.1.
1592 BGE 134 III 458, E. 5.3.
1593 Galliker/von der Crone, Absichtsanfechtung und Sanierung, SZW 2008, 602 ff.

Keine Schädigungsabsicht liegt sodann vor, wenn sich der Schuldner im Hinblick auf seine Sanierung beraten lässt. Massgebend ist dabei, dass die Beratungsdienstleistung zum Zwecke der Sanierung des Schuldners erfolgte und dass der Schuldner im Zeitpunkt der angefochtenen Zahlung noch nicht derart hoffnungslos verloren scheint, dass das Fallieren so gut wie sicher bzw. als unabwendbar anzusehen ist. Vielmehr muss aus damaliger Sicht vom Erfolg der Sanierungsbemühungen ausgegangen werden können[1594].

6. Verhältnis zwischen Anfechtungsklage und Verantwortlichkeitsklage (Art. 752 ff. OR)

Die Praxis hat sich schon eingehend mit der Frage nach dem Verhältnis zwischen Anfechtungs- und Verantwortlichkeitsklage nach Art. 752 ff. OR befasst. Hierzu Folgendes:

- Der Gläubigerschaden bei der Pauliana ist ein anderer als bei der Verantwortlichkeitsklage: Bei der Pauliana geht es um den *direkten* Schaden, der einem Gläubiger entsteht, indem er benachteiligt wird, während andere Gläubiger zu seinem Nachteil begünstigt werden. Demgegenüber geht es bei der Verantwortlichkeitsklage um die Verminderung des Gesellschaftsvermögens, die den Gläubiger nur *indirekt* schädigen kann, und zwar nur dann, wenn die Schädigung der Gesellschaft zu einer Überschuldung führt[1595]. Eine Schädigung des Gesellschaftsvermögens kann auch ohne eine Begünstigung oder Benachteiligung einzelner Gläubiger eintreten[1596]. Umgekehrt kann ein Gläubiger durch Benachteiligung geschädigt werden, ohne dass ein Schaden des Gesellschaftsvermögens entsteht[1597].
- Das Prinzip der Gleichbehandlung der Gläubiger gilt nur bei der Pauliana und grundsätzlich nicht auch im Aktienrecht[1598]: Die Organe einer AG haben ausschliesslich im *Interesse der Gesellschaft,* nicht in demjenigen der Gläubiger zu handeln. Bei der konkursgefährdeten Gesellschaft geht es darum, alles zu unternehmen, was nötig und nützlich ist, um die Überlebenschancen des Unternehmens zu verbessern[1599]. So kann es die aktienrechtliche Sorgfaltspflicht erfordern, dass Gläubiger der Gesellschaft ungleich behandelt werden. Dabei müsste auch eine paulianische Anfechtung in Kauf genommen werden[1600]. Eine solche

1594 BGE 137 III 268, E. 4.2.3 f.
1595 Vgl. zum Ganzen Forstmoser, 446.
1596 Forstmoser, 446.
1597 Vgl. hierzu den Anwendungsfall in BGE 142 III 23, E. 4.4; Forstmoser, 446.
1598 Rebsamen, Die Gleichbehandlung der Gläubiger durch das Aktienrecht, Diss. Freiburg 2004 = AISUF 231, N 1173; Forstmoser, 442, 445.
1599 Forstmoser, 440.
1600 Forstmoser, 445.

Ungleichbehandlung der Gläubiger begründet keine Verantwortlichkeit der Organe[1601].

Aufgrund der dargelegten Unterschiede beim Schaden und beim Prinzip der Gleichbehandlung der Gläubiger kann nur Folgendes gelten: Ist ein Gericht in seinem Urteil zum Schluss gekommen, es liege ein paulianischer Anfechtungstatbestand vor, so kann dieses Urteil keine präjudizielle Wirkung für einen allfälligen Verantwortlichkeitsprozess haben, und zwar auch dann nicht, wenn es um den gleichen Sachverhalt geht[1602].

7. Rechtsnatur

Die actio pauliana ist eine betreibungsrechtliche Klage mit Reflexwirkung auf das materielle Recht[1603].

8. Aktivlegitimation

In der *Spezialexekution* ist jeder Gläubiger anfechtungsberechtigt, der einen definitiven oder provisorischen Pfändungsverlustschein erhalten hat. Das Vorliegen eines Verlustscheines ist eine Frage der Aktivlegitimation[1604]. Liegt nur ein provisorischer Verlustschein vor, so braucht mit der Gutheissung einer Anfechtungsklage nicht zugewartet zu werden, bis ein endgültiger Verlustschein vorliegt, sofern in der betreffenden Betreibung später noch ein solcher ausgestellt werden kann. Die Gutheissung der Klage hat aber in dem Sinn zu erfolgen, dass das Anfechtungsobjekt nur verwertet werden darf, wenn in der hängigen Betreibung inzwischen ein endgültiger Verlustschein ausgestellt worden ist[1605]. Ein Pfandausfallschein gemäss Art. 158 SchKG berechtigt nicht zur paulianischen Anfechtung[1606].

1601 Vgl. neu BGE 142 III 23 ff. In der Praxis wurde früher BGE 5C.29/2000 herangezogen, um eine Verantwortlichkeit der Organe wegen der Verletzung des Prinzips der Gleichbehandlung der Gläubiger zu begründen. Dieser Entscheid ist hierfür aber untauglich. Das Gleichbehandlungsgebot greift im Aktienrecht nur gerade im Zusammenhang mit der Überschuldungsanzeige an den Richter (Art. 725 Abs. 2 OR). Das Bundesgericht hat denn auch ausschliesslich eine Nichtbeachtung der Pflichten nach Art. 725 Abs. 2 OR gerügt und betont, dass die Rückzahlung unter diesen Umständen die Gleichbehandlung verletzt habe; vgl. auch FORSTMOSER, 444. Der Entscheid BGE 5C.29/2000 ist nun mit BGE 142 III 23 ff. überholt.

1602 FORSTMOSER, 448.

1603 BGE 143 III 170, E. 3.3.4; BGE 143 III 397, E. 4.1; BGE 141 III 530, E. 2.2; BGE 131 III 227, E. 3.3; BGE 130 III 672, E. 3.2; BGE 114 III 110, E. 3d.

1604 BGE 115 III 138, E. 2a.

1605 BGE 115 III 138, E. 2a.

1606 BSK SchKG II-STAEHELIN ADRIAN, Art. 285 N 30.

Im *Konkursverfahren* ist die Konkursmasse, welche durch den Konkursverwalter vertreten wird, zur Anfechtung legitimiert. Dies setzt jedoch voraus, dass der Konkurs durchgeführt wird. Eine paulianische Anfechtung ist somit nicht möglich, wenn der Konkurs mangels Aktiven eingestellt wird[1607]. In einem solchen Fall können die Gläubiger den Schuldner aber während zwei Jahren auf Pfändung betreiben (Art. 230 Abs. 2 SchKG). Auf diese Weise erhalten sie dann allenfalls einen Pfändungsverlustschein, der sie zur paulianischen Anfechtungsklage legitimiert[1608]. Verzichtet die Konkursmasse auf das Anfechtungsrecht, so können sich ein oder mehrere definitiv kollozierte Gläubiger das Prozessführungsrecht zur Geltendmachung von Anfechtungsansprüchen nach Art. 260 SchKG abtreten lassen (Art. 285 Abs. 2 Ziff. 2 SchKG). Auch die ausländische Konkursverwaltung oder ein dazu berechtigter Konkursgläubiger ist zur Anfechtungsklage legitimiert (Art. 171 IPRG), sofern der ausländische Konkurs in der Schweiz anerkannt wurde (Art. 166 ff. IPRG) und das schweizerische Konkursamt sowie die privilegierten Gläubiger auf die Geltendmachung der Anfechtungsansprüche verzichtet haben[1609].

Im *Nachlassvertrag mit Vermögensabtretung* stehen die Anfechtungsansprüche der Nachlassmasse zu. Diese ist berechtigt, die Ansprüche geltend zu machen, wobei zunächst nur die Liquidatoren in Vertretung der Masse (Art. 319 Abs. 3 und 4 SchKG) Anfechtungsklage erheben können. Wenn die Liquidatoren und der Gläubigerausschuss auf die Geltendmachung verzichten und es zur Abtretung gemäss Art. 260 SchKG (i.V.m. Art. 325 SchKG) kommt, so ist derjenige Nachlassgläubiger zur Anfechtungsklage legitimiert, der im Kollokationsplan berücksichtigt worden ist[1610].

9. Passivlegitimation

Passivlegitimiert sind die Personen, die mit dem Schuldner die anfechtbaren Rechtsgeschäfte abgeschlossen haben oder von ihm in anfechtbarer Weise begünstigt worden sind, ihre Erben oder andere Gesamtrechtsnachfolger und bösgläubige Dritte (Art. 290 SchKG)[1611].

1607 BSK SchKG II-Staehelin Adrian, Art. 285 N 33.

1608 BSK SchKG II-Staehelin Adrian, Art. 285 N 33.

1609 BGE 137 III 374, E. 3; BGE 135 III 666, E. 3.2.1; BGE 135 III 40, E. 2.5.1; BSK SchKG II-Staehelin Adrian, Art. 285 N 33a mit Hinweis auf BGE 129 III 688, E. 5.3.

1610 BGE 134 III 283, E. 4.4.2.

1611 BGE 138 III 497, E. 6.1; BGE 135 III 265, E. 3; BGE 5A_397/2013.

Nicht passivlegitimiert ist, wer im Namen eines Dritten Gelder einkassiert und diese an den Dritten weiterleitet[1612].

II. Prozessuales

1. Verfahren

Der Prozess über die paulianische Anfechungsklage wird abhängig vom Streitwert entweder im ordentlichen (Streitwert > CHF 30 000; Art. 219 ff. ZPO) oder im vereinfachten Verfahren (Streitwert ≤ CHF 30 000; Art. 243 ff. ZPO) durchgeführt.

2. Örtliche Zuständigkeit

Örtlich zuständig ist der Richter am Wohnsitz des Beklagten (Art. 289 Abs. 1 SchKG). Hat dieser keinen Wohnsitz in der Schweiz, so liegt der Gerichtsstand am Ort der Pfändung, des Konkurses oder der Nachlassliquidation (Art. 289 Satz 2 SchKG). Der Gerichtsstand wird ausschliesslich nach dem SchKG geregelt. Die ZPO ist nicht anwendbar (Art. 46 ZPO).

Eine Prorogation vor einer Konkurseröffnung, einer Nachlassliquidation oder einer Pfändung ist unzulässig[1613]. Hingegen dürfte eine solche nach diesem Zeitpunkt möglich sein[1614]. Gleiches gilt für den Abschluss einer Schiedsvereinbarung zwischen Konkursverwalter als potenziellem Anfechtungskläger und dem begünstigten Dritten[1615].

Im internationalen Verhältnis ist bei der Bestimmung des Gerichtsstandes zwischen Generalexekution und Spezialexekution zu unterscheiden. Bei der Generalexekution (Konkurs, Nachlassliquidation) ist Art. 289 Satz 2 SchKG sowohl im euro-internationalen als auch im internationalen Verhältnis ausschliesslich anwendbar, da hier nach der bundesgerichtlichen Rechtsprechung weder das LugÜ noch das IPRG Anwendung finden[1616].

1612 BGE 30 II 154.

1613 ZR 106 (2007) Nr. 28.

1614 KUKO SchKG-UMBACH-SPAHN/BOSSART, Art. 289 N 9; a.M. BSK SchKG II-STAEHELIN DANIEL, Art. 289 N 15.

1615 KUKO SchKG-UMBACH-SPAHN/BOSSART, Art. 289 N 9; a.M. BSK SchKG II-STAEHELIN DANIEL, Art. 289 N 15a, der die Schiedsfähigkeit der paulianischen Anfechtungsklage verneint.

1616 BGE 131 III 227, E. 3.2 (Konkurs); BGE 134 III 273, E. 4.4 (Nachlassliquidation), vgl. zudem KUKO SchKG-BRIGITTE UMBACH-SPAHN, Art. 289 N 4.

In Bezug auf die Spezialexekution sind die Lehrmeinungen geteilt. Das Bundesgericht äusserte sich bis heute nicht dazu. Eine Mehrheit der Lehre bejaht die Anwendbarkeit des LugÜ. Der Gerichtsstand richtet sich dann nach Art. 2 LugÜ (Wohnsitz des Beklagten) oder nach Art. 5 Ziff. 3 LugÜ (Gerichtsstand der unerlaubten Handlung)[1617]. Art. 22 Ziff. 5 LugÜ ist nicht anwendbar[1618]. Im Anwendungsbereich des IPRG sind die allgemeinen Gerichtsstandsbestimmungen anwendbar.

3. Sachliche Zuständigkeit

Die allgemeinen kantonalen zivilprozessualen Normen bestimmen die sachliche Zuständigkeit (Art. 3 und 4 ZPO). Im Kanton Zürich ist je nach Streitwert das Einzelgericht (Streitwert ≤ CHF 30 000; § 24 lit. a GOG ZH) oder das Kollegialgericht (Streitwert > CHF 30 000; § 19 GOG ZH) sachlich zuständig. Demgegenüber ist nach der eindeutigen Praxis des Bundesgerichts das Handelsgericht sachlich nicht zuständig[1619].

4. Einleitung Verfahren

Die Anfechtungsklage ist entsprechend den zivilprozessualen Normen einzuleiten. Nach Art. 197 i.V.m. Art. 202 ZPO ist der Prozess im Zivilverfahren bei der Schlichtungsbehörde einzuleiten.

5. Rechtsbegehren

Ist der Beklagte zu verpflichten, der Zwangsvollstreckung einen Geldbetrag zur Verfügung zu stellen, so könnte das Rechtsbegehren wie folgt lauten:

«Es sei der Beklagte zu verpflichten, dem Kläger CHF […] zzgl. 5% Zins seit […] zu bezahlen, unter Kosten- und Entschädigungsfolgen zulasten des Beklagten.»

Ist ein Grundstück der Zwangsverwertung zuzuführen, wäre folgendes Rechtsbegehren möglich:

«Es sei der Beklagte zu verpflichten, das Grundstück Nr. […], Grundbuch […], Plan Nr. […], Ortsbezeichnung: […], Strasse: […], zurückzugeben und die Pfändung

1617 Vgl. zum Ganzen KUKO SchKG-Umbach-Spahn/Bossart, Art. 289 N 5.
1618 BSK SchKG II-Staehelin Daniel, Art. 289 N 13.
1619 BGE 141 III 527, E. 2.3.

dieses Grundstücks in der Betreibung des Klägers gegen […] (Betreibung Nr. […] des Betreibungsamtes […], Zahlungsbefehl vom […]) zu dulden, unter Kosten- und Entschädigungsfolgen zulasten des Beklagten.»

Ist das Grundstück mit Schuldbriefen belastet worden, könnte Folgendes beantragt werden:

«Soweit der Beklagte das genannte Grundstück mit Schuldbriefen belastet hat, sei der Beklagte zu verpflichten, die Pfändung der Schuldbriefe im Betreibungsverfahren (Betreibung Nr. […] des Betreibungsamtes […], Zahlungsbefehl vom […]) zu dulden. Eventualiter, soweit sich die Schuldbriefe nicht mehr im Besitz des Beklagten befinden oder der Beklagte das Grundstück mit sonstigen Pfandrechten oder Dienstbarkeiten belastet hat, sei der Beklagte zu verpflichten, der Klägerin den Betrag, mit welchem das Grundstück durch die Schuldbriefe und die sonstigen Pfandrechte belastet wird resp. den Wert der das Grundstück belastenden Dienstbarkeit, zu bezahlen.»

Ist dem Kläger bekannt, dass der Anfechtungsgegner die anfechtbar veräusserten Gegenstände nicht mehr besitzt, so muss er explizit verlangen, dass der Beklagte zur Bezahlung einer entsprechenden Summe zu verpflichten ist[1620].

6. Streitwert

Der Streitwert richtet sich nach der Höhe des zurückzufordernden Geldbetrages oder nach dem Wert des anfechtbar veräusserten Vermögenswertes (Art. 91 ZPO).

7. Frist

Die Anfechtungsfrist ist verjährt nach Ablauf von zwei Jahren seit Zustellung des Pfändungsverlustscheines bzw. nach Ablauf von zwei Jahren seit der Konkurseröffnung oder Bestätigung des Nachlassvertrages mit Vermögensabtretung[1621]. Es handelt sich neu um eine Verjährungs- und nicht wie bisher um eine Verwirkungsfrist. Dies ergibt sich aus dem neuen Randtitel von Art. 292 SchKG. Die Anfechtungsfrist kann folglich auch unterbrochen werden.

1620 BSK SchKG II-Staehelin Daniel, Art. 289 N 19.
1621 BGE 134 III 273, E. 2–5. Dies ist nun neu in Art. 292 Ziff. 3 SchKG stipuliert.

Die Frist beginnt bei der Betreibung auf Pfändung mit der Zustellung des Pfändungsverlustscheines[1622]. Im Konkurs beginnt sie mit der Konkurseröffnung[1623] und beim Nachlassvertrag mit Vermögensabtretung mit rechtskräftiger Bestätigung des Nachlassvertrages[1624].

Anwendungsfall zum alten Recht: Beantragt der Kläger im Zusammenhang mit der Anfechtung von Grundstücksveräusserungen zunächst die Zusprechung eines Geldbetrages und ändert er sein Klagebegehren erst nach Ablauf der Verwirkungsfrist von Art. 292 Ziff. 2 SchKG dahingehend ab, dass er (auch) die Einbeziehung der fraglichen Grundstücke verlangt, ist ihm die Einrede der Verwirkung nicht entgegenzuhalten, falls den Ausführungen in der Klageschrift zur Sache bereits klar zu entnehmen war, dass sich die Geldforderung aus einem Anfechtungstatbestand ableitet[1625].

8. Streitgenossenschaft

Streitgenossenschaft und Nebenintervention sind nach den Art. 70–72 ZPO und Art. 74–77 ZPO zulässig. Stützen sich mehrere Gläubiger auf einen Verlustschein, so können diese die gleiche Rechtshandlung unabhängig voneinander, selbst im Abstand mehrerer Jahre, anfechten. Es besteht keine notwendige Streitgenossenschaft[1626].

9. Streitverkündung

Eine Streitverkündung ist nicht möglich: Ein für den Streitverkünder ungünstiges Urteil kann gegenüber dem Streitberufenen keine Wirkung entfalten, weil über materiell-rechtliche Fragen nur vorfrageweise entschieden wird.

10. Beweislast

Der Anfechtungskläger trägt die Behauptungs- und die Beweislast für alle Erfordernisse des Anfechtungstatbestandes. Er trägt somit die Beweislast für das Vorliegen eines anfechtbaren Rechtsgeschäfts und dessen Ausführung innerhalb der Verdachtsperiode, ferner für die dadurch bedingte Benachtei-

1622 KUKO SchKG-Umbach-Spahn/Bossart, Art. 292 N 2.
1623 KUKO SchKG-Umbach-Spahn/Bossart, Art. 292 N 3.
1624 BGE 134 III 273, E. 4.6.3.
1625 BGE 136 III 341, E. 4.2.
1626 BSK SchKG II-Staehelin Daniel, Art. 289 N 23.

ligung des klagenden Pfändungsverlustscheingläubigers bzw. einzelner oder aller Gläubiger bei der Klage seitens der Konkursverwaltung, des Liquidators oder der Abtretungsgläubiger[1627].

Bei der Überschuldungspauliana hat der Kläger auch die Überschuldung zu beweisen. Dieser Beweis kann in der Praxis schwer erbracht werden. Indizien, wie eine beträchtliche Anzahl von gegen den Schuldner geführten Betreibungen, Schuldnerflucht, Wechselproteste, Einstellung der Zahlungen etc. können bei der Beweisführung relevant sein[1628]. Dem Begünstigten steht der Exkulpationsbeweis offen. Er hat zu beweisen, dass er die Überschuldung nicht kannte und auch bei der Anwendung der gebotenen Sorgfalt nicht hätte erkennen können.

Bei der Absichtspauliana wird die Gläubigerschädigung bzw. die Verminderung der Liquidationsmasse, welche wie die beiden weiteren Tatbestandsmerkmale der Schädigungsabsicht und der Erkennbarkeit an sich vom Anfechtungskläger zu beweisen ist, bei anfechtungsrelevantem Verhalten des Schuldners vermutet[1629]. Dem Anfechtungsbeklagten steht aber der Gegenbeweis offen, dass die anderen Gläubiger auch bei richtigem Verhalten des Schuldners zum gleichen Verlust gekommen wären[1630].

Da sich die subjektiven Erfordernisse der Schädigungsabsicht und deren Kenntnis bei der Absichtspauliana weitgehend auf innere Tatsachen beziehen, darf für deren Beweis auf Indizien abgestellt werden[1631].

Sowohl bei der Schenkungspauliana als auch bei der Absichtspauliana wurde mit der Revision vom 21. Juni 2013 eine neue Bestimmung eingeführt. Danach trägt bei der Anfechtung einer Handlung zugunsten einer nahestehenden Person des Schuldners diese die Beweislast dafür, dass kein Missverhältnis zwischen Leistung und Gegenleistung vorliegt. Als nahestehende Personen gelten auch Gesellschaften eines Konzerns (vgl. Art. 286 Abs. 3 SchKG und Art. 288 Abs. 2 SchKG). Diese neue Bestimmung begründet somit eine Umkehr der Beweislast.

1627 BGE 136 III 247, E. 3; BGE 134 III 452, E. 2; BSK SchKG II-Staehelin Adrian, Art. 286 N 26.
1628 KUKO SchKG-Brigitte Umbach-Spahn, Art. 287 N 8.
1629 BGE 137 III 268, E. 4.1; BGE 136 III 247, E. 3; BGE 134 III 452, E. 2.
1630 BGE 137 III 268, E. 4.1; BGE 5A_892/2010, E. 2; BGE 136 III 247, E. 3; BGE 135 III 265, E. 2.
1631 BSK SchKG II-Staehelin Daniel, Art. 88 N 23 m.w.H.

11. Beweismass

Der Kläger hat den vollen Beweis zu erbringen, dass die Voraussetzungen der paulianischen Anfechtungsklage erfüllt sind. Glaubhaftmachung genügt nicht.

12. Beweismittel

Es sind alle Beweismittel gemäss den Art. 168–193 ZPO zulässig.

13. Urteil

Wer durch eine anfechtbare Rechtshandlung Vermögen des Schuldners erworben hat, ist bei Gutheissung der Anfechtungsklage zur *Rückgabe* desselben verpflichtet. Bei der Rückgewähr geht es einzig um die Wiederherstellung der Exekutionsrechte des Gläubigers[1632]. Der Vermögenswert wird vom Pfändungs-, Konkurs- oder Nachlassbeschlag erfasst und zwangsweise verwertet[1633].

Die Rückgewähr eines anfechtbar erworbenen Vermögenswertes hat in erster Linie in natura zu erfolgen. Nur wenn eine Rückgabe der Sache nicht mehr möglich ist, besteht die (subsidiäre) Pflicht zur Erstattung ihres Wertes[1634]. Abzustellen ist dabei auf jenen Wert, der dem entzogenen Substrat entspricht. Es darf dem Anfechtenden nicht eine Leistung zugesprochen werden, die ihn besserstellt, als wenn die verpönte Vermögensverschiebung nicht stattgefunden hätte[1635].

Der Anfechtungsgegner erfüllt seine Pflicht zur Rückgabe, indem er die Pfändung oder Admassierung sowie die anschliessende Verwertung des betreffenden Vermögenswertes duldet. Zu diesem Zweck hat er den Vermögenswert den Vollstreckungsorganen zur Verfügung zu stellen[1636]. Empfänger der Rückgabe ist grundsätzlich das Betreibungsamt, die Konkursverwaltung oder der Liquidator[1637]. Bei der Spezialexekution geht die Bezahlung eines Geldbetrages aber direkt an den Anfechtungskläger[1638].

1632 BSK SchKG II-Bauer, Art. 291 N 9.
1633 BSK SchKG II-Bauer, Art. 291 N 9.
1634 BGE 141 III 187; E. 4.2; BGE 132 III 489, E. 3.3.
1635 BGE 5A_748/2013, E. 6.2.1.
1636 BSK SchKG II-Bauer, Art. 291 N 13.
1637 BSK SchKG II-Bauer, Art. 291 N 16.
1638 BSK SchKG II-Bauer, Art. 291 N 16.

Der gutgläubige Empfänger einer Schenkung ist nur bis zum Betrag seiner Bereicherung zur Rückerstattung verpflichtet (Art. 291 Abs. 3 SchKG).

Besteht die anfechtbare Rechtshandlung in der *Tilgung einer Forderung*, so tritt dieselbe mit der Rückerstattung des Empfangenen wieder in Kraft (Art. 291 Abs. 2 SchKG). Im Konkurs oder Nachlassverfahren mit Vermögensabtretung ist die wieder aufgelebte Forderung in der 3. Klasse zu kollozieren. Während der Dauer des Anfechtungsprozesses ist die Forderung bedingt zu kollozieren[1639]. Die Kollokation hat von Amtes wegen stattzufinden. In der Pfändungsbetreibung gegen den Schuldner kann die wieder auflebende Forderung durch Pfändungsanschluss geltend gemacht werden, wenn die übrigen Voraussetzungen nach Art. 110 f. SchKG gegeben sind[1640].

Die *allfällige Gegenleistung*, die der Schuldner erhalten hat, ist dem Begünstigten zu erstatten, soweit sie sich noch in den Händen des Schuldners befindet oder dieser durch sie bereichert ist. Darüber hinaus kann ein Anspruch nur als Forderung gegen den Schuldner geltend gemacht werden (Art. 291 Abs. 1 SchKG). Im Konkursverfahren wäre hierfür bei gegebenen Voraussetzungen ein Aussonderungsprozess anzuheben. Sekundär hat der Dritte die Rückgabe der noch vorhandenen Bereicherung zu verlangen. Diese Forderung ist als Masseverbindlichkeit zu behandeln. In der Spezialexekution ist bei gegebenen Voraussetzungen das Widerspruchsverfahren anzuheben.

Das Anfechtungsurteil hat nur in der *laufenden Betreibung* Wirkung[1641]. Es hat keine Wirkung auf die Anfechtungsklage desselben oder eines anderen Gläubigers in einer anderen Betreibung[1642].

14. Klageanerkennung, Klagerückzug, Vergleich

Klageanerkennung, Klagerückzug und Vergleich sind zulässig (Art. 241 ZPO).

15. Rechtsmittel

Der erstinstanzliche Entscheid über die paulianische Anfechtungsklage ist bei einem Streitwert von mindestens CHF 10 000 mit Berufung (Art. 308

1639 Kreisschreiben Nr. 10 des Bundesgerichts vom 9. Juli 1915, BBl 1915 III 51; BSK SchKG II-Bauer, Art. 291 N 42.

1640 BSK SchKG II-Bauer, Art. 291 N 43.

1641 BGE 130 III 672.

1642 BSK SchKG II-Staehelin Daniel, Art. 289 N 24.

Abs. 2 ZPO), bei einem tieferen Streitwert mit Beschwerde (Art. 319 ZPO) an die kantonale Rechtsmittelinstanz weiterzuziehen. Als solche amtet im Kanton Zürich das Obergericht (§ 48 GOG ZH).

Gegen Entscheide letzter kantonaler Instanzen (auch des Handelsgerichts) ist bei einem Streitwert von mindestens CHF 30 000 (Art. 74 Abs. 1 lit. b BGG) oder bei Rechtsfragen von grundsätzlicher Bedeutung (Art. 74 Abs. 2 lit. a BGG) die Beschwerde in Zivilsachen (Art. 72 ff. BGG) zulässig. Andernfalls ist die subsidiäre Verfassungsbeschwerde i.S.v. Art. 113 ff. BGG zu ergreifen, wobei sich die Prüfung des Entscheides hier auf Willkür (Art. 9 BV) beschränkt.

9. Kapitel

Klagen im Nachlassverfahren

§ 35 Nachlassgesuch (Art. 293 ff. SchKG)

Literatur: HUNKELER DANIEL, Das Nachlassverfahren nach revidiertem SchKG, Diss. Freiburg i.Ue. 1996; ROTH-HERREN ROLF, Die Voraussetzungen zur Gewährung der Nachlassstundung und zur Bestätigung des Nachlassvertrages, Diss. Basel 1988; STAUBER NATALIE/TALBOT PHILIP, Die Praxis des Nachlassgerichts Zürich zum revidierten Sanierungsrecht, AJP 2017, 874 ff.

I. Materielles

1. Allgemeines

Das Nachlassgesuch leitet das Nachlassverfahren ein. In diesem Verfahren wird der Abschluss eines Nachlassvertrages angestrebt, wobei eine Nachlassstundung vorangeht. Während der Stundungsphase überwacht der Sachwalter die Geschäftstätigkeit des Schuldners und schafft zuhanden der Gläubiger und des Nachlassrichters die Entscheidungsgrundlagen für das Zustandekommen und die Bestätigung des Nachlassvertrages[1643]. Die Nachlassstundung dient somit der Vorbereitung für den Abschluss des Nachlassvertrages bzw. der Sanierung. Der ordentliche Nachlassvertrag (Prozent- oder Dividendenvergleich) ermöglicht die weitere Existenz des Schuldners in der bisherigen Form. Demgegenüber lässt der Nachlassvertrag mit Vermögensabtretung (Liquidationsvergleich) zwar die Möglichkeit offen, das Unternehmen ganz oder in seinen wesentlichen Teilen zu erhalten (z.B. in einer Auffanggesellschaft), führt im Übrigen aber zur Liquidation des schuldnerischen Vermögens bzw. des schuldnerischen Unternehmens[1644].

Nach Verfahrenseinleitung wird dem Schuldner zunächst die *provisorische* Nachlassstundung für die Dauer von maximal vier Monaten bewilligt (Art. 293a Abs. 1 und Abs. 2 SchKG). Gegenüber dem früheren Recht sind die Voraussetzungen für die Bewilligung der provisorischen Nachlassstundung deutlich tiefer angesetzt. Nur wenn offensichtlich keine Aussicht auf Sanierung oder Bestätigung eines Nachlassvertrages besteht, wird die provisorische Nachlassstundung nicht bewilligt. In diesem Fall aber wird der Konkurs von Amtes wegen eröffnet (Art. 293a Abs. 3 SchKG), was eine Verschärfung gegenüber dem früheren Recht bedeutet[1645]. Die Nachlass-

1643 KUKO SchKG-HUNKELER, Art. 293a N 2.
1644 Vgl. zum Ganzen BSK SchKG II-VOLLMAR, Art. 293 N 2.
1645 Vgl. zum Ganzen SK SchKG-UMBACH-SPAHN/KESSELBACH/BURKHALTER, Art. 293a N 2.

stundung gewährt dem Schuldner Schutz vor dem rechtlichen Zugriff seiner Gläubiger (Art. 297 SchKG), beschränkt seine Verfügungsbefugnis über dessen Vermögen (Art. 298 SchKG) und ermöglicht die Vorbereitung der Sanierung bzw. allenfalls der Liquidation. Insbesondere kann während der Nachlassstundung ein vom Schuldner betriebenes Unternehmen grundsätzlich weitergeführt werden (Art. 298 SchKG), was regelmässig Voraussetzung für das Gelingen einer Sanierung ist[1646].

Ergibt sich während der provisorischen Stundung, dass Aussicht auf Sanierung oder Bestätigung eines Nachlassvertrages besteht, so bewilligt das Nachlassgericht die Stundung definitiv für weitere vier bis sechs Monate. Es entscheidet von Amtes wegen vor Ablauf der provisorischen Stundung (Art. 294 Abs. 1 SchKG). Voraussetzung für eine Bewilligung der definitiven Nachlassstundung ist, dass *realistische Chancen* auf eine Sanierung i.w.S. bestehen[1647], d.h. entweder auf *Bestätigung eines Nachlassvertrages* oder auf eine *Sanierung ohne Nachlassvertrag*[1648].

Aussicht auf *Bestätigung eines Nachlassvertrages* besteht, wenn die Voraussetzungen von Art. 305 und Art. 306 SchKG voraussichtlich erfüllt werden können. Wird ein Nachlassvertrag mit Vermögensabtretung angestrebt, ist u.a. darzulegen, dass die Interessen der Gläubiger voraussichtlich besser gewahrt werden als durch einen sofortigen Konkurs, weil z.B. aufgrund der grösseren Flexibilität bei der Verwertung voraussichtlich ein besseres Verwertungsergebnis erzielt werden kann[1649]. Wird ein Dividendenvergleich beabsichtigt, muss zudem aufgezeigt werden, dass Anteilseigner einen angemessenen Sanierungsbeitrag leisten werden (Art. 306 Abs. 1 Ziff. 3 SchKG)[1650]. In jedem Fall dürfen unabhängig von der Art des angestrebten Nachlassvertrags keine konkreten Hinweise bestehen, dass die Quoren gemäss Art. 305 Abs. 1 SchKG voraussichtlich nicht erreichbar sind (weil sich z.B. ein Grossgläubiger gegen den Abschluss eines Nachlassvertrages ausgesprochen hat)[1651]. Sodann muss aufgezeigt werden, dass die Kosten des Stundungsverfahrens sowie gegebenenfalls einer Nachlassliquidation finanziert, die während der definitiven Stundung mit Zustimmung des Sachwalters entstehenden Verbindlichkeiten erfüllt sowie die privilegierten Gläubiger befriedigt werden können (Art. 306

1646 KUKO SchKG-Hunkeler, vor Art. 293–336 N 3 f.
1647 BGE 5A_495/2016, E. 3.1.
1648 SK SchKG-Umbach-Spahn/Kesselbach/Exner, Art. 294 N 2 f.
1649 SK SchKG-Umbach-Spahn/Kesselbach/Exner, Art. 294 N 4; vgl. auch KUKO SchKG-Hunkeler, Art. 294 N 9.
1650 SK SchKG-Umbach-Spahn/Kesselbach/Exner, Art. 294 N 4.
1651 SK SchKG-Umbach-Spahn/Kesselbach/Exner, Art. 294 N 4.

Abs. 1 Ziff. 2 SchKG)[1652]. Grundlage für den Entscheid des Nachlassgerichts bildet der Bericht des provisorischen Sachwalters[1653]. Wurde kein Sachwalter eingesetzt (Art. 293b Abs. 2 SchKG), sind die Erfolgsaussichten durch den Schuldner selbst (Art. 293 lit. a SchKG) oder allenfalls durch den antragstellenden Gläubiger (Art. 293 lit. b SchKG) substanziiert aufzuzeigen[1654].

Aussicht auf eine *Sanierung ohne Nachlassvertrag* besteht, wenn der Schuldner gestützt auf einen *Sanierungs- und Liquidationsplan* aufzeigt, dass die geplanten Massnahmen auf die finanzielle Gesundung der Gesellschaft abzielen, d.h. den Fortbestand der Gesellschaft sichern und die Liquidation verhindern[1655]. Er muss somit aufzeigen, dass er nach Beendigung der definitiven Stundung in der Lage sein wird, die bestehenden und künftigen Verbindlichkeiten zu tilgen, ohne neue Verluste zu generieren[1656]. Zudem muss er dartun, dass alle Gläubiger vollständig befriedigt werden (i.d.R. inkl. Zinsen), soweit nicht individuelle Lösungen getroffen werden können[1657]. Der Schuldner muss schliesslich darlegen, dass die Kosten des Stundungsverfahrens finanziert und die während der Stundung mit Zustimmung des Sachwalters entstehenden Verbindlichkeiten sowie mindestens die Gläubiger privilegierter Forderungen vollständig erfüllt bzw. befriedigt werden können. Die Gläubiger dürfen nicht schlechtergestellt werden, als wenn ein Nachlassvertrag angestrebt wird (Art. 306 Abs. 1 Ziff. 2 SchKG)[1658]. Keine Sanierung liegt vor beim Einbringen von Betriebsteilen in eine Auffanggesellschaft mit anschliessendem Konkurs der Altgesellschaft[1659].

Das Nachlassverfahren erfasst das gesamte Vermögen des Schuldners. Das Nachlassgesuch kann sich also nicht nur auf einen Teil des Vermögens beschränken. So wäre etwa eine Reduktion auf das Geschäftsvermögen unter Ausklammerung des Privatvermögens bei einem Schuldner als Inhaber einer Einzelfirma ausgeschlossen[1660].

1652 SK SchKG-Umbach-Spahn/Kesselbach/Exner, Art. 294 N 4.
1653 SK SchKG-Umbach-Spahn/Kesselbach/Exner, Art. 294 N 4.
1654 SK SchKG-Umbach-Spahn/Kesselbach/Exner, Art. 294 N 5 m.H. auf BGE 5A_243/2015, E. 2.
1655 SK SchKG-Umbach-Spahn/Kesselbach/Exner, Art. 294 N 6 m.H. auf BGE 138 III 204, E. 3.3.1.
1656 SK SchKG-Umbach-Spahn/Kesselbach/Exner, Art. 294 N 8.
1657 SK SchKG-Umbach-Spahn/Kesselbach/Exner, Art. 294 N 6.
1658 SK SchKG-Umbach-Spahn/Kesselbach/Exner, Art. 294 N 7.
1659 SK SchKG-Umbach-Spahn/Kesselbach/Exner, Art. 294 N 6; vgl. auch BSK SchKG EG-Bauer, Art. 294 N 6.
1660 BSK SchKG II-Vollmar, Art. 293 N 4.

2. Rechtsnatur

Die Verfahren über die Bewilligung der *provisorischen* bzw. *definitiven* Nachlassstundung sind betreibungsrechtlicher Natur.

3. Aktiv- und Passivlegitimation

Provisorische Nachlassstundung:

Legitimiert für die Einreichung eines Nachlassgesuches ist zunächst der *Schuldner (Art. 293 lit. a SchKG).* Jede Person (natürliche oder juristische, Einzelperson oder Personengemeinschaft, Erbengemeinschaft vor der Teilung, Art. 49 SchKG), die auf Konkurs oder Pfändung betrieben werden kann, ist zum Nachlassgesuch legitimiert[1661]. Voraussetzung bildet aber, dass sie in der Schweiz einen Betreibungsort hat. Ein besonderer Insolvenzgrund ist nicht vorausgesetzt.

Eine einfache Gesellschaft ist nicht legitimiert, da sie keine juristische Person ist und als solche nicht betrieben werden kann[1662]. Mangels Konzernrechts in der Schweiz muss jede Konzerngesellschaft ein eigenes Nachlassverfahren einleiten. Verbundene Unternehmen in einem Konzernverhältnis können kein gemeinsames Nachlassverfahren erwirken[1663]. Ausländische Schuldner sind ebensowenig legitimiert, auch wenn sich Vermögenswerte in der Schweiz befinden und ein Betreibungsort besteht (Art. 50–52 SchKG)[1664]. Dies ergibt sich aus dem Territorialitätsprinzip.

Sodann ist ein *Gläubiger* legitimiert, ein Nachlassgesuch zu stellen. Dies jedoch nur, wenn er seine Ansprüche gegenüber dem Schuldner schon soweit durchgesetzt hat, dass er das Konkursbegehren nach Art. 166 SchKG stellen könnte[1665]. Auch das Recht, eine Konkurseröffnung ohne vorgängige Betreibung zu verlangen, legitimiert einen Gläubiger zur Einreichung eines Nachlassgesuches[1666]. Pfandgesicherte und privilegierte Gläubiger sind zur Antragstellung ebenfalls legitimiert, obwohl deren Forderungen gemäss

1661 BSK SchKG II-Vollmar, Art. 293 N 15; KUKO SchKG-Hunkeler, Art. 293 N 3.
1662 KUKO SchKG-Hunkeler, Art. 293 N 4.
1663 KUKO SchKG-Hunkeler, Art. 293 N 4; SK SchKG-Umbach-Spahn/Kesselbach/Burkhalter, Art. 293 N 5.
1664 KUKO SchKG-Hunkeler, Art. 293 N 5.
1665 BSK SchKG II-Vollmar, Art. 293 N 16.
1666 BSK SchKG II-Vollmar, Art. 293 N 16.

Art. 306 Abs. 1 Ziff. 2 und Art. 310 Abs. 1 SchKG von einem Nachlassvertrag nicht erfasst werden[1667].

Die Einleitung eines Nachlassverfahrens kann auch *von Amtes wegen* erfolgen, denn nach Art. 173a Abs. 2 SchKG kann der Konkursrichter den Entscheid über den Konkurs aussetzen und die Akten an den Nachlassrichter überweisen, wenn Anhaltspunkte erkennbar sind, dass Aussicht auf einen Nachlassvertrag besteht[1668].

Definitive Nachlassstundung:

Gemäss Art. 294 Abs. 1 SchKG entscheidet das Nachlassgericht *von Amtes wegen* über die Bewilligung der *definitiven* Nachlassstundung. Ein Antrag der Parteien oder des Sachwalters ist damit nicht erforderlich, aber möglich.

Beim Nachlassverfahren gibt es keine Passivlegitimierten.

II. Prozessuales

1. Verfahren

Die Verfahren betreffend Bewilligung der *provisorischen* bzw. *definitiven* Nachlassstundung sind summarisch (Art. 251 lit. a ZPO).

Gemäss Art. 293a Abs. 1 SchKG hat das Nachlassgericht *unverzüglich* die *provisorische* Stundung zu bewilligen. M.a.W. hat das Nachlassgericht so rasch wie möglich, in der Regel ohne Durchführung einer mündlichen Verhandlung, den Entscheid zu fällen[1669]. Bei einem unvollständigen Gesuch kann es dem Gesuchsteller eine kurze Nachfrist zur Ergänzung des Nachlassgesuches bzw. zur Nachreichung von weiteren Beilagen ansetzen. Bei Vorliegen von spezifischen Verhältnissen erscheint es u.U. als geboten, kurzfristig die Stellungnahmen von weiteren Beteiligten (Hauptgläubiger, neuer Investor, Arbeitnehmer etc.) einzuholen oder diese anzuhören[1670]. Wurde das Nachlassgesuch von einem Gläubiger (Art. 293 Abs. 1 lit. b SchKG) oder von Amtes wegen (Art. 173a Abs. 2 i.V.m. Art. 293 Abs. 1 lit. c) eingeleitet, muss dem

1667 BSK SchKG II-Vollmar, Art. 293 N 16.
1668 BSK SchKG II-Vollmar, Art. 293 N 18.
1669 SK SchKG-Umbach-Spahn/Kesselbach/Burkhalter, Art. 293a N 7; KUKO SchKG-Hunkeler, Art. 293a N 11 ff.
1670 Vgl. im Detail KUKO SchKG-Hunkeler, Art. 293a N 11 ff.; SK SchKG-Umbach-Spahn/Kesselbach/Burkhalter, Art. 293a N 7.

Schuldner das rechtliche Gehör gewährt werden. Er muss sich somit zum Nachlassgesuch äussern können.

Anders sieht es im Verfahren betreffend Bewilligung der *definitiven* Nachlassstundung aus. Hier muss gemäss Art. 294 Abs. 2 SchKG das Nachlassgericht zwingend eine *mündliche Verhandlung* durchführen. Das Nachlassgericht kann also nicht auf die Durchführung einer mündlichen Verhandlung verzichten, wie dies Art. 256 Abs. 1 ZPO vorsieht. Es lädt den Schuldner, den antragstellenden Gläubiger sowie den provisorischen Sachwalter (sofern ein solcher bestellt wurde) zur Verhandlung vor. Es liegt im Ermessen des Nachlassrichters, ob er zusätzlich auch andere wichtige Gläubiger wie Grossgläubiger, Pfandgläubiger, Banken oder Arbeitnehmer vorladen möchte. Die Anhörung solcher wichtiger Gläubiger könnte dann sinnvoll sein, wenn während der Nachlassstundung über wichtige Vermögensbestandteile des Schuldners verfügt werden soll[1671]. Sodann kann auch die Anhörung eines Investors in Betracht kommen. Sofern ein provisorischer Sachwalter bestellt wurde, hat er gemäß Anordnung des Nachlassgerichts mündlich anlässlich der Verhandlung oder vorgängig schriftlich Bericht zu erstatten. Der *Sachwalterbericht* muss mindestens einen provisorischen Vermögensstatus sowie eine Prognose zu den Sanierungsaussichten enthalten und Aufschluss geben über die Finanzierbarkeit des definitiven Stundungsverfahrens bzw. gegebenenfalls einer Nachlassliquidation. Üblicherweise erstattet der provisorische Sachwalter auch Bericht über den Verlauf der provisorischen Stundung und über die vorgesehenen nächsten Schritte[1672].

2. Örtliche Zuständigkeit

Für die Bewilligung der *provisorischen* Nachlassstundung ist örtlich der Nachlassrichter an jenem Ort zuständig, an dem auch die Konkurseröffnung erfolgen würde (Art. 46 ff. SchKG). Daraus ergibt sich, dass der Nachlassschuldner, der ein Nachlassverfahren einleiten will, in der Schweiz einen allgemeinen Betreibungsort haben muss[1673]. Der Gerichtsstand ist zwingend. Da ausländische Schuldner nicht zur Einreichung eines Nachlassgesuchs legitimiert sind, stellt sich die Frage der internationalen Zuständigkeit in solchen Fällen nicht. Stellt ein ausländischer Gläubiger das Nachlassgesuch,

1671 BSK SchKG II-Vollmar, Art. 294 N 9; vgl. zum Ganzen auch KUKO SchKG-Hunkeler, Art. 294 N 3.
1672 Vgl. zum Ganzen SK SchKG-Umbach-Spahn/Kesselbach/Exner, Art. 294 N 14.
1673 BSK SchKG II-Vollmar, Art. 293 N 35.

ist örtlich ebenfalls das Nachlassgericht am Betreibungsort zuständig. Das LugÜ und das IPRG sind nicht anwendbar.

Bei der Bewilligung der *definitiven* Nachlassstundung ist das Nachlassgericht, das die provisorische Stundung bewilligt hat, örtlich zuständig.

3. Sachliche Zuständigkeit

Sachlich zuständig ist sowohl für das Verfahren der *provisorischen* als auch für das Verfahren der *definitiven* Nachlassstundung das Nachlassgericht. Die sachliche Zuständigkeit wird durch das kantonale Recht geregelt (Art. 3 f. ZPO). Im Kanton Zürich ist gemäss § 24 lit. c GOG ZH i.V.m. Art. 251 lit. a ZPO das Einzelgericht zuständig.

4. Einleitung Verfahren

Das Gesuch um Bewilligung der *provisorischen* Nachlassstundung wird direkt beim Nachlassrichter eingereicht (Art. 252 Abs. 1 ZPO). Ein Schlichtungsverfahren gibt es nicht (Art. 198 lit. a ZPO). Das Gesuch kann schriftlich gestellt oder mündlich bei Gericht zu Protokoll[1674] gegeben werden (Art. 252 Abs. 2 ZPO).

Auch wenn unter neuem Recht die Voraussetzungen für eine Bewilligung der provisorischen Stundung deutlich tiefer sind als bisher, hat der *gesuchstellende Schuldner* sein Gesuch weiterhin zu begründen und zu belegen[1675]. Der Schuldner muss aber nicht nachweisen, dass er insolvent, d.h. zahlungsunfähig oder überschuldet ist. Vielmehr kann und soll er möglichst frühzeitig ein Nachlassverfahren einleiten. Damit steigen auch die Sanierungschancen. Demgegenüber darf einem verfrühten, unnötigen oder gar missbräuchlichen Gesuch vom Nachlassgericht nicht stattgegeben werden. Mit HUNKELER ist zu fordern, dass sich aus der Begründung des Gesuches bei einer summarischen Überprüfung ergeben muss, dass dem Schuldner über kurz oder lang zumindest eine Insolvenz droht[1676]. Zudem hat er einen *provisorischen Sanierungsplan* einzureichen[1677] (siehe unten). Darin hat der Schuldner darüber

1674 A.M. STAUBER/TALBOT, 876, wonach das Gesuch nur schriftlich gestellt werden kann, weil es sich regelmässig um einen komplexen Fall handeln würde.

1675 KUKO SchKG-HUNKELER, Art. 293 N 8.

1676 Vgl. zum Ganzen KUKO SchKG-HUNKELER, Art. 293 N 9 f.; vgl. auch SK SchKG-UMBACH-SPAHN/KESSELBACH/BURKHALTER, Art. 293 N 12.

1677 Das Nachlassgericht Zürich verlangt keinen provisorischen Sanierungsplan, wenn der Schuldner einen Nachlassvertrag anstrebt; vgl. STAUBER/TALBOT, 876.

Auskunft zu geben, wie er seine Sanierung bewerkstelligen will, d.h., ob er eine Sanierung mittels Abschlusses eines Nachlassvertrages oder *ohne* Nachlassvertrag anstrebt. Der Schuldner muss nach neuem Recht keinen Entwurf eines Nachlassvertrages mehr einreichen. Somit muss er sich weder auf eine Nachlassvertragsart festlegen noch genauere Aussagen über die Höhe einer mutmasslichen Nachlassdividende machen[1678].

Damit sich der Nachlassrichter ein Bild über die Vermögens- und Ertragslage des Schuldners machen kann, sind von Gesetzes wegen (Art. 252 Abs. 2 i.V.m. Art. 221 Abs. 2 lit. c ZPO) weitere Urkunden erforderlich: (i) Eine zeitnahe Jahresrechnung, bestehend aus Erfolgsrechnung und Bilanz, (ii) Liquiditätsplanung, (iii) ein Vermögensstatus mit geschätzten Fortführungs- und Liquidationswerten der Aktiven, aus denen hervorgeht, welche Aktiven infolge von Pfand- oder Retentionsrechten als gebunden zu betrachten sind und welche Werte voraussichtlich den ungesicherten Gläubigern als freie Aktiven zur Verfügung stehen[1679], (iv) ein Schuldenverzeichnis, aus welchem ersichtlich ist, welche Forderungen voraussichtlich in welcher Höhe durch den mutmasslichen Wert der Pfand- oder Retentionsobjekte gedeckt sein dürften, welche Forderungen als privilegiert gemäss Art. 219 Abs. 4 SchKG zu betrachten sind und welche Gläubiger mit welchen Forderungen als ungesichert zu gelten haben und somit dem Nachlassvertrag unterliegen (Art. 310 Abs. 1 SchKG)[1680].

Schliesslich hat der Schuldner in groben Zügen darzulegen, wie die Finanzierung der Stundungsphase (Gerichtskosten, Sachwalterkosten, Masseverbindlichkeiten während der Stundung, Bezahlung bzw. Sicherstellung der privilegierten Gläubiger) sichergestellt wird[1681].

Auf die öffentliche Bekanntmachung der provisorischen Nachlassstundung kann nur in begründeten Fällen verzichtet werden (Art. 293c Abs. 2 SchKG). Dementsprechend muss ein entsprechender Antrag angemessen begründet werden[1682].

Der *gesuchstellende Gläubiger* muss zwar nicht mehr ein begründetes Gesuch einreichen, sollte aber gleichwohl Ausführungen oder Hinweise machen, die für die Möglichkeit einer Sanierung sprechen. Je mehr Anhaltspunkte der Gläubiger vorbringt, desto grösser sind die Chancen, dass das Nachlassge-

1678 KUKO SchKG-Hunkeler, Art. 293 N 13 ff.
1679 KUKO SchKG-Hunkeler, Art. 293 N 24 ff.
1680 KUKO SchKG-Hunkeler, Art. 293 N 17, N 24 ff.
1681 KUKO SchKG-Hunkeler, Art. 293 N 22.
1682 SK SchKG-Umbach-Spahn/Kesselbach/Burkhalter, Art. 293 N 17.

richt die provisorische Stundung bewilligt. Auch hier stellt sich die Frage, ob von offensichtlich fehlenden Sanierungsaussichten auszugehen ist oder nicht[1683].

Bei der Bewilligung der *definitiven* Nachlassstundung wird das Verfahren *von Amtes wegen* vom Nachlassgericht eingeleitet, und zwar vor Ablauf der provisorischen Nachlassstundung. (Art. 294 Abs. 1 SchKG).

5. Rechtsbegehren

Das Nachlassgesuch hat den Antrag zu enthalten, dem Schuldner die *provisorische* Nachlassstundung zu gewähren. Weitere Anträge sind fakultativ. Der Schuldner kann z.B. Vorschläge zur Person des Sachwalters unterbreiten oder sich zu bestimmten Rechtsgeschäften i.S.v. Art. 298 Abs. 2 SchKG ermächtigen lassen[1684]. Er kann aber auch einen Antrag auf Einsetzung eines Gläubigerausschusses gemäss Art. 295a Abs. 1 SchKG stellen und einzelne Gläubiger oder Gläubigervertreter als Mitglieder des Ausschusses vorschlagen[1685]. Ein Rechtsbegehren könnte etwa wie folgt lauten:

«1. Es sei dem Schuldner […] die provisorische Nachlassstundung [für einstweilen höchstens zwei Monate] zu bewilligen.
2. Es sei für die Dauer der bewilligten Nachlassstundung einen (provisorischen) Sachwalter in der Person von […] zu ernennen und diesen mit der Prüfung der Vermögens-, Ertrags- oder Einkommenslage des Schuldners und der Aussicht auf einen Nachlassvertrag zu beauftragen.»

6. Streitwert

Da im Nachlassverfahren das gesamte Vermögen des Schuldners betroffen ist, ist die Berechnung des Streitwerts heikel und fast unmöglich[1686].

7. Frist

Das Gesuch um Bewilligung der *provisorischen* Nachlassstundung kann grundsätzlich jederzeit eingeleitet werden, solange über den Schuldner nicht der Konkurs eröffnet worden ist. Eine Frist gibt es nicht.

1683 KUKO SchKG-Hunkeler, Art. 293 N 45 f.
1684 Vgl. zum Ganzen KUKO SchKG-Hunkeler, Art. 293 N 27 ff.
1685 KUKO SchKG-Hunkeler, Art. 293 N 28.
1686 BBl 2001 4309; Spühler/Aemisegger/Dolge/Vock, Art. 74 N 21; BSK BGG-Rudin, Art. 74 N 30.

Das Nachlassgericht hat über die Bewilligung der *definitiven* Nachlassstundung *vor* Ablauf der provisorischen Stundung zu entscheiden. Insofern hat hier das Nachlassgericht eine Frist einzuhalten. Wenn vor Ablauf der provisorischen Stundung kein Entscheid ergeht, darf dies dem Schuldner nicht zum Nachteil gereichen. Somit muss es möglich sein, dass das Nachlassgericht nachträglich über die definitive Stundung entscheidet[1687].

8. Streitgenossenschaft

Auf Schuldnerseite ist eine Streitgenossenschaft wohl eher selten. Möglich wäre sie bei einer Erbengemeinschaft, welche vor der Teilung für Erbschaftsschulden betrieben werden kann (Art. 49 SchKG). Die Erben hätten ein Nachlassgesuch vor der Teilung als notwendige Streitgenossen zu stellen. Gemeinsam haftenden oder anderweitig untereinander verbundenen Schuldnern bleibt nur die Möglichkeit, das Nachlassverfahren je für sich an ihrem jeweiligen Betreibungsort zu beantragen. Entsprechend müssen die Gesellschafter einer einfachen Gesellschaft, welche lediglich ein Vertragsverhältnis darstellt, das Nachlassgesuch je einzeln an ihrem jeweiligen Betreibungsort stellen[1688].

9. Streitverkündung

Eine Streitverkündung ist im Verfahren betreffend Anordnung der *provisorischen* bzw. *definitiven* Nachlassstundung und Einsetzung eines Sachwalters nicht möglich; es handelt sich um ein Einparteienverfahren.

10. Beweislast

Der gesuchstellende *Schuldner* trägt die Beweislast für die Voraussetzungen der Bewilligung einer *provisorischen* Nachlassstundung. Der Schuldner muss nicht glaubhaft machen, dass ihm eine Sanierung gelingt. Er muss lediglich dartun, dass *nicht offensichtlich keine Aussicht auf Sanierung* besteht. Entsprechend muss der Schuldner glaubhaft machen, dass realistischerweise mit gewissen Sanierungschancen gerechnet werden kann, selbst wenn die Wahrscheinlichkeit, dass eine Sanierung gelingt, deutlich geringer ist als die Wahrscheinlichkeit ihres Scheiterns[1689].

1687 Gl.M. SK SchKG-Umbach-Spahn/Kesselbach/Exner, Art. 294 N 11.
1688 BSK SchKG II-Vollmar, Art. 293 N 15.
1689 KUKO SchKG-Hunkeler, Art. 293 N 18 f.

Der gesuchstellende *Gläubiger* muss Anhaltspunkte aufführen, die darauf hinweisen, dass die Voraussetzungen für die Gewährung der *provisorischen* Nachlassstundung gegeben sind. Es ist dann Sache des Nachlassrichters, beim Schuldner die erforderlichen Unterlagen einzuholen[1690]. Zudem muss der Gläubiger den Nachweis eines besonderen Insolvenzgrundes erbringen, wobei nebst formellen auch materielle Konkurseröffnungsgründe gemäss Art. 190 SchKG genügen[1691].

Bei beiden Verfahren (Bewilligung der *provisorischen* oder der *definitiven* Nachlassstundung) gilt im Übrigen der Untersuchungsgrundsatz (Art. 255 lit. a ZPO). Das Nachlassgericht muss den Sachverhalt von Amtes wegen feststellen, aber nicht erforschen.

11. Beweismass

Wie erwähnt, genügt es im Verfahren betreffend Bewilligung der *provisorischen* Nachlassstundung, wenn der Gesuchsteller plausibel macht, dass Aussicht auf Sanierung oder Bestätigung eines Nachlassvertrages besteht.

Bei der Bewilligung der *definitiven* Nachlassstundung muss die Aussicht auf eine Sanierung oder Bestätigung eines Nachlassvertrages *glaubhaft* gemacht werden[1692].

12. Beweismittel

Gemäss Gesetzestext hat der Schuldner den Beweis primär durch Urkunden zu erbringen.

Da der Untersuchungsgrundsatz gilt (Art. 255 lit. a ZPO), gibt es sowohl im Verfahren der *provisorischen* Stundung als auch im Verfahren der *definitiven* Stundung keine Beweismittelbeschränkung (Art. 254 Abs. 2 lit. c ZPO). Der Nachlassrichter kann deshalb weitere ihm erforderlich scheinende Beweismittel einfordern. Im Verfahren der *definitiven* Stundung müssen diese an der mündlichen Verhandlung vorliegen. Der Schuldner ist verpflichtet, der richterlichen Belegaufforderung nachzukommen[1693].

1690 BSK SchKG II-Vollmar, Art. 293 N 29.
1691 KUKO SchKG-Hunkeler, Art. 293 N 44 ff.
1692 SK SchKG-Umbach-Spahn/Kesselbach/Exner, Art. 294 N 12.
1693 BSK SchKG II-Vollmar, Art. 294 N 10 ff.

13. Urteil

Provisorische Nachlassstundung: Gemäss Art. 293a Abs. 1 SchKG hat das Nachlassgericht *unverzüglich* (d.h. innert max. drei Tagen[1694]) die *provisorische* Stundung zu bewilligen. Das Nachlassgericht bewilligt eine provisorische Stundung, wenn *offensichtlich* Aussicht auf Sanierung oder Bestätigung eines Nachlassvertrages besteht. Für die Gutheissung des Nachlassgesuches muss somit unter Berücksichtigung von allfälligen Sicherungs-, Pfand- und Retentionsrechten eine realistische Chance bestehen, dass die Verfahrenskosten (Gerichts- und Sachwalterkosten sowie während der provisorischen Stundung eingegangene Massenverbindlichkeiten) sowie die privilegierten Forderungen gedeckt werden können[1695]. Bei Gutheissung bewilligt das Nachlassgericht die provisorische Stundung für maximal vier Monate (Art. 293a Abs. 2 SchKG) und setzt in der Regel einen oder mehrere provisorische Sachwalter ein (Art. 293b Abs. 1 SchKG)[1696]. In begründeten Fällen kann auf die Einsetzung eines Sachwalters verzichtet werden (Art. 293b Abs. 2 SchKG), wenn z.B. keine Drittinteressen auf dem Spiel stehen oder der Schuldner (allenfalls zusammen mit einem Sanierungsanwalt) genügend vertrauenswürdig erscheint bzw. hinreichend Gewähr bietet für rechtmässiges Handeln während der Stundungsdauer (Einhaltung des Grundsatzes der Gleichbehandlung aller Gläubiger)[1697]. Wird eine kürzere Dauer als vier Monate bewilligt, kann der provisorische Sachwalter später eine Verlängerung der Dauer der Stundung bis maximal vier Monate beantragen (Art. 293a Abs. 1 SchKG). Sodann kann das Nachlassgericht von Amtes wegen weitere Massnahmen treffen, die zur Erhaltung des schuldnerischen Vermögens notwendig sind (Art. 293a Abs. 1 SchKG). Damit sind Massnahmen gemeint, die einen Sicherungszweck verfolgen, wie z.B. die Sperrung von Konten, Veräusserungsverbote, Vormerkung von Verfügungsbeschränkungen im Grundbuch, Anordnung, nur mit Zustimmung des provisorischen Sachwalters über Konten verfügen zu dürfen bzw. gewisse Geschäfte zu tätigen[1698].

Definitive Nachlassstundung: Bestehen *realistische Chancen* auf eine Sanierung oder auf eine Bestätigung eines Nachlassvertrages, bewilligt das Nachlassgericht eine *definitive* Stundung für weitere vier bis sechs Monate (Art. 294 Abs. 1 SchKG), d.h. zusätzlich zur Dauer der provisorischen Stun-

1694 STAUBER/TALBOT, 878.
1695 SK SchKG-UMBACH-SPAHN/KESSELBACH/BURKHALTER, Art. 293a N 4.
1696 KUKO SchKG-HUNKELER, Art. 293a N 15.
1697 KUKO SchKG-HUNKELER, Art. 293b N 5.
1698 SK SchKG-UMBACH-SPAHN/KESSELBACH/BURKHALTER, Art. 293a N 11.

dung. Diese Dauer der Stundung kann auf zwölf und in besonders komplexen Fällen auf 24 Monate verlängert werden (Art. 295b SchKG). Zudem muss das Nachlassgericht (i) über die Aufrechterhaltung oder Abänderung bestehender Massnahmen zur Erhaltung des schuldnerischen Vermögens (Art. 293a Abs. 1 SchKG) befinden bzw. solche anordnen, (ii) einen oder mehrere Sachwalter ernennen (Art. 295 SchKG), (iii) bei gegebenen Voraussetzungen einen *Gläubigerausschuss* einsetzen (Art. 295a SchKG) und *über genehmigungsbedürftige Geschäfte* nach Art. 298 Abs. 2 SchKG entscheiden.

Keine Bewilligung der provisorischen bzw. definitiven Nachlassstundung: Besteht *offensichtlich* keine Aussicht auf Sanierung oder Bestätigung eines Nachlassvertrages, weist das Nachlassgericht den Antrag auf Bewilligung der *provisorischen* Stundung ab und eröffnet *im gleichen Entscheid* von Amtes wegen den Konkurs (Art. 293a Abs. 3 SchKG)[1699]. Gleiches gilt im Verfahren betreffend Bewilligung der *definitiven* Nachlassstundung, wenn keine *realistischen Chancen*[1700] auf eine Sanierung oder auf den Abschluss eines Nachlassvertrages bestehen (Art. 294 Abs. 3 SchKG). Bedarf der Schuldner gar keiner *provisorischen* bzw. *definitiven* Nachlassstundung, weil kein Sanierungsfall vorliegt, darf der Konkurs nicht eröffnet werden. Ebenso wenig darf der Konkurs eröffnet werden, wenn das Gesuch um *provisorische* Nachlassstundung keine Prüfung der finanziellen Verhältnisse und damit verbunden der Sanierungsaussichten zulässt. In einem solchen Fall ist dem Gesuchsteller Gelegenheit zu geben, die fehlenden Informationen nachzuliefern. Unterlässt er dies, ist auf das Nachlassgesuch nicht einzutreten und der Konkurs nicht zu eröffnen[1701].

14. Anerkennung, Rückzug, Vergleich

Bei den Verfahren bezüglich Bewilligung der *provisorischen* bzw. *definitiven* Nachlassstundung gilt der Offizialgrundsatz i.S.v. Art. 58 Abs. 2 ZPO[1702]. Anerkennung und Vergleich sind deshalb nicht zulässig. Sie wären auch nicht möglich, da es keinen Passivlegitimierten gibt. Allerdings ist ein Rückzug

1699 Auch HUNKELER plädiert für einen zweiteiligen Entscheid, vgl. KUKO SchKG-HUNKELER, Art. 293a N 26. Möglich wäre aber auch, dass das Nachlassgericht direkt den Konkurs eröffnet. Dies ist aber u.E. prozessual nicht korrekt, weil dann über einen formell gestellten Antrag (Bewilligung der provisorischen Stundung) formell nicht entschieden würde.

1700 Art. 294 SchKG stellt nicht wie in Art. 293a Abs. 3 SchKG auf «offensichtlich» keine Aussicht auf Sanierung oder Bestätigung eines Nachlassvertrages ab.

1701 Vgl. zum Ganzen SK SchKG-UMBACH-SPAHN/KESSELBACH/BURKHALTER, Art. 293a N 6 und N 17, vgl. auch STAUBER/TALBOT, 877; KUKO SchKG-HUNKELER, Art. 294 N 22.

1702 GASSER/RICKLI, Art. 58 N 3.

eines Gesuches um Bewilligung einer *provisorischen* Nachlassstundung zulässig.

15. Rechtsmittel

Gemäß Art. 293d SchKG sind die *Bewilligung* der *provisorischen* Stundung und die Einsetzung des *provisorischen* Sachwalters nicht anfechtbar[1703]. Dies gilt auch dann, wenn die provisorische Nachlassstundung gegen den Willen des Schuldners bewilligt wurde bzw. der Schuldner die Abweisung des Nachlassstundungsgesuchs beantragt hat[1704]. Wird zwar die provisorische Stundung bewilligt, aber kein provisorischer Sachwalter eingesetzt, ist auch gegen diese Nichteinsetzung eines provisorischen Sachwalters kein Rechtsmittel zulässig. Ebenso wenig steht ein Rechtsmittel gegen die *Bewilligung der Verlängerung* der provisorischen Nachlassstundung zur Verfügung.

Demgegenüber ist der Entscheid des Nachlassgerichts über die *Bewilligung* der *definitiven* Stundung mit Beschwerde nach Art. 319 ff. ZPO anfechtbar (Art. 295c SchKG)[1705]. Legitimiert sind gemäss Gesetzeswortlaut der Schuldner und alle Gläubiger, unabhängig davon, ob sie den Antrag auf Bewilligung der definitiven Stundung gestellt haben oder nicht[1706]. Der vom Nachlassgericht eingesetzte Sachwalter dürfte in gewissen beschränkten Fällen (zu kurze Dauer der definitiven Nachlassstundung, zu tiefer Honoraransatz, Nichtbewilligung der Verlängerung der definitiven Nachlassstundung) ebenfalls beschwerdeberechtigt sein[1707]. Nicht legitimiert ist hingegen ein aussenstehender Dritter[1708].

Gegen die *Person* des provisorischen Sachwalters kann in beiden Verfahren (*provisorische* und *definitive* Stundung) Beschwerde i.S.v. Art. 319 ff. ZPO erhoben werden mit der Begründung, der Sachwalter sei nicht qualifiziert oder nicht unabhängig[1709]. Die Beschwerde gemäß Art. 319 ff. ZPO ist auch gegen den verfügten Kostenvorschuss für das Sachwalterhonorar zulässig sowie gegen weitere Entscheide im Rahmen der Gewährung einer *proviso-*

1703 BGE 141 III 188, E. 4.2 = Pra 11/2015 Nr. 105, 847 ff.

1704 SK SchKG-Umbach-Spahn/Kesselbach/Fink, Art. 293d N 4; vgl. auch KUKO SchKG-Hunkeler, Art. 293d N 7.

1705 BGE 141 III 188, E. 4.2 = Pra 11/2015 Nr. 105, 847 ff.

1706 KUKO SchKG-Hunkeler, Art. 295c N 2.

1707 Gl.M. SK SchKG-Umbach-Spahn/Kesselbach/Fink, Art. 293d N 6.

1708 SK SchKG-Umbach-Spahn/Kesselbach/Fink, Art. 293d N 6.

1709 BGE 141 III 188, E. 4.3 = Pra 11/2015 Nr. 105, 847 ff.; vgl. auch SK SchKG-Umbach-Spahn/Kesselbach/Fink, Art. 293d N 5.

rischen oder *definitiven* Stundung[1710], wie etwa vermögenserhaltende Massnahmen. Bei der Bewilligung einer *defintiven* Stundung können zusätzlich Entscheide über (i) die Dauer der *definitiven* Stundung, (ii) die Festsetzung der Aufgaben des Sachwalters, (iii) die Einsetzung eines Gläubigerausschusses bzw. dessen personelle Besetzung oder (iv) die Verlängerung der definitiven Nachlassstundung mit Beschwerde angefochten werden[1711].

Der Entscheid der Rechtsmittelinstanz betreffend *Bewilligung* einer *definitiven* Stundung ist mit Beschwerde in Zivilsachen anfechtbar (Art. 72 Abs. 2 lit. a BGG). Ein Mindeststreitwert ist nicht vorausgesetzt (Art. 74 Abs. 2 lit. d BGG). Der Beschwerde kann keine aufschiebende Wirkung erteilt werden (Art. 295c Abs. 2 SchKG). Ein Entscheid über die Bewilligung der *definitiven* Nachlassstundung fällt unter den Begriff der vorsorglichen Massnahmen i.S.v. Art. 98 BGG[1712]. Zulässig sind somit nur Rügen wegen Verletzung verfassungsmässiger Rechte (Art. 98 BGG).

Wird die *provisorische* bzw. *definitive* Nachlassstundung *nicht bewilligt,* ist eine Beschwerde nach Art. 319 ff. ZPO an das obere kantonale Nachlassgericht zulässig. Legitimiert ist immer der Schuldner, unabhängig davon, ob er einen Antrag gestellt hat oder nicht[1713]. In Bezug auf die Legitimation der Gläubiger ist zu unterscheiden: Im Verfahren der *provisorischen* Nachlassstundung ist nur der Gläubiger, der den Antrag auf *provisorische* Nachlassstundung gestellt hat, legitimiert. Nicht antragstellende Gläubiger sind nicht beschwerdeberechtigt[1714]. Demgegenüber sind im Verfahren der *definitiven* Nachlassstundung *alle* Gläubiger beschwerdeberechtigt, unabhängig davon, ob sie den Antrag auf Bewilligung der *definitiven* Stundung gestellt haben oder nicht. Aussenstehende Dritte sind nie legitimiert. Eröffnete das Nachlassgericht mit der Nichtbewilligung der Nachlassstundung gleichzeitig den Konkurs (Art. 293a Abs. 3 SchKG), so ist der Entscheid über die Konkurseröffnung in Anwendung von Art. 174 SchKG ebenfalls innert zehn Tagen mit der Beschwerde gemäss Art. 319 ff. ZPO anfechtbar[1715]. Die Beschwerde gegen die Konkurseröffnung hat nur dann aufschiebende Wirkung, wenn sie vom Beschwerdeführer ausdrücklich beantragt wird (Art. 325 Abs. 2 ZPO,

1710 BGE 141 III 188, E. 4.4 = Pra 11/2015 Nr. 105, 847 ff.

1711 SK SchKG-Umbach-Spahn/Kesselbach/Fink, Art. 293d N 5; vgl. auch KUKO SchKG-Hunkeler, Art. 295c N 3.

1712 BGE 135 III 430; vgl. auch SK SchKG-Umbach-Spahn/Kesselbach/Fink, Art. 293d N 11; KUKO SchKG-Hunkeler, Art. 295c N 7.

1713 KUKO SchKG-Hunkeler, Art. 293d N 5 f.

1714 SK SchKG-Umbach-Spahn/Kesselbach/Fink, Art. 293d N 12; vgl. auch KUKO SchKG-Hunkeler, Art. 293d N 3.

1715 Vgl. zum Ganzen auch SK SchKG-Umbach-Spahn/Kesselbach/Fink, Art. 293d N 5.

Art. 174 Abs. 3 SchKG)[1716]. Die Beschwerdelegitimation ist gleich wie bei der Anfechtung des Entscheides betreffend Nichtbewilligung[1717].

Der Entscheid der Rechtsmittelinstanz betreffend *Nicht*bewilligung und Konkurseröffnung ist mit Beschwerde in Zivilsachen anfechtbar (Art. 72 Abs. 2 lit. a BGG). Ein Mindeststreitwert ist nicht vorausgesetzt (Art. 74 Abs. 2 lit. d BGG). Die Beschwerde hat keine aufschiebende Wirkung, ausser sie wird vom Beschwerdeführer ausdrücklich beantragt[1718]. Ein Entscheid über die *Nicht*bewilligung der Nachlassstundung fällt nicht unter den Begriff der vorsorglichen Massnahmen i.S.v. Art. 98 BGG[1719]. Zulässig sind somit Rügen nach Art. 95 BGG[1720]. Entsprechend kann die Verletzung von Bestimmungen über das Nachlassverfahren (Art. 293 ff. SchKG) oder die Konkurseröffnung geltend gemacht werden. Demgegenüber kann die Feststellung des Sachverhaltes nur gerügt werden, wenn sie offensichtlich unrichtig ist oder auf einer Rechtsverletzung i.S.v. Art. 95 BGG beruht und wenn die Behebung des Mangels für den Ausgang des Verfahrens entscheidend sein kann (Art. 97 Abs. 1 BGG).

1716 SK SchKG-Umbach-Spahn/Kesselbach/Fink, Art. 293d N 6 mit Hinweis auf BGE 5A_258/2013; vgl. auch KUKO SchKG-Hunkeler, Art. 293d N 3; a.M. Spühler/Dolge, Rz. 52.

1717 KUKO SchKG-Hunkeler, Art. 295c N 10.

1718 SK SchKG-Umbach-Spahn/Kesselbach/Fink, Art. 295c N 18 mit Hinweis auf BGE 5A_258/2013; vgl. auch KUKO SchKG-Hunkeler, Art. 293d N 3.

1719 BGE 142 III 364, E. 2; vgl. auch KUKO SchKG-Hunkeler, Art. 293d N 3.

1720 SK SchKG-Umbach-Spahn/Kesselbach/Fink, Art. 293d N 7.

§ 36 Gesuch um Bestätigung oder Ablehnung des Nachlassvertrages (Art. 304 ff. SchKG)

Literatur: HUNKELER DANIEL, Das Nachlassverfahren nach revidiertem SchKG, Diss. Freiburg i.Ue. 1996; ROTH-HERREN ROLF, Die Voraussetzungen zur Gewährung der Nachlassstundung und zur Bestätigung des Nachlassvertrages, Diss. Basel 1988.

I. Materielles

1. Allgemeines

Vor Ablauf der Stundung unterbreitet der Sachwalter dem Nachlassrichter alle Aktenstücke. Er orientiert in seinem Bericht über bereits erfolgte Zustimmungen und empfiehlt die Bestätigung oder Ablehnung des Nachlassvertrages (Art. 304 Abs. 1 SchKG).

Folgende Voraussetzungen müssen für die Bestätigung des Nachlassvertrages erfüllt sein[1721]:

- Der Sachwalter muss seinen Obliegenheiten während der Nachlassstundung (Art. 293–304 SchKG) nachgekommen sein.
- Der Nachlassvertrag muss inhaltlich den minimalen gesetzlichen Anforderungen (Art. 314 Abs. 1 bzw. Art. 318 SchKG) entsprechen.
- Der Nachlassvertrag muss von den stimmberechtigten Gläubigern (Art. 305 SchKG) angenommen worden sein.
- Die Nachlassofferte muss angemessen sein, d.h., die angebotene Summe muss im richtigen Verhältnis zu den Möglichkeiten des Schuldners stehen; bei deren Beurteilung kann der Nachlassrichter auch Anwartschaften des Schuldners berücksichtigen (Art. 306 Abs. 1 Ziff. 1 SchKG).
- Bei einem Nachlassvertrag mit Vermögensabtretung (Art. 317 Abs. 1 SchKG) muss das Verwertungsergebnis oder die vom Dritten angebotene Summe höher erscheinen als der Erlös, der voraussichtlich im Konkurs erzielt würde[1722].

1721 Vgl. zum Ganzen BSK SchKG II-HARDMEIER, Art. 306 N 4 ff.; KUKO SchKG-HUNKELER, Art. 306 N 4 ff.

1722 Ursprünglich war diese Voraussetzung in Art. 306 Abs. 1 Ziff. 1bis SchKG geregelt. Mit der Revision vom 21. Juni 2013 wurde diese Bestimmung ersatzlos gestrichen. Diese Streichung begründete der Bundesrat und die Expertenkommission damit, dass diese Bestimmung lediglich ein Anwendungsfall von Ziff. 1 sei. Entsprechend ist der bisherigen Ziff. 1bis auch in Zukunft Rechnung zu tragen, vgl. hierzu BSK SchKG EB-BAUER, Art. 306 N 9g u. ad N 17 f.

- Die vollständige Befriedigung der angemeldeten privilegierten Gläubiger sowie die Erfüllung der während der Stundung mit Zustimmung des Sachwalters eingegangenen Verbindlichkeiten müssen hinlänglich sichergestellt sein, soweit einzelne Gläubiger nicht ausdrücklich auf die Sicherstellung ihrer Forderung verzichten (Art. 306 Abs. 1 Ziff. 2 SchKG). Mit der Revision vom 21. Juni 2013 wurde das Erfordernis, wonach der Schuldner den Vollzug des Nachlassvertrages hinlänglich sicherzustellen habe, ersatzlos gestrichen.
- Neu müssen bei einem ordentlichen Nachlassvertrag (Art. 314 Abs. 1 SchKG) die Anteilsinhaber einen angemessenen Sanierungsbeitrag leisten (Art. 306 Abs. 1 Ziff. 3 SchKG).

Der Nachlassrichter entscheidet, ob und zu welchem Betrage bedingte und bestrittene Forderungen sowie solche mit ungewisser Verfallszeit mitzuzählen sind. Dem gerichtlichen Entscheid über den Rechtsbestand der Forderungen wird dadurch nicht vorgegriffen (Art. 305 Abs. 3 SchKG)[1723].

2. Rechtsnatur

Das Gesuch um Bestätigung oder Ablehnung des Nachlassvertrages ist betreibungsrechtlicher Natur.

3. Legitimation

Es ist nicht Aufgabe des Schuldners oder des Gläubigers, das Gesuch um Bestätigung oder Ablehnung des Nachlassvertrages beim Nachlassrichter einzureichen. Hierzu ist ausschliesslich der Sachwalter legitimiert.

II. Prozessuales

1. Verfahren

Das Verfahren ist summarisch (Art. 251 lit. a und Art. 252 ff. ZPO). Es ist eine mündliche Verhandlung durchzuführen, wobei Ort und Zeit der Verhandlung öffentlich bekannt zu machen sind. Den Gläubigern ist dabei anzuzeigen, dass sie ihre Einwendungen gegen den Nachlassvertrag in der Verhandlung anbringen können (Art. 304 Abs. 3 SchKG).

1723 Soweit der Bestand und Umfang der bestrittenen Forderung wahrscheinlich ist, ist die Forderung in die Berechnung der Mehrheit miteinzubeziehen, vgl. BGE 135 III 321, E. 3.2.

Der Schuldner und der Sachwalter sind in jedem Fall zur mündlichen Verhandlung vorzuladen[1724]. Dem Schuldner ist Gelegenheit zur Stellungnahme zu geben. Sofern der Schuldner ein Begehren nach Art. 306a Abs. 1 SchKG gestellt hat, hat der Nachlassrichter die betroffenen Grundpfandgläubiger persönlich zur Verhandlung vorzuladen und ihnen Gelegenheit zur schriftlichen Vernehmlassung zu geben.

Das Erfordernis der Durchführung einer mündlichen Verhandlung gemäss Art. 304 Abs. 3 SchKG ist lex specialis zu Art. 256 Abs. 1 ZPO. Der Nachlassrichter darf auf die Durchführung einer mündlichen Verhandlung somit nicht verzichten und aufgrund der Akten entscheiden, wie dies Art. 256 Abs. 1 ZPO vorsieht.

2. Örtliche Zuständigkeit

Örtlich ist der Nachlassrichter am Nachlassort zuständig. Der Gerichtsstand ist zwingend.

Die Frage einer internationalen Zuständigkeit stellt sich hier nicht.

3. Sachliche Zuständigkeit

Sachlich zuständig ist das Nachlassgericht. Die sachliche Zuständigkeit wird durch das kantonale Recht geregelt (Art. 4 ZPO). Im Kanton Zürich ist gemäss § 24 lit. c GOG ZH i.V.m. Art. 251 lit. a ZPO das Einzelgericht sachlich zuständig.

4. Einleitung Verfahren

Das Gesuch um Bestätigung oder Ablehnung des Nachlassvertrages wird direkt beim Nachlassrichter eingereicht (Art. 252 Abs. 1 ZPO). Ein Schlichtungsverfahren gibt es nicht (Art. 198 lit. a ZPO). Das Gesuch kann schriftlich gestellt oder mündlich bei Gericht zu Protokoll gegeben werden (Art. 252 Abs. 2 ZPO). Urkunden sind dem Gesuch zwingend beizulegen (Art. 252 Abs. 2 i.V.m. Art. 221 Abs. 2 lit. c ZPO).

Der Sachwalter hat dem Nachlassrichter einen Bericht vorzulegen. Dieser hat Auskunft zu geben über den Verlauf der Nachlassstundung und über die Vermögens- und Einkommens- bzw. die Ertragslage des Schuldners. Zudem

1724 KUKO SchKG-Hunkeler, Art. 304 N 8.

hat sich der Sachwalter über die Angemessenheit und das Zustandekommen des Nachlassvertrages zu äussern[1725]. Dem Sachwalterbericht sind zumindest diejenigen Akten beizulegen, die den Gläubigern anlässlich der Aktenauflage (Art. 301 SchKG) zur Einsicht aufgelegen haben, wie etwa[1726]: (i) Weisungen und Verfügungen des Sachwalters, (ii) Inventar mit den Schätzungsunterlagen und den Pfandschätzungen, (iii) detaillierte Übersicht über die Forderungseingaben der Gläubiger und Stellungnahme des Schuldners hierzu, (iv) Zusammenstellung über Aufwand und Ertrag für die Dauer der Nachlassstundung, (v) aktualisierter Vermögensstatus des Schuldners, (vi) Protokoll der Gläubigerversammlung, (vii) Nachlassvertrag, welcher den Gläubigern unterbreitet wurde sowie (viii) die bisher eingegangenen Zustimmungserklärungen der Gläubiger. In seinem Bericht kann der Sachwalter auf den Bericht des provisorischen Sachwalters (Art. 294 Abs. 2 SchKG) sowie allenfalls auf während der Nachlassstundung erstellte Zwischenberichte (Art. 295 Abs. 2 lit. d SchKG) verweisen.

Der Nachlassrichter kann einen Ergänzungsbericht einverlangen, wenn er der Ansicht ist, die vom Sachwalter eingereichten Unterlagen würden zur Entscheidfindung nicht genügen[1727].

5. Rechtsbegehren

Der Sachwalter könnte beim ordentlichen Nachlassvertrag etwa Folgendes beantragen:

«Hiermit erstatte ich den Sachwalterbericht und stelle den Antrag, es sei der von der Schuldnerin anlässlich der Gläubigerversammlung vom […] vorgeschlagene ordentliche Nachlassvertrag (Dividendenvergleich oder Stundungsvergleich) zu bestätigen [oder: abzulehnen].»

Beim Nachlassvertrag mit Vermögensabtretung könnte der Antrag wie folgt lauten:

«Hiermit erstatte ich den Sachwalterbericht und stelle folgenden Antrag:

Es sei der von der Schuldnerin anlässlich der Gläubigerversammlung vom […] vorgeschlagene Nachlassvertrag mit Vermögensabtretung gerichtlich zu bestätigen [oder: abzulehnen], und es sei von der Wahl folgender Personen als Liquidationsorgane Vormerk zu nehmen:

1725 KUKO SchKG-Hunkeler, Art. 304 N 2 ff.; BSK SChKG II-Hardmeier, Art. 304 N 7.

1726 Vgl. zum Ganzen KUKO SchKG-Hunkeler, Art. 304 N 6; SK SchKG-Umbach-Spahn/Kesselbach/Exner, Art. 304 N 2 ff.

1727 KUKO SchKG-Hunkeler, Art. 304 N 8.

als Liquidator: [...]

als Mitglieder des 3-köpfigen Gläubigerausschusses:

- [...]
- [...]
- [...].»

6. Streitwert

Da die Bestätigung oder Ablehnung des Nachlassvertrages gegenüber allen Gläubigern wirkt und das gesamte Vermögen des Schuldners betroffen ist, ist die Berechnung des Streitwerts heikel und fast unmöglich[1728].

7. Frist

Das Gesuch um Bestätigung oder Ablehnung eines Nachlassvertrages ist insofern an eine Frist gebunden, als es vor Ablauf der Nachlassstundung eingereicht werden muss[1729]. Bei Einreichung nach Ablauf der Stundungsfrist ist eine Bestätigung des Nachlassvertrages ausgeschlossen. Der Entscheid des Nachlassrichters lautet dann auf Nichteintreten[1730], und die Wirkungen der Stundung fallen mit dem Ablauf der Stundungsdauer ohne Weiteres dahin[1731].

8. Streitgenossenschaft

Sind mehrere Sachwalter eingesetzt, so haben sie im Aussenverhältnis nach den Regeln der einfachen Gesellschaft gemeinsam zu handeln, sofern der Nachlassrichter im Einsetzungsentscheid für die Zusammenarbeit unter mehreren Sachwaltern keine Weisungen und Anordnungen erlassen hat[1732]. Insofern ist eine notwendige Streitgenossenschaft nach Art. 70 Abs. 1 ZPO möglich.

1728 BBl 2001 4309; SPÜHLER/AEMISEGGER/DOLGE/VOCK, Art. 74 N 21; BSK BGG-RUDIN, Art. 74 N 30.
1729 KUKO SchKG-HUNKELER, Art. 304 N 7.
1730 Vgl. zum Ganzen BSK SchKG II-VOLLMAR, Art. 304 N 3 mit Hinweis auf BGE 85 I 77.
1731 BGE 130 III 380.
1732 BSK SchKG II-VOLLMAR, Art. 295 N 10.

9. Streitverkündung

Eine Streitverkündung ist nicht möglich; es handelt sich um ein Einparteienverfahren.

10. Beweislast

Im Verfahren über die Bestätigung oder Ablehnung des Nachlassvertrages gilt der Untersuchungsgrundsatz (Art. 255 lit. a ZPO).

11. Beweismass

Wie gezeigt, hat der Sachwalter dem Nachlassrichter einen umfassenden Bericht und diverse Urkunden vorzulegen. Insofern ist ein strikter Beweis erforderlich.

12. Beweismittel

Da der Untersuchungsgrundsatz gilt, gibt es keine Beweismittelbeschränkung (Art. 254 Abs. 2 lit. c ZPO). Der Nachlassrichter kann deshalb neben den vom Sachwalter eingereichten Urkunden weitere ihm erforderlich scheinende Beweismittel einfordern.

13. Urteil

Der Entscheid des Nachlassrichters lautet entweder auf Bestätigung oder Ablehnung des Nachlassvertrages. Dabei ist der Nachlassrichter weder an den Antrag des Sachwalters noch an die Genehmigung durch die qualifizierte Gläubigermehrheit gebunden[1733]. Dagegen hat eine fehlende Zustimmung der Gläubigermehrheit zwingend die Feststellung des Richters zur Folge, dass der Nachlassvertrag nicht zustande gekommen ist[1734], auch wenn die übrigen Voraussetzungen für eine Bestätigung des Nachlassvertrages gegeben wären.

Der Nachlassrichter kann mit dem Bestätigungsentscheid eine ungenügende Regelung des Nachlassvertrages auf Antrag eines Beteiligten oder von Amtes wegen ergänzen (Art. 306 Abs. 2 SchKG). Es kann dabei aber nur um die Be-

1733 BSK SchKG II-Vollmar, Art. 304 N 11; KUKO SchKG-Hunkeler, Art. 306 N 1.
1734 Amonn/Walther, § 54 N 73.

seitigung von Unklarheiten in Nebenpunkten gehen[1735]. Der Nachlassrichter darf nicht in den materiell wesentlichen Inhalt des zwischen Schuldner und Gläubiger zustande gekommenen Nachlassvertrages eingreifen und z.B. ohne Einwilligung des Schuldners die im Nachlassvertrag vereinbarte Dividende erhöhen[1736]. Möglich ist aber, dass der Richter ergänzende Anordnungen im Hinblick auf den Vollzug des Nachlassvertrages trifft, indem er, auch wenn kein entsprechender Antrag vorliegt, z.B. den bisherigen Sachwalter oder einen Dritten mit Überwachungs- oder Vollzugsbefugnissen beauftragt (Art. 314 Abs. 2 SchKG). Bei einem Nachlassvertrag mit Vermögensabtretung kann er ungeeignete Liquidatoren, die von den Gläubigern rechtmässig gewählt worden sind, aber nicht auswechseln[1737]. Er kann lediglich bei Wegfall eines Liquidators einen anderen bezeichnen, ohne dass eine neue Gläubigerversammlung notwendig wird[1738].

Neu hat der Nachlassrichter (und nicht wie bisher der Konkursrichter) den Konkurs von Amtes wegen zu eröffnen, wenn er den Nachlassvertrag ablehnt (Art. 309 SchKG). Der Konkurs soll aber nicht «uno actu» mit der Ablehnung des Nachlassvertrages eröffnet werden, sondern erst nach Ablauf der unbenutzten Rechtsmittelfrist bzw. nach Abschluss des Rechtsmittelverfahrens. Ungeachtet dessen hat das Nachlassgericht im gleichen Urteil, in dem der Nachlassvertrag nicht bestätigt wird, auch schon die Konkurseröffnung über den Schuldner zu verfügen, aber erst auf den Zeitpunkt der Vollstreckbarkeit des Nichtbestätigungsentscheides hin. Soweit einer Beschwerde aufschiebende Wirkung zukommt, muss der genaue Zeitpunkt der Konkurseröffnung im Urteil der Rechtsmittelinstanz neu festgelegt werden[1739].

14. Anerkennung, Rückzug, Vergleich

Da im Nachlassverfahren der Offizialgrundsatz gemäss Art. 58 Abs. 2 ZPO gilt[1740] und das Gesuch um Bestätigung oder Ablehnung des Nachlassvertrages erga-omnes-Wirkung hat, sind Anerkennung und Vergleich nicht zulässig. Sie wären auch nicht möglich, da es sich um ein Einparteienverfahren handelt. Ein Rückzug des Gesuches ist zulässig.

1735 BSK SchKG II-Hardmeier, Art. 306 N 27; Hunkeler, N 1049.
1736 BSK SchKG II-Hardmeier, Art. 306 N 27.
1737 Vgl. zum Ganzen BSK SchKG II-Hardmeier, Art. 306 N 27; KUKO SchKG-Hunkeler, Art. 306 N 21.
1738 BSK SchKG II-Hardmeier, Art. 306 N 27.
1739 Vgl. zum Ganzen KUKO SchKG-Hunkeler, Art. 309 N 15 ff.; a.M. BSK SchKG EB-Bauer, Art. 309 N 2a ff.
1740 KUKO SchKG-Hunkeler, Art. 306 N 1; Gasser/Rickli, Art. 58 N 3.

15. Rechtsmittel

Der Entscheid über das Gesuch um Bestätigung oder Ablehnung des Nachlassvertrages kann auf kantonaler Ebene gemäss Art. 307 Abs. 1 SchKG i.V.m. Art. 319 ff. ZPO mit Beschwerde an das obere Nachlassgericht weitergezogen werden. Die Berufung ist nach dem klaren Gesetzeswortlaut unzulässig (Art. 309 lit. b Ziff. 7 ZPO). Die Beschwerde hat aufschiebende Wirkung, sofern die Rechtsmittelinstanz nichts anderes verfügt (Art. 307 Abs. 2 SchKG)[1741]. Somit dauert die Nachlassstundung während des Rechtsmittelverfahrens an.

Bei Ablehnung des Nachlassvertrages richtet sich die Beschwerde einzig gegen den Nichtbestätigungsentscheid. Der Entscheid über die Konkurseröffnung tritt erst in Kraft, wenn derjenige über die Ablehnung des Nachlassvertrages vollstreckbar ist. Erst dann kann der Entscheid über die Konkurseröffnung separat angefochten werden gemäss Art. 309 i.V.m. Art. 174 SchKG[1742].

Beschwerdeberechtigt ist zunächst der *Schuldner,* der selbst ein Nachlassstundungsgesuch gestellt hat (Art. 293 lit. a SchKG). Auch wenn das Nachlassverfahren von einem Gläubiger (Art. 293 lit. b SchKG) bzw. gegen oder ohne den Willen des Schuldners (Art. 173a Abs. 1 i.V.m. Art. 293 lit. c, Art. 293 Abs. 3 und Art. 298 Abs. 4 SchKG) eingeleitet und durchgeführt wird, kann der Schuldner gegen den erstinstanzlichen Entscheid Beschwerde führen, wenn er zumindest an der Bestätigungsverhandlung teilgenommen und einen entsprechenden Antrag gestellt hat[1743].

Bei der Legitimation der *Gläubiger* ist wie folgt zu unterscheiden:

- Einen den Nachlassvertrag bestätigenden Entscheid können die Gläubiger anfechten, wenn sie an der Bestätigungsverhandlung teilgenommen haben und Antrag auf Nichtbestätigung gestellt oder rechtzeitig vor der Verhandlung gegen die Bestätigung Einspruch erhoben haben[1744].
- Gläubiger, welche dem Nachlassvertrag zugestimmt haben, können einen den Nachlassvertrag bestätigenden Entscheid nicht anfechten, es sei denn, sie berufen sich auf einen Willensmangel bei der Abgabe der Zustimmungserklärung[1745].

1741 Mit der Revision vom 21. Juni 2013 wurde diese Bestimmung eingeführt. Die von Gesetzes wegen eintretende aufschiebende Wirkung der Beschwerde bildet eine Durchbrechung der in Art. 325 ZPO festgelegten Regel. Vgl. zum Ganzen auch SK SchKG-Hunkeler/Wohl, Art. 307 N 11 ff.

1742 A.M. BSK SchKG EB-Bauer, Art. 307 N 5j.

1743 BSK SchKG II-Hardmeier, Art. 307 N 7; SK SchKG-Hunkeler/Wohl, Art. 307 N 3; Hunkeler, N 1068 ff.

1744 BGE 5A_768/2010, E. 4.1; BGE 122 III 398, E. 2; BSK SchKG II-Hardmeier, Art. 307 N 8.

1745 BSK SchKG II-Hardmeier, Art. 307 N 8.

- Auch jener Gläubiger, dessen Forderung bei der Ermittlung des Quorums für das Zustandekommen des Nachlassvertrages nicht mitgerechnet wurde (Art. 305 Abs. 3 SchKG), ist berechtigt, den Bestätigungsentscheid anzufechten[1746].
- Einen die Bestätigung ablehnenden Entscheid können nur solche Gläubiger anfechten, welche dem Nachlassvertrag zugestimmt oder selbst das Nachlassstundungsgesuch gestellt und vor erster Instanz ausdrücklich die Bestätigung des Nachlassvertrages beantragt haben[1747].
- Im Übrigen sind die Gläubiger grundsätzlich nicht zum Weiterzug eines den Nachlassvertrag ablehnenden Entscheides legitimiert, da ihnen im Bestätigungsverfahren nicht a priori Parteistellung zukommt[1748].

Der *Sachwalter* ist nicht beschwerdelegitimiert, da er nicht an der Bestätigung oder Nichtbestätigung des Nachlassvertrages interessierte Partei, sondern ein vom Gericht bestelltes Organ ist[1749]. Hingegen kann der Sachwalter gegen den Entscheid über sein Honorar Beschwerde gemäss Art. 319 ff. ZPO erheben.

Den am Verfahren vor erster Instanz Beteiligten ist Gelegenheit zu geben, sich zu den Vorbringen der antragstellenden Partei zu äussern. Eine neue Verhandlung, die allen Gläubigern anzuzeigen wäre (Art. 304 Abs. 3 SchKG), ist nicht vorgesehen[1750]. Die Beschwerdeinstanz kann aufgrund der Akten entscheiden (Art. 327 Abs. 2 ZPO). Mit der Beschwerde kann eine unrichtige Rechtsanwendung oder eine offensichtlich unrichtige Feststellung des Sachverhaltes gerügt werden (Art. 320 ZPO). Dazu gehören z.B. eine offensichtlich falsche Quorumsberechnung und/oder die offensichtlich falsche Berücksichtigung oder Nichtberücksichtigung von Gläubigerstimmen[1751]. Wo der Nachlassrichter einen Ermessensspielraum hat, wie bei der Beurteilung der Angemessenheit des Nachlassvertrages (Art. 306 Abs. 1 Ziff. 1 SchKG) oder bei der Abwägung über die Zulassung von bestrittenen oder bedingten Forderungen bzw. solcher mit ungewisser Verfallzeit (Art. 305 SchKG), ist nur die Beschwerde wegen offensichtlich unrichtiger Beurteilung durch die Vorinstanz (Art. 320 lit. b ZPO) zulässig[1752].

1746 BSK SchKG EB-Bauer, Art. 307 N 5 f.

1747 BGE 129 III 758, E. 1; BSK SchKG II-Hardmeier, Art. 307 N 8a; Hunkeler, N 1072; KUKO SchKG-Hunkeler, Art. 306 N 12.

1748 BSK SchKG II-Hardmeier, Art. 307 N 8a.

1749 BSK SchKG II-Hardmeier, Art. 307 N 9; Hunkeler, N 1074; Jaeger/Walder/Kull/Kottmann, III, Art. 307 N 10; KUKO SchKG-Hunkeler, Art. 306 N 10.

1750 BSK SchKG II-Hardmeier, Art. 307 N 12.

1751 BSK SchKG II-Hardmeier, Art. 307 N 12a; KUKO SchKG-Hunkeler, Art. 306 N 4; vgl. zum Ganzen auch SK SchKG-Hunkeler/Wohl, Art. 307 N 7.

1752 BSK SchKG II-Hardmeier, Art. 307 N 12a.

Gegen Entscheide der oberen kantonalen Nachlassgerichte ist die Beschwerde in Zivilsachen zulässig[1753]. Eine Streitwertgrenze ist nicht vorausgesetzt (Art. 74 Abs. 2 lit. d BGG). Mit der Beschwerde kann die Verletzung von eidgenössischem Recht (Art. 95 BGG) geltend gemacht werden; hier also v.a. die Verletzung von Bestimmungen über die Bestätigung oder Ablehnung des Nachlassvertrages (Art. 304 ff. SchKG). Demgegenüber kann die Feststellung des Sachverhaltes nur gerügt werden, wenn sie offensichtlich unrichtig ist oder auf einer Rechtsverletzung i.S.v. Art. 95 BGG beruht und wenn die Behebung des Mangels für den Ausgang des Verfahrens entscheidend sein kann (Art. 97 Abs. 1 BGG). Gerügt werden könnte z.B. auch hier die offensichtlich falsche Quorumsberechnung und/oder die offensichtliche falsche Berücksichtigung oder Nichtberücksichtigung von Gläubigerstimmen.

1753 Dies gilt auch für Entscheidungen, mit welchen der Richter die provisorische Stundung verweigert und den Konkurs eröffnet, vgl. hierzu BGE 142 III 365, E. 2.1–2.4.

§ 37 Gesuch um Widerruf des Nachlassvertrages (Art. 313 SchKG)

Littérature: SCHÜPBACH HENRI-ROBERT, Révocation du concordat (art. 313 et 316 LP), in: FOËX/THÉVENOZ (Hrsg.), Insolvence, désendettement et redressement, Études réunies en l'honneur de Louis Dallèves, Genf 2000, 253 ff.

I. Materielles

1. Allgemeines

Gemäss Art. 313 Abs. 1 SchKG kann jeder Gläubiger beim Nachlassrichter den Widerruf eines auf unredliche Weise zustande gekommenen Nachlassvertrages verlangen. Der Widerruf wirkt gegenüber allen Gläubigern, während die Aufhebung des Nachlassvertrages wegen Nichterfüllung (Art. 316 SchKG) nur gegenüber demjenigen Gläubiger Wirkung entfaltet, gegenüber dem der Nachlassvertrag nicht erfüllt wurde[1754].

Jedes Treu und Glauben verletzende Verhalten, durch welches der Schuldner auf das Zustandekommen des Nachlassvertrages hingewirkt hat, bildet einen Widerrufsgrund[1755]. So ist ein Nachlassvertrag dann auf unredliche Weise zustande gekommen, wenn der Schuldner unwahre Angaben über sein Vermögen gemacht oder seine Gläubiger sonst wie getäuscht hat, jedenfalls aber wenn er sich des Stimmenkaufs (Art. 168 StGB) oder der Erschleichung eines gerichtlichen Nachlassvertrages (Art. 170 StGB) schuldig gemacht hat[1756]. Eine strafrechtliche Verurteilung des Schuldners wird für den Widerruf aber nicht vorausgesetzt[1757]. Vertragsrechtliche Nichtigkeitsgründe (Art. 20 OR), absichtliche Täuschung (Art. 28 OR) und Drohung (Art. 29 OR) können ebenfalls einen Widerruf rechtfertigen[1758].

Nach heutiger Auffassung braucht es zwischen der unredlichen Handlung und dem Zustandekommen des Nachlassvertrages einen Kausalzusammenhang, damit der Nachlassvertrag widerrufen werden kann[1759]. Es braucht so-

1754 BSK SchKG II-HARDMEIER, Art. 313 N 1.
1755 AMONN/WALTHER, § 56 N 7; KUKO SchKG-HUNKELER, Art. 313 N 2.
1756 BSK SchKG II-HARDMEIER, Art. 313 N 3; KUKO SchKG-HUNKELER, Art. 313 N 2.
1757 BSK SchKG II-HARDMEIER, Art. 313 N 3.
1758 BSK SchKG II-HARDMEIER, Art. 313 N 3; KUKO SchKG-HUNKELER, Art. 313 N 2.
1759 BSK SchKG II-HARDMEIER, Art. 313 N 4; KUKO SchKG-HUNKELER, Art. 313 N 4; a.M. JAEGER/WALDER/KULL/KOTTMANN, III, Art. 313 N 16.

mit einen Nachweis, dass der Nachlassvertrag bei Kenntnis der Beteiligten über die widerrechtlichen Vorgänge nicht zustande gekommen wäre[1760].

2. Rechtsnatur

Das Verfahren ist betreibungsrechtlicher Natur.

3. Aktiv- und Passivlegitimation

Jeder *Gläubiger,* der vom Nachlassvertrag betroffen ist, ist legitimiert, einen Antrag auf Widerruf des Nachlassvertrages zu stellen[1761]. Nicht antragsberechtigt sind demgegenüber Gläubiger mit Forderungen, die privilegiert oder während der Nachlassstundung mit Zustimmung des Sachwalters entstanden sind, weil solche Forderungen im Nachlassverfahren vollständig befriedigt werden[1762]. Ebenso wenig sind Gläubiger legitimiert, deren Forderungen durch ein Pfand des Schuldners gedeckt sind[1763].

Nicht antragsberechtigt sind weiter der *Schuldner* und der *Dritte,* der bspw. durch eine Finanzierung oder Sicherstellung den Abschluss eines Nachlassvertrages ermöglicht hat[1764]. Ebenso wenig ist der ehemalige *Sachwalter* oder *der Liquidator im Nachlassverfahren mit Vermögensabtretung* antragsberechtigt.

Ein Widerruf ist nur auf Antrag eines Gläubigers möglich. Ohne Antrag darf kein Widerruf ausgesprochen werden[1765]. Der Nachlassvertrag kann mithin *nicht von Amtes wegen* widerrufen werden[1766].

II. Prozessuales

1. Verfahren

Das Verfahren ist summarisch (Art. 251 lit. a und Art. 252 ff. ZPO). Da ein Widerruf des Nachlassvertrages Auswirkungen auf alle Gläubiger hat, rich-

1760 KUKO SchKG-Hunkeler, Art. 313 N 4.
1761 KUKO SchKG-Hunkeler, Art. 313 N 5.
1762 BSK SchKG II-Hardmeier, Art. 313 N 5; KUKO SchKG-Hunkeler, Art. 313 N 5.
1763 BSK SchKG II-Hardmeier, Art. 313 N 5; KUKO SchKG-Hunkeler, Art. 313 N 5.
1764 BSK SchKG II-Hardmeier, Art. 313 N 5.
1765 BSK SchKG II-Hardmeier, Art. 313 N 5; Jaeger/Walder/Kull/Kottmann, III, Art. 313 N 16; KUKO SchKG-Hunkeler, Art. 313 N 5.
1766 BSK SchKG II-Hardmeier, Art. 313 N 5.

tet sich das Verfahren nach den Normen für die Bestätigung des Nachlassvertrages. Dem Schuldner ist demnach Gelegenheit zur Stellungnahme zu geben. Es ist zwingend eine mündliche Verhandlung durchzuführen. Der Nachlassrichter kann nicht auf die Durchführung einer solchen verzichten, wie dies Art. 256 Abs. 1 ZPO vorsieht. Ort und Zeit der Verhandlung sind öffentlich bekannt zu machen, damit alle Gläubiger Gelegenheit erhalten, allfällige Einwendungen gegen den Widerruf zu erheben[1767].

2. Örtliche Zuständigkeit

Örtlich ist der Nachlassrichter am Nachlassort zuständig. Diese Zuständigkeit bleibt auch bestehen, wenn der Schuldner nach der Bestätigung des Nachlassvertrages seinen Sitz oder Wohnsitz an einen anderen Ort verlegt hat. Der Gerichtsstand ist zwingend.

Da das Verfahren innerstaatlich ist, stellt sich die Frage einer internationalen Zuständigkeit nicht.

3. Sachliche Zuständigkeit

Sachlich zuständig ist der Nachlassrichter, der den betreffenden Nachlassvertrag bestätigt hat. Die sachliche Zuständigkeit wird durch das kantonale Recht geregelt (Art. 4 ZPO). Im Kanton Zürich ist gemäss § 24 lit. c GOG ZH i.V.m. Art. 251 lit. a ZPO das Einzelgericht sachlich zuständig.

4. Einleitung Verfahren

Das Gesuch um Widerruf wird direkt beim Nachlassrichter eingereicht (Art. 252 Abs. 1 ZPO). Ein Schlichtungsverfahren findet nicht statt (Art. 198 lit. a ZPO). Das Gesuch kann schriftlich gestellt oder mündlich bei Gericht zu Protokoll gegeben werden (Art. 252 Abs. 2 ZPO). Urkunden sind dem Gesuch zwingend beizulegen (Art. 252 Abs. 2 i.V.m. Art. 221 Abs. 2 lit. c ZPO).

5. Rechtsbegehren

Das Rechtsbegehren könnte etwa wie folgt lauten:

1767 BSK SchKG II-Hardmeier, Art. 313 N 8; KUKO SchKG-Hunkeler, Art. 313 N 6.

«Es sei der vom Nachlassrichter am [...] bestätigte Nachlassvertrag mit dem Schuldner [...] (Geschäftnr. [...]) zu widerrufen».

6. Streitwert

Da der Widerruf des Nachlassvertrages gegenüber allen Gläubigern wirkt und das gesamte Vermögen des Schuldners betroffen ist, ist die Berechnung des Streitwerts heikel und fast unmöglich[1768].

7. Frist

Eine Frist für die Geltendmachung des Widerrufs des Nachlassvertrages existiert nicht. Das Antragsrecht verjährt aber innert einer Frist von zehn Jahren, da mangels einer besonderen gesetzlichen Bestimmung über die Klageverjährung die allgemeine Verjährungsfrist von Art. 127 OR anwendbar ist[1769]. Die Verjährungsfrist beginnt mit der Bestätigung des Nachlassvertrages zu laufen, unabhängig davon, zu welchem Zeitpunkt der Gläubiger von der unredlichen Handlung Kenntnis erhalten hat[1770].

Das Widerrufsrecht ist jedoch verwirkt, wenn der Gläubiger die Widerrufsgründe anlässlich der Verhandlung über den Nachlassvertrag trotz Kenntnis nicht geltend macht[1771].

8. Streitgenossenschaft

Eine einfache Streitgenossenschaft ist wohl einzig auf Gläubigerseite denkbar, wenn mehrere Gläubiger zusammen einen Widerruf beantragen wollen oder wenn sie an einer Forderung solidarisch berechtigt sind.

Mehrere Gläubiger bilden sodann eine notwendige Streitgenossenschaft, wenn sie an einer Forderung gemeinschaftlich berechtigt sind.

1768 BBl 2001 4309; SPÜHLER/AEMISEGGER/DOLGE/VOCK, Art. 74 N 21; BSK BGG-RUDIN, Art. 74 N 30.

1769 BSK SchKG II-HARDMEIER, Art. 313 N 7; JAEGER/WALDER/KULL/KOTTMANN, III, Art. 313 N 4.

1770 BSK SchKG II-HARDMEIER, Art. 313 N 7.

1771 BSK SchKG II-HARDMEIER, Art. 313 N 6.

9. Streitverkündung

Eine Streitverkündung ist nicht möglich; es handelt sich um ein Einparteienverfahren.

10. Beweislast

Der Gläubiger trägt die Beweislast für die Widerrufsgründe. Im Nachlassverfahren gilt aber auch der Untersuchungsgrundsatz (Art. 255 lit. a ZPO).

11. Beweismass

Der Gesuchsteller und Gläubiger hat den strikten Beweis zu erbringen, dass die Voraussetzungen für den Widerruf des Nachlassvertrages erfüllt sind.

12. Beweismittel

Da der Untersuchungsgrundsatz gilt, gibt es keine Beweismittelbeschränkung (Art. 254 Abs. 2 lit. c ZPO). Der Gläubiger wird seinen Beweis in der Regel durch Urkunden erbringen. Der Nachlassrichter kann aber weitere ihm erforderlich scheinende Beweismittel einfordern.

13. Urteil

Bei Gutheissung des Gesuches lautet das Urteil auf Widerruf des Nachlassvertrages. Das Urteil hat erga omnes Wirkung und bringt den Nachlassvertrag als Ganzes zu Fall[1772], und zwar *ex tunc*. Die ursprünglichen Forderungen der Gläubiger leben wieder auf, sind aber nun im Konkurs des Schuldners (vgl. unten) geltend zu machen. Auch allfällige Abreden mit Dritten fallen *ex tunc* dahin, so z.B. Finanzierungszusagen im Zusammenhang mit der Sicherstellung der privilegierten Gläubiger[1773].

Art. 309 SchKG ist sinngemäss anwendbar. Mit der Vollstreckbarkeit des Widerrufsentscheides erfolgt von Amtes wegen die sofortige Konkurseröffnung über den Schuldner. Der Widerruf des Nachlassvertrages und die amtliche Konkurseröffnung sind in demselben Entscheid anzuordnen, wobei die Konkurseröffnung auf den Zeitpunkt der Vollstreckbarkeit des Widerrufsent-

1772 BSK SchKG II-Hardmeier, Art. 313 N 11; KUKO SchKG-Hunkeler, Art. 313 N 8.
1773 Vgl. zum Ganzen SK SchKG-Hunkeler/Wohl/Henseler, Art. 313 N 7.

scheides hin erfolgt. Die mit der Bestätigung des Nachlassvertrages gemäss Art. 311 SchKG dahingefallenen Betreibungen bleiben hinfällig bzw. sind gemäss Art. 206 SchKG mit der Konkurseröffnung ohnehin aufgehoben[1774].

Vom Schuldner aufgrund des Nachlassvertrages bereits erbrachte Leistungen sind ihm nach einem Widerruf nicht zurückzuerstatten, da sie in (teilweiser) Erfüllung seiner Verbindlichkeiten erfolgten[1775]. Dies gilt auch dann, wenn die bisherigen Leistungen von einem Dritten erbracht wurden[1776].

14. Anerkennung, Rückzug, Vergleich

Da der Offizialgrundsatz gemäss Art. 58 Abs. 2 ZPO gilt[1777], sind Anerkennung und Vergleich nicht zulässig. Sie wären auch nicht möglich, da es sich um ein Einparteienverfahren handelt. Ein Rückzug des Gesuches auf Widerruf ist hingegen zulässig.

15. Rechtsmittel

Der Entscheid über den Widerruf des Nachlassvertrages kann auf kantonaler Ebene gemäss Art. 313 Abs. 2 SchKG i.V.m. Art. 319 ff. ZPO mit Beschwerde an das obere Nachlassgericht weitergezogen werden. Die Berufung ist nach dem klaren Gesetzeswortlaut unzulässig (Art. 309 lit. b Ziff. 7 ZPO). Die Beschwerde hat aufschiebende Wirkung, sofern die Rechtsmittelinstanz nichts anderes verfügt (Art. 313 Abs. 2 i.V.m. Art. 307 Abs. 2 SchKG). Zur Beschwerde sind nicht nur der Schuldner und der antragstellende Gläubiger, sondern auch andere von einem Widerruf betroffene Gläubiger legitimiert, sofern sie an der erstinstanzlichen Verhandlung teilgenommen und Anträge gestellt haben[1778].

Gegen Entscheide der oberen kantonalen Nachlassgerichte ist die Beschwerde in Zivilsachen zulässig. Eine Streitwertgrenze ist nicht vorausgesetzt (Art. 74 Abs. 2 lit. d BGG).

1774 Vgl. zum Ganzen KUKO SchKG-Hunkeler, Art. 313 N 9 f.
1775 BSK SchKG II-Hardmeier, Art. 313 N 14; KUKO SchKG-Hunkeler, Art. 313 N 9.
1776 KUKO SchKG-Hunkeler, Art. 313 N 9; vgl. hierzu ausführlich SK SchKG-Hunkeler/Wohl/Henseler, Art 313 N 8.
1777 Gasser/Rickli, Art. 58 N 3.
1778 BSK SchKG II-Hardmeier, Art. 313 N 9.

§ 38 Anerkennungsklage im ordentlichen Nachlassverfahren (Art. 315 SchKG)

Literatur: GLARNER HANS, Das Nachlassvertragsrecht nach schweizerischem SchKG, 1967; HUNKELER DANIEL, Das Nachlassverfahren nach revidiertem SchKG, Diss. Freiburg i.Ue. 1996.

I. Materielles

1. Allgemeines

Zu Beginn der Nachlassstundung fordert der Sachwalter die Gläubiger dazu auf, ihre Forderungen gegen den Schuldner einzugeben (Schuldenruf, Art. 300 Abs. 1 SchKG). Über die eingegebenen Forderungen holt der Sachwalter die Erklärung des Schuldners ein (Art. 300 Abs. 2 SchKG). Die Bestreitung der Forderung durch den Schuldner hat grundsätzlich die gleiche Wirkung wie die Erhebung des Rechtsvorschlages in der gewöhnlichen Betreibung: Der Gläubiger hat seine bestrittene Forderung durch Klage auf Anerkennung gegenüber dem Schuldner geltend zu machen (Art. 315 SchKG).

Klagegegenstand ist die bestrittene Forderung und/oder das beanspruchte und bestrittene Vorzugsrecht und/oder das beanspruchte und bestrittene Privileg, nicht aber der entsprechende Anspruch auf die Nachlassdividende[1779].

Die Frage, ob eine Forderung quantitativ oder qualitativ bestritten und wer Gläubiger der bestrittenen Forderung ist, entscheidet sich aufgrund der Aktenlage im Zeitpunkt des Bestätigungsentscheides[1780].

Nach Art. 315 Abs. 2 SchKG hat der Schuldner auf entsprechende Anordnung des Nachlassrichters hin die auf bestrittene Forderungen entfallenden Beträge, d.h. die entsprechende Nachlassdividende, bis zur Erledigung des Anerkennungsprozesses bei der Depositenanstalt zu hinterlegen.

Die Anerkennungsklage ist nur beim Stundungs- und Dividendenvergleich anwendbar. Beim Liquidationsvergleich tritt an deren Stelle die Kollokationsklage[1781].

1779 BSK SchKG II-GUGGISBERG/HARDMEIER, Art. 315 N 6.
1780 BSK SchKG II-GUGGISBERG/HARDMEIER, Art. 315 N 17.
1781 BSK SchKG II-GUGGISBERG/HARDMEIER, Art. 315 N 16.

2. Rechtsnatur

Die Anerkennungsklage ist eine Leistungsklage materiell-rechtlicher Art[1782].

3. Aktiv- und Passivlegitimation

Aktivlegitimiert ist jeder Gläubiger, dem der Nachlassrichter im Bestätigungsentscheid Frist zur Einreichung einer Klage auf Anerkennung seiner bestrittenen Forderungen ansetzt.

Passivlegitimiert ist der Schuldner[1783].

II. Prozessuales

1. Verfahrensart

Der Anerkennungsprozess wird abhängig vom Streitwert entweder im ordentlichen (Streitwert > CHF 30 000; Art. 219 ff. ZPO) oder im vereinfachten Verfahren (Streitwert ≤ CHF 30 000; Art. 243 ff. ZPO) durchgeführt. Das summarische Verfahren ist nicht anwendbar. Dieses gilt nur für Entscheide des Nachlassgerichts (Art. 251 lit. a ZPO) und nicht für Entscheide des Zivilrichters.

2. Örtliche Zuständigkeit

Die Anerkennungsklage ist am Ort des Nachlassverfahrens einzureichen. Der Gerichtsstand ist ausschliesslich aber nicht zwingend, sodass eine abweichende Gerichtsstandsvereinbarung zulässig ist[1784].

Bei einem euro-internationalen Sachverhalt bestimmt sich der Gerichtsstand nach Art. 2 ff. LugÜ. Ausserhalb des Anwendungsbereichs des LugÜ sind in internationalen Verhältnissen die Gerichtsstandsbestimmungen des IPRG anwendbar.

1782 BSK SchKG II-Guggisberg/Hardmeier, Art. 315 N 7.
1783 BSK SchKG II-Guggisberg/Hardmeier, Art. 315 N 8 f.
1784 KUKO SchKG-Hunkeler, Art. 315 N 5; BSK SchKG II-Guggisberg/Hardmeier, Art. 315 N 10 f.

3. Sachliche Zuständigkeit

Über den materiellen Bestand der bestrittenen Forderung entscheidet der Zivil- oder Verwaltungs- und nicht der Nachlassrichter[1785].

Die allgemeinen kantonalen zivilprozessualen und verwaltungsrechtlichen Normen bestimmen die sachliche Zuständigkeit (Art. 3 und 4 ZPO). Im Kanton Zürich ist je nach Streitwert das Einzelgericht (Streitwert ≤ CHF 30 000; § 24 lit. a GOG ZH; auch als Arbeits- oder Mietgericht, § 25 oder § 26 GOG ZH) oder das Kollegialgericht (Streitwert > CHF 30 000; § 19 GOG ZH; auch als Arbeits- oder Mietgericht, § 20 oder § 21 GOG ZH) sachlich zuständig. Sodann kann im Kanton Zürich auch das Handelsgericht gemäss § 44 GOG ZH oder das Obergericht nach § 43 GOG ZH sachlich zuständig sein, sofern die Voraussetzungen erfüllt sind.

Bildet das öffentliche Recht Grundlage für die bestrittene Forderung, sind sachlich die Verwaltungsbehörden, also die erstinstanzlich verfügende Behörde sowie die Beschwerdeinstanzen, zuständig.

Sodann können Schiedsgerichte sachlich zuständig sein, wenn sie gültig vereinbart worden sind[1786].

4. Einleitung Verfahren

Die Anerkennungsklage ist direkt beim zuständigen Zivilgericht oder bei den zuständigen Verwaltungsbehörden einzureichen. Im Zivilprozess entfällt das Schlichtungsverfahren (Art. 198 lit. h ZPO).

5. Rechtsbegehren

Das Rechtsbegehren könnte etwa wie folgt lauten:

«Es sei der Beklagte zu verpflichten, die im Nachlassverfahren […] bestrittene Forderung in Höhe von CHF […] zuzüglich Zins von […]% seit […] anzuerkennen und entsprechend den Bestimmungen des Nachlassvertrages zu bezahlen, unter Kosten- und Entschädigungsfolgen zulasten des Beklagten.»

1785 Vgl. zum Ganzen BSK SchKG II-Guggisberg/Hardmeier, Art. 315 N 5; KUKO SchKG-Hunkeler, Art. 315 N 1.

1786 BGE 48 III 217; KUKO SchKG-Hunkeler, Art. 315 N 5.

6. Streitwert

Der Streitwert richtet sich nach der Höhe der Forderung des Gläubigers (Art. 91 ZPO).

7. Frist

Der Nachlassrichter setzt im Bestätigungsentscheid oder unmittelbar danach allen Gläubigern mit bestrittenen Forderungen eine Frist von 20 Tagen zur Einreichung der Klage auf Anerkennung der bestrittenen Forderung an. Obwohl vom Nachlassrichter angeordnet, handelt es sich um eine gesetzliche Frist, welche nur unter den strengen Voraussetzungen von Art. 33 Abs. 2 und 4 SchKG verlängert bzw. wiederhergestellt werden kann[1787]. Für den Beginn, die Berechnung und den Lauf der Frist gelten aufgrund des Verweises in Art. 31 Abs. 1 SchKG die Bestimmungen von Art. 142–146 ZPO.

Der Nachlassrichter hat auch denjenigen Gläubigern Frist anzusetzen, die ihre Forderung gemäss Art. 300 SchKG verspätet angemeldet oder erst anlässlich der Bestätigungsverhandlung geltend gemacht haben[1788]. Ebenso ist denjenigen Gläubigern Frist anzusetzen, deren Berechtigung als unwahrscheinlich erscheint[1789].

Rechtsfolge der nicht oder nicht rechtzeitig eingereichten Klage ist nicht der Verlust des materiellen Forderungsrechts bzw. der auf die Forderung entfallenden Nachlassdividende, sondern lediglich der Verlust der Sicherstellung der Nachlassdividende, sofern im Nachlassvertrag vorgesehen, bzw. des Anspruchs auf Hinterlegung des auf die bestrittene Forderung entfallenden Betrages bei der Depositenanstalt[1790], sofern der Nachlassrichter überhaupt eine Sicherstellung angeordnet hatte[1791].

8. Streitgenossenschaft, Intervention

Streitgenossenschaft und Nebenintervention sind nach den Art. 70–72 ZPO und Art. 74–77 ZPO zulässig.

1787 Vgl. zum Ganzen BSK SchKG II-Guggisberg/Hardmeier, Art. 315 N 13 f.; KUKO SchKG-Hunkeler, Art. 315 N 4.

1788 BSK SchKG II-Guggisberg/Hardmeier, Art. 315 N 18; KUKO SchKG-Hunkeler, Art. 315 N 3.

1789 BSK SchKG II-Guggisberg/Hardmeier, Art. 315 N 18.

1790 KUKO SchKG-Hunkeler, Art. 315 N 7; BSK SchKG II-Guggisberg/Hardmeier, Art. 315 N 19.

1791 KUKO SchKG-Hunkeler, Art. 315 N 6.

9. Streitverkündung

Sodann ist eine Streitverkündung i.S.v. Art. 78–80 ZPO möglich.

10. Beweislast

Der Gläubiger und Anerkennungskläger trägt die volle Beweislast für den Bestand seiner Forderung.

11. Beweismass

Da die Anerkennungsklage eine materiell-rechtliche Klage ist, hat der Gläubiger den vollen Beweis zu erbringen. Glaubhaftmachung genügt nicht.

12. Beweismittel

Es sind alle Beweismittel gemäss den Art. 168–193 ZPO zulässig.

13. Urteil

Bei Gutheissung lautet das Urteil auf Anerkennung der im Nachlassverfahren bestrittenen Forderung. Der Gläubiger erhält dann die Nachlassdividende, die im ordentlichen Nachlassvertrag festgesetzt wurde.

14. Klageanerkennung, Klagerückzug, Vergleich

Klageanerkennung, Klagerückzug und Vergleich sind zulässig und haben die Wirkung eines rechtskräftigen Entscheides (Art. 241 Abs. 2 ZPO).

15. Rechtsmittel

Der erstinstanzliche Entscheid über die Anerkennungsklage ist bei einem Streitwert von mindestens CHF 10 000 mit Berufung (Art. 308 Abs. 2 ZPO), bei einem tieferen Streitwert mit Beschwerde (Art. 319 ZPO) an die kantonale Rechtsmittelinstanz weiterzuziehen. Als solche amtet im Kanton Zürich das Obergericht (§ 48 GOG ZH). Hat eine einzige kantonale Instanz entschieden (z.B. Handelsgericht), ist die kantonale Beschwerde nicht gegeben, sondern direkt die Beschwerde in Zivilsachen an das Bundesgericht anzuheben. Hierbei gibt es kein Streitwerterfordernis (Art. 74 Abs. 2 lit. b BGG).

Gegen Entscheide letzter kantonaler Instanzen ist bei einem Streitwert von mindestens CHF 30 000 (Art. 74 Abs. 1 lit. b BGG) oder bei Rechtsfragen von grundsätzlicher Bedeutung (Art. 74 Abs. 2 lit. a BGG) die Beschwerde in Zivilsachen (Art. 72 ff. BGG) zulässig. Andernfalls ist die subsidiäre Verfassungsbeschwerde i.S.v. Art. 113 ff. BGG zu ergreifen, wobei sich die Prüfung des Entscheides hier auf Willkür (Art. 9 BV) beschränkt.

Die Rechtsmittelinstanz hat den materiellen Entscheid frei zu überprüfen.

§ 39 Gesuch um Aufhebung des Nachlassvertrages gegenüber einem Gläubiger (Art. 316 SchKG)

Littérature: Schüpbach Henri-robert, Révocation du concordat (art. 313 et 316 LP), in: Foëx/Thévenoz (Hrsg.), Insolvence, désendettement et redressement, Études réunies en l'honneur de Louis Dallèves, Genf 2000, 253 ff.

I. Materielles

1. Allgemeines

Wird der Nachlassvertrag einem Gläubiger gegenüber nicht erfüllt, so kann er beim Nachlassrichter für seine Forderung die Aufhebung des Nachlassvertrages verlangen, ohne seine Rechte daraus zu verlieren (Art. 316 Abs. 1 SchKG). Die Aufhebung betrifft allerdings nur das Verhältnis des betreffenden Gläubigers zum Nachlassschuldner. Der Nachlassvertrag bleibt im Übrigen weiter bestehen. Die Aufhebung ist somit im Gegensatz zum Widerruf i.S.v. Art. 313 SchKG eine individuelle Massnahme[1792].

Art. 316 SchKG ist ausschliesslich auf den ordentlichen Nachlassvertrag (Dividenden- oder Stundungsvergleich) anwendbar. Der Nachlassvertrag mit Vermögensabtretung ist bereits mit Bestätigung und der damit verbundenen Vermögensabtretung bzw. dem damit verbundenen Verlust des Verfügungsrechts des Schuldners erfüllt[1793].

Voraussetzung der Klage bildet, dass der Nachlassschuldner gegenüber einem Gläubiger den Nachlassvertrag nicht erfüllt. Auch die verspätete oder nur teilweise Erfüllung des Nachlassvertrages berechtigt den Gläubiger, dessen Aufhebung zu verlangen[1794]. Nach Treu und Glauben ist die vorbehaltlose Annahme einer verspätet geleisteten Nachlassdividende durch den Gläubiger jedoch als Verzicht auf die Geltendmachung einer Aufhebung auszulegen[1795].

1792 Vgl. zum Ganzen BSK SchKG II-Guggisberg/Hardmeier, Art. 316 N 1.
1793 Amonn/Walther, § 56 N 3; BSK SchKG II-Guggisberg/Hardmeier, Art. 316 N 1.
1794 BGE 110 III 42 = Pra 1984, 445 f.
1795 Vgl. zum Ganzen BSK SchKG II-Guggisberg/Hardmeier, Art. 316 N 11.

Der Schuldner muss gegenüber dem Gläubiger, der die Aufhebung verlangt, mit der Erfüllung seiner Pflichten in Verzug sein. Ein Gesuch um Aufhebung des Nachlassvertrages ist somit nur zulässig, wenn der Gläubiger den Schuldner vorgängig zur Erfüllung des Nachlassvertrages, insbesondere zur Zahlung der fälligen Nachlassdividende, gemahnt hat[1796]. Verweigert der Schuldner die Zahlung der Dividende, weil der Gläubiger keine vorbehaltlose Quittung erteilt oder den Schuldtitel nicht herausgibt, so liegt kein Schuldnerverzug und entsprechend keine Nichterfüllung des Nachlassvertrages vor[1797].

2. Rechtsnatur

Die Klage auf Aufhebung des Nachlassvertrages ist betreibungsrechtlicher Natur.

3. Aktiv- und Passivlegitimation

Aktivlegitimiert ist jeder Gläubiger, für den der Nachlassvertrag verbindlich ist und gegenüber dem er nicht erfüllt worden ist. Der Gläubiger einer bestrittenen Forderung kann die Aufhebung nicht verlangen, solange die Bestreitung nicht zurückgezogen oder gerichtlich beseitigt ist[1798]. Die Aufhebung des Nachlassvertrages ist nur auf Antrag des betroffenen Gläubigers anzuordnen, nicht jedoch von Amtes wegen[1799].

Passivlegitimiert ist der Schuldner.

II. Prozessuales

1. Verfahren

Das Verfahren ist summarisch (Art. 251 lit. a und Art. 252 ff. ZPO). Dem Schuldner ist Gelegenheit zur Stellungnahme zu geben. Eine kontradiktorische Verhandlung ist nicht erforderlich[1800].

1796 Vgl. zum Ganzen Amonn/Walther, § 56 N 4; BSK SchKG II-Guggisberg/Hardmeier, Art. 316 N 13; KUKO SchKG-Hunkeler, Art. 316 N 3; a.M. Schüpbach, 265 f.

1797 BSK SchKG II-Guggisberg/Hardmeier, Art. 316 N 12.

1798 Vgl. zum Ganzen BSK SchKG II-Guggisberg/Hardmeier, Art. 316 N 5.

1799 BSK SchKG II-Guggisberg/Hardmeier, Art. 316 N 4.

1800 BSK SchKG II-Guggisberg/Hardmeier, Art. 316 N 19.

2. Örtliche Zuständigkeit

Örtlich ist der Nachlassrichter am Nachlassort zuständig. Diese Zuständigkeit bleibt auch bestehen, wenn der Schuldner nach der Bestätigung des Nachlassvertrages seinen Sitz oder Wohnsitz an einen anderen Ort verlegt hat[1801]. Der Gerichtsstand ist zwingend, sodass weder eine Prorogation noch eine Einlassung zulässig sind.

Die Frage nach der internationalen Zuständigkeit stellt sich nicht, da der Streit innerstaatlich ist.

3. Sachliche Zuständigkeit

Sachlich zuständig ist der Nachlassrichter, der den betreffenden Nachlassvertrag bestätigt hat[1802]. Die sachliche Zuständigkeit wird durch das kantonale Recht geregelt (Art. 4 ZPO). Im Kanton Zürich ist gemäss § 24 lit. c GOG ZH i.V.m. Art. 251 lit. a ZPO das Einzelgericht sachlich zuständig.

4. Einleitung Verfahren

Das Gesuch um Aufhebung wird direkt beim Nachlassrichter eingereicht (Art. 252 Abs. 1 ZPO). Ein Schlichtungsverfahren gibt es nicht (Art. 198 lit. a ZPO). Das Gesuch kann schriftlich gestellt oder mündlich bei Gericht zu Protokoll gegeben werden (Art. 252 Abs. 2 ZPO). Urkunden sind dem Gesuch zwingend beizulegen (Art. 252 Abs. 2 i.V.m. Art. 221 Abs. 2 lit. c ZPO).

5. Rechtsbegehren

Ein Rechtsbegehren könnte etwa wie folgt lauten:

«Es sei der vom Nachlassrichter am […] bestätigte Nachlassvertrag für die Forderung des Klägers in Höhe von CHF […] gegen den Beklagten aufzuheben, unter Kosten- und Entschädigungsfolgen zulasten des Beklagten.»

6. Streitwert

Der Streitwert richtet sich nach der Höhe der Forderung des Gläubigers, gegenüber dem der Nachlassvertrag nicht erfüllt wurde (Art. 91 ZPO).

1801 BSK SchKG II-Guggisberg/Hardmeier, Art. 316 N 8.
1802 Amonn/Walther, § 56 N 2; BSK SchKG II-Guggisberg/Hardmeier, Art. 316 N 8.

7. Frist

Eine Frist für die Geltendmachung der Aufhebung des Nachlassvertrages existiert nicht. Sollte die Forderung des betreffenden Gläubigers inzwischen verjährt sein, so müsste der Antrag um Aufhebung des Nachlassvertrages abgewiesen werden, sofern der Schuldner die Verjährungseinrede erhebt[1803].

8. Streitgenossenschaft

Eine notwendige oder einfache Streitgenossenschaft ist wohl einzig auf Gläubigerseite denkbar, wenn die Gläubiger gemeinschaftlich oder solidarisch an einer Forderung berechtigt sind.

9. Streitverkündung

Eine Streitverkündung ist nicht möglich.

10. Beweislast

Der Gläubiger trägt grundsätzlich die Beweislast, dass der Schuldner den Nachlassvertrag nicht erfüllt hat[1804]. Insbesondere muss der Gläubiger nachweisen, dass er den Schuldner wenigstens einmal vergeblich gemahnt hat[1805]. Im Nachlassverfahren gilt aber auch der Untersuchungsgrundsatz (Art. 255 lit. a ZPO).

11. Beweismass

Der Gesuchsteller und Gläubiger hat den strikten Beweis zu erbringen, dass die Voraussetzungen für die Aufhebung des Nachlassvertrages für seine Forderung erfüllt sind.

12. Beweismittel

Da der Untersuchungsgrundsatz gilt, gibt es keine Beweismittelbeschränkung (Art. 254 Abs. 2 lit. c ZPO). Der Gesuchsteller wird den Beweis zumeist

1803 Schüpbach, 279; BSK SchKG II-Guggisberg/Hardmeier, Art. 316 N 9.
1804 KUKO SchKG-Hunkeler, Art. 316 N 3.
1805 KUKO SchKG-Hunkeler, Art. 316 N 3.

durch Urkunden erbringen. Der Nachlassrichter kann aber weitere ihm erforderlich scheinende Beweismittel einfordern.

13. Urteil

Bei Gutheissung des Gesuches lautet das Urteil auf Aufhebung des Nachlassvertrages für die betreffende Forderung des gesuchstellenden Gläubigers. Das Urteil hat somit keine erga-omnes-Wirkung wie beim Widerruf des Nachlassvertrages nach Art. 313 SchKG, sondern wirkt nur gegenüber dem Gläubiger, der die Aufhebung verlangt hat. Im Verhältnis zu den übrigen Gläubigern bleibt der Nachlassvertrag weiterhin bestehen[1806].

Die Aufhebung bewirkt, dass der Gläubiger gegenüber dem Schuldner wieder seine volle Forderung geltend machen kann, ohne jedoch seine Rechte aus dem Nachlassvertrag, insbesondere das Recht auf Dividende, auf privilegierte Behandlung oder auf geleistete Sicherheit zu verlieren[1807]. Der Gläubiger kann seine Forderung in Betreibung setzen und auch die Konkurseröffnung ohne vorgängige Betreibung verlangen, sofern die Voraussetzungen nach Art. 190 SchKG erfüllt sind[1808]. Betreibungen, die der Gläubiger vor der Nachlassstundung gegen den Schuldner angehoben hat und die gemäss Art. 311 SchKG durch die Bestätigung des Nachlassvertrages dahingefallen sind, leben wieder auf und können fortgesetzt werden[1809].

14. Anerkennung, Rückzug, Vergleich

Da in diesem Verfahren der Offizialgrundsatz gemäss Art. 58 Abs. 2 ZPO gilt[1810], sind Anerkennung und Vergleich nicht zulässig. Hingegen ist ein Rückzug möglich.

15. Rechtsmittel

Der Entscheid über die Aufhebung des Nachlassvertrages kann auf kantonaler Ebene gemäss Art. 307 SchKG i.V.m. Art. 319 ff. ZPO mit Beschwerde an

1806 BSK SchKG II-Guggisberg/Hardmeier, Art. 316 N 14; KUKO SchKG-Hunkeler, Art. 316 N 4.

1807 KUKO SchKG-Hunkeler, Art. 316 N 4; BSK SchKG II-Guggisberg/Hardmeier, Art. 316 N 14.

1808 KUKO SchKG-Hunkeler, Art. 316 N 4; BSK SchKG II-Guggisberg/Hardmeier, Art. 316 N 15.

1809 BSK SchKG II-Guggisberg/Hardmeier, Art. 316 N 16 mit Hinweis auf BGE 42 III 121.

1810 Gasser/Rickli, Art. 58 N 3.

das obere Nachlassgericht weitergezogen werden. Die Beschwerde hat aufschiebende Wirkung, sofern die Rechtsmittelinstanz nichts anderes verfügt (Art. 316 Abs. 2 i.V.m. Art. 307 Abs. 2 SchKG). Die Berufung ist nach dem klaren Gesetzeswortlaut unzulässig (Art. 309 lit. b Ziff. 7 ZPO).

Gegen Entscheide der oberen kantonalen Nachlassgerichte ist die Beschwerde in Zivilsachen zulässig. Ein Mindeststreitwert ist nicht vorausgesetzt (Art. 74 Abs. 2 lit. d BGG).

§ 40 Kollokationsklage (Art. 321 SchKG)

Literatur: BRUNNER ALEXANDER/REUTTER MARK, Kollokations- und Widerspruchsklagen nach SchKG, 2. A., Bern 2002; LORANDI FRANCO/CAMPONOVO RICO A., Die Kollokation öffentlich-rechtlicher Geldforderungen im Konkurs und beim Nachlassvertrag mit Vermögensabtretung, AJP 1993, 1472–1478; SPRECHER THOMAS, Der Gläubigerausschuss im schweizerischen Konkursverfahren und im Nachlassverfahren mit Vermögensabtretung, ZStV 136, Zürich 2003.

I. Materielles

1. Allgemeines

Die Kollokation der Forderungen im Nachlassverfahren mit Vermögensabtretung wird von Art. 321 SchKG geregelt. Das Kollokationsverfahren gleicht weitgehend demjenigen im Konkurs, was auch durch die Verweisung von Art. 321 Abs. 2 SchKG auf die Art. 244–251 SchKG deutlich wird.

Der zu Beginn des Verfahrens zu erstellende Kollokationsplan enthält alle Forderungen, welche an der Nachlassliquidation beteiligt sind, und weist ihnen ihren Rang nach Massgabe von Art. 219 SchKG zu. Neben den zugelassenen werden auch die abgewiesenen Forderungen mit Angabe des Abweisungsgrundes vorgemerkt (Art. 321 Abs. 2 SchKG i.V.m. Art. 248 SchKG). Wie im Konkurs umfasst der Kollokationsplan auch ein Lastenverzeichnis (Art. 321 Abs. 2 SchKG i.V.m. Art. 247 Abs. 2 SchKG), welches über Bestand, Umfang und Rang von beschränkten dinglichen Rechten an Grundstücken der Masse sowie über den Bestand von pfandgesicherten Forderungen Auskunft gibt[1811].

Der Kollokationsplan wird durch die Liquidatoren erstellt. Diese stützen sich hierfür in erster Linie auf die erfolgten Forderungseingaben aus der Periode der Nachlassstundung (Art. 300 SchKG). Ein nochmaliger Schuldenruf findet nicht statt (Art. 321 SchKG). Die Gläubiger können aber bis zum Abschluss der Liquidation verspätete Eingaben anbringen (Art. 321 Abs. 2 SchKG i.V.m. Art. 251 SchKG)[1812]. Sodann müssen die Liquidatoren – im Unterschied zur Konkursverwaltung – von Amtes wegen auch solche For-

1811 BSK SchKG II-BAUER/HARI/JEANNERET/WÜTHRICH, Art. 321 N 3 f.; vgl. auch die dortigen Ausführungen zur Behandlung der Mietzinseinnahmen auf Grundstücken der Masse; dazu auch BGE 132 III 437 und BGE 105 III 28.

1812 BGE 69 III 22; BGE 97 III 83, E. 6.

derungen kollozieren, welche sich aus den Geschäftsbüchern des Schuldners ergeben, sofern dieser zur Führung einer Buchhaltung verpflichtet ist (Art. 321 Abs. 1 SchKG). Schliesslich sind auch diejenigen Forderungen von Amtes wegen aufzunehmen, deren Bestand sich aus öffentlichen Registern, wie etwa dem Grundbuch, ergibt[1813]. Die Liquidatoren haben den Plan «tunlich rasch» zu erstellen[1814]. Art. 247 Abs. 1 SchKG, der für die Erstellung eine 60-tägige Frist seit Ablauf der Eingabefrist vorsieht, findet keine Anwendung, da das Nachlassverfahren mit Vermögensabtretung keinen Schuldenruf vorsieht[1815].

Der Kollokationsplan wird dem Gläubigerausschuss zur Genehmigung vorgelegt (Art. 321 Abs. 2 SchKG i.V.m. Art. 247 Abs. 3 SchKG) und am Sitze der Liquidatoren oder – gemäss anderer Vereinbarung im Nachlassvertrag – an einem sonstigen Ort zur Einsicht aufgelegt. Die Auflage wird öffentlich bekannt gemacht (Art. 321 Abs. 2 SchKG i.V.m. Art. 249 SchKG)[1816]. Diejenigen Gläubiger, deren Forderung abgewiesen oder nicht im beanspruchten Rang zugelassen wurde, werden gesondert benachrichtigt (Art. 321 Abs. 2 SchKG i.V.m. Art. 249 Abs. 3 SchKG).

Alsdann haben die Gläubiger die Möglichkeit, den Kollokationsplan zu überprüfen und sich gegebenenfalls dagegen zur Wehr zu setzen. Je nach Rügegrund kann der Gläubiger Kollokationsklage oder Beschwerde nach Art. 17 SchKG erheben. Aufgrund der Verweisung von Art. 321 Abs. 2 SchKG gelten die Regeln der Kollokationsklage im Konkurs (Art. 250 SchKG) auch für die Kollokationsklage beim Nachlassvertrag mit Vermögensabtretung. Nachfolgend wird nur das Wichtigste wiederholt. Im Übrigen wird auf die dortigen Ausführungen verwiesen.

2. Verhältnis zur Aufsichtsbeschwerde

Formelle Fehler bei der Erstellung des Kollokationsplans sind mit der Aufsichtsbeschwerde nach Art. 17 SchKG geltend zu machen. Die Aufsichtsbeschwerde ist zu ergreifen, wenn der Kollokationsplan unklar, unvollständig oder mit Formfehlern behaftet ist[1817].

1813 Vgl. für die Fragen, wann eine Forderung als aus den Geschäftsbüchern ersichtlich zu gelten hat und wie vorzugehen ist, wenn sich eine Forderungseingabe und das Geschäftsbuch widersprechen: KUKO SchKG-Wüthrich/Rothenbühler, Art. 321 N 3 ff.

1814 BGE 92 III 27, E. 1.

1815 BSK SchKG II-Bauer/Hari/Jeanneret/Wüthrich, Art. 321 N 7.

1816 BSK SchKG II-Bauer/Hari/Jeanneret/Wüthrich, Art. 321 N 8.

1817 BGE 132 III 437, E. 6; BGE 105 III 28, E. 3.

Demgegenüber ist die *materielle* Rechtslage im Hinblick auf die Befriedigung der Gläubiger im Kollokationsprozess abzuklären. Kollokationsklage ist zu erheben, wenn Bestand oder Rang einer Forderung oder eines beschränkten dinglichen Rechts strittig sind[1818]. Gegenstand des Kollokationsprozesses ist also die Feststellung, inwieweit die streitigen Gläubigeransprüche bei der Liquidationsmasse zu berücksichtigen sind, wobei zur Prüfung des strittigen Rechtsverhältnisses vorfrageweise materielles Recht anzuwenden ist[1819].

3. Rechtsnatur

Die Kollokationsklage ist eine betreibungsrechtliche Klage mit Reflexwirkung auf das materielle Recht[1820] und stellt eine prozessuale Gestaltungsklage dar[1821].

4. Aktiv- und Passivlegitimation

Aktivlegitimiert ist jeder im Kollokationsplan aufgenommene Gläubiger, mithin jeder Nachlassgläubiger sowie jeder Inhaber eines beschränkten dinglichen Rechts oder eines vorgemerkten persönlichen Rechts[1822], welches nicht im geforderten Ausmass anerkannt worden ist. Nicht legitimiert ist der Schuldner. Er kann sich gegen fehlerhafte Verfügungen der Liquidatoren lediglich auf dem Beschwerdeweg zur Wehr setzen[1823].

Die Passivlegitimation hängt vom Gegenstand der Bestreitung ab. Beanstandet der klagende Gläubiger seine eigene Kollokation (sog. positive Kollokationsklage), so hat er seine Klage gegen die Masse zu richten (Art. 321 Abs. 2 SchKG i.V.m. Art. 250 Abs. 1 SchKG). Möchte der Kläger demgegenüber die Zulassung eines anderen Gläubigers oder dessen Rang bestreiten (sog. negative Kollokationsklage bzw. Wegweisungsprozess), so muss er gegen denjenigen Gläubiger klagen, dessen Forderung im Kollokationsplan geändert werden soll (Art. 321 Abs. 2 SchKG i.V.m. Art. 250 Abs. 2 SchKG). Der Gemeinschuldner ist nie passivlegitimiert.

1818 BSK SchKG II-Bauer/Hari/Jeanneret/Wüthrich, Art. 321 N 11.
1819 BGE 5A_113/2011, E. 3 (zur Publikation vorgesehen); BGE 133 III 386, E. 4.3.3.
1820 BGE 114 III 110, E. 3d; Amonn/Walther, § 46 N 62.
1821 BSK SchKG II-Hierholzer, Art. 250 N 5.
1822 BGE 7B.75/2002, E. 3.
1823 Amonn/Walther, § 46 N 53; Fritzsche/Walder, Bd. II, § 49 N 34.

II. Prozessuales

1. Verfahren

Der Kollokationsprozess wird abhängig vom Streitwert entweder im ordentlichen (Streitwert > CHF 30 000; Art. 219 ff. ZPO) oder im vereinfachten Verfahren (Streitwert ≤ CHF 30 000; Art. 243 ff. ZPO) durchgeführt.

2. Örtliche Zuständigkeit

Art. 321 Abs. 2 SchKG i.V.m. Art. 250 SchKG regelt die örtliche Zuständigkeit für die Anhebung der Kollokationsklage ausschliesslich. Die Bestimmungen der ZPO über die örtliche Zuständigkeit sind damit nicht anwendbar (Art. 46 ZPO). Die Kollokationsklage ist beim Gericht des Nachlassorts zu erheben. Der Gerichtsstand ist zwingend, sodass Gerichtsstandsvereinbarungen und Einlassung unzulässig sind[1824].

Vom Anwendungsbereich des LugÜ ist die Kollokationsklage im Nachlassverfahren ausgenommen (Art. 1 Abs. 2 lit. b LugÜ). Auch ausserhalb des Anwendungsbereichs des LugÜ kommt Art. 148 SchKG direkt zur Anwendung, da das IPRG keine Zuständigkeiten für vollstreckungsrechtliche Verfahren vorsieht[1825].

3. Sachliche Zuständigkeit

Die sachliche Zuständigkeit für die Kollokationsklage richtet sich nach kantonalem Recht. Im Kanton Zürich ist gemäss § 24 lit. b GOG ZH i.V.m. Art. 198 lit. e Ziff. 6 ZPO das Einzelgericht zuständig, und zwar unabhängig davon, ob der Kollokationsprozess im ordentlichen oder im vereinfachten Verfahren durchgeführt wird.

1824 BGE 71 III 192, E. 2.

1825 Dolge, 47; vgl. BGE 135 III 127, E. 3.3.2: «Folglich gilt für den Kollokationsstreit wie für andere betreibungsrechtliche Zwischenstreitigkeiten in einem in der Schweiz durchgeführten Zwangsvollstreckungsverfahren, dass alle in dessen Verlauf auftauchenden, mit ihm zusammenhängenden Rechtsfragen im Streitfall ausschliesslich von den in der Schweiz örtlich zuständigen Behörden (Aufsichtsbehörden und Gerichte) zu beurteilen sind.»

4. Einleitung Verfahren

Gemäss Art. 198 lit. e Ziff. 6 ZPO entfällt das Schlichtungsverfahren bei der Kollokationsklage. Entsprechend ist diese direkt beim örtlich und sachlich zuständigen Gericht anzuheben.

5. Rechtsbegehren

Möchte der Gläubiger den Kollokationsplan anfechten, da seine Forderung abgewiesen wurde, so kann das Rechtsbegehren wie folgt formuliert werden:

«Die im Nachlassverfahren der [X AG] mit Eingabe vom [...] angemeldete Forderung des Klägers sei in der Höhe von CHF [...] in der [...] Klasse zu kollozieren, unter Kosten- und Entschädigungsfolgen zulasten des Beklagten.»

Möchte der Gläubiger den Kollokationsplan anfechten, da seine Forderung teilweise abgewiesen oder nicht im beanspruchten Rang kolloziert wurde, so kann das Rechtsbegehren wie folgt formuliert werden:

«Die im Nachlassverfahren der [X AG] mit Verfügung der Liquidatoren vom [...] vorgenommene Kollokation des Klägers für die Forderung im Betrag von CHF [...]/ in der [dritten] Klasse sei aufzuheben, und es sei der Kläger für die Forderung im Betrag von CHF [...]/in der [ersten] Klasse zu kollozieren, unter Kosten- und Entschädigungsfolgen zulasten des Beklagten.»

Im Falle der Bestreitung von Bestand oder Höhe der Forderung eines Mitgläubigers kann das Rechtsbegehren wie folgt formuliert werden:

«Die im Nachlassverfahren der [X AG] mit Verfügung der Liquidatoren vom [...] vorgenommene Kollokation des Beklagten für die Forderung im Betrag von CHF [...] sei aufzuheben/sei im Betrag von CHF [...] aufzuheben/sei in der [ersten] Klasse aufzuheben und in der [dritten Klasse] vorzunehmen, unter Kosten- und Entschädigungsfolgen zulasten des Beklagten.»

6. Streitwert

Der Streitwert der Kollokationsklage bemisst sich nach Art. 91 ff. ZPO und besteht grundsätzlich im höchstens erzielbaren Prozessgewinn[1826]. In einem Prozess gegen die Masse entspricht er der Differenz zwischen der Dividende des Klägers gemäss angefochtener Kollokation und derjenigen gemäss be-

1826 BGE 81 III 73, E. 2.

anspruchter Kollokation[1827]. Im Wegweisungsprozess berechnet sich diese Differenz auf der Dividende, die dem Beklagten zufällt[1828].

7. Frist

Die Frist zur Einreichung der Kollokationsklage beträgt 20 Tage und beginnt mit der öffentlichen Auflage des Kollokationsplanes zu laufen (Art. 321 SchKG i.V.m. Art. 250 Abs. 1 SchKG).

Es handelt sich bei der Frist zur Kollokationsklage um eine betreibungsrechtliche Verwirkungsfrist[1829], welche unter den strengen Voraussetzungen von Art. 33 Abs. 2 und 4 SchKG verlängerbar bzw. wiederherstellbar ist[1830]. Im Übrigen bestimmen sich Berechnung und Einhaltung der Frist nach Art. 142 ff. ZPO (Art. 31 SchKG). Die Fristwahrung stellt eine Prozessvoraussetzung dar und ist vom Gericht von Amtes wegen zu überprüfen.

8. Streitgenossenschaft

Fechten mehrere Gläubiger den Kollokationsplan im gleichen Punkt an, so bilden diese eine einfache Streitgenossenschaft[1831]. Leiten die Gläubiger unabhängig voneinander eine Kollokationsklage ein, so kann das Gericht die Verfahren gemäss Art. 125 lit. c ZPO zur Vereinfachung des Prozesses zusammenfassen.

9. Streitverkündung, Intervention

Eine Streitverkündung ist nicht möglich: Ein für den Streitverkünder ungünstiges Urteil kann gegenüber dem Streitberufenen keine Wirkung entfalten, weil über materiell-rechtliche Fragen nur vorfrageweise entschieden wird.

Jeder zur Kollokation zugelassene Gläubiger ist auch als Nebenintervenient der Nachlassmasse in einem gegen sie angehobenen Kollokationsprozess zuzulassen. Da das Urteil des Kollokationsprozesses Wirkung auf alle Gläubiger zeitigt, besteht ein rechtsgenügendes Interesse an der Nebenintervention

1827 BGE 135 III 127, E. 1.2; BGE 131 III 451, E. 1.1; BGE 93 II 82, E. 1.

1828 BGE 114 III 114.

1829 BGE 5C.279/2001, E. 3b.

1830 Amonn/Walther, § 11 N 11.

1831 Zirkulationsbeschluss des Kassationsgerichts des Kantons Zürich vom 11. Mai 2007, Kass.-Nr. AA070041, 11; BSK ZPO-Ruggle, Art. 71 N 26.

(Art. 74 ZPO)[1832]. Obwohl der Schuldner zur Kollokationsklage weder aktiv- noch passivlegitimiert ist, besteht die Möglichkeit, dass er als Nebenintervenient im Kollokationsprozess gegen die Masse zugelassen wird[1833].

10. Beweislast

Beanstandet ein Gläubiger seine eigene Kollokation, so obliegt ihm gemäss der allgemeinen Beweislastregel von Art. 8 ZGB die Beweislast für Bestand und Höhe seiner Forderung bzw. den von ihm beanspruchten Rang. Er kann bei der Klagesubstanziierung neue und andere Tatsachen geltend machen als bei der Forderungseingabe[1834]. Die Masse kann gegen die Forderung des Klägers alle materiellen Einreden und Einwendungen erheben, welche dem Gemeinschuldner gegenüber dem Kläger zustehen[1835]. Daneben kann sie auch eigene Einreden, wie insbesondere die paulianischen Anfechtungstatbestände geltend machen[1836].

Bestreitet ein Gläubiger die Kollokation eines Mitgläubigers, so weicht die Beweislast von der Parteirollenverteilung ab. Es obliegt dem Beklagten (und Mitgläubiger), Bestand, Umfang und Rang seiner bestrittenen Forderung zu beweisen[1837]. Dem Kläger stehen alle Einreden zu, die dem Schuldner bzw. der Masse zustehen[1838]. Er kann insbesondere auch die paulianischen Anfechtungstatbestände einredeweise geltend machen. Einreden aus persönlichen Streitigkeiten zwischen Kläger und Beklagtem kann der Kläger demgegenüber nicht erheben[1839].

11. Beweismass

Es braucht den vollen Beweis; Glaubhaftmachung genügt nicht.

1832 ZR 76 (1977) Nr. 6.

1833 Jaeger/Walder/Kull/Kottman, II, Art. 250 N 3; BSK SchKG II-Hierholzer, Art. 250 N 68; demgegenüber besteht im Kollokationsprozess in der Spezialexekution keine Möglichkeit zur Nebenintervention des Schuldners: BSK SchKG I-Schöniger, Art. 148 N 24.

1834 BGE 82 III 94.

1835 BGE 5C.206/2002, E. 2.1.

1836 BGE 95 III 47; BSK SchKG II-Hierholzer, Art. 250 N 62.

1837 ZR 60 (1961) Nr. 96.

1838 BGE 5C.279/2002, E. 2.3; Jaeger/Walder/Kull/Kottmann, II, Art. 250 N 9.

1839 BSK SchKG II-Hierholzer, Art. 250 N 62.

12. Beweismittel

Es sind sämtliche Beweismittel gemäss Art. 168 ff. ZPO zulässig.

13. Urteil

Das Urteil des Kollokationsprozesses hält verbindlich fest, ob, in welchem Umfang und in welchem Rang die Forderung des Klägers (Art. 321 SchKG i.V.m. Art. 250 Abs. 1 SchKG) bzw. des Beklagten (Art. 321 SchKG i.V.m. Art. 250 Abs. 2 SchKG) zu kollozieren und zu befriedigen ist[1840]. Bestand und Höhe der Forderung wird demgegenüber nur vorfrageweise geprüft[1841] und erscheint auch nicht im Urteilsdispositiv. Der Entscheid des Gerichts erwächst entsprechend nicht in materielle Rechtskraft[1842].

Der gegen einen Mitgläubiger obsiegende Kläger hat Anspruch auf volle Befriedigung seiner Forderung samt Zins und Betreibungskosten. Ein Überschuss aus dem Prozessgewinn kommt den weiteren Gläubigern zu und wird nach dem berichtigten Kollokationsplan verteilt (Art. 321 Abs. 2 SchKG i.V.m. Art. 250 Abs. 2 SchKG).

14. Klageanerkennung, Klagerückzug, Vergleich

Der Kollokationsprozess unterliegt der Dispositionsmaxime, sodass eine Prozessbeendigung durch Klageanerkennung, Rückzug oder Vergleich grundsätzlich möglich ist.

Eine Einschränkung gilt für die Liquidatoren: Wollen diese in dem gegen die Masse geführten Kollokationsstreit das geltend gemachte Rechtsbegehren nachträglich ganz oder zum Teil anerkennen, so kann diese Anerkennung nur unter Vorbehalt der Rechte der Nachlassgläubiger erfolgen, die Zulassung der Forderung oder den ihr neu zugewiesenen Rang ihrerseits noch gemäss Art. 321 SchKG zu bestreiten. Gegen den durch die Anerkennung seitens der Liquidatoren abgeänderten Kollokationsplan können die Gläubiger ihrerseits also nochmals Kollokationsklage erheben[1843]. Zu diesem Zwecke haben die Liquidatoren die sich aus ihrer nachträglichen Anerkennung er-

1840 BSK SchKG II-Hierholzer, Art. 250 N 3.

1841 Lorandi/Camponovo, 1473.

1842 BGE 119 III 124; BSK SchKG II-Hierholzer, Art. 250 N 3; a.M. Spichty, 146 ff., wonach das Urteil auch in späteren Betreibungsverfahren Rechtskraft entfaltet.

1843 Demgegenüber steht es den Gläubigern nicht zu, anstelle der Liquidatoren in den Kollokationsprozess nach Art. 260 SchKG einzutreten.

gebende Abänderung des ursprünglich aufgelegten Kollokationsplanes neu aufzulegen und zu publizieren.

Diese Regelung gilt auch für den Fall, dass die Liquidatoren mit dem klagenden Gläubiger einen Vergleich schliessen[1844]. Anstelle des Vorbehalts einer allfälligen erneuten Kollokationsklage durch die Nachlassgläubiger können sich die Liquidatoren auch in analoger Anwendung von Art. 237 Abs. 3 Ziff. 3 SchKG die Genehmigung des Vergleichs durch den Gläubigerausschuss vorbehalten[1845].

15. Rechtsmittel

Der erstinstanzliche Entscheid über die Kollokationsklage ist bei einem Streitwert von mindestens CHF 10 000 mit Berufung (Art. 308 Abs. 2 ZPO), bei einem tieferen Streitwert mit Beschwerde (Art. 319 ff. ZPO) an die kantonale Rechtsmittelinstanz weiterzuziehen. Als solche amtet im Kanton Zürich das Obergericht (§ 48 GOG ZH).

Gegen Entscheide letzter kantonaler Instanzen ist bei einem Streitwert von mindestens CHF 30 000 (Art. 74 Abs. 1 lit. b BGG) oder bei Rechtsfragen von grundsätzlicher Bedeutung (Art. 74 Abs. 2 lit. a BGG) die Beschwerde in Zivilsachen (Art. 72 ff. BGG) zulässig. Die Kollokation von Ansprüchen aus Arbeitsrecht wird als betreibungs- und nicht als arbeitsrechtliche Angelegenheit behandelt, weshalb die Streitwertgrenze auch hier CHF 30 000 beträgt[1846]. In den übrigen Fällen ist die subsidiäre Verfassungsbeschwerde i.S.v. Art. 113 ff. BGG zu ergreifen, wobei sich die Prüfung des Entscheides hier auf Willkür (Art. 9 BV) beschränkt.

1844 BGE 78 III 133, E. 2; zu Gesamtvergleichen der Konkursverwaltung mit verschiedenen Gläubigern, welche z.B. auch Aussonderungsfragen zum Gegenstand haben, und zu deren Verhältnis zu Art. 260 SchKG, vgl. BSK SchKG II-Hierholzer, Art. 250 N 75 f.

1845 Es ist in der Lehre allerdings strittig, ob Art. 237 Abs. 3 SchKG auch im Nachlassverfahren mit Vermögensabtretung analog gilt oder nicht; vgl. hierzu Sprecher, N 1044 m.w.H., der sich zu Recht für die analoge Anwendung ausspricht.

1846 BGE 5A_629/2008, E. 1.2.

§ 41 Gesuch um einvernehmliche private Schuldenbereinigung (Art. 333 SchKG)

Literatur: HARDMEIER HANS ULRICH, Neuerungen im Nachlassvertragsrecht, in: Das revidierte SchKG, Tagung des Schweiz. Instituts für Verwaltungskurse vom 23.6.1995, 14 f.; HUNKELER DANIEL, Beaufsichtigte, unentgeltliche und entgeltliche Schuldenbereinigung bei natürlichen Personen, BlSchK 2004, 1 ff.; STÄUBLI CHRISTOPH, Konkursaufschub, Nachlassvertrag, einvernehmliche private Schuldenbereinigung, ZSR 1996 I 313 ff.; STEINEGGER FRANZ, Zur Revision des SchKG – Neu mit Sanierungsrecht und privatem Schuldenbereinigungsverfahren, ST 1993, 75 ff.; UHLMANN FELIX, Private Schuldenbereinigung nach Art. 333 ff. SchKG, JKR 1999, 237 ff.; WALTHER FRIDOLIN, Die einvernehmliche Schuldenbereinigung als Retterin in der Not?, IWIR 2001, 121 ff.

I. Materielles

1. Allgemeines

Ein Schuldner, der nicht der Konkursbetreibung unterliegt, kann beim Nachlassrichter die Durchführung einer einvernehmlichen privaten Schuldenbereinigung beantragen (Art. 333 Abs. 1 SchKG). Mit dem Verfahren der einvernehmlichen privaten Schuldenbereinigung sollen zahlungswillige Schuldner unterstützt werden, ihre Verhältnisse zu ordnen, ohne dass die Insolvenzerklärung gemäss Art. 191 SchKG abgegeben werden muss[1847]. Es handelt sich bei der privaten Schuldenbereinigung nicht um die Sanierung von im Handelsregister eingetragenen Kaufleuten und Unternehmen, sondern grundsätzlich um eine Schuldenbereinigung für Privathaushalte[1848]. Es geht meistens um «kleinere Fälle», teilweise auch um Sozialfälle[1849].

Die *Verfügungs- und Handlungsfähigkeit* des Schuldners wird bei der einvernehmlichen privaten Schuldenbereinigung im Gegensatz zur Nachlassstundung (Art. 298 SchKG) nicht eingeschränkt[1850].

Voraussetzung für eine einvernehmliche private Schuldenbereinigung ist gemäss Art. 334 Abs. 1 SchKG, dass *Aussicht auf Sanierung* besteht. Diese

1847 AmtlBull. NR 1993, 47.
1848 BSK SchKG II-BRUNNER/BOLLER, Art. 333 N 7; KUKO SchKG-RONCORONI, Art. 333 N 1.
1849 AmtlBull. StR 1993, 657.
1850 BSK SchKG II-BRUNNER/BOLLER, Art. 335 N 1; AMONN/WALTHER, § 57 N 7; UHLMANN, 247; KUKO SchKG-RONCORONI, Art. 335 N 2.

ist dann gegeben, wenn das Verhältnis zwischen Fremd- und Eigenmitteln vernünftige Vertragsverhandlungen über eine teilweise Befriedigung der Gläubiger aus noch vorhandenen Eigenmitteln nahelegen[1851]. Dabei ist nicht auf das betreibungsrechtliche Existenzminimum des Schuldners, sondern auf ein erweitertes Existenzminimum abzustellen. Wenn der Schuldner also über genügend Einkommen verfügt, das er neben seinem Lebensunterhalt noch zur Abtragung seiner Schulden einsetzen kann, so besteht Aussicht auf Sanierung. Keine Aussicht auf Sanierung besteht bei offensichtlicher Überschuldung des Privathaushaltes oder wenn die wirtschaftliche Leistungsfähigkeit des Schuldners ungenügend ist und keine Sparquote ermöglicht[1852].

Sodann wird vorausgesetzt, dass die *Kosten des Verfahrens sichergestellt* sind. Dabei sind nicht nur die Kosten des Verfahrens vor dem Nachlassrichter, sondern auch die Kosten des Sachwalters sicherzustellen[1853]. Es braucht somit eine noch genügende Liquidität, d.h. noch vorhandene Zahlungsfähigkeit des Schuldners, die aber auch durch unentgeltliche Beiträge von Dritten gewährleistet werden kann[1854]. Ist die Voraussetzung der Sicherstellung der Kosten nicht erfüllt, ist das Gesuch abzuweisen.

Erscheint eine Schuldenbereinigung mit den Gläubigern nicht von vornherein als ausgeschlossen und sind die Kosten des Verfahrens sichergestellt, so gewährt der Nachlassrichter dem Schuldner eine Stundung von höchstens drei Monaten und ernennt einen *Sachwalter* (Art. 334 Abs. 1 SchKG).

Der vom Nachlassrichter eingesetzte Sachwalter hat die Aufgabe, mit dem Schuldner die einvernehmliche private Schuldenbereinigung durchzuführen. Er unterstützt den Schuldner beim Erstellen eines *Bereinigungsvorschlages.* Darin kann der Schuldner seinen Gläubigern insbesondere eine Dividende anbieten oder sie um Stundung der Forderungen oder um andere Zahlungs- oder Zinserleichterungen ersuchen (Art. 335 Abs. 1 SchKG).

Die Rechtsfolge der Bemühungen von Schuldner und Sachwalter ist nach Art. 335 Abs. 2 und 3 SchKG eine rechtskräftig abgeschlossene *Vereinbarung.* Diese Vereinbarung ist privatrechtlicher Natur und bindet nur diejenigen, die zugestimmt haben[1855]. Das Gelingen der Sanierung erfordert faktisch Einstimmigkeit, denn kein Gläubiger wird auf Rechte verzichten, die sich

1851 BSK SchKG II-Brunner/Boller, Art. 333 N 10.
1852 BSK SchKG II-Brunner/Boller, Art. 333 N 11.
1853 BSK SchKG II-Brunner/Boller, Art. 333 N 18; KUKO SchKG-Roncoroni, Art. 334 N 4.
1854 BSK SchKG II-Brunner/Boller, Art. 333 N 18.
1855 BSK SchKG II-Brunner/Boller, Art. 335 N 7; Lorandi, 567; KUKO SchKG-Roncoroni, Art. 335 N 6.

andere weiterhin herausnehmen[1856]. Somit müssen alle aufgrund der Gläubigerliste (Art. 333 Abs. 2 SchKG) bekannten Gläubiger dem Antrag des Schuldners zustimmen. Das Ausscheren eines Gläubigers bedeutet grundsätzlich das Scheitern des Vertrages[1857]. Den anderen Gläubigern kann nicht zugemutet werden, ungleich behandelt zu werden, es sei denn, sie stimmen der Ungleichbehandlung ausdrücklich zu[1858]. Beim Sanierungsvertrag handelt es sich um einen aussergerichtlichen Nachlassvertrag[1859]. Dieser braucht keine richterliche Genehmigung[1860].

Auf Antrag des Sachwalters kann die Stundung auf höchstens sechs Monate *verlängert* werden. Sie kann aber auch *vorzeitig widerrufen* werden, wenn eine einvernehmliche Schuldenbereinigung offensichtlich nicht herbeigeführt werden kann (Art. 334 Abs. 2 SchKG). Das ist dann der Fall, wenn ein Gläubiger Vergleichsverhandlungen von vornherein strikte verweigert oder wenn sich herausstellt, dass der Schuldner zu Abschlagszahlungen im Rahmen eines allfälligen Dividendenvergleichs aufgrund des bereits eingetretenen Vermögensverfalls gar nicht mehr in der Lage ist[1861]. Ein Widerruf wäre auch dann möglich, wenn ein Schuldner rechtsmissbräuchlich handelt und Vergleichsverhandlungen nur vortäuscht[1862].

In einem *nachfolgenden Nachlassverfahren* wird die Dauer der Stundung nach den Art. 333 ff. SchKG auf die Dauer der Nachlassstundung angerechnet (Art. 336 SchKG).

2. Rechtsnatur

Das Verfahren über das Gesuch um einvernehmliche private Schuldenbereinigung ist betreibungsrechtlicher Natur.

3. Aktiv- und Passivlegitimation

Aktivlegitimiert ist der Schuldner, der nicht der Konkursbetreibung (Art. 39 SchKG) unterliegt. Darunter fallen nicht nur Privatpersonen; auch kleine

1856 BSK SchKG II-Brunner/Boller, Art. 335 N 7.
1857 BSK SchKG II-Brunner/Boller, Art. 335 N 7.
1858 BSK SchKG II-Brunner/Boller, Art. 335 N 7; KUKO SchKG-Roncoroni, Art. 335 N 10 f.
1859 BSK SchKG II-Brunner/Boller, Art. 335 N 17; Hardmeier, 15; Stäubli, 328.
1860 BSK SchKG II-Brunner/Boller, Art. 334 N 16 f.; Uhlmann, 248 m.w.H.; KUKO SchKG-Roncoroni, Art. 335 N 6; a.M. Spühler/Dolge, 119.
1861 BSK SchKG II-Brunner/Boller, Art. 334 N 9.
1862 BSK SchKG II-Brunner/Boller, Art. 334 N 9.

Betriebe, die nicht im Handelsregister eingetragen sind, können aktivlegitimiert sein[1863]. Juristische Personen sind nicht aktivlegitimiert[1864].

Die Einleitung einer einvernehmlichen privaten Schuldenbereinigung erfolgt nie von Amtes wegen[1865]. Der Nachlassrichter kann demzufolge nicht von sich aus tätig werden.

Im Verfahren über das Gesuch um einvernehmliche private Schuldenbereinigung gibt es keine Passivlegitimierten.

II. Prozessuales

1. Verfahren

Das Verfahren ist summarisch (Art. 251 lit. a ZPO). Es handelt sich um ein Verfahren der freiwilligen Gerichtsbarkeit[1866]. Die Durchführung einer mündlichen Verhandlung ist nicht zwingend erforderlich (Art. 256 Abs. 1 ZPO). Jedenfalls sieht das SchKG eine mündliche Verhandlung nicht explizit vor.

2. Örtliche Zuständigkeit

Örtlich ist der Nachlassrichter am Betreibungsort des Schuldners zuständig. Der Gerichtsstand ist zwingend.

Da es sich regelmässig um einen Binnensachverhalt handelt, stellt sich die Frage nach der internationalen Zuständigkeit nicht.

3. Sachliche Zuständigkeit

Sachlich zuständig ist das Nachlassgericht. Die sachliche Zuständigkeit wird durch das kantonale Recht geregelt (Art. 3 f. ZPO). Im Kanton Zürich ist gemäss § 24 lit. c GOG ZH i.V.m. Art. 251 lit. a ZPO das Einzelgericht sachlich zuständig.

1863 Amonn/Walther, § 57 N 2.

1864 BSK SchKG II-Brunner/Boller, Art. 333 N 7; a.M. Walder/Kull/Kottmann, III, Art. 333 N 3, welche auch Vereine und Stiftungen als aktivlegitimiert betrachten.

1865 KUKO SchKG-Roncoroni, Art. 333 N 2.

1866 BSK SchKG II-Brunner/Boller, Art. 333 N 17.

Ist eine Sanierung ausgeschlossen, z.B. wegen offensichtlicher Überschuldung des Privathaushaltes des Schuldners, ist nicht der Nachlassrichter (Art. 334 Abs. 1 SchKG), sondern der Konkursrichter zuständig. Dieser eröffnet dann den Konkurs (Art. 191 Abs. 2 SchKG).

4. Einleitung Verfahren

Das Gesuch um einvernehmliche private Schuldenbereinigung wird direkt beim Nachlassrichter eingereicht (Art. 252 Abs. 1 ZPO). Ein Schlichtungsverfahren gibt es nicht (Art. 198 lit. a ZPO). Das Gesuch kann schriftlich gestellt oder mündlich bei Gericht zu Protokoll gegeben werden (Art. 252 Abs. 2 ZPO). Urkunden sind dem Gesuch zwingend beizulegen (Art. 252 Abs. 2 i.V.m. Art. 221 Abs. 2 lit. c ZPO).

So hat der Schuldner in seinem Gesuch seine Schulden sowie seine Einkommens- und Vermögensverhältnisse darzulegen (Art. 333 Abs. 2 SchKG). Es ist dem Nachlassrichter entsprechend eine Aufstellung über die Aktiven und Passiven des Privathaushaltes vorzulegen[1867]. Erforderlich ist zudem, dass der Schuldner ein Budget einreicht, woraus die Einnahmen (Lohn und weitere Einkünfte) sowie die Ausgaben hervorgehen und das Vorhandensein einer verfügbaren Sparquote aufgezeigt wird[1868]. Ebenfalls ist eine Liste sämtlicher Gläubiger samt Adressen vorzulegen. Von Gesetzes wegen nicht gefordert ist die Einreichung eines eigentlichen Sanierungsbudgets oder Nachlassvertragsentwurfes. Dies wird dann erst in Zusammenarbeit mit dem Sachwalter erstellt[1869].

5. Rechtsbegehren

Das Gesuch um einvernehmliche private Schuldenbereinigung hat den Antrag zu enthalten, dass dem Schuldner die Stundung zu gewähren ist. Weitere Anträge sind fakultativ. Der Schuldner kann z.B. Vorschläge zur Person des Sachwalters unterbreiten. Ein Rechtsbegehren könnte etwa wie folgt lauten:

«1. Es sei dem Schuldner […] die Stundung für einstweilen drei Monate zu gewähren.

1867 BSK SchKG II-Brunner/Boller, Art. 333 N 12; KUKO SchKG-Roncoroni, Art. 333 N 7 f.
1868 BSK SchKG II-Brunner/Boller, Art. 333 N 12.
1869 BSK SchKG II-Brunner/Boller, Art. 333 N 12; a.M. KUKO SchKG-Roncoroni, Art. 333 N 5, der für die Einreichung eines Sanierungsbudgets plädiert.

2. Es sei für die Dauer der Stundung ein Sachwalter [in der Person von ...] zu ernennen und diesen zu beauftragen, mit dem Schuldner die einvernehmliche private Schuldenbereinigung durchzuführen.»

6. Streitwert

Da beim Gesuch um eine einvernehmliche private Schuldenbereinigung das ganze Vermögen des Schuldners betroffen ist, ist die Berechnung des Streitwerts heikel und fast unmöglich[1870].

7. Frist

Das Gesuch um eine einvernehmliche private Schuldenbereinigung kann grundsätzlich jederzeit eingeleitet werden, eine Frist gibt es nicht.

8. Streitgenossenschaft

Auf Schuldnerseite ist eine Streitgenossenschaft wohl eher selten. Möglich wäre sie bei einer Erbengemeinschaft, welche vor der Teilung für Erbschaftsschulden betrieben werden kann (Art. 49 SchKG). Die Erben könnten das Gesuch um eine Schuldenbereinigung vor der Teilung als notwendige Streitgenossen stellen. Bei der einfachen Gesellschaft, welche lediglich ein Vertragsverhältnis darstellt, müssen die Gesellschafter je einzeln ein Gesuch stellen.

9. Streitverkündung

Eine Streitverkündung ist im Verfahren betreffend private Schuldenbereinigung nicht möglich; es handelt sich um ein Einparteienverfahren.

10. Beweislast

Im Verfahren betreffend ein Gesuch um eine einvernehmliche private Schuldenbereinigung gilt der Untersuchungsgrundsatz (Art. 255 lit. a ZPO). Dies entbindet den Schuldner aber nicht vom Nachweis der Aussicht auf Sanierung.

1870 BBl 2001 4309; Spühler/Aemisegger/Dolge/Vock, Art. 74 N 21; BSK BGG-Rudin, Art. 74 N 30.

11. Beweismass

Gemäss Art. 334 Abs. 1 SchKG bildet die Aussicht auf Sanierung die einzige materielle Voraussetzung für die Gewährung einer Stundung in der einvernehmlichen privaten Schuldenbereinigung. Zu dieser Frage kann der Schuldner lediglich eine Prognose machen. Es genügt somit, wenn der Schuldner aufgrund der Darlegung seiner Einkommens- und Vermögensverhältnisse plausibel gemacht hat, dass Aussicht auf Sanierung besteht. Im Übrigen hat der Schuldner den strikten Beweis zu erbringen, dass die Voraussetzungen für die Gewährung der Stundung und die Einsetzung eines Sachwalters erfüllt sind.

12. Beweismittel

Gemäss Gesetzestext hat der Schuldner den Beweis primär durch Urkunden zu erbringen. Da der Untersuchungsgrundsatz gilt, gibt es keine Beweismittelbeschränkung (Art. 254 Abs. 2 lit. c ZPO). Der Nachlassrichter kann daher weitere ihm erforderlich scheinende Beweismittel einfordern. Der Schuldner ist verpflichtet, der richterlichen Belegaufforderung nachzukommen.

13. Urteil

Der Nachlassrichter muss aufgrund der vom Schuldner eingereichten Unterlagen prüfen, ob für den Privathaushalt eine Sanierungsaussicht besteht. Besteht Aussicht auf Sanierung und sind die Kosten des Verfahrens sichergestellt, ordnet der Richter gestützt auf den Schuldnerantrag eine Stundung von drei Monaten an (Art. 334 Abs. 1 SchKG). Damit greift der Nachlassrichter in die vertraglichen Rechtsverhältnisse zwischen Gläubiger und Schuldner ein[1871]. Die Stundung gilt im Grundsatz für alle Forderungen der Gläubiger mit Ausnahme der Forderungen aus periodischen familienrechtlichen Unterhalts- und Unterstützungspflichten (Art. 334 Abs. 3 SchKG). Mit der Stundungsbewilligung werden die laufenden Pfändungen, insbesondere Einkommenspfändungen, sistiert. Während der Stundung darf der Schuldner auch nicht betrieben werden[1872].

Ergibt sich aus den Unterlagen des Schuldners, dass voraussichtlich nur ein relativ bescheidener Prozentsatz der bestehenden Schulden getilgt werden kann, hat der Nachlassrichter gleichwohl die Stundung zu gewähren. Es wird

1871 BSK SchKG II-Brunner/Boller, Art. 333 N 15.
1872 BSK SchKG II-Brunner/Boller, Art. 334 N 6; KUKO SchKG-Roncoroni, Art. 334 N 11.

einzig der Entscheid der Gläubiger sein, mit welcher Tilgungsquote sie sich zufriedengeben wollen[1873]. In diesem Punkt hat der Nachlassrichter somit keine Kognitionsbefugnis[1874].

Zudem ernennt der Nachlassrichter einen Sachwalter. Der Stundungsentscheid wird nicht publiziert, aber den Gläubigern direkt mitgeteilt (Art. 334 Abs. 4 SchKG).

Besteht keine Aussicht auf Sanierung, weist der Richter das Gesuch ab, und es sind die Voraussetzungen für die Konkurseröffnung gegeben (Art. 191 Abs. 2 SchKG).

14. Anerkennung, Rückzug, Vergleich

Da beim Verfahren betreffend einvernehmliche private Schuldenbereinigung der Offizialgrundsatz gilt (Art. 58 Abs. 2 ZPO)[1875], sind Anerkennung und Vergleich nicht zulässig. Sie wären auch nicht möglich, da es sich um ein Einparteienverfahren handelt. Der Schuldner kann sein Gesuch um Gewährung der Stundung aber jederzeit zurückziehen.

15. Rechtsmittel

Der Entscheid über ein Gesuch um einvernehmliche private Schuldenbereinigung kann auf kantonaler Ebene gemäss Art. 307 SchKG i.V.m. Art. 319 ff. ZPO mit Beschwerde an das obere Nachlassgericht weitergezogen werden. Die Berufung ist nach dem klaren Gesetzeswortlaut unzulässig (Art. 309 lit. b Ziff. 7 ZPO). Im Kanton Zürich ist das Obergericht oberes Nachlassgericht. Der Schuldner und der Gläubiger sind legitimiert, gegen den Entscheid über die Gewährung oder Nichtgewährung der Stundung, den Widerruf der Stundung sowie die Ernennung des Sachwalters Beschwerde zu führen[1876]. Sodann ist der Schuldner wohl auch beschwerdeberechtigt, wenn der Nachlassrichter einen nicht genehmen oder ungeeigneten Sachwalter ernannt hat[1877]. Der Sachwalter ist im Verfahren der einvernehmlichen privaten

1873 BSK SchKG II-Brunner/Boller, Art. 333 N 13.

1874 Walther, 123.

1875 Gasser/Rickli, Art. 58 N 3.

1876 BSK SchKG II-Brunner/Boller, Art. 334 N 15. In der Lehre ist es zwar umstritten, ob der Gläubiger zur Beschwerde überhaupt legitimiert ist, weil er im erstinstanzlichen Verfahren keine Parteistellung hat.

1877 BSK SchKG II-Brunner/Boller, Art. 334 N 15; KUKO SchKG-Roncoroni, Art. 334 N 14; a.M. Jaeger/Walder/Kull/Kottmann, III, Art. 333 N 6.

Schuldenbereinigung nicht Partei und deshalb auch nicht zur Beschwerde legitimiert[1878].

Gegen Entscheide der oberen kantonalen Nachlassgerichte ist die Beschwerde in Zivilsachen zulässig. Ein Mindeststreitwert ist nicht vorausgesetzt (Art. 74 Abs. 2 lit. d BGG). Mit der Beschwerde kann die Verletzung von eidgenössischem Recht (Art. 95 BGG) geltend gemacht werden, hier also v.a. die Verletzung von Bestimmungen über das Verfahren betreffend einvernehmliche private Schuldenbereinigung (Art. 333 ff. SchKG). Demgegenüber kann die Feststellung des Sachverhaltes nur gerügt werden, wenn sie offensichtlich unrichtig ist oder auf einer Rechtsverletzung i.S.v. Art. 95 BGG beruht und wenn die Behebung des Mangels für den Ausgang des Verfahrens entscheidend sein kann (Art. 97 Abs. 1 BGG). Dies kann z.B. der Fall sein, wenn dem Richter offensichtlich falsche Zahlen bezüglich der Einkommens- und Vermögensverhältnisse des Schuldners vorgelegt werden (Tatfrage) und der Nachlassrichter gestützt darauf zum rechtlichen Schluss kommt, die Schuldenbereinigung erscheine nicht von vornherein als ausgeschlossen (Rechtsfrage).

1878 BSK SchKG II-Brunner/Boller, Art. 335 N 15.

10. Kapitel

Notstundung

§ 42 Notstundung (Art. 337 ff. SchKG)

Literatur: MOESCH OSKAR, Die Notstundung und ihre Geschichte im schweizerischen Betreibungsrecht, Diss. Zürich 1923; RAMMING NIKOLAI, Die Entwicklung der Notstundung im schweizerischen Betreibungsrecht, Diss. Zürich 1943.

I. Materielles

1. Allgemeines

Die Bestimmungen über die Notstundung können unter ausserordentlichen Verhältnissen, insbesondere im Fall einer andauernden wirtschaftlichen Krise, von der Kantonsregierung mit Zustimmung des Bundes für anwendbar erklärt werden. Dies aber nur für die von diesen Verhältnissen in Mitleidenschaft gezogenen Schuldner eines bestimmten Gebietes und für eine bestimmte Dauer (Art. 337 SchKG). Ausserordentliche Verhältnisse liegen z.B. vor bei andauernder weitverbreiteter Arbeitslosigkeit oder bei Unterbindung von Rohstoffzufuhr und von Absatz auf längere Zeit[1879].

Ein Schuldner, der ohne sein Verschulden infolge der erwähnten ausserordentlichen Verhältnisse ausserstande ist, seine Verbindlichkeiten zu erfüllen, kann vom Nachlassrichter eine Notstundung von höchstens sechs Monaten verlangen, sofern die Aussicht besteht, dass er nach Ablauf dieser Stundung seine Gläubiger voll wird befriedigen können (Art. 338 Abs. 1 SchKG). Für die Bewilligung der Notstundung müssen damit folgende *Voraussetzungen* erfüllt sein:

- Der Schuldner ist aufgrund der in Art. 337 SchKG genannten ausserordentlichen Verhältnisse ausserstande, seine Verbindlichkeiten zu erfüllen.
- Den Schuldner trifft kein Verschulden. Der Nachlassrichter hat die Frage des mangelnden Verschuldens im Bewilligungsverfahren zu prüfen[1880]. Kein Verschulden liegt vor, wenn der Schuldner dartun kann, dass seine eigenen Schuldner wegen der krisenhaften Verhältnisse ihren Verpflichtungen ihm gegenüber nicht nachgekommen sind oder dass sein Umsatz deswegen zusammengebrochen ist[1881].

1879 BBl 73 I 511.

1880 BSK SchKG II-CASATI/WEYERMANN/STAEHELIN A., Art. 338 N 1; KUKO SchKG-MUSTER, Art. 338 N 4.

1881 BSK SchKG II-CASATI/WEYERMANN/STAEHELIN A., Art. 338 N 1.

- Es muss Aussicht bestehen, dass der Schuldner nach Ablauf der Stundung seine Gläubiger voll befriedigen kann. Der Nachlassrichter darf dabei die Hürden nicht allzu hoch ansetzen. Es dürfte ausreichen, wenn zumindest nicht von vornherein zu befürchten ist, dass der Schuldner auch nach Ablauf der Notstundung seine Gläubiger nicht befriedigen kann[1882].

Während der Dauer der Notstundung können Betreibungen gegen den Schuldner angehoben und bis zur Pfändung oder Konkursandrohung fortgesetzt werden. Gepfändete Lohnbeträge sind auch während der Stundung einzufordern. Dasselbe gilt für Miet- und Pachtzinse, sofern sich die Pfandhaft aufgrund einer vor oder während der Notstundung angehobenen Betreibung auf Pfandverwertung auf diese Zinse erstreckt. Dagegen darf einem Verwertungs- oder einem Konkursbegehren keine Folge gegeben werden (Art. 343 Abs. 1 SchKG). Gemäss Art. 343 Abs. 2 SchKG verlängern sich verschiedene Fristen um die Dauer der Notstundung (Art. 116, 154, 166, 188, 219, 286, 287 und 288 SchKG), ebenso die Haftung des Grundpfandes für die Zinsen der Grundpfandschuld (Art. 818 Abs. 1 Ziff. 3 ZGB). Dem Schuldner ist die Fortführung seines Geschäftes gestattet; doch darf er während der Dauer der Stundung keine Rechtshandlungen vornehmen, durch welche die Gläubigerinteressen beeinträchtigt oder einzelne Gläubiger zum Nachteil anderer begünstigt werden (Art. 344 SchKG).

Von der Stundungsbewilligung *nicht betroffen* sind Forderungen unter CHF 100 und Forderungen der ersten Klasse (Art. 219 Abs. 4 SchKG). Doch ist für diese Forderungen während der Dauer der Stundung auch gegen den der Konkursbetreibung unterstehenden Schuldner nur die Betreibung auf Pfändung oder auf Pfandverwertung möglich (Art. 346 SchKG).

Die Stundung ist auf Antrag eines Gläubigers oder des Sachwalters vom Nachlassrichter zu *widerrufen,* wenn (i) der Schuldner die ihm auferlegten Abschlagszahlungen nicht pünktlich leistet, (ii) er den Weisungen des Sachwalters zuwiderhandelt oder die berechtigten Interessen der Gläubiger beeinträchtigt oder einzelne Gläubiger zum Nachteil anderer begünstigt oder (iii) ein Gläubiger den Nachweis erbringt, dass die vom Schuldner dem Nachlassrichter gemachten Angaben falsch sind oder dass er imstande ist, alle seine Verbindlichkeiten zu erfüllen (Art. 348 Abs. 1 SchKG).

1882 BSK SchKG II-Casati/Weyermann/Staehelin A., Art. 338 N 1; KUKO SchKG-Muster, Art. 338 N 5.

2. Rechtsnatur

Das Verfahren über das Gesuch um Notstundung ist betreibungsrechtlicher Natur.

3. Aktiv- und Passivlegitimation

Aktivlegitimiert für die Einreichung eines Stundungsgesuches ist der Schuldner. Jede Person (natürliche oder juristische, Einzelperson oder Personengemeinschaft), die auf Konkurs oder Pfändung betrieben werden kann, ist zum Stundungsgesuch legitimiert. Voraussetzung bildet aber, dass sie in der Schweiz einen Betreibungsort hat.

Ein Gläubiger ist nicht legitimiert, ein Stundungsgesuch zu stellen. Dies ergibt sich aus dem klaren Gesetzeswortlaut: «Ein Schuldner, der ohne sein Verschulden […]».

Beim Verfahren über die Bewilligung einer Notstundung gibt es keine Passivlegitimierten.

II. Prozessuales

1. Verfahren

Das Verfahren ist summarisch (Art. 251 lit. a ZPO).

Nach Eingang des Stundungsgesuches macht der Nachlassrichter die allfällig noch notwendigen Erhebungen und ordnet – wenn sich das Gesuch nicht ohne Weiteres als unbegründet erweist – eine Verhandlung an, zu der sämtliche Gläubiger durch öffentliche Bekanntmachung eingeladen werden; nötigenfalls werden Sachverständige beigezogen (Art. 339 Abs. 1 SchKG). Art. 339 Abs. 1 SchKG schreibt zwingend eine Verhandlung vor. Der Nachlassrichter kann also nicht auf die Durchführung einer mündlichen Verhandlung verzichten, wie dies Art. 256 Abs. 1 ZPO vorsieht.

Die Gläubiger haben Akteneinsicht. Sie können ihre Einwendungen schriftlich oder mündlich an der Verhandlung einbringen (Art. 339 Abs. 3 SchKG). Die Legitimation der Gläubiger ist aufgrund des vom Schuldner eingereichten Gläubigerverzeichnisses vom Nachlassrichter zu prüfen. Im Zweifel ist sie zu bejahen[1883].

2. Örtliche Zuständigkeit

Örtlich ist der Nachlassrichter am Betreibungsort des Schuldners zuständig[1884]. Der Gerichtsstand ist zwingend.

Da es sich beim Verfahren um eine Notstundung regelmässig um einen Binnensachverhalt handelt, stellt sich die Frage der internationalen Zuständigkeit nicht.

3. Sachliche Zuständigkeit

Die sachliche Zuständigkeit wird durch das kantonale Recht geregelt (Art. 4 ZPO). Im Kanton Zürich ist gemäss § 24 lit. c GOG ZH i.V.m. Art. 251 lit. a ZPO das Einzelgericht sachlich zuständig. Das Einzelgericht amtet als Nachlassgericht.

4. Einleitung Verfahren

Das Stundungsgesuch wird direkt beim Nachlassrichter eingereicht (Art. 252 Abs. 1 ZPO). Ein Schlichtungsverfahren gibt es nicht (Art. 198 lit. a ZPO). Das Gesuch kann schriftlich gestellt oder mündlich bei Gericht zu Protokoll gegeben werden (Art. 252 Abs. 2 ZPO). Urkunden sind dem Stundungsgesuch zwingend beizulegen (Art. 252 Abs. 2 i.V.m. Art. 221 Abs. 2 lit. c ZPO).

Der Schuldner muss die erforderlichen Nachweise über seine Vermögenslage erbringen (z.B. Zwischenbilanz, Vermögensstatus) und ein Gläubigerverzeichnis einreichen[1885]. Ein Schuldner, welcher der Konkursbetreibung unterliegt, hat dem Nachlassrichter überdies seine Bilanz, seine Erfolgsrechnung sowie seine Geschäftsbücher vorzulegen[1886].

1883 BSK SchKG II-Casati/Weyermann/Staehelin A., Art. 339 N 2; KUKO SchKG-Muster, Art. 339 N 4.

1884 KUKO SchKG-Muster, Art. 338 N 3.

1885 BSK SchKG II-Casati/Weyermann/Staehelin A., Art. 338 N 1.

1886 BSK SchKG II-Casati/Weyermann/Staehelin A., Art. 338 N 1.

5. Rechtsbegehren

Das Stundungsgesuch hat den Antrag zu enthalten, dem Schuldner die Notstundung zu gewähren. Ein Rechtsbegehren könnte etwa wie folgt lauten:

«Es sei dem Gesuchsteller die Notstundung für sechs Monate zu bewilligen.»

6. Streitwert

Da im Stundungsverfahren das ganze Vermögen des Schuldners betroffen ist, ist die Berechnung des Streitwerts heikel und fast unmöglich[1887].

7. Frist

Das Stundungsgesuch kann grundsätzlich jederzeit eingeleitet werden, eine Frist gibt es nicht. Zeitlich ist es aber beschränkt auf die Dauer, für welche die Kantonsregierung die Bestimmungen über die Notstundung für anwendbar erklärt hat (vgl. hierzu Art. 337 SchKG).

8. Streitgenossenschaft

Streitgenossenschaft ist kaum denkbar.

9. Streitverkündung

Eine Streitverkündung ist im Verfahren betreffend Notstundung nicht möglich; es handelt sich um ein Einparteienverfahren.

10. Beweislast

Im Stundungsverfahren gilt der Untersuchungsgrundsatz (Art. 255 lit. a ZPO). Dies ergibt sich aus dem Wortlaut von Art. 339 Abs. 1 SchKG: «Der Nachlassrichter macht die allfällig noch notwendigen Erhebungen [...].»

Dies entbindet den Schuldner aber nicht von der Beweislast für die Voraussetzungen zur Bewilligung einer Notstundung. Der Schuldner muss seinen Antrag somit begründen. Entsprechend hat er die wirtschaftliche Situation darzulegen, die unverschuldeterweise zur Notlage geführt hat. Zudem hat

1887 BBl 2001 4309; Spühler/Aemisegger/Dolge/Vock, Art. 74 N 21; BSK BGG-Rudin, Art. 74 N 30.

er aufzuzeigen, dass er nach Ablauf der Notstundung in der Lage ist, seine Gläubiger voll zu befriedigen.

11. Beweismass

Der Schuldner hat den strikten Beweis zu erbringen, dass die Voraussetzungen für die Bewilligung einer Notstundung erfüllt sind. Dies folgt aus Art. 338 Abs. 2 SchKG: «Der Schuldner hat [...] die erforderlichen Nachweise [...] zu erbingen und [...].»

12. Beweismittel

Gemäss Gesetzestext hat der Schuldner den Beweis primär durch Urkunden zu erbringen. So hat er eine Zwischenbilanz oder einen Vermögensstatus einzureichen. Damit sich der Nachlassrichter ein Bild über die Vermögens- und Ertragslage des Schuldners machen kann, sind von Gesetzes wegen weitere Urkunden als Beweismittel erforderlich, so etwa die Jahresrechnung, bestehend aus Erfolgsrechnung und Bilanz (vgl. Art. 338 Abs. 3 SchKG).

Da der Untersuchungsgrundsatz gilt, gibt es aber keine Beweismittelbeschränkung (Art. 254 Abs. 2 lit. c ZPO). Der Nachlassrichter kann deshalb weitere ihm erforderlich scheinende Beweismittel einfordern. Der Schuldner ist verpflichtet, der richterlichen Belegaufforderung nachzukommen (Art. 338 Abs. 2 SchKG).

13. Urteil

Kommt der Nachlassrichter zum Schluss, die Voraussetzungen für die Bewilligung der Notstundung gemäss Art. 338 Abs. 1 SchKG seien erfüllt, wird er dem gesuchstellenden Schuldner die Notstundung für maximal sechs Monate bewilligen. Sie darf nicht über die Dauer hinausgehen, für welche die Kantonsregierung die Bestimmungen über die Notstundung für anwendbar erklärt hat[1888]. Auf Ersuchen des Schuldners kann der Nachlassrichter die ihm gewährte Stundung für höchstens vier Monate verlängern, wenn die Gründe, die zu ihrer Bewilligung geführt haben, ohne sein Verschulden noch fortdauern (Art. 347 Abs. 1 SchKG).

Zudem sind folgende weiteren Anordnungen möglich oder nötig:

1888 BGE 49 III 11.

- Bereits nach Einreichung des Gesuches kann der Nachlassrichter durch einstweilige Verfügung die *hängigen Betreibungen einstellen,* ausgenommen für die in Art. 346 SchKG bezeichneten Forderungen. Er entscheidet, ob und wieweit die Zeit der Einstellung auf die Dauer der Notstundung anzurechnen ist (Art. 338 Abs. 4 SchKG).
- Spätestens bei Bewilligung der Notstundung ordnet der Richter die Aufnahme eines *Güterverzeichnisses* an (Art. 341 Abs. 1 SchKG). Für dieses gelten die Art. 163 f. SchKG sinngemäss.
- Zudem kann er weitere *Verfügungen zur Wahrung der Gläubigerrechte* treffen (Art. 341 Abs. 1 SchKG).
- Er kann einen *Sachwalter* mit der Überwachung der Geschäftsführung des Schuldners beauftragen (Art. 341 Abs. 2 SchKG).
- Er kann in der Stundungsbewilligung verfügen, dass die Veräusserung oder Belastung von Grundstücken, die Bestellung von Pfändern, das Eingehen von Bürgschaften, die Vornahme unentgeltlicher Verfügungen sowie die Leistung von Zahlungen auf Schulden, die vor der Stundung entstanden sind, rechtsgültig nur mit *Zustimmung des Sachwalters* oder, wenn kein solcher bestellt ist, des Nachlassrichters stattfinden kann. Keine Zustimmung ist erforderlich für Zahlungen von Schulden der zweiten Klasse gemäss Art. 219 Abs. 4 SchKG und für Abschlagszahlungen nach Art. 339 Abs. 4 SchKG (vgl. Art. 345 Abs. 1 SchKG). Dieser Vorbehalt ist öffentlich bekannt zu machen und im Grundbuch als Verfügungsbeschränkung anzumerken (Art. 345 Abs. 2 SchKG).
- Der Richter kann dem Schuldner in seiner Stundungsbewilligung die Leistung einer oder mehrerer *Abschlagszahlungen* auferlegen (Art. 339 Abs. 4 SchKG).

Die Bewilligung der Notstundung wird dem Betreibungsamt und, falls der Schuldner der Konkursbetreibung unterliegt, dem Konkursgericht mitgeteilt. Sie wird öffentlich bekannt gemacht, sobald sie rechtskräftig geworden ist (Art. 342 SchKG).

14. Anerkennung, Rückzug, Vergleich

Da beim Verfahren um Bewilligung einer Notstundung der Offizialgrundsatz gilt (Art. 58 Abs. 2 ZPO)[1889], sind Anerkennung und Vergleich nicht zulässig. Sie wären auch nicht möglich, da es sich um ein Einparteienverfahren handelt. Hingegen ist ein Rückzug des Gesuches jederzeit möglich.

1889 Gasser/Rickli, Art. 58 N 3.

15. Rechtsmittel

Der Entscheid über die Bewilligung oder Nichtbewilligung einer Notstundung kann auf kantonaler Ebene gemäss Art. 340 Abs. 1 SchKG i.V.m. Art. 319 ff. ZPO mit Beschwerde an das obere Nachlassgericht weitergezogen werden. Die Berufung ist nach dem klaren Gesetzeswortlaut unzulässig (Art. 309 lit. b Ziff. 7 ZPO). Im Kanton Zürich ist das Obergericht das obere Nachlassgericht. Sowohl der Schuldner als auch die Gläubiger sind zur Beschwerde legitimiert (Art. 340 Abs. 1 SchKG). Die Beschwerde hat keine aufschiebende Wirkung. Eine vom Nachlassrichter bewilligte Notstundung besitzt Wirksamkeit bis zum endgültigen Entscheid der Beschwerdeinstanz (Art. 340 Abs. 3 SchKG).

Die Beschwerdeinstanz hat eine Verhandlung durchzuführen, zu welcher der Schuldner und diejenigen Gläubiger vorzuladen sind, die an der erstinstanzlichen Verhandlung anwesend oder vertreten waren (Art. 340 Abs. 2 SchKG). Die Beschwerdeinstanz darf somit nicht aufgrund der Akten entscheiden.

Gegen Entscheide der oberen kantonalen Nachlassgerichte ist die Beschwerde in Zivilsachen zulässig. Ein Mindeststreitwert ist nicht vorausgesetzt (Art. 74 Abs. 2 lit. d BGG). Mit der Beschwerde kann die Verletzung von eidgenössischem Recht (Art. 95 BGG) geltend gemacht werden, hier also v.a. die Verletzung von Bestimmungen über die Notstundung (Art. 337 ff. SchKG). Demgegenüber kann die Feststellung des Sachverhaltes nur gerügt werden, wenn sie offensichtlich unrichtig ist oder auf einer Rechtsverletzung i.S.v. Art. 95 BGG beruht und wenn die Behebung des Mangels für den Ausgang des Verfahrens entscheidend sein kann (Art. 97 Abs. 1 BGG). Dies kann z.B. der Fall sein, wenn dem Richter offensichtlich falsche Bilanzzahlen vorgelegt werden (Tatfrage) und der Nachlassrichter gestützt darauf zum rechtlichen Schluss kommt, die Voraussetzungen für die Bewilligung einer Notstundung seien gegeben (Rechtsfrage).

Sachregister

Die Stichworte sind nach Substantiven geordnet. Adjektive stehen in der Regel nach den Substantiven. Die angegebenen Fundstellen beziehen sich auf die Seiten. Hauptfundstellen sind kursiv gedruckt.

A

B

F

G

H

I

K

O

P

R

S

T

U

V